Comment va la vie ? 2015

MESURER LE BIEN-ÊTRE

OCDE
DES POLITIQUES MEILLEURES
POUR UNE VIE MEILLEURE

Cet ouvrage est publié sous la responsabilité du Secrétaire général de l'OCDE. Les opinions et les interprétations exprimées ne reflètent pas nécessairement les vues de l'OCDE ou des gouvernements de ses pays membres.

Ce document et toute carte qu'il peut comprendre sont sans préjudice du statut de tout territoire, de la souveraineté s'exerçant sur ce dernier, du tracé des frontières et limites internationales, et du nom de tout territoire, ville ou région.

Merci de citer cet ouvrage comme suit :
OCDE (2016), *Comment va la vie ? 2015 : Mesurer le bien-être*, Éditions OCDE, Paris.
http//dx.doi.org/10.1787/how_life-2015-fr

ISBN 978-92-64-23898-5 (imprimé)
ISBN 978-92-64-23899-2 (PDF)

Annuel :
ISSN 2308-9687 (imprimé)
ISSN 2308-9695 (en ligne)

Les données statistiques concernant Israël sont fournies par et sous la responsabilité des autorités israéliennes compétentes. L'utilisation de ces données par l'OCDE est sans préjudice du statut des hauteurs du Golan, de Jérusalem Est et des colonies de peuplement israéliennes en Cisjordanie aux termes du droit international.

Les corrigenda des publications de l'OCDE sont disponibles sur : *www.oecd.org/about/publishing/corrigenda.htm.*

Avant-propos

Le rapport Comment va la vie ? s'inscrit dans le cadre de l'Initiative du vivre mieux de l'OCDE, qui vise à promouvoir des « Politiques meilleures pour une vie meilleure », conformément à la mission première de l'OCDE. Il s'agit d'un rapport statistique publié tous les deux ans qui présente un vaste éventail de résultats sur le plan du bien-être, ainsi que leurs variations dans le temps, entre les catégories de population et entre les pays. Cette évaluation s'appuie sur un cadre pluridimensionnel qui couvre 11 aspects du bien-être et 4 types de ressources propices à un bien-être durable. Chaque édition inclut également des chapitres spéciaux proposant une analyse en profondeur de certaines dimensions particulières du bien-être. L'édition de 2015 met ainsi l'accent sur le bien-être des enfants, l'influence du bénévolat sur le bien-être et la mesure du bien-être à l'échelle régionale.

Le rapport a été préparé par la section Gestion du bien-être et du Progrès de la Direction des statistiques de l'OCDE, avec des contributions de la Division des politiques sociales de la Direction de l'emploi, du travail et des affaires sociales (chapitre 4), et de la Division des politiques de développement régional de la Direction de la gouvernance publique et du développement territorial (chapitre 6). Plusieurs autres Directions de l'OCDE ont aussi fourni des données incluses dans ce rapport ; nous tenons à les remercier pour leurs contributions et leurs conseils.

Les principaux auteurs de chaque chapitre sont les suivants : Carlotta Balestra (chapitre 5), Monica Brezzi et Paolo Veneri (chapitre 6), Carrie Exton (chapitres 1, 2 et 3), Dominic Richardson et Clara Welteke (chapitre 4). Nous remercions Elena Tosetto pour son assistance en matière de statistiques et de recherches concernant l'ensemble du rapport, et plus particulièrement pour les chapitres 2 et 3. Nous exprimons également notre gratitude à Anne-Charlotte Boughalem et Eric Gonnard pour leur aide en matière de recherches et de statistiques sur les chapitres 3 et 6 respectivement. Carrie Exton a chapeauté le projet, dont la supervision et l'édition ont été assurées par Romina Boarini, Marco Mira d'Ercole et Martine Durand. Martine Zaïda, coordinatrice Communications de Comment va la vie ?, a apporté une aide essentielle tout au long du projet. Nous remercions Sophia Schneidewind pour son travail de préparation des notes par pays qui accompagnent cette publication. Nous tenons à exprimer notre gratitude à Willem Adema, Rolf Alter, Joaquim Oliveira Martins, Monika Queisser, Paul Schreyer, Peter van de Ven et la Division de la santé de l'OCDE pour leurs commentaires sur les premières versions de différents chapitres. Sue Kendall-Bilicki, Vincent Finat-Duclos et Patrick Hamm ont fourni une assistance éditoriale en anglais, et Benoît Arnaud, Anne-lise Faron, Joshua Monje-Jelfs et Christine Le Thi ont fourni une assistance éditoriale en français. Nous tenons à les remercier tous pour leur aide précieuse, ainsi que tous ceux qui ont œuvré en coulisses à la préparation de ce rapport.

Enfin, le rapport a bénéficié des commentaires utiles fournis sur les versions préparatoires des chapitres par les délégués auprès du Comité des statistiques et de la politique statistique de l'OCDE (tous les chapitres), du Groupe de travail sur les politiques sociales (chapitre 4) et du Groupe de travail sur les indicateurs territoriaux (chapitre 6). Nous leurs exprimons notre gratitude pour leurs contributions et leurs conseils.

Editorial : Vivre mieux, aujourd'hui et demain

Investir dès aujourd'hui dans le bien-être de demain

Les derniers mois de l'année 2015 seront marqués par deux échéances décisives: l'approbation des Objectifs du développement durable lors de l'Assemblée générale des Nations Unies en septembre à New York, et la 21e Conférence des parties à la Convention-cadre des Nations Unies sur le changement climatique (COP21), qui aura lieu à Paris en décembre. Ces deux événements offrent l'opportunité de tracer de nouvelles pistes permettant de garantir le bien-être des populations aujourd'hui, sans pour autant hypothéquer celui des générations futures. Mais comment appréhender le bien-être actuel des citoyens, d'une part, et décider, d'autre part, des investissements nécessaires pour assurer le bien-être de tous dans l'avenir ?

Depuis 2011, *Comment va la vie ?* fournit un éventail d'indicateurs de qualité, permettant aux citoyens et aux décideurs publics des pays de l'OCDE et de quelques grands pays émergeants de disposer des informations les plus récentes sur la situation et les progrès accomplis dans les différents domaines du bien-être. C'est à nouveau le cas pour cette troisième édition de *Comment va la vie ?*. Mais pour la première fois le rapport présente aussi des perspectives sur le bien-être à plus long terme. Sur la base des indicateurs actuellement disponibles, le rapport propose en premier lieu une analyse des stocks de ressources naturelles, humaines, sociales et économiques qui sont déterminants pour le bien-être futur. Ensuite, le rapport s'intéresse plus particulièrement à la situation des jeunes et au bien-être des enfants sachant que leurs conditions de vie actuelles affecteront leurs opportunités et le bien-être dont ils jouiront dans leur vie future. Enfin, le rapport se penche sur une composante importante de l'investissement en capital social, à savoir le bénévolat, et montre que faire acte de bénévolat contribue au bien-être des bénévoles eux-mêmes, mais aussi à la société en général, aujourd'hui et dans le futur.

Tous les pays ont des progrès à accomplir pour améliorer le bien-être de leurs citoyens

L'analyse des points forts et faibles en termes de bien-être des pays de l'OCDE présentée dans ce rapport montre que si certains pays font mieux que d'autres dans de nombreux domaines, aucun pays n'est le plus performant dans tous. En règle générale, les pays de l'OCDE avec un PIB par habitant élevé affichent de meilleurs résultats dans certaines dimensions du bien-être (revenu des ménages, patrimoine, emplois et satisfaction à l'égard de la vie, par exemple). Néanmoins, certains sont à la traîne s'agissant de l'équilibre entre vie professionnelle et vie privée, de la santé ou de la sécurité des personnes. Ainsi, l'une des conclusions notables de ce rapport est que des pays avec le même niveau de PIB par habitant peuvent afficher des résultats très différents en matière de bien-être. Ceci montre combien il est important d'accorder davantage d'attention aux nombreux facteurs qui, *outre le PIB*, ont une incidence sur la vie des citoyens, et que même des pays à niveau de développement économique proche ont tout à gagner à s'inspirer les uns des autres pour favoriser une croissance plus inclusive et améliorer le bien-être de tous dans ses différentes dimensions.

Le bénévolat : source cachée de bien-être actuel et futur

Le bénévolat apporte une importante « contribution cachée » au bien-être, parce qu'il produit des biens et services dont les statistiques économiques traditionnelles ne rendent pas compte et contribue directement, à travers un renforcement de la coopération et de la confiance, à un accroissement du capital social. Au total, la valeur du temps que les habitants des pays de l'OCDE consacrent au bénévolat représente environ 2 % du PIB par an en moyenne.

En toute logique, les personnes plutôt bien loties consacrent davantage de temps aux autres. Ainsi, le bénévolat est-il plus répandu parmi les personnes relativement aisées, parmi celles qui ont un niveau d'études élevé, et celles qui occupent un emploi (comparativement aux chômeurs). Néanmoins, les personnes qui donnent du temps aux autres et à la collectivité reçoivent également en retour: à travers leur activité bénévole, elles acquièrent des connaissances et compétences qu'elles pourront utiliser tout au long de leur vie et elles sont globalement plus satisfaites de leur existence. Le bénévolat déclenche donc un cercle vertueux en termes de bien-être actuel et futur. Il risque cependant aussi d'exclure encore un peu plus ceux qui, au départ, sont moins bien lotis que les autres. Il est donc indispensable d'offrir à un plus large éventail de personnes la possibilité d'avoir une activité bénévole, par exemple à travers des initiatives publiques comme le Service civique mis en place en France.

S'intéresser à toutes les inégalités de bien-être, pas seulement celles de revenu

Les inégalités de revenu dans les pays de l'OCDE et les pays émergents sont désormais bien documentées mais les données disponibles depuis peu présentées dans ce rapport montrent que les inégalités sont encore plus marquées en ce qui concerne *le patrimoine net des ménages*. En moyenne dans les 17 pays de l'OCDE pour lesquels ces données existent, le patrimoine détenu par les 1 % de ménages qui se trouvent au sommet de la distribution est supérieur à celui détenu par l'ensemble des ménages des six déciles inférieurs. Dans ces pays, la répartition du patrimoine est en outre beaucoup plus inégale que celle du revenu: les ménages du décile supérieur possèdent 25 % du revenu total mais détiennent 50 % du patrimoine total.

Les inégalités de bien-être dépassent cependant les disparités de revenu et de patrimoine. Ce rapport analyse les écarts de bien-être sous ses différents aspects. Il met par exemple en évidence des *écarts importants entre régions* au sein d'un même pays – qui sont parfois supérieurs aux différences constatées entre les pays de l'OCDE. Ainsi, en Italie, le taux d'emploi varie de 40 % en Campanie à 73 % dans la province de Bolzano, soit un écart comparable à celui qui sépare le taux d'emploi de la Grèce (49 %) de celui de l'Islande (82 %). Les indicateurs présentés ici montrent que le lieu où vit une personne conditionne la qualité de l'air qu'elle respire, les services auxquels elle a accès et l'ampleur des inégalités de revenu. Étant donné qu'en moyenne dans les pays de l'OCDE, environ 40 % des dépenses publiques et deux tiers des investissements publics se font au niveau infranational, cette dimension régionale du bien-être ne peut pas être laissée de côté.

Une autre facette des inégalités de bien-être concerne *les inégalités entre générations* qui se manifestent de diverses façons. En moyenne, les jeunes de moins de 30 ans sont plus susceptibles que les personnes de 50 ans ou plus de pouvoir compter sur des amis ou des proches en période difficile et parmi les adultes en âge de travailler, la génération la plus jeune a une probabilité plus forte que les générations plus âgées d'avoir suivi le deuxième cycle de l'enseignement secondaire. Cependant, comparée à leurs aînés, la situation des jeunes est préoccupante dans beaucoup de pays: malgré un meilleur niveau de formation initiale, dans les deux tiers des pays de l'OCDE, les jeunes (âgés de 15 à 24 ans) risquent davantage que les travailleurs d'âge très actif (25-54 ans) de connaître un épisode de chômage d'une année au moins – et, dans les cas les plus graves, le taux de chômage de longue durée est plus de deux fois plus élevé parmi les jeunes. De plus, les jeunes ont souvent été plus touchés que les autres par la forte hausse du chômage de longue durée observée depuis 2009 dans plusieurs pays de l'OCDE. Il s'agit là d'un facteur de risque important pour le bien-être futur des jeunes générations.

Les enfants ne prennent pas tous le meilleur départ possible dans la vie

Prendre un bon départ dans la vie est particulièrement important pour le bien-être actuel et futur des enfants. Les données analysées dans ce rapport montrent que certains enfants prennent un bien meilleur départ que d'autres. En moyenne dans l'OCDE, un enfant sur sept est touché par la pauvreté de revenu et 10 % des enfants vivent dans un ménage dont aucun membre ne travaille. Parmi les enfants âgés de 11, 13 et 15 ans, un sur dix au moins déclare avoir été victime de harcèlement au moins deux fois au cours des deux mois écoulés, et cette proportion est supérieure à 15 % dans certains pays.

L'origine socioéconomique joue un rôle important dans les inégalités de bien-être entre les enfants. Les enfants de familles aisées sont en meilleure santé et sont plus épanouis à l'école. À l'inverse, les enfants de familles plus modestes aiment moins l'école, se sentent soumis à une pression plus forte en classe, ont moins de camarades qu'ils trouvent gentils et serviables et sont davantage exposés à un risque de harcèlement en milieu scolaire. La satisfaction à l'égard de l'existence, les compétences en compréhension de l'écrit et en résolution des problèmes, la communication avec les parents sont aussi plus faibles chez les enfants issus de milieux socioéconomiques modestes.

Si le bien-être des enfants va souvent de pair avec celui des adultes, la situation de ces deux groupes n'est pas toujours identique. Ainsi, dans la plupart des pays de l'OCDE, le taux de pauvreté des enfants est supérieur à celui de la population en général. Plus généralement, certains pays relativement bien classés en matière de bien-être des adultes le sont moins bien sur le plan du bien-être des enfants. Ces pays doivent se mobiliser davantage en faveur des enfants pour éliminer ces inégalités et leur assurer un meilleur avenir.

Coup de projecteur sur les conditions nécessaires au maintien du bien-être dans le futur

Cette édition de *Comment va la vie ?* présente une série inédite d'indicateurs sur les divers aspects des « stocks de capital » naturel, humain, social et économique qui sont nécessaires à la préservation du bien-être dans le futur. Elle s'intéresse également aux facteurs de risque qui menacent ces stocks – de l'augmentation de la concentration atmosphérique de gaz à effet de serre à la progression de l'obésité en passant par l'érosion de la confiance et la faiblesse des investissements productifs (bâtiments, infrastructures, machines et équipements, par exemple). Bien que les données disponibles ne permettent d'effectuer qu'un bilan partiel, la comparaison des tendances entre pays et entre périodes apporte un nouvel éclairage sur la situation actuelle en matière de bien-être et sur les chances de pérennisation de ce bien-être.

Des données de meilleure qualité pour une vie meilleure

Les travaux sur le bien-être conduits par l'OCDE depuis plus d'une décennie montrent combien il est important de disposer de nouvelles sources de données (dans des domaines aussi divers que le patrimoine des ménages et sa répartition, la qualité de l'emploi et le bien-être subjectif) et d'améliorer la qualité et la comparabilité des données existantes pour penser et analyser le progrès des individus et des sociétés de façon nouvelle. Il est permis d'être optimiste : beaucoup de progrès ont déjà été accomplis, et les informations désormais disponibles ont jeté les bases d'une conception multidimensionnelle et plus globale de la formulation des politiques publiques pour une vie meilleure; c'est l'objectif visé par l'OCDE à travers son projet sur la *Croissance Inclusive* et son initiative *Nouvelles approches face aux défis économiques* (NAEC). À l'échelle mondiale, les Objectifs de développement durable des Nations Unies vont renforcer ce type d'approche, et les politiques qui devront être mises en œuvre pour atteindre ces Objectifs devront pouvoir s'appuyer sur des données nouvelles et de bonne qualité, y compris dans des domaines qui sortent du champ de la statistique officielle. L'aventure consistant à mesurer ce qui compte dans la vie des gens continue.

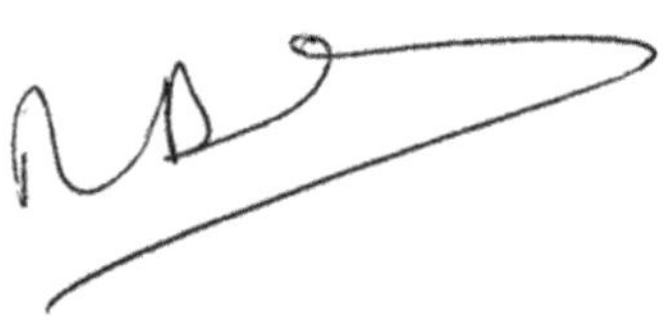

Martine Durand
Chef statisticienne de l'OCDE
Directrice de la Direction des statistiques de l'OCDE

Table des matières

Tableaux

Graphiques

Suivez les publications de l'OCDE sur :

http://twitter.com/OECD_Pubs

http://www.facebook.com/OECDPublications

http://www.linkedin.com/groups/OECD-Publications-4645871

http://www.youtube.com/oecdilibrary

OECD Alerts http://www.oecd.org/oecddirect/

Ce livre contient des...

StatLinks

Accédez aux fichiers Excel® à partir des livres imprimés !

En bas des tableaux ou graphiques de cet ouvrage, vous trouverez des *StatLinks*. Pour télécharger le fichier Excel® correspondant, il vous suffit de retranscrire dans votre navigateur Internet le lien commençant par : *http://dx.doi.org*, ou de cliquer sur le lien depuis la version PDF de l'ouvrage.

Guide du lecteur

Conventions

- Dans chaque graphique, les données fournies pour l'OCDE et l'OCDE UE sont les moyennes simples des pays de l'OCDE mentionnés, sauf indication contraire. En l'absence de données couvrant les 34 pays membres de l'OCDE, le nombre de pays inclus dans le calcul est précisé (OCDE 33 par exemple). Lorsqu'un graphique montre les variations dans le temps, les moyennes OCDE n'englobent que les pays pour lesquels on dispose de données sur l'ensemble de la période considérée.
- L'utilisation de moyennes OCDE pondérées par la population est précisée dans les notes des graphiques. Ces chiffres correspondent à la moyenne arithmétique, pondérée selon la taille de la population dans différents pays, en proportion de la population totale de l'OCDE. Cela permet d'accorder plus de poids aux pays plus peuplés par rapport à ceux dont la population est plus restreinte, ainsi que de faire référence au « citoyen de l'OCDE moyen » (plutôt que de se concentrer sur le « pays de l'OCDE moyen »).
- La période à laquelle se rapportent les données présentées dans les graphiques est indiquée, tandis que les notes des graphiques apportent des précisions lorsque les données se rapportent à des années différentes selon les pays.
- Les données relatives aux pays partenaires clés, lorsqu'elles sont disponibles, sont présentées séparément dans les graphiques.
- Plusieurs graphiques du chapitre 4 présentent des intervalles de confiance à 95 % pour les estimations ponctuelles. Les intervalles de confiance sont des estimations par intervalle des paramètres de population plausibles qui sont en principe inconnus et sont donc estimés à partir d'un échantillon d'observations, comme en fournissent les enquêtes. L'ampleur des intervalles de confiance correspond au degré de précision de l'estimation ponctuelle.

Dans tous les graphiques, les codes ISO sont utilisés pour les pays et les régions du monde

AUS	Australie	FIN	Finlande	NOR	Norvège
AUT	Autriche	FRA	France	NZL	Nouvelle-Zélande
BEL	Belgique	HUN	Hongrie	OECD	Moyenne des pays membres de l'OCDE
BRA	Brésil	IDN	Indonésie	OECD EU	Moyenne des pays membres de l'OCDE et de l'Union européenne
CAN	Canada	IND	Inde	POL	Pologne
CHE	Suisse	IRL	Irlande	PRT	Portugal
CHL	Chili	ISL	Islande	RUS	Fédération de Russie
CZE	République tchèque	ISR	Israël	SVK	République slovaque
DEU	Allemagne	ITA	Italie	SVN	Slovénie
DNK	Danemark	JPN	Japon	SWE	Suède
ESP	Espagne	KOR	Corée	TUR	Turquie
EST	Estonie	LUX	Luxembourg	USA	États-Unis
GBR	Royaume-Uni	MEX	Mexique		
GRC	Grèce	NLD	Pays-Bas		

Ce document et toute carte qu'il peut comprendre sont sans préjudice du statut de tout territoire, de la souveraineté s'exerçant sur ce dernier, du tracé des frontières et limites internationales, et du nom de tout territoire, ville ou région.

Les données statistiques concernant Israël sont fournies par et sous la responsabilité des autorités israéliennes compétentes. L'utilisation de ces données par l'OCDE est sans préjudice du statut des hauteurs du Golan, de Jérusalem-Est et des colonies de peuplement israéliennes en Cisjordanie aux termes du droit international.

Résumé

Comment va la vie dans l'ensemble ?

Pour élaborer des « politiques meilleures pour une vie meilleure », il est indispensable de mieux comprendre la situation de la population en matière de bien-être. Le bien-être est un phénomène multidimensionnel, qui recouvre des aspects de la vie aussi divers que l'engagement civique, le logement, le revenu des ménages, l'équilibre entre vie professionnelle et vie privée, les compétences ou encore l'état de santé. Pour évaluer de manière exhaustive si la vie devient meilleure, il est nécessaire de disposer d'un large éventail d'indicateurs, mesurés à l'échelle humaine et susceptibles de rendre compte de la réalité vécue par les individus dans toute sa diversité. Ce sont ces indicateurs que cette publication tente de fournir.

D'après les données les plus récentes dont on dispose sur le bien-être dans 11 dimensions de la vie, les pays de l'OCDE n'ont pas tous les mêmes forces ni les mêmes faiblesses en la matière. Comme on pouvait s'y attendre, les pays qui se situent dans le tiers supérieur du classement en termes de produit intérieur brut (PIB) par habitant affichent des résultats plutôt satisfaisants, en particulier s'agissant des résultats en matière de bien-être matériel comme le revenu des ménages et les salaires. Néanmoins, quel que soit leur PIB par habitant, les pays peuvent avoir des faiblesses relatives dans des domaines tels que la sécurité de l'emploi, la qualité de l'air, l'accessibilité financière du logement et l'équilibre entre vie professionnelle et vie privée. Si le fait que la vie ne se limite pas au PIB n'a rien d'une nouveauté, ce rapport identifie les domaines dans lesquels les pays, y compris les plus riches, peuvent encore agir pour améliorer le bien-être de leurs citoyens.

Les inégalités de bien-être

Les moyennes nationales ne donnent qu'une image partielle du bien-être, lequel peut être très variable d'un groupe de population à l'autre. Ces disparités varient elles-mêmes souvent selon les pays et ne portent pas seulement sur le revenu des ménages. Ainsi, la population des six déciles inférieurs détient 20 % du patrimoine net ou plus en République slovaque, en Grèce et en Espagne, contre moins de 8 % en Allemagne, aux Pays-Bas, en Autriche et aux États-Unis. Les personnes qui ont un niveau d'études plus élevé ont généralement une espérance de vie plus longue mais, à 30 ans, la différence d'espérance de vie entre les hommes diplômés de l'enseignement supérieur et ceux qui n'ont pas suivi le deuxième cycle du secondaire est comprise entre 4 et 18 ans selon le pays. Par ailleurs, dans plusieurs pays de l'OCDE (Italie, Belgique, Hongrie, Australie, Luxembourg et Royaume-Uni), le taux de chômage de longue durée est au moins deux fois plus élevé parmi les jeunes (15 à 24 ans) que parmi les travailleurs d'âge très actif. Dans les pays nordiques, les inégalités de revenu sont faibles et les écarts sont également beaucoup plus limités qu'ailleurs s'agissant de différents aspects de la qualité de vie, notamment les écarts liés au sexe et à l'âge.

La vie devient-elle meilleure ?

À certains égards, l'habitant moyen de l'OCDE vit mieux aujourd'hui qu'en 2009. Toutefois, les évolutions en la matière sont contrastées – aussi bien selon les pays que selon les indicateurs. Dans la plupart des pays de l'OCDE, le revenu des ménages a amorcé un lent redressement par rapport au niveau enregistré pendant la crise, mais dans d'autres domaines (comme le chômage de longue durée, la durée du travail et la participation électorale), les progrès ont, dans certains cas, marqué le pas. Ainsi, les pays où le revenu des ménages a le plus diminué depuis la crise (comme la Grèce, le Portugal, l'Italie et l'Espagne) continuent à subir ses effets dans d'autres domaines, sous la forme d'un taux de chômage élevé et d'une diminution des salaires ou encore d'une moindre accessibilité financière des logements. Le pourcentage d'individus titulaires d'un diplôme du deuxième cycle du secondaire et l'espérance de vie ont progressé dans pratiquement tous les pays par rapport à 2009, mais cette évolution se fait à un rythme très différent de l'évolution des résultats en matière de bien-être matériel.

Évaluation des ressources disponibles pour les générations futures

L'évaluation des stocks de ressources qui existent aujourd'hui mais pouvant contribuer à pérenniser le bien-être à plus long terme constitue un premier pas vers une meilleure connaissance des perspectives de bien-être. Cette publication présente une série d'indicateurs qui décrivent certaines composantes des stocks de capital naturel, humain, social et économique qui risquent d'être déterminants pour le bien-être futur – et fournit des informations sur les investissements dans ces stocks, sur leur épuisement et sur les facteurs de risque auxquels ils sont exposés. Les tendances examinées sont diverses, de l'augmentation de la concentration atmosphérique de gaz à effet de serre à la progression du niveau d'études des jeunes adultes en passant par l'évolution de l'endettement des ménages et l'érosion récente de la confiance envers les administrations publiques. Cette série d'indicateurs s'enrichira au fil du temps, et permettra d'ajouter au cadre de mesure du bien-être actuel de *Comment va la vie ?* des indicateurs s'inscrivant dans un horizon plus long.

Comment va la vie pour les enfants ?

Les enfants ne prennent pas tous le meilleur départ possible dans la vie. Dans les pays de l'OCDE, un enfant sur sept est touché par la pauvreté, près de 10 % des enfants vivent dans une famille dont aucun membre ne travaille et un enfant sur dix se dit victime de harcèlement à l'école. Il existe des inégalités de bien-être manifestes parmi les enfants selon le milieu socioéconomique dont ils sont issus : les enfants de familles relativement aisées sont en meilleure santé, affichent des compétences plus élevées, se caractérisent par un engagement civique plus fort et entretiennent de meilleures relations avec leurs parents et avec les autres enfants. De surcroît, les élèves issus de milieux favorisés sont moins exposés au risque de harcèlement et éprouvent un sentiment d'appartenance plus fort à l'égard de l'école. Ces constatations laissent penser que les inégalités de bien-être entre adultes se traduisent par une inégalité des chances entre leurs enfants.

Bénévolat et bien-être

Le bénévolat peut revêtir de multiples formes, de la participation à la vie politique à la prise en charge d'un voisin âgé. D'après les données actuellement disponibles, dans les pays de l'OCDE, un adulte sur trois a une activité bénévole par l'intermédiaire d'une association au moins une fois par an ; en outre, 7 Européens sur 10 indiquent fournir une aide informelle à des amis, à des voisins ou à des personnes qu'ils ne connaissent pas. Le bénévolat peut avoir des effets positifs pour les bénévoles eux-mêmes, qui acquièrent de nouvelles compétences et connaissances potentiellement favorables à leur évolution de carrière et à leurs perspectives professionnelles. Les bénévoles expriment également une plus grande satisfaction que les autres à l'égard de l'existence. Il semble donc exister un cercle vertueux, dans le cadre duquel les bénévoles « vont bien en faisant le bien ». Dans la zone de l'OCDE dans son ensemble, la valeur du temps consacré au bénévolat pourrait représenter près de 2 % du PIB par an. Malgré son caractère approximatif, cette estimation laisse penser que le bénévolat apporte une contribution importante, en grande partie cachée, à la société dans son ensemble.

Le cadre de vie peut exercer une forte influence sur le bien-être

Nombre des facteurs qui exercent une influence sur la vie des personnes – la sécurité, la pollution de l'air, les débouchés professionnels et l'accès aux services – dépendent en grande partie du lieu où elles vivent. La qualité de vie et les conditions de vie matérielles diffèrent parfois autant *au sein* d'un pays qu'entre les pays. Ainsi, en 2014, en Turquie, en Espagne et en Italie, un écart de près de 20 points séparait le taux de chômage des régions les plus touchées par le chômage des régions les plus épargnées, soit un écart pratiquement aussi grand que celui observé entre le taux de chômage de la Grèce et celui de la Norvège. De surcroît, il existe également des disparités régionales en matière de répartition du revenu, les inégalités de revenu étant particulièrement marquées dans les régions qui abritent de grandes zones métropolitaines. Dans certains cas les écarts de bien-être entre régions semblant se creuser au fil du temps, il est plus urgent que jamais de tenir compte de cette dimension régionale du bien-être.

Comment va la vie ? 2015
Mesurer le bien-être

Chapitre 1

Bien-être actuel et futur : une vue d'ensemble

Ce chapitre brosse un tableau général du bien-être, présentant le cadre établi par l'OCDE pour mesurer le bien-être ainsi qu'une synthèse des résultats des chapitres 2 et 3. Une analyse des forces et faiblesses en matière de bien-être suggère que tous les pays de l'OCDE pourraient améliorer leur performance et que, pour un niveau comparable de PIB, les résultats en termes de bien-être sont très hétérogènes entre les pays. Il peut également y avoir des larges différences de bien-être au sein des pays eux-mêmes, par exemples entre personnes d'âge, sexe et niveau d'éducation différents. L'analyse de l'évolution du bien-être depuis 2009 dresse un tableau mitigé, certains pays ayant accomplis des progrès dans certains domaines mais faisant toujours face à des défis dans d'autres sphères. Le chapitre examine ensuite la question des perspectives de bien-être, en se focalisant sur les ressources naturelles, humaines, sociales et économiques importantes pour la préservation du bien-être à plus long terme ainsi que les « risques » qui le menacent. Le chapitre apporte également un premier éclairage sur les dimensions du bien-être jugées prioritaires par les utilisateurs de l'outil interactif de l'OCDE lorsqu'ils construisent leur propre Indicateur du vivre mieux (www.oecdbetterlifeindex.org). Enfin, il décrit certaines avancées récentes en matière de mesure et d'utilisation de données sur le bien-être.

Les données statistiques concernant Israël sont fournies par et sous la responsabilité des autorités israéliennes compétentes. L'utilisation de ces données par l'OCDE est sans préjudice du statut des hauteurs du Golan, de Jérusalem-Est et des colonies de peuplement israéliennes en Cisjordanie aux termes du droit international.

Introduction

L'OCDE entend promouvoir « des politiques meilleures pour une vie meilleure ». Encore faut-il, pour atteindre cet objectif, bien comprendre ce qu'est une « vie meilleure », c'est-à-dire évaluer le bien-être actuel des populations et les améliorations à privilégier pour l'avenir. Les statistiques présentées dans ce rapport fournissent un aperçu de la manière dont vit la population des pays de l'OCDE et de certains pays partenaires (Brésil et Fédération de Russie). Elles englobent des informations objectives sur les conditions de vie des individus et les perspectives qui s'offrent à eux, ainsi que des données sur ce qu'ils ressentent au sujet de divers aspects de leur vie. Le rapport brosse donc un tableau général de la manière dont vit la population de différents pays, afin de favoriser une réflexion plus approfondie et plus active sur ce qu'il faut faire pour ameliorer les conditions de vie, y compris les priorités à retenir pour l'action publique.

S'il n'existe pas de recette simple du bien-être, on observe un consensus croissant autour de la liste des ingrédients nécessaires. Le cadre de mesure du bien-être individuel défini par l'OCDE comprend 11 dimensions importantes pour le bien-être actuel, regroupées dans deux grandes catégories : les *conditions matérielles* (revenu et patrimoine, emplois et salaires, logement) et la *qualité de vie* (état de santé, équilibre vie professionnelle-vie privée, éducation et compétences, liens sociaux, engagement civique et gouvernance, qualité de l'environnement, sécurité personnelle et bien-être subjectif) (graphique 1.1). Le cadre traduit une volonté « d'aller au-delà de la situation moyenne », en d'autres termes de ne pas se borner à examiner si la vie est globalement meilleure mais de chercher à déterminer *pour qui* elle s'améliore (encadré 1.1). Il permet notamment d'examiner les différences en fonction du sexe, de l'âge, du revenu et du niveau d'études.

En outre, le cadre ne permet pas seulement une analyse du bien-être actuel : il tient également compte du stock de ressources (ou « capital »), qui peut être mesuré aujourd'hui et qui conditionne dans une large mesure l'évolution dans le temps des résultats en matière de bien-être. Ces ressources revêtent la forme de capital naturel, humain, économique ou social.

Le présent chapitre brosse un *tableau général* du bien-être ; il synthétise les constatations présentées dans les chapitres 2 et 3, qui décrivent de manière plus détaillée la situation actuelle en matière de bien-être (chapitre 2) et les ressources qui peuvent contribuer à préserver ce dernier à long terme (chapitre 3). La première section de ce chapitre donne un aperçu de la vie dans les pays de l'OCDE et présente une analyse succincte des forces et faiblesses des pays de la zone sur le plan du bien-être. Cette analyse est suivie d'un examen des écarts de bien-être entre groupes de population, puis d'une description de l'évolution du bien-être au fil du temps. Ce premier chapitre analyse et décrit en outre les tendances récentes de l'évolution des stocks de capital indispensables à la préservation du bien-être à long terme. Il présente également des données sur les réponses des utilisateurs de l'Indicateur du vivre mieux, outil en ligne mis à disposition par l'OCDE (*www.oecdbetterlifeindex.org*), et apporte ainsi un éclairage sur les dimensions que les habitants de l'OCDE jugent les plus importantes pour leur bien-être. Enfin, la dernière partie est consacrée à certaines évolutions récentes dans le domaine de la mesure et de l'utilisation de données sur le bien-être.

Graphique 1.1. **Le cadre de mesure du bien-être de l'OCDE**

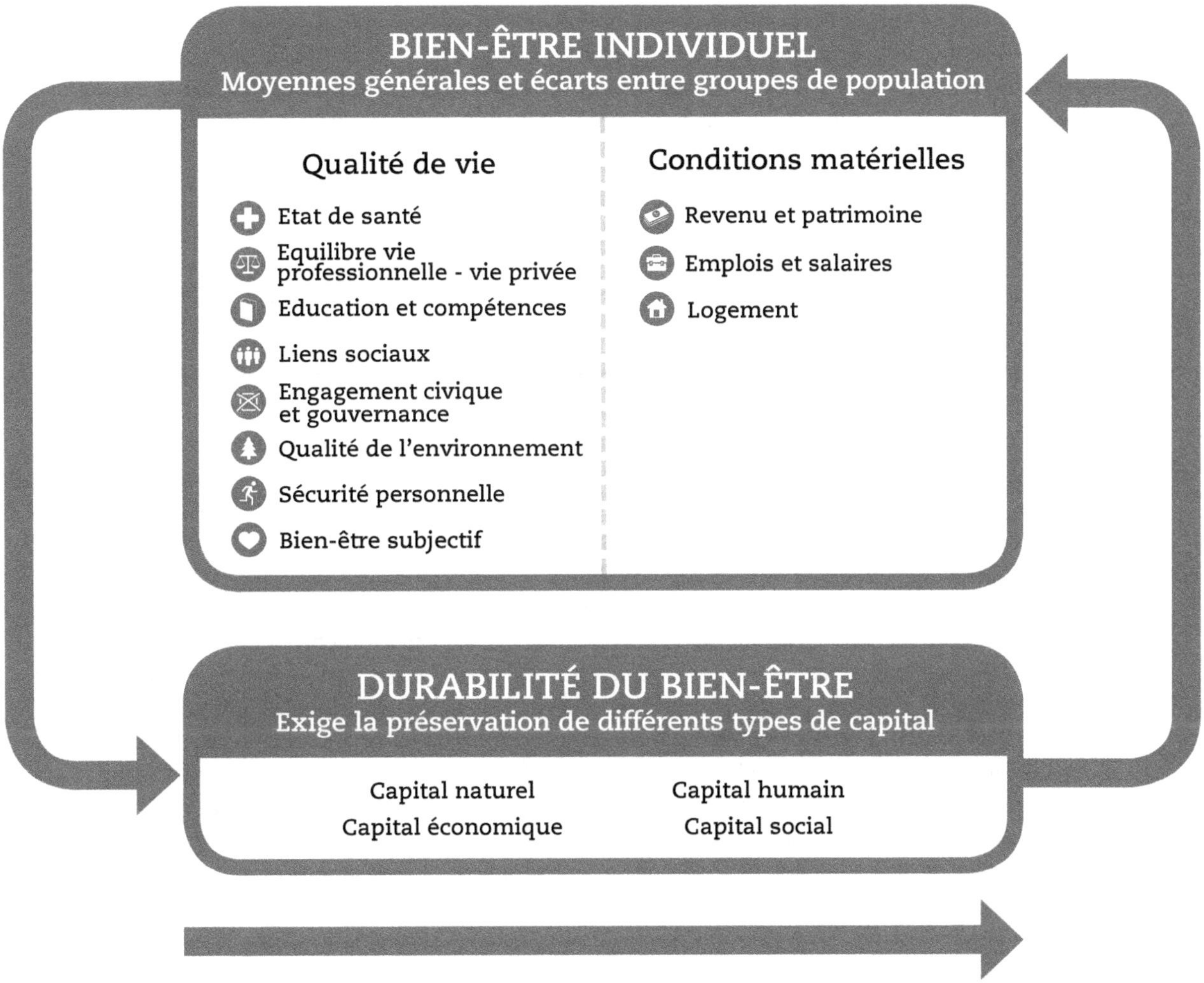

Source : OCDE (2011), *Comment va la vie ? : Mesurer le bien-être*, Éditions OCDE, Paris, *http://dx.doi.org/10.1787/9789264121195-fr*.

Encadré 1.1. **Le cadre de mesure du bien-être de l'OCDE**

Le cadre de mesure du bien-être de l'OCDE a été présenté pour la première fois dans l'édition 2011 de *Comment va la vie ?*. Il repose sur diverses initiatives prises à l'échelon national ou international pour mesurer le progrès des sociétés à l'aide d'une batterie d'indicateurs, ainsi que sur les recommandations du rapport *Stiglitz-Sen- Fitoussi* (2009) et la contribution des offices nationaux de la statistique représentés au sein du Comité des statistiques et de la politique statistique de l'OCDE. D'un point de vue conceptuel, il s'inspire de l'approche fondée sur les capacités (Sen, 1985 ; Alkire et Sarwar, 2009 ; Anand, Durand et Heckman, 2011), nombre de ses dimensions portant sur les facteurs qui permettent à chacun d'avoir à sa disposition davantage de choix et de possibilités pour vivre la vie à laquelle il aspire – notamment la santé, l'éducation et le revenu (voir OCDE, 2013a).

Encadré 1.1. **Le cadre de mesure du bien-être de l'OCDE** *(suite)*

La méthode retenue pour mesurer le bien-être actuel présente plusieurs caractéristiques importantes :

- Elle place **l'humain** (les individus et les ménages) au cœur de l'évaluation, portant sur les conditions de vie des personnes et leurs expériences en matière de bien-être.
- Elle est axée sur les **résultats** en matière de bien-être – sur les aspects qui ont, en eux-mêmes, une importance directe pour les individus – plutôt que sur les intrants et les extrants qui permettent d'obtenir ces résultats. Par exemple, s'agissant de l'éducation, les indicateurs rendent compte des qualifications et compétences acquises plutôt que des fonds consacrés aux établissements scolaires ou du nombre d'enseignants formés.
- Elle mesure aussi bien des résultats **objectifs** (observables par un tiers) que des résultats par définition **subjectifs** (dont seule la personne concernée peut rendre compte sur la base de ce qu'elle ressent et éprouve intérieurement), reconnaissant ainsi que les données objectives sur les conditions de vie peuvent être utilement complétées par des informations sur le ressenti des individus au sujet de leur existence.
- Elle repose sur l'idée que la **répartition** du bien-être au sein de la population, notamment les différences liées à l'âge, au sexe, à l'éducation et au revenu, constitue un aspect important à prendre en compte dans la mesure du bien-être.

La méthode retenue par l'OCDE pour mesurer les ressources dont dépend le bien-être futur s'appuie sur les *systèmes* naturel, économique, humain et social sur lesquels reposent le bien-être et sa préservation dans le temps. Cette méthode axée sur la mesure de stocks de « capital » ou de ressources est conforme aux recommandations du rapport *Stiglitz-Sen-Fitoussi* (2009) et à plusieurs projets récents sur la mesure du bien-être, notamment le Groupe de travail CEE-ONU/Eurostat/OCDE sur les statistiques du développement durable (Nations Unies, 2009), le rapport *Inclusive Wealth Report* publié par le programme IHDP de l'Université des Nations Unies (UNU) et le Programme des Nations Unies pour l'environnement (PNUE) (UNU-IHDP et PNUE, 2012), les *Recommandations de la Conférence des statisticiens européens sur la mesure du développement durable* (CEE-ONU, 2014), ainsi que plusieurs initiatives nationales (Office fédéral de la statistique, OFS, 2013 ; Statistics New Zealand, 2011, par exemple). Ces différents systèmes de mesure se caractérisent notamment par la distinction qu'ils font entre le bien-être « ici et maintenant » et le stock de ressources qui aura une incidence sur le bien-être des générations futures « plus tard ». Plusieurs d'entre eux vont au-delà d'une simple mesure du niveau des stocks pour évaluer la manière dont ceux-ci sont gérés et entretenus ou dans quelle mesure ils sont menacés. Compte tenu du fait que la préservation du bien-être dans le temps constitue un défi mondial et une responsabilité partagée, nombre des méthodes utilisées insistent également sur la nécessité de cerner les retombées que les mesures prises dans un pays peuvent avoir sur le bien-être des habitants d'autres pays, en d'autres termes le bien-être « ailleurs ».

Source : Comment va la vie ? : Mesurer le bien-être (OCDE, 2011 ; 2013a).

Bien-être actuel : comment va la vie dans les pays de l'OCDE ?

Selon les dernières données disponibles, l'habitant moyen de l'OCDE dispose d'un revenu des ménages annuel par habitant égal à 27 000 USD (revenu des ménages par habitant, après impôts et transferts)[1], et d'un patrimoine financier net des ménages (par habitant) égal à plus de deux fois ce montant. Dans la zone de l'OCDE, environ les deux tiers des personnes âgées de 15 à 64 ans occupent un emploi, mais 1 actif sur 38 est au chômage depuis un an ou plus. Le revenu d'activité brut annuel s'élève à 40 600 USD par salarié à plein-temps en moyenne et certains travailleurs ont une durée de travail très longue, un salarié sur huit travaillant de manière habituelle 50 heures par semaine voire plus. Les travailleurs qui occupent un emploi à plein-temps consacrent en moyenne un peu moins de 15 heures par jour aux loisirs et aux activités personnelles, heures de sommeil comprises. Le ménage moyen de l'OCDE consacre chaque année 20 % de son revenu disponible ajusté brut à ses dépenses de logement. Le logement moyen compte plus de pièces que d'habitants (environ 1.7 pièce par personne), même si dans dix pays de l'OCDE, plus de 2 % de la population n'ont toujours pas accès à des WC intérieurs réservés au seul usage du ménage. Environ 80 % de la population des pays de l'OCDE se disent satisfaits de la qualité de l'eau dans la région où ils vivent, mais 40 % seulement de cette population vivent dans un lieu où l'exposition annuelle à la pollution de l'air par les particules fines ($PM_{2.5}$) est inférieure au seuil de 10 microgrammes par mètre cube ($\mu g/m^3$) défini par l'Organisation mondiale de la santé (OMS).

Dans plus des deux tiers des pays de l'OCDE, un enfant né aujourd'hui peut espérer vivre jusqu'à 80 ans au moins. Par ailleurs, 69 % des adultes estiment que leur état de santé est « bon » voire « très bon ». Chaque année, un adulte sur 25 déclare avoir été victime d'une agression et une personne sur 25 000 décède dans la zone de l'OCDE à la suite d'une agression. Seulement deux tiers des individus indiquent se sentir en sécurité lorsqu'ils marchent seuls la nuit dans leur quartier. Les personnes qui ont le droit de vote n'utilisent pas toutes ce droit : environ 68 % des citoyens inscrits sur les listes électorales ont voté à l'occasion de l'élection la plus récente. Dans la zone de l'OCDE, un peu plus des trois quarts des personnes âgées de 25 à 64 ans ont un niveau d'études au moins égal au deuxième cycle du secondaire. La plupart des habitants de l'OCDE estiment avoir un ami ou un proche sur qui compter en cas de problème mais une personne sur huit environ n'est pas dans ce cas. Chaque jour dans la zone de l'OCDE, près de 25 % des habitants ressentent plus de colère, inquiétude et tristesse que de plaisir et d'autres experiences positives comme la détente, le sourire et le rire. Enfin, invité à évaluer sa satisfaction globale à l'égard de l'existence, l'habitant moyen de l'OCDE choisit une note légèrement supérieure à 7 sur 10.

L'« habitant moyen de l'OCDE » est, à l'évidence, une construction statistique : il donne une image synthétique de ce que vit la population dans son ensemble, mais cette image peut fort bien ne pas correspondre à la réalité vécue par la majorité des individus. En fait, les conditions de vie et les expériences de la population sont très variables, tant au sein d'un même pays qu'entre les pays. La suite de cette section est consacrée aux différences de bien-être constatées entre les pays, tandis que la section suivante décrit de manière plus détaillée les caractéristiques du bien-être *au sein* même des pays.

Le bien-être est, par définition, un concept multidimensionnel, dont il est par conséquent difficile de faire une description synthétique et succincte. Il n'est pas aisé de déterminer qui « dispose » de bien-être et qui en « manque », que ce soit au niveau individuel ou national. Le chapitre 2 présente plus de 30 indicateurs qui permettent de mesurer, dans 36 pays, le bien-être selon les 11 dimensions figurant sur le graphique 1.1. La présente section décrit les tendances générales observées pour un plus petit nombre d'indicateurs, dits « principaux ». Elle montre que les pays n'ont pas tous les mêmes forces et les mêmes faiblesses en matière de bien-être et que chaque pays a des domaines dans lesquels il obtient de bons résultats et d'autres dans lesquels il fait moins bien. À noter que des pays très proches en termes de PIB par habitant enregistrent parfois des résultats très différents dans diverses dimensions du bien-être – ce qui confirme à quel point il est important d'accorder davantage d'attention aux nombreux facteurs qui, *outre* le PIB, déterminent la situation d'un pays sur le plan du bien-être.

L'analyse présentée ci-après repose sur les dernières données disponibles pour calculer les indicateurs « principaux », qui étaient également présentés dans les précédentes éditions de *Comment va la vie ?* (OCDE, 2011 et 2013a ; tableau 1.1). Ces indicateurs ont été sélectionnés sur la base de plusieurs critères, qui ont trait à la fois à leur pertinence pour l'évaluation du bien-être (ils doivent, par exemple, présenter une validité apparente, être axés sur les individus ou les

Tableau 1.1. **Indicateurs principaux du bien-être actuel**

Dimension du bien-être	Concept	Indicateur	Année*	Unité de mesure
Revenu et patrimoine	Revenu des ménages	Revenu disponible ajusté net des ménages	2013	USD aux PPA de 2010, par habitant
	Patrimoine financier	Patrimoine financier net des ménages	2013	USD aux PPA courantes, par habitant
Emplois et salaires	Emploi	Taux d'emploi	2014	Salariés de 15 à 64 ans, en pourcentage de la population du même âge
	Salaire	Salaire annuel brut moyen par salarié à plein-temps	2013	USD aux PPA de 2013
	Sécurité de l'emploi	Probabilité d'entrer dans le chômage	2014	Flux annuel d'entrées dans le chômage (en points de pourcentage)
	Chômage de longue durée	Taux de chômage de longue durée	2014	Pourcentage de la population active au chômage depuis un an ou plus
Équilibre vie professionnelle-vie privée	Durée de travail	Salariés ayant une durée de travail très longue	2013	Pourcentage de salariés travaillant habituellement 50 heures par semaine ou plus
	Temps de loisir	Temps consacré aux loisirs et aux occupations personnelles	Diverses années	Heures par jour, travailleurs à plein-temps uniquement
Logement	Nombre de pièces par personne	Nombre de pièces par personne	2013	Nombre moyen de pièces par personne (hors salle de bain, toilettes, cuisine, arrière-cuisine/buanderie et garages)
	Accessibilité financière du logement	Dépenses de logement	2012	Pourcentage du revenu disponible ajusté brut des ménages consacré au logement et à son entretien
	Équipements sanitaires de base	Logements dépourvus d'équipements sanitaires de base	2013	Pourcentage de personnes vivant dans un logement dépourvu de WC intérieurs réservés au seul usage du ménage
Qualité de l'environnement	Qualité de l'eau	Satisfaction à l'égard de la qualité de l'eau	2014	Pourcentage de personnes satisfaites au sein de la population totale
	Qualité de l'air ($PM_{2.5}$)	Exposition annuelle à la pollution de l'air par les particules fines ($PM_{2.5}$)	Moyenne sur 2010-12	Exposition aux concentrations de $PM_{2.5}$ pondérée par la population, microgrammes par mètre cube
État de santé	Espérance de vie	Espérance de vie à la naissance	2013	Nombre d'années pendant lesquelles un nouveau-né peut espérer vivre
	Santé perçue	État de santé perçu	2013	Pourcentage d'adultes se déclarant en « bonne » ou « très bonne » santé
Éducation et compétences	Niveau d'études	Niveau d'études de la population adulte	2013	Pourcentage d'adultes de 24 à 64 ans titulaires d'un diplôme du deuxième cycle du secondaire au minimum
	Compétences cognitives	Compétences cognitives des élèves de 15 ans	2012	Scores moyens en compréhension de l'écrit, en mathématiques et en sciences mesurés dans le cadre du Programme international pour le suivi des acquis des élèves (PISA) de l'OCDE
	Compétences des adultes	Compétences de la population adulte âgée de 16 à 65 ans	2012	Scores moyens en littératie et en numératie mesurés dans le cadre du Programme international pour l'évaluation des compétences des adultes (PIAAC) de l'OCDE
Liens sociaux	Soutien social	Soutien du réseau social perçu	2014	Pourcentage de personnes déclarant avoir des proches ou des amis sur qui compter en période difficile
Engagement civique et gouvernance	Taux de participation électorale	Taux de participation électorale	2014	Pourcentage de votants au sein de la population inscrite sur les listes électorales
Sécurité personnelle	Mortalité par agression	Décès par agression	2012	Taux normalisé selon l'âge, pour 100 000 habitants
	Victimisation autodéclarée	Agressions autodéclarées	2010	Pourcentage de personnes déclarant avoir été victimes d'une agression au cours des 12 derniers mois
Bien-être subjectif	Satisfaction à l'égard de l'existence	Satisfaction à l'égard de l'existence	2014	Valeurs moyennes indiquées sur « l'échelle de Cantril », échelle graduée de 0 à 10, de la meilleure à la pire existence possible.

* Dans un petit nombre de pays, la dernière année pour laquelle des données sont disponibles est antérieure à celle indiquée.

ménages, porter sur des résultats synthétiques plutôt que sur les intrants et les extrants) ainsi qu'à leur qualité et à l'existence de données pour les calculer (ils doivent, par exemple, reposer sur des définitions couramment admises et des méthodes de recueil des données permettant des comparaisons, être produits suffisamment souvent et être d'une actualité acceptable, et pouvoir être calculés pour la grande majorité des pays de l'OCDE ; voir OCDE 2011a et 2013a pour de plus amples informations). Même si la plupart des indicateurs principaux satisfont à la majorité de ces critères, des travaux sont menés pour élaborer des outils de mesure de meilleure qualité (voir ci-après et chapitre 2). Lorsque les statistiques officielles nécessaires pour remplir les critères précités n'étaient pas disponibles pour tous les pays, des indicateurs issus de sources de données non officielles ont été utilisés en guise de solution de substitution ; ce fut le cas pour les liens sociaux, la qualité de l'eau, la victimisation autodéclarée et le bien-être subjectif. La nécessité de disposer de données pour la zone de l'OCDE dans son ensemble demeure une contrainte importante pour le choix des indicateurs, et ceux-ci s'amélioreront encore à mesure que des statistiques plus appropriées et se prêtant mieux aux comparaisons seront disponibles.

Forces et faiblesses en matière de bien-être de pays affichant différents niveaux de PIB par habitant

Pour faire une description réellement multidimensionnelle du bien-être, il importe de savoir *quels pays* obtiennent de bons résultats dans *quelles dimensions* du bien-être. L'annexe 1.A (graphique 1.A.1) présente une analyse détaillée, par pays et par indicateur, de ces forces et faiblesses. Il ressort de cette analyse que si certains pays font mieux que d'autres dans les diverses dimensions, aucun ne réussit dans tous les domaines : lorsqu'un éventail très large de résultats est pris en compte, chaque pays a des points forts dans certains domaines et des points faibles dans d'autres. Alors que l'annexe 1.A brosse un tableau synthétique du bien-être en regroupant les pays par grandes catégories géographiques, la section qui suit compare, pour donner une image plus globale, les forces et faiblesses de pays qui ont un niveau de développement économique similaire – qui se situent dans le tiers supérieur, intermédiaire ou inférieur du classement des pays de l'OCDE en fonction de leur PIB par habitant en 2013 (voir l'encadré 1.2).

Encadré 1.2. **Comparer les forces et faiblesses en matière de bien-être pour différents niveaux de PIB par habitant**

Les analyses présentées par les graphiques 1.2 à 1.4 (ci-après) portent sur la performance *relative* de différents pays de l'OCDE en matière de bien-être. Les indicateurs retenus sont les indicateurs « principaux » présentés dans le tableau 1.1. Dans un premier temps, les scores obtenus par les pays pour chaque indicateur ont été classés dans l'ordre décroissant. Le résultat obtenu est considéré comme une « force » relative si le pays concerné se trouve dans le tiers supérieur du classement, comme « intermédiaire » si le pays se situe dans le tiers moyen et comme une « faiblesse » relative si le pays se trouve dans le tiers inférieur. Certains résultats n'ont pas pu être calculés pour certains pays parce que les données nécessaires n'étaient pas disponibles. C'est notamment le cas des compétences des adultes (PIAAC) et du temps de loisir (temps consacré aux loisirs et aux activités personnelles), qui sont particulièrement touchés par cette couverture insuffisante des données. En pareils cas, les forces et faiblesses ont été déterminées *sur la base des seuls pays pour lesquels des données étaient disponibles*. Par conséquent, lorsque par example seulement 21 pays sont couverts, le tiers supérieur correspond aux sept premiers de ces pays.

Les graphiques 1.2 à 1.4 présentent de manière synthétique ces forces et ces faiblesses pour trois groupes de pays, constitués en fonction du niveau de PIB par habitant en 2013 (exprimé en USD aux PPA courantes ; les données proviennent de OCDE, 2015a). Le graphique 1.2 présente les forces et faiblesses relatives des 12 pays qui se situent dans le tiers supérieur du classement des pays de l'OCDE en fonction du PIB par habitant (ce qui correspond à un PIB par habitant compris entre 91 000 USD, au Luxembourg, et 43 000 USD, au Canada). Le graphique 1.3 présente les forces et faiblesses des 11 pays situés dans le tiers

Encadré 1.2. **Comparer les forces et faiblesses en matière de bien-être pour différents niveaux de PIB par habitant** *(suite)*

intermédiaire du classement (PIB par habitant compris entre 42 000 USD, en Islande, et 32 500, en Israël). Enfin, le graphique 1.4 décrit les forces et faiblesses des 11 pays qui se trouvent dans le tiers inférieur du classement (avec un PIB par habitant compris entre 28 900 USD, en Slovénie, et 16 900 USD, au Mexique).

Bien que les pays affichant un PIB par habitant plus élevé obtiennent de meilleurs résultats dans nombre de dimensions du bien-être, les graphiques 1.2 à 1.4 montrent aussi qu'un PIB élevé ne garantit pas un bien-être élevé dans tous les domaines de l'existence. Il arrive que des pays disposant de ressources économiques très semblables affichent des scores très différents dans certaines dimensions du bien-être. Il est permis d'en déduire qu'*outre* le PIB, divers facteurs peuvent déterminer le niveau de bien-être observé dans un pays donné. L'autre conclusion à retenir est que des pays au même niveau de développement peuvent s'inspirer les uns des autres par rapport aux « bonnes pratiques » de bien-être.

La position d'un pays par rapport aux autres pays de l'OCDE ne constitue bien sûr qu'un aspect de sa performance globale en matière de bien-être, et si la méthode qui consiste à comparer les forces et faiblesses des pays peut apporter un éclairage, elle n'en présente pas moins des limites évidentes. Ainsi, pour le classement des pays selon leur PIB comme selon leurs résultats en matière de bien-être, il est arbitraire de définir des tiers supérieur, intermédiaire et inférieur, aucune donnée empirique ne justifiant le choix de ces seuils. De plus, ce type d'analyse ne permet pas de mettre en évidence les dimensions du bien-être dans lesquelles tous les pays rencontrent des difficultés (même si certains en éprouvent plus que d'autres) et celles dans lesquelles tous obtiennent généralement de bons résultats, par rapport à ce qu'attend la population ou à certains objectifs de politique publique. Il serait également utile, à l'avenir, de développer une analyse similaire sur les inégalités en matière de bien-être et sur l'évolution du bien-être au fil du temps.

Forces et faiblesses en matière de bien-être des pays de l'OCDE affichant un PIB par habitant élevé

Les pays qui affichent un PIB par habitant élevé (c'est-à-dire qui se situent dans le tiers supérieur du classement des pays de l'OCDE en fonction du PIB par habitant – Luxembourg, Norvège, Suisse, États-Unis, Pays-Bas, Irlande, Autriche, Australie, Suède, Danemark, Allemagne et Canada) enregistrent en moyenne de bons résultats sur le plan du bien-être. Comme le montre le graphique 1.2, ils obtiennent des résultats particulièrement bons en ce qui concerne le salaire, la qualité de l'eau, le revenu disponible ajusté net des ménages et le nombre de pièces par personne – qui constituent une force dans au moins les deux tiers des cas (et qui ne constituent une véritable faiblesse dans aucun de ces pays). Dans plus de la moitié des pays où le PIB par habitant est élevé, la santé perçue, les équipements sanitaires de base, le patrimoine financier net, l'emploi, la satisfaction à l'égard de l'existence et la durée du travail sont également des forces.

Un PIB par habitant élevé ne garantit cependant pas une performance élevée pour tous les indicateurs de bien-être. Ainsi, la sécurité de l'emploi (mesurée par la probabilité d'entrer dans le chômage) et la victimisation autodéclarée ne sont des forces que dans 4 pays sur les 12 dont le PIB par habitant est élevé. De plus, les compétences des adultes et le temps de loisir (temps consacré aux loisirs et aux activités personnelles) ne font partie des forces que dans un tiers des pays qui affichent un PIB par habitant élevé et pour lesquels des données sont disponibles. En réalité, le temps de loisir, la sécurité de l'emploi et l'espérance de vie sont souvent des faiblesses dans ces pays – trois d'entre eux au moins se situant dans le tiers inférieur du classement selon les scores obtenus pour ces indicateurs. En outre, la durée de travail, l'accessibilité financière du logement, la mortalité par agression, la victimisation autodéclarée et le taux de participation électorale sont des faiblesses dans au moins deux pays dont le PIB est élevé.

Graphique 1.2. **Forces et faiblesses en matière de bien-être des pays de l'OCDE affichant un PIB par habitant élevé**

Nombre de pays présentant des forces, des faiblesses et obtenant des résultats intermédiaires, dernière année pour laquelle des données sont disponibles

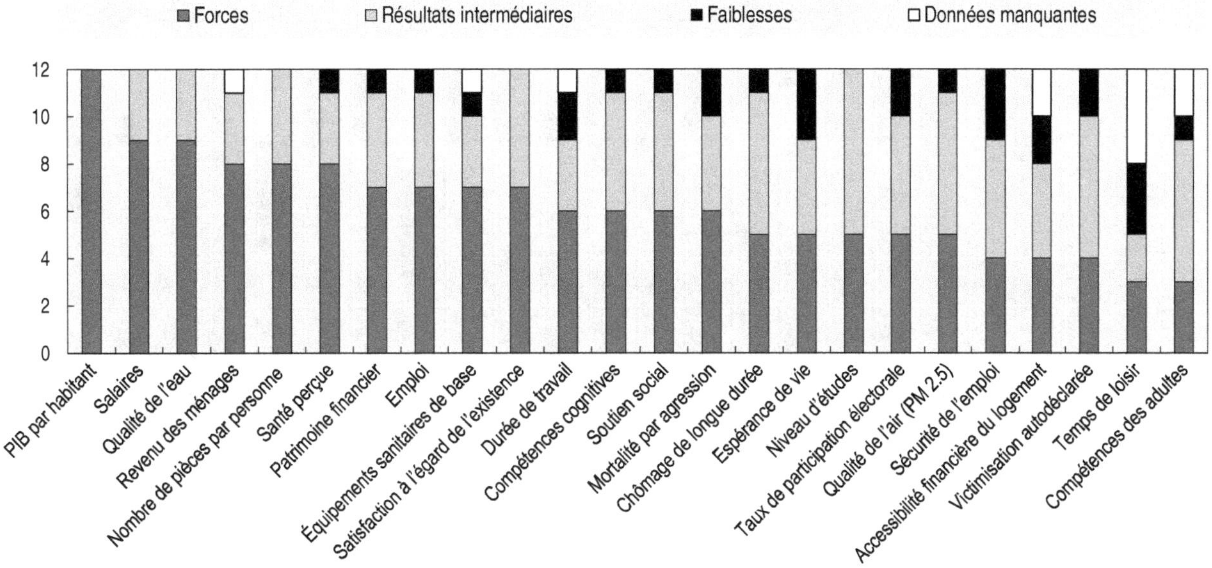

Note : Les pays affichant un PIB par habitant élevé (en USD) en 2013 sont ceux situés dans le tiers supérieur du classement des pays de l'OCDE en fonction du PIB par habitant (Luxembourg, Norvège, Suisse, États-Unis, Pays-Bas, Irlande, Autriche, Australie, Suède, Danemark, Allemagne et Canada). Pour les indicateurs de bien-être figurant en abscisse, les « forces » correspondent à des résultats situés dans le tiers supérieur du classement de l'ensemble des pays de l'OCDE (34 pays) et les « faiblesses » à des résultats situés dans le tiers inférieur de ce classement.

StatLink http://dx.doi.org/10.1787/888933277927

Forces et faiblesses en matière de bien-être des pays de l'OCDE affichant un PIB par habitant moyen

Un PIB par habitant moyen ne va pas toujours de pair avec des résultats moyens sur le plan du bien-être. Ainsi, les pays situés dans le tiers intermédiaire du classement selon le PIB par habitant (Islande, Belgique, Finlande, Royaume-Uni, France, Japon, Nouvelle-Zélande, Italie, Espagne, Corée et Israël) affichent une performance très contrastée pour les différents indicateurs principaux. Plus de la moitié d'entre eux (6 sur 11) ont pour forces l'espérance de vie et la victimisation autodéclarée, et dans 5 pays sur 11, le patrimoine financier net, le taux de participation électorale, la mortalité par agression, le nombre de pièces par personne, le soutien social et le chômage de longue durée sont des forces.

Parmi les domaines dans lesquels les pays dont le PIB par habitant est moyen rencontrent des difficultés figurent le niveau d'études et les compétences des adultes, qui représentent une faiblesse pour environ 60 % de ces pays. La durée de travail et l'accessibilité financière du logement sont aussi des faiblesses pour la moitié des pays. De surcroît, plus d'un tiers des pays obtiennent un score peu satisfaisant s'agissant de la victimisation autodéclarée, du chômage de longue durée, de la sécurité de l'emploi, des équipements sanitaires de base, de la qualité de l'air et de la qualité de l'eau. À l'inverse, le revenu des ménages, le patrimoine financier net et l'espérance de vie ne constituent une faiblesse relative pour aucun des pays caractérisés par un PIB par habitant moyen.

Graphique 1.3. **Forces et faiblesses en matière de bien-être des pays de l'OCDE affichant un PIB par habitant moyen**

Nombre de pays présentant des forces, des faiblesses et obtenant des résultats intermédiaires, dernière année pour laquelle des données sont disponibles

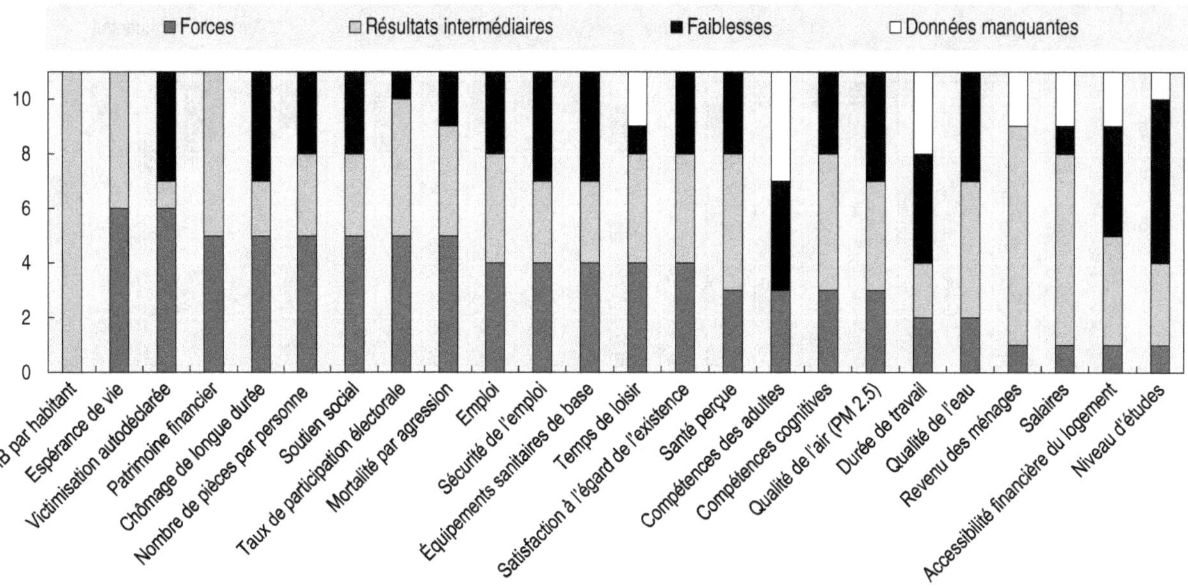

Note : Les pays affichant un PIB par habitant moyen (en USD) en 2013 sont ceux situés dans le tiers intermédiaire du classement des pays de l'OCDE en fonction du PIB par habitant (Islande, Belgique, Finlande, Royaume-Uni, France, Japon, Nouvelle-Zélande, Italie, Espagne, Corée et Israël). Pour les indicateurs de bien-être figurant en abscisse, les « forces » correspondent à des résultats situés dans le tiers supérieur du classement de l'ensemble des pays de l'OCDE (34 pays) et les « faiblesses » à des résultats situés dans le tiers inférieur de ce classement.

StatLink http://dx.doi.org/10.1787/888933277934

Forces et faiblesses en matière de bien-être des pays de l'OCDE affichant un PIB par habitant faible

Les pays situés dans le tiers inférieur du classement des pays de l'OCDE selon le PIB par habitant (Slovénie, République tchèque, Portugal, République slovaque, Estonie, Grèce, Pologne, Hongrie, Chili, Turquie et Mexique) affichent des scores plus faibles pour tous les indicateurs principaux (graphique 1.4). Des exceptions doivent cependant être signalées. Près de la moitié des pays de ce groupe pour lesquels des données sont disponibles ont des points forts dans les domaines du niveau d'études et de l'accessibilité financière du logement, et environ un quart des pays dans ceux de la sécurité de l'emploi et la qualité de l'air. Enfin, la durée du travail et les compétences cognitives des élèves de quinze ans constituent des forces pour 2 pays sur 11.

Les pays de ce groupe se heurtent à des difficultés communes en matière de bien-être. En toute logique, le revenu des ménages et le salaire constituent des faiblesses pour la totalité d'entre eux. Plus des deux tiers de ces pays ont également des points faibles dans les indicateurs du patrimoine financier net, du taux de participation électorale, de la satisfaction à l'égard de l'existence, de l'espérance de vie et du nombre de pièces par personne. En revanche, l'accessibilité financière du logement et la sécurité de l'emploi ne sont des faiblesses que pour environ un tiers des pays à bas revenu. À noter que l'on manque de données sur les compétences des adultes et le temps de loisir pour beaucoup de pays de ce groupe.

Graphique 1.4. **Forces et faiblesses en matière de bien-être des pays de l'OCDE affichant un PIB par habitant faible**

Nombre de pays présentant des forces, des faiblesses et obtenant des résultats intermédiaires, dernière année pour laquelle des données sont disponibles

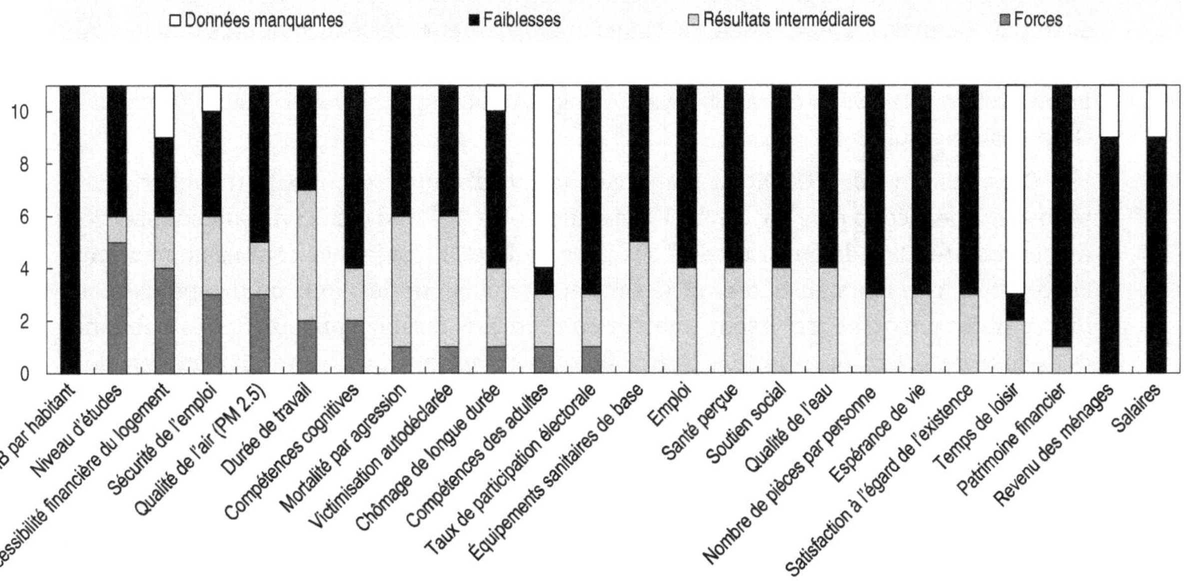

Note : Les pays affichant un PIB par habitant faible (en USD) en 2013 sont ceux situés dans le tiers inférieur du classement des pays de l'OCDE en fonction du PIB par habitant (Slovénie, République tchèque, Portugal, République slovaque, Estonie, Grèce, Pologne, Hongrie, Chili, Turquie et Mexique). Pour les indicateurs de bien-être figurant en abscisse, les « forces » correspondent à des résultats situés dans le tiers supérieur du classement de l'ensemble des pays de l'OCDE (34 pays) et les « faiblesses » à des résultats situés dans le tiers inférieur de ce classement.

StatLink http://dx.doi.org/10.1787/888933277942

Au-delà de la situation moyenne, comment les résultats en matière de bien-être sont-ils répartis entre les différentes catégories de la population ?

Bien que le manque de données fasse souvent obstacle à une analyse précise de la répartition du bien-être, le chapitre 2 décrit certaines disparités observées en la matière – notamment les écarts liés au niveau d'études, au revenu, au sexe et à l'âge. Alors que l'édition 2013 de *Comment va la vie ?* (OCDE, 2013a) s'était plus particulièrement penchée sur les disparités entre les sexes, la présente édition examine de manière plus précise les différences liées à l'âge, complétant les données sur le bien-être des enfants présentées dans le chapitre 4. À cet égard, il convient de garder à l'esprit qu'aucune distinction n'est faite entre les différences liées à l'âge proprement dit (par exemple les différences dues au vieillissement de la population ou aux changements survenant dans la vie) et celles imputables aux effets de génération (en lien avec ce que vivent les individus nés à une époque particulière). De plus, les personnes qui se trouvent à des étapes différentes de leur existence ont souvent des conditions de vie différentes, par exemple sur les plans du revenu, des relations sociales et de l'état de santé. Par conséquent, les écarts liés à l'âge ne sont pas toujours directement dus à l'âge lui-même et doivent être interprétés à la lumière de divers autres facteurs variant avec l'âge.

La situation des jeunes sur le marché du travail s'est particulièrement dégradée pendant les premières années de la crise financière (OCDE, 2013b ; 2014a), et cette tendance s'est poursuivie ces dernières années. Ainsi, dans les deux tiers des pays de l'OCDE, les jeunes (15-24 ans) sont actuellement plus exposés au risque de chômage de longue durée que les travailleurs d'âge très actif (25-54 ans), le taux de chômage de longue durée étant plus de deux fois plus élevé parmi les jeunes que parmi les travailleurs d'âge très actif dans plusieurs pays (Belgique, Hongrie, Australie, Luxembourg, Royaume-Uni et Italie, par exemple). De plus, les jeunes de 15 à 24 ans ont également été beaucoup plus touchés que les travailleurs d'âge très actif par la forte hausse du chômage de longue durée survenue entre 2009 et 2014 dans certains pays (Portugal, République slovaque, Italie, Espagne et Grèce, par exemple).

Dans les pays de l'OCDE, la jeune génération d'adultes en âge de travailler a une probabilité beaucoup plus forte que la génération plus âgée d'avoir suivi le deuxième cycle du secondaire. Dans la quasi-totalité des pays de l'OCDE, les jeunes sont également plus susceptibles que leurs aînés d'avoir le sentiment qu'ils ont des amis ou des proches sur qui compter lorsqu'ils traversent une période difficile. En moyenne, 93 % des habitants de la zone de l'OCDE âgés de 15 à 29 ans indiquent avoir quelqu'un sur qui compter, alors que ce pourcentage n'est que de 87 % parmi les plus de 50 ans. Les différences liées à l'âge en matière de soutien social perçu sont particulièrement fortes en Turquie, en Corée, au Chili, en Grèce et au Portugal, tandis qu'elles sont très faibles au Canada, en Australie, en Nouvelle-Zélande, au Royaume-Uni, au Danemark, en Islande et en Irlande. De plus, les personnes de 50 ans et plus sont aussi moins susceptibles que les autres adultes de se sentir en sécurité lorsqu'elles marchent seules la nuit dans leur quartier : environ 75 % des adultes de 15 à 29 ans et de 30 à 49 ans déclarent en effet se sentir en sécurité, contre seulement 68 % des adultes de plus de 50 ans.

S'agissant du bien-être subjectif, les différences liées à l'âge varient sensiblement d'un pays à l'autre. Dans plusieurs pays d'Europe du Sud et de l'Est, les personnes plus âgées tendent à être moins satisfaites de leur existence et à ressentir, au quotidien, davantage d'émotions et sentiments négatifs[2]. À l'inverse, dans beaucoup de pays d'Europe du Nord et de pays anglophones, ce sont les personnes d'âge moyen (30-49 ans) qui affichent le niveau de bien-être subjectif le plus faible, alors que ce niveau est le même chez les personnes de plus de 50 ans et chez celles de 15 à 29 ans. Dans certains pays de l'OCDE, le bien-être subjectif varie cependant très peu en fonction de l'âge. Tel est notamment le cas de la satisfaction à l'égard de l'existence dans beaucoup de pays nordiques.

Le chapitre 2 examine également l'écart entre hommes et femmes dans les domaines du chômage de longue durée, de l'équilibre entre vie professionnelle et vie privée et de la sécurité personnelle. La situation à cet égard varie selon les pays, tant en termes d'ampleur que de direction de l'écart (la différence porte alors sur la question de savoir si ce sont les hommes qui font mieux que les femmes ou l'inverse dans un domaine donné). Dans la zone de l'OCDE dans son ensemble, le risque de chômage de longue durée est désormais identique pour les hommes et les femmes ; les hommes sont plus susceptibles que les femmes de travailler régulièrement 50 heures par semaine ou plus mais les femmes consacrent généralement moins de temps que les hommes à leurs loisirs et activités personnelles (ce qui signifie qu'elles ont un nombre total d'heures de travail – rémunéré et non rémunéré – beaucoup plus élevé que les hommes). Dans tous les pays de l'OCDE, un homme qui travaille toute l'année à plein-temps est mieux rémunéré qu'une femme, les femmes percevant en moyenne 85 cents environ quand les hommes gagnent un dollar.[3] De même, dans tous les pays de l'OCDE, les femmes sont moins nombreuses que les hommes à se sentir en sécurité lorsqu'elles marchent seules la nuit dans le quartier où elles vivent, et les hommes affichent une mortalité par agression plus élevée.

Si l'intérêt de suivre des études est souvent décrit en termes d'emploi et de salaire, les personnes qui ont un niveau d'études plus élevé sont également en meilleure santé et manifestent un engagement civique plus fort (voir chapitre 5) ; elles se sentent davantage soutenues par leurs proches et amis et sont globalement plus satisfaites de leur existence. Comme pour les autres formes d'inégalités de bien-être, l'ampleur des écarts liés au niveau d'études varie d'un pays à l'autre. Ainsi, dans les 15 pays de l'OCDE pour lesquels des données sont disponibles, un homme de 30 ans titulaire d'un diplôme de l'enseignement supérieur peut espérer vivre 8 années de plus, en moyenne, qu'un homme qui n'a pas suivi le deuxième cycle du secondaire. Cependant, cet écart est compris entre 18 et 4 ans selon le pays.

Enfin, il existe également de fortes disparités entre les pays de l'OCDE s'agissant des inégalités de revenu mesurées par l'indice de Gini et le rapport interdécile (S90/S10)[4]. Par exemple, le rapport entre la part du revenu des 10 % de ménages les plus riches et celle des 10 % de ménages les plus modestes est plus de trois fois plus élevé aux États-Unis, au Chili et au Mexique qu'au Danemark, en République tchèque, en Slovénie, en Finlande et en Islande, ce qui témoigne d'une concentration du revenu beaucoup plus forte dans le premier groupe de pays que dans le second. De nouvelles données de l'OCDE relatives à la répartition du patrimoine net des ménages (y compris du patrimoine non financier) révèlent que le patrimoine est beaucoup plus inégalement réparti que le revenu : dans les 18 pays pour lesquels des données sur le patrimoine net sont disponibles, le décile supérieur représente 25 % de l'ensemble des revenus des ménages mais environ 50 % du patrimoine des ménages.

Comment la vie a-t-elle évolué ces dernières années ?

Le bien-être matériel s'est amélioré pour les uns et dégradé pour les autres

L'habitant moyen de l'OCDE n'a vu son bien-être matériel se redresser que lentement depuis les premières années de la crise financière. Le patrimoine financier net moyen des ménages a certes augmenté dans l'ensemble de l'OCDE par rapport au plus profond de la crise, mais en 2013, le revenu disponible ajusté des ménages n'avait, en moyenne, augmenté que de 1.9 % en termes réels par rapport à 2009. De même, en 2013, le salaire brut annuel moyen n'avait progressé que de 2.3 % par rapport à 2009, tandis qu'en 2014, le taux de chômage était supérieur d'environ un point à ce qu'il était en 2009. En 2014, le taux de chômage restait supérieur à son niveau de 2009 dans plus des deux tiers des pays de l'OCDE. En outre, en 2013, la probabilité d'entrer dans le chômage avait augmenté de 1.8 point de pourcentage par rapport à 2009.

Toutefois, dans la pratique, ces tendances moyennes dissimulent de fortes disparités entre les pays en matière d'évolution du bien-être matériel. En Italie, en Espagne, au Portugal et en Grèce, le revenu, l'emploi et les salaires ont régressé par rapport à 2009, tandis que le chômage de longue durée a fortement augmenté de même que les dépenses de logement en pourcentage du revenu total et la probabilité d'entrer dans le chômage (sauf en Espagne, où cette probabilité était déjà plus de deux fois supérieure à la moyenne de l'OCDE en 2009). L'Irlande, les Pays-Bas, le Danemark et la Slovénie ont également vu tous les indicateurs de bien-être matériel se dégrader depuis 2009, notamment le chômage de longue durée, l'emploi, les salaires et (exception faite du Danemark) le revenu des ménages. En 2014, plus d'un quart des pays de l'OCDE affichaient un taux de chômage de longue durée et un risque d'entrer dans le chômage l'un et l'autre plus élevés qu'en 2009. Dans un tiers des pays, le revenu disponible ajusté net des ménages en termes réels et le salaire brut annuel moyen ont diminué entre 2009 et 2013. Parallèlement, le logement est devenu financièrement moins accessible dans la moitié des pays de l'OCDE. Entre 2011 et la dernière année pour laquelle des données sont disponibles (le plus souvent 2012), le rapport interdécile a augmenté aux États-Unis, au Royaume-Uni, en Italie, au Luxembourg, au Mexique et en Israël – ce qui signifie que la proportion du revenu total perçue par les 10 % de ménages les plus aisés est plus forte qu'auparavant. Au cours de la même période, l'indice de Gini des inégalités de revenu a augmenté aux États-Unis, en Nouvelle-Zélande et au Luxembourg, tandis qu'il a diminué en République slovaque et en Israël.

En Corée et en Allemagne, tous les aspects du bien-être matériel se sont améliorés par rapport à 2009 : le revenu des ménages, le patrimoine financier, l'emploi et les salaires ont progressé tandis que le chômage de longue durée, la probabilité d'entrer dans le chômage et le pourcentage de ménages dépourvus d'équipements sanitaires de base ont régressé. Au Mexique, le revenu des ménages par habitant a fortement augmenté et l'emploi a progressé, tandis que le chômage de longue durée, les dépenses de logement en pourcentage du revenu et la proportion de ménages dépourvus d'équipements sanitaires de base ont diminué ; le salaire moyen a cependant légèrement baissé. En Estonie, au Japon, au Canada et en Suède, le revenu des ménages, l'emploi, les salaires et le patrimoine financier ont progressé et la probabilité d'entrer dans le chômage a reculé ; en revanche, en Suède et au Canada (comme dans la majorité des pays de l'OCDE), le chômage de longue durée a augmenté entre 2009 et 2014. En Norvège, en Suisse et en Australie, le revenu des ménages et les salaires ont augmenté de plus de 3 % (en termes cumulés) entre 2009 et 2013. En Hongrie et en Turquie, l'emploi a connu une forte progression et le chômage de longue durée comme la probabilité d'entrer dans le chômage ont reculé ; toutefois, en Hongrie, le revenu des ménages n'a que peu augmenté et le salaire moyen a légèrement diminué (les données relatives à ces indicateurs ne sont pas disponibles pour la Turquie).

La qualité de vie a connu une évolution nuancée depuis 2009

Les données dont on dispose pour évaluer l'évolution dans le temps de la qualité de vie sont moins nombreuses, et celles qui existent dépeignent une situation nuancée. Dans le domaine de la santé, l'espérance de vie moyenne s'est allongée de 9 mois entre 2009 et 2013 dans la zone de l'OCDE et la santé perçue est demeurée relativement stable dans la plupart des pays. La proportion d'adultes (âgés de 25 à 64 ans) qui ont suivi au moins le deuxième cycle du secondaire a progressé de plus de trois points de pourcentage dans la zone de l'OCDE dans son ensemble. En revanche, le taux de participation électorale a perdu, en moyenne, plus de 5 points de pourcentage depuis 2007 et le pourcentage de personnes qui travaillent régulièrement plus de 50 heures par semaine a augmenté de plus de 0.5 point de pourcentage depuis 2009.

Au-delà de la situation moyenne de la zone de l'OCDE :

- Si l'espérance de vie a été globalement stable ou s'est allongée entre 2009 et 2013, elle a beaucoup plus augmenté dans certains pays que dans d'autres au cours de cette période. Les gains ont ainsi été compris entre quelques mois seulement en Islande, au Japon et en Allemagne (où l'espérance de vie était déjà de 80 ans ou plus en 2009) et plus de deux ans en Turquie et en Estonie (pays qui affichaient l'espérance de vie la plus courte au sein de la zone de l'OCDE).
- Les pays qui ont connu la plus forte augmentation (supérieure à cinq points de pourcentage) de la proportion d'adultes titulaires d'un diplôme du deuxième cycle de l'enseignement secondaire au minimum sont le Portugal, la Grèce, l'Islande, l'Irlande

et le Royaume-Uni – soit des pays qui se situaient aux environs ou au-dessous de la moyenne de l'OCDE dans ce domaine. C'est aux États-Unis, en République slovaque, en Allemagne et en Suisse que le niveau d'études a le moins progressé (de moins d'un point de pourcentage), c'est-à-dire dans des pays où ce niveau était déjà nettement supérieur à la moyenne de l'OCDE en 2009.

- Entre 2009 et 2013, la proportion de personnes travaillant régulièrement 50 heures par semaine ou plus a augmenté dans certains pays mais diminué dans d'autres. Elle a ainsi progressé d'environ un point de pourcentage au Royaume-Uni, en Irlande et en République slovaque, et de plus de quatre points de pourcentage au Portugal et au Chili. En revanche, elle a diminué de plus de deux points au Brésil, en République tchèque, en Israël et en Turquie.
- Le taux de participation électorale a reculé entre 2007 et 2014 dans environ deux tiers des pays de l'OCDE, et ce recul a été particulièrement marqué aux États-Unis, au Japon, en Grèce, en Slovénie, en Italie, au Portugal et en Espagne. Il est resté plus stable en Corée, en Pologne, au Royaume-Uni, en Israël et en Turquie.
- Entre 2009 et 2012, le nombre de décès consécutifs à une agression a augmenté au Mexique mais a diminué dans plusieurs autres pays, dont la Fédération de Russie, l'Estonie et le Chili.

Aucun pays n'a enregistré d'amélioration dans toutes les dimensions du bien-être depuis 2009 – même si les divers aspects du bien-être sont susceptibles d'évoluer à des rythmes différents. En Corée, les conditions matérielles se sont fortement améliorées ces cinq dernières années, mais la santé et le soutien social perçus se sont dégradés et les émotions et sentiments négatifs ont progressé par rapport aux émotions et sentiments positifs. Au Mexique, plusieurs dimensions du bien-être matériel se sont améliorées mais les salaires moyens et le soutien social perçu se sont légèrement dégradés, et la mortalité par agression a connu une forte hausse. L'Allemagne a vu de nombreuses dimensions du bien-être matériel s'améliorer mais a enregistré une évolution relativement limitée de la plupart des aspects relatifs à la qualité de la vie qu'il a été possible d'évaluer. En outre, le taux de participation électorale a reculé par rapport aux élections législatives de 2005.

Les pays les plus durement touchés par la crise (Grèce, Portugal, Italie et Espagne) sont aussi ceux qui ont enregistré les reculs les plus marqués dans diverses dimensions du bien-être depuis 2009. Plus que tout autre pays, la Grèce a vu l'ensemble des indicateurs de bien-être matériel se dégrader fortement mais a aussi enregistré un recul dans les domaines du bien-être subjectif (satisfaction à l'égard de l'existence et bilan des émotions) et de la participation électorale. Le pourcentage d'adultes titulaires d'un diplôme du deuxième cycle du secondaire a cependant augmenté et la proportion de logements dépourvus d'équipements sanitaires de base a régressé. Le Portugal a un profil identique, même si les indicateurs ont généralement moins reculé. Toutefois, la proportion de personnes travaillant 50 heures par semaine ou plus a quasiment doublé entre 2009 et 2013 (la hausse s'est établie à 4.4 points de pourcentage), tandis que l'augmentation a été moins spectaculaire en Grèce (environ 1 point de pourcentage).

Ressources pour le bien-être futur

Dans cette édition de *Comment va la vie ?*, l'OCDE présente pour la première fois un petit jeu d'indicateurs mesurant certains des facteurs susceptibles d'influencer le bien-être futur (chapitre 3). Les indicateurs présentés portent sur les ressources qui peuvent être mesurées aujourd'hui mais qui conditionnent les perspectives de bien-être s'offrant à la population à plus long terme. Ils mesurent quatre types de capital, à savoir les stocks de ressources naturelles, humaines, sociales et économiques qui peuvent jouer le rôle de réserves de « capital bien-être ». Les investissements réalisés dans ces ressources, l'épuisement de ces stocks et certains des facteurs de risque susceptibles d'influer sur leur stabilité et leur valeur sont également examinés. Ce jeu d'indicateurs provisoires constitue une application du cadre de mesure du développement durable recommandé par la Conférence des statisticiens européens (CEE-ONU, 2014), décrit dans l'édition 2013 de *Comment va la vie ?* (chapitre 6, OCDE, 2013a).

Les quelques indicateurs présentés dans le chapitre 3 ne permettent pas, à eux seuls, de décrire de manière exhaustive l'évolution que va connaître le bien-être, notamment au niveau de chaque pays. À cela s'ajoute que les données sont souvent très insuffisantes – en particulier celles nécessaires pour évaluer la variation des stocks de capital dans le temps et effectuer une comparaison de cette variation entre de nombreux pays. Celles qui sont actuellement disponibles permettent néanmoins de dégager de grandes tendances :

- S'agissant du ***capital naturel***, le risque de changement climatique continue de représenter une grave menace pour le bien-être futur. La concentration atmosphérique de gaz à effet de serre (GES) a connu une hausse rapide ces quarante dernières années, et la réduction des émissions de GES par habitant qui a eu lieu au cours de la décennie écoulée dans plusieurs pays de l'OCDE n'a pas été suffisante pour compenser l'augmentation de cette concentration à l'échelle mondiale. En outre, même si elle est examinée dans le cadre du bien-être actuel (chapitre 2), l'exposition chronique à la pollution de l'air par les particules fines ($PM_{2.5}$) menace elle aussi le bien-être futur. Selon les estimations, 40 % des habitants de la zone de l'OCDE vivent dans une région où l'exposition annuelle à cette forme de pollution est conforme aux valeurs recommandées, mais environ 42 millions d'habitants sont exposés à un niveau annuel de $PM_{2.5}$ compris entre 25 et 35 $\mu g/m^3$, soit un niveau très supérieur à ce qui est recommandé par l'OMS et par l'Union européenne. Les forêts rendent de nombreux services bénéfiques au bien-être humain, et la zone de l'OCDE abrite environ 25 % de la superficie forestière mondiale. Or, la superficie forestière moyenne pour 1 000 habitants a diminué de 7 % dans la zone de l'OCDE dans son ensemble depuis 2000, en raison, à la fois d'une légère diminution de la superficie couverte par les forêts et de l'augmentation de la population. À l'échelle mondiale, la perte nette de superficie forestière s'est établie à environ 5.2 millions d'hectares par an (ce qui représente peu ou prou la superficie du Costa Rica) entre 2000 et 2010 (FAO, 2010). En outre, la plupart des pays de l'OCDE sont également confrontés à un appauvrissement de la biodiversité, de nombreux mammifères, oiseaux et plantes vasculaires étant considérés comme des espèces menacées.
- Plusieurs composantes du stock de ***capital humain*** ont progressé ces dernières années. Ainsi, la proportion de personnes d'âge actif titulaires d'un diplôme du deuxième cycle du secondaire au moins a augmenté dans la majorité des pays de l'OCDE et l'espérance de vie s'est allongée partout. Néanmoins, l'augmentation du niveau d'études des 25-34 ans a commencé à marquer le pas voire à s'inverser dans certains pays, qui, de ce fait, rencontreront à l'avenir davantage de difficultés pour remplacer les compétences de la main-d'œuvre actuelle. Le chômage de longue durée a également des répercussions négatives sur le capital humain. Or, il a fortement augmenté dans le sillage de la crise dans plusieurs pays et demeurait plus élevé en 2014 qu'en 2009 dans les deux tiers des

pays de l'OCDE. Bien que l'espérance de vie continue de s'allonger dans l'ensemble de la zone de l'OCDE, certains facteurs de risque pourraient compromettre l'état de santé des générations futures. Ainsi, si le tabagisme est en recul dans la plupart des pays de l'OCDE depuis 2000, la progression du taux d'obésité observée quasiment partout risque de poser, à l'avenir, de nouveaux défis dans le domaine de la santé.

- Le ***capital social*** constitue la forme de capital pour laquelle il est le plus difficile de disposer de données de qualité. Certaines des données récentes les plus intéressantes sur la confiance du corps social ne sont disponibles que pour les pays européens. Ces données laissent penser qu'en Europe, la population fait davantage confiance au système judiciaire qu'à la police, qui inspire elle-même plus confiance que le système politique. La confiance envers autrui et envers les institutions est plus forte parmi les personnes aisées et celles qui ont un niveau d'études élevé et elle est beaucoup plus faible parmi les chômeurs que parmi les personnes qui travaillent, sont en retraite ou suivent des études ou une formation (Eurostat, 2015a). L'engagement civique est un indicateur du bien-être actuel mais peut aussi s'analyser comme une forme d'investissement dans le capital social. Or, d'après le taux de participation électoral, cet investissement est en baisse depuis 2007 : le taux de participation électorale a reculé dans 21 pays de l'OCDE sur 34 et ce recul s'établit en moyenne à 5 points de pourcentage. Le bénévolat joue également un rôle important dans la constitution de capital social. À cet égard, dans les pays de l'OCDE, environ un adulte sur trois a une activité bénévole par l'intermédiaire d'une association au moins une fois par an, ce qui a des effets économiques et sociaux non négligeables (cet aspect est développé plus longuement dans le chapitre 5).
- Le stock de ***capital économique*** est très variable d'un pays de l'OCDE à l'autre. Au niveau des ménages, le patrimoine financier net (hors patrimoine non financier) était plus élevé en 2013 qu'en 2009 dans la plupart des pays. L'endettement des ménages analysé séparément (en pourcentage du revenu net disponible) était, en moyenne, légèrement plus faible en 2013 qu'en 2007. Cette tendance moyenne dissimule cependant des disparités entre les pays. Au niveau de l'économie dans son ensemble, le stock d'actifs fixes nets par habitant a progressé entre 2005 et 2010 dans les 15 pays de l'OCDE pour lesquels existent des données permettant des comparaisons. Toutefois, à l'échelle de la zone de l'OCDE dans son ensemble, le taux d'investissement en capital fixe a fortement décru en 2008 et 2009. Il a renoué avec une croissance positive en 2010 mais reste faible. Au niveau de l'économie dans son ensemble, la situation financière par habitant a elle aussi suivi une trajectoire différente selon les pays ces dix dernières années, de même que le levier du secteur bancaire et la valeur financière nette du secteur des administrations publiques.

Quels sont les aspects du bien-être les plus importants et pour qui ?

À travers le site Internet de l'Indicateur du vivre mieux, l'OCDE permet aux internautes d'explorer certaines des statistiques sur le bien-être décrites dans le chapitre 2 au moyen de visualisations de données interactives (encadré 1.3). Désormais proposé en sept langues (anglais, français, allemand, italien, portugais, russe et espagnol), le site a été consulté plus de 7 millions de fois depuis sa création, en mai 2011. Il se distingue notamment par le fait qu'il permet aux utilisateurs de construire un indice personnalisé de bien-être général en accordant une note aux différentes dimensions du bien-être selon l'importance qu'elles revêtent pour eux. Les internautes peuvent ensuite savoir comment leur pays se situe globalement par rapport aux autres pour leur indicateur personnalisé.

Encadré 1.3. **Fonctionnement de l'Indicateur du vivre mieux**

Qu'est-ce qu'une vie meilleure pour vous ? À quelles dimensions du bien-être attachez-vous le plus d'importance ? L'Indicateur du vivre mieux est un site Internet interactif qui permet d'explorer des statistiques sur le bien-être dans les pays de l'OCDE, dans la Fédération de Russie et au Brésil. Comme décrit dans le chapitre 2, il repose sur 24 indicateurs principaux de bien-être regroupés en 11 indicateurs composites et normalisés correspondant aux 11 dimensions du cadre d'évaluation du bien-être défini par l'OCDE. Les internautes peuvent, à partir de ces 11 dimensions, construire leur propre indicateur synthétique au moyen de la barre d'outils qui apparaît du côté droit du graphique 1.5. Ils attribuent ainsi des pondérations aux différentes dimensions, en fonction de l'importance qu'ils leur accordent.

Graphique 1.5. **Indicateur du vivre mieux**

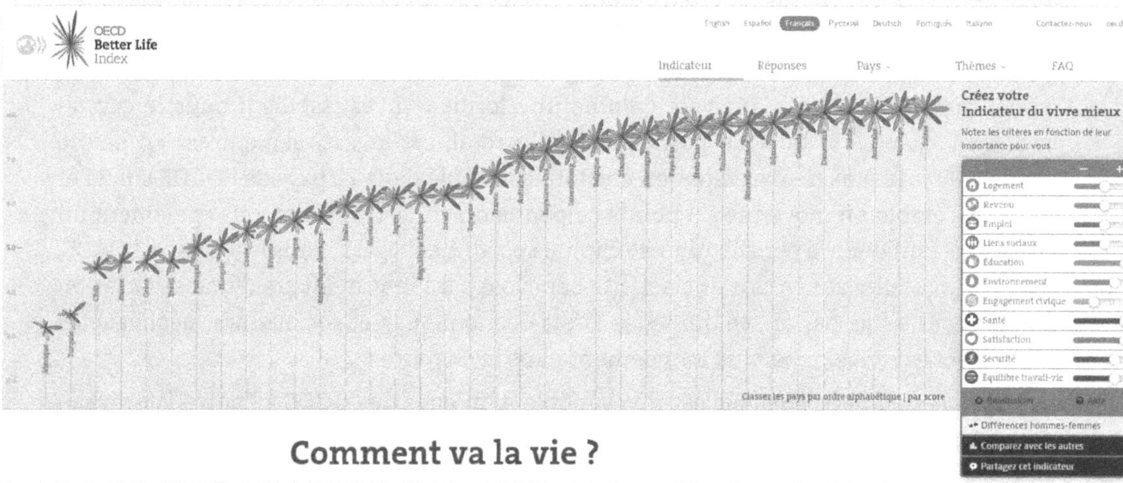

Source : *http://www.oecdbetterlifeindex.org/fr.*

Les utilisateurs du site peuvent aussi connaître les écarts de bien-être entre les sexes et découvrir des statistiques sur le bien-être décomposées par thème et par pays. Ils ont la possibilité de partager avec les membres de leur réseau social et avec l'OCDE les informations sur le poids qu'ils ont accordé aux différentes dimensions de leur existence.

À la date de rédaction de la présente publication, quelque 74 000 utilisateurs résidant au sein de la zone de l'OCDE avaient partagé à travers le site des informations sur l'importance qu'ils accordent aux différentes dimensions du bien-être. Il en ressort que toutes les dimensions du bien-être sont généralement jugées importantes, mais que la santé, la satisfaction à l'égard de l'existence et l'éducation se situent en tête des priorités. À l'inverse, l'engagement civique et les liens sociaux sont, en moyenne, considérés comme moins importants (graphique 1.6)[5]. Les personnes qui partagent leur indicateur n'étant généralement pas représentatives de la population dans son ensemble en termes de sexe et d'âge (par exemple, les femmes jeunes et les femmes âgées sont surreprésentées dans la majorité des pays), les données ont été corrigées en conséquence[6]. Malgré cette correction, il convient d'interpréter ces données avec prudence pour plusieurs raisons : l'échantillon est constitué par autosélection et non de manière aléatoire ; le site attire surtout les personnes qui connaissent les travaux de l'OCDE et s'y s'intéressent et seuls les locuteurs des langues proposées peuvent l'utiliser[7]. Malgré ces limites, les résultats apportent un éclairage sur les dimensions qui correspondent le plus à ce que les utilisateurs jugent important pour leur bien-être. L'encadré 1.4 présente d'autres études sur ce sujet.

Graphique 1.6. **Dimensions du bien-être les plus importantes pour les utilisateurs de l'Indicateur du vivre mieux dans les pays de l'OCDE**

Pourcentage des notes totales

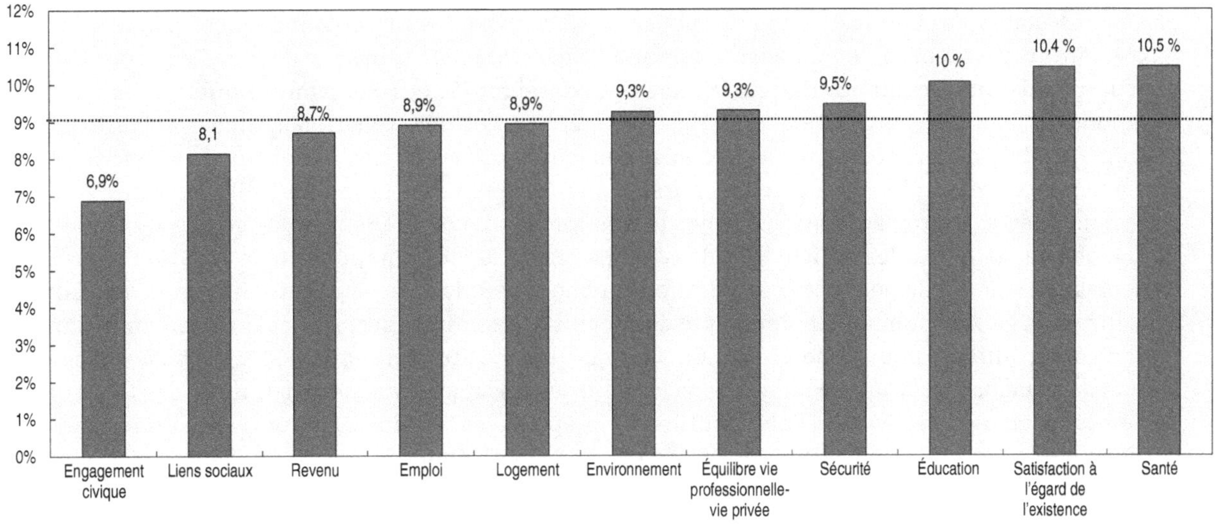

Notes : Pour éliminer les biais liés à la composition par sexe et âge de l'échantillon d'utilisateurs, les réponses ont été pondérées *a posteriori* au moyen de l'âge et du sexe indiqué par les utilisateurs. Le site Internet utilise une échelle graduée de 0 à 5. Ici, les notes sont exprimées en pourcentage de la note totale attribuée ; par conséquent, si les utilisateurs ont attribué le même poids aux onze dimensions, chaque dimension aura un score correspondant à 9.09 % du total (ce niveau est représenté par la ligne horizontale en pointillés sur le graphique). Ainsi, en supposant qu'un utilisateur attribue « 5 » à la santé et « 4 » à toutes les autres dimensions, le total pour l'ensemble des dimensions s'établira à 45 et la note attribuée à la santé, exprimée en pourcentage, s'établira à 11.1 %.

Source : Calculs réalisés par l'OCDE à partir des 73 761 notes attribuées par les habitants de l'OCDE qui ont utilisé l'Indicateur du vivre mieux.

StatLink *http://dx.doi.org/10.1787/888933277950*

En moyenne dans les pays de l'OCDE, il existe un léger écart entre hommes et femmes en ce qui concerne l'importance accordée aux différentes dimensions du bien-être – en particulier s'agissant du revenu (qui obtient un score de 8.4 % de la part des femmes et de 9 % de la part des hommes), la qualité de l'environnement (9.4 % contre 9.1 %) et des liens sociaux (8.3 % contre 8 %). Il existe également des différences en fonction de l'âge (voir l'annexe 1.B, graphiques 1.B.1 et 1.B.2). Par exemple, alors que tous les utilisateurs du site, quel que soit leur âge, considèrent l'éducation comme une dimension relativement importante, il en va plus particulièrement ainsi des personnes de moins de 25 ans. À l'inverse, le revenu est jugé légèrement moins important par les personnes plus âgées. En moyenne, les adultes jeunes et en âge de travailler accordent légèrement plus d'importance à l'éducation, au revenu, à l'emploi et à la satisfaction à l'égard de l'existence, tandis que les personnes plus âgées privilégient davantage l'environnement, la santé et l'engagement civique. En outre, les personnes de 25 à 34 ans sont celles qui sont les plus attachées à l'équilibre entre vie professionnelle et vie privée, tandis que les adultes de 55 ans et plus sont ceux qui accordent le moins d'importance à cet aspect ; à l'inverse, les personnes de 25 à 34 ans accordent légèrement moins d'importance à la sécurité et au logement. Pour intéressants qu'ils soient, ces écarts entre classes d'âge sont en général plus faibles que les différences globales entre les notes attribuées aux différentes dimensions. Il est permis d'en déduire qu'il existe plus de points d'accord que de points de divergence entre les générations s'agissant des aspects du bien-être qui comptent le plus.

Encadré 1.4. Mesurer ce qui importe le plus à la population

Les travaux récemment conduits pour obtenir, au moyen de questions plus précises et d'échantillons plus représentatifs, des informations sur les préférences des individus concernant différentes dimensions du bien-être, témoignent de l'importance accordée à l'amélioration de la mesure de ce qui est prioritaire pour la population (Benjamin, Heffetz, Kimball et Szembrot, 2014 ; Benjamin, Heffetz, Kimball et Rees-Jones, 2014 ; Becchetti, Corrado et Fiaschetti, 2013 ; Kettner, Köberl, Mayrhuber et Karmasin Steiniger, 2012). De nombreuses initiatives mises en œuvre par les offices nationaux de la statistique (par exemple en Australie, en Autriche, en Italie, au Mexique et au Royaume-Uni) prévoyaient une large consultation du public, censée permettre une meilleure compréhension de ce que recouvre la notion de bien-être pour les individus et de ce qu'ils jugent le plus d'important. En 2015, la France et l'Allemagne ont lancé de nouvelles consultations publiques sur la base de projets antérieurs qui, dans les deux pays, visaient à mieux tenir compte du progrès économique, social et environnemental dans les indicateurs utilisés pour élaborer l'action publique (France Stratégie et CESE, 2015 ; gouvernement fédéral de l'Allemagne, 2015). De même, dans le cadre des travaux en vue de la définition des Objectifs de développement durable (ODD, voir l'encadré 1.7 ci-après), les Nations Unies ont lancé une enquête en ligne (« My World, l'enquête mondiale des Nations Unies pour un monde meilleur ») qui invite les internautes à voter en choisissant au sein d'une liste de 17 thèmes les 6 qui revêtent le plus d'importance à leurs yeux (*http://www.myworld2015.org/?lang=fr*).

Le recueil d'informations sur les conceptions de la population en matière de bien-être vise notamment à garantir que les mesures effectuées dans ce domaine reflètent réellement ce que les individus eux-mêmes jugent le plus important pour mener une vie satisfaisante. L'acquisition d'une meilleure connaissance des priorités de la population en matière de bien-être dans différents contextes présente également un intérêt du point de vue de l'action publique. Il peut ainsi être utile de disposer d'informations pour mieux cibler les politiques ou de mieux comprendre les conceptions des citoyens au sujet des arbitrages entre différents objectifs (par exemple entre bien-être matériel et équilibre entre vie professionnelle et vie privée), ainsi que les différences éventuelles entre diverses catégories de la population à cet égard.

Mesure et utilisation de données sur le bien-être : le point sur les activités de l'OCDE et de ses partenaires

L'OCDE est très impliquée dans les travaux internationaux visant à mener à bien le programme statistique de mesure du bien-être. Alors que les autres chapitres de cette édition décrivent certains des principaux défis à relever et priorités à retenir dans des domaines de mesure spécifiques, les paragraphes qui suivent dressent un bilan de certains des projets mis en œuvre par l'OCDE et ses partenaires dans le cadre général des travaux sur le bien-être. Certaines des initiatives qui ont déjà permis de prendre en compte des indicateurs de bien-être dans les travaux de fond de l'OCDE sont également présentées. Enfin, cette section décrit les retombées que les Objectifs de développement durable des Nations Unies, qui seront approuvés par l'Assemblée générale des Nations Unies en septembre 2015, sont appelés à avoir sur les travaux statistiques qui seront menés dans ce domaine à l'avenir.

Parmi les projets actuellement mis en œuvre par l'OCDE pour définir des outils de mesure du bien-être actuel et les améliorer figurent :

- L'enrichissement des bases de données de l'OCDE sur la répartition des ressources économiques des ménages, notamment la création d'une nouvelle base de données qui fournit des informations comparables sur la distribution du patrimoine des ménages dans 18 pays de l'OCDE (*http://stats.oecd.org/Index.aspx?DataSetCode=WEALTH*). Par ailleurs, un nouvel outil en ligne permettant aux internautes de confronter leurs perceptions et leur vision du monde idéal concernant les inégalités de revenu à la réalité qui prévaut dans leur pays a été mis au point (*www.oecd.org/statistics/compare-your-income.htm*). En outre, afin de garantir la compatibilité entre les microdonnées et les macrodonnées sur les ménages, l'OCDE conduit des travaux pour mesurer, dans le cadre de la comptabilité nationale, les disparités entre les ménages (voir, par exemple, Fesseau et Mattonetti, 2013a ; Fesseau, Wolff et Mattonetti, 2013b).

- Des travaux visant à définir, mesurer et évaluer la qualité de l'emploi (encadré 1.5).
- Le portail de l'OCDE sur l'égalité hommes-femmes, qui continue de fournir des statistiques actualisées sur les différences entre hommes et femmes dans les domaines de l'éducation, de l'emploi et de l'entrepreneuriat (*www.oecd.org/gender/data*).
- Un nouveau projet sur la mesure des inégalités de santé, qui vise à recueillir des données plus comparables sur les différences au niveau de l'âge de décès en fonction du sexe, du niveau d'études et de la cause du décès.

Encadré 1.5. **Le cadre de l'OCDE pour la qualité de l'emploi**

La qualité de l'emploi est un déterminant essentiel du bien-être. L'OCDE a mis au point un cadre de mesure de la qualité de l'emploi, ainsi que trois indicateurs de haut niveau pour évaluer cette qualité : i) un indicateur synthétique de la qualité du revenu d'activité, qui tient compte à la fois du *montant* de ce revenu et de sa *répartition* au sein de la population active ; ii) un indicateur de la sécurité (ou de l'insécurité) sur le marché du travail, qui tient compte du risque de chômage, de la durée attendue du chômage et de la protection offerte par l'assurance chômage en termes de couverture et de générosité ; et iii) un indicateur de la qualité de l'environnement de travail, axé sur la tension au travail – liée à des exigences élevées (contraintes de temps, exposition à des risques pour la santé physique, par exemple) conjuguées à des ressources professionnelles faibles (s'agissant de l'autonomie au travail et des relations professionnelles, par exemple).

Les travaux de l'OCDE sur la qualité de l'emploi ont également abouti à l'établissement d'un **Inventaire des questions d'enquête relatives à la qualité de l'environnement de travail**, qui recense les sources de données internationales existant pour les pays de l'OCDE et les pays non membres. Une nouvelle base de données sur la **qualité de l'emploi** est également prévu, qui sera accessible via *www.OECD.stat.org* à la fin de 2015, et qui permettra le téléchargement des indicateurs de qualité de l'emploi définies par l'OCDE. Cette base de données contiendra également des données ventilées qui permettront de relier la qualité de l'emploi aux caractéristiques des travailleurs. L'OCDE a l'intention, dans une prochaine étape, de mettre au point, pour la mesure de la « qualité de l'environnement du travail », une série de principes directeurs que les producteurs de données pourraient utiliser afin de combler les lacunes existantes en matière de données et de rendre les indicateurs plus comparables à l'avenir.

Source : OCDE (2014b), « Des emplois de qualité ? Définition et mesure du concept de qualité de l'emploi », in OCDE, Perspectives de l'emploi de l'OCDE 2014, Éditions OCDE, Paris, *http://dx.doi.org/10.1787/empl_outlook-2014-6-fr* ; Cazes, Hijzen et Saint-Martin (2015), à paraître.

Plusieurs projets ont été mis en place avec l'objectif d'établir des indicateurs plus complets et de meilleure qualité pour mesurer les ressources naturelles, humaines, sociales et économiques qui contribuent à pérenniser le bien-être. En font partie :

- Le lancement, dans le cadre de la Stratégie de l'OCDE pour la confiance, de travaux méthodologiques destinés à établir des indicateurs de meilleure qualité et plus utiles à l'action publique pour mesurer la confiance envers autrui et envers les institutions publiques. Ces travaux viendront enrichir ceux menés par le Groupe pour l'étude des statistiques sur la gouvernance récemment créé dans le cadre des Nations Unies (Groupe de Praia ; CEE-ONU, 2015). Parmi les autres travaux conduits dans le domaine des statistiques sur la gouvernance figure la publication *Perspectives de l'OCDE sur la politique de la réglementation* (OCDE, 2015b), à paraître prochainement, qui présentera un nouvel indicateur composite de l'implication des parties prenantes à la gouvernance, établi à partir de l'édition 2014 de l'enquête relative aux indicateurs de la réglementation conduite par l'OCDE.

- Les travaux menés par l'OCDE pour l'application du nouveau Système de comptabilité économique et environnementale intégrée (SCEE), qui établit des concepts, définitions, classifications et règles comptables convenus au niveau international pour la collecte de données comparables sur les interactions entre économie et environnement et dont la structure est compatible avec le cadre du Système de comptabilité nationale (CSNU, 2012).
- L'initiative sur les indicateurs de croissance verte (OCDE, 2014c), dans le cadre de laquelle l'OCDE continue d'élaborer des indicateurs de meilleure qualité pour mesurer le patrimoine naturel et la manière dont il est géré, ainsi que divers aspects de la qualité de vie environnementale. Parmi les nouveautés récentes figure la réalisation, à partir d'observations par satellite, de nouvelles estimations de l'exposition à la pollution de l'air par les particules fines ($PM_{2.5}$) (Brezzi et Sanchez-Serra, 2014 ; OCDE, 2014d). À l'avenir, les données géospatiales et géoréférencées pourraient constituer une source précieuse de données nationales et infranationales sur le patrimoine naturel (occupation des sols et couvert terrestre, par exemple) et sur la qualité de vie environnementale (accès à des espaces verts, par exemple).

En 2013, un Groupe d'experts de haut niveau sur la mesure des performances économiques et du progrès social (HLEG) rattaché à l'OCDE a été créé pour exploiter les recommandations de la Commission sur la mesure de la performance économique et du progrès social (Stiglitz, Sen et Fitoussi, 2009). Ce groupe axe ses travaux sur quatre domaines : la mesure des inégalités de revenu et de patrimoine, la mesure des inégalités multidimensionnelles et mondiales ; la mesure du bien-être subjectif et celle de la durabilité (voir *www.oecd.org/statistics/measuring-economic-social-progress* pour de plus amples informations).

Par ailleurs, la série *Comment va la vie ?* s'est enrichie depuis 2013. *Comment va la vie dans votre région ?* (OCDE, 2014d) analyse la situation en matière de bien-être à l'échelon infranational dans 362 régions de l'OCDE. Ces travaux sont complétés par l'outil de visualisation de données en ligne (*http://www.oecdregionalwellbeing.org/*), qui reprend huit des dimensions de *Comment va la vie ?*. Le chapitre 6 de la présente publication recense les principales conclusions relatives aux écarts de bien-être régionaux et décrit les travaux statistiques sur lesquels repose l'initiative sur le bien-être dans les régions. Par ailleurs, un partenariat récent entre l'OCDE et le projet de recherche Clio-Infra a abouti à la publication, en 2014, de *How Was Life? Global Well-Being since 1820*, qui livre une analyse historique du bien-être mondial et de son évolution (van Zanden et al., 2014).

L'OCDE introduit déjà des indicateurs de bien-être dans certaines de ses activités, nouvelles ou existantes (encadré 1.6). En outre, elle continue, à travers divers événements et plateformes, d'entretenir un dialogue sur le bien-être avec les décideurs publics, les statisticiens, la société civile et les chercheurs. Parmi ces événements figurent le cinquième Forum mondial « Statistiques, connaissances et politiques », ayant lieu à Guadalajara, au Mexique, en octobre 2015 sous le titre de « *Transforming Policy, Changing Lives* ». Ces événements ont pour but d'approfondir la réflexion en cours sur la manière de mesurer le bien-être et le progrès social et sur les moyens de tenir compte de ces indicateurs dans la définition des politiques publiques. Le site Internet Wikiprogress.org, qui dépend de l'OCDE, offre une plateforme mondiale pour échanger des informations sur le bien-être et le progrès et permet la constitution d'une communauté d'internautes pour les chercheurs, les décideurs publics et les représentants de la société civile intéressés par ces questions. En outre, à la suite de la publication de ses *Lignes directrices sur la mesure du bien-être subjectif* (OCDE, 2013c), l'OCDE a organisé, à l'intention de producteurs et d'utilisateurs de données issus des secteurs de l'action publique, de la société civile et du monde universitaire, une série d'ateliers régionaux sur la mesure du bien-être subjectif et sur l'utilisation pratique de ces outils de mesure. Les résultats de ces ateliers seront pris en compte dans le bilan des *Lignes directrices* qui sera réalisé prochainement.

Encadré 1.6. **Prendre en compte les statistiques sur le bien-être dans les activités de l'OCDE**

L'OCDE prend déjà en compte déjà des indicateurs de bien-être dans certaines de ses activités, nouvelles ou existantes, notamment les travaux suivants :

- Les ***études économiques par pays***, qui permettent un examen approfondi des économies de l'OCDE tous les 18 mois et sont axées sur les politiques susceptibles d'améliorer les performances économiques des pays à long terme. En principe, ces études couvrent un large éventail de domaines de l'action publique – du marché du travail au capital humain en passant par la fiscalité et les dépenses publiques. Les études récemment consacrées à l'Autriche (OCDE, 2013d), aux États-Unis (OCDE, 2014e), à l'Italie (OCDE, 2015c) et au Mexique (OCDE, 2015d) comportent toutes une partie sur le bien-être et sa répartition.
- Les ***examens multidimensionnels par pays*** (EMPP), qui incarnent une nouvelle stratégie en matière de conseil sur les politiques de développement et adaptent les cadres de l'OCDE à la réalité des pays non membres. Conduits par le Centre de développement de l'OCDE, les EMPP tiennent compte de nombreux objectifs de développement et reposent sur un cadre de mesure du bien-être conçu à partir de celui utilisé pour les pays de l'OCDE (Boarini, Kolev et McGregor, 2014). Ce cadre permet d'évaluer les progrès d'un pays dans les différentes dimensions du bien-être par rapport à ce qui pourrait être attendu compte tenu de son niveau de développement économique. Les EMPP aident également les pays à repérer les facteurs qui les empêchent d'évoluer vers un développement plus équitable et plus durable. À ce jour, un rapport d'évaluation initiale a été publié pour le Myanmar (OCDE, 2013e) et l'Uruguay (OCDE/ECLAC, 2014), et des examens sont en cours sur les Philippines, la Côte d'Ivoire, le Pérou et le Kazakhstan.
- Le projet de l'OCDE sur la ***croissance inclusive***, qui constitue une composante centrale de l'initiative intitulée Nouvelles approches face aux défis économiques (NAEC)* et qui vise à apporter un éclairage sur les différents types d'action et aspects entre lesquels il faut arbitrer pour parvenir à une croissance inclusive. Les travaux statistiques comportent notamment la mise au point d'un cadre de mesure destiné à déterminer si la croissance économique a entraîné une amélioration du niveau de vie des différentes catégories de la population. Cet outil permet d'évaluer l'effet des politiques publiques sur un sous-ensemble d'indicateurs de bien-être (revenu, emploi et santé) au sein de la population dans son ensemble.
- Le projet ***Compétences pour le progrès social*** analyse l'influence des compétences sociales et émotionnelles (persévérance, sociabilité, estime de soi, par exemple) sur les résultats en matière de bien-être, matériel comme subjectif, notamment sur le revenu, l'emploi, la santé et le bien-être subjectif. En 2015, un rapport synthétisant les travaux analytiques conduits à partir de données se rapportant à neuf pays de l'OCDE (OCDE, 2015e) a été publié. Ces travaux seront suivis d'une étude longitudinale conduite, sous l'égide de l'OCDE, dans de grandes villes du monde entier à compter de 2019.

* L'initiative NAEC plaide en faveur d'une approche plus multidimensionnelle des politiques publiques, de l'élaboration d'outils permettant une analyse plus intégrée de l'action publique et du recours aux savoirs issus des sciences expérimentales et comportementales. L'édition 2015 du Rapport de synthèse NAEC « appelle à mettre l'accent sur le bien-être et sa distribution afin de veiller à ce que la croissance soit une source de progrès pour tous » et affirme que « les choix opérés en matière d'action publique devraient être réalisés à la lumière de l'évaluation de leur impact sur les différentes dimensions du bien-être et de leurs conséquences sur la redistribution » (OCDE, 2015f).

En Europe, Eurostat met au point un jeu d'indicateurs sur la qualité de vie dans l'Union européenne (Eurostat, 2015b). Une publication en ligne (*http://ec.europa.eu/eurostat/statistics-explained/index.php/Quality_of_life_indicators*) décrit les statistiques actuellement disponibles et donne des informations sur l'évolution des indicateurs au fil du temps et sur les différences entre pays et groupes démographiques. Eurostat a récemment ajouté un module *ad hoc* à la vague 2013 de l'Enquête européenne harmonisée sur les revenus et les conditions de vie, ce qui a permis d'obtenir des estimations d'excellente qualité sur plusieurs aspects du bien-être subjectif (Eurostat, 2015c) et des statistiques sur la confiance du corps social (Eurostat, 2015a) ; ces estimations sont décrites respectivement dans les chapitres 2 et 3 de la présente publication. Enfin, des projets nationaux sur la mesure du bien-être sont en cours, par exemple à l'initiative des offices nationaux de la statistique de l'Australie (ABS, 2014), de l'Autriche (Statistik Austria, 2014), de la France (INSEE, 2015), de l'Allemagne (DESTATIS, 2014), de l'Italie (ISTAT, 2015), du Mexique (INEGI, 2014), des Pays-Bas (Statistics Netherlands, 2015), de l'Espagne (INE, 2015), de la Suisse (OFS, 2014), du Portugal (Statistics Portugal, 2014 ; 2015) et du Royaume-Uni (ONS, 2015).

Les Objectifs de développement durable (ODD) des Nations Unies (encadré 1.7) vont servir de base à un renforcement des capacités statistiques mondiales au cours des 15 années à venir. Les ODD ont trait à la *mise en œuvre* de pratiques propices au développement durable. Ils représentent un ensemble d'objectifs et de cibles à atteindre, négociés au niveau politique et définissant des priorités en matière de développement durable à l'échelle mondiale. Bien que la définition des ODD soit axée sur l'action publique, elle aura d'importantes retombées sur les travaux statistiques destinés à permettre une « mesure de la performance qui ne se limite pas au PIB », nombre des objectifs, cibles et indicateurs liés aux ODD ayant un rapport avec les résultats en matière de bien-être décrits dans le présent rapport. De fait, dans ses recommandations sur la mesure du développement durable, la Conférence des statisticiens européens (CEE-ONU, 2014) souligne la nécessité de pourvoir aux besoins de la population en matière de bien-être « ici et maintenant », « plus tard » et dans d'autres pays (« ailleurs »). Dans certains cas, l'accent sera mis sur la mise au point de l'infrastructure statistique nécessaire au suivi des ODD. Dans d'autres, certains projets portant sur la mesure d'aspects spécifiques, par exemple

Encadré 1.7. **Objectifs du développement durable et programme de développement pour l'après-2015**

Les Objectifs de développement durable (ODD) des Nations Unies vont exercer une influence déterminante sur les travaux qui seront conduits dans le domaine de la mesure du bien-être et du développement durable au cours des 15 années à venir, jusqu'à 2030. Les ODD, qui sont censés être des objectifs universels et mondiaux devant permettre un développement durable et axé sur l'humain dans tous les pays, forment un cadre ambitieux qui prend la relève des Objectifs du Millénaire pour le développement.

Les propositions d'ODD sont le fruit d'un processus vaste et inédit de consultation mené auprès de multiples parties prenantes. En juillet 2014, un Groupe de travail ouvert intergouvernemental placé sous l'autorité de l'Assemblée générale des Nations Unies a soumis une proposition contenant 17 ODD et 169 cibles (OWG, 2014). Après l'adoption de cette proposition par l'Assemblée générale des Nations Unies, qui devrait avoir lieu en octobre 2015, des travaux seront conduits, sous l'égide de la Commission de statistique des Nations Unies, pour mettre au point les indicateurs qui seront utilisés afin d'évaluer les progrès accomplis par rapport aux objectifs. À la date de rédaction de la présente publication, il est prévu qu'un ensemble d'indicateurs soient approuvés par la Commission de statistique des Nations Unies lors de sa réunion de mars 2016.

Source : The UN Sustainable Development Knowledge Platform, *https://sustainabledevelopment.un.org/topics/sustainabledevelopment goals*.

de la gouvernance (Groupe de Praia pour l'étude des statistiques sur la gouvernance, par exemple) ou sur la mise au point de nouvelles méthodologies (recours aux données massives ainsi qu'aux données géospatiales et géoréférencées) feront progresser les travaux sur la mesure du bien-être.

Notes

1. Aux prix de 2010. Voir le chapitre 2, encadré 2.1, pour une définition précise.
2. Cet indicateur est mesuré par la proportion de personnes qui ont un bilan des émotions positif, c'est-à-dire qui font état de davantage de sentiments et émotions positifs que d'émotions et sentiments négatifs (chapitre 2, encadré 2.11).
3. L'écart salarial moyen entre hommes et femmes dans la zone de l'OCDE s'obtient en divisant la différence entre le salaire médian des hommes et celui des femmes par le salaire médian des hommes et s'établit à 15.5 %.
4. Part du revenu perçu par les 10 % de ménages les plus aisés rapportée à la part du revenu perçu par les 10 % de ménages les moins aisés (S90/S10).
5. Les lecteurs qui souhaiteraient connaître les différences entre les pays en ce qui concerne l'ordre de priorité accordé aux différents domaines par les utilisateurs de l'outil peuvent obtenir des informations complémentaires à l'adresse *www.oecdbetterlifeindex.org*. La moyenne nationale des notes attribuées par les utilisateurs peut également être obtenue sur le site ; à noter cependant que, en ligne, aucune correction n'a été faite pour éliminer le biais d'échantillonnage.
6. Les données ont été corrigées *a posteriori* de manière à être représentatives de la population du pays en termes d'âge et de sexe, au moyen des informations données par les utilisateurs sur leur âge et leur sexe. Les poids d'échantillonnage sont calculés comme l'inverse des probabilités de sélection et sont ensuite recalés de manière à ce que leur somme corresponde à la taille de l'échantillon. On ne dispose cependant d'aucune donnée sur les autres caractéristiques importantes des utilisateurs, comme leur niveau d'études.
7. Il n'est pas possible non plus de savoir dans quelle mesure les utilisateurs du site expriment un avis sincère, ni de s'assurer que tous ont la même conception de ce que sont censées recouvrir les différentes dimensions, même si le site donne des explications détaillées pour quiconque souhaite en savoir plus.

Bibliographie

ABS (Australian Bureau of Statistics) (2014), *Measures of Australia's Progress, 2013*, *www.abs.gov.au/AUSSTATS/abs@.nsf/mf/1370.0* (consulté le 22 mai 2015).

Alkire, S. et M.B. Sarwar (2009), *Multidimensional Measures of Poverty and Well-being*, Oxford Poverty and Human Development Initiative, Oxford Department of International Development, Université d'Oxford.

Anand, P., M. Durand et J. Heckman (2011), « Editorial: The Measurement of Progress – some achievements and challenges », *Journal of the Royal Statistical Society*, vol. 174, pp. 851-855.

Becchetti, L., L. Corrado et M. Fiaschetti (2013), « The heterogeneity of wellbeing "expenditure" preferences: evidence from a simulated allocation choice on the BES indicators », *CEIS Research Paper 297*, Université Tor Vergata, *http://papers.ssrn.com/sol3/papers.cfm?abstract_id=2344695*.

Benjamin, D.J., O. Heffetz, M.S. Kimball et A. Rees-Jones (2014), « Can Marginal Rates of Substitution Be Inferred From Happiness Data? Evidence from Residency Choices », *American Economic Review*, vol. 104, n° 11, pp. 3498-3528.

Benjamin, D.J., O. Heffetz, M.S. Kimball et N. Szembrot (2014), « Beyond Happiness and Satisfaction: Toward Well-Being Indices Based on Stated Preference », *American Economic Review*, vol. 104, n° 9, pp. 2698-2735.

Boarini, R., A. Kolev et A. McGregor (2014), « Measuring Well-being and Progress in Countries at Different Stages of Development: Towards a More Universal Conceptual Framework », *Documents de travail du Centre de développement de l'OCDE*, n° 325, Éditions OCDE, Paris, *http://dx.doi.org/10.1787/5jxss4hv2d8n-en*.

Brezzi, M. et D. Sanchez-Serra (2014), « Breathing the Same Air? Measuring Air Pollution in Cities and Regions », *Documents de travail de l'OCDE sur le développement régional*, n° 2014/11, Éditions OCDE, Paris, *http://dx.doi.org/10.1787/5jxrb7rkxf21-en*.

Cazes, S., Hijzen, A. et A. Saint-Martin (2015), « How good is your job? The new OECD framework for measuring and assessing job quality », *Document de travail de l'OCDE*, à paraître.

CEE-ONU (2014), *Conference of European Statisticians Recommendations on Measuring Sustainable Development*, Nations Unies, New York et Genève, *www.unece.org/fileadmin/DAM/stats/publications/2013/CES_SD_web.pdf* (consulté le 10 avril 2015).

CEE-ONU (2015), Rapport de Cabo Verde sur les statistiques de la gouvernance, de la paix et de la sécurité, Note du Secrétaire général pour la quarante-sixième session de la Commission de statistique des Nations Unies, 3-6 mars 2015, *http://unstats.un.org/unsd/statcom/doc15/2015-17-CaboVerde-F.pdf* (consulté le 29 mai 2015).

CSNU (2012), *System of Environmental-Economic Accounting Central Framework*, Commission de statistique des Nations Unies, publication provisoire, texte soumis à révision, *http://unstats.un.org/unsd/envaccounting/White_cover.pdf*.

Destatis (2014), *Sustainable Development in Germany Indicator Report 2014*, Statistisches Bundesamt (office fédéral de la statistique), Wiesbaden, *www.destatis.de/EN/Publications/Specialized/EnvironmentalEconomicAccounting/Indicators2014.pdf?__blob=publicationFile* (consulté le 29 mai 2015).

Eurostat (2015a) « Quality of life in Europe - facts and views – governance », *in Quality of Life*, publication en ligne, *http://ec.europa.eu/eurostat/statistics-explained/index.php/Quality_of_life_indicators* (consulté le 4 juillet 2015).

Eurostat (2015b), Quality of life indicators, publication en ligne, Eurostat, Luxembourg, *http://ec.europa.eu/eurostat/statistics-explained/index.php/Quality_of_life_indicators* (consulté le 25 mai 2015).

Eurostat (2015c), Quality of life in Europe - facts and views - overall life satisfaction, *http://ec.europa.eu/eurostat/statistics-explained/index.php/Quality_of_life_in_Europe_-_facts_and_views_-_overall_life_satisfaction* (consulté le 25 mai 2015).

Fesseau, M. et M.L. Mattonetti (2013a), « Distributional Measures Across Household Groups in a National Accounts Framework: Results from an Experimental Cross-country Exercise on Household Income, Consumption and Saving », *Documents de travail statistiques de l'OCDE*, n° 2013/04, Éditions OCDE, Paris, *http://dx.doi.org/10.1787/5k3wdjqr775f-en*.

Fesseau, M., F. Wolff et M.L. Mattonetti (2013b), « A Cross-country Comparison of Household Income, Consumption and Wealth between Micro Sources and National Accounts Aggregates », *Documents de travail statistiques de l'OCDE*, n° 2013/03, Éditions OCDE, Paris, *http://dx.doi.org/10.1787/5k3wdjrnh7mv-en*.

FAO (2010), Évaluation des ressources forestières mondiales 2010, Rapport principal, *Étude FAO : Forêts* 163, Organisation des Nations Unies pour l'alimentation et l'agriculture, Rome. *http://www.fao.org/docrep/013/i1757f/i1757f.pdf*.

France Stratégie et CESE (2015), site Internet, *www.strategie.gouv.fr/actualites/indicateurs-evaluer-situation-pays* (consulté le 5 mai 2015).

Gouvernement fédéral de l'Allemagne (2015), site Internet *www.gut-leben-in-deutschland.de/DE/Home/home_node* (consulté le 5 mai 2015).

INE (2015), Quality of Life Indicators, *www.ine.es/ss/Satellite?param1=PYSDetalleGratuitas&c=INEPublicacion_C&p=1254735110672&param4=Ocultar&pagename=ProductosYServicios%2FPYSLayout&cid=1259937499084&L=1* (consulté le 25 mai 2015).

INEGI (2014), *Niveles de bienestar en México*, Instituto Nacional de Estadística Geografía e Informática, INEGI, Aguascalientes, *www3.inegi.org.mx/sistemas/biblioteca/ficha.aspx?upc=702825450557* (consulté le 29 mai 2015).

INSEE (2015), Performances économiques et progrès social – Les suites du rapport Stiglitz. *www.insee.fr/en/publications-et-services/default.asp?page=dossiers_web/stiglitz/performance_eco.htm#deux* (consulté le 25 mai 2015).

ISTAT (2015), The BES project to measure equitable and sustainable well-being, *www.misuredelbenessere.it/index.php?id=documents* (consulté le 25 mai 2015).

Kettner, C., K. Köberl, C. Mayrhuber, S. Karmasin et N. Steiniger (2012), « Mehr als Wachstum, Messung von Wohlstand und Lebensqualität in ausgewählten Ländern mit dem OECD Better Life Index auf Basis der österreichischen Präferenzen », monographique de l'Institut autrichien de recherche économique

(WIFO), WIFO, Vienne, *http://www.wifo.ac.at/publikationen?detail-view=yes&publikation_id=45900* (consulté le 5 mai 2015).

Nations Unies (2009), *Measuring Sustainable Development*, Nations Unies, préparé en coopération avec l'OCDE et l'Office statistique de l'Union européenne (Eurostat), New York et Genève.

OCDE (2015a), « Agrégats des comptes nationaux, SCN 2008 : Produit intérieur brut », *Statistiques de l'OCDE sur les comptes nationaux* (base de données), *http://dx.doi.org/10.1787/data-00001-fr* (consulté le 24 mai 2015).

OCDE (2015b), *Regulatory Policy Outlook*, Éditions OCDE, Paris (à paraître).

OCDE (2015c), *OECD Economic Surveys: Italy 2015*, Éditions OCDE, Paris, *http://dx.doi.org/10.1787/eco_surveys-ita-2015-en.*

OCDE (2015d), *OECD Economic Surveys: Mexico 2015*, Éditions OCDE, Paris, *http://dx.doi.org/10.1787/eco_surveys-mex-2015-en.*

OCDE (2015e), *Skills for Social Progress: The Power of Social and Emotional Skills*, Études de l'OCDE sur les compétences, Éditions OCDE, Paris, *http://dx.doi.org/10.1787/9789264226159-en.*

OCDE (2015f), Rapport *de synthèse final NAEC, Nouvelles approches face aux défis économiques*, rapport présenté à la réunion du Conseil de l'OCDE au niveau des Ministres, Paris, 3-4 juin 2015. *http://www.oecd.org/fr/naec/Rapport-de-synthese-final-NAEC-CMIN2015-2.pdf.*

OCDE (2014a), *Perspectives de l'emploi de l'OCDE 2014, Éditions OCDE*, Paris, *http://dx.doi.org/10.1787/empl_outlook-2014-fr.*

OCDE (2014b), « Des emplois de qualité ? Définition et mesure du concept de qualité de l'emploi », *Perspectives de l'emploi de l'OCDE 2014*, Éditions OCDE, Paris, *http://dx.doi.org/10.1787/empl_outlook-2014-6-fr.*

OCDE (2014c), *Green Growth Indicators 2014*, Études de l'OCDE sur la croissance verte, Éditions OCDE, Paris, *http://dx.doi.org/10.1787/9789264202030-en.*

OCDE (2014d), *Comment va la vie dans votre région ? : Mesurer le bien-être régional et local pour les politiques publiques, Éditions OCDE*, *http://dx.doi.org/10.1787/9789264223981-fr.*

OCDE (2014e), *OECD Economic Surveys: United States 2014*, Éditions OCDE, Paris, *http://dx.doi.org/10.1787/eco_surveys-usa-2014-en.*

OCDE (2013a), *Comment va la vie ? 2013, Mesurer le bien-être, Éditions OCDE*, *http://dx.doi.org/10.1787/how_life-2013-fr.*

OCDE (2013b), « Aider les jeunes à prendre un meilleur départ : Plan d'action de l'OCDE pour la jeunesse », Réunion du Conseil de l'OCDE au niveau des Ministres, Paris, 29-30 mai 2013, *http://www.oecd.org/fr/presse/Plan-action-jeunes.pdf* (consulté le 7 mai 2015).

OCDE (2013c), *OECD Guidelines on Measuring Subjective Well-being, Éditions OCDE*, Paris, *http://dx.doi.org/10.1787/9789264191655-en.*

OCDE (2013d), *Études économiques de l'OCDE : Autriche 2013*, Éditions OCDE, *http://dx.doi.org/10.1787/eco_surveys-aut-2013-fr.*

OCDE (2013e), *Multi-dimensional Review of Myanmar: Volume 1. Initial Assessment*, OECD Development Pathways, Éditions OCDE, Paris, *http://dx.doi.org/10.1787/9789264202085-en.*

OCDE (2011), *Comment va la vie ? : Mesurer le bien-être, Éditions OCDE*, *http://dx.doi.org/10.1787/9789264121195-fr.*

OCDE/ECLAC (2014), *Multi-dimensional Review of Uruguay: Volume 1: Initial Assessment*, OECD Development Pathways, Éditions OCDE, Paris, *http://dx.doi.org/10.1787/9789264209459-en.*

ONS (2015), Measuring National Well-Being website, *www.ons.gov.uk/ons/guide-method/user-guidance/well-being/index.html* (consulté le 25 mai 2015).

OWG (2014), « Groupe de travail ouvert de l'Assemblée générale sur les objectifs de développement durable », *Rapport du Groupe de travail ouvert de l'Assemblée générale sur les objectifs de développement durable*, Document A/68/970, *http://undocs.org/A/68/970* (consulté le 29 mai 2015).

OFS (2014), *Système d'indicateurs « Mesure du bien-être » 2014*, Office fédéral de la statistique, Neuchâtel, *http://www.bfs.admin.ch/bfs/portal/fr/index/news/medienmitteilungen.html?pressID=9880* (consulté le 29 mai 2015).

OFS (2013), *Le développement durable en bref 2013 : 17 indicateurs-clés pour mesurer les progrès*, Office fédéral de la statistique, Neuchâtel, *http://www.bfs.admin.ch/bfs/portal/fr/index/themen/21/01/new.html?gnpID=2013-267* (consulté le 29 mai 2015).

Sen, A. (1985), *Commodities and Capabilities*, North-Holland Publishing, Amsterdam.

Statistics Netherlands (2015), *Sustainability Monitor of the Netherlands 2014*, Statistics Netherlands, La Haye, *www.cbs.nl/en-GB/menu/themas/dossiers/duurzaamheid/publicaties/publicaties/archief/2015/monitor-duurzaam-nederland-2014.htm* (consulté le 29 mai 2015).

Statistics New Zealand (2011). *Key findings on New Zealand's progress using a sustainable development approach: 2010*. Statistics New Zealand, Wellington, *www.stats.govt.nz/browse_for_stats/snapshots-of-nz/Measuring-NZ-progress-sustainable-dev-%20approach/key-findings-2010.aspx* (consulté le 29 mai 2015).

Statistics Portugal (2014), The Portuguese Index of Wellbeing, Statistics Portugal, Lisbonne, *https://www.ine.pt/xportal/xmain?xpid=INE&xpgid=ine_indbemestar&xlang=en* (consulté le 12 juillet 2015).

Statistics Portugal (2015), Sustainable Development Indicators, Statistics Portugal, Lisbonne, *https://www.ine.pt/xportal/xmain?xpid=INE&xpgid=ine_dossie_idsustentavel&xlang=en* (consulté le 12 juillet 2015).

Statistik Austria (2014), *How's Austria? www.statistik.at/web_en/statistics/------/hows_austria/index.html* (consulté le 11 juillet 2015).

Stiglitz, J.E., A. Sen et J.-P. Fitoussi (2009), *Rapport de la Commission sur la mesure des performances économiques et du progrès social*, disponible à l'adresse : *www.stiglitz-sen-fitoussi.fr/fr/index.htm* (consulté le 12 mai 2015).

UNU-IHDP et PNUE (2012) *Inclusive Wealth Report 2012, Measuring progress towards sustainability*, Cambridge: Cambridge University Press.

van Zanden, J., et al. (dir. pub.) (2014), *How Was Life?: Global Well-being since 1820*, Éditions OCDE, Paris, *http://dx.doi.org/10.1787/9789264214262-en*.

ANNEXE 1.A

Forces et faiblesses des pays en matière de bien-être

Les résultats en matière de bien-être présentés de manière synthétique dans ce chapitre et de façon plus détaillée dans le chapitre 2 sont exprimés dans des unités de mesure très diverses – du dollar des États-Unis, pour le salaire, au nombre d'année, pour l'espérance de vie. Pour présenter ces divers indicateurs sur une échelle identique, le graphique 1.A.1 fait appel à des scores normalisés (ou Z-scores), à savoir que pour chaque indicateur, la moyenne OCDE est fixée à 0 et les valeurs indiquées correspondent à des écarts types de part et d'autre de cette moyenne.*

Lorsqu'un pays affiche un score supérieur à la moyenne de l'OCDE pour un indicateur donné, le score normalisé prend une valeur positive ; à l'inverse, si le score est inférieur à cette moyenne, sa valeur est négative. Pour la plupart des indicateurs, les deux tiers des pays environ affichent un score compris entre +1 et -1 écart type par rapport à la moyenne. Une valeur supérieure à +1 pour un indicateur signifie que le pays a un score très supérieur à la moyenne, ce qui est en principe le cas de seulement 5 pays sur 34. Parallèlement, une valeur de -1 signifie que le pays a un score nettement inférieur à la moyenne, ce qui est le cas d'environ 5 pays sur 34. Par souci de simplification de la présentation, l'échelle est limitée à -2 et +2 ; les valeurs normalisées dépassent ces limites pour certains pays de manière exceptionnelle.

Ces scores normalisés fournissent un aperçu des forces et faiblesses relatives des pays pour les différents indicateurs principaux du bien-être. Le graphique 1.A.1 présente les pays regroupés selon un critère géographique.

* On utilise ici la moyenne arithmétique simple pour l'ensemble des pays de l'OCDE à des fins de comparaison. Elle peut être légèrement différente de la moyenne OCDE utilisée dans le chapitre 2, qui est généralement pondérée par la taille de la population de manière à ce que l'estimation obtenue soit representative de *l'habitant moyen* de l'OCDE (plutôt que du pays moyen).

Graphique 1.A.1. **Forces et faiblesses des différents pays en matière de bien-être**

Scores normalisés, dernière année pour laquelle des données sont disponibles

Partie A : Pays d'Europe du Nord

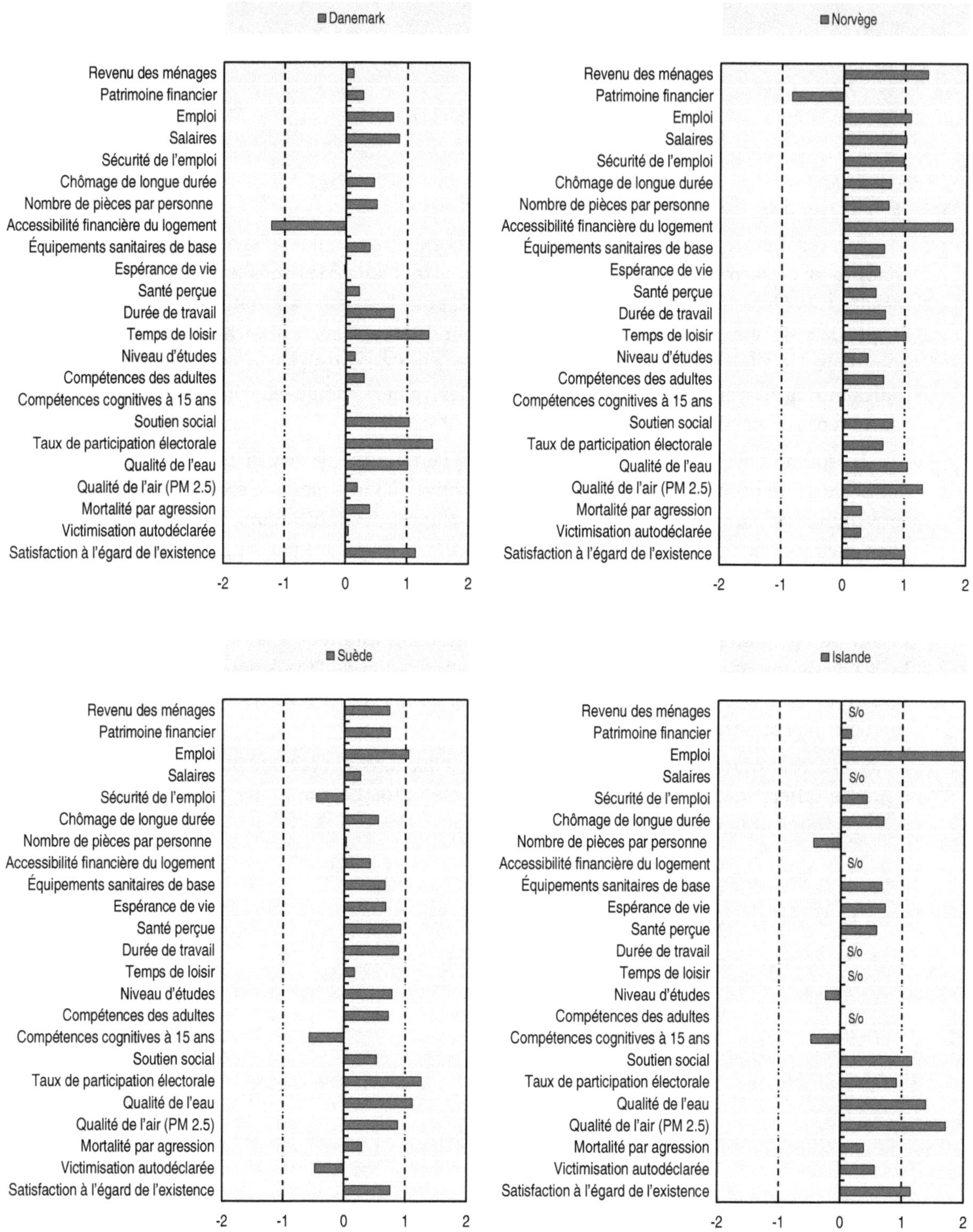

Graphique 1.A.1. **Forces et faiblesses des différents pays en matière de bien-être** *(suite)*

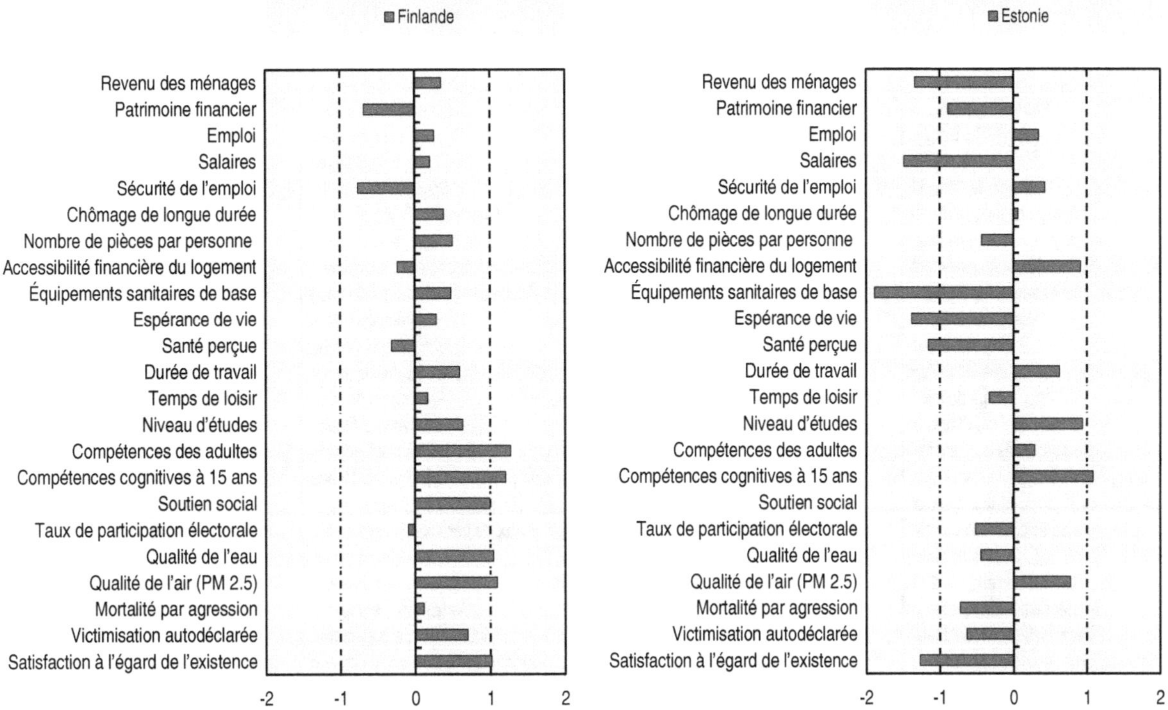

Partie B : Pays d'Europe continentale, Royaume-Uni et Irlande

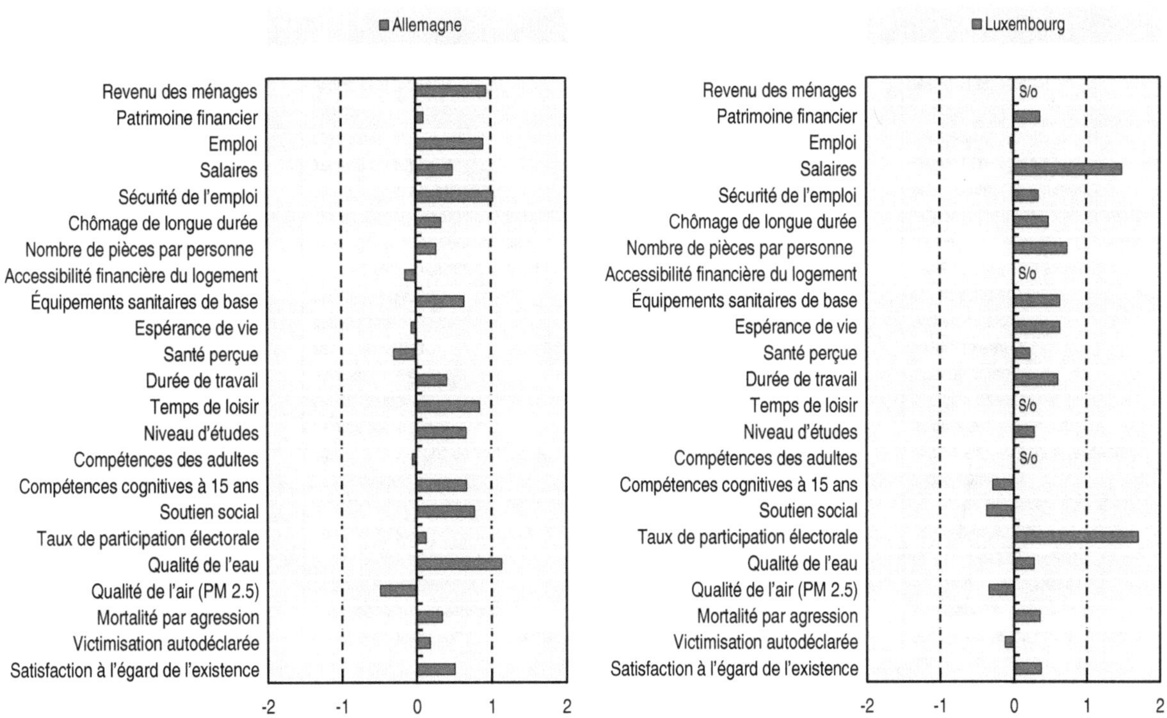

Graphique 1.A.1. **Forces et faiblesses des différents pays en matière de bien-être** *(suite)*

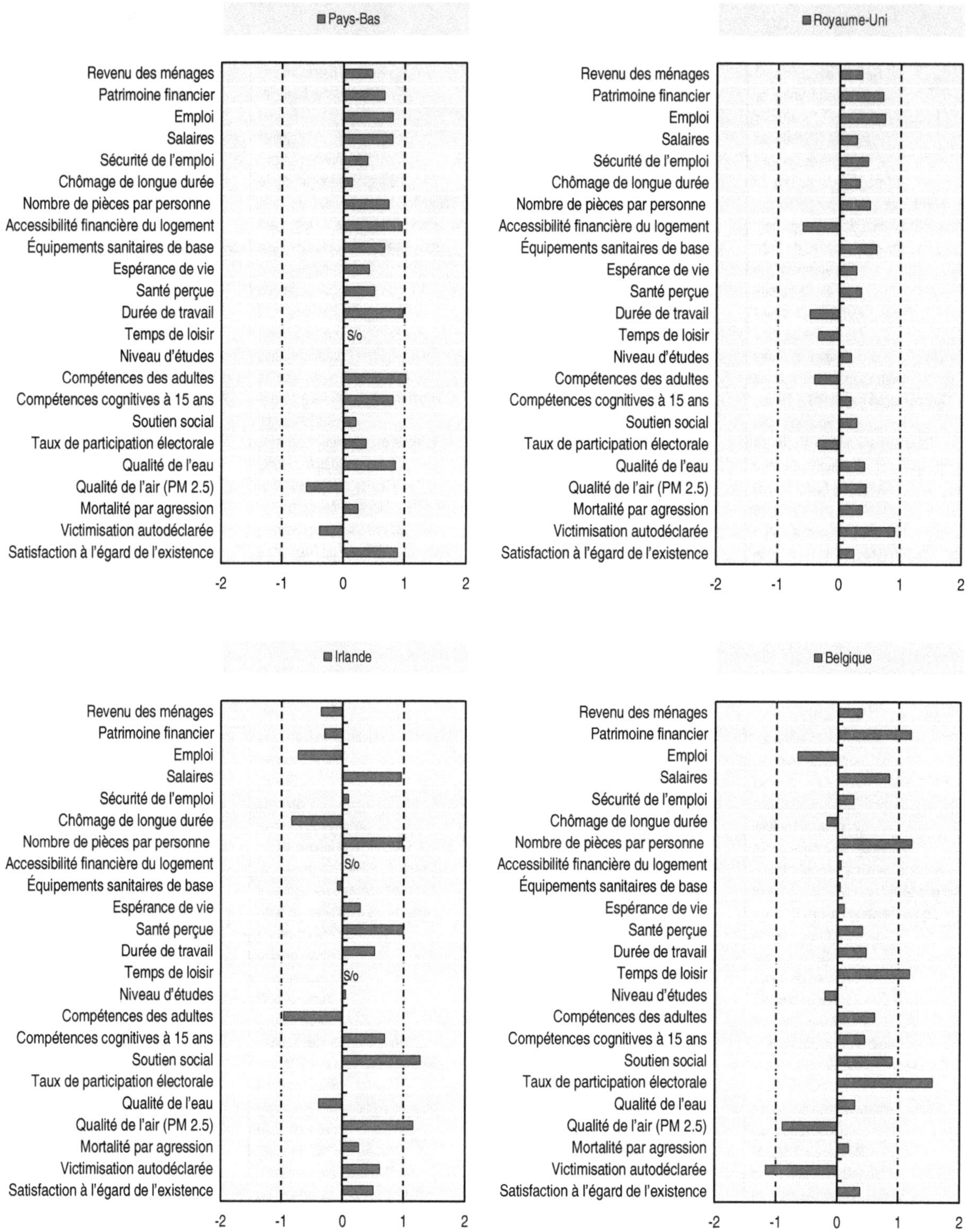

Graphique 1.A.1. **Forces et faiblesses des différents pays en matière de bien-être** *(suite)*

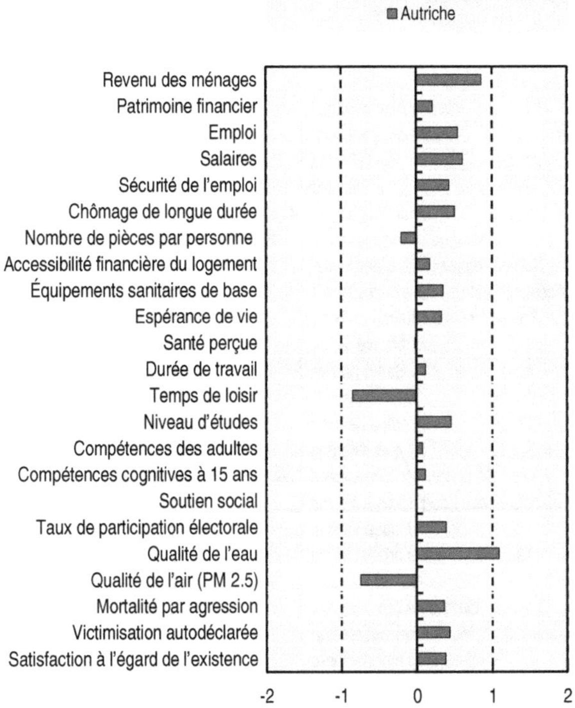

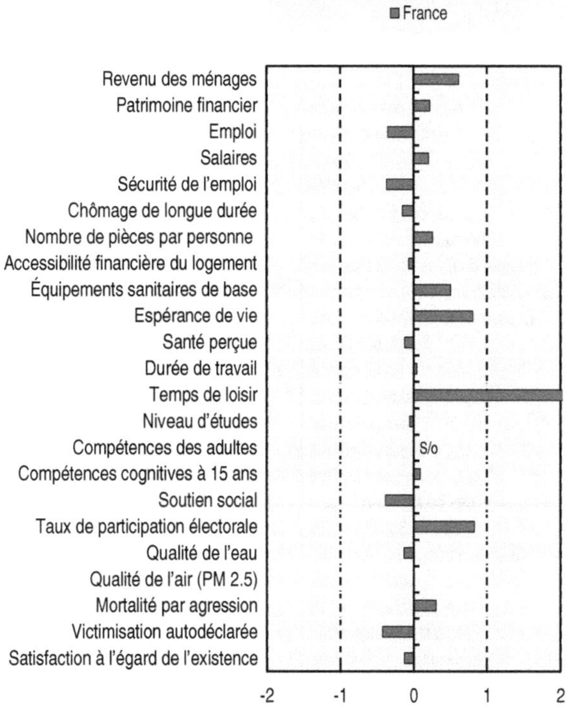

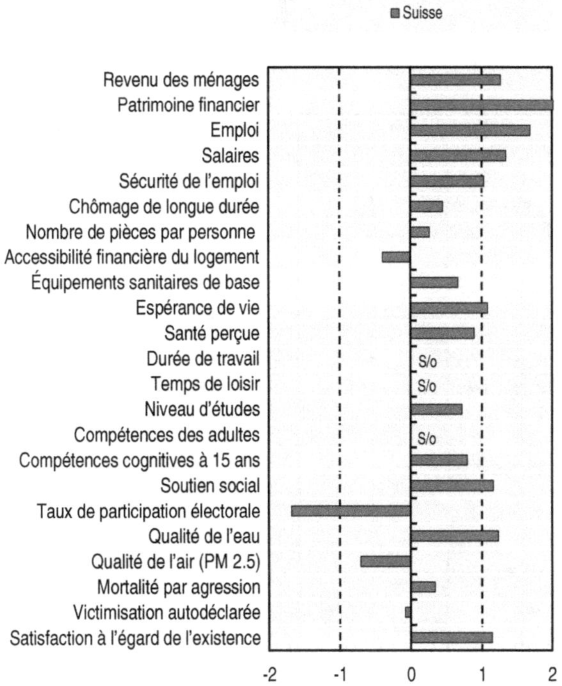

Graphique 1.A.1. **Forces et faiblesses des différents pays en matière de bien-être** *(suite)*

Partie C : Pays d'Europe du Sud et de l'Est

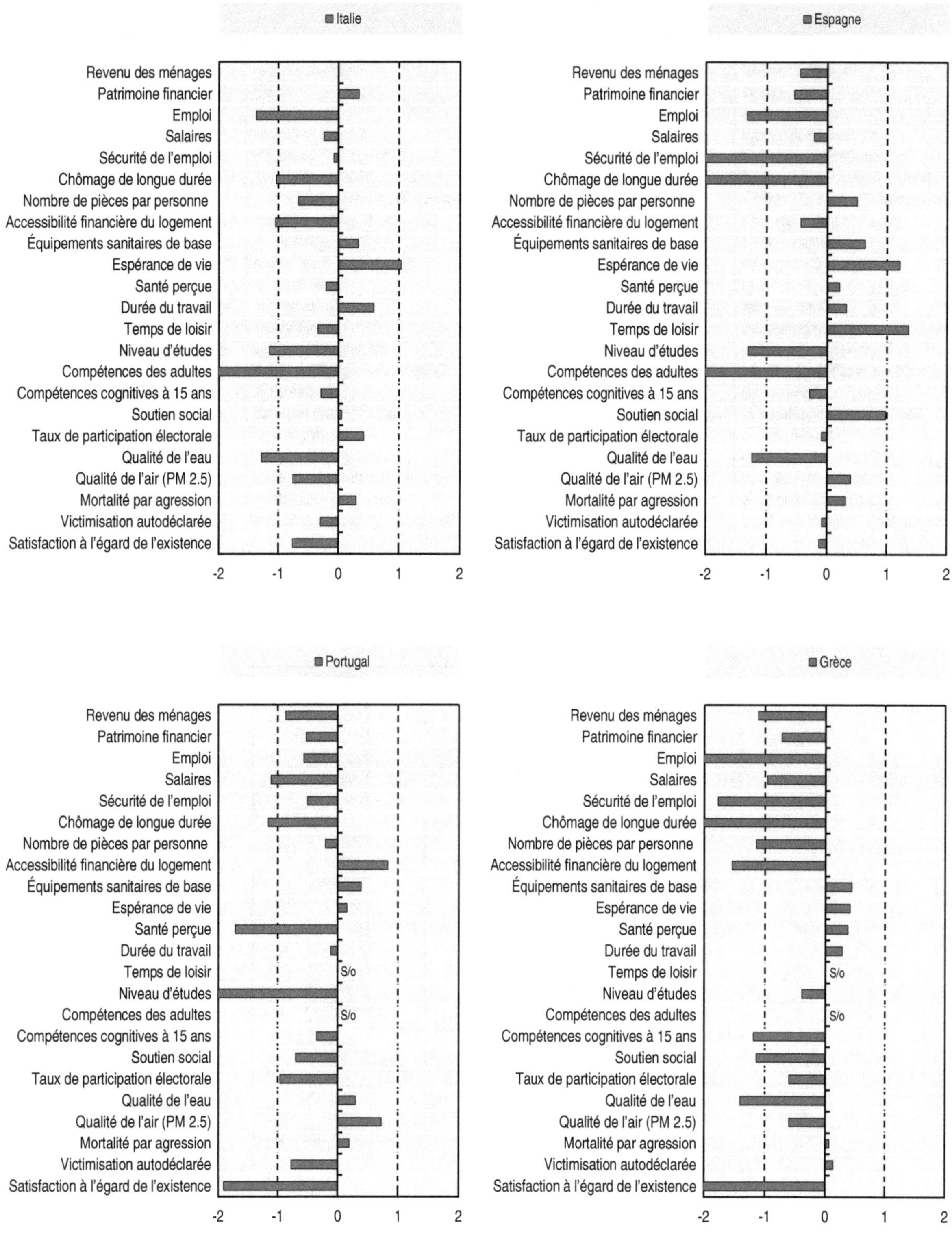

Graphique 1.A.1. **Forces et faiblesses des différents pays en matière de bien-être** *(suite)*

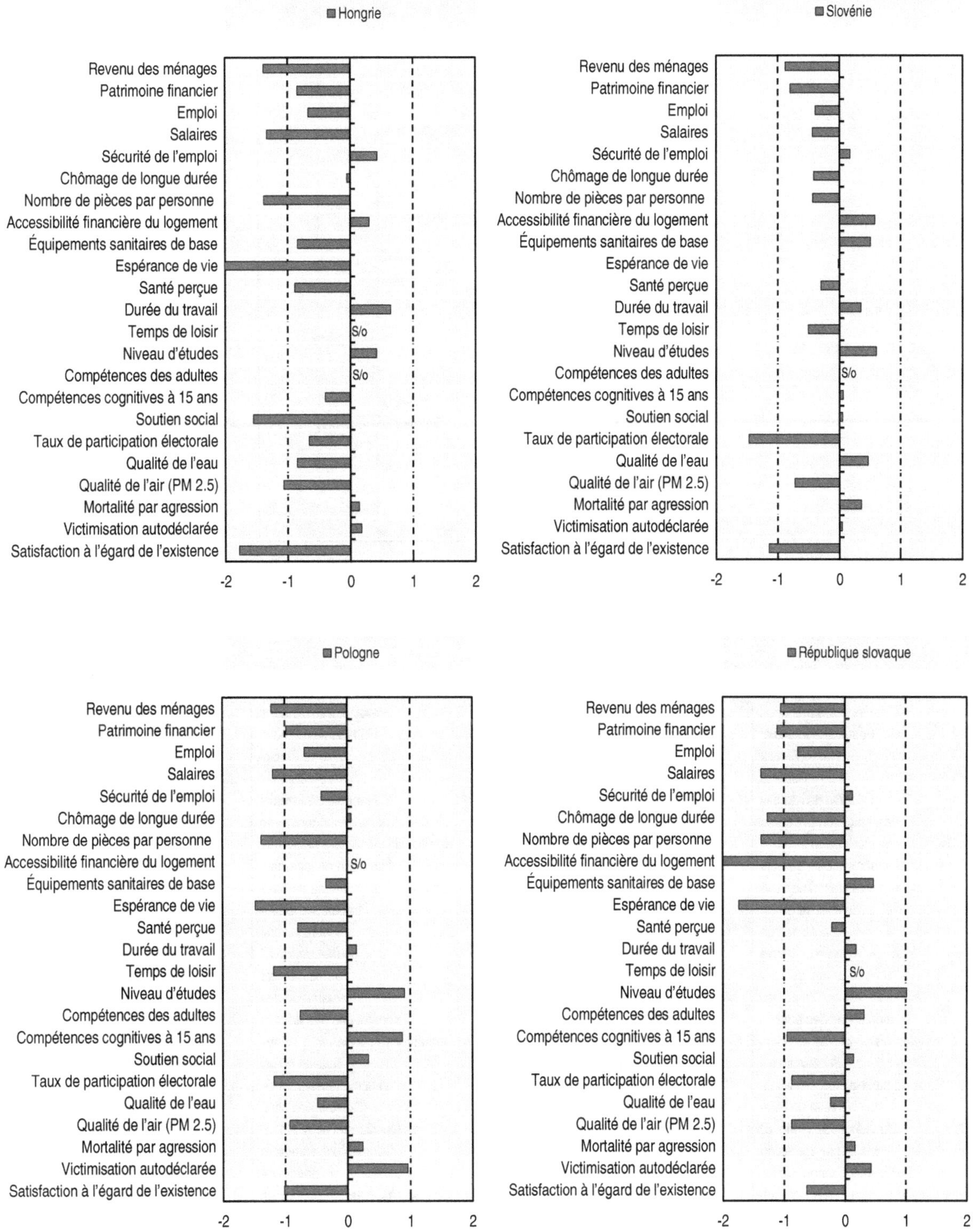

Graphique 1.A.1. **Forces et faiblesses des différents pays en matière de bien-être** *(suite)*

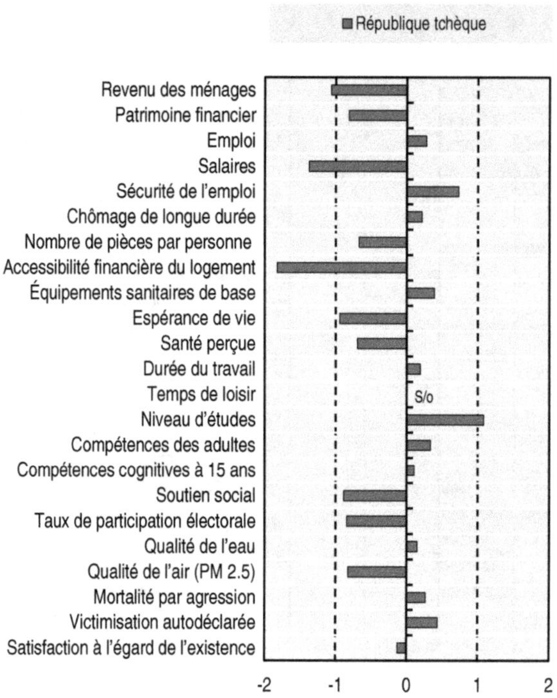

Partie D : États-Unis, Canada et pays de la région Asie-Pacifique

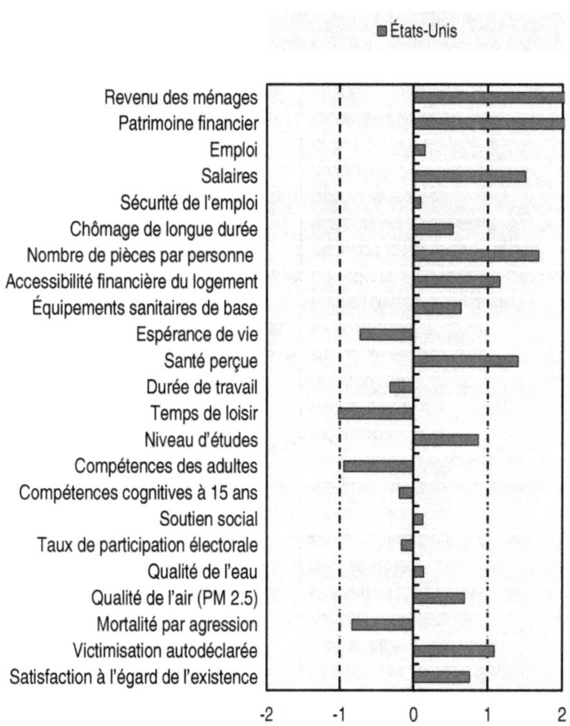

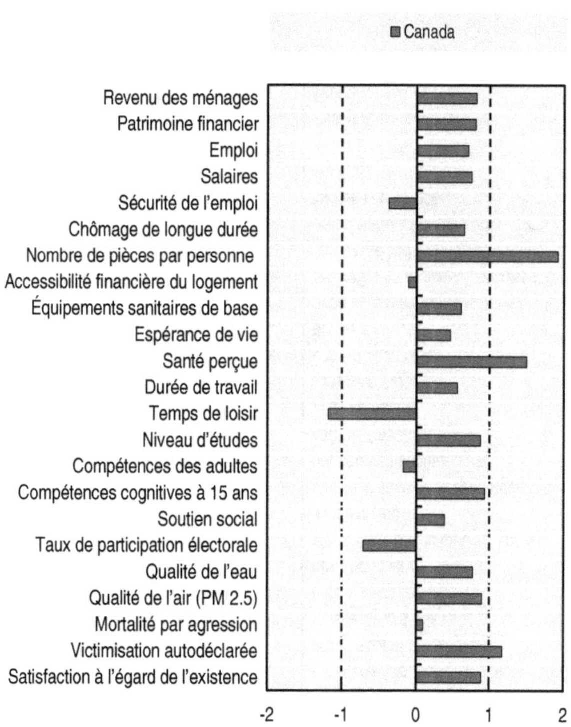

Graphique 1.A.1. **Forces et faiblesses des différents pays en matière de bien-être** *(suite)*

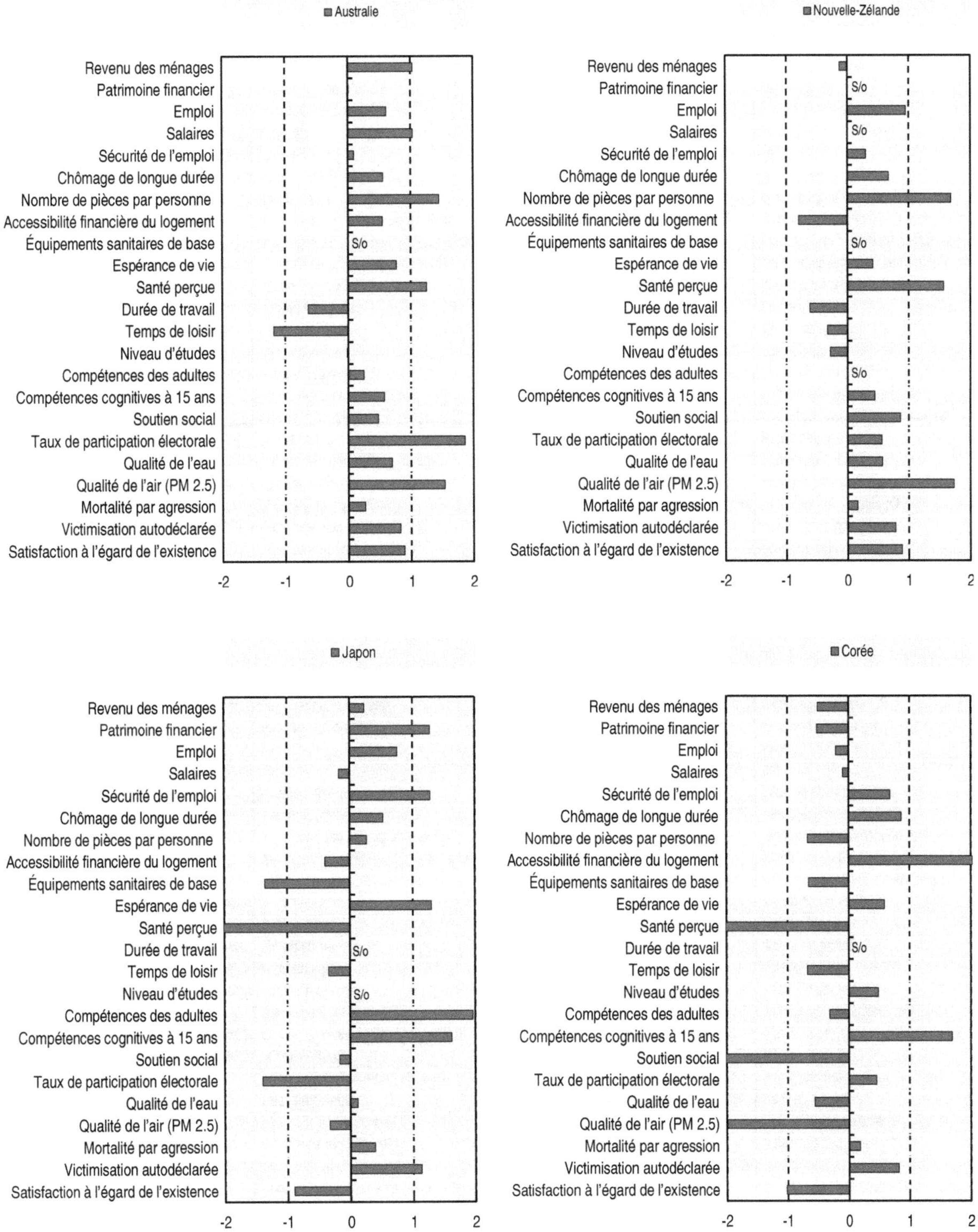

Graphique 1.A.1. **Forces et faiblesses des différents pays en matière de bien-être** *(suite)*

Partie E : Autres pays

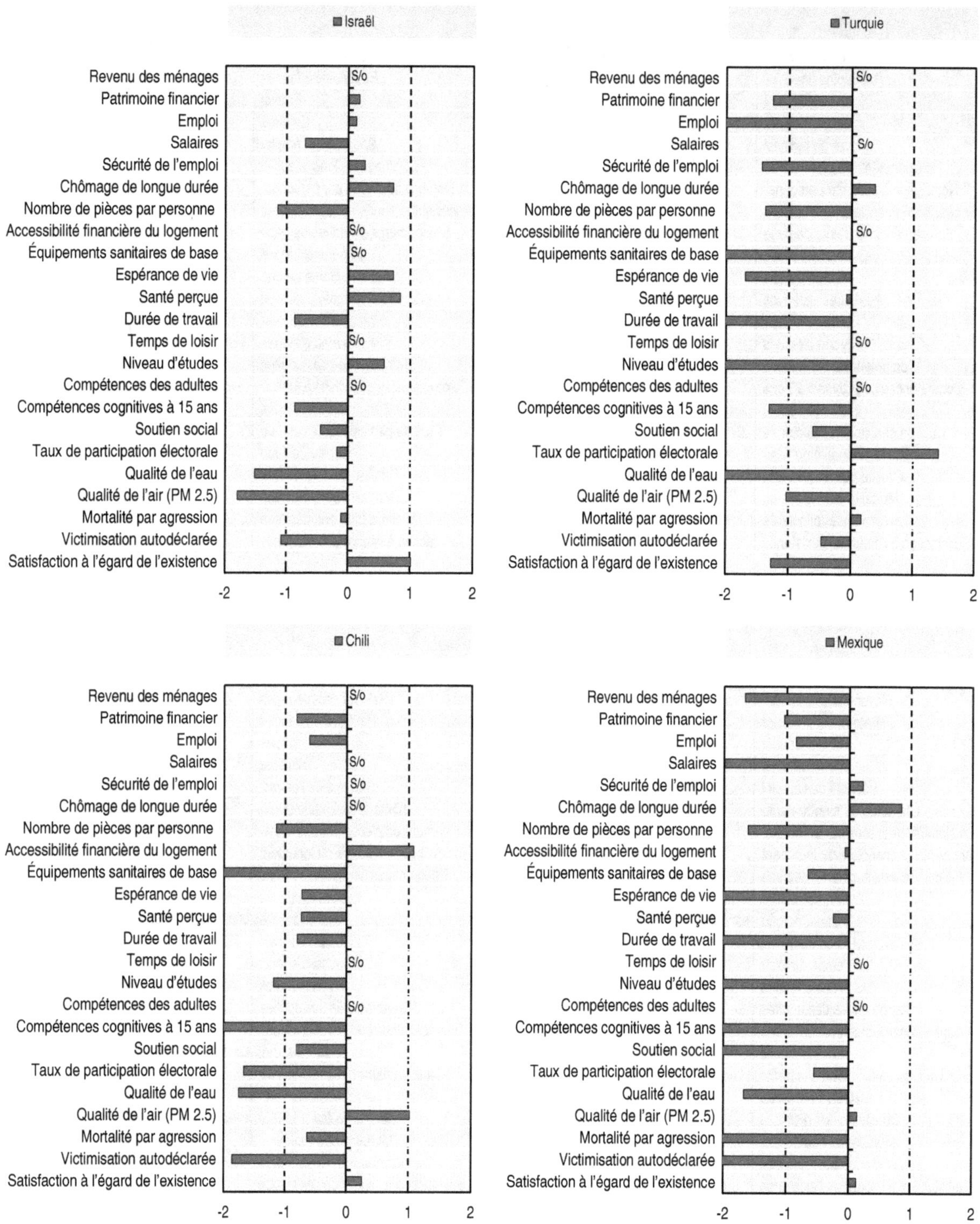

StatLink http://dx.doi.org/10.1787/888933277964

ANNEXE 1.B

Notes accordées par les utilisateurs de l'Indicateur du vivre mieux selon l'âge

Graphique 1.B.1. **Notes accordées par les utilisateurs de l'Indicateur du vivre mieux à l'éducation, au revenu, à la satisfaction à l'égard de l'existence, à l'équilibre vie professionnelle-vie privée, pour différentes classes d'âge**

Notes moyennes, exprimées en pourcentage ; l'attribution d'un poids identique à chaque dimension donnerait une note de 9.09 % (ligne en pointillés)

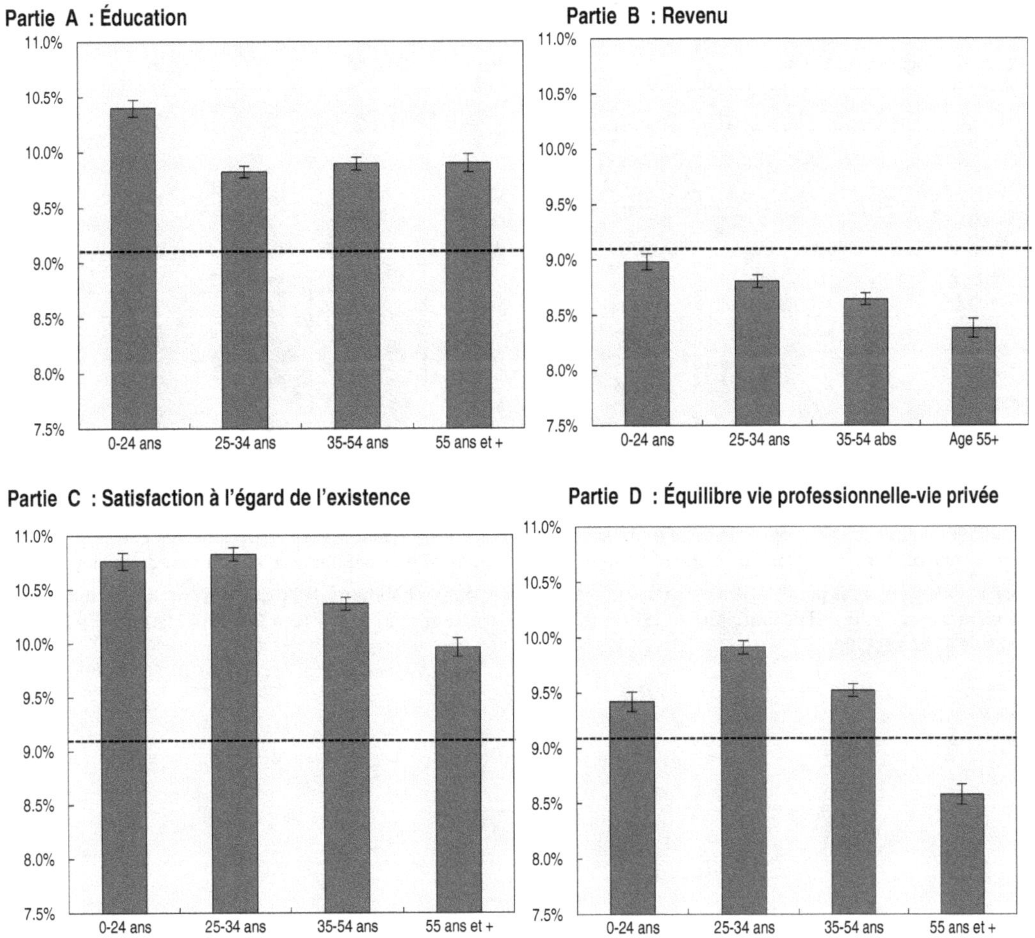

Note : Pour éliminer les biais liés à la composition par sexe et âge de l'échantillon d'utilisateurs, les réponses ont été pondérées *a posteriori* au moyen de l'âge et du sexe indiqué par les utilisateurs. Les barres bleues correspondent à la moyenne arithmétique ; les « moustaches » représentent l'intervalle de confiance à 95 % autour de la moyenne.

Source : Calculs réalisés par l'OCDE à partir des notes attribuées par les habitants de l'OCDE qui ont utilisé l'Indicateur du vivre mieux. Taille de l'échantillon : 20 457 utilisateurs de 0 à 24 ans ; 22 908 de 25 à 34 ans ; 23 242 de 35 à 54 ans ; 7 124 de 55 ans et plus.

StatLink *http://dx.doi.org/10.1787/888933277979*

Graphique 1.B.2. **Notes accordées par les utilisateurs de l'Indicateur du vivre mieux à l'environnement, à l'engagement civique, à la santé et à la sécurité, pour différentes classes d'âge**

Notes moyennes, exprimées en pourcentage ; l'attribution d'un poids identique à chaque dimension donnerait une note de 9.09 % (ligne en pointillés)

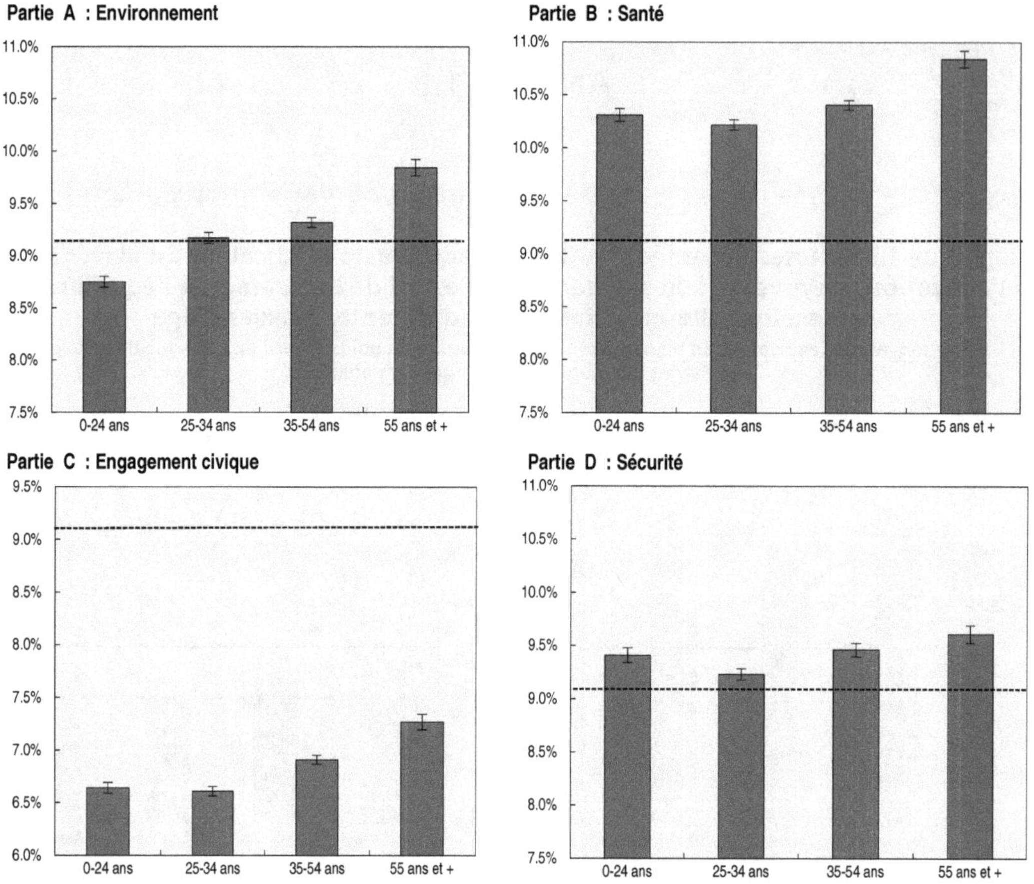

Note : Pour éliminer les biais liés à la composition par sexe et âge de l'échantillon d'utilisateurs, les réponses ont été pondérées *a posteriori* au moyen de l'âge et du sexe indiqué par les utilisateurs. Les barres bleues correspondent à la moyenne arithmétique ; les « moustaches » représentent l'intervalle de confiance à 95 % autour de la moyenne.

Source : Calculs réalisés par l'OCDE à partir des notes attribuées par les habitants de l'OCDE qui ont utilisé l'Indicateur du vivre mieux. Taille de l'échantillon : 20 457 utilisateurs de 0 à 24 ans ; 22 908 de 25 à 34 ans ; 23 242 de 35 à 54 ans ; 7 124 de 55 ans et plus.

StatLink http://dx.doi.org/10.1787/888933277982

Chapitre 2

Comment va la vie ? en chiffres

La mesure de ce qui est déterminant pour le bien-être nécessite un large éventail d'indicateurs, mesurés à l'échelle humaine et susceptibles de rendre compte de la réalité vécue par différents groupes de la population dans toute sa diversité. Ce chapitre décrit les dernières données disponibles sur le bien-être actuel dans les pays de l'OCDE et quelques pays partenaires, fournissant des statistiques essentielles sur 11 dimensions de l'existence, depuis les conditions de vie matérielles (revenu et patrimoine, emplois et salaires, logement) jusqu'aux aspects qui influent sur la qualité de vie (état de santé, équilibre entre vie professionnelle et vie privée, éducation et compétences, liens sociaux, engagement civique et gouvernance, qualité de l'environnement, sécurité des personnes et bien-être subjectif). En plus de dresser un bilan de la situation actuelle en matière de bien-être, le chapitre cherche à établir si la vie s'est améliorée au cours de la période récente. Cet examen, qui porte sur les cinq années écoulées depuis 2009, met en lumière une situation contrastée – aussi bien selon les pays que selon les indicateurs. Le chapitre décrit également les écarts de bien-être en fonction de l'âge, du sexe, du niveau d'études et du revenu, et montre que les inégalités de bien-être peuvent varier sensiblement d'un pays de l'OCDE à l'autre.

Les données statistiques concernant Israël sont fournies par et sous la responsabilité des autorités israéliennes compétentes. L'utilisation de ces données par l'OCDE est sans préjudice du statut des hauteurs du Golan, de Jérusalem-Est et des colonies de peuplement israéliennes en Cisjordanie aux termes du droit international.

Ce chapitre présente les informations les plus récentes dont on dispose sur les écarts de bien-être entre pays, l'évolution du bien-être dans le temps et les inégalités de bien-être dans les pays de l'OCDE et dans certains pays partenaires. Il reprend et actualise les indicateurs principaux présentés dans les éditions 2011 et 2013 de *Comment va la vie ?* (OCDE 2011a ; 2013a), couvrant les onze dimensions du bien-être actuel du cadre de l'OCDE (chapitre 1) et décrivant les évolutions qui ont eu lieu au cours des cinq années écoulées depuis 2009.

Revenu et patrimoine

Si l'argent ne suffit pas à garantir le bien-être, le revenu est indispensable pour pourvoir aux besoins élémentaires, par exemple pour accéder à un logement convenable ou s'alimenter correctement. En outre, disposer d'un patrimoine dans lequel puiser permet aux individus d'amortir les chocs économiques et leur offre une sécurité pour l'avenir. Par ailleurs, le revenu et le patrimoine leur permettent d'avoir une plus grande latitude pour faire des choix, qu'il s'agisse de choisir de passer davantage de temps avec leurs amis ou les membres de leur famille ou d'investir pour s'assurer une retraite confortable à l'avenir.

En 2013, le ***revenu disponible ajusté net des ménages*** (RDAN) – revenu disponible, y compris les transferts reçus en espèces et en nature, après paiement des impôts (voir l'encadré 2.1 pour une définition précise) – s'établissait à environ 27 630 USD par habitant en moyenne dans la zone de l'OCDE. Il existe cependant de fortes disparités entre les pays, le revenu disponible ajusté net moyen étant environ trois fois plus élevé aux États-Unis qu'au Mexique et en Hongrie, et approximativement deux fois plus faible en Estonie et en République slovaque qu'en Australie, au Canada et en Suisse (graphique 2.1).

Entre 2009 et 2013, le revenu disponible ajusté net a progressé de 1.9 % en termes cumulés. Toutefois, au cours de cette période, le revenu des ménages a diminué dans un tiers des pays de l'OCDE. La chute la plus forte, en termes cumulés, a eu lieu dans les pays les plus durement touchés par la crise financière et économique, à savoir la Grèce (-30 %), l'Irlande (-18 %), l'Espagne (-11 %), le Portugal et l'Italie (-9 % dans les deux cas). La hausse la plus marquée a été enregistrée en Norvège (8 %), au Mexique et en Corée (12 % dans les deux cas), ainsi que dans la Fédération de Russie (18 %).

Le ***patrimoine financier net des ménages*** (défini dans l'encadré 2.1) était plus élevé en 2013 qu'en 2009 dans tous les pays de l'OCDE pour lesquels des données sont disponibles et avait progressé, en moyenne et en termes cumulés, d'environ 30 % (graphique 2.2). En 2013, il était compris entre plus de 160 000 USD par habitant aux États-Unis et moins de 10 000 USD en République slovaque et en Turquie. À noter cependant que cet indicateur ne tient pas compte du patrimoine non financier, par exemple des terrains et des logements, qui représente la majeure partie du patrimoine total net des ménages dans la plupart des pays de l'OCDE.

Graphique 2.1. **Revenu disponible ajusté net des ménages**

USD aux PPA de 2010, par habitant

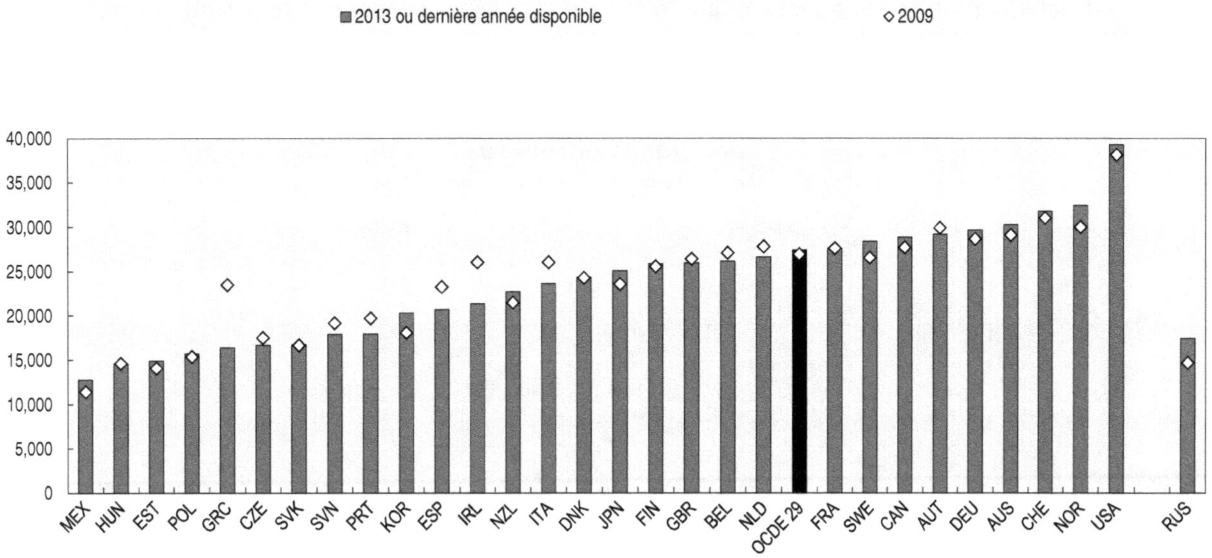

Note : La dernière année disponible est 2014 pour l'Italie, la Norvège, le Portugal et la Suède et 2012 pour le Mexique, la Nouvelle-Zélande, la Pologne, la Suisse et la Fédération de Russie. Pour la Corée, la première année disponible est 2010. La moyenne OCDE est pondérée par la population.

Source : Calculs réalisés par l'OCDE à partir des *Statistiques de l'OCDE sur les comptes nationaux* (base de données), *http://dx.doi.org/10.1787/na-data-fr* et de la base de données *Statistiques norvégienne statbank, https://www.ssb.no/en/statistikkbanken.*

StatLink http://dx.doi.org/10.1787/888933277993

Graphique 2.2. **Patrimoine financier net des ménages**

USD aux PPA courantes, par habitant

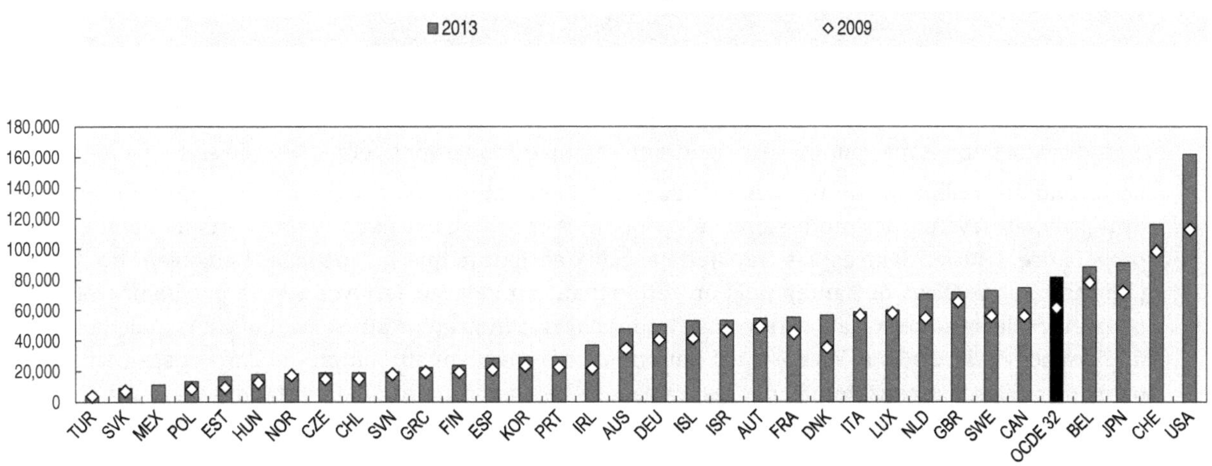

Note : La dernière année disponible est 2012 pour la Corée et 2009 pour le Mexique. Les données renvoient au SCN 2008 sauf celles relatives au Chili, au Japon, à la Corée et au Mexique, qui renvoient au SCN 1993. Les parités de pouvoir d'achat (PPA) sont les PPA de la consommation individuelle des ménages. La moyenne OCDE est pondérée par la population.

Source : Calculs réalisés par l'OCDE à partir des *Statistiques de l'OCDE sur les comptes nationaux* (base de données), *http://dx.doi.org/10.1787/na-data-fr*.

StatLink http://dx.doi.org/10.1787/888933278008

Une nouvelle base de données créée par l'OCDE et couvrant 18 pays permet de disposer d'estimations du ***patrimoine total*** des ménages (patrimoine non financier compris ; voir l'encadré 2.1). Aux alentours de 2010, le Luxembourg et les États-Unis étaient les pays où le patrimoine net moyen par ménage était le plus élevé, tandis que la République slovaque et la Finlande étaient les pays où il était le plus faible (graphique 2.3). Dans certains pays, en particulier aux États-Unis, en Autriche, en Allemagne et aux Pays-Bas, le patrimoine médian est nettement inférieur au patrimoine moyen, ce qui laisse penser que le patrimoine net est très inégalement réparti.

Graphique 2.3. **Patrimoine net moyen et médian par ménage, patrimoine non financier compris**

2010 ou dernière année disponible, valeurs en USD de 2005

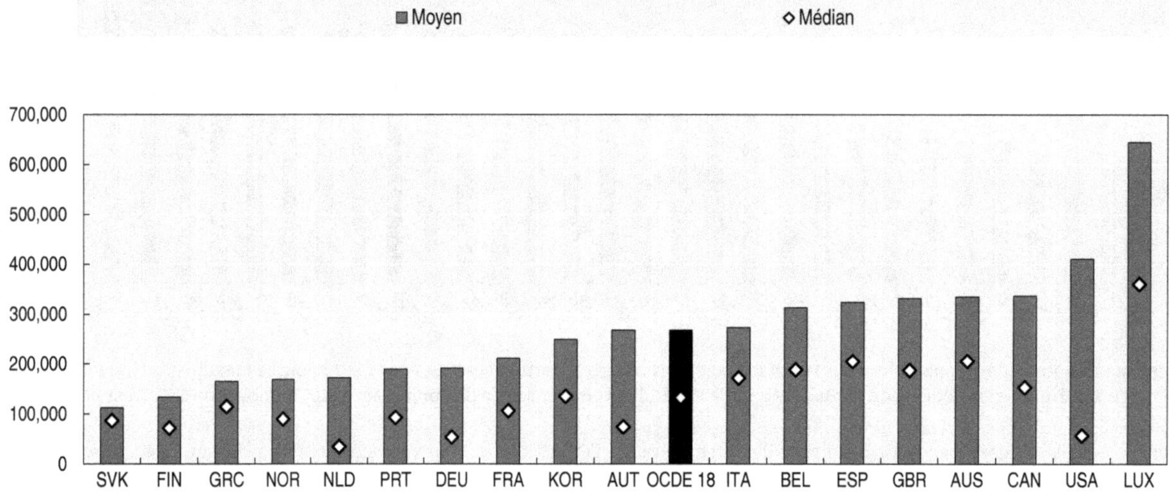

Note : La dernière année disponible est comprise entre 2010 et 2013. Les parités de pouvoir d'achat (PPA) sont les PPA de la consommation individuelle des ménages. Les données relatives au Royaume-Uni se rapportent à la Grande-Bretagne uniquement.

Source : Base de données de l'OCDE sur la distribution des richesses, http://stats.oecd.org/Index.aspx?DataSetCode=WEALTH.

StatLink *http://dx.doi.org/10.1787/888933278010*

Encadré 2.1. **Mesurer le montant et la répartition du revenu et du patrimoine des ménages**

Les indicateurs employés pour mesurer le revenu et le patrimoine sont définis comme suit :

- **Le revenu disponible ajusté net des ménages par habitant** (RDAN) s'obtient en ajoutant au revenu brut (salaires, revenus des professions indépendantes et revenus du capital, transferts monétaires en provenance d'autres sources) les transferts sociaux en nature que les ménages perçoivent de l'État (éducation et services de santé), puis en retranchant l'impôt sur le revenu et le patrimoine et les cotisations de sécurité sociale versées par les ménages. L'indicateur utilisé ici, qui est issu de la base de données de l'OCDE sur les comptes nationaux, tient également compte de l'amortissement des biens d'équipement consommés par les ménages. Il est exprimé par habitant, en dollars des États-Unis aux prix de 2010 et ajusté au moyen des PPA de la consommation individuelle effective des ménages.
- Le **patrimoine financier net des ménages** par habitant englobe le numéraire et les dépôts, les titres autres que des actions, les prêts, les actions et autres participations (y compris les titres émis par les fonds d'investissement), les réserves techniques des compagnies d'assurance et les autres montants à recevoir ou à payer par les ménages, nets des passifs financiers, conformément à la définition fournie par le Système de comptabilité nationale (SCN). Dans la majorité des cas, les droits à la pension acquis dans le cadre d'un régime par répartition ne sont pas pris en compte. Le patrimoine financier net des ménages est exprimé ici par habitant, en dollars des États-Unis aux prix courants et ajusté au moyen des PPA de la consommation individuelle effective des ménages. Les données présentées sont issues de la base de données de l'OCDE sur les comptes nationaux.

Encadré 2.1. **Mesurer le montant et la répartition du revenu et du patrimoine des ménages** *(suite)*

- **Le patrimoine net des ménages** englobe les actifs et passifs réels et financiers détenus par les ménages privés résidant dans le pays, tels qu'ils sont mesurés par les microdonnées. Il est exprimé en dollars des États-Unis aux prix de 2005 et ajusté au moyen des PPA de la consommation individuelle effective des ménages. Le concept de patrimoine est conforme à la recommandation des *Guidelines for Micro Statistics on Household Wealth* (OCDE, 2013b) publiées par l'OCDE ; le patrimoine est exprimé par ménage (plutôt que par personne ou par adulte), sans correction pour tenir compte des différences de taille des ménages. Les données sont issues de la base de données de l'OCDE sur la distribution des richesses, qui contient des données fournies par les offices statistiques nationaux ou d'autres producteurs de statistiques officielles (provenant d'enquêtes auprès des ménages ou de fichiers fiscaux et administratifs), ainsi que celles, parmi les données recueillies par la Banque centrale européenne, qui sont accessibles au public (elles portent sur les 11 pays couverts par l'enquête conduite par le Réseau de l'Eurosystème sur les finances et la consommation des ménages). Ces données n'englobent pas le patrimoine-retraite, dont le montant et la répartition sont très variables d'un pays de l'OCDE à l'autre selon les caractéristiques du système de retraite. Il y a quelques différences entre pays s'agissant du suréchantillonnage des ménages aisés (celui-ci peut être inexistant, comme c'est le cas pour l'Australie, ou important, comme c'est le cas pour les États-Unis et l'Espagne).
- L'**indice de Gini** est un indicateur synthétique des inégalités de revenu au sein de la population. Il est calculé à partir de microdonnées (issues d'enquêtes auprès des ménages et de fichiers administratifs) sur le revenu des ménages après impôts et transferts, étant entendu que le revenu des ménages est ajusté pour tenir compte du fait que des ménages de taille différente n'ont pas les mêmes besoins. L'indice de Gini, plus sensible aux changements au milieu de la distribution, est compris entre zéro (situation dans laquelle personne n'a le même revenu moyen) et un (situation dans laquelle les plus riches perçoivent l'intégralité du revenu). Sur cette échelle graduée de zéro à un, un changement d'un « point de Gini » correspond à un changement de 0.01. Les estimations présentées ici reposent sur les données relatives au revenu des ménages de la *Base de données de l'OCDE sur la distribution du revenu*.
- Le **rapport interdécile (S90/S10)** est un indicateur des inégalités de revenu plus sensible aux changements aux extrémités de la distribution. Il est égal à la part du revenu perçue par les 10 % de ménages les plus aisés divisée par la part du revenu perçue par les 10 % de ménages les plus pauvres. Il est calculé à partir de données sur le revenu disponible équivalent des ménages (revenu ajusté pour tenir compte des différences de taille des ménages), après impôts et transferts. Les estimations présentées ici proviennent de la *Base de données de l'OCDE sur la distribution du revenu*.

Pour les deux premiers indicateurs (qui reposent sur les comptes nationaux), les données renvoient à l'ensemble des ménages, y compris les entreprises non constituées en société et les institutions à but non lucratif fournissant des services aux ménages. Les indicateurs présentés ici sont compatibles avec les indicateurs nationaux, comme le PIB et la productivité. L'indicateur de revenu retenu est l'indicateur des possibilités de consommation le plus large existant dans le SCN. En revanche, l'indicateur de patrimoine financier net exclut divers actifs essentiels au bien-être matériel des ménages, comme le logement ou les terrains. Actuellement, les données sur ces actifs non financiers ne sont disponibles dans les comptes nationaux que pour un petit nombre de pays de l'OCDE et de pays partenaires. L'indicateur de patrimoine net des ménages défini ci-dessus englobe en revanche les actifs non financiers pour 18 pays mais il est calculé à partir de microdonnées.

Les données décrites ici présentent des limites. Premièrement, seuls quelques systèmes de comptes nationaux fournissent des données qui n'englobent pas les institutions à but non lucratif fournissant des services aux ménages, ce qui signifie que les deux premiers indicateurs cités ont une couverture plus large que celui utilisé dans les enquêtes auprès des ménages. Deuxièmement, pour mieux rendre compte des différences de besoins entre les ménages, il faudrait, dans l'idéal, que les données soient

Encadré 2.1. Mesurer le montant et la répartition du revenu et du patrimoine des ménages *(suite)*

exprimées en termes de « revenu équivalent », c'est-à-dire d'unités de consommation ; or, les données du SCN sont exprimées par habitant. Plus généralement, les données macroéconomiques issues de la comptabilité nationale ne fournissent pas d'informations sur la répartition des ressources économiques. Pour garantir la compatibilité entre microdonnées et macrodonnées sur les ménages, l'OCDE conduit des travaux afin de mesurer, dans le cadre de la comptabilité nationale, les disparités entre les ménages (voir, par exemple, Fesseau et Mattonetti, 2013a ; Fesseau, Wolff et Mattonetti, 2013b). En outre, elle a récemment publié des lignes directrices pour la mesure de la répartition du patrimoine des ménages (OCDE, 2013b), ainsi qu'un cadre d'analyse intégrée du revenu, de la consommation et du patrimoine (OCDE, 2013c).

Pour en savoir plus :

- Murtin, F. et M. Mira d'Ercole (2015), « Household wealth inequality across OECD countries: New OECD evidence », *Cahiers statistiques de l'OCDE*, n° 21, *www.oecd.org/social/household-wealth-inequality-across-OECD-countries-OECDSB21.pdf.*
- OCDE (2015a), *Tous concernés : pourquoi moins d'inégalité profite à tous*, Éditions OCDE, Paris, *http://dx.doi.org/10.1787/9789264235519-fr.*
- OCDE (2013b), *OECD Guidelines for Micro Statistics on Household Wealth*, Éditions OCDE, Paris, *http://dx.doi.org/10.1787/9789264194878-en.*

Répartition du revenu et du patrimoine

Dans la plupart des pays de l'OCDE, l'écart entre riches et pauvres n'a jamais été aussi grand depuis trente ans (OCDE, 2015a). En 2012 environ, c'est au Mexique, en Turquie, aux États-Unis et en Israël que l'***indice de Gini*** des inégalités de revenu (défini dans l'encadré 2.1) était le plus élevé, et au Danemark, en Slovénie, en République slovaque, en Norvège et en République tchèque qu'il était le plus faible (graphique 2.4). Depuis 2011, première année

Graphique 2.4. **Indice de Gini des inégalités de revenu**

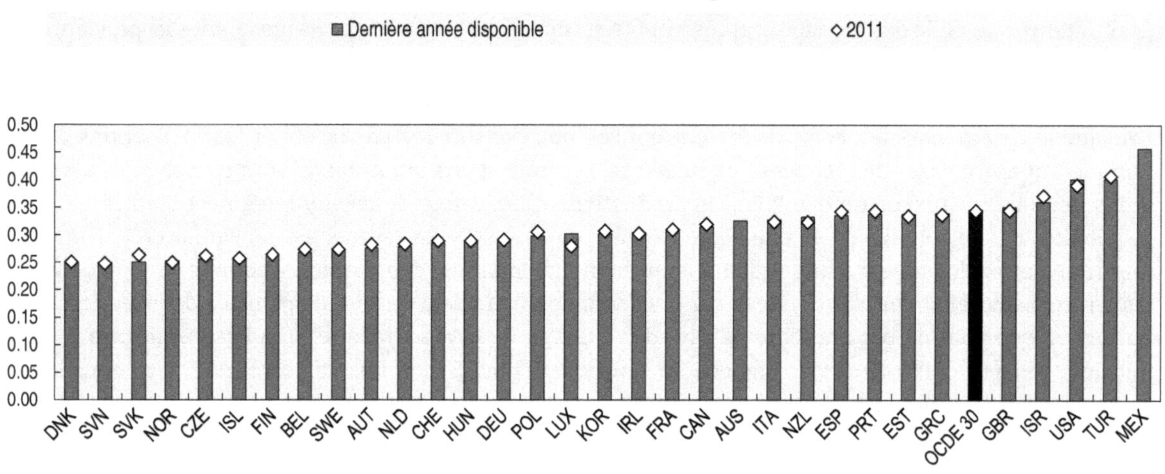

Note : La dernière année disponible est 2014 pour la Hongrie, 2013 pour la Finlande, Israël, la Corée, les Pays-Bas et les États-Unis et 2012 pour les autres pays. La première année disponible est 2010 pour le Canada et 2012 pour la Hongrie, la Corée et les États-Unis. La moyenne OCDE est pondérée par la population.

Source : « Distribution des revenus », *Statistiques de l'OCDE sur les prestations et questions sociales* (base de données), *http://dx.doi.org/10.1787/data-00654-fr.*

StatLink *http://dx.doi.org/10.1787/888933278029*

pour laquelle on dispose de données réellement comparables[1], l'indice de Gini moyen de la zone de l'OCDE est resté relativement stable. Néanmoins, les inégalités de revenu ont diminué d'un point de Gini en République slovaque et en Israël, tandis qu'elles ont progressé d'un point voire plus aux États-Unis, en Nouvelle-Zélande et au Luxembourg.

Le ***rapport interdécile*** S90/10 (graphique 2.5, défini dans l'encadré 2.1) permet d'analyser la répartition du revenu d'un autre point de vue. En 2012 environ, le Danemark, la République tchèque, la Slovénie et la Finlande étaient les pays où cet indicateur était le plus faible, la part du revenu perçue par les 10 % de ménages appartenant au sommet de l'échelle du revenu étant seulement plus de cinq fois plus élevée que celle perçue par les 10 % de ménages situés en bas de l'échelle. À l'inverse, les ménages du décile supérieur percevaient 15 fois le revenu des ménages du décile inférieur en Israël, près de 19 fois aux États-Unis et 25 fois au Mexique. Depuis 2011, ce rapport s'est accru d'environ un point aux États-Unis, au Royaume-Uni, en Italie et au Luxembourg et d'environ deux points en Israël.

Graphique 2.5. **Rapport interdécile (S90/S10)**

Part du revenu total des 10 % d'individus les plus aisés divisée par celle des 10 % les plus modestes

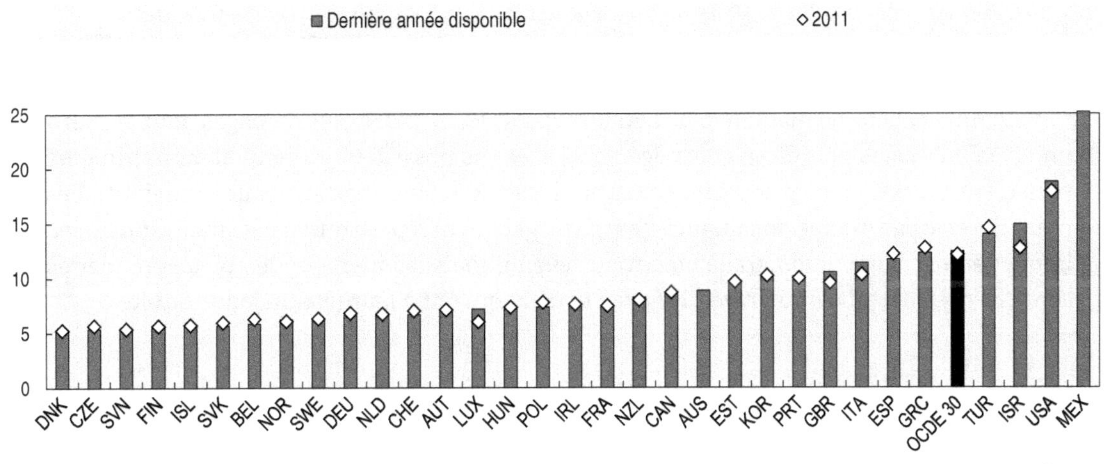

Note : La dernière année disponible est 2014 pour la Hongrie, 2013 pour la Finlande, Israël, la Corée, les Pays-Bas et les États-Unis. La première année indiquée est 2010 pour le Canada et 2012 pour la Hongrie, la Corée et les États-Unis. La moyenne OCDE est pondérée par la population.

Source : « Distribution des revenus », *Statistiques de l'OCDE sur les prestations et questions sociales* (base de données), *http://dx.doi.org/10.1787/data-00654-fr*.

StatLink *http://dx.doi.org/10.1787/888933278033*

Dans les pays de l'OCDE, le patrimoine net des ménages est très concentré dans l'extrémité supérieure de la distribution. Ainsi, le graphique 2.6 montre que dans la majorité des pays, les 1 % de personnes les plus riches ont en général un patrimoine supérieur à l'ensemble des personnes qui appartiennent aux six déciles inférieurs. En moyenne, ces personnes possèdent environ 13 % du patrimoine net des ménages au sein de l'OCDE, tandis que les 1 % de personnes les plus riches en possèdent environ 18 %. Le patrimoine est plus inégalement réparti que le revenu : dans les pays qui apparaissent sur le graphique, les 10 % de ménages les plus aisés possèdent 50 % de l'ensemble du patrimoine des ménages mais ne perçoivent qu'environ 25 % du revenu (OCDE, 2015a). Ces données ne tiennent toutefois pas compte du patrimoine-retraite, dont le montant et la répartition varient beaucoup d'un pays à l'autre en fonction des caractéristiques du système de retraite.

Graphique 2.6. **Répartition du patrimoine net des ménages**

2010 ou dernière année disponible

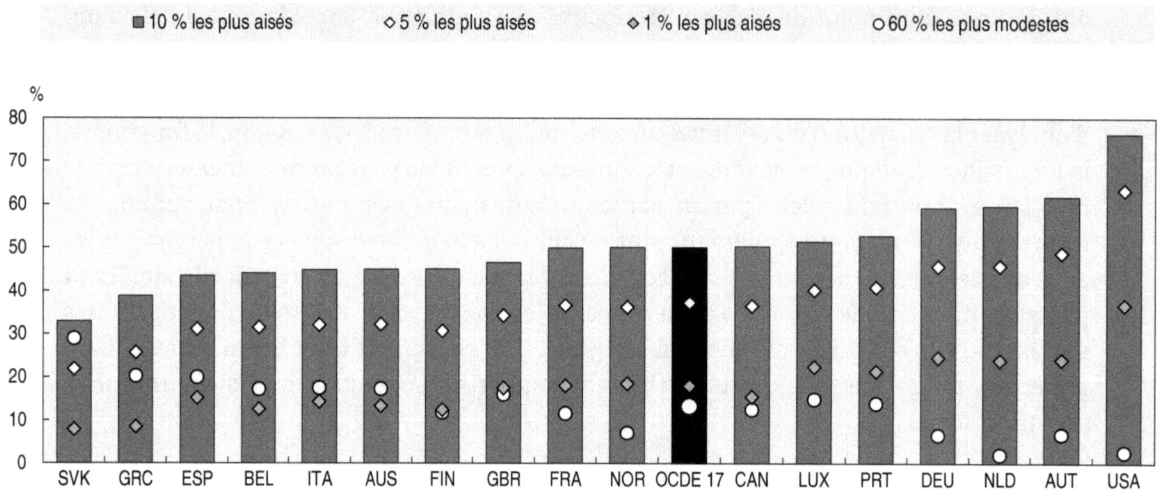

Note : La dernière année disponible est comprise entre 2010 et 2013. Les données relatives au Royaume-Uni se rapportent à la Grande-Bretagne uniquement.

Source : Base de données de l'OCDE sur la distribution des richesses, http://stats.oecd.org/Index.aspx?DataSetCode=WEALTH.

StatLink *http://dx.doi.org/10.1787/888933278044*

Comme exposé de manière plus détaillée dans OCDE (2015a), les ménages dont le chef a un niveau d'études plus élevé et est âgé de 55 à 64 ans possèdent en général un patrimoine plus élevé. La résidence principale constitue l'actif le plus important pour la majorité des ménages et le patrimoine non financier est plus également réparti que le patrimoine financier. L'endettement augmente parallèlement au revenu, mais les ménages les plus surendettés sont ceux qui perçoivent un revenu moyen et ceux qui ont à leur tête un jeune adulte.

Emplois et salaires

L'emploi joue un rôle capital dans la vie de nombreuses personnes. En plus d'être une source de revenu, un bon emploi peut être bénéfique au bien-être de beaucoup d'autres manières, par exemple en permettant à celui qui l'occupe d'élargir son réseau social ou d'acquérir de nouvelles compétences. De même, le chômage fragilise la sécurité financière d'un ménage, mais peut aussi avoir des retombées négatives sur la santé physique et mentale et sur le bien-être subjectif. Toutefois, en matière d'emploi, la quantité et la qualité ont l'une et l'autre de l'importance : ainsi, si la situation de chômeur est préjudiciable à maints égards, le fait d'avoir un emploi de mauvaise qualité peut également mettre en péril la santé des travailleurs et leur bien-être en général.

Le ***taux d'emploi*** (défini dans l'encadré 2.2) fournit des informations clées sur les possibilités d'emploi. De manière générale, il est relativement faible dans les pays d'Europe du Sud et certains pays d'Europe de l'Est et élevé dans les pays nordiques et d'Europe du Nord, de même qu'en Suisse, en Nouvelle-Zélande et au Japon. Il a augmenté d'environ un point de pourcentage entre 2009 et 2014 en moyenne dans la zone de l'OCDE (graphique 2.7)[2]. Toutefois, durant la même période, il a fortement reculé dans les pays les plus durement touchés par la crise : ainsi, en Grèce, il restait inférieur de 11.4 points en 2014 comparé à son niveau de 2009 ; il a également fortement décru en Espagne (-4 points), en Slovénie (-3.6 points), au Portugal (-3.5 points), au Danemark (-2.5 points) et aux Pays-Bas (-2.5 points).

Graphique 2.7. **Taux d'emploi**

Salariés de 15 à 64 ans en pourcentage de la population du même âge

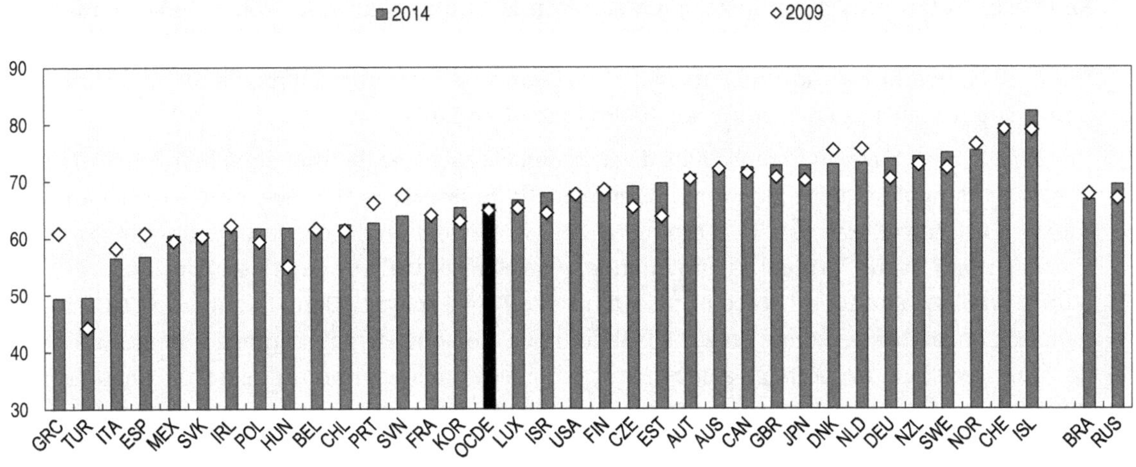

Note : La dernière année disponible est 2013 pour le Chili et le Brésil. Pour le Chili, la première année disponible est 2011 en raison d'une rupture dans la série de données. Pour l'Allemagne et le Portugal, les comparaisons dans le temps doivent être interprétées avec prudence, l'enquête sur la population active ayant été modifiée en 2010. La moyenne OCDE est pondérée par la population.

Source : « Statistiques de la population active », *Statistiques de l'OCDE sur l'emploi et le marché du travail* (base de données), *http://dx.doi.org/10.1787/lfs-lfs-data-fr*.

StatLink *http://dx.doi.org/10.1787/888933278055*

Le ***chômage de longue durée*** expose les personnes qui en sont victimes à un risque de pauvreté, de dénuement, d'exclusion sociale et de stigmatisation, et peut avoir des conséquences psychiques telles que la baisse de l'estime de soi et le découragement. En 2014, la proportion de la population active au chômage depuis un an ou plus était comprise entre moins de 1 % en Corée, au Mexique, en Norvège, en Israël, en Islande, en Nouvelle-Zélande et au Canada et plus de 7 % en Italie, au Portugal et en République slovaque, 12.9 % en Espagne et 19.5 % en Grèce (graphique 2.8). Depuis 2009, le chômage

Graphique 2.8. **Taux de chômage de longue durée**

Pourcentage de la population active au chômage depuis un an ou plus

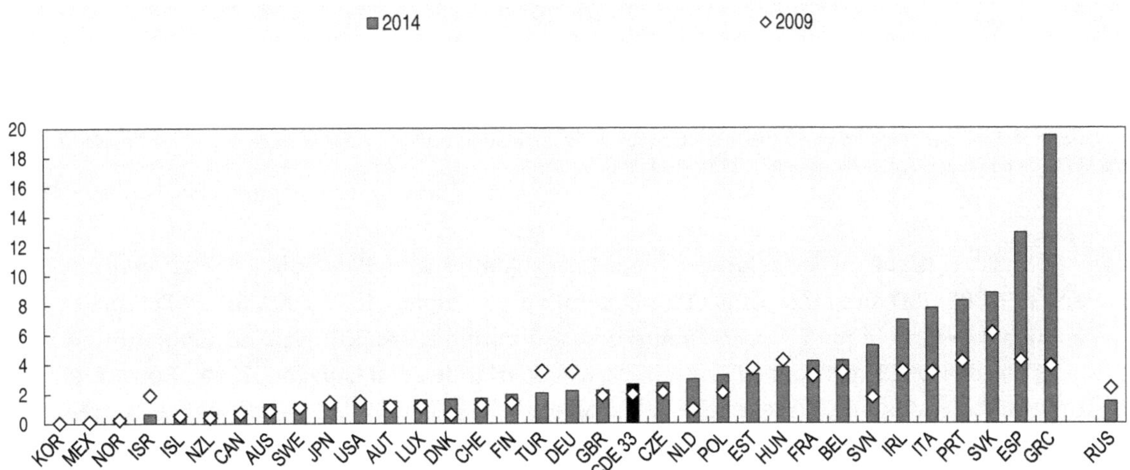

Note : Pour la Corée, la dernière année disponible est 2013. Pour la Belgique, la première année disponible est 2011 en raison d'une rupture dans la série de données. Pour l'Allemagne et le Portugal, les comparaisons dans le temps doivent être interprétées avec prudence, l'enquête sur la population active ayant été modifiée en 2010. La moyenne OCDE est pondérée par la population.

Source : « Statistiques de la population active », *Statistiques de l'OCDE sur l'emploi et le marché du travail* (base de données), *http://dx.doi.org/10.1787/lfs-lfs-data-fr*.

StatLink *http://dx.doi.org/10.1787/888933278064*

de longue durée a augmenté dans plus des deux tiers des pays de l'OCDE et a progressé de 0.7 point de pourcentage en moyenne dans la zone de l'OCDE (en termes cumulés). En Grèce, il était plus de cinq fois plus élevé en 2014 qu'en 2009. Au cours de la même période, il a triplé aux Pays-Bas, en Espagne, en Slovénie et au Danemark et doublé en Italie, en Nouvelle-Zélande, au Portugal et en Irlande. À l'inverse, il a reculé de plus d'un point de pourcentage en Turquie, en Allemagne et en Israël.

En 2014, les pays où la ***probabilité d'entrer dans le chômage*** (définie dans l'encadré 2.2) était la plus faible étaient le Japon, l'Allemagne, la Suisse et la Norvège, où elle touchait moins d'un travailleur sur 33 (graphique 2.9). À l'inverse, elle concernait environ un travailleur sur 15 au Portugal et en Finlande, plus d'un travailleur sur 11 en Turquie, près d'un travailleur sur 10 en Grèce et plus d'un sur 7 en Espagne. Dans la zone de l'OCDE dans son ensemble, elle était, en 2014, inférieure de 1.8 point de pourcentage à son niveau de 2009. Le risque de chômage a cependant progressé dans environ un quart des pays de l'OCDE, notamment au Portugal, en Italie, aux Pays-Bas et en Grèce.

Graphique 2.9. **Probabilité d'entrer dans le chômage**

Flux annuel d'entrées dans le chômage, en pourcentage des effectifs salariés de l'année précédente

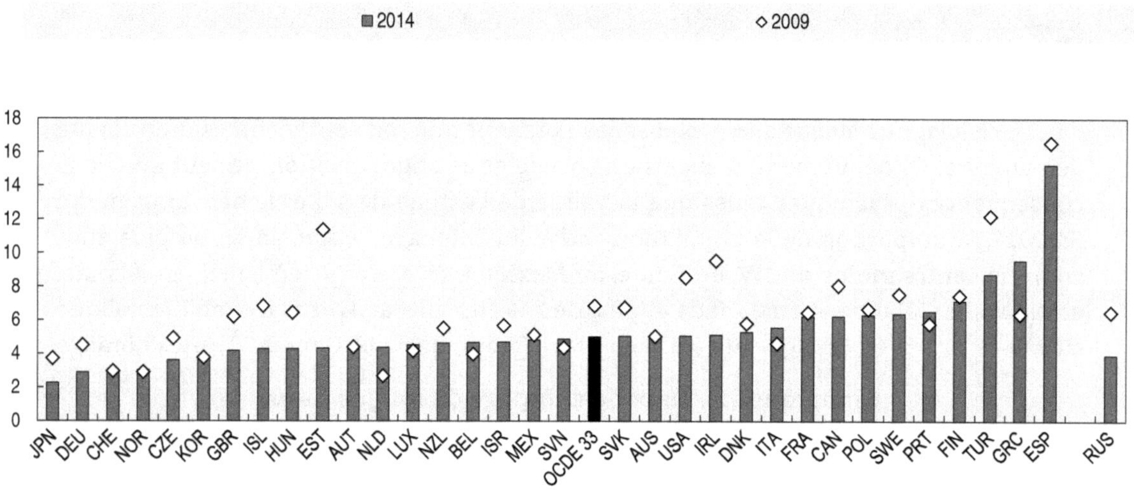

Note : Pour la Belgique, la première année disponible est 2011 en raison d'une rupture dans la série de données. Pour l'Allemagne et le Portugal, les comparaisons dans le temps doivent être interprétées avec prudence, l'enquête sur la population active ayant été modifiée en 2010. La moyenne OCDE est pondérée par la population.

Source : Calculs réalisés par l'OCDE à partir des « Statistiques de la population active », *Statistiques de l'OCDE sur l'emploi et le marché du travail* (base de données), *http://dx.doi.org/10.1787/lfs-lfs-data-fr*.

StatLink *http://dx.doi.org/10.1787/888933278073*

En 2013, le ***salaire*** des salariés à plein-temps (défini dans l'encadré 2.2) était compris entre 56 000 USD aux États-Unis et au Luxembourg et moins de 20 000 USD en Estonie et au Mexique (graphique 2.10). Le salaire brut a diminué entre 2009 et 2013 dans un tiers des pays de l'OCDE, perdant 22 % en Grèce, 6 % en Irlande et en Espagne, 4 % au Royaume-Uni et 3 % au Mexique. En revanche, il a progressé de 5 % au moins en Norvège, en Corée, au Canada et en Pologne.

Graphique 2.10. **Salaire annuel brut moyen par salarié à temps plein**

USD aux PPA de 2013 et aux prix constants de 2013

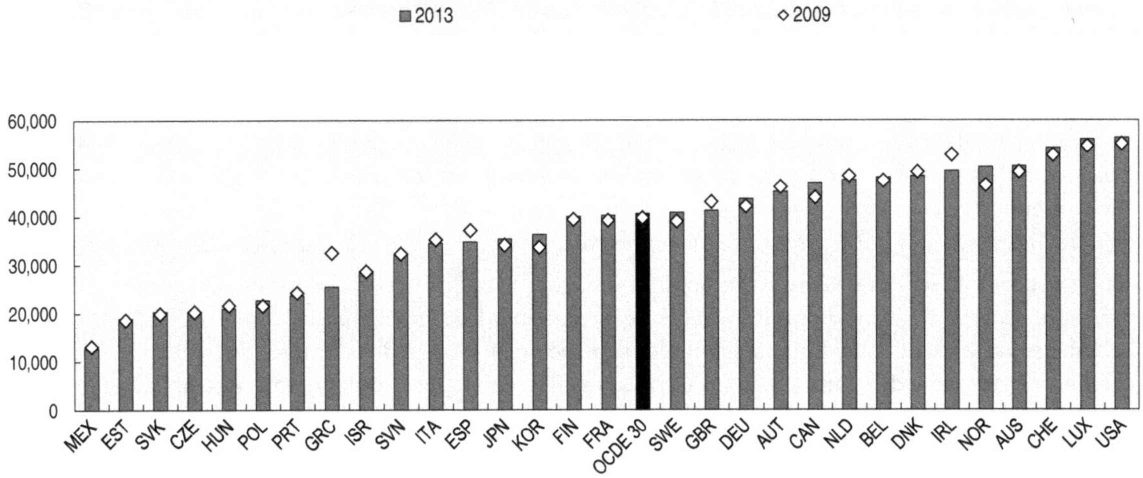

Note : Pour le Mexique, la dernière année disponible est 2011. Les salaires correspondent à un salaire à plein-temps perçu toute l'année. Les parités de pouvoir d'achat (PPA) sont les PPA de la consommation individuelle des ménages. La moyenne OCDE est pondérée par la population.

Source : Calculs réalisés par l'OCDE à partir de données des *bases de données de l'OCDE sur la distribution des salaires et sur le salaire annuel moyen par salarié en équivalent temps complet et année pleine.*

StatLink http://dx.doi.org/10.1787/888933278084

Encadré 2.2. **Mesurer les emplois et les salaires**

Les quatre indicateurs principaux employés pour mesurer les emplois et les salaires sont définis comme suit :

- Le **taux d'emploi** correspond à la part de la population en âge de travailler (définie dans la plupart des pays de l'OCDE comme la population âgée de 15 à 64 ans) qui déclare avoir travaillé en contrepartie d'une rémunération pendant au moins une heure au cours de la semaine précédente. Sont également prises en compte les personnes qui ont déjà travaillé dans le cadre de leur emploi actuel, avec lequel elles sont encore formellement liées, mais qui étaient temporairement absentes de leur travail au cours de la période de référence (congé parental, congé de maladie, congé annuel). Les données relatives au taux d'emploi sont issues des enquêtes nationales sur la population active et sont conformes aux recommandations du Bureau international du travail (BIT).
- Le **taux de chômage de longue durée** correspond au pourcentage de la population active (somme des actifs occupés et des personnes en recherche d'emploi) au chômage depuis au moins un an. Les chômeurs sont définis comme des personnes actuellement sans emploi mais souhaitant travailler et recherchant activement un emploi. Les données proviennent des enquêtes nationales sur la population active et sont tirées de la *Base de données des Perspectives de l'emploi de l'OCDE*.
- La **probabilité d'entrer dans le chômage** est égale aux entrées annuelles dans le chômage – ou nombre de personnes au chômage depuis moins d'un an en proportion du nombre de personnes salariées l'année précédente. Elle est calculée à partir des données de la *Base de données de l'OCDE sur les Statistiques de la population active* et exprimée en valeur annuelle. Alors que le taux de chômage mesure le « stock » de personnes qui ne parviennent pas à trouver un emploi, la probabilité d'entrer dans le chômage mesure le nombre de personnes exposées au risque de ne pas avoir d'emploi demain alors qu'elles en ont un aujourd'hui.
- Le **salaire annuel brut moyen des salariés à plein-temps** correspond au salaire annuel brut moyen, tous secteurs d'activité et types d'emploi salarié confondus ; il est exprimé en équivalent temps plein et année pleine. Le salaire correspond à la rémunération brute des salariés, compte tenu de la part patronale des cotisations de sécurité sociale et avant retenues au titre des impôts, de la part salariale des cotisations

Encadré 2.2. **Mesurer les emplois et les salaires** *(suite)*

de sécurité sociale et des cotisations à un régime de retraite, des primes d'assurance-vie, des cotisations syndicales et autres sommes dues par les salariés. L'indicateur est égal à la masse salariale totale issue des comptes nationaux divisée par le nombre de salariés en équivalent temps plein dans le pays. Le nombre de salariés en équivalent temps plein s'obtient en multipliant le nombre de salariés par le rapport entre le nombre total d'heures travaillées et le nombre d'heures travaillées par les salariés à temps plein, ce qui permet de prendre en compte la fréquence du travail à temps partiel, très variable d'un pays à l'autre. Cet indicateur est obtenu à partir de données de la *Base de données de l'OCDE sur la distribution des revenus* et de la *Base de données de l'OCDE sur le salaire annuel moyen par salarié en équivalent temps complet et année pleine.*

En règle générale, les données sur l'emploi, le chômage et le salaire sont de bonne qualité et sont collectées sur la base de définitions harmonisées à l'échelle internationale. L'indicateur de la probabilité d'entrer dans le chômage présenté ici repose sur des données transversales (et non des données de panel résultant d'un suivi des mêmes individus dans le temps). La mesure effectuée repose sur l'hypothèse selon laquelle toutes les personnes qui entrent dans le chômage étaient auparavant en emploi tandis que toutes celles qui en sortent accèdent à l'emploi ; elle ne rend donc pas compte des entrées dans la population active et sorties de la population active.

Pour en savoir plus :

- Cazes, S., Hijzen, A. et A. Saint-Martin, (2015), « How good is your job? The new OECD framework for measuring and assessing job quality », *Document de travail de l'OCDE*, à paraître.
- OCDE (2015b), *Perspectives de l'emploi de l'OCDE 2015*, Éditions OCDE, Paris, *http://dx.doi.org/10.1787/empl_outlook-2015-fr*.
- OCDE (2013d), « Bien-être au travail : mesurer la qualité de l'emploi », dans *OCDE, Comment va la vie ? 2013 : Mesurer le bien-être*, Éditions OCDE, Paris, *http://dx.doi.org/10.1787/how_life-2013-9-fr*.

Mesurer la qualité de l'emploi : le cadre de l'OCDE pour la qualité de l'emploi

Le bien-être des travailleurs dépend non seulement de la quantité d'emplois qui existent, mais aussi de leur ***qualité***. Suivant la méthode retenue dans *Comment va la vie ?*, et à partir des travaux du Bureau international du travail (2012) et de la Commission économique des Nations Unies pour l'Europe (2015) dans ce domaine, l'OCDE a mis au point un cadre de mesure et d'évaluation du bien-être qui repose sur les résultats au niveau individuel et leur répartition. Ce cadre comporte trois dimensions :

- La **qualité du revenu d'activité**, qui tient compte à la fois du salaire horaire et de sa répartition entre les membres de la population active[3].
- La **sécurité (insécurité) sur le marché du travail**, qui mesure la perte de revenu d'activité liée au chômage à partir de la probabilité d'entrer dans le chômage, de la durée attendue moyenne des épisodes de chômage et de l'assurance chômage en place.
- La **qualité de l'environnement de travail**, qui rend compte de la fréquence de la tension au travail parmi les salariés. Il y a tension au travail en présence, à la fois d'exigences professionnelles élevées (contraintes de temps, exposition à des risques pour la santé physique, par exemple) et de ressources professionnelles faibles (insuffisance de l'autonomie au travail et des possibilités d'apprentissage ou mauvaise qualité des relations sur le lieu de travail, par exemple). Cet indicateur repose sur l'autodéclaration.

Des constats précis relatifs à ces trois dimensions sont présentés dans les *Perspectives de l'emploi de l'OCDE 2014* pour les pays de l'OCDE et dans les *Perspectives de l'emploi de l'OCDE 2015* pour douze économies émergentes. Comme le montre le graphique 2.11, certains pays affichent de bons résultats dans toutes les dimensions de la qualité de l'emploi (Norvège, Suisse, Danemark, par exemple), tandis que dans d'autres, certains domaines constituent de manière plus évidente des forces ou des faiblesses relatives.

Graphique 2.11. **Qualité de l'emploi dans les pays de l'OCDE**

Score normalisé entre 0 et 1[1]

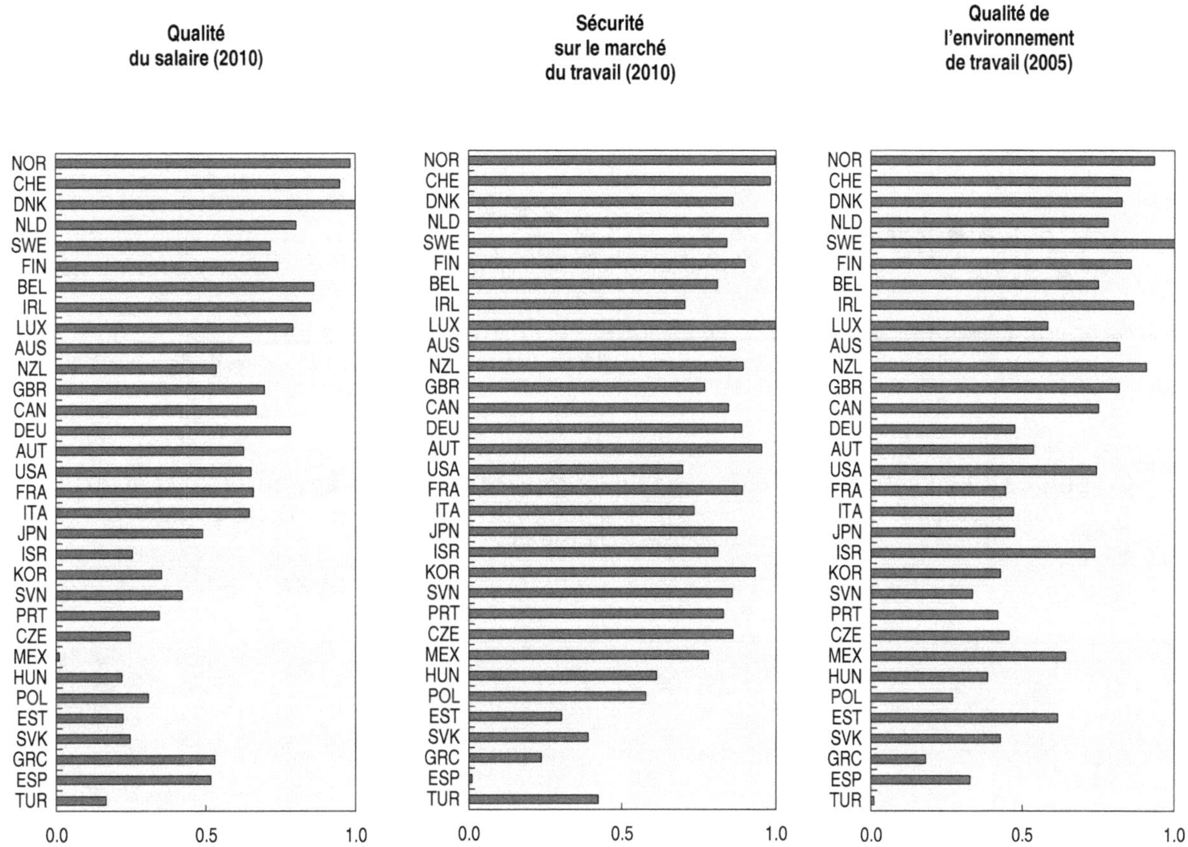

Note : Les données se rapportent à 2010 s'agissant de la qualité du salaire et de la sécurité sur le marché du travail et à 2005 s'agissant de la qualité de l'environnement de travail.

1. $x' = \frac{x - \min(x)}{\max(x) - \min(x)}$

Source : Calculs réalisés par l'OCDE à partir des données sur la « Qualité de l'emploi », *Statistiques de l'OCDE sur l'emploi et le marché du travail* (base de données), *http://dx.doi.org/10.1787/lfs-data-fr*.

StatLink http://dx.doi.org/10.1787/888933278098

Répartition des emplois et salaires

Dans les deux tiers des pays de l'OCDE, les jeunes sont plus exposés que les travailleurs d'âge très actif au risque de chômage de longue durée (graphique 2.12). En Belgique, en Hongrie, en Australie, au Luxembourg et au Royaume-Uni, le chômage de longue durée est au moins deux fois plus élevé parmi les jeunes que parmi les travailleurs d'âge très actif. En Italie, alors qu'un travailleur d'âge très actif sur 14 est au chômage de longue durée, ce taux s'établit à un pour quatre parmi les jeunes. En Grèce, un travailleur de 15 à 24 ans sur trois est au chômage de longue durée.

Les jeunes ont également été particulièrement touchés par la hausse du chômage de longue durée survenue entre 2009 et 2014, par exemple en République slovaque, au Portugal, en Espagne, en Italie et en Grèce (graphique 2.13). Ils sont également, en général,

Graphique 2.12. **Écart de taux de chômage de longue durée entre travailleurs jeunes et travailleurs d'âge très actif**

Pourcentage de la population active au chômage depuis un an ou plus en 2014

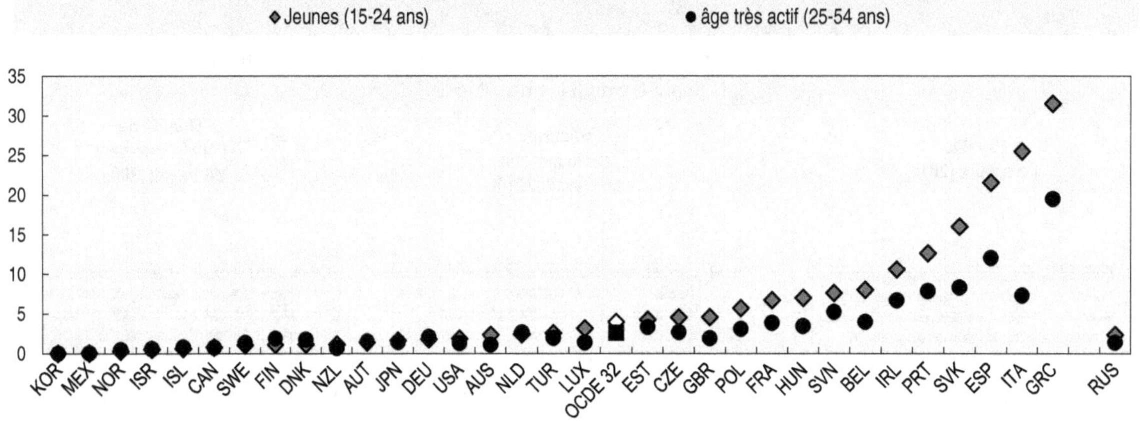

Note : Pour la Corée, la dernière année disponible est 2013. La moyenne OCDE est pondérée par la population.

Source : « Statistiques de la population active », *Statistiques de l'OCDE sur l'emploi et le marché du travail* (base de données), *http://dx.doi.org/10.1787/lfs-lfs-data-fr*.

StatLink http://dx.doi.org/10.1787/888933278107

Graphique 2.13. **Évolution du chômage de longue durée selon l'âge entre 2009 et 2014**

Augmentation ou diminution, en points de pourcentage, de la proportion de la population active au chômage depuis un an ou plus

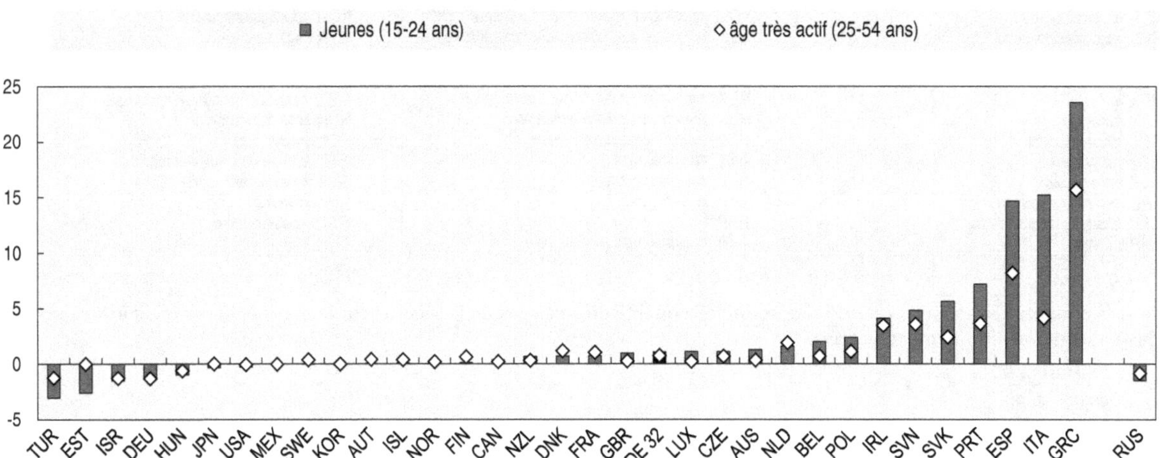

Note : Pour la Corée, la dernière année disponible est 2013. Pour la Belgique, l'évolution a été calculée sur la période 2011-14 en raison d'une rupture dans la série de données. La moyenne OCDE est pondérée par la population.

Source : « Statistiques de la population active », *Statistiques de l'OCDE sur l'emploi et le marché du travail* (base de données), *http://dx.doi.org/10.1787/lfs-lfs-data-fr*.

StatLink http://dx.doi.org/10.1787/888933278112

confrontés à l'emploi atypique, une forte proportion d'entre eux occupant un emploi temporaire et les taux de transition de l'emploi temporaire à l'emploi permanent étant souvent faibles (OCDE, 2014a)[4].

Dans la zone de l'OCDE dans son ensemble, les hommes et les femmes ont la même probabilité d'être au chômage de longue durée (le taux de chômage de longue durée s'établit à un actif sur 38). Il existe cependant un écart important entre les sexes en

Irlande, où ce taux est presque deux fois plus élevé parmi les hommes que parmi les femmes, de même qu'en Turquie, en Grèce et en République tchèque, où il est plus élevé parmi les femmes.

Graphique 2.14. **Écart de taux de chômage de longue durée entre hommes et femmes**

Pourcentage de la population active au chômage depuis un an ou plus, 2014

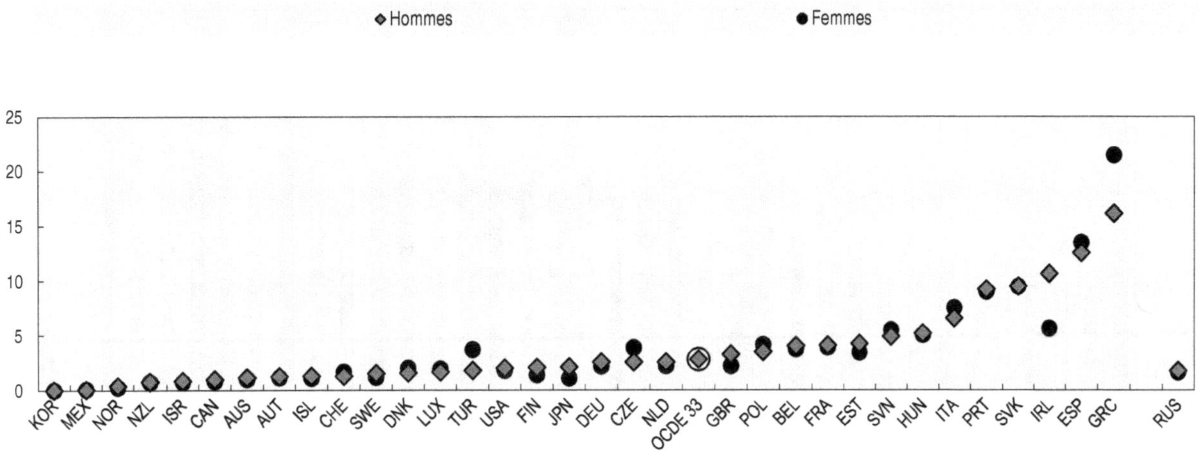

Note : La moyenne OCDE est pondérée par la population.

Source : « Statistiques de la population active », *Statistiques de l'OCDE sur l'emploi et le marché du travail* (base de données), *http://dx.doi.org/10.1787/lfs-lfs-data-fr*.

StatLink http://dx.doi.org/10.1787/888933278121

Dans tous les pays de l'OCDE, les hommes (travaillant à temps plein sur une année entière) perçoivent un salaire plus élevé que les femmes, l'écart salarial moyen[5] s'établissant actuellement à 15.5 % (OCDE, 2015c). En d'autres termes, les femmes perçoivent un peu moins de 85 cents quand les hommes gagnent un dollar. C'est en Corée, en Estonie, au Japon et en Israël que l'écart salarial entre les sexes est le plus grand (nettement supérieur à 20 %) et en Grèce, au Luxembourg, en Belgique et en Nouvelle-Zélande qu'il est le plus faible (inférieur à 7 %).

Conditions de logement

Le lieu d'habitation, notamment les conditions de logement, l'accès à des équipements sanitaires et autres infrastructures, occupe une place importante dans la vie d'une personne. Le logement joue un rôle capital parce qu'il pourvoit aux besoins fondamentaux, par exemple en offrant un abri ; de plus, un logement de bonne qualité permet à ceux qui l'occupent d'avoir un sentiment de sécurité et d'intimité et de disposer d'un espace personnel. Le logement joue également un rôle dans les relations parce qu'il constitue un espace où l'on peut recevoir ses amis et un lieu où l'on fonde une famille. L'accessibilité financière du logement est souvent un aspect primordial, pour les personnes propriétaires de leur logement comme pour celles qui en sont locataires.

Le ***nombre de pièces par personne*** (défini dans l'encadré 2.3) est très variable d'un pays de l'OCDE à l'autre. Au Canada, aux États-Unis, en Nouvelle-Zélande, en Australie et en Belgique, les logements comptent en moyenne deux fois plus de pièces par occupant qu'au Mexique, en Hongrie, en Pologne, en République slovaque et en Turquie (graphique 2.15).

Graphique 2.15. **Nombre de pièces par personne**

Nombre moyen, 2013 ou dernière année disponible

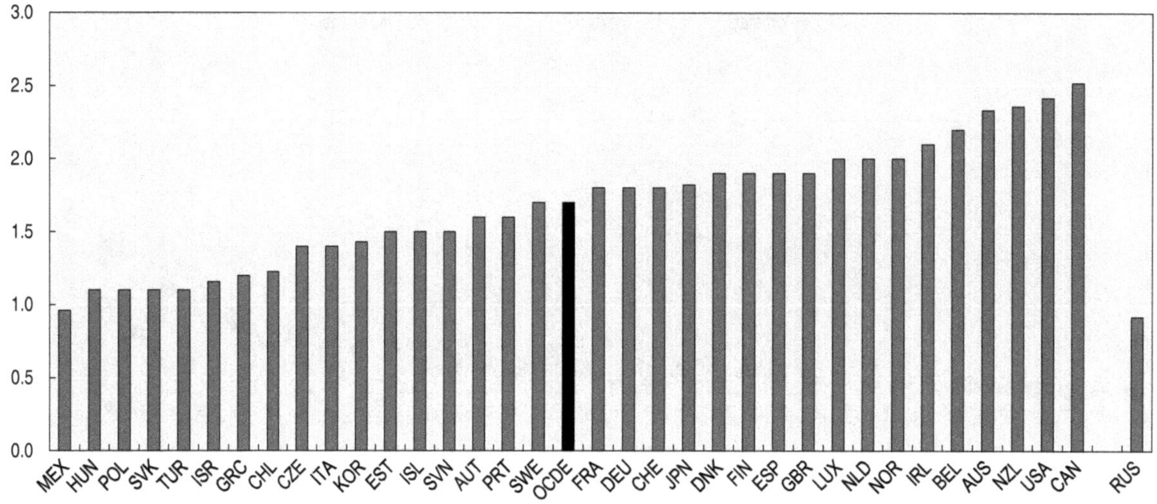

Note : Pour l'Australie, le Canada, Israël, la Nouvelle-Zélande, les États-Unis, le Chili et la Fédération de Russie, les estimations de l'OCDE reposent sur des données nationales. La dernière année disponible est 2012 pour l'Irlande et Israël, 2011 pour l'Australie, la Fédération de Russie, la Turquie et le Canada, 2010 pour la Corée et le Mexique, 2008 pour le Japon et 2002 pour le Chili. La moyenne OCDE est pondérée par la population.

Source : Statistiques de l'Union européenne sur le revenu et les conditions de vie (EU-SILC) pour les pays de l'Union européenne et la Norvège ; ABS Census of Population and Housing pour l'Australie ; enquête nationale auprès des ménages pour le Canada ; INE Censo 2002 pour le Chili ; enquête israélienne sur les dépenses des ménages pour Israël ; Housing and Land Survey of Japan pour le Japon ; Population and Housing Census of Korea pour la Corée ; INEGI Censo de Población y Vivienda 2010 pour le Mexique ; Census of New Zealand pour la Nouvelle-Zélande ; recensement de la population et des logements pour la Turquie ; American Community Survey pour les États-Unis ; et rapport statistique sur le revenu, les dépenses et la consommation des ménages de l'institut ROSSTAT pour la Fédération de Russie.

StatLink http://dx.doi.org/10.1787/888933278139

Bien que l'accès ***aux équipements sanitaires de base*** (défini dans l'encadré 2.3) soit répandu dans l'ensemble de la zone de l'OCDE, une proportion non négligeable de personnes n'a pas accès à des WC intérieurs réservés au seul usage du ménage – cette proportion s'établit à plus de 5 % au Japon, en Estonie, au Chili, en Turquie, au Brésil et dans la Fédération de Russie (graphique 2.16). Le pourcentage de personnes qui n'ont pas accès à des équipements sanitaires de base a cependant diminué par rapport à 2009 dans la plupart des pays de l'OCDE.

Les ***dépenses de logement*** représentent en principe une forte proportion du budget des ménages. En moyenne dans les pays de l'OCDE, un ménage consacre chaque année au logement un peu plus de 20 % de son revenu disponible ajusté brut (voir l'encadré 2.3 pour une définition complète). Ce pourcentage est supérieur à 23 % en Nouvelle-Zélande, en Italie et au Danemark, et à 25 % en République tchèque et en République slovaque (graphique 2.17). Les dépenses de logement ont progressé dans environ la moitié des pays de l'OCDE entre 2009 et 2012. La hausse la plus marquée a eu lieu au Portugal, en Italie, en Espagne et en Grèce, pays où le revenu des ménages a chuté davantage et plus vite que les dépenses de logement.

Graphique 2.16. **Personnes vivant dans un logement dépourvu d'équipements sanitaires de base**

Pourcentage de personnes vivant dans un logement dépourvu de WC intérieurs réservés au seul usage du ménage

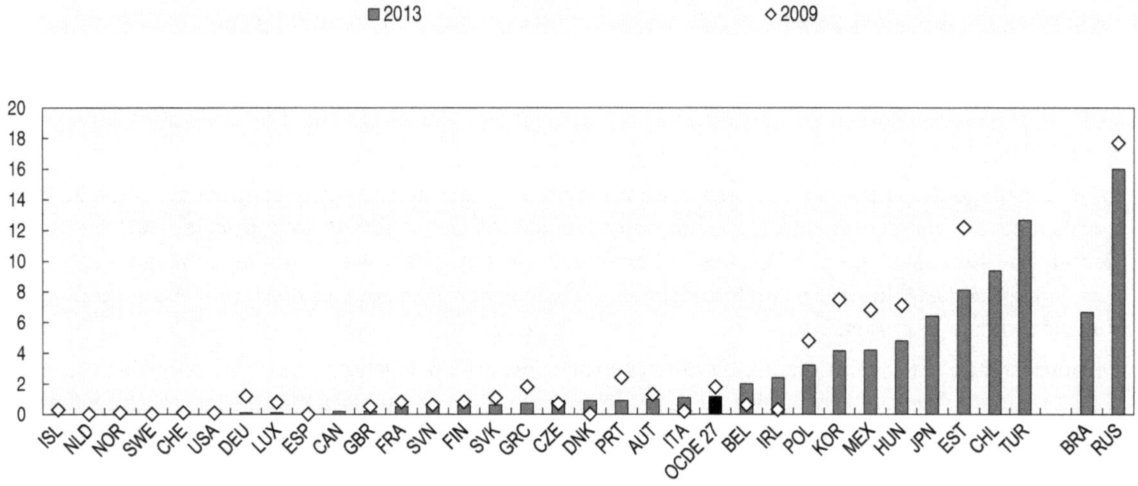

Note : La dernière année disponible est 2012 pour l'Irlande et 2010 pour la Corée et le Mexique. La première année disponible est 2006 pour le Mexique et 2005 pour la Corée. Les seules données disponibles se rapportent à 2010 pour le Brésil et la Turquie, à 2008 pour le Japon, à 2001 pour le Chili et à 1997 pour le Canada. La moyenne OCDE est pondérée par la population.

Source : Statistiques de l'Union européenne sur le revenu et les conditions de vie (EU-SILC), *http://epp.eurostat.ec.europa.eu/portal/page/portal/microdata/eu_silc* pour les pays de l'Union européenne et la Norvège ; Enquête canadienne sur l'équipement ménager pour le Canada ; INE Censo 2002 pour le Chili ; Housing and Land Survey of Japan pour le Japon ; Population and Housing Census of Korea pour la Corée ; INEGI Censo de Población y Vivienda 2010 pour le Mexique ; enquête turque sur le revenu et les conditions de vie pour la Turquie ; American Housing Survey pour les États-Unis ; Universo do Censo Demográfico 2010 pour le Brésil ; rapport statistique sur le revenu, les dépenses et la consommation des ménages de l'institut ROSSTAT pour la Fédération de Russie.

StatLink http://dx.doi.org/10.1787/888933278140

Graphique 2.17. **Dépenses de logement**

En pourcentage du revenu disponible ajusté brut des ménages

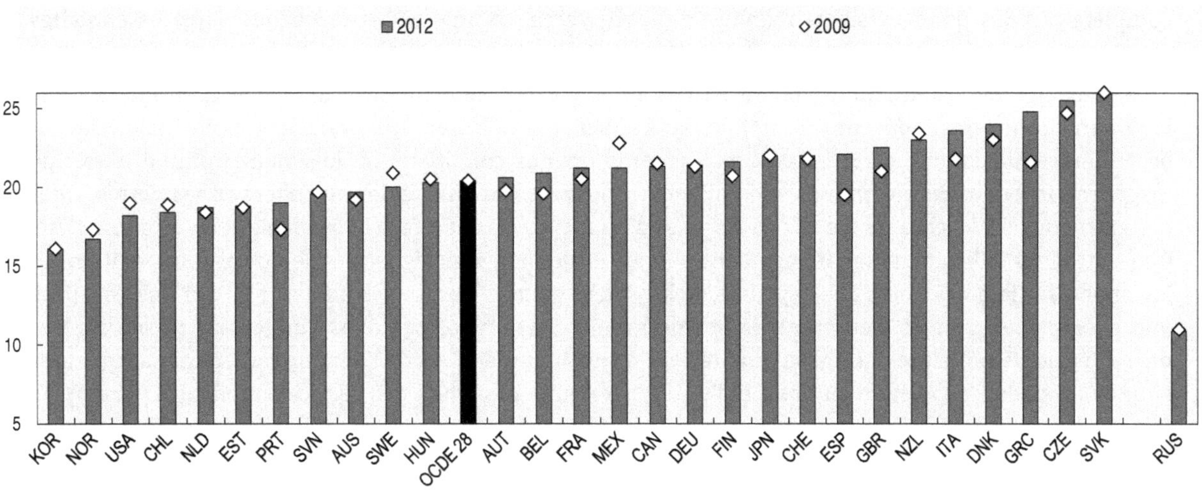

Note : Pour la Nouvelle-Zélande, la dernière année disponible est 2011. La première année disponible est 2010 pour la Corée et les Pays-Bas. La moyenne OCDE est pondérée par la population.

Source : Calculs réalisés par l'OCDE à partir des *Statistiques de l'OCDE sur les comptes nationaux* (base de données), *http://dx.doi.org/10.1787/na-data-fr*.

StatLink http://dx.doi.org/10.1787/888933278151

Encadré 2.3. **Mesurer les conditions de logement**

Les trois indicateurs principaux présentés dans cette section sont définis comme suit :

- Le **nombre de pièces par personne** indique s'il y a ou non surpeuplement du logement. Il s'obtient en divisant le nombre de pièces du logement par le nombre d'occupants. Les pièces telles que cuisine, arrière-cuisine/buanderie, salle de bains, toilettes, garage, pièces affectées à des consultations, bureau et boutique ne sont pas prises en compte. Les sources des données sont indiquées dans la note du graphique 2.15.
- Le **pourcentage de personnes résidant dans un logement dépourvu d'équipements sanitaires de base** correspond au pourcentage de la population vivant dans un logement dépourvu de WC intérieurs destinés au seul usage du ménage. Les WC extérieurs ne sont pas pris en compte. En revanche, les WC intérieurs installés dans une salle de douche ou de bain le sont. Les sources des données sont indiquées dans la note du graphique 2.16.
- Le **pourcentage du revenu disponible ajusté brut** consacré au logement et à son entretien, au sens du SCN, tient compte du loyer effectif et du loyer imputé, des dépenses d'entretien et de réparation du logement (y compris les services divers), des factures d'eau, d'électricité, de gaz et autres sources d'énergie, ainsi que des dépenses d'ameublement, d'équipement et du budget consacré aux biens et services nécessaires à l'entretien courant du logement. Les charges au titre des intérêts et du principal d'un emprunt immobilier ne sont pas prises en compte dans cet indicateur. Les données renvoient aux ménages et aux institutions à but non lucratif fournissant des services aux ménages et sont issues de la *Base de données de l'OCDE sur les comptes nationaux*.

L'indicateur relatif au surpeuplement présente plusieurs limites. Premièrement, il ne tient pas compte de l'arbitrage qu'effectuent parfois les ménages entre la taille du logement et sa situation géographique : certains ménages peuvent choisir de vivre dans un logement plus petit, situé dans un environnement mieux pourvu en services, plutôt que dans un logement plus grand mais moins bien situé. Deuxièmement, dans l'idéal, l'indicateur se rapportant à l'espace disponible par personne devrait tenir compte, non seulement du nombre de pièces, mais aussi de leur superficie (par exemple du nombre de mètres carrés par personne). Les logements sont par exemple généralement plus petits en milieu urbain qu'en milieu rural, ce qui peut nuire aux comparaisons internationales. Il faudrait, dans l'idéal, que l'indicateur de surpeuplement soit complété par des données sur le manque d'espace perçu, comme celles recueillies dans les enquêtes auprès des ménages.

Le deuxième indicateur, qui porte sur l'accès à des WC intérieurs, fournit une évaluation indirecte de la notion de « logement décent ». Toutefois, dans l'idéal, un indicateur qui évalue cette dimension devrait également tenir compte d'autres aspects élémentaires des conditions de logement, comme le fait de disposer d'installations électriques et de plomberie adaptées, la qualité des planchers et des portes, l'état de la structure du logement et le fait de disposer d'un moyen de chauffage convenable. Pour être complète, une batterie d'indicateurs sur le logement devrait également renseigner sur le statut d'occupation du logement, sur le poids perçu des dépenses de logement dans le budget des ménages, et sur des dépenses (par exemple les charges d'emprunt immobilier) non prises en compte dans l'indicateur retenu ici. Elle devrait également inclure des indicateurs relatifs aux caractéristiques de l'environnement dans lequel est situé le logement (exposition au bruit, pollution extérieure, proximité des services publics, par exemple). Dans la pratique, les conditions de logement sont difficiles à mesurer parce qu'il existe peu d'indicateurs comparables à l'échelle internationale et qu'il n'existe pas d'enquêtes sur le logement harmonisées entre les différents pays. L'OCDE construit actuellement une base de données comparables à l'échelle internationale sur les indices des prix du logement – ou indices des prix de l'immobilier résidentiel (IPIR) – et indicateurs connexes, qui devrait permettre d'obtenir une image plus exhaustive du marché de l'immobilier résidentiel. Une nouvelle base de données de l'OCDE a notamment été lancée cette année, regroupant les « indicateurs relatifs aux prix des logements et indicateurs connexes ».

Encadré 2.3. **Mesurer les conditions de logement** *(suite)*

Pour en savoir plus :

- Balestra, C. et J. Sultan (2013), « Home Sweet Home: The Determinants of Residential Satisfaction and its Relation with Well-being », *Documents de travail statistiques de l'OCDE*, n° 2013/05, Éditions OCDE, Paris, *http://dx.doi.org/10.1787/5jzbcx0czc0x-en*.
- OCDE (2011b), « Conditions de logement », dans OCDE, *Comment va la vie ? : Mesurer le bien-être*, Éditions OCDE, Paris, *http://dx.doi.org/10.1787/9789264121195-6-fr*.

État de santé

Santé et bien-être vont de pair. Le fait d'être en suffisamment bonne santé pour pouvoir pratiquer les activités que l'on aime et mener la vie à laquelle on aspire constitue une dimension capitale du bien-être pour les personnes de tout âge. La mauvaise santé est systématiquement associée à une moindre satisfaction à l'égard de l'existence en général, et à des émotions et expériences quotidiennes plus négatives. La santé a également une incidence sur l'aptitude des individus à travailler, à suivre des études et à tirer parti de leur temps de loisir.

Dans plus des deux tiers des pays de l'OCDE, l'***espérance de vie*** à la naissance dépasse désormais 80 ans (graphique 2.18 ; voir l'encadré 2.4 pour des définitions). Le Mexique, la Hongrie, la République slovaque et la Turquie sont les pays de l'OCDE où l'espérance est la plus courte – elle est inférieure à 77 ans. Les gains d'espérance de vie cumulés enregistrés entre 2009 et 2013 sont compris entre quatre mois environ en Islande, en Allemagne, aux États-Unis et au Japon et plus de deux ans en Turquie et en Estonie.

Graphique 2.18. **Espérance de vie à la naissance**

Années

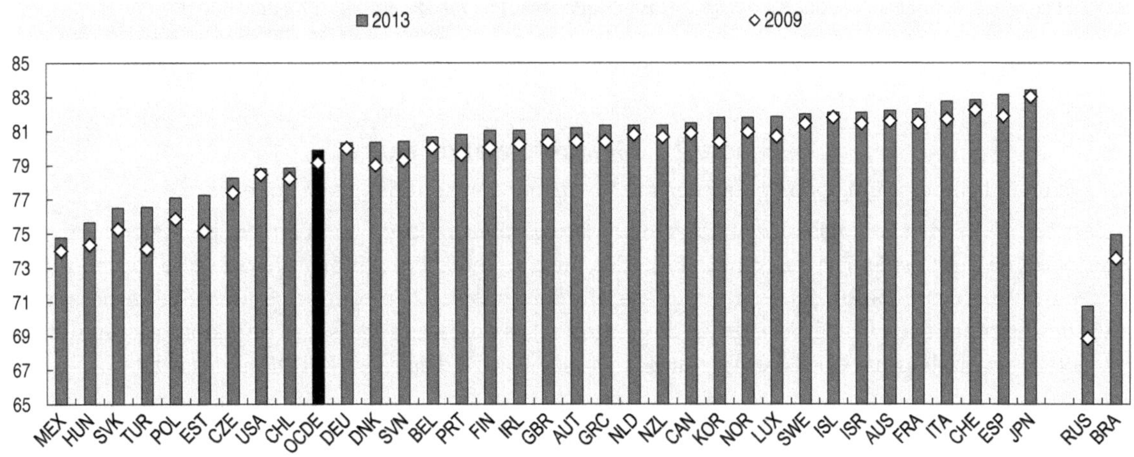

Note : La dernière année disponible est 2014 pour le Mexique et 2011 pour le Canada. Les valeurs pour l'Allemagne ont été fournies par Destatis et se rapportent à 2007-09 et 2010-12. La moyenne OCDE est pondérée par la population.

Source : « État de santé », *Statistiques de l'OCDE sur la santé* (base de données), *http://dx.doi.org/10.1787/data-00540-fr* et Destatis (2015) *https://www.destatis.de/DE/ZahlenFakten/GesellschaftStaat/Bevoelkerung/Sterbefaelle/Tabellen/SterbetafelDeutschland.xlsx?__blob=publicationFile.*

StatLink *http://dx.doi.org/10.1787/888933278163*

Une vie plus longue n'étant pas nécessairement une vie en *meilleure santé*, l'***état de santé perçu*** offre un point de vue complémentaire sur ce que vit la population. Un peu plus des deux tiers des habitants de la zone de l'OCDE indiquent être en « bonne » ou « très bonne » santé (graphique 2.19 ; voir l'encadré 2.4 pour une définition). Entre 2009 et 2013, cette proportion est restée relativement stable dans la plupart des pays, même si elle a diminué de trois points de pourcentage voire plus en Corée, en Finlande, en Islande et au Royaume-Uni et a augmenté de quatre points de pourcentage voire plus en Slovénie et en République slovaque.

Graphique 2.19. **État de santé perçu**

Pourcentage d'adultes se déclarant en « bonne » ou « très bonne » santé

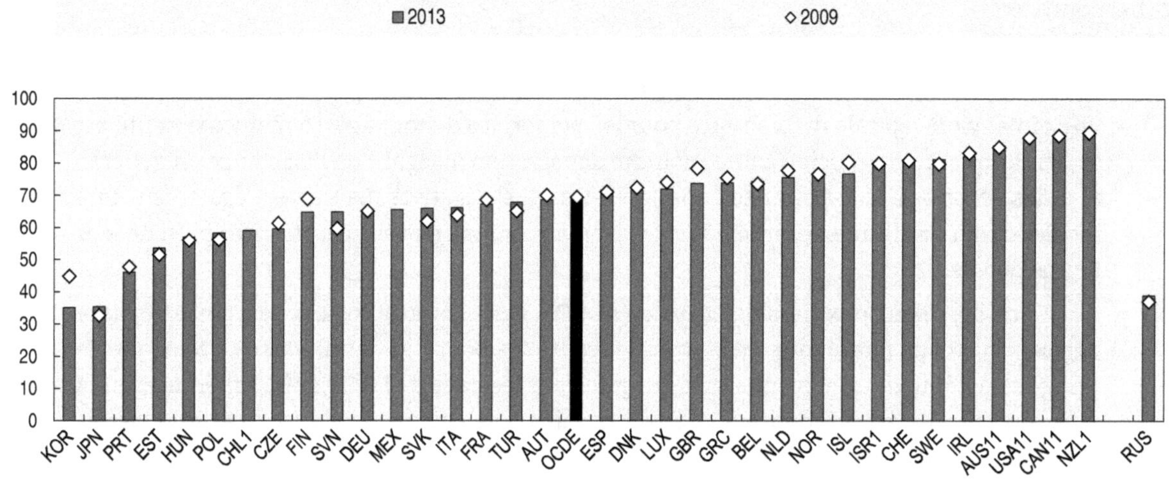

Note : Pour la Fédération de Russie, la dernière année disponible est 2014. Les valeurs 2009 renvoient à 2007 pour l'Australie, le Japon et la Nouvelle-Zélande et à 2011 pour la Fédération de Russie. Les seules données indiquées pour le Mexique et le Chili se rapportent respectivement à 2006 et à 2011. Les adultes sont, en général, définis comme les personnes âgées de 15 ans et plus. Les résultats des pays signalés par un « 1 » ne peuvent pas être directement comparés à ceux des autres pays parce que des différences au niveau des échelles de réponse peuvent entraîner un biais par excès des estimations. La moyenne OCDE est pondérée par la population.

Source : « *État de santé* », *Statistiques de l'OCDE sur la santé* (base de données), *http://dx.doi.org/10.1787/data-00540-fr*.

StatLink *http://dx.doi.org/10.1787/888933278179*

Encadré 2.4. **Mesurer l'état de santé**

Les deux indicateurs principaux présentés dans cette section sont définis comme suit :

- L'**espérance de vie à la naissance** indique le nombre d'années moyen pendant lequel une personne née aujourd'hui peut espérer vivre compte tenu des taux de mortalité par âge prévalant au moment de la mesure. Pour la population dans son ensemble, elle correspond à la moyenne pondérée de l'espérance de vie des hommes et de l'espérance de vie des femmes. Les données sont issues de statistiques nationales officielles compilées par l'OCDE et regroupées dans la *Base de données de l'OCDE sur la santé*.
- L'**état de santé perçu** correspond au pourcentage de la population de 15 ans et plus déclarant être en « bonne » ou en « très bonne » santé. L'indicateur est obtenu à partir de la question « Quel est votre état de santé en général ? », les ménages interrogés ayant, dans la plupart des pays, le choix entre des réponses de type : « très bon/bon/moyen/mauvais/très mauvais ». Des différences dans la méthode de mesure utilisée par les pays (au niveau de l'échelle de réponse utilisée, par exemple) peuvent limiter la comparabilité des données entre pays ; la note du graphique 2.19 contient de plus amples informations à cet égard. Les données font partie de la base de données de l'OCDE sur la santé et sont recueillies dans le cadre l'Enquête européenne harmonisée sur les revenus et les conditions de vie (EU-SILC), d'enquêtes générales auprès

Encadré 2.4. **Mesurer l'état de santé** *(suite)*

des ménages ou d'entretiens plus précis sur la santé réalisés dans le cadre d'enquêtes nationales officielles dans divers pays.

L'espérance de vie à la naissance ne représente qu'une estimation de la durée pendant laquelle les personnes nées au cours d'une année donnée peuvent espérer vivre parce qu'il n'est pas possible de connaître à l'avance les taux de mortalité par âge effectifs d'une génération. Dans tous les pays de l'OCDE, la mesure de l'espérance de vie repose sur des données de bonne qualité, qui, de surcroît, peuvent être ventilées par sexe. Cependant, relativement peu de pays sont en mesure de fournir des données sur l'espérance de vie en fonction du niveau d'études et du revenu. Il faudrait en effet, pour calculer ce type d'indicateur, relier les taux de mortalité aux données issues des recensements de la population ou faire figurer des informations sur le niveau d'études des personnes décédées sur leur certificat de décès.

La morbidité (pourcentage de personnes souffrant d'une maladie) est un concept plus difficile à mesurer. L'une des méthodes qui peut être utilisée consiste à se concentrer sur les *capacités fonctionnelles* d'une personne – il s'agit alors de déterminer si elle rencontre des difficultés au niveau de la vue, de l'ouïe, de la marche, des capacités cognitives ou émotionnelles (humeur, émotions et sentiments) – et à chercher à savoir si elle souffre ou ressent de la fatigue. L'équipe spéciale CEE-ONU/OMS/Eurostat pour la mesure de l'état de santé (également connue sous le nom d'Initiative de Budapest) et le Groupe de Washington sur les statistiques des incapacités ont défini une série de questions destinées à mesurer les « capacités fonctionnelles », mais il n'existe pas encore de données comparables au niveau international. On manque également de statistiques comparables à l'échelle internationale sur les résultats en matière de santé mentale. L'édition 2014 de l'Enquête européenne par entretien sur la santé (EHIS) devrait permettre d'obtenir prochainement des données comparables sur divers indicateurs de l'état de santé pour les pays européens.

Les indicateurs de santé perçue sont au nombre des rares indicateurs de morbidité qui existent pour tous les pays de l'OCDE et qui sont globalement comparables. Ils rendent compte de manière synthétique de multiples dimensions de la morbidité, du fait qu'ils se rapportent à l'état de santé général de la personne interrogée. Cependant, ils rendent compte du ressenti des individus au sujet de leur santé, plutôt qu'ils ne définissent la morbidité de manière objective. De plus, l'utilisation de méthodes de mesure différentes, d'éventuels biais culturels et autres facteurs liés au contexte peuvent nuire à la comparabilité des données entre pays.

Pour en savoir plus :

- OCDE (2015d), *Health at a Glance 2015: OECD Indicators*, Éditions OCDE, Paris, *à paraître*.
- OCDE (2014b), *Making Mental Health Count: The Social and Economic Costs of Neglecting Mental Health Care*, Études de l'OCDE sur les politiques de santé, Éditions OCDE, Paris, *http://dx.doi.org/10.1787/9789264208445-en*.

Répartition des résultats en matière de santé

Les femmes vivent plus longtemps que les hommes mais se sentent généralement en moins bonne santé : leur espérance de vie est plus longue que celle des hommes dans tous les pays, mais leur état de santé autodéclaré est généralement plus mauvais (OCDE, 2013a). Par ailleurs, l'état de santé varie en fonction du niveau d'études, les personnes qui ont un niveau plus élevé ayant une espérance de vie plus longue que les autres (OCDE, 2012 ; OCDE, 2015d ; UE, 2013). Ainsi, dans les 15 pays de l'OCDE pour lesquels des données sont disponibles[6], un homme de 30 ans titulaire d'un diplôme de l'enseignement supérieur peut espérer vivre, en moyenne, 8 années de plus qu'un homme qui n'a pas suivi le deuxième cycle du secondaire ; cet écart est de 4 ans en moyenne parmi les femmes (OCDE, 2015d). C'est en République tchèque, en Estonie, en Hongrie et en Pologne que cet écart est le plus grand, et en Italie, en Suède et au Portugal qu'il est le plus petit. Par exemple, en République tchèque, un homme de 30 ans diplômé de l'enseignement supérieur peut espérer vivre 18 années de plus qu'un homme qui n'a pas suivi le deuxième cycle du secondaire ; la différence s'établit à 15 ans en Estonie mais à 4 ans seulement en Italie, en Suède et au Portugal.

Il existe également un gradient social s'agissant de la santé perçue : 78 % des habitants de l'OCDE qui appartiennent au quintile de revenu supérieur déclarent être en bonne ou très bonne santé, alors que ce pourcentage n'est que de 60 % parmi les personnes qui appartiennent au quintile de revenu inférieur (graphique 2.20). Les inégalités en matière d'état de santé autodéclaré sont particulièrement fortes en Estonie, en République tchèque, en Finlande, en Belgique, en Allemagne, au Royaume-Uni et en Slovénie, l'écart de santé perçue entre le premier et le dernier quintile étant supérieur ou égal à 25 points. À l'inverse, cet écart est inférieur à 10 points en Nouvelle-Zélande, en Grèce et en Islande[7].

Graphique 2.20. **Écart entre riches et pauvres en matière d'état de santé perçu**

Pourcentage d'adultes s'estimant en « bonne » ou « très bonne » santé, 2013 ou dernière année disponible

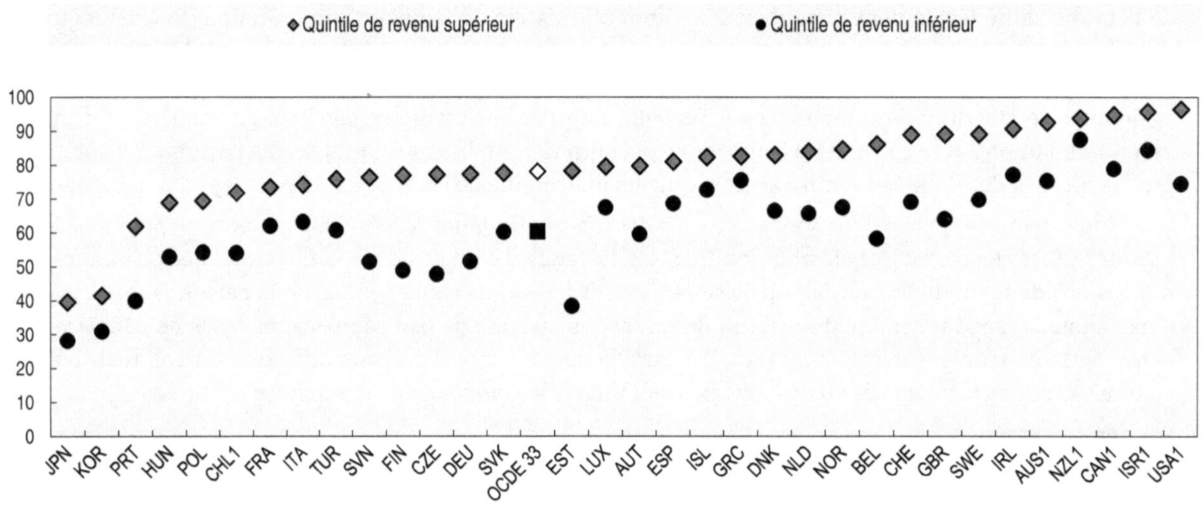

Note : Les données se rapportent à 2014 pour la Nouvelle-Zélande, 2011 pour le Chili et 2007 pour l'Australie. Les adultes sont, en général, définis comme les personnes âgées de 15 ans et plus. Les résultats des pays signalés par un « 1 » ne peuvent pas être directement comparés à ceux des autres pays parce que des différences au niveau des échelles de réponse peuvent entraîner un biais par excès des estimations. La moyenne OCDE est pondérée par la population.

Source : « État de santé », *Statistiques de l'OCDE sur la santé* (base de données), *doi : http://dx.doi.org/10.1787/data-00540-fr*.

StatLink *http://dx.doi.org/10.1787/888933278182*

Équilibre entre vie professionnelle et vie privée

La manière dont une personne occupe son temps joue un rôle déterminant dans son bien-être en général. Or, la majorité des travailleurs consacrent plus de temps au travail qu'à toute autre activité pendant leur journée. La recherche d'un juste équilibre entre la vie privée et professionnelle est importante pour la santé et le bonheur des individus, mais aussi pour les relations qu'ils entretiennent avec leur entourage amical et familial, ainsi qu'avec la collectivité dans son ensemble. Cette capacité à bien concilier vie professionnelle et vie privée se répercute également sur le bien-être des autres : ainsi, le fait de s'occuper des enfants ou d'autres membres de la famille constitue une forme importante de « travail non rémunéré » que nombre de personnes doivent concilier avec un emploi à temps plein.

Dans la zone de l'OCDE, un salarié sur huit travaille de manière habituelle au moins 50 heures par semaine ou plus (graphique 2.21 ; voir l'encadré 2.5 pour une définition). La proportion de salariés qui ont une ***durée de travail très longue*** est comprise entre un salarié sur 250 aux Pays-Bas et un salarié sur 2.4 en Turquie. En moyenne dans la zone de l'OCDE, cette proportion a augmenté de 0.7 point par rapport à 2009. Au Portugal et au Chili, elle était pratiquement deux fois plus élevée en 2013 qu'en 2009 – soit une hausse de 6.9 points de pourcentage au Chili et de 4.4 points de pourcentage au Portugal. Elle a également augmenté d'environ un point en République slovaque, en Irlande, au Royaume-Uni, aux États-Unis, en Grèce et en Nouvelle-Zélande. À l'inverse, elle a reculé d'environ deux points de pourcentage au moins en Turquie, en Israël, en République tchèque, en Autriche et au Brésil.

Graphique 2.21. **Salariés ayant une durée de travail très longue**

Pourcentage de salariés travaillant habituellement 50 heures par semaine ou plus

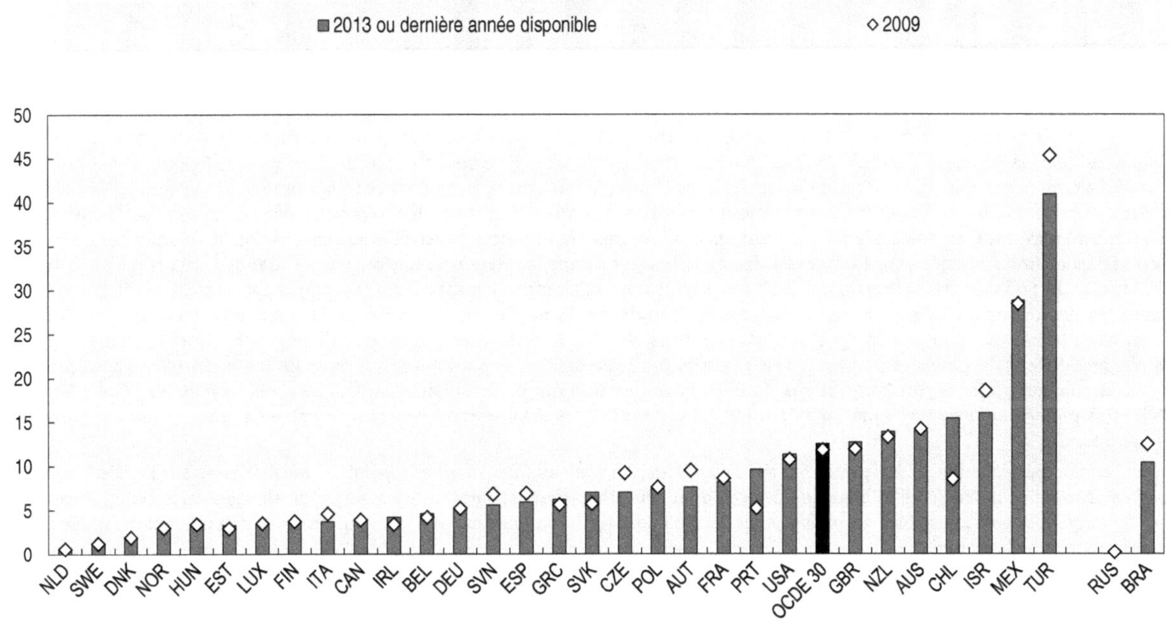

Note : Les données renvoient au pourcentage de salariés travaillant habituellement 50 heures par semaine ou plus, sauf pour la Fédération de Russie, où elles renvoient aux personnes travaillant 51 heures ou plus. Les emplois pris en compte sont l'emploi principal pour l'Autriche, le Canada, la République tchèque, la Finlande, la Hongrie, le Mexique, le Pologne, la République slovaque, la Suède, la Turquie et les États-Unis et l'ensemble des emplois pour l'Australie, l'Islande, la Nouvelle-Zélande et la Norvège. Pour la République slovaque, à compter de 2002, la durée habituelle du travail s'entend hors principales pauses repas. Les données se rapportent à 2012 pour le Chili et le Brésil.

Source : « Statistiques de la population active », *Statistiques de l'OCDE sur l'emploi et le marché du travail* (base de données), *http://dx.doi.org/10.1787/lfs-lfs-data-fr*.

StatLink http://dx.doi.org/10.1787/888933278197

Il est important, pour le bon équilibre entre vie professionnelle et vie privée et pour le bien-être en général, de disposer de suffisamment de temps à consacrer aux ***loisirs et aux activités personnelles*** – dormir, manger, se laver, faire du sport et passer du temps avec sa famille ou ses amis, par exemple. Dans les 20 pays de l'OCDE pour lesquels des données sont disponibles, le travailleur à plein-temps moyen consacre, en moyenne, à peine 15 heures par jour à ses loisirs et activités personnelles (graphique 2.22). Les individus ne partagent pas leur temps de la même manière selon le pays où ils vivent : en France, en Espagne, au Danemark, en Belgique, en Norvège et en Allemagne, les salariés à plein-temps consacrent plus de 15 heures et 30 minutes aux loisirs et aux activités personnelles, tandis qu'ils y consacrent moins de 14 heures 30 minutes aux États-Unis, en Pologne, au Canada et en Australie.

Graphique 2.22. **Temps consacré aux loisirs et aux activités personnelles**

Heures par jour, personnes occupant un emploi à plein-temps, dernière année disponible

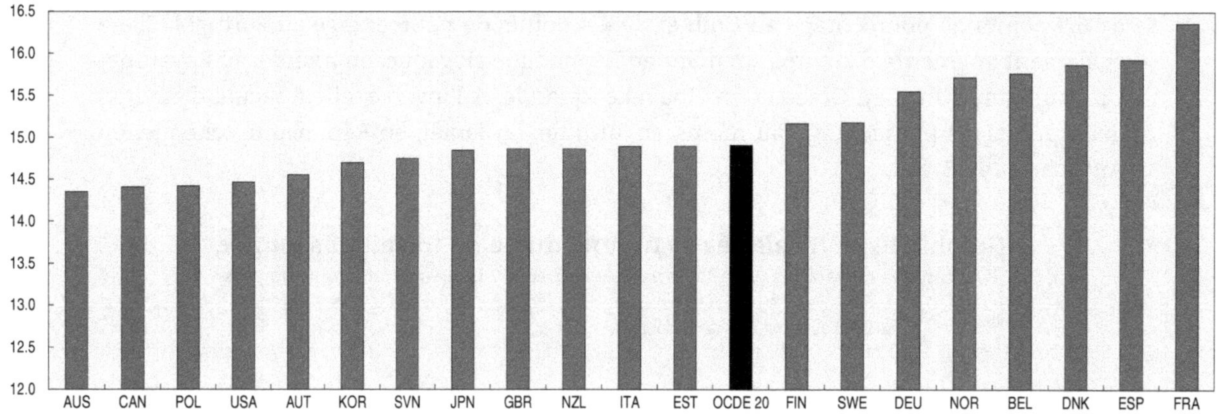

Note : Les données se rapportent à 2013 pour les États-Unis, 2011 pour le Japon, 2010 pour le Canada, 2009-10 pour l'Espagne, la Nouvelle-Zélande, la France et l'Estonie, 2008-09 pour l'Autriche et l'Italie, 2006 pour l'Australie, 2005 pour la Belgique et le Royaume-Uni, 2003-04 pour la Pologne, 2001-02 pour l'Allemagne, 2001 pour le Danemark et 2000-01 pour la Norvège, la Slovénie et la Suède. Les données ont été normalisées à 1 440 minutes par jour : en d'autres termes, s'agissant des pays pour lesquels la somme des différentes utilisations du temps n'était pas égale à 1 440 minutes, les minutes manquantes ou excédentaires (environ 30-40 minutes en général) ont été réparties uniformément sur l'ensemble des activités. Les données relatives à la Hongrie, à l'Irlande, au Portugal, à la Turquie et à l'Afrique du Sud ont été exclues parce qu'elles englobaient également les salariés à temps partiel. Les échantillons complets incluent les personnes de 12 ans et plus en Nouvelle-Zélande, de 15 et plus en Autriche, au Canada, au Danemark, en Finlande, en France, en Italie, au Japon, en Espagne et aux États-Unis, de 20 à 74 ans en Belgique, en Allemagne, en Norvège, en Pologne, en Slovénie, en Suède et de 20 ans et plus en Corée – dans la pratique, seules les personnes qui travaillent à plein-temps sont prises en compte. Au Canada, au Japon, en Corée et aux États-Unis, un nombre minimum d'heures travaillées, respectivement fixé à 30, 35, 36 et 35 heures par semaine est appliqué. La valeur indiquée pour l'OCDE est une moyenne simple calculée pour les pays apparaissant sur le graphique.

Source : Calculs réalisés par l'OCDE à partir de l'application en ligne liée aux Enquêtes européennes harmonisées sur l'emploi du temps (*https://www.h5.scb.se/tus/tus/*), de la base de données d'Eurostat (*http://appsso.eurostat.ec.europa.eu/nui/show.do?dataset=tus_00selfstat&lang=fr*), de microdonnées accessibles au public provenant d'enquêtes nationales sur l'emploi du temps et de tableaux compilés par les offices nationaux de la statistique.

StatLink http://dx.doi.org/10.1787/888933278200

Répartition des résultats en matière d'équilibre entre vie professionnelle et vie privée

Le sexe joue un rôle fondamental dans les inégalités en matière d'équilibre entre vie professionnelle et vie privée (OCDE, 2013a). Dans tous les pays de l'OCDE, les hommes sont plus susceptibles que les femmes d'avoir un travail rémunéré pour 50 heures par semaine ou plus. Toutefois, si les hommes consacrent plus de temps au travail rémunéré, ce sont les femmes qui consacrent le plus de temps au travail si l'on tient compte à la fois du travail rémunéré et du travail non rémunéré (tel que les tâches ménagères) (OCDE, 2013a). De fait, dans les deux tiers des pays de l'OCDE pour lesquels des données sont disponibles, les femmes qui occupent un emploi à plein-temps consacrent moins de temps à leurs loisirs et activités personnelles que les hommes qui travaillent à plein-temps (graphique 2.23). Les pays où cet écart est le plus grand sont la Corée et la Slovénie, où les hommes consacrent quotidiennement plus d'une heure de plus à leurs loisirs et activités personnelles que les femmes, de même que l'Italie et l'Estonie, où la différence est d'environ 55 minutes. À l'inverse, les femmes consacrent environ 6 minutes de plus que les hommes à leurs

Encadré 2.5. **Mesurer l'équilibre vie professionnelle-vie privée**

Les deux indicateurs principaux présentés ci-dessus sont définis comme suit :

- Les données relatives aux **salariés qui travaillent contre rémunération au moins 50 heures par semaine** sont exprimées en pourcentage du nombre total de salariés, tous âges confondus. Les travailleurs indépendants ne sont pas pris en compte. Ce seuil de 50 heures a été retenu parce qu'après prise en compte du temps consacré aux trajets entre le domicile et le travail, au travail non rémunéré et à la satisfaction des besoins primaires (comme dormir et manger), les travailleurs qui travaillent régulièrement 50 heures par semaine ou plus ont vraisemblablement très peu de temps (une ou deux heures par jour) à consacrer à d'autres activités. En outre, dans les pays dotés d'une réglementation qui fixe une durée de travail maximale, cette durée est généralement limitée à 48 heures par semaine. Les données sont issues des enquêtes nationales sur la population active et sont globalement comparables entre pays.
- Les données relatives au **temps consacré aux loisirs et aux activités personnelles** sont indiquées pour une journée représentative et ne concernent que les salariés à temps plein, l'objectif étant qu'elles puissent être plus facilement comparées entre des pays qui n'ont pas le même taux d'emploi. Elles sont recueillies par l'intermédiaire d'enquêtes nationales sur l'emploi du temps, dans le cadre desquelles les personnes interrogées sont invitées à tenir un journal de leurs activités pendant une ou plusieurs journées représentatives au cours d'une période donnée. La définition du « temps consacré aux loisirs et aux activités personnelles » englobe des activités telles que dormir, manger, se laver, faire du sport, rencontrer des amis ou des proches, ainsi que le temps consacré aux trajets liés à ces activités. Dans le cas de certains pays et de certains types d'activités, ces enquêtes sur l'emploi du temps peuvent poser des problèmes de comparabilité. Les données présentées ici ont été harmonisées *a posteriori* par le Secrétariat de l'OCDE. Elles sont issues des enquêtes européennes harmonisées sur l'emploi du temps, de la base de données d'Eurostat sur l'emploi du temps, de microdonnées accessibles au public provenant d'enquêtes nationales sur l'emploi du temps et de tableaux compilés par les offices nationaux de la statistique.

Les indicateurs principaux utilisés ici représentent à la fois une mesure directe et une mesure indirecte du temps qui peut être consacré à des activités non professionnelles propices au bien-être individuel et familial. Il est cependant plus difficile de mesurer l'équilibre entre vie professionnelle et vie familiale. Premièrement, la manière dont les individus répartissent leur temps dépend de leurs obligations mais aussi de leurs préférences individuelles et du contexte culturel, social et familial dans lequel ils vivent. En d'autres termes, ce qui peut sembler « équilibré » à une personne peut ne pas l'être pour une autre. Les personnes qui travaillent pour leur propre compte peuvent avoir plus intérêt que les autres à accomplir de nombreuses heures de travail – les travailleurs indépendants ont, pour cette raison, été exclus des données sur la durée de travail, ce qui peut avoir une influence sur les résultats si cette catégorie de travailleurs représente une forte proportion de la population active. Deuxièmement, les indicateurs retenus ici portent sur la quantité de temps consacrée à différentes activités, si bien qu'ils n'apportent pas d'éclairage sur la *qualité* du temps passé en dehors du travail et, par conséquent, sur le plaisir qu'en retirent les individus ou sur leur impression de manquer de temps. Enfin, dans la plupart des pays de l'OCDE, les enquêtes sur l'emploi du temps ne sont réalisées qu'à titre exceptionnel ou que peu souvent (tous les cinq ou dix ans), si bien que les estimations ne sont pas d'actualité.

Pour en savoir plus :

- OCDE (2014c), « Improving well-being », *in* OCDE, *OECD Economic Surveys: United States 2014*, Éditions OCDE, Paris, *http://dx.doi.org/10.1787/eco_surveys-usa-2014-5-en.*
- OCDE (2011c), *The Future of Families to 2030*, Éditions OCDE, Paris, *http://dx.doi.org/10.1787/9789264168367-en.*
- OCDE (2008), *Bébés et employeurs – Comment réconcilier travail et vie de famille : Synthèse des résultats dans les pays de l'OCDE*, Éditions OCDE, Paris, *http://dx.doi.org/10.1787/9789264032460-fr.*

loisirs et activités personnelles en Suède, en Nouvelle-Zélande et au Danemark, et environ 18 minutes de plus aux États-Unis.

Graphique 2.23. **Temps consacré par les hommes et les femmes aux loisirs et aux activités personnelles**

Heures par jour, personnes occupant un emploi à plein-temps, dernière année disponible

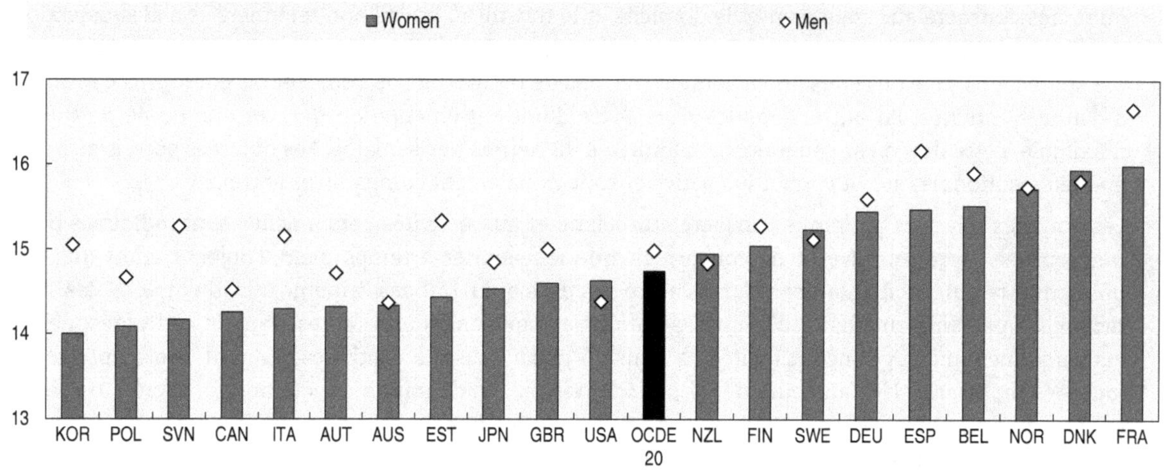

Note : Les données se rapportent à 2013 pour les États-Unis, 2011 pour le Japon, 2010 pour le Canada, 2009-10 pour l'Espagne, la Nouvelle-Zélande, la France et l'Estonie, 2008-09 pour l'Autriche et l'Italie, 2006 pour l'Australie, 2005 pour la Belgique et le Royaume-Uni, 2003-04 pour la Pologne, 2001-02 pour l'Allemagne, 2001 pour le Danemark et 2000-01 pour la Norvège, la Slovénie et la Suède. Les données ont été normalisées à 1 440 minutes par jour : en d'autres termes, s'agissant des pays pour lesquels la somme des différentes utilisations du temps n'était pas égale à 1 440 minutes, les minutes manquantes ou excédentaires (environ 30-40 minutes en général) ont été réparties uniformément sur l'ensemble des activités. Les données relatives à la Hongrie, à l'Irlande, au Portugal, à la Turquie et à l'Afrique du Sud ont été exclues parce qu'elles englobaient également les salariés à temps partiel. Les échantillons complets incluent les personnes de 12 ans et plus en Nouvelle-Zélande, de 15 et plus en Autriche, au Canada, au Danemark, en Finlande, en France, en Italie, au Japon, en Espagne et aux États-Unis, de 20 à 74 ans en Belgique, en Allemagne, en Norvège, en Pologne, en Slovénie, en Suède et de 20 ans et plus en Corée – dans la pratique, seules les personnes qui travaillent à plein-temps sont prises en compte. Au Canada, au Japon, en Corée et aux États-Unis, un nombre minimum d'heures travaillées, respectivement fixé à 30, 35, 36 et 35 heures par semaine est appliqué. La valeur indiquée pour l'OCDE est une moyenne simple calculée pour les pays apparaissant sur le graphique.

Source : Calculs réalisés par l'OCDE à partir de l'application en ligne liée aux Enquêtes européennes harmonisées sur l'emploi du temps (*https://www.h5.scb.se/tus/tus/*), de la base de données d'Eurostat (*http://appsso.eurostat.ec.europa.eu/nui/show.do?dataset=tus_00selfstat&lang=fr*), de microdonnées accessibles au public provenant d'enquêtes nationales sur l'emploi du temps et de tableaux compilés par les offices nationaux de la statistique.

StatLink http://dx.doi.org/10.1787/888933278211

Éducation et compétences

Si le fait d'avoir un bon niveau d'études permet de trouver plus facilement un emploi de qualité, les études ne sont pas seulement un passeport pour l'emploi. La possibilité d'acquérir de nouvelles compétences peut être gratifiante en elle-même et la population accorde généralement de l'importance à l'éducation pour sa propre valeur. En outre, un niveau d'études plus élevé va de pair avec une meilleure santé et un engagement civique plus important.

Dans les pays de l'OCDE, un peu plus des trois quarts de la population âgée de 25 à 64 ans sont allés au terme du ***deuxième cycle de l'enseignement secondaire*** (graphique 2.24 ; voir l'encadré 2.6 pour les définitions). Ce pourcentage s'établit à 90 % voire plus en Pologne, en Estonie, en République slovaque, en République tchèque et dans la Fédération de Russie, tandis qu'il est inférieur à 60 % en Italie, au Chili, en Espagne, au Portugal, au Mexique et en

Turquie. Entre 2009 et 2013, le niveau d'études a progressé dans pratiquement tous les pays de l'OCDE, en moyenne de 3.2 points de pourcentage.

Graphique 2.24. **Niveau d'études de la population adulte en âge de travailler**

Pourcentage des adultes de 25 à 64 ans titulaires d'un diplôme du deuxième cycle du secondaire au minimum

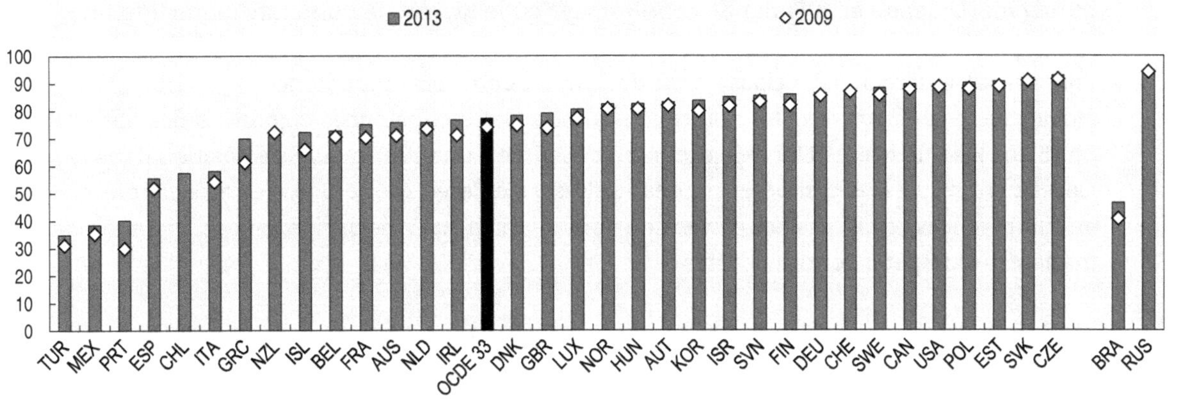

Note : Les données relatives au Chili se rapportent à 2011 uniquement. Pour la Fédération de Russie, la dernière année disponible est 2012 et la première année disponible 2011. La moyenne OCDE est pondérée par la population.

Source : OCDE (2015e), *Regards sur l'éducation, Rapport intermédiaire : Mise à jour des indicateurs relatifs à l'emploi et au niveau de formation*, OCDE, Paris, *www.oecd.org/edu/EAG-Interim-report.pdf*.

StatLink http://dx.doi.org/10.1787/888933278229

Les ***compétences cognitives*** des élèves de 15 ans en compréhension de l'écrit, mathématiques et sciences (graphique 2.25, voir la définition dans l'encadré 2.6) correspondent à ce que les élèves savent et peuvent faire, et non au nombre d'années de scolarité suivies et aux diplômes obtenus. En 2012, dans la zone de l'OCDE, c'est en Corée, au Japon, en Finlande et en Estonie que ces compétences étaient les plus élevées et au Mexique, au Chili, en Turquie et en Grèce qu'elles étaient les plus faibles.

Graphique 2.25. **Compétences cognitives des élèves de 15 ans**

Scores PISA moyens en compréhension de l'écrit, mathématiques et sciences, 2012

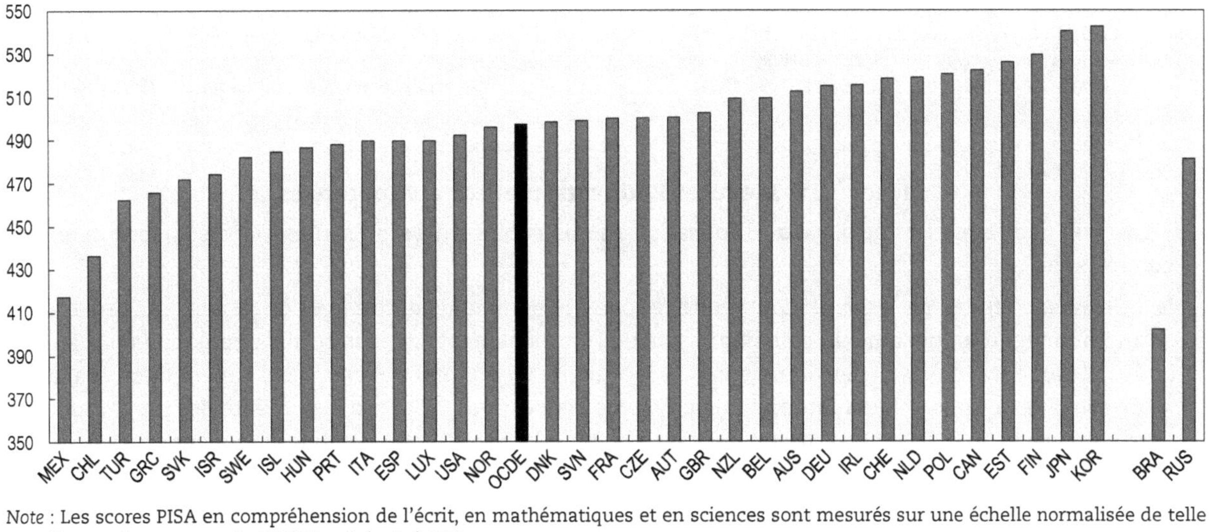

Note : Les scores PISA en compréhension de l'écrit, en mathématiques et en sciences sont mesurés sur une échelle normalisée de telle manière que la moyenne de l'OCDE soit égale à 500.

Source : OCDE (2014e), *Résultats du PISA 2012 : Savoirs et savoir-faire des élèves* (volume I, édition révisée) : *Performances des élèves en mathématiques, en compréhension de l'écrit et en sciences*, PISA, Éditions OCDE, Paris, *http://dx.doi.org/10.1787/19963785*.

StatLink http://dx.doi.org/10.1787/888933278236

L'Évaluation des compétences des adultes réalisée par l'OCDE (PIAAC) mesure les compétences des adultes dans les domaines de la littératie, de la numératie et de capacité à résoudre des problèmes dans des environnements à forte composante technologique (voir l'encadré 2.6 pour une définition précise). D'après cette enquête, les ***compétences des adultes*** sont très variables selon les pays (graphique 2.26), en particulier s'agissant de la numératie. Le Japon et la Finlande sont les pays où le niveau de numératie et de littératie est le plus élevé, tandis que l'Italie et l'Espagne obtiennent de mauvais résultats dans l'un et l'autre domaine. Le classement des pays d'après les compétences des adultes est globalement conforme à celui réalisé sur la base des compétences cognitives des élèves de 15 ans ; la Suède et la Norvège occupent cependant une bien meilleure position dans le classement d'après les compétences des adultes, et la Corée, qui se classe en tête en termes de compétences cognitives des élèves de 15 ans, n'affiche qu'une performance moyenne en matière de compétences des adultes.

Graphique 2.26. **Compétences de la population adulte**

Score en numératie

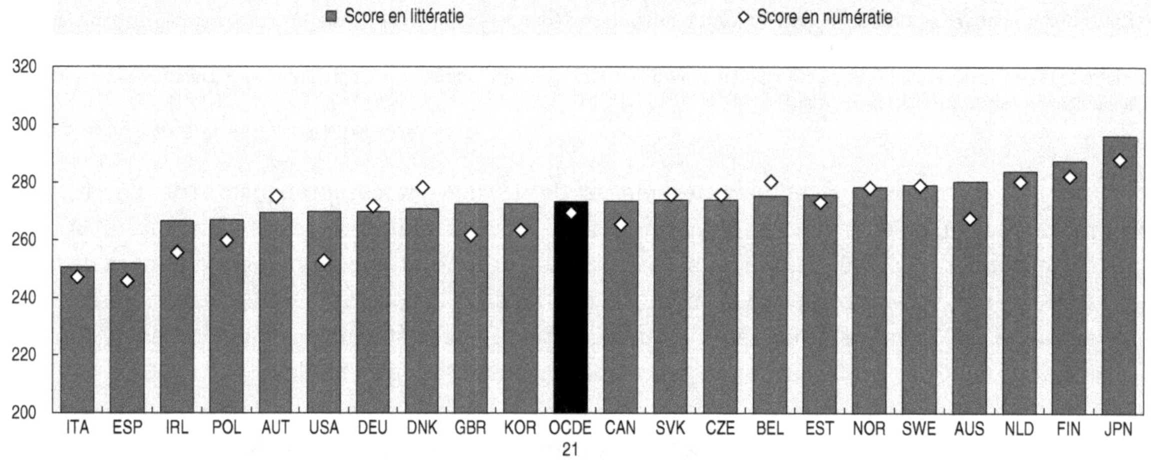

Note : Les données relatives à la Belgique se rapportent à la Flandre ; les données relatives au Royaume-Uni se rapportent à l'Angleterre et à l'Irlande du Nord. Dans chaque domaine, les résultats sont représentés sur une échelle de 500 points.

Source : OCDE (2013e), *Perspectives de l'OCDE sur les compétences 2013 : Premiers résultats de l'évaluation des compétences des adultes*, Éditions OCDE, Paris, *http://dx.doi.org/10.1787/9789264204096-fr*.

StatLink *http://dx.doi.org/10.1787/888933278240*

Encadré 2.6. **Mesurer l'éducation et les compétences**

Les trois indicateurs principaux de l'éducation et des compétences présentés ci-dessus sont définis comme suit :

- Le **niveau d'études de la population adulte** rapporte le nombre d'adultes âgés de 25 à 64 ans titulaires au minimum d'un diplôme du deuxième cycle de l'enseignement secondaire à la population du même âge. Il faut entendre par « deuxième cycle du secondaire au minimum » un niveau supérieur ou égal au niveau 3 de la Classification internationale type de l'éducation (CITE) (exclusion faite des programmes courts de niveau 3C). Cette définition englobe à la fois i) la filière dite « générale », souvent conçue pour préparer les élèves à poursuivre leurs études à un niveau supérieur ; et ii) la filière dite « professionnelle », axée sur l'enseignement et la formation professionnels (EFP). Cet indicateur est calculé à partir des données recueillies dans le cadre du questionnaire annuel de l'OCDE sur les catégories nationales des niveaux de formation (CNNF) et des enquêtes nationales sur la population active.

Encadré 2.6. **Mesurer l'éducation et les compétences** *(suite)*

- Le **score moyen des élèves en compréhension de l'écrit, mathématiques et sciences** est calculé à partir des données recueillies dans le cadre du programme PISA coordonné par l'OCDE et se rapporte aux élèves de 15 ans. Les compétences, évaluées séparément dans chacune de ces trois disciplines, sont mesurées sur une échelle normalisée de telle manière que 500 représente la moyenne de l'OCDE. Les données présentées ici correspondent au score moyen issu de l'évaluation des trois disciplines.
- La **compétence moyenne des adultes en numératie et en littératie** est calculée d'après les données recueillies par l'intermédiaire de l'Évaluation des compétences des adultes, réalisée par l'OCDE dans le cadre du PIAAC. Cet indicateur se rapporte aux adultes de 16 à 65 ans. Le PIACC repose principalement sur une évaluation directe des compétences essentielles en traitement de l'information – littératie, numératie et capacité à résoudre des problèmes dans des environnements à forte composante technologique. Dans chacun de ces domaines, la compétence est considérée comme un continuum d'aptitudes impliquant la maîtrise de tâches de traitement de l'information de plus en plus complexes. Les résultats sont présentés sur une échelle qui comporte 500 points.

Alors que le niveau d'études correspond au niveau scolaire atteint ou aux diplômes obtenus, l'évaluation réalisée dans le cadre du PIAAC entend mesurer les acquis nets résultant des expériences d'apprentissage formelles et informelles vécues jusqu'alors. Le PIAAC porte pour l'instant sur un petit nombre de pays et a une périodicité de 10 ans.

Pour être complète, une batterie d'indicateurs sur l'éducation et les compétences devrait englober une mesure reposant sur des scores normalisés des compétences cognitives et non cognitives de l'ensemble de la population. Les indicateurs présentés ici ne sont que des approximations de ces indicateurs idéaux. Ils comportent certaines limites. Premièrement, ils mesurent les aptitudes acquises par les individus mais ne donnent pas d'informations sur l'utilisation que ces derniers en font dans la pratique ; deuxièmement, ils ne rendent pas compte des compétences non cognitives (à savoir sociales et émotionnelles). L'OCDE met actuellement au point, dans le cadre de son projet sur l'éducation et le progrès social (OCDE, 2015f), un ensemble d'indicateurs pour mesurer ces compétences ; une enquête longitudinale coordonnée par l'OCDE sera lancée en 2019.

Pour en savoir plus :

- OCDE (2015f), *Skills for Social Progress: The Power of Social and Emotional Skills*, Études de l'OCDE sur les compétences, Éditions OCDE, Paris, *http://dx.doi.org/10.1787/9789264226159-en*.
- OCDE (2014d), *Regards sur l'éducation 2014 : Les indicateurs de l'OCDE*, Éditions OCDE, Paris, *http://dx.doi.org/10.1787/eag-2014-fr*.
- OCDE (2013e), *Perspectives de l'OCDE sur les compétences 2013 : Premiers résultats de l'Évaluation des compétences des adultes*, Éditions OCDE, Paris, *http://dx.doi.org/10.1787/9789264204096-fr*.

Répartition de l'éducation et des compétences

Alors que dans tous les pays de l'OCDE, les femmes jeunes ont généralement comblé l'écart qui les séparait de leurs homologues de sexe masculin sur le plan du niveau d'études, il n'en va pas encore ainsi s'agissant des compétences des adultes de 25 à 64 ans. Selon l'Évaluation des compétences des adultes, les femmes affichent, en règle générale, une performance inférieure à celle des hommes, notamment en numératie (OCDE, 2013e). S'agissant des élèves de 15 ans, l'écart entre les sexes dépend de la discipline : les garçons obtiennent, en moyenne, de moins bons résultats que les filles en compréhension de l'écrit mais font mieux qu'elles en mathématiques (OCDE, 2015g ; OCDE, 2015h).

Les résultats des élèves de 15 ans sont étroitement liés à l'origine socio-économique de leurs parents. L'écart de compétences cognitives entre les élèves issus d'un milieu socio-économique très favorisé et ceux issus d'un milieu socio-économique très défavorisé (appartenant respectivement aux quintiles supérieur et inférieur de l'indice PISA de statut économique, social et culturel ou SESC) est cependant très variable d'un pays à l'autre – et correspond approximativement, dans les pays où il est le plus grand, aux compétences acquises en plus de deux ans de scolarité (OCDE, 2013a). Des pays comme la Belgique, la Nouvelle-Zélande, l'Allemagne et la France affichent des scores PISA supérieurs ou égaux à la moyenne mais se caractérisent par un écart de performance important entre les élèves issus d'un milieu favorisé et ceux issus d'un milieu défavorisé ; à l'inverse, la Corée, le Japon, la Finlande, l'Estonie et le Canada se caractérisent par des scores PISA globalement élevés et un écart relativement faible entre élèves issus de milieux différents.

L'écart de niveau d'études entre la jeune génération d'adultes en âge de travailler et les travailleurs âgés varie lui aussi selon les pays (graphique 2.27). Les jeunes sont plus susceptibles que leurs aînés d'avoir suivi le deuxième cycle du secondaire jusqu'à son terme. Ainsi, en moyenne dans la zone de l'OCDE, le pourcentage de diplômés du deuxième cycle du secondaire est 16 points plus élevé parmi les adultes de 25 à 34 ans que parmi ceux de 55 à 64 ans.

Graphique 2.27. **Niveau d'études des adultes jeunes et âgés en âge de travailler**

Pourcentage de personnes titulaires d'un diplôme du deuxième cycle du secondaire au minimum au sein de la population âgée de 25 à 34 ans et de 55 à 64 ans, 2013

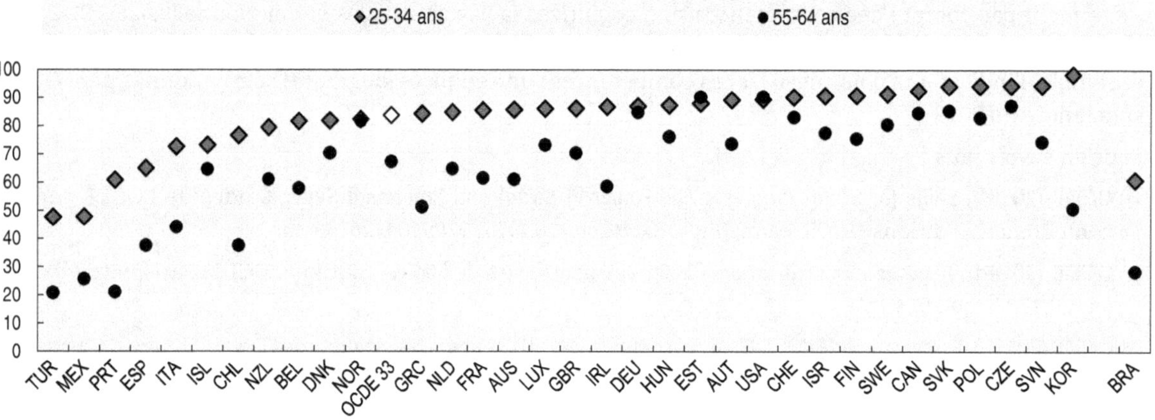

Note : Pour le Chili, les données se rapportent à 2011. La moyenne OCDE est pondérée par la population.

Source : OCDE (2015e), OCDE (2015e), *Regards sur l'éducation, Rapport intermédiaire : Mise à jour des indicateurs relatifs à l'emploi et au niveau de formation*, OCDE, Paris, *www.oecd.org/edu/EAG-Interim-report.pdf*.

StatLink http://dx.doi.org/10.1787/888933278251

Liens sociaux

Le fait d'entretenir des relations sociales positives est une source importante de bien-être. Il ressort des enquêtes sur l'emploi du temps que les relations sociales constituent un moment fort dans la vie quotidienne de la plupart des individus. La solitude et le manque de ***soutien social*** sont une cause importante de faiblesse du bien-être subjectif.

De plus, les personnes qui disposent d'un réseau social solide ont plus de chances d'occuper un emploi et d'être en meilleure santé.

Dans la plupart des pays de l'OCDE, au moins 85 % de la population indique avoir quelqu'un sur qui compter en période difficile (graphique 2.28). Si la différence entre les pays qui affichent les meilleurs résultats dans ce domaine est limitée, il existe un écart de 20 points de pourcentage entre la Suisse, l'Islande et l'Irlande d'une part (où 95 à 97 % de la population ont quelqu'un sur qui compter) et le Mexique et la Corée d'autre part (où ce pourcentage est d'environ 72 à 77 %). Entre 2009 et 2014, le soutien social perçu a diminué au Mexique (de 9 points de pourcentage) et en Corée (de 7 points), tandis qu'il a progressé (de 10 points) en Turquie (Gallup, 2015).

Graphique 2.28. **Soutien social perçu**

Pourcentage de personnes déclarant avoir des proches ou des amis sur qui compter, 2014

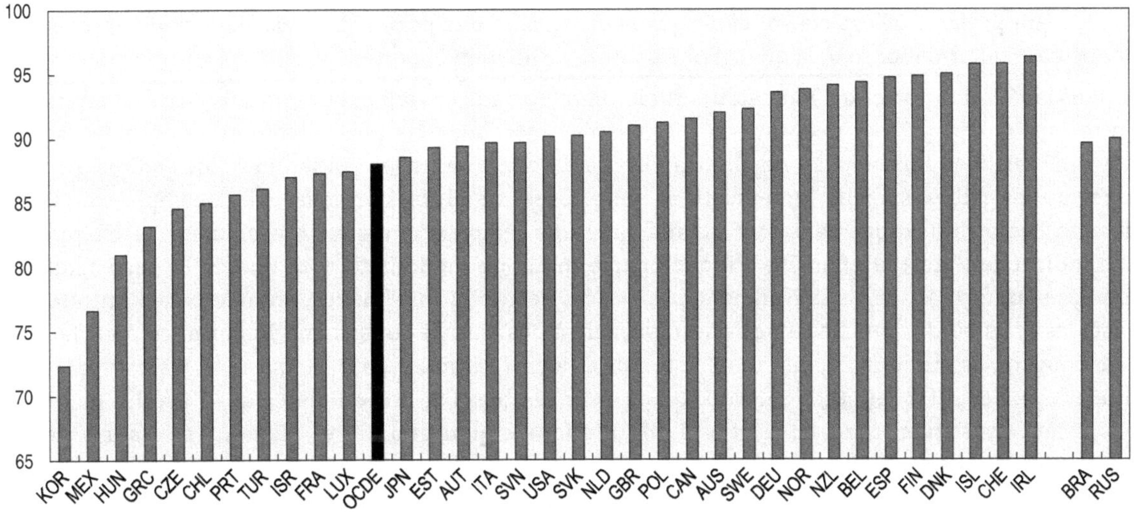

Note : Pour l'Islande, la dernière année disponible est 2013. La moyenne OCDE est pondérée par la population.

Source : Gallup World Poll, *www.gallup.com/services/170945/world-poll.aspx*.

StatLink http://dx.doi.org/10.1787/888933278266

Répartition des liens sociaux

Dans la plupart des pays de l'OCDE, les personnes qui ont un niveau d'études et de revenu relativement élevé sont plus susceptibles que les autres d'avoir quelqu'un sur qui compter en cas de difficultés (OCDE, 2013a). En général, la jeune génération (15-29 ans) est elle aussi plus susceptible que la génération plus âgée (50 ans et plus) d'indiquer avoir quelqu'un sur qui compter (graphique 2.29). Dans la zone de l'OCDE, c'est en Corée, au Chili, en Grèce, au Portugal et en Turquie que les écarts liés à l'âge sont les plus grands et dans les pays anglophones, au Mexique, au Danemark et en Islande qu'ils sont les plus petits. Dans les deux tiers des pays de l'OCDE, y compris dans ceux où le niveau de soutien social est globalement très élevé, la proportion de personnes *dépourvues* de soutien social est deux ou trois fois plus élevée au sein de la génération âgée que parmi les jeunes.

Encadré 2.7. **Mesurer les liens sociaux**

L'indicateur principal relatif aux liens sociaux est défini comme suit :

- **Soutien social perçu.** Cet indicateur repose sur la question d'enquête suivante : « Si vous étiez en difficulté, avez-vous ou non des proches ou des amis sur lesquels vous savez pouvoir compter à chaque fois que vous avez besoin d'eux ? » Les données présentées ici correspondent au pourcentage de personnes interrogées qui répondent par l'affirmative. Les données proviennent du sondage *Gallup World Poll*, conduit chaque année auprès d'environ 1 000 personnes dans chaque pays. L'échantillon est défini *a priori* de manière à être représentatif de la population nationale de 15 ans et plus (zones rurales comprises) ; pour corriger le biais de réponse, les données de l'échantillon ont été pondérées par la population au moyen de coefficients de pondération fournis par Gallup.*

Le soutien social peut provenir de diverses sources – conjoint, ami, membre de la famille, collègue, etc. – et revêtir différentes formes – soutien affectif ; soutien pratique (prise en charge de personnes dépendantes, etc.) ; soutien financier ; soutien professionnel ou lié au travail, pour ne citer que quelques exemples. L'indicateur présenté ici est axé sur l'aide que peut attendre une personne en cas de problèmes mais il ne donne pas d'informations sur la qualité ou la nature du soutien apporté.

Dans l'idéal, une batterie d'indicateurs sur les liens sociaux devrait décrire une diversité de relations – en termes quantitatifs et qualitatifs. Certaines des méthodes les plus couramment employées pour mesurer ces liens font appel à des indicateurs indirects, comme les statistiques sur l'adhésion à des associations (clubs sportifs, organisations religieuses ou professionnelles par exemple) ou sur la densité des organisations sans but lucratif dans une région donnée (voir, également, le chapitre 5). Ces indicateurs ont toutefois été critiqués parce qu'ils ne rendent compte que de la participation à des réseaux formels et ne renseignent pas sur les relations informelles, comme celles entretenues avec des amis ou des proches. L'adhésion formelle à des associations et son importance pour le bien-être peuvent, de surcroît, évoluer dans le temps et varier selon les pays, ce qui rend les comparaisons internationales difficiles. Les journaux tenus pour les besoins des enquêtes sur l'emploi du temps pourraient constituer une source utile d'informations – quantitatives et qualitatives – sur le temps passé avec les autres.

Diverses enquêtes officielles, par exemple les enquêtes sociales générales menées en Australie, au Canada et en Nouvelle-Zélande, recueillent des informations sur les réseaux sociaux et les relations interpersonnelles. Toutefois, la plupart des statistiques officielles sur les liens sociaux ne se prêtent pas à des comparaisons internationales (Scrivens et Smith, 2013).

Pour en savoir plus :

- Scrivens, K. et C. Smith (2013), « Four Interpretations of Social Capital: An Agenda for Measurement » ?, *Documents de travail statistiques de l'OCDE*, n° 2013/06, Éditions OCDE, Paris, *http://dx.doi.org/10.1787/5jzbcx010wmt-en*.
- Siegler, V. (2015), « Measuring National Well-Being – An Analysis of Social Capital in the UK », Office for National Statistics, *www.ons.gov.uk/ons/rel/wellbeing/measuring-national-well-being/analysis-of-social-well-being--social-capital--in-the-uk---2013-14/art-measuring-national-well-being---an-analysis-of-social-capital-in-the-uk.html*.

* La procédure de pondération utilisée pour les données du Gallup World Poll comporte plusieurs étapes. La première consiste à corriger les déséquilibres géographiques (liés à un suréchantillonnage dans les grandes villes) ; la deuxième consiste à effectuer un ajustement au niveau des probabilités de sélection dans l'échantillon (nombre d'adultes dans le ménage, personnes utilisant à la fois un téléphone fixe et un téléphone mobile) ; la troisième étape consiste à ajuster les coefficients de pondération en fonction de la distribution de la population par âge, sexe et niveau d'études.

Graphique 2.29. **Différences entre classes d'âge en matière de soutien du réseau social**

Pourcentage de personnes déclarant avoir des proches ou des amis sur qui compter, par classe d'âge, résultats groupés pour 2006-14

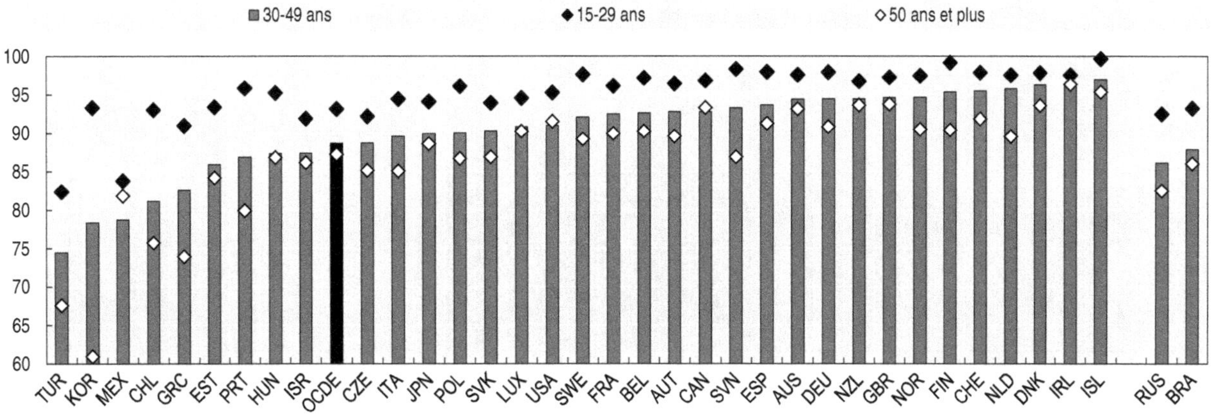

Note : Les données relatives à toutes les années de la période 2006-14 pour lesquelles on disposait de données ont été groupées. La moyenne OCDE est pondérée par la population.

Source : Gallup World Poll, *www.gallup.com/services/170945/world-poll.aspx*.

StatLink http://dx.doi.org/10.1787/888933278277

Engagement civique et gouvernance

Pour qu'une société fonctionne bien, il faut que les citoyens y jouent un rôle : l'engagement civique et le droit d'exprimer son opinion politique constituent des libertés fondamentales et des composantes essentielles de démocraties efficaces. Le ***taux de participation*** aux élections nationales exprimé en pourcentage de la population inscrite sur les listes électorales est très variable d'un pays de l'OCDE à l'autre (graphique 2.30, partie A). Ces disparités sont en partie dues aux différences entre les systèmes électoraux, notamment au système de vote obligatoire en place dans certains pays (comme l'Australie, le Luxembourg, la Belgique et la Turquie ; IDEA, 2015)[8], où le taux de participation électorale est très élevé (supérieur à 85 % de la population inscrite sur les listes). La Suisse est le pays de l'OCDE où le taux de participation aux scrutins nationaux est le plus faible, mais elle applique un régime de démocratie directe très participative, consultant les électeurs plusieurs fois par an sur divers sujets au niveau local, régional ou national. Depuis 2007, le taux de participation électorale est en baisse dans près des deux tiers des pays de l'OCDE, notamment au Chili (où le vote obligatoire a été supprimé en 2012), aux États-Unis, au Japon, en Grèce, en Slovénie et en Italie[9].

L'analyse du pourcentage de votants au sein de la population en âge de voter (au lieu du pourcentage de votants au sein de la population inscrite sur les listes) révèle une situation légèrement différente s'agissant des taux de participation électorale (graphique 2.30, partie B), ce qui est dû à des différences entre pays au niveau de l'inscription sur les listes électorales, de la manière dont les listes sont tenues, des règles relatives au vote des non-résidents et du nombre de personnes qui vivent dans le pays mais n'ont pas le droit de vote aux élections nationales. Néanmoins, la partie A et la partie B montrent l'une comme l'autre que la participation électorale est en baisse depuis quelques années dans la zone de l'OCDE dans son ensemble.

Les caractéristiques institutionnelles influencent la ***capacité des citoyens à participer à l'élaboration de l'action publique***. La participation des parties prenantes à la formulation de la législation et de la réglementation conduit à l'adoption de textes plus fédérateurs et de meilleure qualité, du fait que les personnes concernées par les propositions apportent ainsi leur contribution et que le public peut exercer un droit de regard ; la participation des parties prenantes est également un rempart contre la corruption et favorise la confiance des citoyens

Graphique 2.30. **Taux de participation électorale**

Partie A. Pourcentage de votants au sein de la population inscrite sur les listes électorales

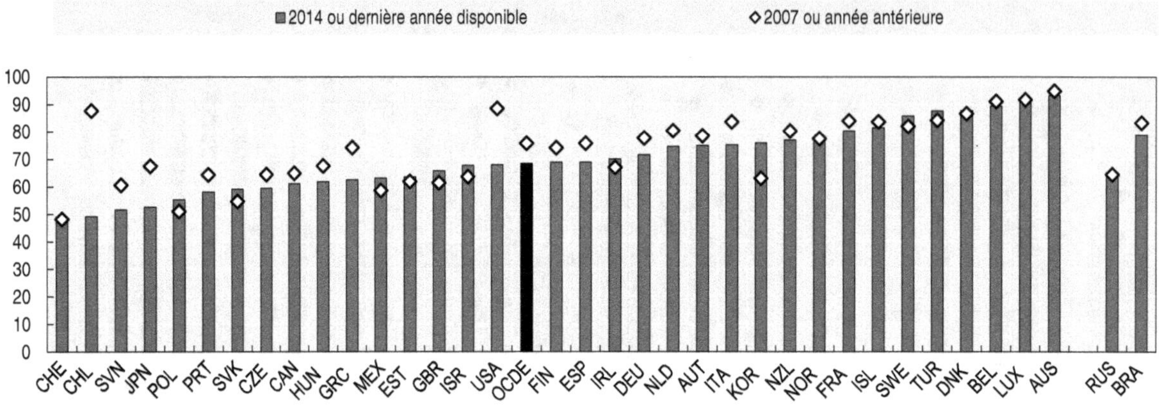

Partie B. Pourcentage de votants au sein de la population inscrite sur les listes électorales

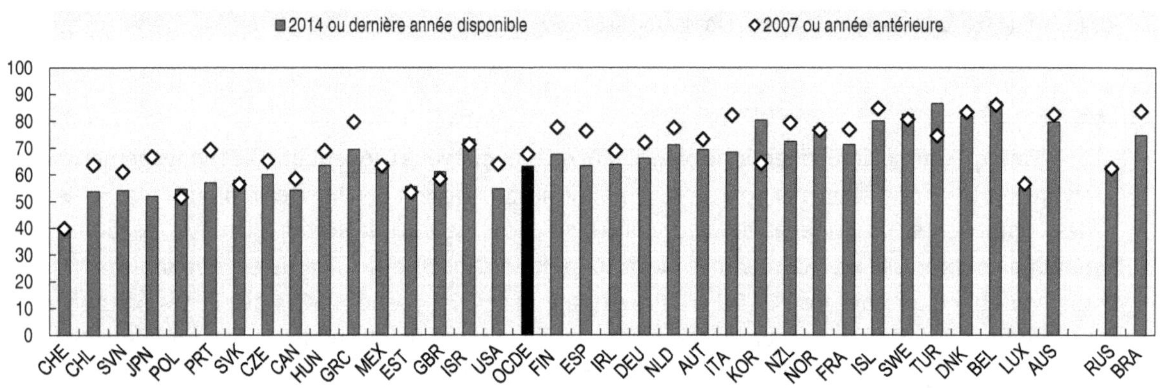

Note : Les élections nationales prises en compte sont les élections législatives, sauf en Finlande, en France, en Corée, au Mexique, en Pologne, aux États-Unis, au Brésil et dans la Fédération de Russie, où les élections prises en compte sont les élections présidentielles. La dernière année disponible est 2014 pour la Slovénie, le Japon, la Nouvelle-Zélande, la Hongrie, la Suède, le Brésil et la Belgique, 2013 pour le Luxembourg, le Chili, l'Allemagne, la Norvège, l'Autriche, la République tchèque, l'Italie, l'Australie et l'Islande, 2012 pour les États-Unis, la Fédération de Russie, Israël, les Pays-Bas, la République slovaque, la Finlande, le Mexique, la Grèce, la France et la Corée, 2011 pour l'Espagne, le Portugal, le Canada, la Suisse, le Danemark l'Estonie, l'Irlande et la Turquie et 2010 pour le Royaume-Uni et la Pologne. La première année disponible est 2007 pour l'Australie, la Belgique, la Suisse, le Danemark, l'Estonie, la Grèce, l'Irlande, l'Islande, la Turquie, la France et la Corée, 2006 pour l'Autriche, le Canada, la République tchèque, la Hongrie, Israël, l'Italie, les Pays-Bas, la République slovaque, la Suède, la Finlande, le Mexique et le Brésil, 2005 pour le Chili, l'Allemagne, le Royaume-Uni, le Japon, la Norvège, la Nouvelle-Zélande, le Portugal et la Pologne et 2004 pour l'Espagne, le Luxembourg, la Slovénie, les États-Unis et la Fédération de Russie. Dans chaque partie, la moyenne OCDE est pondérée par la population.

Source : Institut international pour la démocratie et l'assistance électorale (IDEA) (2015), *www.idea.int*.

StatLink *http://dx.doi.org/10.1787/888933278286*

à l'égard des pouvoirs publics. Dans près des deux tiers des pays de l'OCDE, les parties prenantes doivent être systématiquement impliquées dans la formulation de la législation primaire et dans un peu plus de la moitié des pays, elles doivent être impliquées dans la formulation des textes d'application (tableau 2.1). Toutefois, cette participation intervient généralement tardivement dans le processus, lorsqu'un projet ou une proposition de loi a déjà été préparé. La plupart des pays de l'OCDE organisent une consultation tardive de ce type sur tous les projets de loi primaire et environ la moitié d'entre eux le font également pour tous les textes d'application. Il est plus rare que les parties prenantes aient la possibilité d'apporter un éclairage aux pouvoirs publics dès le début du processus d'élaboration des lois et réglementations sur le problème en jeu et les solutions envisageables, et dans la plupart des pays, cette forme de consultation n'est pratiquée que pour certains textes.

Tableau 2.1. **Participation des parties prenantes à l'élaboration de la législation et de la réglementation**

	Obligation d'impliquer les parties prenantes		Participation précoce des parties prenantes, qui apportent ainsi un éclairage aux pouvoirs publics sur les problèmes et solutions		Participation à un stade ultérieur : consultation sur les projets de loi et réglementation	
	Législation primaire	Textes d'application	Législation primaire	Textes d'application	Législation primaire	Textes d'application
Australie	▲	◓	▲	▲	■	▲
Autriche	◓	◓	◓	◓	◓	◓
Belgique	■	■	▲	▲	▲	▲
Canada	■	■	▲	■	■	■
Chili	◓	◓	◓	◓	◓	◓
République tchèque	▲	▲	◓	◓	■	■
Danemark	■	◓	◓	◓	■	◓
Estonie	■	▲	◓	◓	■	■
Finlande	■	■	◓	◓	■	■
France	◓	▲	◓	◓	◓	◓
Allemagne	■	■	◓	◓	■	■
Grèce	■	●	◓	●	■	▲
Hongrie	■	■	●	●	■	■
Islande	◓	●	◓	◓	◓	◓
Irlande	◓	◓	◓	●	■	●
Israël	●	◓	●	●	■	▲
Italie	■	■	◓	◓	◓	◓
Japon	●	▲	●	●	●	◓
Corée	▲	▲	◓	●	■	■
Luxembourg	■	■	◓	◓	■	■
Mexique	■	■	◓	◓	■	■
Pays-Bas	◓	●	●	●	◓	◓
Nouvelle-Zélande	■	■	■	■	■	■
Norvège	■	■	◓	◓	■	■
Pologne	■	■	◓	◓	■	■
Portugal	▲	▲	●	●	■	■
République slovaque	■	■	◓	◓	■	■
Slovénie	■	■	▲	▲	■	■
Espagne	■	■	◓	◓	■	■
Suède	■	■	◓	◓	■	▲
Suisse	■	▲	◓	◓	■	▲
Turquie	■	■	◓	◓	▲	▲
Royaume Uni	■	■	▲	◓	■	■
États-Unis	×	■	×	◓	×	■
UE	▲	▲	▲	▲	●	■
Total OCDE						
■ Pour tous les textes	21	18	1	2	24	18
▲ Pour les textes important	4	7	5	3	2	7
◓ Pour certains textes	6	6	22	21	6	8
● Jamais	2	3	5	8	1	1
× Sans objet	1	0	1	0	1	0

Note : Les données ne portent que sur les projets de textes législatifs et de textes d'application émanant du pouvoir exécutif. Les questions relatives à la législation primaire sont sans objet aux États-Unis.

Source : OCDE (2015i), *Regulatory Policy Outlook 2015*, d'après les réponses à l'édition 2014 de l'enquête sur les indicateurs de la réglementation conduite par l'OCDE.

Le graphique 2.31 présente l'évolution au fil du temps du nombre de pays de l'OCDE dans lesquels il est obligatoire de consulter les parties prenantes sur les nouvelles réglementations envisagées. En 2014, deux pays seulement n'appliquaient aucune obligation de ce type pour l'adoption de la législation primaire et trois pays seulement pour l'adoption de textes d'application. La situation semble donc s'être améliorée depuis la dernière vague de collecte de données de l'OCDE, en 2008/09.

Graphique 2.31. **Évolution dans le temps de la consultation des parties prenantes par les pouvoirs publics dans le cadre de l'élaboration des lois et réglementations**

Nombre de pays dans lesquels il est obligatoire d'organiser une consultation auprès des parties concernées par un nouveau projet législatif ou réglementaire

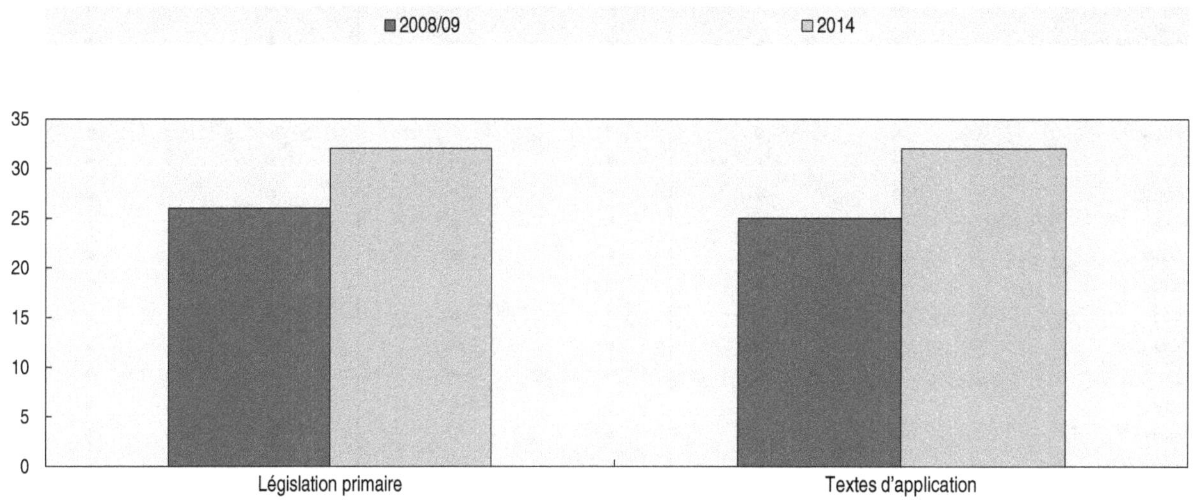

Note : Les résultats présentés ici reposent sur l'édition 2008/09 de l'Enquête de l'OCDE sur les indicateurs des systèmes de gestion réglementaire et sur une première analyse des réponses à l'édition 2014 de l'enquête de l'OCDE sur les indicateurs de la réglementation.

Source : OCDE (2015j), *Government at a Glance*, Éditions OCDE, Paris, *http://dx.doi.org/10.1787/gov_glance-2015-en*.

StatLink http://dx.doi.org/10.1787/888933278292

Encadré 2.8. **Mesurer l'engagement civique et la gouvernance**

Les indicateurs principaux d'engagement civique et de gouvernance présentés dans cette section sont définis comme suit :

- Le **taux de participation électorale** mesure la participation des électeurs aux scrutins nationaux. Il est mesuré ici par deux indicateurs différents : i) le nombre de votants à un scrutin national en pourcentage de la population inscrite ; et ii) le nombre de votants à un scrutin national en pourcentage de la population en âge de voter. Les caractéristiques institutionnelles des systèmes électoraux étant très variables d'un pays à l'autre et d'un type d'élection à l'autre, ces indicateurs portent sur les scrutins nationaux (parlementaires ou présidentiels) qui attirent le plus grand nombre d'électeurs dans chaque pays. La population inscrite est la population inscrite sur les listes électorales. Les données sur la participation électorale sont recueillies par les offices nationaux de la statistique et les organismes nationaux chargés de l'organisation des élections et compilées par l'Institut international pour la démocratie et l'assistance électorale (IDEA).
- **Implication des parties prenantes** : les indicateurs présentés reposent sur les réponses des pays à l'édition 2014 de l'enquête de l'OCDE sur les indicateurs de la réglementation pour tous les pays de l'OCDE et la Commission européenne. Les réponses ont été fournies par l'administration centrale au

Encadré 2.8. **Mesurer l'engagement civique et la gouvernance** *(suite)*

Comité de la politique de la réglementation de l'OCDE. Les indicateurs rendent compte des pratiques des pays et obligations qu'ils appliquent au 31 décembre 2014 et prennent la suite de ceux mesurés à partir des enquêtes sur la gestion réglementaire conduites en 1998, 2005 et 2008/09. Comparativement aux indicateurs antérieurs, ceux présentés dans le tableau 2.1 accordent plus d'importance aux éléments et exemples qui viennent confirmer les réponses des experts ; de plus, ils visent à apporter un éclairage sur la démarche adoptée par les différents pays vis-à-vis d'obligations similaires en matière de politique de la réglementation. Les données ne portent que sur les projets de législation primaire et de textes d'application émanant de l'exécutif. La législation primaire doit être approuvée par le pouvoir législatif, tandis que les textes d'application peuvent être approuvés par le chef du gouvernement, par un ministre ou par le gouvernement. Les questions sur la législation primaire sont sans objet pour les États-Unis parce que le pouvoir exécutif n'a pas l'initiative des lois primaires. On parle de consultation précoce lorsque les parties prenantes sont impliquées dès le début du processus et peuvent ainsi apporter leur éclairage aux pouvoirs publics sur la nature du problème en cause et les solutions envisageables. La consultation est dite tardive lorsque la participation des parties prenantes intervient alors que la solution à privilégier a déjà choisie et qu'un projet de réglementation a déjà été établi.

L'Enquête de l'OCDE sur les indicateurs de la réglementation aboutira à la publication, dans le cadre de *Regulatory Policy Outlook* (OCDE, 2015i ; voir également *www.oecd.org/gov/regulatory-policy/measuring-regulatory-performance.htm*), d'un nouvel indicateur composite de la participation des parties prenantes pour tous les pays de l'OCDE et la Commission européenne. Cet indicateur sera constitué de quatre composantes qui auront le même poids : *obligation systématique d'impliquer les parties prenantes* ; *méthode de consultation appliquée* ; *surveillance et contrôle de qualité* ; *transparence* (cette notion a trait aux principes de transparence de l'administration, par exemple à la question de savoir si les décisions de l'administration sont rendues publiques).

Les indicateurs d'engagement civique et de gouvernance présentés ici ne portent que sur un petit nombre d'activités. Dans l'idéal, un bon indicateur de l'engagement civique doit permettre de mesurer si les citoyens sont impliqués dans diverses activités civiques et politiques et exercent ainsi une influence effective sur la société dans laquelle ils vivent. La participation des parties prenantes à l'élaboration de la législation et de la réglementation n'est qu'une modalité parmi d'autres d'implication des parties prenantes par les pouvoirs publics. De plus, le fait que des mécanismes de participation soient en place ne signifie pas nécessairement que la participation des citoyens soient réelle et généralisée dans la pratique.

Les données comparatives sur la *qualité de la gouvernance* ont, à présent, une portée limitée. Le Groupe de Praia pour l'étude des statistiques sur la gouvernance récemment créé à l'initiative des Nations Unies va s'intéresser à la conceptualisation, à la méthodologie et aux instruments nécessaires pour produire des statistiques sur la gouvernance et devrait formuler des recommandations internationales dans ce domaine. De son côté, l'OCDE s'est, dans le cadre de sa Stratégie pour la confiance, engagée dans de nouveaux travaux méthodologiques afin d'élaborer des indicateurs de meilleure qualité et plus utiles à l'action publique pour mesurer la confiance envers autrui et envers les institutions publiques.

Pour en savoir plus :

- Boarini, R. et M. Díaz (2015), « Cast a Ballot or Protest in the Street – Did our Grandparents Do More of Both?: An Age-Period-Cohort Analysis in Political Participation », *Documents de travail statistiques de l'OCDE*, 2015/02, Éditions OCDE, Paris, *http://dx.doi.org/10.1787/5js636gn50jb-en*.
- OCDE (2015j), *Government at a Glance 2015*, Éditions OCDE, Paris, *http://dx.doi.org/10.1787/gov_glance-2015-en*.
- OCDE (2015i), *Regulatory Policy Outlook 2015*, Éditions OCDE, Paris, *à paraître*.

Répartition de l'engagement civique

D'après les quelques données comparatives qui existent, les personnes âgées de moins de 35 ans sont moins susceptibles de voter, et la population âgée de moins de 25 ans a un taux de participation inférieur de 28 points de pourcentage en moyenne à celui des personnes de 65 ans et plus (OCDE, 2011a). Boarini et Díaz (2015) ont également constaté, à partir de données de l'*Enquête sociale européenne*, que les jeunes générations européennes participaient moins à la vie politique, tant de manière formelle (par exemple en votant) que plus informelle (par exemple en participant à des manifestations). De même, les personnes modestes sont moins susceptibles de voter, même s'il existe des disparités entre les pays (OCDE, 2011a).

Qualité de l'environnement

L'environnement joue un rôle important dans la qualité de vie. Le fait de vivre dans un environnement à l'écart de la pollution, des nuisances et du bruit concourt au bien-être physique et mental individuel. La qualité de l'environnement, par exemple celle des espaces verts ou la préservation des environnements naturels pour les autres espèces, est aussi importante en elle-même pour la population. Plus généralement, l'être humain dépend de l'environnement naturel pour un large éventail de ressources et services naturels nécessaires à la préservation du bien-être à long terme. Alors que ces considérations relatives au bien-être à plus long terme sont examinées de manière plus approfondie dans le chapitre 3, les paragraphes qui suivent portent sur les aspects de la qualité de l'environnement qui ont des retombées immédiates sur la qualité de vie.

L'exposition à la pollution de l'air est une préoccupation de santé publique. Les risques les plus graves pour la santé sont liés à la mauvaise qualité de l'air. Ainsi, une exposition chronique à la pollution par les particules fines ($PM_{2.5}$) favorise l'apparition d'affections cardiovasculaires et respiratoires et de cancers pulmonaires (OCDE, 2014f). Les $PM_{2.5}$ émises par les véhicules, la production d'énergie et la combustion de la biomasse agricole menacent tout particulièrement la santé humaine. Les valeurs phares pour la qualité de l'air définies par l'Organisation mondiale de la santé (OMS) fixent à 10 microgrammes par mètre cube ($\mu g/m^3$) la concentration moyenne annuelle de $PM_{2.5}$ à ne pas dépasser (OMS, 2006). Par ailleurs, une directive de l'Union européenne sur la qualité de l'air impose aux États membres l'obligation de limiter à 20 $\mu g/m^3$ la concentration annuelle moyenne, calculée sur trois ans, de $PM_{2.5}$ à laquelle est exposée la population (Commission européenne, 2015).

Les stations de mesure au sol fournissent les données les plus précises qui soient en ce qui concerne la pollution de l'air locale, permettant d'étudier un large éventail de polluants sur de courtes périodes et dans des lieux précis. Toutefois, il peut être difficile d'utiliser ces données à des fins de comparaison entre pays du fait que le maillage territorial des stations est inégal et que les techniques de mesure et méthodes de communication des résultats diffèrent d'un lieu à l'autre (Brezzi et Sanchez-Serra, 2014). Les nouvelles données sur la pollution de l'air obtenues à partir d'observations satellitaires peuvent donc compléter les mesures des stations au sol et fournir des estimations qui, si elles sont moins précises (en particulier pour les zones désertiques ou enneigées), reposent sur des méthodes qui permettent des comparaisons entre tous les pays et portent sur l'exposition moyenne à la pollution de l'ensemble de la population et non de la seule population résidant dans les pôles urbains (voir l'encadré 2.9 pour des informations plus précises). Il ressort de ces estimations satellitaires que l'exposition moyenne annuelle aux $PM_{2.5}$ est supérieure à la valeur recommandée par l'OMS dans 21 pays de l'OCDE sur 34 (graphique 2.32). C'est en Nouvelle-Zélande, en Islande, en Australie et en Norvège que cette exposition est la plus faible, et en Israël et en Corée, où elle dépasse à la fois les recommandations de l'OMS et celles de l'Union européenne, qu'elle est la plus élevée.

Graphique 2.32. **Exposition annuelle à la pollution de l'air par les $PM_{2.5}$**

Exposition aux $PM_{2.5}$ pondérée par la population, en microgrammes par mètre cube, moyenne sur la période 2010-12

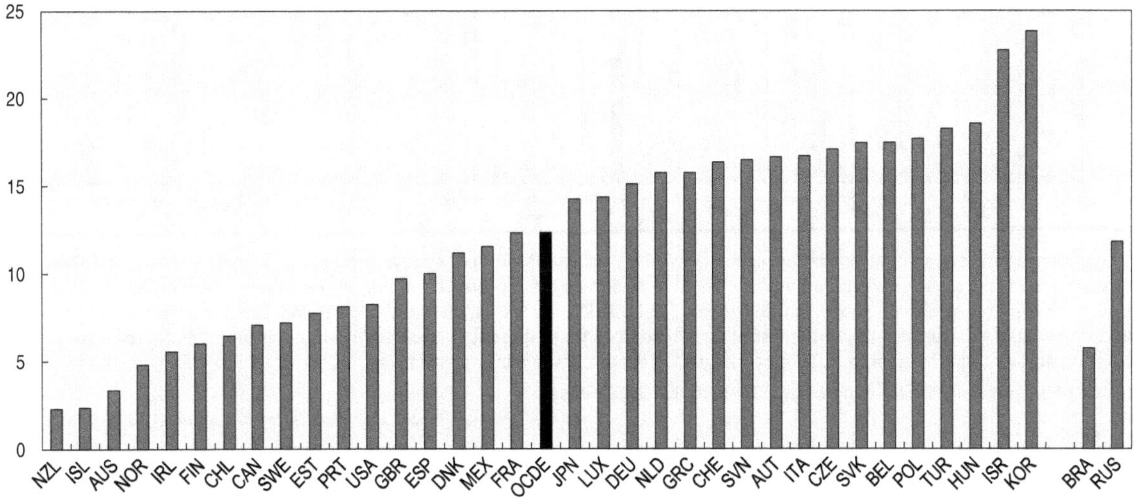

Note : Les valeurs, qui correspondent à des moyennes sur trois ans, sont des estimations réalisées par l'OCDE à partir de données satellitaires provenant de van Donkelaar, A., R. V. Martin, M. Brauer et B. L. Boys (2015), « Use of Satellite Observations for Long-Term Exposure Assessment of Global Concentrations of Fine Particulate Matter », *Environmental Health Perspectives*, vol. 123, n° 2. Par souci de cohérence avec les mesures effectuées au sol, un taux d'humidité relative de 50 % a été retenu. Pour chaque pays, la valeur indiquée correspond à la concentration moyenne annuelle de $PM_{2.5}$ pondérée par la population. La moyenne OCDE est également pondérée par la population.

Source : Base de données de l'OCDE sur le bien-être régional, http://dx.doi.org/10.1787/data-00707-fr.

StatLink *http://dx.doi.org/10.1787/888933278306*

La pollution de l'air étant étroitement liée à l'urbanisation, à l'industrie et au transport, il existe de fortes variations au sein même des pays, entre les régions comme entre les villes (voir le chapitre 6 ; Brezzi et Sanchez-Serra, 2014 ; OCDE, 2014g). En 2010-12, environ 40 % des habitants de l'OCDE étaient exposés à une concentration annuelle moyenne de $PM_{2.5}$ inférieure au seuil de 10 µg/m³ recommandé par l'OMS (graphique 2.33). Toutefois, durant la même période, environ 42 millions d'habitants de la zone de l'OCDE étaient exposés à une concentration supérieure ou égale à 25 µg/m³, soit un niveau supérieur aux recommandations de l'OMS et de l'Union européenne. C'était notamment le cas pour plus de 15 % de la population de la Corée, d'Israël et de l'Italie.

Parmi les autres sources de pollution de l'air figurent l'ozone troposphérique, le dioxyde de soufre (SO_2), le dioxyde d'azote (NO_2) et les particules fines d'un diamètre inférieur à 10 microns (PM_{10}). D'après les estimations de la concentration de PM_{10} réalisées par la Banque mondiale et rapportées dans une précédente édition de *Comment va la vie ?* (OCDE, 2013a), bien que l'exposition urbaine aux PM_{10} ait diminué ces vingt dernières années, en 2009, près de la moitié des pays de l'OCDE affichaient une concentration annuelle en PM_{10} en milieu urbain supérieure au seuil de 20 µg/m³ recommandé par l'OMS (OMS, 2006). Parallèlement, des données d'Eurostat relatives à l'Europe indiquent que les

Graphique 2.33. **Population exposée à la pollution de l'air par les $PM_{2.5}$ selon différents seuils**

En pourcentage de la population, exposition annuelle moyenne, 2010-12

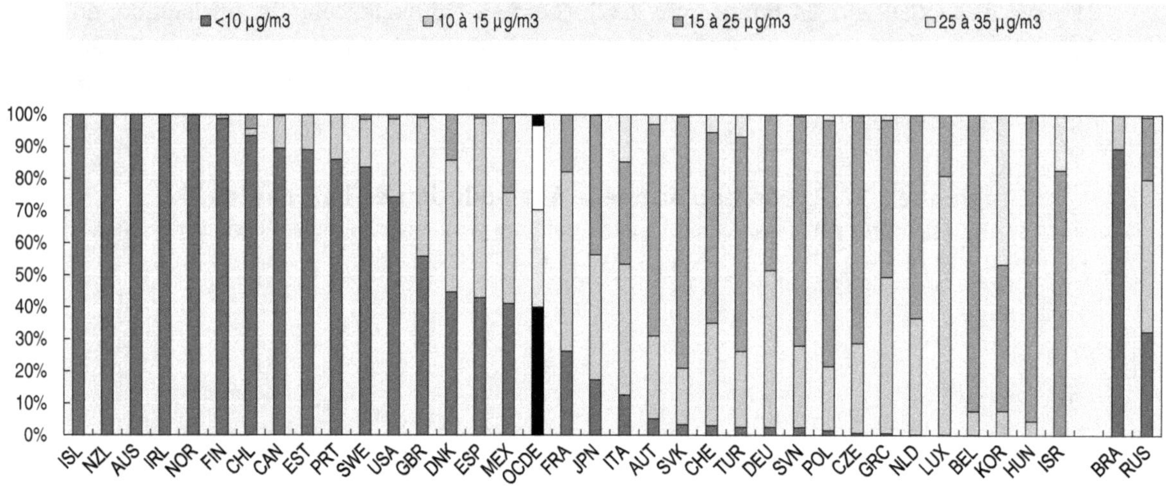

Note : Les valeurs sont des estimations réalisées par l'OCDE et correspondent à des moyennes sur trois ans. Par souci de cohérence avec les mesures effectuées au sol, un taux d'humidité relative de 50 % a été retenu. Le graphique présente le pourcentage de la population exposée, pour quatre niveaux de concentration de $PM_{2.5}$ définis d'après les valeurs guides de l'OMS. Les données correspondant à une exposition annuelle supérieure à 35 µg/m³ ne sont pas présentées parce que moins de 1 % de la population est concerné dans l'ensemble des pays apparaissant sur le graphique. La moyenne OCDE est pondérée par la population.

Source : OCDE (à paraître), *Regions at a Glance 2016*, Éditions OCDE, Paris.

StatLink http://dx.doi.org/10.1787/888933278319

concentrations d'ozone ambiant ont augmenté en moyenne de 1.7 % par an dans l'Union européenne entre 2000 et 2011 – même s'il existe de fortes disparités entre villes et entre périodes (OCDE, 2014f).

La possibilité d'accéder à ***une eau propre et salubre*** est un autre aspect de la qualité de l'environnement. Si l'on manque d'indicateurs objectifs de la qualité de l'eau permettant des comparaisons entre tous les pays de l'OCDE, on dispose de données sur la manière dont les individus perçoivent la qualité de l'eau locale (graphique 2.34 ; voir

Graphique 2.34. **Satisfaction à l'égard de la qualité de l'eau locale**

Personnes satisfaites en pourcentage de la population totale, 2014 ou dernière année disponible

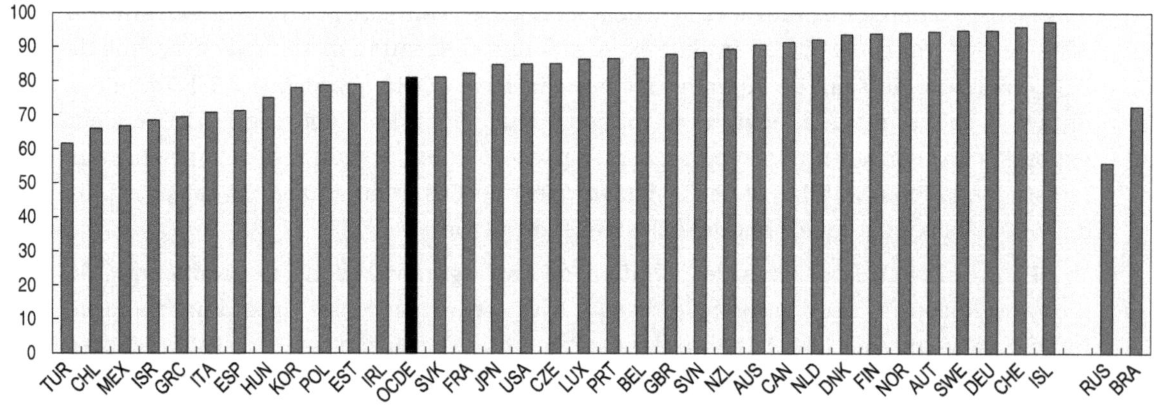

Note : Pour l'Islande, les données se rapportent à 2013. La moyenne OCDE est pondérée par la population.

Source : Gallup World Poll, *www.gallup.com/services/170945/world-poll.aspx*.

StatLink http://dx.doi.org/10.1787/888933278321

l'encadré 2.9 pour une définition). En 2014, une grande majorité des habitants de la zone de l'OCDE qui ont été interrogés ont indiqué être satisfaits de la qualité de l'eau locale. Le pourcentage de personnes satisfaites était cependant inférieur à 70 % en Turquie, au Mexique, en Israël et en Grèce et s'établissait à 50 % environ dans la Fédération de Russie.

Encadré 2.9. **Mesurer la qualité de l'environnement**

Les deux indicateurs principaux présentés ci-dessus sont définis comme suit :

- L'**exposition annuelle à la pollution de l'air** mesure l'exposition moyenne de la population dans son ensemble aux particules fines de diamètre inférieur à 2.5 microns ($PM_{2.5}$), et le pourcentage de la population exposée à différentes concentrations de $PM_{2.5}$. Les particules se composent principalement de sulfates, de nitrates, d'ammoniac, de chlorure de sodium, de carbone suie, de poussières minérales et d'eau. Les données fournies ici sont issues de la base de données de l'OCDE sur le bien-être régional et ont été calculées à partir d'observations satellitaires dont les résultats sont publiés dans van Donkelaar et al. (2014). L'exposition de la population s'obtient en multipliant les observations satellitaires de la pollution de l'air à une résolution de 1 km^2 par le nombre d'habitants de la zone. L'exposition nationale moyenne s'obtient ensuite en additionnant les concentrations de $PM_{2.5}$, pondérées par la population, mesurées pour chacune des mailles de 1 km^2 se trouvant sur le territoire du pays.
- La **satisfaction à l'égard de la qualité de l'eau** rend compte de la perception des individus au sujet de la qualité de l'eau là où ils vivent. Cet indicateur repose sur le nombre de personnes qui répondent par l'affirmative à la question : « Êtes-vous satisfait de la qualité de l'eau dans la ville ou le quartier où vous résidez ? » Les données sont issues du sondage *Gallup World Poll*, conduit chaque année auprès d'environ 1 000 personnes dans chaque pays. L'échantillon est défini *a priori* de manière à être représentatif de la population nationale de 15 ans et plus (zones rurales comprises) (voir l'encadré 2.7 pour de plus amples informations).

La notion de « qualité de l'environnement » étant large, les indicateurs élaborés pour la mesurer devraient, dans l'idéal, renseigner sur différents milieux naturels (les sols, l'eau et l'air), sur l'accès des individus aux services environnementaux et aménités environnementales, ainsi que sur l'impact sur la santé humaine des sources de danger présentes dans l'environnement. Malheureusement, les données disponibles sont dispersées et ne sont pas comparables d'un pays à l'autre. L'absence de données objectives sur la qualité de l'eau constitue une lacune importante ; de plus, il est possible que la mesure qui repose sur la perception pose des problèmes de comparabilité (par exemple, il est difficile de déterminer si la question se rapporte à l'eau potable ou à l'eau disponible localement sous toutes ses formes). L'absence de données relatives aux espaces verts est une autre lacune importante qui pourra éventuellement être comblée à l'avenir par le recours à des données satellitaires.

La mise au point d'indicateurs synthétiques de la qualité de l'air est également une démarche malaisée, cette qualité dépendant d'un ensemble complexe de polluants qui peuvent évoluer dans le temps et dans l'espace et changer de forme. Brezzi et Sanchez-Serra (2014) analysent en détail les avantages et inconvénients des estimations reposant sur les observations satellitaires comparativement aux mesures effectuées au sol. Pour résumer, les stations au sol fournissent des estimations plus précises de l'exposition locale à la pollution sur des périodes plus courtes et pour un éventail plus large de polluants (y compris l'ozone troposphérique, par exemple), mais se prêtent mal à des comparaisons entre pays du fait que le maillage des stations n'est pas le même partout, et que les techniques de mesure et méthodes de communication des résultats diffèrent d'un lieu à l'autre. De plus, il est rare que les stations au sol effectuent une surveillance de la concentration de $PM_{2.5}$. À l'inverse, les estimations qui reposent sur des images satellitaires ont l'avantage de fournir des données qui résultent de

Encadré 2.9. Mesurer la qualité de l'environnement *(suite)*

méthodes uniformes dans les différents pays, qui sont stables dans le temps et qui couvrent le monde entier, y compris les zones rurales – si bien qu'il est possible d'estimer l'exposition à la pollution de l'ensemble de la population d'un pays. Les estimations satellitaires font cependant appel à des données modélisées, moins précises pour les surfaces brillantes (comme les déserts ou les zones enneigées), et ne permettent pas de réaliser une évaluation sur de courtes périodes du fait qu'elles reposent sur des moyennes pluriannuelles.

Même au sein d'une seule zone urbaine, l'exposition individuelle à la pollution de l'air peut varier sensiblement selon le quartier où vivent et travaillent des habitants, de même que selon la profession qu'ils exercent et la manière dont ils vivent et se comportent. Par conséquent, l'exposition moyenne de la population peut dissimuler de fortes variations et inégalités. Les jeunes, les personnes âgées et les personnes malades sont particulièrement vulnérables aux effets nocifs de la pollution de l'air sur la santé.

Pour en savoir plus :

- Brezzi, M. et D. Sanchez-Serra (2014), « Breathing the Same Air? Measuring Air Pollution in Cities and Regions », *Documents de travail de l'OCDE sur le développement régional*, n° 2014/11, Éditions OCDE, Paris, *http://dx.doi.org/10.1787/5jxrb7rkxf21-en.*
- OCDE (2014g), *Comment va la vie dans votre région ? : Mesurer le bien-être régional et local pour les politiques publiques*, Éditions OCDE, *http://dx.doi.org/10.1787/9789264223981-fr.*
- OCDE (2014h), « Environmental quality of life », in OCDE, *Green Growth Indicators 2014*, Éditions OCDE, Paris, *http://dx.doi.org/10.1787/9789264202030-9-en.*

Sécurité des personnes

La sécurité des personnes renvoie à leur vulnérabilité face à diverses menaces ainsi qu'à leur sentiment de sécurité. Pour un individu, le fait d'être victime d'actes de délinquance ou de violence peut avoir d'importantes répercussions sur sa santé physique et mentale, tant à court qu'à long terme. L'exposition au risque de délinquance et de violence et la manière dont un individu perçoit sa propre sécurité ont des retombées sur le bien-être en général, soit parce qu'elles accroissent l'anxiété et l'inquiétude, soit parce qu'elles influent sur le comportement.

Dans la plupart des pays de l'OCDE, ***la mortalité par agression*** (définie dans l'encadré 2.10) est relativement faible, s'établissant en général à moins de 2 décès pour 100 000 habitants chaque année (graphique 2.35). Les pays qui enregistrent la mortalité par agression la plus élevée sont le Chili, l'Estonie, les États-Unis et le Mexique – le Mexique affichant une valeur égale à plus de cinq fois la moyenne de l'OCDE. Entre 2009 et 2012, la mortalité par agression a régressé dans plus des deux tiers des pays de l'OCDE mais a augmenté au Mexique.

En 2010, un habitant de la zone de l'OCDE sur 25 déclarait avoir été ***victime d'une agression*** au cours des 12 mois précédents (graphique 2.36). Plusieurs des pays où la mortalité par agression est élevée ont également un taux de victimisation autodéclarée élevé : ainsi, le nombre de personnes qui déclarent avoir été victimes d'une agression au cours des 12 mois précédents s'établit à une personne sur 8 au Mexique, et une sur 13 au Chili et au Brésil.

Graphique 2.35. **Mortalité par agression**

Taux normalisé selon l'âge, pour 100 000 habitants

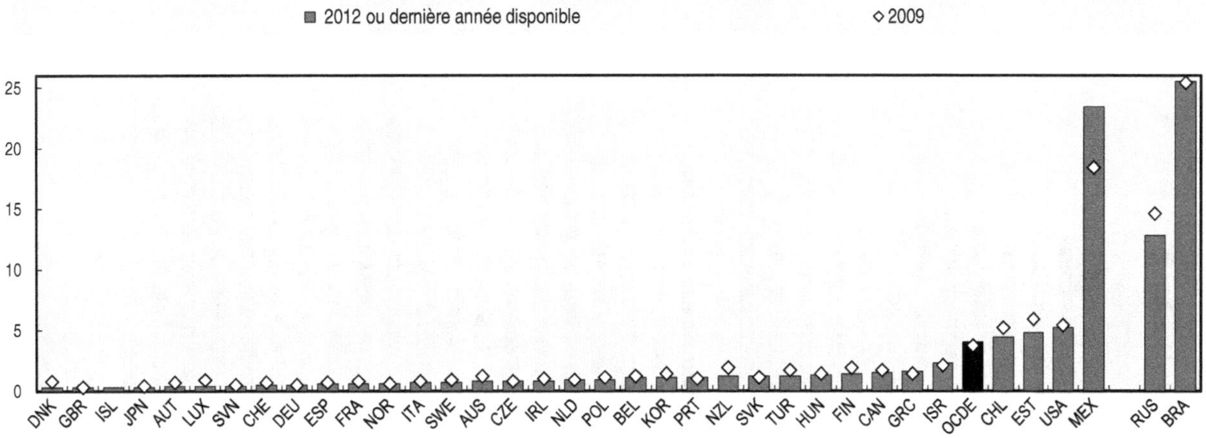

Note : La dernière année disponible est 2011 pour l'Australie, le Canada, le Chili, la France, la Grèce, Israël, le Luxembourg, le Japon et la Turquie, 2010 pour la Belgique, l'Irlande, l'Italie, la Nouvelle-Zélande, la République slovaque, la Slovénie, la Suisse, le Royaume-Uni et les États-Unis, la Fédération de Russie et le Brésil et 2009 pour l'Islande. La moyenne OCDE est pondérée par la population.

Source : « Causes de mortalité », *Statistiques de l'OCDE sur la santé* (base de données), *http://dx.doi.org/10.1787/data-00540-fr*.

StatLink *http://dx.doi.org/10.1787/888933278330*

Graphique 2.36. **Victimisation autodéclarée**

Pourcentage de personnes déclarant avoir été victimes d'une agression au cours des 12 derniers mois, 2010

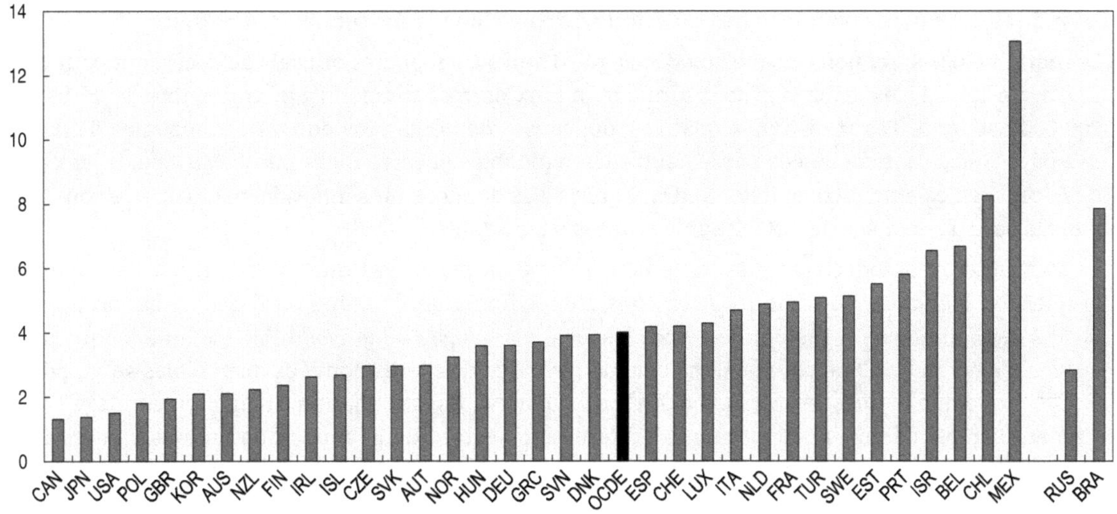

Note : Les données se rapportent à 2012 pour le Mexique, 2011 pour le Chili, 2009 pour l'Estonie et la Suisse et 2008 pour l'Islande et la Norvège. La moyenne OCDE est pondérée par la population.

Source : Gallup World Poll, *www.gallup.com/services/170945/world-poll.aspx*.

StatLink *http://dx.doi.org/10.1787/888933278348*

Le ***sentiment de sécurité*** (graphique 2.37 ; voir l'encadré 2.10 pour une définition) est un autre aspect important de la sécurité des personnes. Seulement deux tiers des habitants de l'OCDE indiquent se sentir en sécurité quand ils marchent seuls la nuit dans leur quartier.

Graphique 2.37. **Sentiment de sécurité des personnes lorsqu'elles marchent seules la nuit**

Pourcentage de personnes déclarant se sentir en sécurité lorsqu'elles marchent seules la nuit dans la ville ou le quartier où elles vivent, 2014

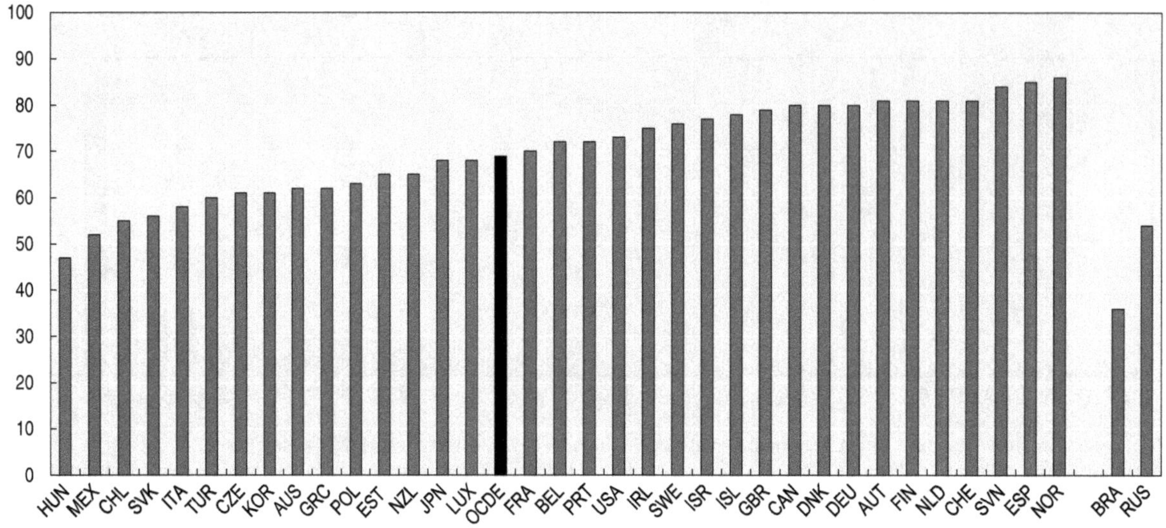

Note : Pour l'Islande, la dernière année disponible est 2013. La moyenne OCDE est pondérée par la population.

Source : Gallup World Poll, *www.gallup.com/services/170945/world-poll.aspx*.

StatLink http://dx.doi.org/10.1787/888933278351

Encadré 2.10. **Mesurer la sécurité des personnes**

Les indicateurs utilisés pour mesurer la sécurité des personnes sont définis comme suit :

- La **mortalité par agression** renvoie aux décès qui, d'après les registres officiels de décès, ont pour cause une agression. Elle est exprimée sous forme d'un taux normalisé selon l'âge, en nombre de décès pour 100 000 habitants. Les statistiques relatives aux causes de décès proviennent des registres d'état civil des pays ; elles sont compilées par les autorités nationales et regroupées par l'OMS. Seules les causes de décès médicalement constatées sont indiquées. Les données présentées ici peuvent être consultées dans la base de données de l'OCDE sur les causes de mortalité.
- **La victimisation autodéclarée** mesure le pourcentage de personnes qui répondent par l'affirmative à la question d'enquête suivante : « Avez-vous été victime d'une attaque ou d'une agression au cours des 12 derniers mois ? » Les données sont issues du sondage *Gallup World Poll*, conduit chaque année auprès d'environ 1 000 personnes dans chaque pays. Les dernières données disponibles se rapportent à 2010 parce que la question a cessé d'être posée dans le questionnaire principal du sondage Gallup. L'échantillon est défini *a priori* de manière à être représentatif de la population nationale de 15 ans et plus (zones rurales comprises) (voir l'encadré 2.7 pour de plus amples informations).
- L'indicateur relatif au **sentiment de sécurité des personnes lorsqu'elles marchent seules la nuit** correspond au pourcentage de personnes qui répondent par l'affirmative à la question : « Vous sentez-vous en sécurité lorsque vous marchez seul(e) la nuit dans votre ville ou votre quartier ? » Les données sont issues du sondage *Gallup World Poll* (voir ci-dessus et l'encadré 2.7 pour de plus amples informations).

Dans l'idéal, une batterie d'indicateurs de la sécurité des personnes devrait renseigner sur les divers crimes et délits, après pondération en fonction de leur gravité. Or, les statistiques officielles relatives à ces actes ne sont pas comparables à l'échelle internationale du fait que tous les pays ne comptabilisent pas les mêmes actes parmi les actes de délinquance et n'ont pas les mêmes pratiques en matière de signalement et d'enregistrement. Les données présentées ici correspondent aux décès par agression enregistrés dans les registres d'état civil du pays, et non à ceux recensés dans les fichiers de la police. Un rapport récemment publié par l'Institut national de statistique et de géographie du Mexique (INEGI) et l'Office des Nations

Encadré 2.10. **Mesurer la sécurité des personnes** *(suite)*

Unies contre la drogue et le crime établit une feuille de route visant à améliorer la disponibilité et la qualité des statistiques sur la délinquance aux niveaux national et international (ONUDC, 2013, voir ci-après).

Les enquêtes de victimisation sont des outils précieux pour mesurer les actes de délinquance dont la population est victime, et bien que certains pays en conduisent, ils n'appliquent pas tous les mêmes principes et méthodes. L'indicateur présenté ici tient exclusivement compte des agressions (hors atteintes aux biens et autres actes de délinquance). Il est calculé à partir de données issues du *Gallup World Poll*, un sondage non officiel reposant sur un échantillon de petite taille, ce qui constitue une limite particulièrement importante quand on mesure des événements qui ne concernent en général qu'une petite proportion de la population.

Les données d'enquête peuvent mettre en évidence les actes de délinquance dont les individus sont le plus souvent victimes et – si les enquêtes sont conduites à intervalle régulier au moyen d'une méthodologie uniforme – peuvent renseigner sur l'évolution du taux de délinquance au fil du temps. Malheureusement, rares sont les pays de l'OCDE qui mènent régulièrement des enquêtes de ce type, et les données nationales qui existent ne sont pas utilisables à des fins de comparaison entre pays. Les données disponibles ne fournissent qu'une indication indirecte du nombre d'actes illicites commis dans la société. Premièrement, il peut y avoir sous-estimation ou surestimation de l'ampleur de certains actes de délinquance parce que les personnes interrogées ont une interprétation subjective de ce qui constitue un acte de délinquance. Deuxièmement, certaines personnes peuvent être réticentes à dévoiler des informations sur des événements sensibles, tels qu'une agression sexuelle ou un acte de violence conjugale. Troisièmement, la fiabilité des enquêtes de victimisation dépend de la capacité des individus à se souvenir d'actes de délinquance passés (plus le temps écoulé depuis l'événement est long, moins il est probable que la victime s'en souvienne avec exactitude). Enfin, il peut être difficile de rendre compte de la délinquance non conventionnelle, comme la corruption, à travers des enquêtes auprès des ménages.

La sécurité des personnes peut être menacée par d'autres facteurs que la délinquance, par exemple par les accidents de transport et de la circulation, les dangers liés au travail et le risque de catastrophes naturelles. Les conflits violents et la guerre exercent également une forte influence sur la sécurité parce qu'ils mettent en péril la vie des populations et leurs moyens de subsistance.

Pour en savoir plus :

- OCDE (2011d), « Sécurité des personnes », dans *OCDE, Comment va la vie ? : Mesurer le bien-être*, Éditions OCDE, Paris, *http://dx.doi.org/10.1787/9789264121195-13-fr*.
- Office des Nations Unies contre la drogue et le crime (ONUDC) (2013), Rapport de l'Institut national de statistique et de géographie du Mexique et de l'Office des Nations Unies contre la drogue et le crime sur une feuille de route visant à améliorer la qualité et la disponibilité des statistiques de la criminalité aux niveaux national et international, *http://unstats.un.org/unsd/statcom/doc13/2013-11-CrimeStats-F.pdf*.

Répartition de la sécurité des personnes

En moyenne dans la zone de l'OCDE, les hommes ont une probabilité cinq fois plus forte que les femmes de mourir des suites d'une agression (graphique 2.38). Au Mexique, en Russie et au Brésil, les femmes sont exposées à un risque beaucoup plus élevé qu'ailleurs, mais ce risque demeure inférieur à celui auquel sont exposés les hommes qui vivent dans ces pays. Dans tous les pays de l'OCDE, les femmes se sentent moins en sécurité que les hommes lorsqu'elles marchent dans leur quartier la nuit (graphique 2.39), et dans la plupart des pays, les personnes de 50 ans et plus se sentent moins en sécurité que les générations plus jeunes (graphique 2.40).

Graphique 2.38. **Mortalité par agression selon le sexe**

Taux normalisé selon l'âge, pour 100 000 habitants, 2012 ou dernière année disponible

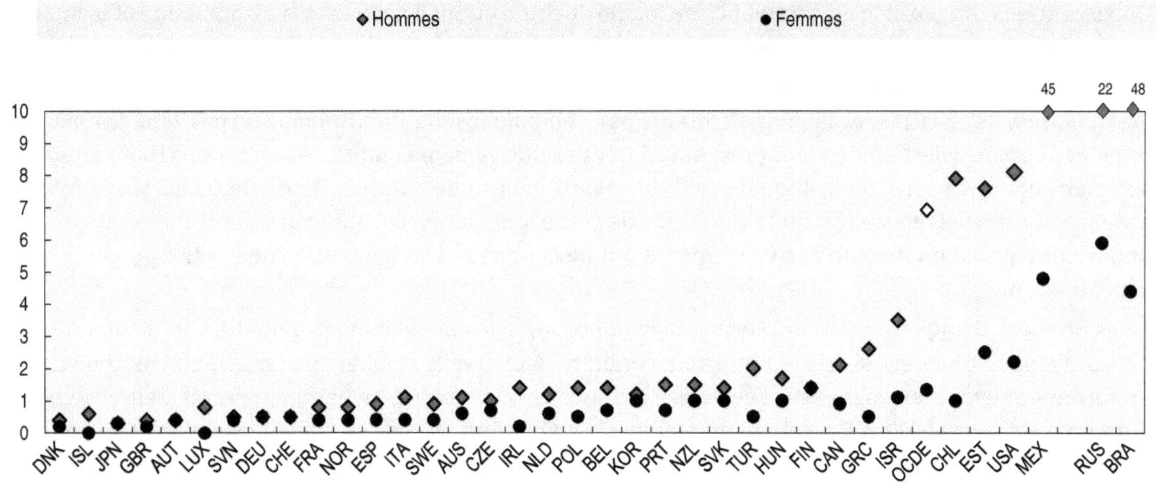

Note : Le taux de mortalité par agression est supérieur à la limite de l'axe des abscisses au Mexique (44.5), en Russie (21.8) et au Brésil (48.1). La dernière année disponible est 2011 pour l'Australie, le Canada, le Chili, la France, la Grèce, Israël, le Japon et la Turquie, 2010 pour la Belgique, le Brésil, l'Irlande, l'Italie, la Nouvelle-Zélande, la Fédération de Russie, la République slovaque, la Slovénie, la Suisse, le Royaume-Uni et les États-Unis, et 2009 pour l'Islande. La moyenne OCDE est pondérée par la population.

Source : « Causes de mortalité », *Statistiques de l'OCDE sur la santé* (base de données), *http://dx.doi.org/10.1787/data-00540-fr*.

StatLink *http://dx.doi.org/10.1787/888933278361*

Graphique 2.39. **Sentiment de sécurité selon le sexe**

Pourcentage de personnes déclarant se sentir en sécurité lorsqu'elles marchent seules le soir dans la ville ou le quartier où elles vivent, données groupées pour 2006-14

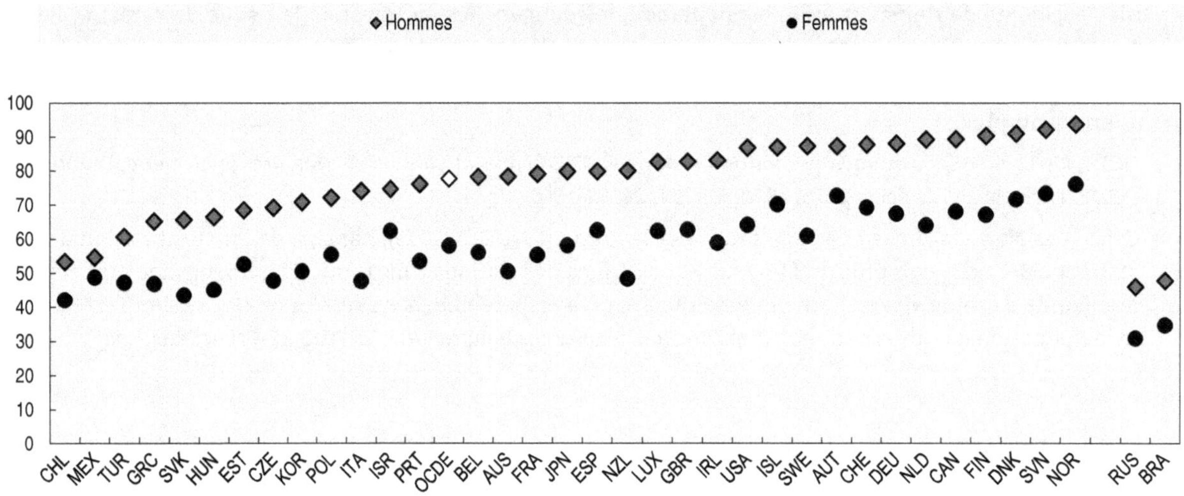

Note : Les données relatives à toutes les années de la période 2006-14 pour lesquelles on disposait de données ont été groupées. La moyenne OCDE est pondérée par la population.

Source : Gallup World Poll, *www.gallup.com/services/170945/world-poll.aspx*.

StatLink *http://dx.doi.org/10.1787/888933278375*

Graphique 2.40. **Sentiment de sécurité selon la classe d'âge**

Pourcentage de personnes déclarant se sentir en sécurité lorsqu'elles marchent seules le soir dans la ville ou le quartier où elles vivent, données groupées pour 2006-14

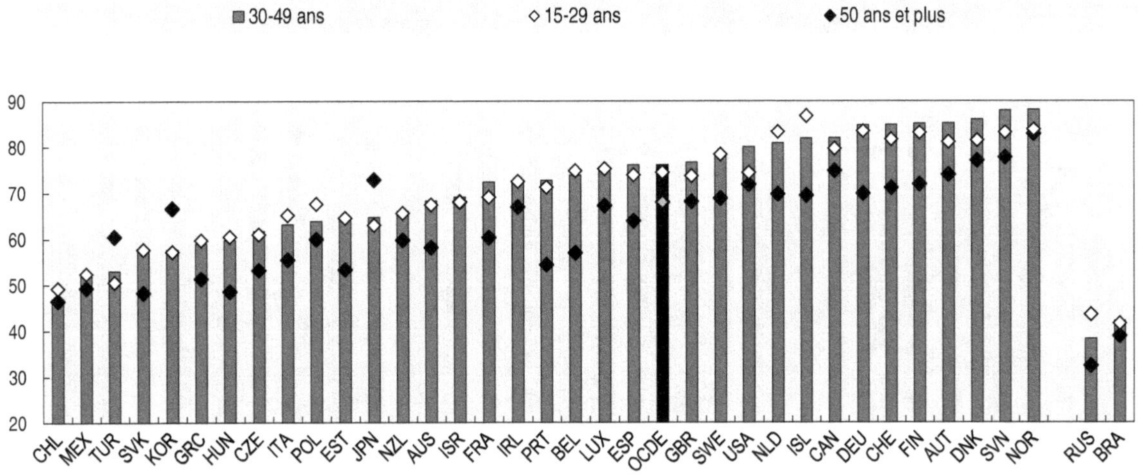

Note : Les données relatives à toutes les années de la période 2006-14 pour lesquelles on disposait de données ont été groupées. La moyenne OCDE est pondérée par la population.

Source : Gallup World Poll, *www.gallup.com/services/170945/world-poll.aspx*.

StatLink *http://dx.doi.org/10.1787/888933278387*

Bien-être subjectif

La réponse à la question « comment va la vie ? » ne saurait être complète si la perception que les individus eux-mêmes ont de leur vie n'était pas prise en compte. Le bien-être subjectif recouvre le jugement que les personnes portent sur leur vie, leurs impressions et ce qu'elles ressentent à ce sujet. Il comporte trois composantes distinctes, correspondant chacune à un point de vue différent : l'*évaluation de la vie*, qui correspond au jugement global qu'une personne porte sur sa vie en général (par exemple sa satisfaction à l'égard de l'existence) ; les indicateurs *eudémoniques*[10], qui mesurent la volonté d'une personne de donner un sens à sa vie, de poursuivre un objectif et d'avoir une vie qui vaille la peine d'être vécue ; et les indicateurs d'*affects* (ou *bien-être ressenti*), qui portent sur l'humeur, les sentiments et les émotions, qui peuvent être des états positifs (plaisir, sentiment de détente) ou négatifs (tristesse, inquiétude) (OCDE, 2013f).

Dans la grande majorité des pays de l'OCDE, il existe désormais des données sur la ***satisfaction à l'égard de l'existence*** qui proviennent de sources officielles et reposent sur des mesures comparables conformes aux recommandations formulées par l'OCDE dans ses lignes directrices sur la mesure du bien-être subjectif *(OECD Guidelines on Measuring Subjective Well-Being)* (OCDE, 2013f ; voir encadré 2.11). En moyenne, la proportion de personnes satisfaites de leur existence est comprise entre un peu plus de six sur dix au Portugal, en Hongrie et en Grèce et huit sur dix en Suède, au Canada, au Danemark, au Mexique, en Finlande et en Suisse (graphique 2.41)[11]. En règle générale, les habitants d'Europe du Sud et de l'Est se disent moins satisfaits de leur existence que ceux d'Europe du Nord et d'Europe occidentale, de l'Australie, de la Nouvelle-Zélande, du Canada et du Mexique. Le graphique 2.41 présente, pour les pays d'Europe, les données sur le sentiment que la vie vaut la peine d'être vécue. Les différences entre les pays sont généralement plus faibles à l'aune de cet indicateur qu'à l'aune de l'indicateur de la satisfaction à l'égard de l'existence.

Graphique 2.41. **Satisfaction à l'égard de l'existence et sentiment que la vie vaut la peine d'être vécue**

Valeurs moyennes sur une échelle graduée de 0 à 10, 2013 ou dernière année disponible

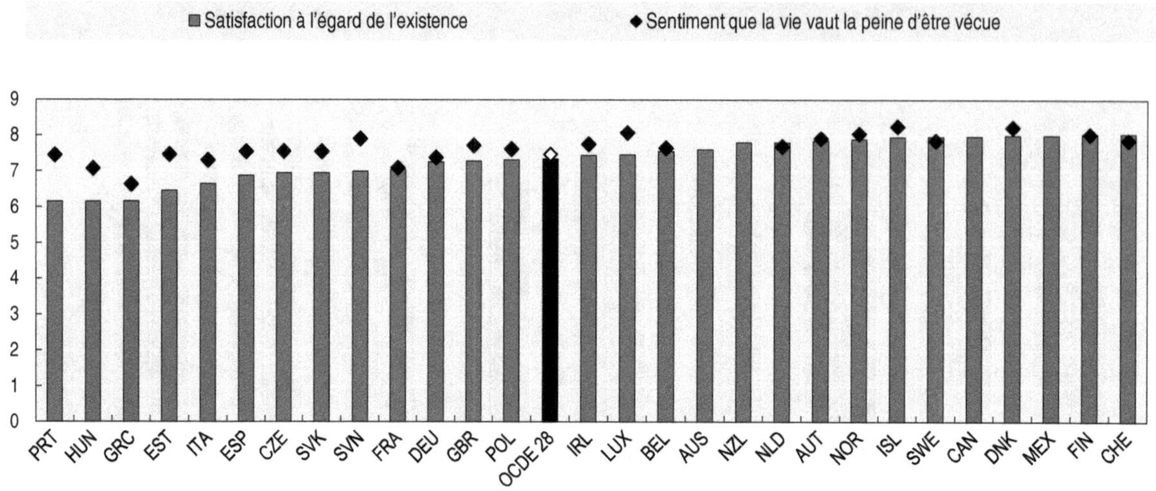

Note : Les données se rapportent à 2014 pour la Nouvelle-Zélande et l'Australie et au premier trimestre de 2012 pour le Mexique. Les données sur le sentiment que la vie vaut la peine d'être vécue n'existent que pour les pays européens (OCDE 24). La moyenne OCDE est pondérée par la population.

Source : Eurostat (2015), Statistiques de l'Union européenne sur le revenu et les conditions de vie (EU-SILC), *http://ec.europa.eu/eurostat/web/income-and-living-conditions/overview* pour les pays de l'Union européenne ; Australian Bureau of Statistics, 2014 General Social Survey (*www.abs.gov.au/ausstats/abs@.nsf/mf/4159.0#Anchor3*) pour l'Australie ; Statistique Canada, Enquête 2013 sur la santé dans les collectivités canadiennes (*http://www23.statcan.gc.ca/imdb/p2SV_f.pl?Function=getSurvey&SDDS=3226*) pour le Canada ; INEGI, enquête nationale sur les dépenses des ménages (BIARE-ENGASTO) 2012, *www.inegi.org.mx/inegi/contenidos/investigacion/Experimentales/Bienestar/default.aspx*) pour le Mexique ; et Statistics New Zealand, 2014 General Social Survey, (*www.stats.govt.nz/browse_for_stats/people_and_communities/Households/nzgss_HOTP2014/Tables.aspx*), pour la Nouvelle-Zélande.

StatLink *http://dx.doi.org/10.1787/888933278397*

Des données officielles comparables devraient prochainement être disponibles pour d'autres pays de l'OCDE, dont la Corée et Israël. En attendant, un autre indicateur de l'évaluation de la vie (graphique 2.42 ; voir l'encadré 2.11 pour une définition) est présenté ici. En 2014, les résultats de cette auto-évaluation étaient inférieurs à la moyenne de l'OCDE en Turquie, en Corée, au Japon et dans la Fédération de Russie, et légèrement supérieurs à cette moyenne au Chili, au Brésil, aux États-Unis et en Israël. Entre 2009 et 2014, les résultats ont chuté de 1.3 point sur l'échelle retenue, graduée de 0 à 10 (Gallup, 2015). Plusieurs des pays les plus affectés par la Grande récession ont également vu leurs résultats chuter durant les premières années de la crise (OCDE, 2013a).

Ce que les personnes vivent et les émotions qu'elles ressentent au quotidien exercent également une influence sur leur qualité de vie en général. En 2014, les trois quarts des habitants de l'OCDE avait un ***bilan des affects positif*** (ils ressentaient plus d'émotions positives que d'émotions négatives ; voir l'encadré 2.11 pour une définition précise). Au Mexique, au Danemark, en Finlande, au Luxembourg, en Suisse, aux Pays-Bas et en Islande, cette proportion était supérieure à 80 %, tandis qu'en Turquie, en Grèce, en Italie et au Portugal, elle était inférieure à 65 %. En 2014, la proportion de personnes ayant un bilan des affects positif avait diminué de huit points de pourcentage par rapport à 2009 en Grèce, en Italie, en Corée et au Portugal mais avait gagné neuf points en France (calculs de l'OCDE, d'après Gallup, 2015).

Graphique 2.42. **Évaluation, par les individus, de leur vie en général**

Mesurée sur une échelle graduée de 0 à 10, de « la meilleure possible » à « la pire possible », valeurs moyennes, 2014

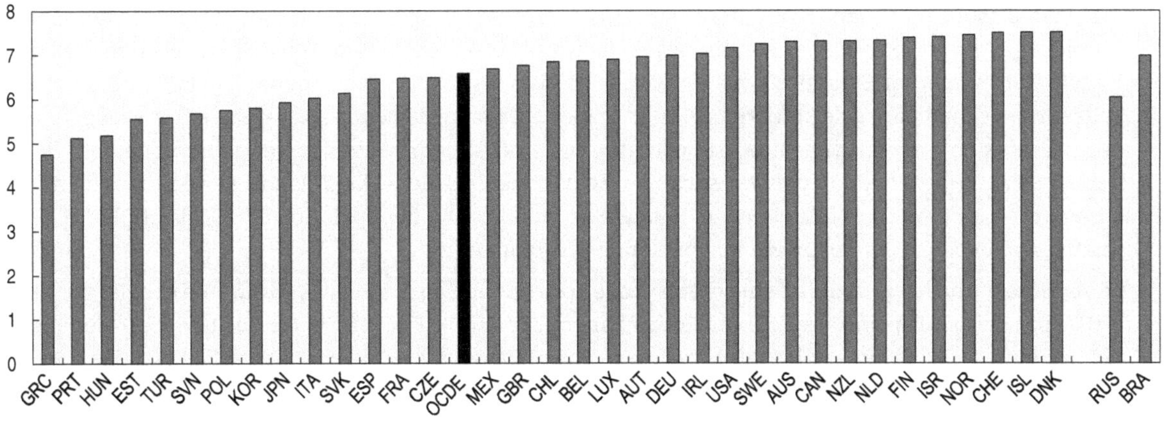

Note : Pour l'Islande, la dernière année disponible est 2013. La moyenne OCDE est pondérée par la population.

Source : Gallup World Poll, *www.gallup.com/services/170945/world-poll.aspx.*

StatLink *http://dx.doi.org/10.1787/888933278403*

Graphique 2.43. **Bilan des affects positif**

Pourcentage de personnes estimant avoir ressenti, dans l'ensemble, plus de sentiments positifs que de sentiments négatifs la veille, 2014

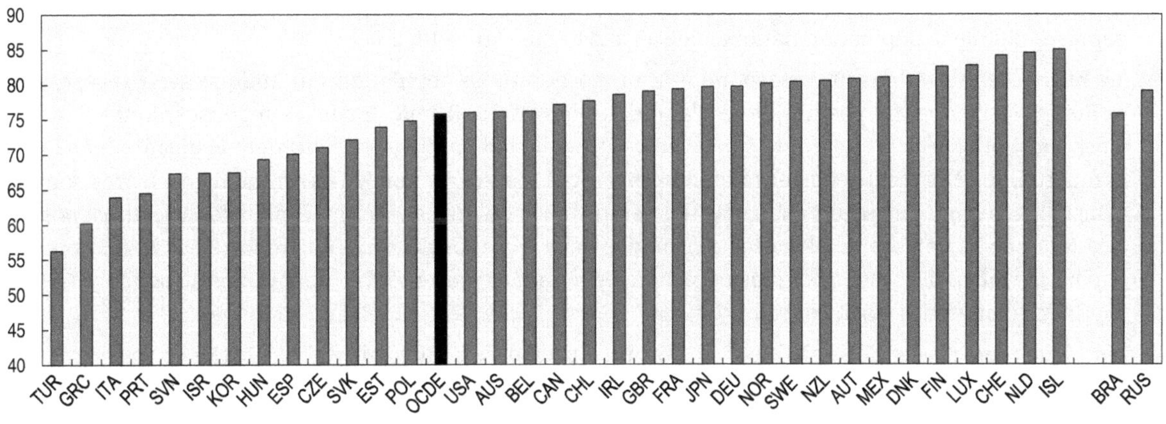

Note : Pour l'Islande, la dernière année disponible est 2013. Les sentiments positifs évalués sont le plaisir, le fait de se sentir détendu ou de rire ou de sourire beaucoup ; les sentiments négatifs sont l'inquiétude, la colère et la tristesse. La moyenne OCDE est pondérée par la population.

Source : Calculs réalisés par l'OCDE à partir du Gallup World Poll, *www.gallup.com/services/170945/world-poll.aspx.*

StatLink *http://dx.doi.org/10.1787/888933278412*

Encadré 2.11. **Mesurer le bien-être subjectif**

La présente édition de *Comment va la vie ?* présente une batterie d'indicateurs du bien-être subjectif, ce qui témoigne des avancées récemment accomplies dans ce domaine :

- La **satisfaction à l'égard de l'existence** correspond à un score moyen sur une échelle comportant 11 points. Cet indicateur repose sur une question d'enquête globalement conforme aux recommandations des lignes directrices de l'OCDE (OCDE, 2013f) – « Dans l'ensemble, êtes vous actuellement satisfait de votre vie en général ? » –, à laquelle les personnes interrogées sont invitées à répondre sur une échelle graduée de 0 (« pas satisfait du tout ») à 10 (« totalement satisfait »). Les données pour l'Europe sont issues du module *ad hoc* sur le bien-être ajouté à la vague 2013 de l'enquête EU-SILC et sont disponibles pour tous les pays de l'Union européenne. L'EU-SILC est une enquête nationalement représentative, qui repose sur des échantillons de grande taille (d'environ 4 000 personnes dans les États membres les plus petits

Encadré 2.11. **Mesurer le bien-être subjectif** *(suite)*

à 16 000 dans les plus grands) et portant sur tous les membres âgés de 16 ans au moins que comporte un ménage. Les autres données sont issues de la vague 2014 de la *General Social Survey* administrée par l'Australian Bureau of Statistics pour l'Australie, de la vague 2013 de l'Enquête sur la santé dans les collectivités canadiennes de Statistique Canada pour le Canada, de l'enquête nationale sur les dépenses des ménages au premier trimestre 2012 conduite par l'INEGI pour le Mexique et de la vague 2014 de la *General Social Survey* conduite par Statistics New Zealand pour la Nouvelle-Zélande. Les données relatives à l'Australie, au Canada et à la Nouvelle-Zélande se rapportent à la population de 15 ans et plus ; celles relatives au Mexique se rapportent aux personnes de 18 à 70 ans.

- Le **sentiment que la vie vaut la peine d'être vécue** correspond à un score moyen sur une échelle graduée de 0 (« pas du tout la peine ») à 11 points (« totalement la peine »). Elle repose sur une question d'enquête libellée ainsi : « Dans l'ensemble, les choses que vous faites dans la vie en valent-elles la peine ? » Les données présentées ici sont issues du module *ad hoc* sur le bien-être de l'EU-SILC (voir ci-dessus) et sont disponibles pour tous les pays de l'Union européenne.
- L'indicateur correspondant à l'**évaluation de la vie** repose sur « l'échelle de Cantril » et correspond à un score moyen une échelle graduée de 0 à 11. Il est mesuré à partir d'une question qui invite les personnes interrogées à imaginer une échelle comportant des barreaux numérotés de 0 à 10, 10 correspondant à la meilleure vie possible pour eux et 0 à la pire vie possible. Elles sont ensuite invitées à se situer sur l'échelle. Les données présentées ici sont issues du sondage *Gallup World Poll*, conduit chaque année auprès d'environ 1 000 personnes dans chaque pays. L'échantillon est défini *a priori* de manière à être représentatif de la population nationale de 15 ans et plus (encadré 2.7).
- **Le bilan des affects positif** correspond à la proportion de la population qui indique avoir ressenti, la veille, plus d'émotions positives que d'émotions négatives. Il repose sur les réponses données à six questions formulées en ces termes : « Avez-vous beaucoup éprouvé les sentiments suivants hier ? (...) Inquiétude ? » Les sondés doivent répondre par « oui » ou par « non ». Les émotions négatives sont le plaisir, le sentiment d'être détendu et le fait de sourire ou de rire beaucoup. Le bilan des affects est positif dès lors que le nombre de réponses affirmatives aux questions positives l'emporte sur le nombre de réponses affirmatives aux questions négatives. Les données présentées ici sont issues du sondage *Gallup World Poll* (voir ci-dessus et l'encadré 2.7).

Les Lignes directrices de l'OCDE sur la mesure du bien-être subjectif (OCDE, 2013f) fournissent des recommandations internationales sur le recueil, la communication et l'analyse de données sur les trois principales composantes du bien-être subjectif (évaluation, indicateurs eudémoniques et affects). Elles traitent de manière approfondie des aspects méthodologiques et de la conception des enquêtes et comprennent plusieurs modules types que les organismes nationaux et internationaux qui le souhaitent peuvent intégrer à leurs enquêtes pour mesurer le bien-être subjectif. S'il est largement reconnu que les questions sur le bien-être subjectif permettent d'obtenir des réponses valides et exploitables même lorsqu'elles sont utilisées dans des contextes culturels différents, il demeure possible que des différences dues à la manière dont les questions sont traduites dans les diverses langues, ou des écarts systématiques dans la façon dont les habitants de différents pays utilisent les échelles de réponse introduisent une erreur de mesure plus ou moins importante qui influe sur la comparabilité des estimations entre pays. Il convient donc, lors de l'interprétation des estimations moyennes du bien-être subjectif, de ne pas donner trop d'importance aux différences de faible ampleur entre les pays (OCDE, 2013f ; Exton, Smith et Vandendriessche, à paraître dans la série *Documents de travail statistiques de l'OCDE*).

Pour en savoir plus :

- Eurostat (2015), « Quality of life in Europe – acts and views – overall life satisfaction », *http://ec.europa.eu/eurostat/statistics-explained/index.php/Quality_of_life_in_Europe_-_facts_and_views_-_overall_life_satisfaction.*
- OCDE (2013f), *Guidelines on Measuring Subjective Well-Being, www.oecd.org/statistics/guidelines-on-measuring-subjective-well-being.htm.*

Répartition du bien-être subjectif

En moyenne dans la zone de l'OCDE, il existe peu de différence entre hommes et femmes en matière de satisfaction à l'égard de l'existence ; en revanche, dans la plupart des pays, les hommes sont plus susceptibles que les femmes d'avoir un bilan des affects positif (OCDE, 2013a). Un niveau d'études plus élevé est généralement associé à une plus grande satisfaction à l'égard de l'existence, mais ce lien est plus fort dans certains pays (notamment au Portugal, en Corée, en Grèce et en Hongrie) que dans d'autres (OCDE, 2013a). Des tendances similaires se dégagent des données sur la satisfaction à l'égard de l'existence recueillies pour les pays de l'Union européenne tant pour les différences selon le sexe et que pour celles liées au niveau d'études (Eurostat, 2015).

Dans la majorité des pays de l'OCDE, ce sont les personnes âgées de 50 ans et plus qui affichent les scores les plus faibles s'agissant de l'évaluation de la vie (graphique 2.44). Toutefois, notamment dans les pays anglophones, c'est parmi les personnes d'âge moyen que les scores sont les plus faibles (graphique 2.44). Un léger « effet retraite » (qui se traduit par une satisfaction à l'égard de l'existence légèrement meilleure parmi les personnes de 65 à 74 ans que parmi celles de 50 à 64 ans) est également observé dans beaucoup de pays européens (d'après les données officielles européennes sur la satisfaction à l'égard de l'existence, 2015).

Graphique 2.44. **Évaluation de la vie selon l'âge**

Mesurée sur une échelle graduée de 0 à 10, de « la meilleure vie possible » jusqu'à « la pire vie possible », valeurs moyennes, résultats groupés pour 2006-14

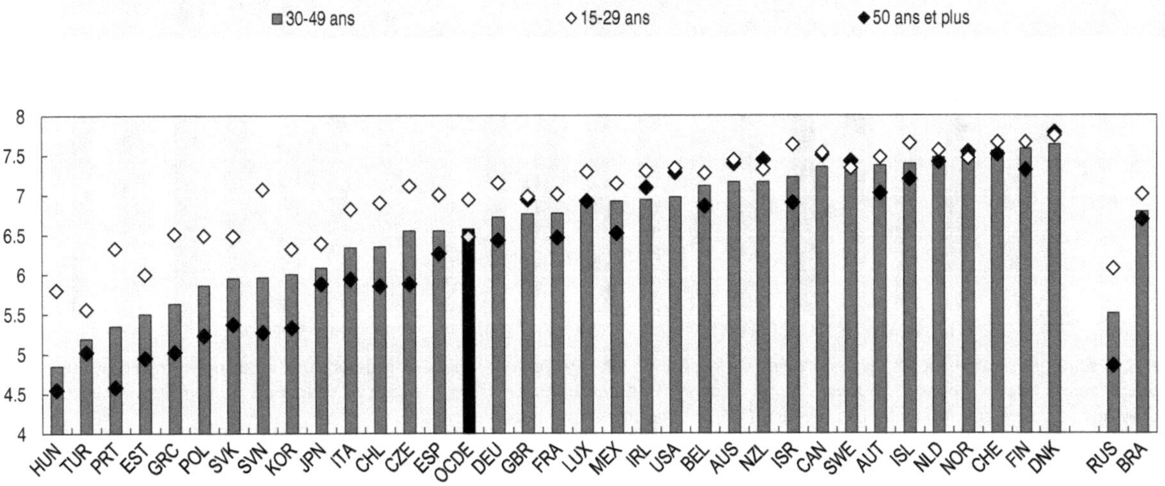

Note : Les données relatives à toutes les années de la période 2006-14 pour lesquelles on disposait de données ont été groupées. La moyenne OCDE est pondérée par la population.

Source : Gallup World Poll, *www.gallup.com/services/170945/world-poll.aspx.*

StatLink http://dx.doi.org/10.1787/888933278421

Dans certains pays de l'OCDE, le bien-être ressenti diffère aussi nettement selon l'âge. Ainsi, dans plus de la moitié des pays, c'est parmi les jeunes (15 à 29 ans) que le pourcentage de personnes faisant état d'un bilan des affects positif est le plus élevé (graphique 2.45, parties A et B) ; dans les pays anglophones, ainsi que dans la plupart des pays d'Europe du Nord et en Turquie, au Japon et en Corée, c'est parmi les personnes âgées entre 30 et 49 ans que ce pourcentage est le plus faible.

Graphique 2.45. **Bilan des affects positif selon la classe d'âge**

Pourcentage de personnes estimant avoir ressenti, dans l'ensemble, plus d'affects positifs que d'affects négatifs la veille, résultats groupés pour 2006-14

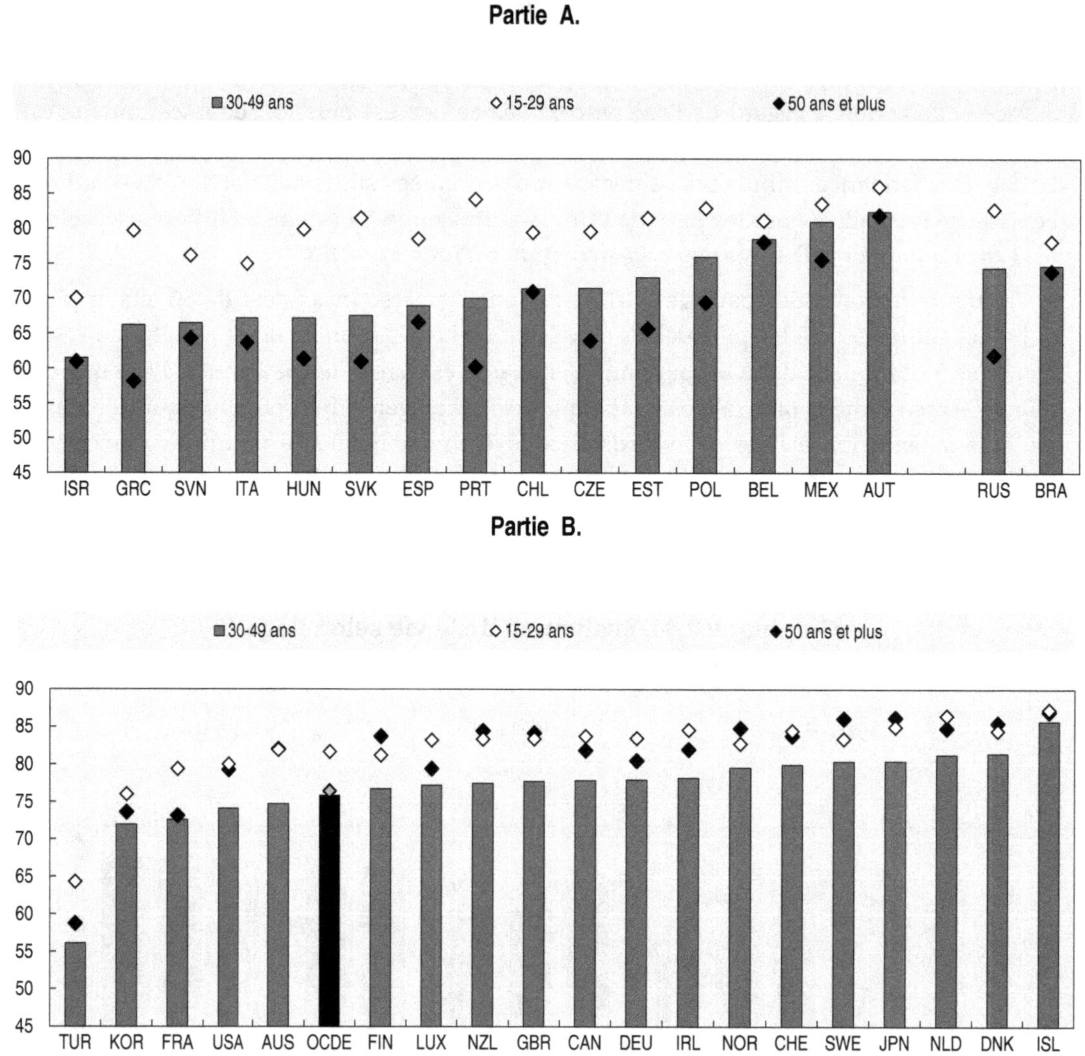

Note : Les données relatives à toutes les années de la période 2006-14 pour lesquelles on disposait de données ont été groupées. Les émotions positives évaluées sont le plaisir, le fait de se sentir détendu ou de rire ou de sourire beaucoup ; les émotions négatives sont l'inquiétude, la colère et la tristesse. La moyenne OCDE est pondérée par la population.

Source : Calculs réalisés par l'OCDE à partir du Gallup World Poll, *www.gallup.com/services/170945/world-poll.aspx*.

StatLink *http://dx.doi.org/10.1787/888933278433*

Notes

1. En règle générale, l'année de référence la plus ancienne pour l'indice de Gini et le rapport interdécile est 2011 parce que des changements méthodologiques sont intervenus dans la manière de calculer ces valeurs. L'évolution des inégalités de revenu sur une période plus longue est décrite dans la publication *In It Together* (OCDE, 2015a).
2. La trajectoire des taux d'emploi et de chômage entre 2007 et 2014 a été très variable d'un pays de l'OCDE à l'autre. Au Japon et aux États-Unis (et en moyenne dans la zone de l'OCDE dans son ensemble), le taux d'emploi a atteint son minimum et le taux de chômage son maximum en 2009, et l'un et l'autre ont retrouvé progressivement, en 2014, leur niveau antérieur à la crise. À l'inverse, dans la zone euro, le chômage a continué sa progression au-delà de 2009, pour atteindre son maximum en 2013. Voir OCDE (2015b) pour de plus amples informations.
3. L'OCDE a choisi de retenir le salaire horaire dans son cadre pour la qualité de l'emploi pour s'affranchir des différences de durée du travail entre les travailleurs – qui sont davantage liées à la quantité d'emplois qu'à la qualité des emplois.

4. Ainsi, en 2011-12, dans la quasi-totalité des pays de l'OCDE, au moins 25 % des salariés de 15 à 24 ans exerçaient dans le cadre d'un contrat à durée déterminée, soit un taux souvent trois fois plus élevé que celui constaté parmi les travailleurs d'âge très actif, âgés de 25 à 54 ans (OCDE, 2014a).
5. L'écart salarial correspond à l'écart entre le salaire médian des hommes et celui des femmes, divisé par le salaire médian des hommes.
6. République tchèque, Estonie, Hongrie, Pologne, Slovénie, États-Unis, Irlande, Norvège, Finlande, Danemark, Canada, Italie, Pays-Bas, Suède et Portugal. Les années de référence sont comprises entre 2005 et 2010.
7. Il convient d'interpréter ces résultats en tenant compte des interactions entre l'âge, le revenu et l'état de santé parce que les jeunes comme les retraités peuvent avoir un revenu plus faible que les travailleurs d'âge très actif mais ne pas être exposés aux mêmes risques de mauvaise santé.
8. Dans plusieurs autres pays de l'OCDE (en Grèce, par exemple), le vote est obligatoire mais aucune mesure n'est prise pour faire respecter cette obligation ; ailleurs (en Italie, en France, aux Pays-Bas et en Autriche, par exemple), le vote a été obligatoire par le passé. Le Chili a supprimé le vote obligatoire en 2012.
9. La période retenue pour examiner la variation de cet indicateur est plus longue que celle étudiée dans les autres sections du chapitre parce qu'il fallait veiller à ce qu'elle englobe au moins une élection nationale dans chaque pays.
10. Les indicateurs *eudémoniques* sont parfois dénommés indicateurs du « bien-être psychologique » ou de « l'épanouissement ». Ils couvrent plusieurs aspects du fonctionnement psychologique, par exemple l'estime de soi et la compétence.
11. L'indicateur présenté sur le graphique 2.41 se rapporte uniquement aux pays de l'Union européenne parce qu'il est calculé à partir de données provenant de l'EU-SILC.

Bibliographie

Balestra, C. et J. Sultan (2013), « Home Sweet Home: The Determinants of Residential Satisfaction and its Relation with Well-being », *Documents de travail statistiques de l'OCDE*, n° 2013/05, Éditions OCDE, Paris, *http://dx.doi.org/10.1787/5jzbcx0czc0x-en*.

Boarini, R. et M. Díaz (2015), « Cast a Ballot or Protest in the Street – Did our Grandparents Do More of Both? An Age-Period-Cohort Analysis in Political Participation », *Documents de travail statistiques de l'OCDE*, n° 2015/02, Éditions OCDE, Paris, *http://dx.doi.org/10.1787/5js636gn50jb-en*.

Brezzi, M. et D. Sanchez-Serra (2014), « Breathing the Same Air? Measuring Air Pollution in Cities and Regions », *Documents de travail de l'OCDE sur le développement régional*, n° 2014/11, Éditions OCDE, Paris, *http://dx.doi.org/10.1787/5jxrb7rkxf21-en*.

Cazes, S., Hijzen, A. et A. Saint-Martin, (2015), « How good is your job? The new OECD framework for measuring and assessing job quality », *Document de travail de l'OCDE*, à paraître.

Commission économique des Nations Unies pour l'Europe (CEE-ONU) (2015), *Handbook on Measuring Quality of Employment: A Statistical Framework*, établi par le Groupe d'experts sur la mesure de la qualité de l'emploi, *www.unece.org/fileadmin/DAM/stats/documents/ece/ces/2015/4_Add.2_Rev1_Guidelines_on_QoEmployment.pdf* (consulté le 14 juillet 2015).

Commission européenne (2015), Air Quality Standards, *http://ec.europa.eu/environment/air/quality/standards.htm* (consulté le 5 juillet 2015).

Eurostat (2015), « Quality of life in Europe – facts and views – overall life satisfaction », *http://ec.europa.eu/eurostat/statistics-explained/index.php/Quality_of_life_in_Europe_-_facts_and_views_-_overall_life_satisfaction* (consulté le 3 juillet 2015).

Exton, C., C. Smith, et D. Vandendriessche (à paraître), « Comparing happiness across countries: Does culture matter? », *Documents de travail statistiques de l'OCDE*.

Fesseau, M. et M.L. Mattonetti (2013a), « Distributional Measures Across Household Groups in a National Accounts Framework: Results from an Experimental Cross-country Exercise on Household Income, Consumption and Saving », *Documents de travail statistiques de l'OCDE*, n° 2013/04, Éditions OCDE, Paris, *http://dx.doi.org/10.1787/5k3wdjqr775f-en*.

Fesseau, M., F. Wolff et M.L. Mattonetti (2013b), « A Cross-country Comparison of Household Income, Consumption and Wealth between Micro Sources and National Accounts Aggregates », *Documents de travail statistiques de l'OCDE*, n° 2013/03, Éditions OCDE, Paris, *http://dx.doi.org/10.1787/5k3wdjrnh7mv-en*.

Gallup (2015), the *Gallup World Poll*, *www.gallup.com/services/170945/world-poll.aspx* (consulté le 5 juillet 2015).

Institut international pour la démocratie et l'assistance électorale (IDEA), *www.idea.int/* (consulté le 22 mars 2015).

Bureau international du travail (BIT) (2012), *Decent Work Indicators: Concepts and definitions*, ILO Manual, première édition, Genève.

Murtin, F. et M. Mira d'Ercole (2015), « Household wealth inequality across OECD countries: New OECD evidence », *Cahiers statistiques de l'OCDE*, n° 21, *www.oecd.org/social/household-wealth-inequality-across-OECD-countries-OECDSB21.pdf*.

OCDE (à paraître), *Regions at a Glance 2016*, Éditions OCDE, Paris.

OECD (2015a), *Tous concernés : Pourquoi moins d'inégalité profite à tous*, Éditions OCDE, Paris, *http://dx.doi.org/10.1787/9789264235519-fr*.

OCDE (2015b), *Perspectives de l'emploi de l'OCDE 2015*, Éditions OCDE, Paris, *http://dx.doi.org/10.1787/empl_outlook-2015-fr*.

OCDE (2015c), Portail de l'OCDE sur l'égalité hommes-femmes, *http://www.oecd.org/fr/parite/donnees/* (consulté le 12 mai 2015).

OCDE (2015d), *Health at a Glance 2015: OECD Indicators*, Éditions OCDE, Paris, *à paraître*.

OCDE (2015e), *Regards sur l'éducation, Rapport intermédiaire : Mise à jour des indicateurs relatifs à l'emploi et au niveau de formation*, Éditions OCDE, Paris, *www.oecd.org/fr/edu/RSE-Rapport-Intermediaire.pdf*.

OCDE (2015f), *Skills for Social Progress: The Power of Social and Emotional Skills*, Études de l'OCDE sur les compétences, Éditions OCDE, Paris, *http://dx.doi.org/10.1787/9789264226159-en*.

OCDE (2015g), « Comment expliquer l'inégalité entre les sexes dans l'éducation ? », *PISA à la loupe*, n° 49, Éditions OCDE, Paris, *http://dx.doi.org/10.1787/5js4xffc0pbr-fr*.

OCDE (2015h), *L'égalité des sexes dans l'éducation : Aptitudes, comportement et confiance, PISA, Éditions OCDE. http://dx.doi.org/10.1787/9789264230644-fr*.

OCDE (2015i), *Regulatory Policy Outlook*, Éditions OCDE, Paris, *à paraître*.

OCDE (2015j), *Government at a Glance 2015*, Éditions OCDE, Paris, *http://dx.doi.org/10.1787/gov_glance-2015-en*.

OCDE (2014a), *Perspectives de l'emploi de l'OCDE 2014*, Éditions OCDE, Paris, *http://dx.doi.org/10.1787/empl_outlook-2014-fr*.

OCDE (2014b), *Making Mental Health Count: The Social and Economic Costs of Neglecting Mental Health Care*, Études de l'OCDE sur les politiques de santé, Éditions OCDE, Paris, *http://dx.doi.org/10.1787/9789264208445-en*.

OCDE (2014c), « Improving well-being », in OCDE, *OECD Economic Surveys: United States 2014*, Éditions OCDE, Paris, *http://dx.doi.org/10.1787/eco_surveys-usa-2014-5-en*.

OCDE (2014d), *Regards sur l'éducation 2014 : Les indicateurs de l'OCDE*, Éditions OCDE, Paris, *http://dx.doi.org/10.1787/eag-2014-fr*.

OCDE (2014e), *Résultats du PISA 2012 : Savoirs et savoir-faire des élèves : Performance des élèves en mathématiques, en compréhension de l'écrit et en sciences (Volume I), PISA, Éditions OCDE, http://dx.doi.org/10.1787/9789264208827-fr*.

OCDE (2014f), *Green Growth Indicators 2014*, Études de l'OCDE sur la croissance verte, Éditions OCDE, Paris, *http://dx.doi.org/10.1787/9789264202030-en*.

OCDE (2014g), *Comment va la vie dans votre région ? : Mesurer le bien-être régional et local pour les politiques publiques*, Éditions OCDE, *http://dx.doi.org/10.1787/9789264223981-fr*.

OCDE (2014h), « Environmental quality of life », in OCDE, *Green Growth Indicators 2014*, Éditions OCDE, Paris, *http://dx.doi.org/10.1787/9789264202030-9-en*.

OCDE (2013a), *Comment va la vie ? : Mesurer le bien-être, Éditions OCDE, http://dx.doi.org/10.1787/how_life-2013-fr*.

OCDE (2013b), *OECD Guidelines for Micro Statistics on Household Wealth*, Éditions OCDE, Paris, *http://dx.doi.org/10.1787/9789264194878-en*.

OCDE (2013c), *OECD Framework for Statistics on the Distribution of Household Income, Consumption and Wealth*, Éditions OCDE, Paris, *http://dx.doi.org/10.1787/9789264194830-en*.

OCDE (2013d), « Bien-être au travail : mesurer la qualité de l'emploi », *in* OCDE, *Comment va la vie ? 2013 : Mesurer le bien-être*, Éditions OCDE, Paris, *http://dx.doi.org/10.1787/how_life-2013-9-fr*.

OCDE (2013e), *Perspectives de l'OCDE sur les compétences 2013 : Premiers résultats de l'Évaluation des compétences des adultes*, Éditions OCDE, Paris, *http://dx.doi.org/10.1787/9789264204096-fr*.

OCDE (2013f), *OECD Guidelines on Measuring Subjective Well-being*, Éditions OCDE, Paris, *http://dx.doi.org/10.1787/9789264191655-en*.

OCDE (2012), *Regards sur l'éducation 2012 : Les indicateurs de l'OCDE*, Éditions OCDE, Paris, *http://dx.doi.org/10.1787/eag-2012-fr*.

OCDE (2011a), *Comment va la vie ? : Mesurer le bien-être*, Éditions OCDE, *http://dx.doi.org/10.1787/9789264121195-fr*.

OCDE (2011b), « Conditions de logement », *in* OCDE, *Comment va la vie ? : Mesurer le bien-être*, Éditions OCDE, Paris, *http://dx.doi.org/10.1787/9789264121195-6-fr*.

OCDE (2011c), *The Future of Families to 2030*, Éditions OCDE, Paris, *http://dx.doi.org/10.1787/9789264168367-en*.

OCDE (2011d), « Sécurité des personnes », *in* OCDE, *Comment va la vie ? : Mesurer le bien-être*, Éditions OCDE, Paris, *http://dx.doi.org/10.1787/9789264121195-13-fr*.

OCDE (2008), *Bébés et employeurs – Comment réconcilier travail et vie de famille : Synthèse des résultats dans les pays de l'OCDE*, Éditions OCDE, Paris, *http://dx.doi.org/10.1787/9789264032460-fr*.

Office des Nations Unies contre la drogue et le crime (ONUDC) (2013), Rapport de l'Institut national de statistique et de géographie du Mexique et de l'Office des Nations Unies contre la drogue et le crime sur une feuille de route visant à améliorer la qualité et la disponibilité des statistiques de la criminalité aux niveaux national et international, *http://unstats.un.org/unsd/statcom/doc13/2013-11-CrimeStats-F.pdf*.

Union européenne (2013), Health inequalities in the EU – Final report of a consortium, *http://ec.europa.eu/health/social_determinants/docs/healthinequalitiesineu_2013_en.pdf*.

van Donkelaar, A., R.V. Martin, M. Brauer et B.L. Boys (2015), « Use of Satellite Observations for Long-Term Exposure Assessment of Global Concentrations of Fine Particulate Matter », *Environmental Health Perspectives*, vol. 123, n° 2.

Organisation mondiale de la santé (OMS) (2006), *World Health Organization: Air Quality Guidelines for Particulate Matter, Ozone, Nitrogen Dioxide and Sulfur Dioxide*, Global Update 2005, *www.who.int/phe/health_topics/outdoorair/outdoorair_aqg/en/*.

Bases de données

Eurostat (2015), « Statistiques de l'Union Européenne sur le revenu et les conditions de vie (EU-SILC) », Commission européenne, Bruxelles, *http://ec.europa.eu/eurostat/web/income-and-living-conditions/overview* (consulté le 28 juin 2015).

Eurostat (2015) *Time Use Database*, *http://appsso.eurostat.ec.europa.eu/nui/show.do?dataset=tus_00selfstat&lang=fr* (consulté le 5 juillet 2015).

Gallup World Poll, *www.gallup.com/services/170945/world-poll.aspx* (consulté le 5 juillet 2015).

Harmonised European Time Use Survey, application en ligne, *https://www.h5.scb.se/tus/tus/* (consulté le 1er juillet 2015).

Institut international pour la démocratie et l'assistance électorale (IDEA), *www.idea.int/* (consulté le 22 mars 2015).

Statistiques de l'OCDE sur les comptes nationaux (base de données), *http://dx.doi.org/10.1787/na-data-fr* (consulté le 5 juillet 2015).

Base de données de l'OCDE sur la distribution des richesses, *http://stats.oecd.org/Index.aspx?DataSetCode=WEALTH* (consulté le 5 juillet 2015).

Statistiques de l'OCDE sur les prestations et questions sociales (base de données), *http://dx.doi.org/10.1787/socwel-data-fr* (consulté le 5 juillet 2015).

Statistiques de l'OCDE sur l'emploi et le marché du travail (base de données), *http://dx.doi.org/10.1787/lfs-data-fr* (consulté le 5 juillet 2015).

Statistiques de l'OCDE sur la santé (base de données), *http://dx.doi.org/10.1787/health-data-fr* (consulté le 5 juillet 2015).

Comment va la vie ? 2015
Mesurer le bien-être

Chapitre 3

Ressources nécessaires au bien-être futur

Certains choix effectués et décisions prises aujourd'hui peuvent être déterminants pour le bien-être futur. Ce chapitre analyse certaines des principales ressources dont dépendra vraisemblablement l'évolution des résultats en matière de bien-être, apportant ainsi un premier éclairage sur les perspectives de bien-être. Il décrit quelques indicateurs qui permettent d'évaluer certains aspects des « stocks de capital » naturel, humain, social et économique qui existent aujourd'hui et qui constituent une réserve de valeur pour le bien-être futur. Il analyse aussi quelques facteurs de risque susceptibles d'exercer une influence sur ces stocks. L'éventail des indicateurs présentés est large, de la superficie forestière à la confiance envers les institutions publiques, en passant par le niveau d'études des jeunes adultes et l'endettement des ménages. Bien qu'il reste un travail colossal à accomplir pour enrichir encore ce jeu d'indicateurs, ce chapitre donne un aperçu des nombreuses données qui existent déjà et met en lumière certaines des lacunes à combler pour obtenir un ensemble d'indicateurs plus complet. À plus long terme, l'objectif est de pouvoir évaluer les résultats en matière de bien-être dans le contexte des ressources qui resteront disponibles pour les générations futures.

Les données statistiques concernant Israël sont fournies par et sous la responsabilité des autorités israéliennes compétentes. L'utilisation de ces données par l'OCDE est sans préjudice du statut des hauteurs du Golan, de Jérusalem-Est et des colonies de peuplement israéliennes en Cisjordanie aux termes du droit international.

Que peut-on dire aujourd'hui au sujet des perspectives de bien-être à plus long terme ? Dans tous les domaines de la vie, certaines décisions à prendre aujourd'hui sont susceptibles d'avoir des conséquences sur le bien-être futur. Le cadre de mesure présenté dans *Comment va la vie ?* permet de mesurer à la fois les résultats en matière de bien-être actuel et les facteurs susceptibles de concourir à la pérennisation de ce bien-être (encadré 3.1). C'est à ce deuxième volet du cadre qu'est consacré ce chapitre, plus précisément à quatre types de ressources (ou « capital ») qui sont observables aujourd'hui, sont influencées par des décisions prises ici et maintenant et ont de l'importance pour le bien-être, non seulement de la génération actuelle mais aussi des générations futures.

La démarche adoptée dans cette partie est inspirée du chapitre intitulé *Mesurer la durabilité du bien-être* de l'édition 2013 de *Comment va la vie ?* (OCDE, 2013a) et applique plusieurs aspects des recommandations de la Conférence des statisticiens européens sur la mesure du développement durable (CEE-ONU, 2014). L'OCDE présente ici pour la première fois un petit jeu d'indicateurs mesurant certaines composantes des ressources naturelles, humaines, sociales et économiques qui sont essentielles à la pérennisation du bien-être, de même que certains facteurs susceptibles d'entraîner une augmentation ou un épuisement de ces ressources au fil du temps. Les données présentées ici sont très incomplètes, mais l'objectif est de commencer à évaluer le bien-être actuel (« ici et maintenant ») en le resituant dans le contexte des ressources disponibles pour garantir le bien-être des générations futures (« plus tard »). Plusieurs de ces ressources étant des biens publics mondiaux, ce qui se passe « ailleurs » (hors des frontières d'un seul pays) est également important à prendre en compte – même si cet aspect ne peut être que partiellement examiné au moyen des données disponibles (encadré 3.1).

La mesure du bien-être actuel repose dans une large mesure sur ce que vivent les individus, les ménages et les groupes. À l'inverse, les menaces qui pèsent sur le bien-être futur visent souvent, plus largement, les systèmes sur lesquels repose le bien-être individuel – c'est par exemple le cas des modifications du système climatique ou de l'apparition, au sein du système financier, de risques de nature à entraîner des crises économiques. Il s'ensuit que tout système de mesure de la préservation du bien-être dans le temps doit contenir, en plus d'outils de mesure axés sur l'individu, des indicateurs permettant d'effectuer des mesures au niveau de la société et du système dans leur ensemble. Néanmoins, nombre des indicateurs examinés dans cette section sont exprimés par habitant, parce qu'il est ainsi plus facile d'établir des liens entre les caractéristiques systémiques et ce que vivent les individus, ainsi que de rendre compte des retombées que les changements au niveau de la population peuvent avoir sur les ressources disponibles.

Encadré 3.1. **Mesurer les stocks de capital nécessaires à la préservation du bien-être à plus long terme**

Conformément aux recommandations de la Conférence des statisticiens européens sur la mesure du développement durable (CEE-ONU, 2014) et du rapport *Stiglitz-Sen-Fitoussi*, le cadre de mesure du bien-être présenté dans *Comment va la vie ?* fait appel à une « approche fondée sur le capital » pour analyser si le bien-être actuel a des chances de s'inscrire dans la durée (voir OCDE, 2013a, chapitre 6). Ce cadre est plus particulièrement axé sur quatre grandes catégories de ressources (graphique 3.1).

Graphique 3.1. **Stocks de capital mesurés par le cadre de mesure du bien-être présenté dans *Comment va la vie ?***

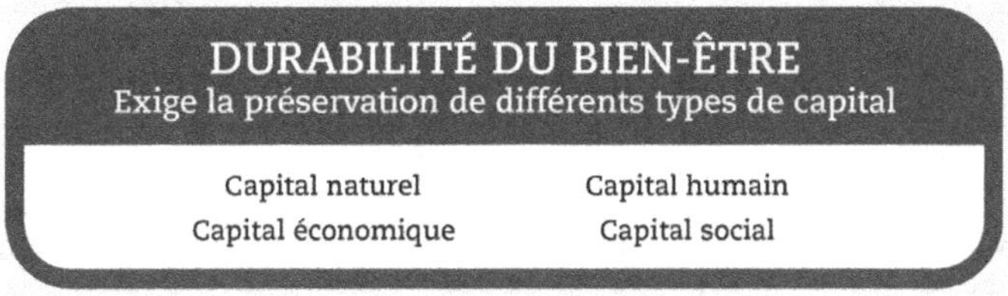

Source : OCDE (2011), *Comment va la vie ? : Mesurer le bien-être*, Éditions OCDE, Paris, *http://dx.doi.org/10.1787/9789264121195-fr*.

Ces ressources sont considérées comme des formes de « capital » parce qu'elles représentent une réserve de valeur pour le bien-être futur. Ces différents types de capital présentent des caractéristiques communes : ils exercent tous une forte influence sur un large éventail de résultats en matière de bien-être ; ils perdurent tous plus ou moins dans le temps et leur préservation nécessite des investissements et une gestion rigoureuse. Il est donc important de surveiller l'évolution de ces formes de capital dans le temps pour disposer des informations nécessaires à la gestion des stocks. C'est pourquoi les indicateurs présentés dans ce chapitre sont, dans la mesure du possible, décrits sur 10 ou 15 ans – même si, dans la pratique, la période sur laquelle il est intéressant de les examiner dépend vraisemblablement de la nature du stock de capital en question*. Le chapitre présente également des données sur les flux entrants (par exemple les investissements) et les flux sortants (comme l'épuisement ou la dégradation des ressources) et sur d'autres facteurs de risque susceptibles d'avoir une incidence sur la valeur des stocks de capital et leur capacité à résister aux chocs. Cette dernière série d'indicateurs apporte un éclairage sur les moyens d'action que pourraient utiliser les décideurs publics aujourd'hui pour améliorer les perspectives de bien-être à l'avenir.

L'approche adoptée dans ce chapitre présente des analogies avec plusieurs projets de mesure du bien-être existants, notamment le Groupe de travail CEE-ONU/Eurostat/OCDE sur les statistiques du développement durable (Nations Unies, 2009), le rapport *Inclusive Wealth Report* publié par le programme IHDP de l'Université des Nations Unies (UNU) et le Programme des Nations Unies pour l'environnement (PNUE) (UNU-IHDP et PNUE, 2012 et 2014), ainsi que plusieurs initiatives lancées par des offices nationaux de la statistique comme l'Office fédéral suisse de la statistique (OFS, 2013) et Statistics New Zealand (2011). Ces différents projets se caractérisent notamment par la distinction qu'ils font entre le bien-être « ici et maintenant » et le stock de ressources qui aura une incidence sur le bien-être des générations futures « plus tard ». Plusieurs d'entre eux vont au-delà d'une simple mesure du niveau des stocks pour évaluer la manière dont ceux-ci sont gérés et entretenus ou dans quelle mesure ils sont menacés.

Compte tenu du fait que la préservation du bien-être dans le temps constitue un défi mondial, l'approche retenue par la Conférence des statisticiens européens (CEE-ONU, 2014) insiste également sur la nécessité de cerner les retombées que les mesures prises dans un pays peuvent avoir sur le bien-être des habitants d'autres pays, en d'autres termes « ailleurs ». Ces retombées transfrontalières peuvent être positives (c'est par exemple le cas, lorsqu'ils sont bien conçus, des programmes de réduction de la pauvreté dans les États fragiles financés par l'aide publique au développement) ou négatives (par exemple quand l'exode de travailleurs qualifiés entraîne un épuisement du capital humain dans les pays qui ont

Encadré 3.1. **Mesurer les stocks de capital nécessaires à la préservation du bien-être à plus long terme** *(suite)*

investi dans la formation de ces travailleurs). Elles peuvent toucher des composantes de stocks de capital véritablement « mondiaux » (par exemple dans le cas de l'accroissement du stock de gaz à effet de serre dans l'atmosphère) ou des stocks qui peuvent se trouver dans un pays mais dont l'épuisement peut devenir une préoccupation mondiale et une responsabilité planétaire (cas de la déforestation tropicale due aux modes de consommation mondialisés). Un examen approfondi de ces effets transfrontaliers dépasserait le champ du présent chapitre mais devra constituer une priorité de futurs travaux de recherche et de mesure.

* Le choix de la période à retenir pour évaluer le bien-être dans le temps dépend du type de capital examiné. Ce chapitre porte sur les ressources qui existent et peuvent être mesurées aujourd'hui mais qui sont aussi nécessaires pour préserver le bien-être à plus long terme. Les indicateurs du capital humain et social présentés dans cette section reposent implicitement sur l'hypothèse selon laquelle « plus tard » (en d'autres termes le bien-être futur) renvoie à une phase ultérieure de la vie des personnes qui sont actuellement en vie (c'est-à-dire les enfants ou les jeunes adultes d'aujourd'hui). À l'inverse, dans le cas du capital naturel non renouvelable, la manière dont les ressources sont gérées aujourd'hui peut avoir une influence sur le bien-être de toutes les générations futures, y compris celles qui vivront dans un avenir lointain. S'agissant du capital économique, la période à retenir se situe entre les deux premières : le capital économique englobe à la fois les infrastructures physiques (bâtiments, ponts, etc.), qui peuvent traverser de nombreuses générations, mais aussi le capital financier, qui, en période de crise, fluctue parfois très rapidement. Il n'existe donc pas un cadre temporel unique susceptible de convenir à l'étude des différentes formes de capital.

Sources : OCDE (2013), *Comment va la vie ? : Mesurer le bien-être*, Éditions OCDE, Paris, *http://dx.doi.org/10.1787/how_life-2013-fr* ; et Commission économique des Nations Unies pour l'Europe (CEE-ONU) (2014), *Conference of European Statisticians Recommendations on Measuring Sustainable Development*, Nations Unies, New York et Genève, *www.unece.org/fileadmin/DAM/stats/publications/2013/CES_SD_web.pdf*.

Dans la pratique, les quatre formes de « capital » présentées dans cette section (capital naturel, humain, social et économique) sont très hétérogènes et sont difficiles à mesurer. Les exemples d'indicateurs décrits dans ce troisième chapitre sont récapitulés dans le tableau 3.1. Dans certains domaines, les facteurs présentés comme des indicateurs du bien-être « ici et maintenant » fournissent également des informations précieuses sur les perspectives de bien-être futures. Par conséquent, plusieurs des indicateurs employés pour mesurer le bien-être dans le chapitre 2 ont également toute leur place ici. Il en va ainsi du patrimoine des ménages (qui est un stock de capital économique), des qualifications et compétences de la population adulte (qui fournissent des informations sur le stock de capital humain), du chômage de longue durée (facteur de risque qui peut avoir des conséquences sur le capital humain), de la participation électorale et de l'implication des parties prenantes (qui peuvent l'une comme l'autre s'analyser comme des investissements dans le capital social) et de l'exposition à la pollution de l'air (aspect de la qualité de l'environnement qui peut avoir des conséquences à court comme à long terme sur le bien-être). Lorsque les avantages (ou les coûts) de ces facteurs pour le bien-être perdurent, les indicateurs utilisés pour mesurer le bien-être actuel apportent également un éclairage sur son évolution. Pour ne pas répéter ce qui a déjà été exposé au chapitre 2, le chapitre 3 ne s'attarde pas sur ces indicateurs, lesquels sont cependant repris dans la première colonne du tableau 3.1 ci-après et doivent être considérés comme une composante à part entière du « tableau de bord » qui permet de mesurer les ressources disponibles pour le bien-être futur.

S'ils sont censés donner des informations sur les stocks de capital naturel, humain, social et économique disponibles pour la génération actuelle et les générations futures, les indicateurs présentés ici ne peuvent en aucun cas prétendre à l'exhaustivité. Ainsi, certains aspects importants des stocks de capital ne figurent pas dans le tableau de bord présenté ci-dessus (tableau 3.1). Tel est notamment le cas de plusieurs aspects du capital social (domaine dans lequel beaucoup d'indicateurs sont en cours d'élaboration) et du capital naturel (l'absence d'outils de mesure des ressources minérales, énergétiques et foncières, par exemple, constitue une lacune importante). De même, l'éventail des indicateurs de « flux » et des facteurs de risque pourrait être beaucoup plus large[1]. De surcroît, le bien-être de la génération qui est aujourd'hui la plus jeune contribuera de manière décisive aux stocks de capital humain, social et économique de demain et sera déterminant pour son bien-être lorsqu'elle sera arrivée à l'âge adulte. Par conséquent, les outils de mesure du bien-être des enfants, présentés au chapitre 4, ont également leur place dans la réflexion sur l'évolution du bien-être au fil du temps.

Tableau 3.1. **Exemples d'indicateurs, présentés aux chapitres 2 et 3, utilisés pour mesurer les ressources disponibles pour le bien-être futur**

	Chapitre 2	Chapitre 3	Chapitre 3	Chapitre 3
Stock de capital	Indicateurs permettant de mesurer à la fois le bien-être actuel et le bien-être futur	Indicateurs de « stock » de capital	Indicateurs de « flux » (investissements dans les stocks de capital et épuisement de ces stocks)	Autres facteurs de risque
Capital naturel	Exposition annuelle à la pollution de l'air ($PM_{2.5}$)	Concentration atmosphérique de gaz à effet de serre Patrimoine foncier : couvert forestier par habitant Ressources en eau douce par habitant	Émissions de gaz à effet de serre par habitant Prélèvements d'eau douce par habitant	Espèces menacées
Capital humain	Niveau d'études Compétences cognitives des élèves de 15 ans Compétences de la population adulte Chômage de longue durée Espérance de vie à la naissance	Niveau d'études des 25-34 ans	Espérance de scolarisation (de 5 à 39 ans)	Prévalence du tabagisme Prévalence de l'obésité
Capital social	Participation électorale Implication des parties prenantes	Confiance envers autrui Confiance envers les institutions publiques		
Capital économique	Patrimoine net des ménages Patrimoine financier net des ménages	Actifs fixes nets par habitant Capital intellectuel par habitant Patrimoine financier net de l'économie par habitant	Formation brute de capital fixe Investissement dans la R-D	Endettement du secteur des ménages (privés) Patrimoine financier net des administrations publiques Levier du secteur bancaire

De plus, même les indicateurs qui figurent dans le tableau 3.1 présentent parfois des limites en termes de pays couverts, de comparabilité dans le temps et de qualité des données. En d'autres termes, les données décrites dans ce chapitre doivent s'analyser comme une première tentative d'établir des outils de mesure plutôt que comme une batterie d'indicateurs « idéale ». Une évaluation plus exhaustive des perspectives de bien-être nécessiterait un tableau de bord plus complet et une analyse plus fine des interactions entre les différents indicateurs. Par ailleurs, l'évaluation des non-linéarités, par exemple des seuils et points de basculement – au-delà desquels la menace qui pèse sur le bien-être pourrait s'accroître de manière sensible (et peut-être irréversible) – est un autre axe de recherche qui pourrait faire considérablement progresser l'interprétation de ces données. Ce chapitre montre néanmoins que même s'il reste du chemin à parcourir, de nombreuses ressources nécessaires au bien-être futur peuvent dès à présent faire l'objet d'un suivi à partir des données existantes.

Capital naturel

Le capital naturel regroupe des éléments importants de l'environnement naturel. Il peut inclure des ressources individuelles comme les minéraux, les ressources énergétiques, les terrains, les sols, l'eau, les arbres, les plantes et les espèces sauvages, mais aussi, plus largement, les écosystèmes – la manière dont les différents actifs naturels fonctionnent ensemble ou interagissent, comme on peut l'observer dans les forêts, dans les sols, dans le milieu aquatique et dans l'atmosphère. Certains effets positifs du capital naturel sur le bien-être peuvent être ressentis « ici et maintenant » – c'est le cas, par exemple, du fait de pouvoir respirer un air non pollué ou boire une eau salubre, ou de disposer d'espaces pour les activités récréatives et de loisir ou pour organiser des événements collectifs. Les outils de mesure de la pollution de l'air et de la qualité de l'eau sont présentés dans le chapitre 2 parmi les indicateurs de bien-être actuel, bien que les effets cumulés de l'exposition à la pollution de l'air, en particulier, aient également des conséquences importantes sur la santé à long terme.

Nombre des effets positifs des ressources naturelles tiennent cependant au rôle qu'elles jouent dans la production d'autres ressources qui contribuent elles-mêmes au bien-être matériel et à la qualité de vie aujourd'hui et à long terme. Ainsi, les ressources naturelles jouent souvent un rôle capital dans la production économique – parce qu'elles fournissent l'espace physique, l'énergie et les matières premières nécessaires à une diversité d'activités économiques, depuis l'industrie manufacturière jusqu'à l'agriculture en passant par le tourisme. Le patrimoine naturel est également essentiel au capital humain, notamment parce qu'il fournit de l'eau et de la nourriture, de l'énergie pour chauffer les lieux d'habitation et de travail et offre un cadre de vie sain à la population. Les écosystèmes remplissent également d'importantes fonctions d'absorption (par exemple en stockant la pollution, les déchets et le carbone) et de protection contre les dangers naturels (rayonnements ultraviolets ou inondations, par exemple). De même, la concurrence pour des ressources naturelles qui n'existent qu'en quantité limitée ou l'incertitude qui plane sur l'avenir des ressources alimentaires, de l'approvisionnement en eau, des ressources minérales ou énergétiques peuvent constituer une menace pour le capital social et une source de conflits internationaux et intérieurs. Bien que la population n'ait souvent pas conscience de ces facteurs au quotidien, ils sont lourds de conséquences pour le bien-être à plus long terme.

Il existe divers indicateurs pour mesurer les stocks et les flux de capital naturel, mais ceux qui sont recueillis régulièrement de manière harmonisée entre tous les pays de l'OCDE sont relativement peu nombreux. Par ailleurs, nombre de ces indicateurs portent sur certaines formes de ressources (eau douce, forêts, par exemple), qui, naturellement, peuvent être rares dans certains pays mais relativement abondantes dans d'autres. De surcroît, l'amélioration continue des méthodes de mesure complique souvent les comparaisons dans le temps des indicateurs. Dans ce chapitre, le concept de capital naturel est illustré par un petit nombre d'indicateurs (encadré 3.2) inspirés des indicateurs du « stock d'actifs naturels » présentés par l'OCDE dans sa publication intitulée *Green Growth Indicators* (OCDE, 2014a), qui, comme *Panorama de l'environnement* 2013 (2013b), contient une batterie beaucoup plus riche d'indicateurs.

Encadré 3.2. **Exemples d'indicateurs permettant de mesurer le capital naturel**

Les indicateurs sélectionnés pour illustrer le concept de capital naturel sont les suivants :

- La **superficie forestière pour 1 000 habitants** correspond au stock de forêts et terrains boisés, exprimé en kilomètres carrés. Cet indicateur tient compte des terrains boisés d'une superficie supérieure à 0.5 hectare, comportant un couvert arboré de plus de 10 % ou des arbres susceptibles d'atteindre ce seuil *in situ*. Les terrains boisés ou les forêts essentiellement destinés à un usage agricole ou utilisés à des fins d'aménagement urbain ou de loisir sont exclus. Les données présentées ici sont issues de la *Base de données de l'OCDE sur les statistiques de l'environnement*, qui contient des données fournies par la CEE-ONU et des données issues de l'*Évaluation des ressources forestières* mondiales de l'Organisation des Nations Unies pour l'alimentation et l'agriculture (FAO). Pour réaliser son évaluation, la FAO fait appel aux rapports nationaux établis par les correspondants nationaux et à la télédétection.
- Les **émissions de gaz à effet de serre** englobent les émissions anthropiques de six types de gaz à effet de serre – dioxyde de carbone (CO_2, dont les émissions dues à la consommation d'énergie et à des procédés industriels tels que la fabrication de ciment) ; méthane (CH_4, dont les émissions dues aux déchets solides, au bétail, à l'extraction de houille et de lignite, aux rizières, à l'agriculture et aux fuites des gazoducs) ; hémioxyde d'azote (N_2O) ; hydrofluorocarbures (HFC) ; hydrocarbures perfluorés (PFC) ; et hexafluorure de soufre (SF_6) – pondérés par leur « potentiel de réchauffement ». Les données présentées, qui sont issues de la *Base de données de l'OCDE sur les statistiques de l'environnement*, ont été compilées à partir des rapports nationaux d'inventaires présentés en 2014 au titre de la Convention-cadre des Nations Unies sur les changements climatiques (CCNUCC), ainsi que des réponses au questionnaire de l'OCDE sur l'état de l'environnement. Elles correspondent aux émissions directes brutes, hors émissions et absorptions liées à l'utilisation des terres, au changement d'affectation des terres et à la foresterie.
- Les **ressources en eau douce renouvelables** sont exprimées en disponibilités annuelles moyennes à long terme en mètres cubes par habitant. Elles correspondent à la somme du flux interne (volume total des eaux de ruissellement et de recharge des eaux souterraines provenant exclusivement des précipitations tombées sur un territoire) et de l'apport externe (volume des eaux de surface et souterraines provenant de territoires voisins). Les données présentées ici font partie des indicateurs de l'OCDE sur la croissance verte et sont issues de la *Base de données de l'OCDE sur les statistiques de l'environnement*.
- Les **prélèvements d'eau douce** mesurent les prélèvements bruts d'eau souterraine ou de surface, exprimés en mètres cubes par habitant. Ils englobent les prélèvements d'eau destinés à des usages agricoles (irrigation, etc.) et industriels (refroidissement, procédés industriels, etc.), ainsi qu'à l'approvisionnement public. Pour certains pays, les données renvoient aux autorisations de prélèvements plutôt qu'aux prélèvements effectifs. Les données présentées ici font partie des indicateurs de l'OCDE sur la croissance verte et sont issues de la *Base de données de l'OCDE sur les statistiques de l'environnement*.
- Les **espèces menacées** renvoient au pourcentage de mammifères, oiseaux et plantes vasculaires considérés comme en danger critique, en danger ou vulnérables – en d'autres termes aux espèces végétales et animales en danger d'extinction ou vraisemblablement en passe de l'être, selon les catégories et critères de la liste rouge de l'Union internationale pour la conservation de la nature (UICN). Les données présentées ici ne tiennent pas compte des poissons, des reptiles, des amphibiens, des invertébrés ni des champignons. Elles se rapportent à la dernière année pour laquelle des données sont disponibles, c'est-à-dire, pour la majorité des pays, à la fin des années 2000. Elles sont issues des indicateurs de l'OCDE sur la croissance verte, qui font partie de la *Base de données de l'OCDE sur les statistiques de l'environnement*. Les données relatives à Israël ont été fournies par l'autorité israélienne

Encadré 3.2. **Exemples d'indicateurs permettant de mesurer le capital naturel** *(suite)*

chargée de la nature et des parcs. Les données sur l'état des espèces menacées reposent essentiellement sur les réponses transmises par les pays dans le cadre de l'*Assurance qualité annuelle (AQA)* des données de référence de l'OCDE sur l'environnement. Elles ont été harmonisées par le Groupe de travail sur l'information environnementale (GTIE) de l'OCDE.

La superficie forestière pour 1 000 habitants et les indicateurs du couvert forestier fournissent des informations sur la quantité de ressources forestières existant dans une région donnée. Or, pour avoir une image plus exhaustive de ces ressources, il faudrait également disposer d'informations qualitatives, par exemple sur la diversité des espèces (essences et autres espèces) et sur la dégradation des forêts ainsi que sur la fragmentation du couvert forestier. Par ailleurs, étant donné que les ressources forestières sont naturellement limitées dans certains pays, il faudrait tenir compte d'autres formes de végétation naturelle. À cet égard, la mise au point d'un indicateur permettant d'évaluer la fragmentation de zones naturelles contiguës pourrait être envisagée.

Le stress hydrique peut varier sensiblement au sein d'un même pays et dans le temps, la quantité de ressources en eau douce pouvant être très variable d'une région à l'autre et la sollicitation de ces ressources pouvant fluctuer en fonction des saisons. Les définitions et méthodes d'estimation des ressources en eau douce peuvent différer à la fois selon les pays et selon les périodes (OCDE, 2014a).

Les données relatives aux espèces menacées présentent certaines limites, liées au fait que les pays appliquent avec plus ou moins de rigueur les critères et définitions de l'UICN et que le nombre d'espèces connues ou évaluées ne correspond pas toujours précisément au nombre d'espèces existantes. De plus, en règle générale, il n'existe pas de données rétrospectives ou celles qui existent ne sont pas comparables (OCDE, 2014a).

Pour être complet, un tableau de bord des stocks de capital naturel devrait permettre de mesurer bien d'autres actifs que ceux présentés ici (OCDE, 2013a ; CEE-ONU, 2014). Pour des informations sur d'autres actifs naturels importants, notamment sur les changements d'affectation des sols, les prélèvements d'eau et l'abondance des espèces, il est possible de se reporter à la publication *Green Growth Indicators* (OCDE, 2014a).

Au fil du temps, les indicateurs de croissance verte définis par l'OCDE s'enrichiront et permettront de mesurer d'autres aspects du capital naturel, notamment : i) la quantité et la qualité des stocks renouvelables de ressources naturelles, comme l'eau douce, les forêts, et les poissons ; ii) la quantité et la qualité des stocks non renouvelables de ressources naturelles, comme les métaux, les minéraux industriels et les vecteurs énergétiques fossiles ; et iii) la biodiversité et les écosystèmes, par exemple la diversité des espèces et des habitats, et la productivité des ressources en terres et en sols.

L'OCDE conduit également des travaux en vue de la mise en œuvre des principales composantes du Système de comptabilité économique et environnementale (SCEE). Cette nouvelle norme internationale de comptabilité économique et environnementale a pour objectif de permettre d'obtenir des estimations du capital naturel qui complètent les estimations du capital économique du système de comptabilité nationale.

Pour en savoir plus :

- FAO (Organisation des Nations Unies pour l'alimentation et l'agriculture) (2010), *Évaluation des ressources forestières mondiales 2010, Rapport principal*, Étude FAO : Forêts 163, Organisation des Nations Unies pour l'alimentation et l'agriculture, Rome, *www.fao.org/docrep/013/i1757f/i1757f.pdf*.
- AIE (2014), *Energy, Climate Change and Environment : 2014 Insights*, AIE, Paris, *http://dx.doi.org/10.1787/9789264220744-en*.
- OCDE (2014a), *Green Growth Indicators 2014*, Études de l'OCDE sur la croissance verte, Éditions OCDE, Paris, *http://dx.doi.org/10.1787/9789264202030-en*.
- OCDE (2012), *Perspectives de l'environnement de l'OCDE à l'horizon 2050 : Les conséquences de l'inaction*, Éditions OCDE, Paris, *http://dx.doi.org/10.1787/env_outlook-2012-fr*.

Les ***forêts*** jouent de nombreux rôles sur les plans environnemental, socio-économique et culturel. Elles fournissent par exemple des intrants pour la production – bois de construction, combustible, produits à base de bois et de papier –, protègent les terrains de l'érosion et des inondations, procurent un habitat aux espèces végétales et sauvages et fournissent des espaces pour les activités récréatives et de loisir. Elles jouent également un rôle fondamental dans le cycle mondial du carbone parce qu'elles se comportent comme un puits de carbone.

La zone de l'OCDE dans son ensemble abrite environ 25 % de la superficie forestière mondiale, et environ un tiers de sa superficie terrestre est recouvert de forêts. En Finlande, en Suède et au Japon, les forêts recouvrent plus de 65 % de la superficie terrestre totale, contre moins de 10 % en Islande et en Israël (OCDE, 2014a). S'agissant des ressources forestières rapportées à la taille de la population (graphique 3.2), la Norvège, la Suède, la Finlande, l'Australie et le Canada disposaient de plus de 20 km² de forêts pour 1 000 habitants en 2011, alors que ce chiffre était inférieur à 5 km² pour 1 000 habitants dans la majorité des pays de l'OCDE, et inférieur à 1 km² pour 1 000 habitants en Israël, aux Pays-Bas et au Royaume-Uni.

Dans la zone de l'OCDE, la superficie forestière moyenne pour 1 000 habitants est passée de 9.1 km² pour 1 000 habitants en 2000 à 8.4 km² pour 1 000 habitants en 2012, soit une diminution de 7 %. Cette diminution a été forte en Australie, au Canada et au Brésil. Dans le cas de l'Australie et du Brésil, elle s'explique par une réduction du couvert forestier en pourcentage de la superficie terrestre totale (de 20 % à 19 % en Australie et de 65 % à 62 % au Brésil) couplée à une progression du nombre d'habitants. Dans le cas du Canada, le couvert forestier en pourcentage de la superficie terrestre est resté stable mais la taille de la population a sensiblement augmenté, ce qui a entraîné une baisse de la superficie forestière par habitant.

Graphique 3.2. **Superficie forestière**

Superficie forestière, en kilomètres carrés par millier d'habitants

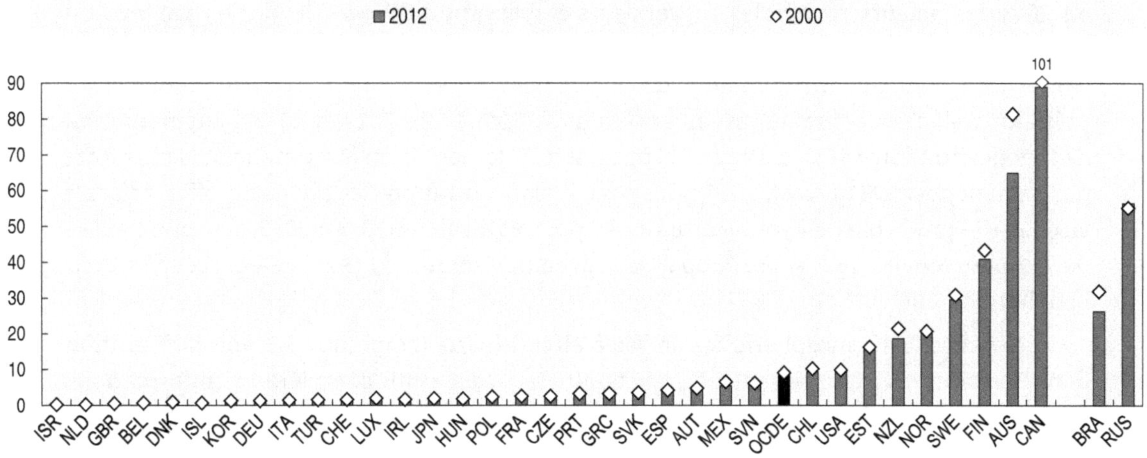

Note : Pour les États-Unis, la première année disponible est 2009. La moyenne OCDE est pondérée par la population.

Source : Calculs réalisés par l'OCDE à partir de « Ressources en sols », *Statistiques de l'OCDE sur l'environnement* (base de données), *http://stats.oecd.org/Index.aspx?DataSetCode=LAND_USE*.

StatLink http://dx.doi.org/10.1787/888933278445

Si les forêts ont beaucoup de retombées positives à l'échelon local, le stock de ressources forestières joue également un rôle important à l'échelle de la planète. La baisse de la superficie forestière par habitant observée dans la zone de l'OCDE par rapport à 2000 s'est produite sur fond de progression de la déforestation à l'échelle mondiale, les pertes nettes étant estimées à environ 5.2 millions d'hectares par an – soit une superficie approximativement égale à celle du Costa Rica – entre 2000 et 2010 (FAO, 2010).

Certains pays étant naturellement pauvres en forêts, il faudrait pouvoir tenir compte, en plus du couvert forestier, d'autres outils de mesure de la végétation et des habitats naturels, de même que de données sur le changement d'affectation des sols (proportion de la superficie terrestre imperméabilisée par l'urbanisation, par exemple). La fragmentation anthropique de zones riches en végétation naturelle et en biodiversité (due aux zones construites et aux infrastructures de transport, par exemple) pouvant être lourde de conséquences pour les habitats, il serait utile de disposer, à l'avenir, d'un indicateur permettant d'évaluer la fragmentation de zones naturelles contiguës.

L'***atmosphère***, qui est un actif naturel partagé à l'échelle planétaire, joue un rôle central dans la régulation du climat. La concentration de gaz à effet de serre, en particulier, est un facteur de risque qui favorise le réchauffement climatique et qui, si aucune mesure n'est prise, aura de graves conséquences sur le bien-être de l'humanité à l'avenir (OCDE, 2012 ; OCDE, 2015a). Si la concentration des six gaz à effet de serre visés par le protocole de Kyoto[2] se maintient à son niveau actuel, il y a une chance sur deux de voir la température mondiale ne pas augmenter de plus de 2 °C par rapport à son niveau préindustriel (Agence européenne pour l'environnement, 2015). La stabilisation de la concentration atmosphérique de gaz à effet de serre constitue donc un enjeu international majeur.

C'est l'Organisation météorologique mondiale, organisme spécialisé des Nations Unies, qui publie les données sur la concentration atmosphérique de CO_2 et d'autres gaz à effet de serre. Dans l'édition 2014 de son *Bulletin sur les gaz à effet de serre*, elle relève que les concentrations atmosphériques de CO_2, CH_4 et N_2O ont atteint de nouveaux pics en 2013, les valeurs mondiales moyennes s'établissant à 396 +/-0.1 parties par million (ppm) pour le CO_2, 1 824 +/-2 parties par milliard (ppb) pour le CH_4 et à 325.9 +/-0.1 ppb pour le N_2O. Ces valeurs sont supérieures de respectivement 42 %, 153 % et 21 % à leur niveau préindustriel (c'est-à-dire au niveau antérieur à 1750). Entre 2012 et 2013, l'augmentation de la concentration de CO_2 a atteint 2.9 ppm, soit l'augmentation interannuelle la plus forte observée depuis 1984 (OMM, 2014). Au total, la concentration des six gaz à effet de serre visés par le protocole de Kyoto a atteint 449 ppm équivalent CO_2 en 2012, soit une hausse de 171 ppm (environ 62 %) par rapport au niveau préindustriel (Agence européenne pour l'environnement, 2015)[3].

Les émissions atmosphériques de gaz à effet de serre (graphique 3.3, voir la définition dans l'encadré 3.2) fournissent un indicateur de « flux » qui complète les informations sur le stock atmosphérique de GES. Dans la zone de l'OCDE, en 2012, c'est au Canada, aux États-Unis, au Luxembourg et en Australie que les émissions de GES dues aux activités se déroulant sur le territoire national étaient les plus élevées (20 000 kg par habitant au moins) et au Mexique, en Suède, en Turquie et au Chili qu'elles étaient les plus faibles (6 000 kg par habitant environ). Dans la plupart des pays de l'OCDE, les émissions annuelles de GES dues à la production intérieure ont diminué entre 2000 et 2012. En Irlande, au Danemark, en Belgique, au Royaume-Uni, en Espagne, en Suède, en Italie et au Portugal, les émissions ont

Graphique 3.3. **Émissions de gaz à effet de serre dues à la production intérieure**

Milliers de kilogrammes équivalent CO_2 par habitant

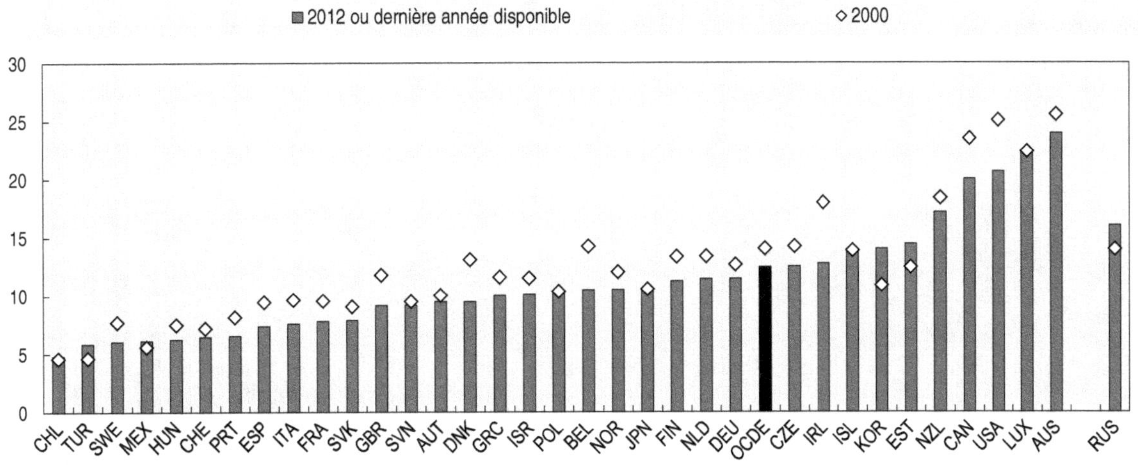

Note : La dernière année disponible est 2011 pour Israël et la Corée, 2010 pour le Mexique et 2006 pour le Chili. La moyenne OCDE est pondérée par la population.

Source : « Émissions de gaz à effet de serre par source », *Statistiques de l'OCDE sur l'environnement* (base de données), *http://dx.doi.org/10.1787/data-00594-fr*.

StatLink http://dx.doi.org/10.1787/888933278454

régressé de 20 % ou plus. Dans un petit nombre de pays – en général ceux qui affichaient un niveau initial d'émissions par habitant nettement plus faible –, elles ont augmenté au cours de cette période ; c'est notamment le cas en Corée (où elles ont augmenté de près de 30 %), en Estonie et en Turquie (plus de 15 %), dans la Fédération de Russie et au Mexique (10 % ou plus).

Lorsque les émissions de dioxyde de carbone sont exprimées par habitant, il peut arriver que l'augmentation du nombre d'habitants entraîne une hausse du niveau total des émissions d'un pays alors que ses émissions par habitant sont en baisse. Par définition, les émissions ont un impact qui dépasse les frontières : où qu'elles se produisent, elles se traduisent par une hausse de la concentration atmosphérique de GES, et selon les prévisions, les effets les plus durs du changement climatique risquent d'être ressentis dans certains des pays les moins émetteurs. En outre, les émissions liées à la production économique d'un pays ne reflètent pas nécessairement celles dues aux modes de consommation de ses habitants. Des mesures expérimentales des émissions de CO_2 liées à la consommation, effectuées d'après les émissions incorporées au commerce international (et sur la base de tableaux internationaux d'entrées-sorties) montrent que les pays de l'OCDE sont importateurs nets de carbone incorporé – en d'autres termes, pour la zone de l'OCDE dans son ensemble, les émissions liées à la consommation sont supérieures à celles liées à la production (OCDE, 2015b, *www.oecd.org/sti/inputoutput/co2*).

Les ***ressources en eau douce*** sont indispensables à la production agricole et industrielle, de même qu'à l'approvisionnement en eau des ménages. Les disponibilités moyennes annuelles en ressources en eau renouvelables sont très variables d'un pays de l'OCDE à l'autre (graphique 3.4). C'est en Islande, en Nouvelle-Zélande, au Canada, en Norvège et au Chili qu'elles sont les plus élevées, s'établissant à plus de 50 000 m³ d'eau douce renouvelable par habitant. Dans la majorité des pays de l'OCDE, ces disponibilités sont

Graphique 3.4. **Total des ressources en eau douce renouvelables**

Disponibilités annuelles moyennes à long terme, en milliers de mètres cubes par habitant

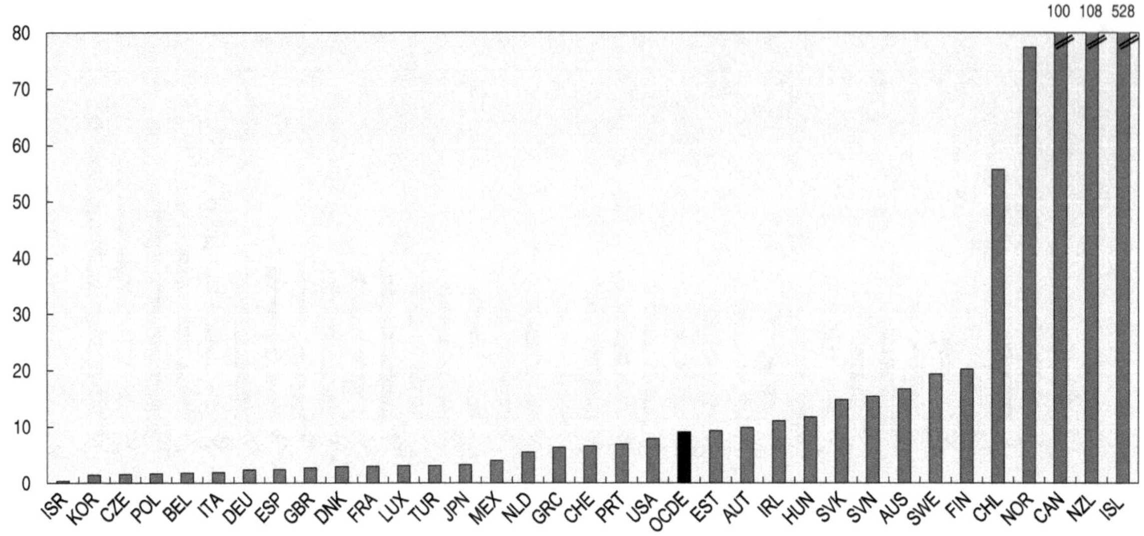

Note : Les valeurs relatives au Royaume-Uni n'englobent que l'Angleterre et le Pays de Galles. Les valeurs relatives au Canada (100), à la Nouvelle-Zélande (108), et à l'Islande (528) sont supérieures aux limites du graphique. La moyenne OCDE est pondérée par la population.

Source : « Eau : Ressources en eau douce », *Statistiques de l'OCDE sur l'environnement* (base de données), *http://dx.doi.org/10.1787/env-data-fr*.

StatLink *http://dx.doi.org/10.1787/888933278468*

généralement inférieures à 20 000 m³ par habitant (et s'élèvent à 9 080 m³ par an en moyenne pour la zone de l'OCDE). Les stocks de ressources en eau douce renouvelables les plus faibles se trouvent en Israël, en Corée, en République tchèque, en Pologne, en Belgique et en Italie, les disponibilités annuelles étant inférieures à 2 000 m³ par habitant dans chacun de ces pays.

La mesure des prélèvements d'eau douce fournit des informations sur l'intensité de l'utilisation de l'eau. Les États-Unis, la Finlande, l'Estonie, la Nouvelle-Zélande et le Canada sont, des pays de l'OCDE pour lesquels des données existent, ceux où les prélèvements bruts d'eau douce sont les plus élevés (supérieurs à 1 000 m³ par habitant), tandis que le Luxembourg, le Danemark, le Royaume-Uni, la République tchèque, l'Irlande et Israël sont ceux où ils sont les plus faibles (inférieurs à 200 m³ par habitant). Si certains des pays où les prélèvements sont élevés sont relativement bien dotés en ressources (Nouvelle-Zélande, Finlande et Canada, par exemple), d'autres (Pays-Bas, Belgique, Hongrie et Israël) sont confrontés à une situation de « stress hydrique » par rapport à leurs ressources en eau intérieures (les prélèvements représentant plus de 40 % des ressources disponibles). Dans la zone de l'OCDE dans son ensemble, après la hausse enregistrée dans les années 70, les prélèvements se sont stabilisés entre 1990 et 2011 (OCDE, 2014a). Cependant, à l'échelle mondiale, on estime qu'au cours du siècle dernier, la demande d'eau a augmenté plus de deux fois plus que la population (OCDE, 2014a ; 2015c). Le stress hydrique devrait également s'aggraver au niveau mondial, plus de 40 % de la population mondiale risquant d'être confrontés à un stress hydrique important à l'horizon 2050 (OCDE, 2012 ; 2013c).

Graphique 3.5. **Prélèvements d'eau douce**

En mètres cubes par habitant, dernière année disponible au-delà de 2006

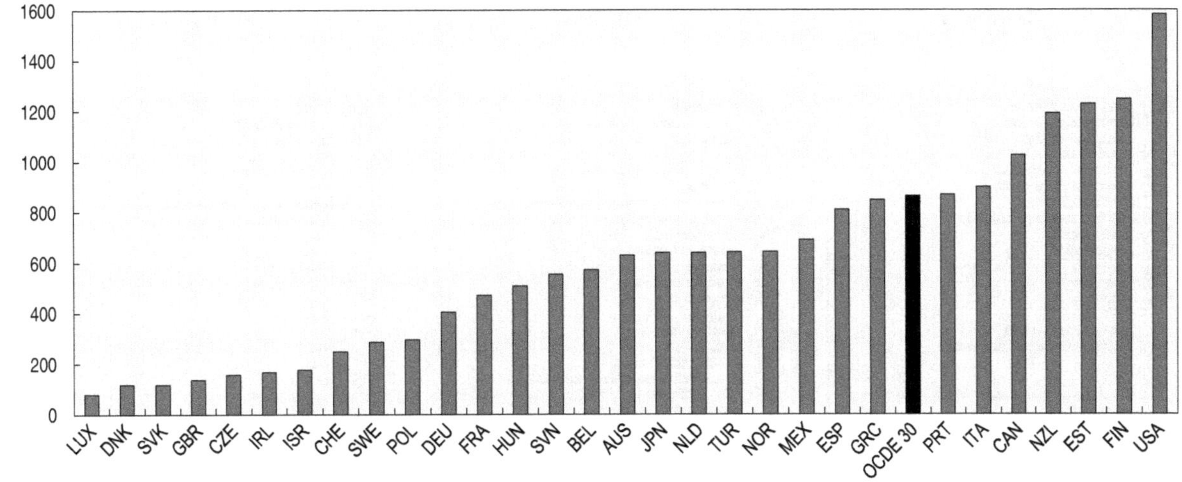

Note : La dernière année disponible est 2013 pour le Luxembourg, la République slovaque, la République tchèque, la Pologne, la Slovénie et le Mexique, 2012 pour le Danemark, la Suisse, la France, la Hongrie, les Pays-Bas, l'Espagne et l'Estonie, 2011 pour le Royaume-Uni, l'Australie et le Canada, 2010 pour Israël, la Suède, l'Allemagne, la Turquie, la Nouvelle-Zélande et les États-Unis, 2009 pour l'Irlande, la Belgique et le Japon, 2008 pour l'Italie, 2007 pour la Norvège, la Grèce et le Portugal et 2006 pour la Finlande. Les valeurs relatives au Royaume-Uni n'englobent que l'Angleterre et le Pays de Galles. La moyenne OCDE est pondérée par la population.

Source : « Eau : Prélèvements d'eau douce », *Statistiques de l'OCDE sur l'environnement* (base de données), *http://dx.doi.org/10.1787/data-00602-fr*.

StatLink *http://dx.doi.org/10.1787/888933278477*

La ***biodiversité*** est en soi importante pour les populations. En outre, les ressources biologiques rendent des services écosystémiques favorables au bien-être humain. Parmi les risques qui menacent la biodiversité figurent le changement d'affectation des terres et les variations du couvert terrestre, la contamination chimique et la pollution, les espèces exotiques envahissantes et le changement climatique (OCDE, 2014a). Les données sur les espèces menacées (en d'autres termes les espèces qui sont en danger d'extinction ou sont en passe de l'être, voir l'encadré 3.2 pour une définition) donnent une indication sur la menace qui pèse sur la biodiversité.

Comme le montre le graphique 3.6, la biodiversité est plus ou moins menacée selon les pays et selon que l'on se réfère aux mammifères, aux oiseaux ou aux plantes vasculaires. Plus de 30 % des espèces de mammifères connues sont menacées en Israël, en Slovénie, en Hongrie, en Allemagne et en Suisse ; plus de 30 % des espèces d'oiseaux connues sont menacées en République tchèque, au Luxembourg, en Islande, en Allemagne et en Suisse, de même que 30 % au moins des espèces connues de plantes vasculaires en Autriche, en République tchèque et en République slovaque (graphique 3.6, partie A). À l'inverse, moins de 20 % de chacune de ces catégories d'espèces sont menacées au Canada, au Danemark, en Estonie, en Corée et en Turquie. Si l'on se réfère aux espèces indigènes (plutôt qu'au pourcentage d'espèces menacées parmi les espèces connues), les pourcentages d'espèces menacées sont souvent plus élevés (graphique 3.6, partie B). Dans la majorité des pays de l'OCDE, le nombre d'espèces animales et végétales considérées comme en danger augmente au fil du temps, et à l'échelle du globe, une espèce d'oiseaux sur huit est menacée d'extinction (OCDE, 2014a).

Graphique 3.6. **Espèces menacées, dernière année disponible**

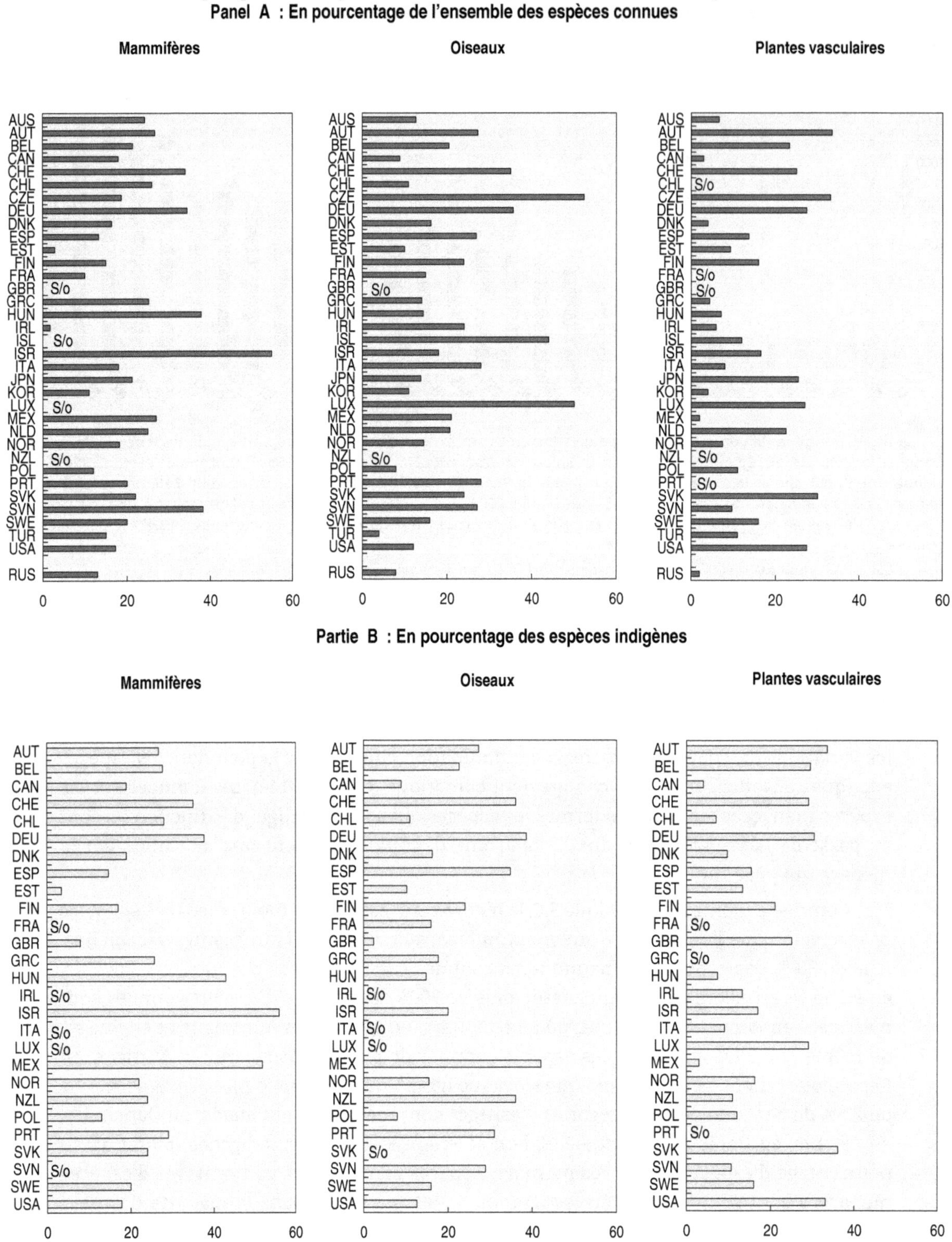

Note : Les espèces « menacées » englobent les espèces « en danger », « en danger critique » et « vulnérables », c'est-à-dire les espèces qui sont en danger d'extinction et celles qui le seront vraisemblablement à court terme. Les données présentées ici se rapportent à la dernière année pour laquelle des données sont disponibles, c'est-à-dire, pour la majorité des pays, à la fin des années 2000.

Source : « Espèces menacées », *Statistiques de l'OCDE sur l'environnement* (base de données), *http://dx.doi.org/10.1787/data-00605-fr* ; les données relatives à Israël ont été fournies par l'autorité israélienne chargée de la nature et des parcs.

StatLink *http://dx.doi.org/10.1787/888933278481*

Capital humain

Le capital humain recouvre en principe les qualifications et compétences des individus, ainsi que leur état de santé. Ce concept a pour origine les études consacrées à la « qualité » du travail – selon lesquelles le capital humain constitue un intrant essentiel de la production économique et de la création de revenu. Toutefois, au-delà de ces avantages économiques, un niveau élevé de capital humain a également des avantages non financiers considérables. Ainsi, être en bonne santé physique et mentale permet de prendre part à l'éducation, à la formation et au marché du travail, ainsi qu'aux relations sociales, et il existe également une forte corrélation entre la santé et le bien-être subjectif (OCDE, 2011; 2013a). De même, un niveau de qualifications et de compétences plus élevé va de pair avec des revenus plus confortables et une meilleure employabilité, une meilleure santé, un sens civique plus développé et une plus grande participation à la vie politique, ainsi que, sur le plan collectif, avec une moindre délinquance, une meilleure cohésion sociale et une plus grande stabilité politique (CEE-ONU, 2014 ; OCDE, 2011).

Le chapitre 2 décrit plusieurs indicateurs particulièrement utiles à la mesure du capital humain, en l'occurrence l'éducation et les compétences, le chômage de longue durée et l'état de santé. Ces indicateurs sont pertinents, à la fois pour la mesure du bien-être « ici et maintenant » et pour celle du stock de capital humain nécessaire à la préservation du bien-être « plus tard ». Le chômage de longue durée, par exemple, constitue un facteur de risque pour le capital humain parce qu'il peut entraîner une érosion des compétences et laisser des traces à long terme sur les plans économique et psychologique. Ce chapitre présente des indicateurs supplémentaires, qui renseignent sur le *futur stock* de compétences, ainsi que des outils de mesure des facteurs de risque susceptibles d'avoir une incidence sur l'état de santé à l'avenir (voir l'encadré 3.3.).

Encadré 3.3. **Exemples d'indicateurs permettant de mesurer le capital humain**

Plusieurs indicateurs utiles à la mesure du capital humain ont été décrits dans le chapitre 2 (« emplois et salaires », « état de santé », « éducation et compétences »). Les quatre indicateurs supplémentaires présentés ici apportent un éclairage sur ce que pourraient être l'offre de compétences et la santé à l'avenir :

- **Le niveau d'études des jeunes adultes** rapporte le nombre d'adultes âgés de 25 à 34 ans titulaires d'un diplôme du deuxième cycle de l'enseignement secondaire au minimum à la population du même âge. Il faut entendre par « deuxième cycle du secondaire au minimum » un niveau supérieur ou égal au niveau 3 de la Classification internationale type de l'éducation (CITE) (exclusion faite des programmes courts de niveau 3C). Cette définition englobe à la fois i) la filière dite « générale », souvent conçue pour préparer les élèves à la poursuite de leurs études à un niveau supérieur ; et ii) la filière dite « professionnelle », axée sur l'enseignement et la formation professionnels (EFP). Cet indicateur est calculé à partir des données recueillies dans le cadre du questionnaire annuel de l'OCDE sur les catégories nationales des niveaux de formation (CNNF) et des enquêtes nationales sur la population active.
- L'**espérance de scolarisation** est la durée moyenne pendant laquelle un enfant de 5 ans peut espérer être scolarisé avant son 39e anniversaire. Cet indicateur est calculé en fonction des conditions de scolarisation du moment et s'obtient en additionnant le taux de scolarisation net de chaque année à compter du 5e anniversaire. Les données utilisées pour le calculer sont recueillies dans le cadre de la campagne annuelle de collecte de l'OCDE sur la transition entre la scolarité et la vie active, qui fait principalement appel aux enquêtes sur la population active.*
- La **prévalence du tabagisme** est définie comme la proportion de la population de 15 ans et plus déclarant fumer quotidiennement. Cet indicateur se prête mal à des comparaisons internationales parce que les habitudes en matière de consommation de tabac ne sont pas évaluées selon la même

Encadré 3.3. **Exemples d'indicateurs permettant de mesurer le capital humain** *(suite)*

méthode dans les enquêtes de santé menées dans les différents pays de l'OCDE. Par exemple, il existe des différences au niveau de la formulation des questions et des possibilités de réponse proposées aux sondés, de même qu'au niveau des méthodes de collecte des données. À cela s'ajoute que les campagnes de collecte menées dans les pays de l'OCDE sont périodiques plutôt qu'annuelles. Les données sont issues d'enquêtes nationales par entretien sur la santé, d'enquêtes sur la santé et autres enquêtes auprès des ménages et sont compilées dans la *Base de données de l'OCDE sur les statistiques sur la santé.*

- L'**obésité** (autodéclarée ou mesurée) correspond à la proportion de personnes de 15 ans et plus qui remplissent les critères de l'obésité, c'est-à-dire qui ont un indice de masse corporelle (IMC) supérieur ou égal à 30. L'IMC rapporte le poids d'un individu à sa taille (poids sur taille au carré, le poids étant exprimé en kilogrammes et la taille en mètres). Il est possible que la classification de l'obésité retenue ici ne soit pas adaptée à tous les groupes ethniques, dont certains peuvent être exposés à un même risque à partir d'un IMC plus faible ou plus élevé. Les données présentées sont issues de sources différentes selon les pays (voir la note du graphique 3.11). Dans certains pays, elles proviennent d'informations autodéclarées extraites d'enquêtes par entretien sur la santé (très différentes les unes des autres en termes de formulation des questions et d'échelles de réponse), tandis que dans d'autres, elles correspondent à des mesures effectuées directement (selon des méthodes diverses) dans le cadre d'examens médicaux. En général, les IMC calculés dans le cadre d'examens médicaux sont plus fiables et plus élevés que ceux estimés à partir d'enquêtes par entretien (OCDE, 2013d). Les données sont issues de la *Base de données de l'OCDE sur les statistiques sur la santé.*

Les indicateurs relatifs au niveau d'études et à l'espérance de scolarisation rendent compte du niveau scolaire atteint ou des diplômes obtenus mais ne renseignent pas sur la qualité des études ni sur les compétences que les personnes ont acquises ou conservées. Bien que les différentes dimensions du savoir, des compétences et de la santé puissent se conjuguer et influencer le stock total de capital humain, chacune d'elles prise isolément constitue une condition nécessaire mais non suffisante pour la formation de capital humain.

Dans l'idéal, il faudrait donc, pour vraiment renseigner sur le stock de capital humain, que les outils de mesure examinent la distribution conjointe de ces différentes dimensions. Tel est d'ailleurs l'objectif que poursuivaient les techniques mises au point pour estimer la valeur monétaire des stocks de capital humain, par exemple la méthode fondée sur le revenu actualisé perçu tout au long de la vie (voir Boarini *et al.*, 2012, pour une synthèse et Liu, 2011, pour une illustration de cette méthode). Cependant, les méthodes existantes sont généralement axées sur la *valeur économique* du stock total de capital humain et méconnaissent les nombreux avantages non marchands positifs pour le bien-être qui peuvent découler de compétences plus élevées ou d'une meilleure santé, par exemple.

Pour en savoir plus :

- Boarini, R., M. Mira d'Ercole et G. Liu (2012), « Approaches to Measuring the Stock of Human Capital : A Review of Country Practices », *Documents de travail statistiques de l'OCDE*, n° 2012/04, Éditions OCDE, Paris, *http://dx.doi.org/10.1787/5k8zlm5bc3ns-en.*
- Liu, G. (2011), « Measuring the Stock of Human Capital for Comparative Analysis: An Application of the Lifetime Income Approach to Selected Countries », *Documents de travail statistiques de l'OCDE*, vol. 2011/06, n° 41, Éditions OCDE, Paris, *http://dx.doi.org/10.1787/5kg3h0jnn9r5-en.*
- OCDE (2015d), *Regards sur l'éducation, Rapport intermédiaire : Mise à jour des indicateurs relatifs à l'emploi et au niveau de formation*, Éditions OCDE, Paris, *www.oecd.org/fr/edu/RSE-Rapport-Intermediaire.pdf.*
- OCDE (2013d), *Panorama de la santé 2013 : Les indicateurs de l'OCDE*, Éditions OCDE, Paris, *http://dx.doi.org/10.1787/health_glance-2013-fr.*

* Cet indicateur faisait partie des outils de mesure du bien-être actuel présentés dans OCDE (2013). Dans ce chapitre, il est considéré comme un indicateur du bien-être futur du fait de son caractère précurseur.

Le ***niveau d'études*** de la génération la plus jeune revêt une grande importance en termes de capital humain parce qu'il informe sur le stock de compétences qui seront disponibles dans les années à venir. Le graphique 3.7 présente la proportion de titulaires d'un diplôme de l'enseignement secondaire au minimum au sein de la population âgée de 25 à 34 ans en 2000, 2007 et 2013. Cette proportion varie selon les pays : elle est deux fois plus élevée en Corée et au Japon qu'en Turquie et au Mexique, et elle est relativement faible par rapport à la moyenne de l'OCDE au Portugal, en Espagne, en Italie et en Islande.

Dans la plupart des pays de l'OCDE, le niveau d'études des jeunes adultes (24-34 ans) connaît une hausse constante depuis 2000, en particulier dans les pays où il était initialement relativement bas. En moyenne dans la zone de l'OCDE, la proportion de jeunes adultes titulaires d'un diplôme du deuxième cycle du secondaire a progressé de 5 points de pourcentage en termes cumulés entre 2000 et 2007, avant d'augmenter plus lentement, de 3 points de pourcentage, entre 2007 et 2013. Les pays où cette progression cumulée a été la plus forte au cours de la période 2000-13 sont le Portugal (29 points de pourcentage), la Turquie (20 points), le Royaume-Uni (19 points), le Luxembourg (18 points) et l'Australie (17 points). Au cours de la même période, la progression du pourcentage de diplômés du deuxième cycle du secondaire parmi les jeunes adultes a été beaucoup plus faible (inférieure à 2 points de pourcentage) en République slovaque, en Suisse, aux États-Unis, en République tchèque et en Allemagne – à noter cependant que ces pays se trouvaient dans une position beaucoup plus favorable en 2000. L'Estonie et le Danemark se démarquent nettement de la majorité des autres pays, le niveau d'études des jeunes adultes étant inférieur de respectivement 3 et 5 points en 2013 à ce qu'il était en 2000.

L'***espérance de scolarisation*** apporte elle aussi un éclairage sur la future offre de compétences. Dans la majorité des pays de l'OCDE, les enfants aujourd'hui âgés de 5 ans peuvent espérer suivre une scolarité et des études pendant encore 18 ans en moyenne.

Graphique 3.7. **Niveau d'études de la population âgée de 25 à 34 ans**

Pourcentage de jeunes adultes titulaires d'un diplôme du deuxième cycle du secondaire au minimum

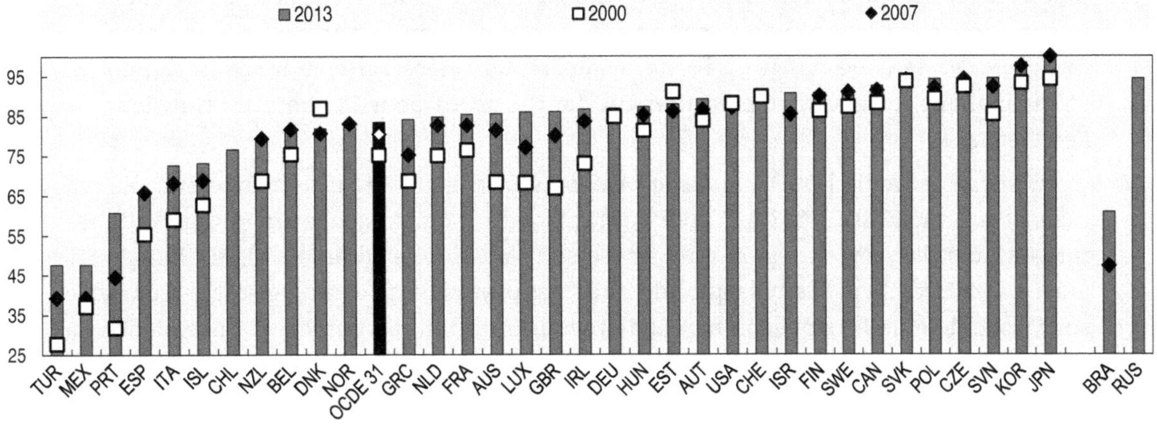

Note : La dernière année disponible est 2012 pour la Fédération de Russie et 2011 pour le Chili. Pour la Norvège, la première année pour laquelle des données sont disponibles est 2007 en raison d'une rupture dans la série de données. La moyenne OCDE est pondérée par la population.

Source : OCDE (2015d), *Regards sur l'éducation, Rapport intermédiaire : Mise à jour des indicateurs relatifs à l'emploi et au niveau de formation*, Éditions OCDE, *www.oecd.org/fr/edu/RSE-Rapport-Intermediaire.pdf*.

StatLink http://dx.doi.org/10.1787/888933278499

Ce chiffre atteint 19 ou plus en Islande, en Finlande, au Danemark, en Australie et en Suède (graphique 3.8), tandis qu'il est inférieur ou égal à 16 au Mexique, au Luxembourg ou en Israël. Une comparaison avec la durée d'études moyenne de la population actuellement en âge de travailler montre que le processus de renouvellement des générations pourrait se traduire par une hausse moyenne du niveau d'études proche de six ans à l'horizon 2050 dans la zone de l'OCDE, cette progression étant comprise entre moins de trois ans au Japon et au Royaume-Uni et neuf ans voire plus au Portugal, en Slovénie et en Turquie.

Graphique 3.8. **Espérance de scolarisation**

Nombre moyen d'années pendant lequel un enfant de 5 ans peut espérer suivre une scolarité et des études (avant son 39e anniversaire), 2012

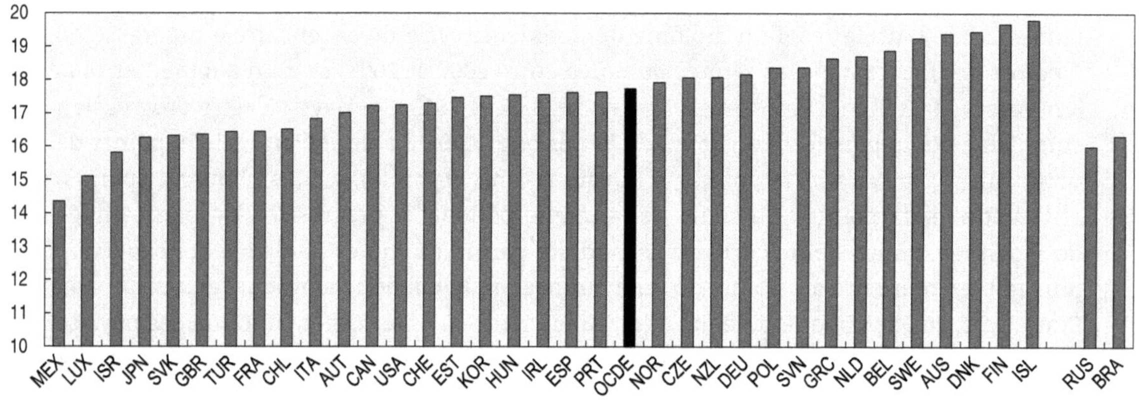

Note : Pour le Canada, la dernière année disponible est 2011. Les données relatives à l'Allemagne ne tiennent pas compte des programmes de recherche de haut niveau.

Source : OCDE (2014b), *Regards sur l'éducation 2014 : Les indicateurs de l'OCDE*, Éditions OCDE, Paris, *http://dx.doi.org/10.1787/eag-2014-fr*.

StatLink *http://dx.doi.org/10.1787/888933278507*

Comme souligné dans le chapitre 2, l'espérance de vie à la naissance a progressé dans tous les pays de l'OCDE ces dernières années, y compris dans ceux qui affichaient la longévité la plus élevée (voir également Oeppen et Vaupel, 2002 ; Wilmoth, 2011). Cependant, plusieurs facteurs de risque (de l'hypertension à l'abus de sucre et de sel) pourraient avoir une incidence sur la santé de la population à l'avenir. Il en va particulièrement ainsi du tabagisme et de l'obésité, qui, s'ils ne se répercutent nécessairement sur la santé « ici et maintenant », peuvent représenter un danger accru pour la santé tout au long de l'existence.

Dans les pays de l'OCDE, le ***tabagisme*** est le principal facteur de risque évitable qui menace la santé (OCDE, 2013d). D'après le graphique 3.9, les pays où la proportion d'adultes fumant quotidiennement est la plus élevée sont la Grèce (environ 40 %), le Chili (30 %), ainsi que la Hongrie et l'Estonie (plus de 25 %). Les pays où ce pourcentage est le plus faible sont l'Islande et le Mexique, où moins d'un adulte sur huit est fumeur. La prévalence du tabagisme a connu un recul sensible ces dix dernières années dans beaucoup de pays. Ainsi, en Islande, en Norvège, en Nouvelle-Zélande, au Luxembourg et aux Pays-Bas, la proportion d'adultes déclarant fumer quotidiennement a perdu plus de 10 points de pourcentage depuis 2000. Les pays où cette diminution a été la plus limitée (un point de pourcentage environ) sont le Mexique, la Grèce et la Fédération de Russie, et en Slovénie, les adultes qui déclarent fumer tous les jours sont légèrement plus nombreux qu'ils ne l'étaient en 2000.

Graphique 3.9. **Prévalence du tabagisme**

Pourcentage de la population âgée de 15 ans et plus déclarant fumer quotidiennement

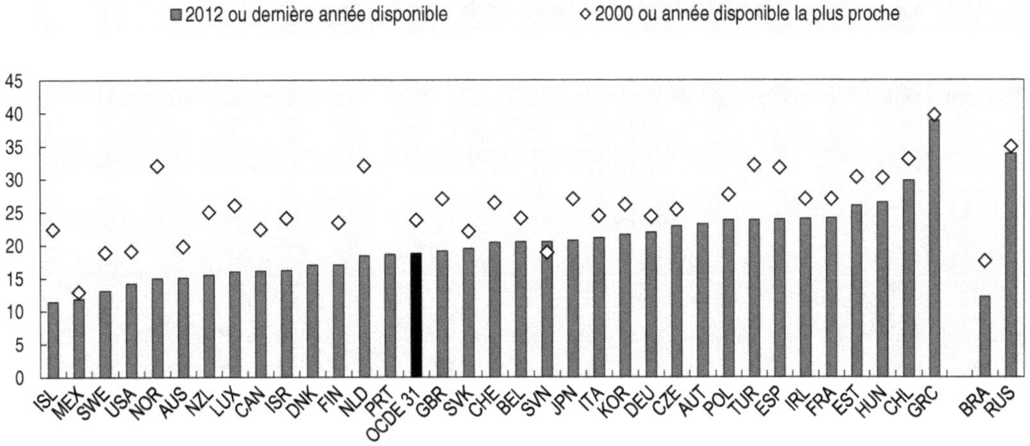

Note : La dernière année disponible est 2013 pour le Danemark, l'Islande, Israël, l'Italie, le Luxembourg, la Nouvelle-Zélande et la Norvège, 2011 pour l'Espagne et le Royaume-Uni, 2010 pour l'Australie et la Grèce, 2009 pour le Chili, l'Allemagne, la Hongrie, la Pologne, la République slovaque et la Fédération de Russie, 2008 pour la Belgique, 2007 pour l'Irlande et 2006 pour l'Autriche et le Portugal. La première année disponible est 2001 pour l'Australie, la Belgique, le Canada, la Corée, le Luxembourg, la Pologne et l'Espagne, 2002 pour l'Irlande et la Suisse, 2003 pour le Chili, l'Allemagne, la République slovaque, la Turquie et le Brésil, 2004 pour la République tchèque, 2007 pour la Slovénie et 2008 pour la Grèce. La moyenne OCDE est pondérée par la population.

Source : « Déterminants non médicaux de la santé », *Statistiques de l'OCDE sur la santé* (base de données), *http://dx.doi.org/10.1787/data-00546-fr*.

StatLink http://dx.doi.org/10.1787/888933278518

Dans la majorité des pays de l'OCDE, les hommes sont plus nombreux que les femmes à déclarer fumer tous les jours (graphique 3.10, partie supérieure). Font exception l'Islande et la Suède, qui font également partie des pays où la prévalence du tabac est la plus faible. L'écart entre hommes et femmes est également relativement limité en Norvège, en Nouvelle-Zélande, en Australie, au Royaume-Uni et en Irlande, tandis que la différence la plus grande est observée en Corée, en Turquie, au Japon, au Portugal, en République slovaque, en Israël et au Mexique, où les hommes ont une probabilité au moins deux fois plus forte de fumer que les femmes. Dans la Fédération de Russie, les hommes sont plus de trois fois plus susceptibles de fumer quotidiennement que les femmes.

Entre 2000 et 2013, le pourcentage de fumeurs a généralement diminué parmi les hommes comme parmi les femmes (graphique 3.10, partie inférieure), sauf en Corée et dans la Fédération de Russie – où il a progressé parmi les femmes tandis qu'il régressait parmi les hommes – et en Slovénie. Dans environ la moitié des pays de l'OCDE, le recul du tabagisme a été nettement plus marqué parmi les hommes (en termes absolus) que parmi les femmes. Cependant, dans la grande majorité des pays, le pourcentage de fumeurs était initialement plus élevé parmi les hommes que parmi les femmes. Par ailleurs, il existe également des différences selon le milieu socio-économique : les personnes à faible revenu sont généralement plus nombreuses à fumer et fument davantage que les autres (OCDE, 2013d).

Si le tabagisme a reculé, la proportion d'adultes considérés comme ***obèses*** a augmenté dans la zone de l'OCDE depuis 2000 (graphique 3.11). En 2012, cette proportion était comprise entre 4 % ou 5 % au Japon et en Corée et plus de 30 % au Mexique et aux États-Unis – même si l'hétérogénéité des méthodes employées pour recueillir les données rend les comparaisons difficiles (voir l'encadré 3.3). L'obésité a progressé par rapport à 2000 dans la plupart des pays de l'OCDE, en particulier dans les pays où ce phénomène était déjà répandu (la progression a été supérieure à 8 points de pourcentage au Mexique et à 4 points aux États-Unis, par exemple). Le pourcentage de personnes obèses a également sensiblement augmenté en Islande (9 points), en République tchèque et au Luxembourg (7 points), de même qu'en France et en Estonie (5 points). Les pays où il a le moins progressé (de moins d'un point de pourcentage) sont la République slovaque, le Chili et le Japon.

Graphique 3.10. **Prévalence du tabagisme selon le sexe**

Pourcentage de la population âgée de 15 ans et plus déclarant fumer quotidiennement en 2012 et variation de ce pourcentage depuis 2000

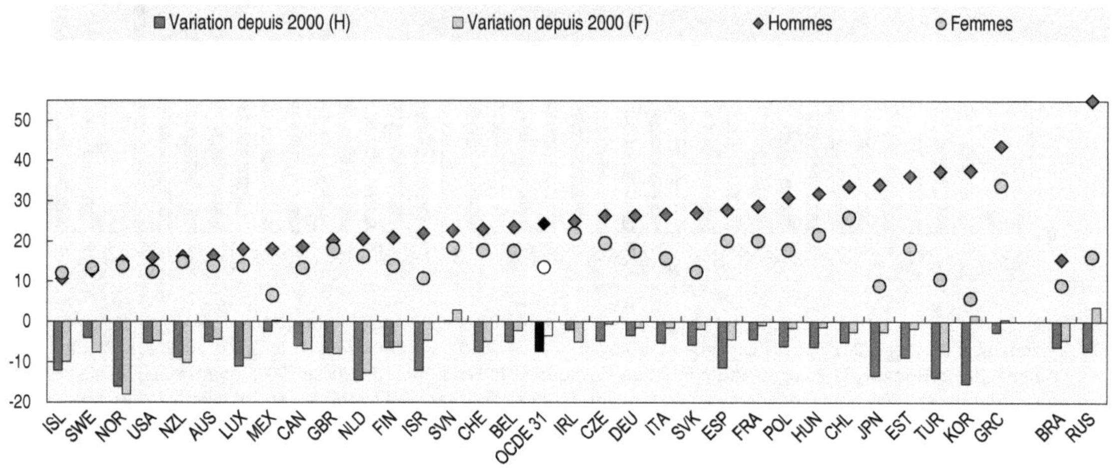

Note : La dernière année disponible est 2013 pour le Danemark, l'Islande, Israël, l'Italie, le Luxembourg, la Nouvelle-Zélande et la Norvège, 2011 pour l'Espagne et le Royaume-Uni, 2010 pour l'Australie et la Grèce, 2009 pour le Chili, l'Allemagne, la Hongrie, la Pologne, la République slovaque et la Fédération de Russie, 2008 pour la Belgique, 2007 pour l'Irlande et 2006 pour l'Autriche et le Portugal. La première année disponible est 2001 pour l'Australie, la Belgique, le Canada, la Corée, le Luxembourg, la Pologne et l'Espagne, 2002 pour l'Irlande et la Suisse, 2003 pour le Chili, l'Allemagne, la République slovaque, la Turquie et le Brésil, 2004 pour la République tchèque, 2007 pour la Slovénie et 2008 pour la Grèce. La moyenne OCDE est pondérée par la population.

Source : « Déterminants non médicaux de la santé », *Statistiques de l'OCDE sur la santé* (base de données), *http://dx.doi.org/10.1787/data-00546-fr*.

StatLink *http://dx.doi.org/10.1787/888933278526*

Graphique 3.11. **Obésité**

En pourcentage de la population de 15 ans et plus, obésité autodéclarée ou mesurée

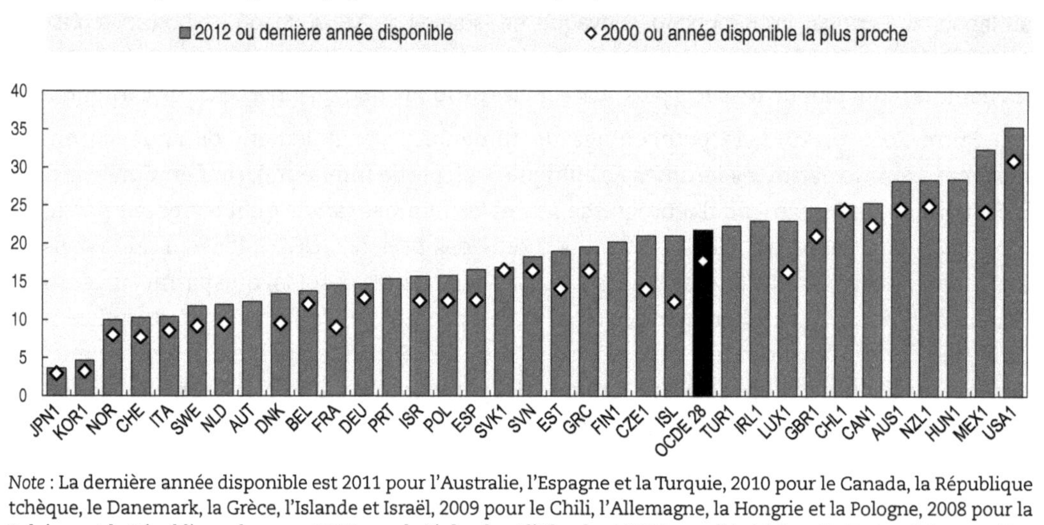

Note : La dernière année disponible est 2011 pour l'Australie, l'Espagne et la Turquie, 2010 pour le Canada, la République tchèque, le Danemark, la Grèce, l'Islande et Israël, 2009 pour le Chili, l'Allemagne, la Hongrie et la Pologne, 2008 pour la Belgique et la République slovaque, 2007 pour la Finlande et l'Irlande et 2006 pour l'Autriche et le Portugal. La première année disponible est 2001 pour la Belgique, la Corée et l'Espagne, 2002 pour l'Islande, Israël, la Norvège et la Suisse, 2003 pour le Chili, l'Allemagne et la Nouvelle-Zélande, 2004 pour le Canada, la Pologne et la République slovaque, 2006 pour la Grèce et 2007 pour l'Australie et la Slovénie. Les résultats des pays signalés par un « 1 » ont été établis à partir d'un examen médical et non d'enquêtes par entretien sur la santé. La moyenne OCDE est pondérée par la population.

Source : « Déterminants non médicaux de la santé », *Statistiques de l'OCDE sur la santé* (base de données), *http://dx.doi.org/10.1787/data-00546-fr*.

StatLink *http://dx.doi.org/10.1787/888933278537*

Dans la majorité des pays de l'OCDE, l'écart entre hommes et femmes en matière d'obésité est relativement faible. Les hommes sont plus touchés que les femmes en Slovénie, tandis que l'inverse est vrai en Turquie, au Chili et au Mexique (graphique 3.12). Dans plusieurs pays de l'OCDE, dont la Slovénie, l'Islande, le Luxembourg, les États-Unis, l'Estonie, la Grèce, l'Espagne, la Norvège et la Suisse, la progression de la prévalence de l'obésité observée depuis 2000 a davantage touché les hommes que les femmes.

Graphique 3.12. **Prévalence de l'obésité selon le sexe**

Pourcentage de la population de 15 ans et plus en 2012 et variation de ce pourcentage depuis 2000

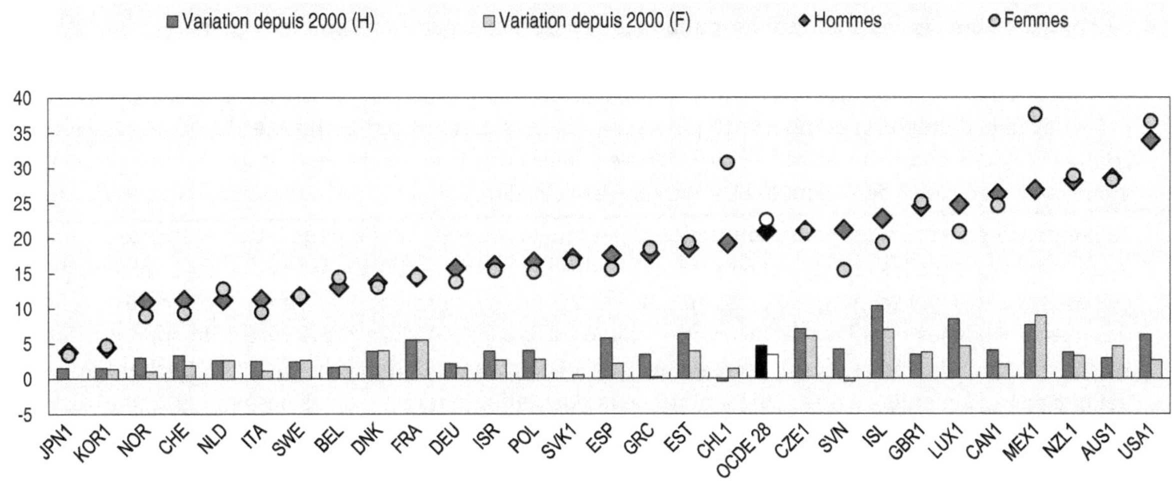

Note : La dernière année disponible est 2011 pour l'Australie, l'Espagne et la Turquie, 2010 pour le Canada, la République tchèque, le Danemark, la Grèce, l'Islande et Israël, 2009 pour le Chili, l'Allemagne, la Hongrie et la Pologne, 2008 pour la Belgique et la République slovaque, 2007 pour la Finlande et l'Irlande et 2006 pour l'Autriche et le Portugal. La première année disponible est 2001 pour la Belgique, la Corée et l'Espagne, 2002 pour l'Islande, Israël, la Norvège et la Suisse, 2003 pour le Chili, l'Allemagne et la Nouvelle-Zélande, 2004 pour le Canada, la Pologne et la République slovaque, 2006 pour la Grèce et 2007 pour l'Australie et la Slovénie. Les résultats des pays signalés par un « 1 » ont été établis à partir d'un examen médical et non d'enquêtes par entretien sur la santé. La moyenne OCDE est pondérée par la population.

Source : « Déterminants non médicaux de la santé », *Statistiques de l'OCDE sur la santé* (base de données), *http://dx.doi.org/10.1787/data-00546-fr*.

StatLink *http://dx.doi.org/10.1787/888933278541*

Capital social

Le terme « capital social » a des acceptions différentes selon le contexte. Scrivens et Smith (2013) distinguent quatre dimensions, ou conceptions, du capital social : les relations interpersonnelles ; l'engagement civique ; le soutien du réseau social ; la confiance et la coopération. Ils considèrent la confiance et la coopération comme la dimension du capital social la plus pertinente pour évaluer l'évolution dans le temps du bien-être. Cette approche, que reflètent les indicateurs présentés ci-après (encadré 3.4), va dans le même sens que les recommandations de la Conférence des statisticiens européens (CEE-ONU, 2014) sur la mesure du développement durable, qui soulignent que les institutions jouent également un rôle – en plus de celui joué par la confiance – dans le capital social.

Le capital social peut concourir à la pérennisation des résultats en matière de bien-être en ce sens qu'il permet que l'action collective favorise une allocation efficiente des ressources, la production de biens publics (comme la sécurité ou la stabilité financière) et la

Encadré 3.4. **Exemples d'indicateurs permettant de mesurer le capital social**

Les indicateurs utilisés pour mesurer le concept de capital social sont définis comme suit :

- La **confiance envers autrui** est mesurée à partir de la question d'enquête suivante : « Diriez-vous que l'on peut faire confiance à la plupart des gens ou qu'il faut être très prudent dans ses relations avec les autres ? » Les personnes interrogées sont invitées à répondre sur une échelle comportant 11 points, de 0 (« Vous n'avez confiance en personne ») à 10 (« La plupart des gens sont dignes de confiance »). Les données ont été recueillies dans le cadre du module *ad hoc* sur le bien-être ajouté à la vague 2013 de l'enquête EU-SILC (Eurostat, 2015). L'EU-SILC est une enquête nationalement représentative de la population âgée de 16 ans et plus. Elle ne porte cependant que sur les pays d'Europe.
- La **confiance envers les institutions publiques** repose sur trois questions d'enquête, portant sur la confiance envers le système politique, le système judiciaire et la police. La question introductive est formulée ainsi : « Dans quelle mesure faites-vous confiance aux institutions nationales suivantes (…) » L'échelle de réponse comporte 11 points, de 0 (« Absolument pas confiance ») à 10 (« Totalement confiance »). Ces données ont, elles aussi, été recueillies dans le cadre du module *ad hoc* sur le bien-être ajouté à la vague 2013 de l'enquête EU-SILC (Eurostat, 2015).
- La **confiance envers l'administration nationale** est mesurée à partir de la question suivante : « Avez-vous confiance dans les entités suivantes ? (…) L'administration nationale ?» Les données présentées ici correspondent au pourcentage de personnes de l'échantillon répondant par l'affirmative à cette question (les autres réponses possibles étant « non » et « je ne sais pas »). Elles proviennent du sondage *Gallup World Poll*, conduit chaque année auprès d'environ 1 000 personnes dans chaque pays. L'échantillon est défini *a priori* de manière à être représentatif de la population nationale de 15 ans et plus (zones rurales comprises) ; pour corriger le biais de réponse, les données de l'échantillon ont été pondérées par la population au moyen de coefficients de pondération fournis par Gallup*.

La confiance envers les institutions publiques est particulièrement difficile à mesurer. Dans l'idéal, il faudrait que les indicateurs rendent compte des dimensions de la confiance qui sont de nature à promouvoir la capacité d'action collective, mais on ne peut exclure que les sondés interprètent les questions dans un sens politique plus étroit. Par exemple, il y a un risque qu'ils répondent aux questions sur leur confiance envers l'administration nationale en pensant aux dirigeants en place plutôt qu'à l'administration en tant qu'institution publique dans un sens plus large.

Bien que les offices nationaux de la statistique s'impliquent de plus en plus dans le recueil de données destinées à mesurer le capital social (voir Siegler, 2015 ; Scrivens et Smith, 2013), les données relatives à cette question sont encore peu harmonisées si l'on excepte celles collectées au moyen de l'EU-SILC. C'est pourquoi plusieurs des indicateurs disponibles pour mesurer le capital social dans les pays non européens proviennent de sources non officielles et doivent être considérés comme des solutions de substitution.

L'OCDE a engagé de nouveaux travaux méthodologiques afin d'élaborer des indicateurs de meilleure qualité et plus utiles à l'action publique pour mesurer la confiance, en particulier la confiance envers les institutions publiques. Ces travaux prévoient notamment la mise au point d'outils pour observer le comportement d'individus dans un contexte quasi-expérimental impliquant un grand nombre de participants. Ces travaux statistiques s'inscrivent dans le cadre de la Stratégie de l'OCDE pour la confiance, et visent à promouvoir une action publique transparente, éclairée et équitable. Ils viendront enrichir les activités du Groupe de Praia pour l'étude des statistiques sur la gouvernance récemment créé dans le cadre des Nations Unies.

Pour en savoir plus :

- Eurostat (2015), « Quality of life in Europe – facts and views – governance », *in Quality of Life*, publication en ligne : *http://ec.europa.eu/eurostat/statistics-explained/index.php/Quality_of_life_indicators* .
- Stratégie de l'OCDE pour la confiance : *www.oecd.org/gov/trust-in-government.htm*.

Encadré 3.4. **Exemples d'indicateurs permettant de mesurer le capital social** *(suite)*

- Scrivens, K. et C. Smith (2013), « Four Interpretations of Social Capital: An Agenda for Measurement », *Documents de travail statistiques de l'OCDE*, n° 2013/06, Éditions OCDE, Paris, *http://dx.doi.org/10.1787/5jzbcx010wmt-en.*
- Siegler, V. (2015), « Measuring National Well-Being – An Analysis of Social Capital in the UK », Office for National Statistics, *www.ons.gov.uk/ons/rel/wellbeing/measuring-national-well-being/analysis-of-social-well-being--social-capital--in-the-uk---2013-14/index.html*

* La procédure de pondération utilisée pour les données du *Gallup World Poll* comporte plusieurs étapes. La première consiste à corriger les déséquilibres géographiques (liés à un suréchantillonnage dans les grandes villes) ; la deuxième consiste à effectuer un ajustement au niveau des probabilités de sélection dans l'échantillon (nombre d'adultes dans le ménage, personnes utilisant à la fois un téléphone fixe et un téléphone mobile) ; la troisième étape consiste à ajuster les coefficients de pondération en fonction de la distribution de la population par âge, sexe et niveau d'études.

préservation d'actifs communs (comme les écosystèmes). Il participe ainsi à la formation de capital humain, naturel et économique et à leur préservation (OCDE, 2013a ; Scrivens et Smith, 2013 ; CEE-ONU, 2014).

La notion de ***confiance*** permet de saisir certaines des caractéristiques durables qui déterminent la capacité d'une société à fonctionner (en d'autres termes la capacité de ses membres à atteindre des objectifs communs et à surmonter les problèmes de coordination) et, plus généralement, l'aptitude des individus à vivre ensemble. Les questions d'enquête sur la « confiance généralisée » ont pour but de mesurer les perceptions des sondés s'agissant de la confiance qui peut être accordée à autrui. La vague 2013 de l'Enquête EU-SILC comportait une question générale sur la confiance envers autrui (graphique 3.13, voir l'encadré 3.4 pour une définition). Les pays d'Europe où cette confiance était la plus forte étaient les pays nordiques (Danemark, Finlande, Norvège, Islande et Suède) et ceux où elle était la plus faible étaient la France, la République tchèque, la Grèce, la Hongrie et le Portugal.

Graphique 3.13. **Confiance envers autrui, pays européens**

Moyenne arithmétique des réponses, échelle de 0 à 10, 2013

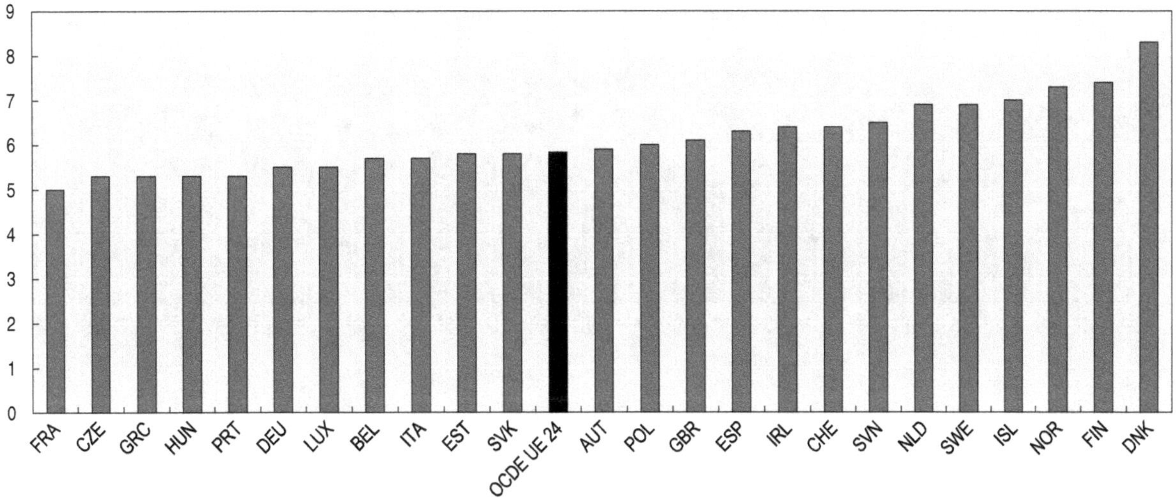

Note : Les réponses possibles sont comprises entre 0 (« Vous n'avez confiance en personne ») et 10 (« La plupart des gens sont dignes de confiance »). La moyenne OCDE UE correspond à la moyenne pondérée par la population des valeurs indiquées sur le graphique.

Source : Eurostat (2015), *Statistiques de l'Union européenne sur le revenu et les conditions de vie* (EU-SILC), *http://appsso.eurostat.ec.europa.eu/nui/show.do?dataset=ilc_pw03&lang=fr.*

StatLink http://dx.doi.org/10.1787/888933278550

La confiance envers autrui a été étudiée dans un éventail plus large de pays par le sondage *Gallup World Poll* en 2009/10, qui invitait à répondre par « oui » ou par « non » à la question de savoir s'il était possible de faire confiance à la plupart des individus. Ces données, présentées dans l'édition 2011 de *Comment va la vie ?* (OCDE, 2011), montraient que dans la zone de l'OCDE dans son ensemble, environ une personne sur trois jugeait la plupart de ses concitoyens dignes de confiance. Les habitants de plusieurs pays d'Europe du Nord, du Canada, des États-Unis et du Japon affichaient une confiance envers autrui supérieure à la moyenne, tandis que ceux du Mexique, de la Corée et du Chili affichaient une confiance inférieure à la moyenne de l'OCDE.

Il ressort des données européennes sur la confiance envers les institutions publiques qu'en termes relatifs, c'est la police qui inspire le plus confiance, suivie du système judiciaire puis du système politique (graphique 3.14). Les différences entre pays sont, dans une certaine mesure, les mêmes que celles constatées s'agissant de la confiance envers autrui, la confiance envers les institutions publiques étant globalement plus forte dans les pays nordiques, les pays d'Europe du Nord et en Suisse et plus faible dans les pays d'Europe du Sud et de l'Est et en France. La position des pays les uns par rapport aux autres n'est cependant pas la même selon que l'on considère la confiance envers la police, envers le système judiciaire ou envers le système politique.

Les données européennes apportent également un éclairage sur la confiance au sein de différentes catégories de la population. Ainsi, en 2013 dans les pays de l'Union européenne, le sentiment de confiance était pratiquement le même chez les hommes et chez les femmes et les différences entre classes d'âge étaient relativement faibles. Les différences en fonction du revenu, du niveau d'études, de la situation dans l'emploi et du type de ménage étaient en revanche plus marquées (Eurostat, 2015). Les personnes

Graphique 3.14. **Confiance envers les institutions publiques, pays européens**

Moyenne arithmétique des réponses, échelle de 0 à 10, 2013

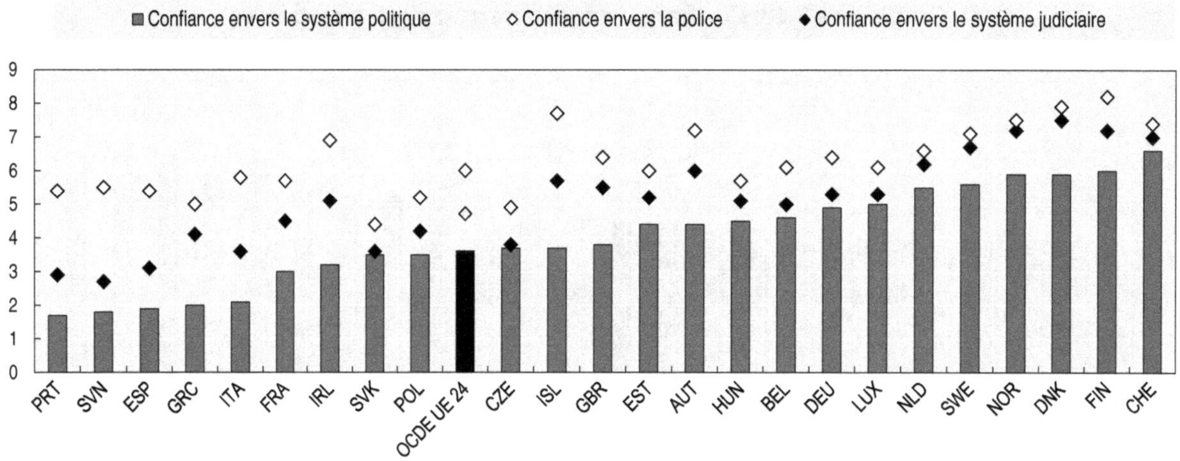

Note : Les réponses possibles sont comprises entre 0 (« Absolument pas confiance ») et 10 (« Totalement confiance »). La moyenne OCDE UE correspond à la moyenne pondérée par la population des valeurs indiquées sur le graphique.

Source : Eurostat (2015), *Statistiques de l'Union européenne sur le revenu et les conditions de vie* (EU-SILC), *http://appsso.eurostat.ec.europa.eu/nui/show.do?dataset=ilc_pw03&lang=fr*.

StatLink *http://dx.doi.org/10.1787/888933278563*

aisées faisaient davantage confiance aux autres et aux institutions (que les personnes plus modestes), de même que celles ayant un niveau d'études plus élevé (comparativement aux personnes ayant un niveau plus faible). Les chômeurs faisaient nettement moins confiance que les personnes en emploi ou en formation ou encore que les retraités. Enfin, les familles monoparentales ayant au moins un enfant à charge faisaient moins confiance à autrui que les autres types de ménages (Eurostat, 2015).

D'après les données du *Gallup World Poll*, dans la zone de l'OCDE dans son ensemble, la confiance des citoyens envers l'administration nationale a été fluctuante au cours de la période 2006-14 (graphique 3.15). En 2014, environ 38 % des habitants de l'OCDE qui ont répondu au sondage déclaraient avoir confiance dans leur administration nationale, contre environ 44 % en 2009. Les pays où les citoyens font plus confiance à l'administration nationale se caractérisent généralement aussi par une confiance plus forte envers le système judiciaire.

Graphique 3.15. **Évolution au fil du temps de la confiance envers l'administration, en moyenne dans les pays de l'OCDE**

Pourcentage de la population déclarant faire confiance à l'administration nationale, 2006-14

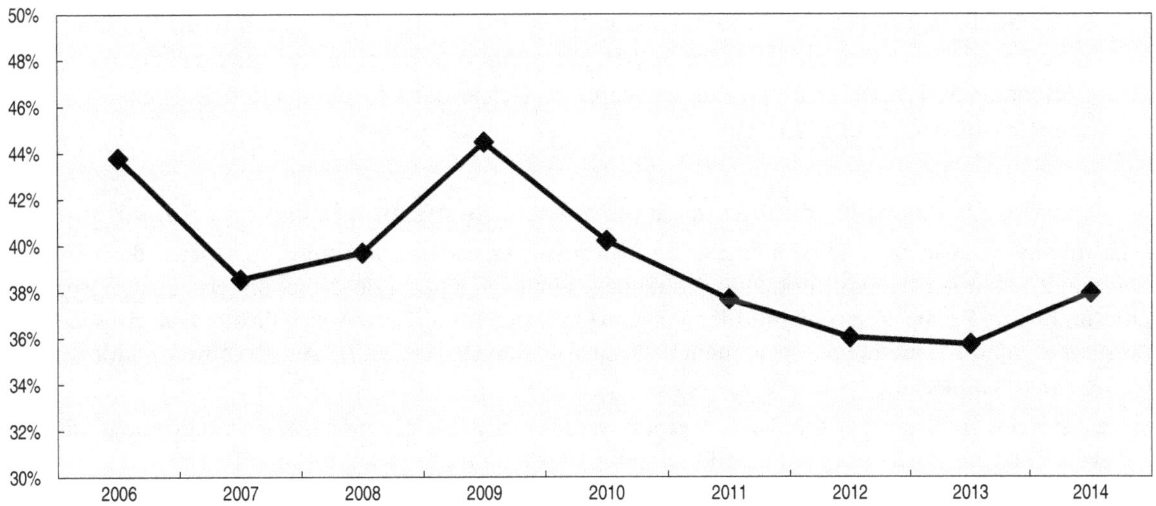

Note : La moyenne OCDE a été calculée sur la base de 28 pays, les pays pour lesquels il manquait plus de deux années consécutives dans la série de données ayant été exclus (Islande, Luxembourg, Norvège, République slovaque, Slovénie et Suisse). Lorsqu'il ne manquait qu'une année dans la série de données, la moyenne des deux années adjacentes a été retenue. La moyenne OCDE 28 est pondérée par la population.

Source : Gallup World Poll, www.gallup.com/services/170945/world-poll.aspx.

StatLink *http://dx.doi.org/10.1787/888933278579*

Alors que la notion de confiance correspond à un stock, il est particulièrement malaisé de mesurer les investissements dans cet aspect du capital social de même que l'épuisement de ce stock. Au niveau individuel, les investissements dans le capital social peuvent englober les activités prosociales, comme le bénévolat (chapitre 5), le temps consacré à des activités qui renforcent les réseaux sociaux et la cohésion collective, et des formes d'engagement civique comme le vote (chapitre 2). À l'inverse, les conflits entre groupes et les comportements opportunistes (comme la tricherie et la corruption) peuvent être préjudiciables au capital social. Les informations sur ces activités et leur évolution au fil du temps pourraient permettre de disposer de données plus utiles pour l'action publique, mais les indicateurs comparables à l'échelle internationale sont peu nombreux.

Capital économique

Le capital économique joue un rôle direct dans les conditions de vie matérielles (logement, emplois et salaires, par exemple) et un rôle beaucoup plus large concernant les biens et services que les individus peuvent se permettre de consommer pour assurer leur bien-être présent et futur. Le capital économique remplit également une fonction essentielle en ce qu'il constitue une réserve de valeur qui permet d'amortir les chocs touchant le revenu et permet aux individus, aux entreprises et aux pouvoirs publics de faire des projets d'avenir.

Le capital économique englobe à la fois le ***capital produit*** (actifs corporels tels que bâtiments, machines, infrastructures de transport et stocks ; actifs intellectuels tels que logiciels, produits capitalisés de la recherche-développement, œuvres récréatives, littéraires ou artistiques originales) et le ***capital financier*** (qui peut être constitué de divers actifs financiers comme le numéraire et les dépôts et les engagements sous forme de prêts et titres de dette, et qui peut être une créance sur le capital produit). Cette section s'appuie dans une large mesure sur les indicateurs de capital économique du Système de comptabilité nationale (encadré 3.5) et fait appel à la base de données des comptes nationaux de l'OCDE et à certains indicateurs décrits dans la publication *Panorama des comptes nationaux* (OCDE, 2014c).

Encadré 3.5. **Exemples d'indicateurs permettant de mesurer le capital économique**

Les données sur le patrimoine financier net des ménages par habitant (mesuré à partir des comptes nationaux) et sur le patrimoine total net des ménages (mesuré à partir de microdonnées) sont présentées dans le chapitre 2 (dans la section intitulée « revenu et patrimoine »). Les autres indicateurs utilisés ici pour mesurer le capital économique proviennent de la base de données de l'OCDE sur les comptes nationaux et sont définis comme suit :

- La **dette des ménages** correspond à l'encours total de la dette des ménages en pourcentage de leur revenu disponible. Elle s'obtient en additionnant les éléments de passif tels que les prêts, les titres de dette autres que les produits financiers dérivés, et autres que les comptes à payer. Pour la majorité des ménages, elle se compose principalement d'emprunts immobiliers et autres types de passif, tels que lignes de crédit, cartes de crédit et autres formes de crédit à la consommation (prêts souscrits pour l'achat d'une voiture ou prêts étudiants, par exemple).
- Les **actifs fixes nets** (logements, bâtiments, bâtiments non résidentiels, infrastructures, machines et équipements) sont exprimés ici en USD par habitant aux prix courants de 2012 au moyen des PPA du PIB. Les données se rapportent aux actifs fixes nets de l'économie totale, au sens du Système de comptabilité nationale (SCN) 2008. La croissance annuelle de la **formation brute de capital fixe** (investissement dans des logements, bâtiments et autres structures, matériels de transport, autres machines et équipements, ressources cultivées et actifs fixes incorporels) est également indiquée.
- Le capital intellectuel est constitué du stock de **droits de propriété intellectuelle**, exprimé ici en USD par habitant aux prix courants de 2012 au moyen des PPA du PIB. Les données se rapportent aux produits de la propriété intellectuelle (recherche-développement, logiciels et bases de données, prospection minière et évaluation, œuvres récréatives, littéraires ou artistiques originales) de l'économie totale, au sens du SCN 2008.
- L'**investissement dans la recherche-développement**, exprimé en pourcentage du PIB, correspond au montant des dépenses des producteurs résidents au titre de travaux de création entrepris de façon systématique en vue d'accroitre la somme des connaissances, y compris sur l'homme, la culture et

Encadré 3.5. **Exemples d'indicateurs permettant de mesurer le capital économique** *(suite)*

la société, et de permettre l'utilisation de cette somme de connaissances pour concevoir de nouvelles applications. La recherche-développement est considérée comme de la formation de capital, sauf s'il est clair que l'activité ne procure aucun avantage économique à son propriétaire, auquel cas elle est traitée en consommation intermédiaire.

- **La valeur financière nette de l'économie totale** correspond à la valeur totale des actifs financiers diminuée de la valeur totale des passifs. Elle est exprimée ici par habitant. Elle englobe l'or monétaire, le numéraire et autres formes de dépôts, les titres de dette, les crédits, les participations et les prêts, les parts de fonds d'investissement, les assurances, pensions et garanties standards et autres comptes à recevoir/à payer. Les instruments négociables sont enregistrés à leur valeur marchande courante, tandis que les autres instruments sont évalués à leur valeur nominale ou comptable. Les données originales (en monnaie nationale) ont été converties en USD au moyen des PPA courantes du PIB.
- Le **levier du secteur bancaire** correspond au rapport entre certains actifs financiers de ce secteur (numéraire et dépôts, titres autres que les actions, à l'exception des produits financiers dérivés, et crédits, tels que comptabilisés à l'actif des comptes de patrimoine financier) et le total des fonds propres (actions et autres participations, à l'exception des parts d'OPCVM, telles que comptabilisées au passif du compte de patrimoine financier). Le secteur bancaire se compose de la banque centrale (S121) et autres sociétés de dépôts (S122), ainsi que des autres intermédiaires financiers, à l'exception des compagnies d'assurance et des fonds de pension (S123). Cette définition peut cependant varier un peu selon les pays, en particulier : en Australie, au Canada, en Islande, en Suisse, en République slovaque et au Royaume-Uni, les « autres intermédiaires financiers » peuvent englober les auxiliaires financiers (S124). Pour tous les pays de l'OCDE sauf l'Australie et Israël, les données sont des données non consolidées.
- **La valeur financière nette des administrations publiques** correspond à la valeur totale des actifs financiers des administrations publiques diminuée de la valeur totale de leurs passifs. Les administrations publiques se composent de l'administration centrale, de l'administration des États fédérés et des administrations locales, de même que des administrations de sécurité sociale. Conformément à la pratique usuelle, la valeur financière nette des administrations publiques est exprimée ici en pourcentage du PIB. Le SCN définit comme suit les actifs financiers des administrations publiques : numéraire et dépôts ; crédits ; actions et autres participations ; titres autres qu'actions ; réserves techniques d'assurance ; autres comptes à recevoir. L'or monétaire et les droits de tirage spéciaux (DTS) en font partie dans un très petit nombre de pays, comme le Royaume-Uni et les États-Unis. Les passifs correspondent aux engagements totaux inscrits dans le compte de patrimoine financier des administrations publiques.

Bien que des normes internationales bien établies régissent la collecte des données, on dispose encore d'assez peu de données relatives au capital économique se prêtant à des comparaisons internationales. Par exemple, la comparabilité entre pays des données sur le capital produit n'est pas toujours facile à évaluer et peut être compromise par des différences au niveau des actifs fixes couverts et, pour les pays qui utilisent la méthode de l'inventaire permanent, par la longueur des séries chronologiques sur la formation brute de capital fixe par catégorie d'actifs.

Les données relatives à la dette des ménages se prêtent généralement bien à des comparaisons internationales, mais certains mécanismes institutionnels, comme la déductibilité fiscale des intérêts d'emprunt, peuvent exercer une influence sur les ratios d'endettement. Pour calculer le levier du secteur bancaire, il est préférable, pour éviter l'effet des fluctuations boursières, de faire figurer au dénominateur les fonds propres correspondant à la valeur nette totale augmentée des actions et autres participations plutôt que les seules participations. Malheureusement, les données sur les actifs non financiers du secteur bancaire n'étant disponibles que pour un petit nombre de pays de l'OCDE, la valeur nette totale ne peut être calculée.

Encadré 3.5. **Exemples d'indicateurs permettant de mesurer le capital économique** *(suite)*

Les indicateurs présentés ici offrent des outils pour analyser le stock de capital économique mais ne constituent qu'une première étape – et ne sont pas suffisants pour permettre une analyse exhaustive de la stabilité financière et économique. Les données nécessaires à la mesure des actifs non financiers, en particulier des actifs non produits comme les terrains et les ressources naturelles, sont encore très insuffisantes, au niveau des ménages comme de l'administration. Par ailleurs, des actifs tels que les biens culturels et les monuments historiques ne sont pas encore correctement pris en compte. Les variations de la valeur financière nette d'une année sur l'autre peuvent être dues aux transactions financières effectuées durant l'année, mais aussi à la fluctuation des prix des actifs et passifs financiers. Par conséquent, il peut arriver que la croissance du capital financier donne, à tort, une impression de sécurité pour l'avenir lorsque des bulles au niveau du prix des actifs entraînent des gains rapides. Par conséquent, pour évaluer de manière plus complète la viabilité et la stabilité de l'économie, il faudrait disposer d'une batterie d'indicateurs beaucoup plus complète – contenant divers indicateurs de flux et facteurs de risque.

Pour en savoir plus :

- OCDE (2014c), *Panorama des comptes nationaux 2014*, Éditions OCDE, Paris, *http://dx.doi.org/10.1787/na_glance-2014-fr*.
- OCDE (2009), *La mesure du capital – Manuel de l'OCDE 2009 : Deuxième édition*, Éditions OCDE, Paris, *http://dx.doi.org/10.1787/9789264067752-fr*.
- Conseil d'analyse économique et Conseil des experts économiques du gouvernement allemand (2010), Monitoring economic performance, quality of life and sustainability, rapport conjoint commandé par le Conseil des ministres franco-allemand, Rapports du Conseil des experts économiques du gouvernement allemand, *www.sachverstaendigenrat-wirtschaft.de/expertisen.html*.

Le capital économique des ménages est une dimension particulièrement pertinente pour mesurer le bien-être individuel, actuel comme futur. Les données relatives au patrimoine financier net des ménages (issues des comptes nationaux) et celles qui se rapportent au patrimoine total des ménages (provenant de microdonnées) ont été présentées dans le chapitre 2. Ces deux indicateurs laissent penser qu'il existe de fortes disparités entre les pays de l'OCDE, en termes de montant comme de répartition du patrimoine des ménages. Ce troisième chapitre présente l'endettement des ménages, qui a joué un rôle déterminant dans la crise dite des *subprimes* et qui est également un outil pertinent pour évaluer la préservation du bien-être au fil du temps.

Le graphique 3.16 présente l'endettement des ménages en pourcentage du revenu disponible net (voir l'encadré 3.5 pour une définition complète). En 2013, il était compris entre moins de 60 % au Mexique, en Hongrie, en République slovaque, au Chili et en Slovénie, et environ 200 % voire plus en Suisse, en Australie, en Irlande, aux Pays-Bas et au Danemark. Dans plus de la moitié des pays de l'OCDE pour lesquels existent des données, l'endettement des ménages était supérieur en 2013 à ce qu'il était en 2007 et en 2000. Font exception les États-Unis, l'Espagne et le Royaume-Uni, où il a augmenté à partir de 2000 pour atteindre son maximum en 2007 avant de diminuer, l'Irlande, l'Estonie et le Danemark, où il a atteint son maximum en 2009 (n'apparaît pas sur le graphique) et le Portugal, où il a atteint son maximum en 2012 (n'apparaît pas non plus sur le graphique). Contrairement aux autres pays, l'Allemagne et le Japon ont vu l'endettement des ménages atteindre son maximum en 2000 et en 2001 respectivement, puis diminuer.

Graphique 3.16. **Dette des ménages**

En pourcentage du revenu disponible net

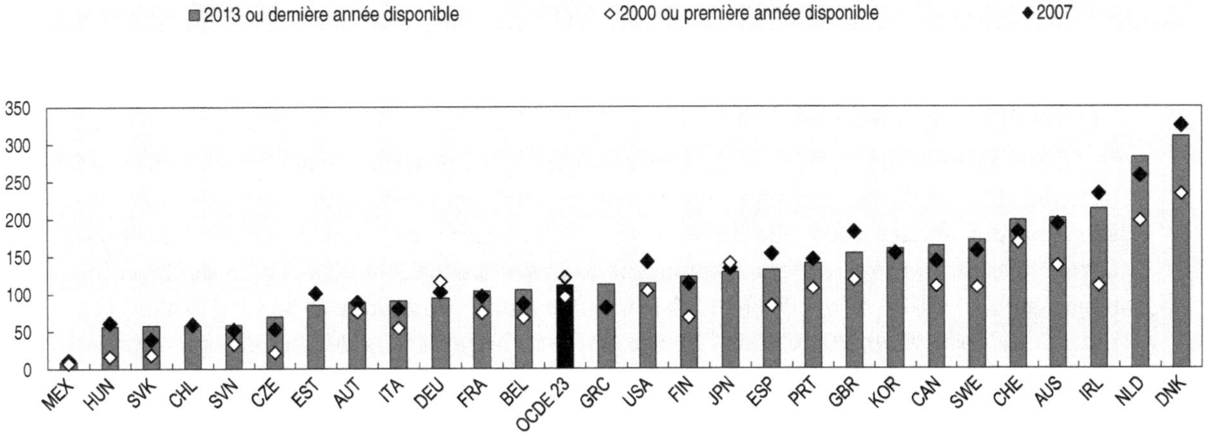

Note : La dernière année disponible est 2014 pour le Portugal et la Suède, 2012 pour la Corée et la Suisse et 2009 pour le Mexique. La première année disponible est 2001 pour l'Irlande et la Slovénie, 2003 pour le Mexique, 2008 pour le Chili et l'Estonie et 2010 pour la Corée. La moyenne OCDE est pondérée par la population.

Source : « Panorama des comptes nationaux », *Statistiques de l'OCDE sur les comptes nationaux* (base de données), *http://dx.doi.org/10.1787/data-00369-fr*.

StatLink *http://dx.doi.org/10.1787/888933278588*

S'agissant des indicateurs qui permettent de mesurer le capital économique au niveau de l'économie dans son ensemble, dans la majorité des pays de l'OCDE le principal type de ***capital produit*** est constitué d'actifs fixes, tels que les logements, bâtiments non résidentiels et infrastructures, machines et équipements (voir la définition dans l'encadré 3.5). En 2012, la valeur totale des actifs fixes par habitant était très variable au sein du groupe de 19 pays de l'OCDE pour lesquels existent des données comparables (graphique 3.17). C'est en Autriche, aux États-Unis, au Danemark, en Allemagne, en Australie et en Suède que cette valeur était la plus élevée (140 000 USD environ ou plus) et au Chili, au Mexique, en Israël, en Estonie et en Grèce qu'elle était la plus faible (inférieure à 90 000 USD).

Graphique 3.17. **Actifs fixes nets par habitant**

USD aux PPA courantes, 2012

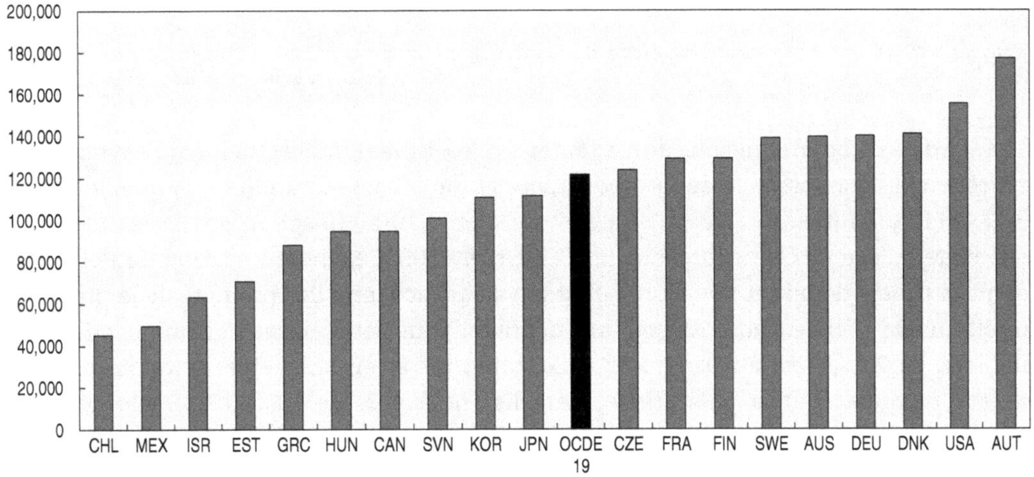

Note : La moyenne OCDE correspond à la moyenne des valeurs figurant sur le graphique pondérée par la population.

Source : Calculs réalisés par l'OCDE à partir des *Statistiques de l'OCDE sur les comptes nationaux* (base de données), *http://dx.doi.org/10.1787/na-data-fr*.

StatLink *http://dx.doi.org/10.1787/888933278596*

La publication OCDE (2014c) décrit l'évolution du stock d'actifs nets entre 2000 et 2010 dans les 15 pays de l'OCDE pour lesquels existent des données se prêtant à des comparaisons internationales. Les pays où la croissance en volume a été la plus forte depuis 2005 sont l'Estonie (40 %), l'Australie (22 %), la Corée (21 %) et la Norvège (16 %), et ceux dans lesquels elle a été la plus faible sont l'Allemagne (5 %), le Danemark (6 %), l'Italie (6 %), la Hongrie et les Pays-Bas (7 % dans les deux cas).

Dans la zone de l'OCDE dans son ensemble, la formation brute de capital fixe (encadré 3.5) est fluctuante depuis 2000 (graphique 3.18). Après avoir fortement ralenti au début des années 2000, elle a connu une forte croissance annuelle de 2003 à 2004. Cette croissance annuelle a ensuite marqué le pas entre 2005 et 2007, avant de devenir négative en 2008 (-2.5 %) et 2009 (-11.8 %) durant la crise économique et financière. Elle est redevenue positive en 2010, mais elle est restée faible au cours des années suivantes, ce qui contribue à expliquer le manque de vigueur de la reprise en cours[4].

Graphique 3.18. **Formation brute de capital fixe, volume moyen pour l'OCDE**

Taux de croissance annuelle en pourcentage, 2000 - 2013

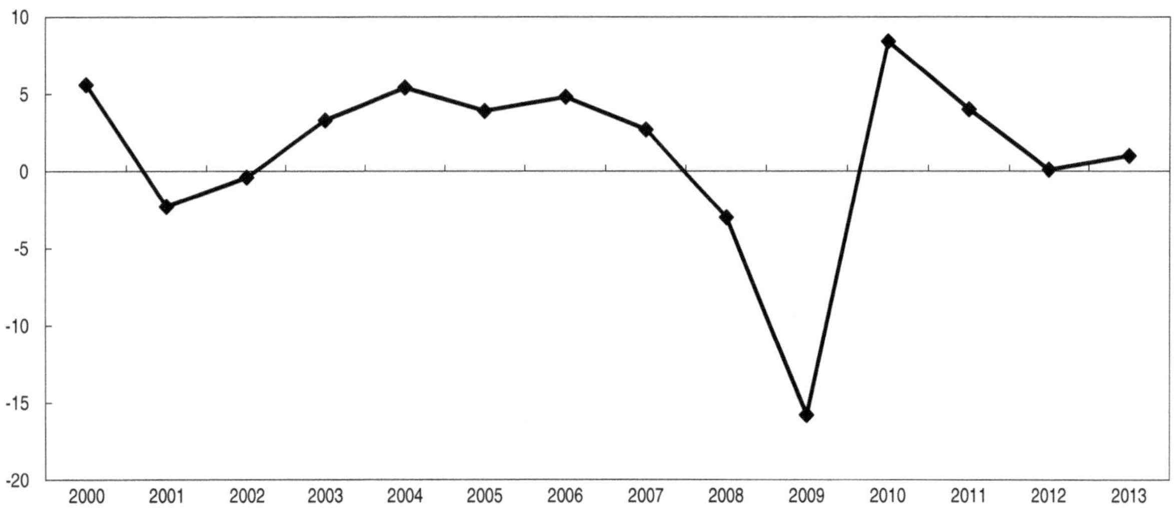

Note : Les valeurs moyennes pour l'OCDE relatives à 2000-02 et à 2013 correspondent à des estimations. La moyenne OCDE est pondérée par la population.

Source : *Statistiques de l'OCDE sur les comptes nationaux* (base de données), *http://dx.doi.org/10.1787/na-data-fr*.

StatLink *http://dx.doi.org/10.1787/888933278602*

Il existe de bonnes raisons de s'attarder sur le « capital intellectuel », qui devrait jouer un rôle dans la croissance de la productivité et dans l'amélioration de la qualité de vie à l'avenir, notamment parce qu'il devrait permettre une utilisation des ressources plus efficiente qu'elle ne l'est actuellement (CEE-ONU, 2014). Cependant, le capital intellectuel étant difficile à définir et à mesurer, c'est la valeur moyenne des produits de la propriété intellectuelle (voir l'encadré 3.5 pour une définition) qui a été utilisée ici comme indicateur indirect. En 2012, c'est au Danemark, aux États-Unis et en Suède que la valeur estimée de ces produits était la plus élevée, s'établissant à plus de 10 000 USD par habitant (graphique 3.19). À l'inverse, cette valeur était inférieure à 2 000 USD par habitant au Mexique, en Estonie et en Grèce. Dans la plupart des pays de l'OCDE, le capital intellectuel représente une part croissante du capital économique ; à noter qu'il se déprécie aussi en général plus rapidement que le capital produit.

Graphique 3.19. **Produits de propriété intellectuelle**

USD aux PPA courantes, par habitant, 2012

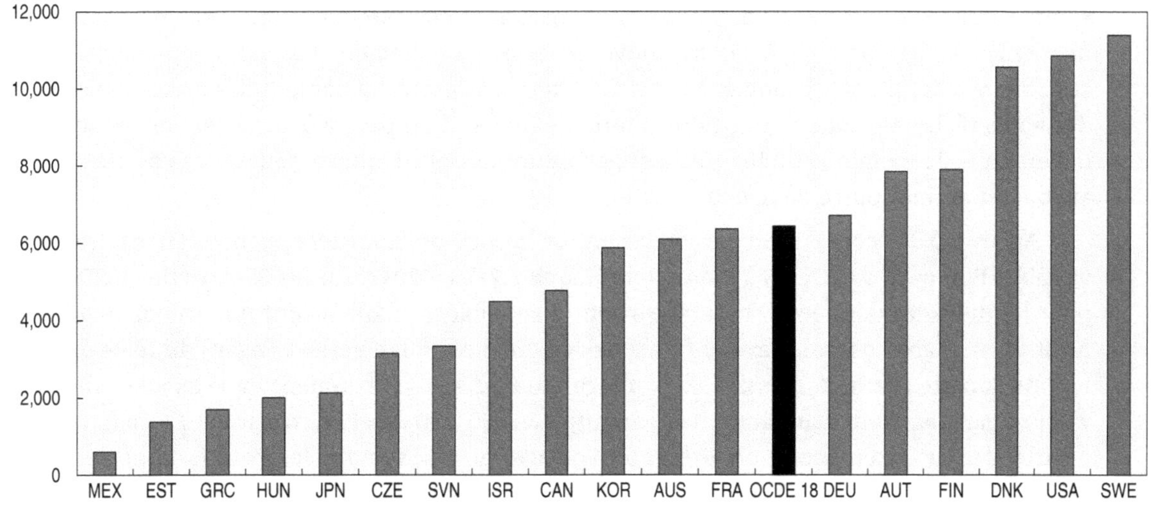

Note : La moyenne OCDE correspond à la moyenne des valeurs figurant sur le graphique pondérée par la population.

Source : Calculs réalisés par l'OCDE à partir des *Statistiques de l'OCDE sur les comptes nationaux* (base de données), *http://dx.doi.org/10.1787/na-data-fr*.

StatLink http://dx.doi.org/10.1787/888933278610

L'investissement dans la recherche-développement (R-D) joue un rôle déterminant dans la constitution du stock total de capital intellectuel. En 2012, la Finlande était, des 11 pays qui apparaissent sur le graphique 3.20, celui qui se classait en tête en termes d'investissement dans la R-D en pourcentage du PIB (avec 3.3 %), tandis que la Grèce arrivait en dernière position (0.7 %). En règle générale, l'investissement dans la R-D en pourcentage du PIB était plus élevé en 2012 qu'en 2000, même si son niveau est resté relativement stable aux Pays-Bas et en Finlande.

Graphique 3.20. **Investissement en R-D**

En pourcentage du PIB

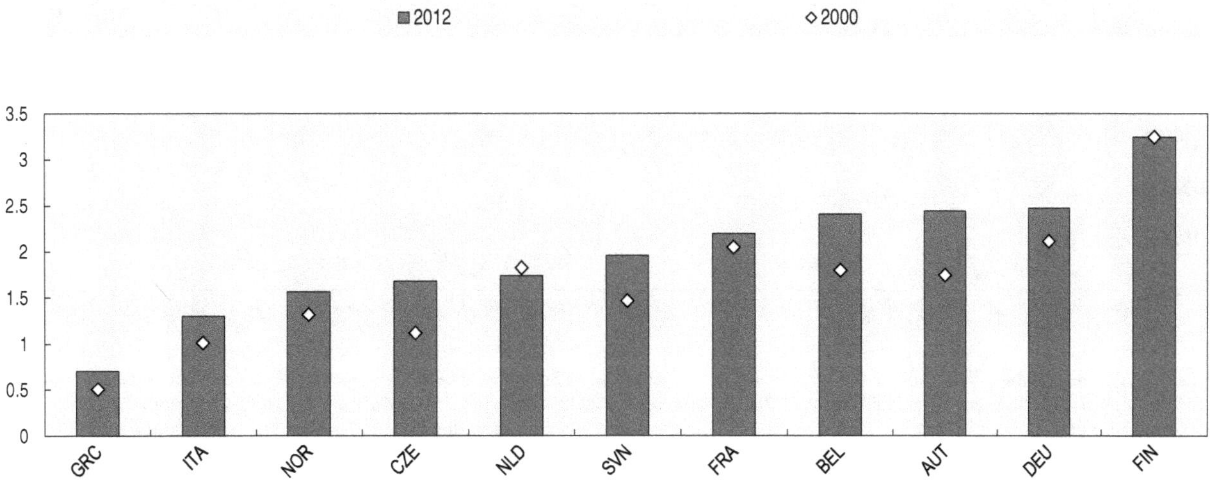

Source : Calculs réalisés par l'OCDE à partir des *Statistiques de l'OCDE sur les comptes nationaux* (base de données), *http://dx.doi.org/10.1787/na-data-fr*.

StatLink http://dx.doi.org/10.1787/888933278627

Le ***capital financier*** peut également servir de réserve de valeur et favoriser ainsi le bien-être futur. Alors que dans une économie fermée le capital financier est un stock à somme nulle (en ce sens qu'à chaque élément d'actif correspond un élément de passif de même valeur), dans une économie ouverte, les actifs financiers d'un pays peuvent être supérieurs à ses passifs financiers. Les actifs financiers étant finalement des créances sur des actifs réels, la position financière extérieure (nette) d'un pays a des conséquences sur la pérennité économique du bien-être et peut jouer un rôle d'amortisseur en cas de chocs et constituer une source de revenu à l'avenir.

Au niveau de l'économie dans son ensemble, la position financière par habitant est très variable d'un pays de l'OCDE à l'autre (graphique 3.21). En 2013, sur les 33 pays de l'OCDE pour lesquels des données comparables sont disponibles, 12 affichaient une valeur nette positive, en d'autres termes avaient un stock de créances financières à l'égard du reste du monde supérieur à leurs passifs. La Norvège et la Suisse se classaient en tête, avec une valeur financière nette par habitant supérieure à 80 000 USD aux PPA courantes. En Islande, en Irlande, au Luxembourg, en Grèce, au Portugal et en Espagne, les passifs financiers dépassaient les actifs à raison de 30 000 USD par habitant au moins et les dettes nettes étaient au moins quatre fois plus élevées qu'en 2000. En revanche, la position financière de l'Allemagne s'est améliorée, passant d'environ -250 USD par habitant en 2000 à 14 885 USD par habitant en 2013. En Norvège, la valeur financière nette était 13 fois plus élevée en 2013 qu'en 2000.

Il est important de ne pas se cantonner à examiner le capital économique d'un pays dans son ensemble et d'analyser aussi le compte de patrimoine des différents secteurs de l'économie. On ne dispose malheureusement de comptes de patrimoine

Graphique 3.21. **Valeur financière nette de l'économie dans son ensemble**

USD aux PPA courantes, par habitant

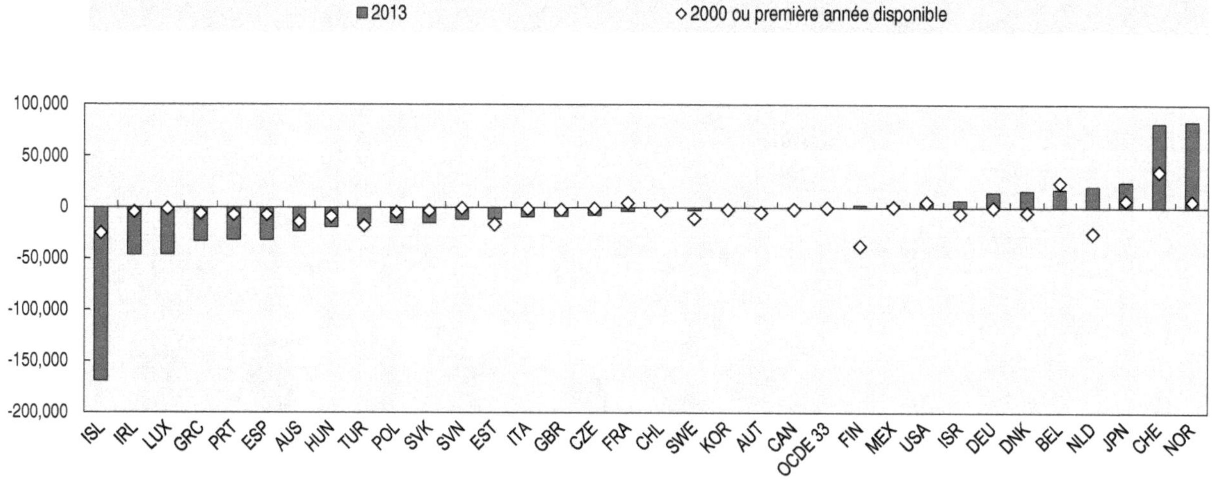

Note : La dernière année disponible est 2012 pour la Corée, 2011 pour la Suisse et 2009 pour le Mexique. La première année disponible est 2001 pour l'Irlande, Israël et la Slovénie, 2002 pour la Corée, 2003 pour l'Islande, 2005 pour le Chili, 2008 pour l'Estonie et le Luxembourg et 2010 pour la Turquie. La moyenne OCDE correspond à la moyenne des valeurs figurant sur le graphique pondérée par la population.

Source : Calculs réalisés par l'OCDE à partir des *Statistiques de l'OCDE sur les comptes nationaux* (base de données), *http://dx.doi.org/10.1787/na-data-fr.*

StatLink *http://dx.doi.org/10.1787/888933278630*

sectoriels complets, tenant également compte des actifs non financiers, que pour quelques pays de l'OCDE, si bien que la plupart des évaluations ne portent que sur la position financière des secteurs (en d'autres termes, on ne dispose d'aucune information sur leurs actifs non financiers). S'il s'agit certes là d'une lacune importante lorsque l'on veut mesurer la durabilité du bien-être à partir de « l'approche fondée sur le capital » (avec de réelles conséquences sur la manière dont les politiques sont évaluées), les données actuellement disponibles peuvent néanmoins apporter un éclairage précieux.

La stabilité du secteur bancaire et financier, par exemple, est déterminante pour la stabilité économique d'un pays. Pour évaluer les forces et faiblesses du système financier dans différents pays, le Fonds monétaire international (FMI) a mis au point une série d'*Indicateurs de solidité financière* (ISF) (FMI, 2015), qui fournit un large éventail de mesures (FMI, 2015). De même, l'Initiative du G20 contre les lacunes en matière de données *(Data Gaps Initiative)* vise à enrichir, à partir d'une série de recommandations, les statistiques disponibles (FMI-CSF, 2009 ; 2010 ; 2012) afin de donner aux décideurs publics les moyens d'effectuer un meilleur suivi des évolutions économiques et financières. Le Groupe interinstitutionnel sur les statistiques économiques et financières, qui a été créé en 2008 et regroupe la Banque des règlements internationaux, la Banque centrale européenne, Eurostat, le FMI, l'OCDE, les Nations Unies et la Banque mondiale, joue un rôle central dans cette initiative.

Le levier du secteur bancaire correspond au rapport entre certains actifs financiers du secteur bancaire (figurant à l'actif du compte de patrimoine financier, comme le numéraire et les dépôts) et le total des fonds propres (figurant au passif du compte de patrimoine financier, comme les actions et autres participations. Bien que le levier soit un indicateur un peu approximatif – et qu'il soit seulement l'un des nombreux indicateurs qui seraient nécessaires pour évaluer pleinement la viabilité du secteur financier –, un ratio actifs sur fonds propres (ou levier) élevé peut être synonyme d'une exposition accrue au risque et aux ralentissements de la conjoncture.

En 2012, c'est au Chili, en Italie, en République slovaque et en Allemagne que le levier du secteur bancaire était le plus élevé, s'établissant à environ 25 au moins (graphique 3.22). C'est au Canada, aux Pays-Bas et au Luxembourg qu'il était le plus faible, étant inférieur à 3 dans chacun de ces pays. En République slovaque, au Japon, au Mexique, en Corée, en République tchèque, en Autriche et en Pologne, le levier du secteur bancaire avait diminué d'au moins cinq points en 2012 par rapport à son niveau de 2000. En revanche, en Italie, en Espagne, en Allemagne, en Grèce, en France, en Belgique, en Slovénie et au Royaume-Uni, il a progressé d'au moins cinq points entre 2000 et 2012.

La position financière des administrations publiques joue également un rôle important dans la préservation du bien-être, et du fait des garanties implicites de l'État, la dette privée peut rapidement se transformer en dette publique. Les États peuvent s'autoriser un déficit budgétaire pour soutenir l'activité économique et favoriser la constitution de capital économique, humain et social (par exemple en finançant des investissements dans des actifs fixes, comme des infrastructures publiques, ou en investissant dans la formation et les compétences) ou encore pour empêcher la dégradation du capital social. Une dette publique élevée peut cependant représenter un risque pour le bien-être futur, par exemple dans le cas où une obligation soudaine de la réduire conduit à une baisse rapide et importante des dépenses publiques.

Graphique 3.22. **Levier du secteur bancaire**

Rapport entre certains actifs et les fonds propres

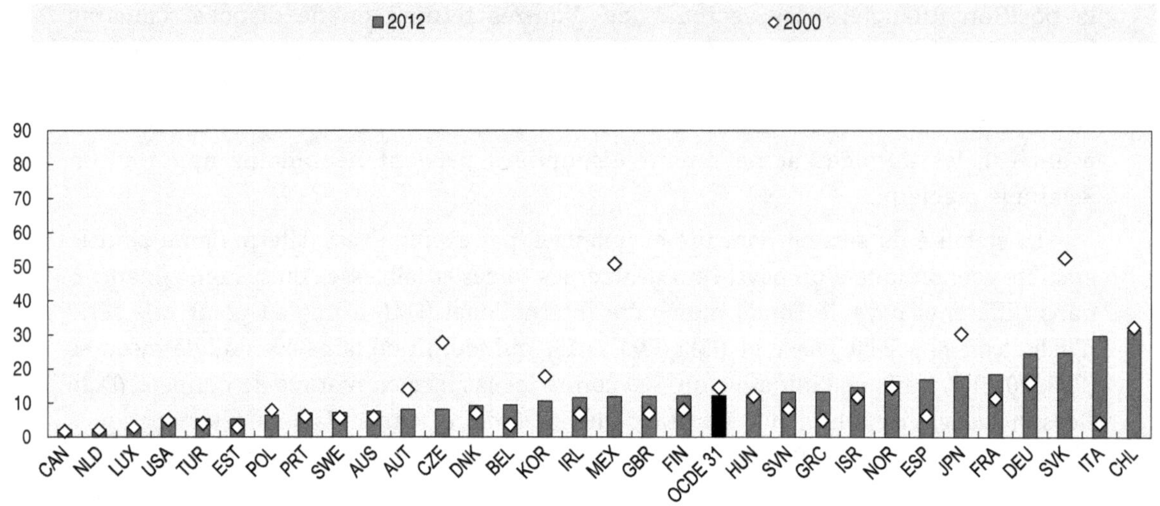

Note : La dernière année disponible est 2011 pour le Japon et Israël, et 2009 pour le Mexique. La première année disponible est 2001 pour l'Irlande, Israël, la Slovénie, 2002 pour la Corée, 2003 pour le Danemark, 2005 pour le Chili, 2006 pour le Luxembourg et 2010 pour la Turquie. La moyenne OCDE correspond à la moyenne des valeurs figurant sur le graphique pondérée par la population.

Source : « Panorama des comptes nationaux », *Statistiques de l'OCDE sur les comptes nationaux* (base de données), *http://dx.doi.org/10.1787/data-00369-fr.*

StatLink *http://dx.doi.org/10.1787/888933278647*

La position financière nette des administrations publiques (graphique 3.23 ; voir l'encadré 3.5 pour une définition) est évaluée ici au moyen de la valeur financière nette (qui correspond à la différence entre les actifs et les passifs financiers) et non au moyen

Graphique 3.23. **Valeur financière nette des administrations publiques**

En pourcentage du PIB

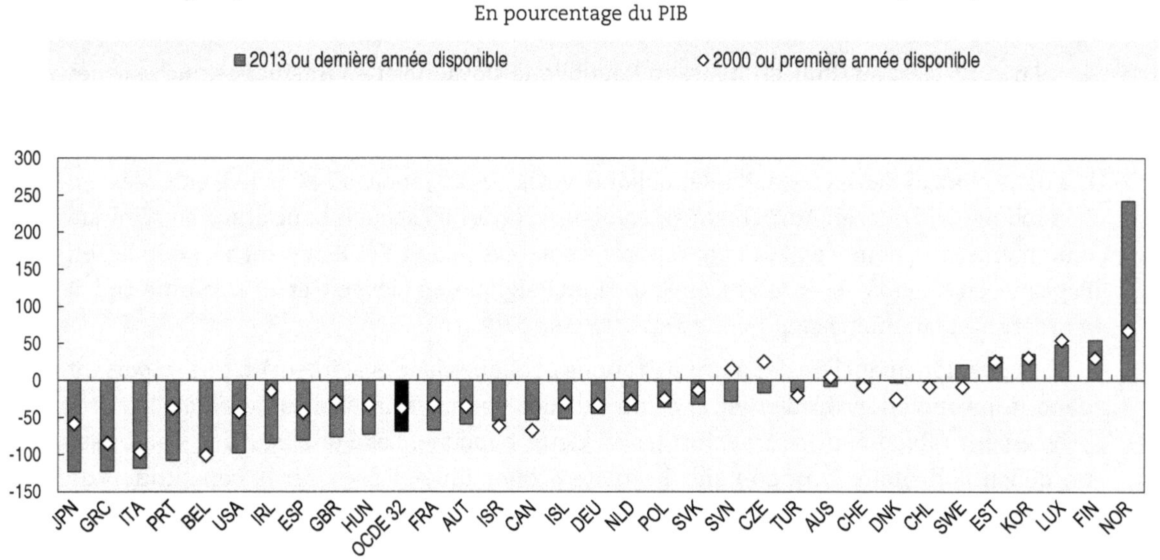

Note : La dernière année disponible est 2014 pour l'Australie, l'Autriche, la Belgique, le Chili, la Hongrie, la Norvège, le Portugal, la Slovénie, l'Espagne, la Suède, le Royaume-Uni et les États-Unis et 2012 pour la Corée et la Suisse. La première année disponible est 2001 pour Israël et la Slovénie, 2002 pour la Corée, 2003 pour l'Islande et la Pologne, 2005 pour le Chili, 2008 pour l'Estonie et le Luxembourg et 2009 pour la Turquie. La moyenne OCDE correspond à la moyenne des valeurs figurant sur le graphique pondérée par la population.

Source : *Statistiques de l'OCDE sur les comptes nationaux* (base de données), *http://dx.doi.org/10.1787/na-data-fr*.

StatLink *http://dx.doi.org/10.1787/888933278654*

des indicateurs de l'endettement brut généralement pris en compte dans l'analyse des politiques économiques, qui portent davantage sur la liquidité que sur la viabilité à proprement parler. En 2013 (ou la dernière année pour laquelle des données étaient disponibles), la valeur financière nette des administrations publiques oscillait entre 242 % du PIB en Norvège, 54 % en Finlande et 49 % au Luxembourg et une position négative de -118 % du PIB en Italie, –122 % en Grèce et –123 % au Japon. À noter cependant que le compte de patrimoine financier des administrations publiques ne tient pas compte des actifs non financiers (infrastructures, patrimoine culturel, paysages protégés et œuvres d'art), si bien que la valeur financière nette des administrations publiques ne rend pas compte de l'ensemble de leur patrimoine.

Entre 2000 et 2013, la plupart des pays de l'OCDE ont vu la valeur nette des administrations publiques en pourcentage du PIB reculer, en moyenne de 31.3 points de pourcentage. Font exception la Norvège, la Suède, la Finlande, le Danemark et le Canada, où la valeur financière nette en pourcentage du PIB a progressé de 10 points voire plus depuis 2000. Les pays où cet indicateur s'est dégradé le plus au cours de la période 2000-13 sont le Portugal, l'Irlande, le Japon et les États-Unis, où il a perdu plus de 50 points de pourcentage.

Notes

1. Ce chapitre porte sur les stocks de ressources déterminants pour les résultats en matière de bien-être à plus long terme. Il existe cependant à l'évidence des synergies avec les jeux d'indicateurs de développement durable utilisés par de nombreux pays de l'OCDE et offices de la statistique. Ces jeux d'indicateurs comportent souvent des outils de mesure supplémentaires par rapport à ceux qui figurent dans le tableau 3.1, par exemple des données sur la consommation d'énergie de sources renouvelables, sur les déchets et leur recyclage, sur les dépenses au titre de l'aide internationale, sur le décrochage scolaire et les jeunes qui ne sont ni en formation ni en emploi (NEET), sur la pauvreté, la cohésion sociale et les inégalités entre hommes et femmes. Certains de ces aspects sont traités de manière plus approfondie dans d'autres travaux de l'OCDE, comme l'initiative sur les indicateurs de croissance verte (OCDE, 2014a, par exemple), les *Perspectives de l'emploi* (OCDE, 2015e, par exemple), les travaux sur les inégalités de revenu et la pauvreté (*Tous concernés*, OCDE, 2015f), le Portail de l'OCDE sur l'égalité hommes-femmes (OCDE, 2015g) et les travaux de l'OCDE dans le domaine de la coopération pour le développement (OCDE, 2015h, par exemple).
2. Les six gaz à effet de serre visés par le protocole de Kyoto sont le dioxyde de carbone (CO_2), le méthane (CH_4), l'hémioxyde d'azote (N_2O), les hydrofluorocarbures (HFC), les hydrocarbures perfluorés (PFC) et l'hexafluorure de soufre (SF_6).
3. Pour qu'il y a ait une chance sur deux de limiter à 2 °C l'augmentation de la température mondiale par rapport à son niveau préindustriel, il faudrait, selon les estimations, que la concentration des six gaz à effet de serre visés par le protocole de Kyoto se stabilise à un niveau inférieur à 491 ppm équivalent CO_2 environ (Agence européenne pour l'environnement, 2015).
4. À la suite de la Grande Récession, le taux de croissance de la « production potentielle » a connu, dans tous les pays de l'OCDE, une forte chute qui était davantage liée à une diminution des stocks de capital par travailleur qu'à un ralentissement du progrès technique (OCDE, 2015e). Cette diminution du stock de capital économique a fait renaître l'hypothèse selon laquelle les pays de l'OCDE pourraient, à l'avenir, être confrontés à une période de « stagnation séculaire », durant laquelle (dans un contexte où les taux d'intérêt sont proches de zéro) l'investissement est perpétuellement inférieur à l'épargne. Pour une réflexion plus approfondie sur cet aspect, voir le chapitre consacré à l'investissement dans *Perspectives économiques de l'OCDE*, volume 2015 (OCDE, 2015i) et l'analyse présentée dans OCDE (2015j).

Bibliographie

Agence européenne pour l'environnement (2015), « Atmospheric greenhouse gas concentrations » (CSI 013/CLIM 052) – Assessment published Feb. 2015, *www.eea.europa.eu/data-and-maps/indicators/atmospheric-greenhouse-gas-concentrations-4/assessment* (consulté le 26 mai 2015).

Agence internationale de l'énergie (2014), *Energy, Climate Change and Environment: 2014 Insights*, AIE, Paris, *http://dx.doi.org/10.1787/9789264220744-en*.

Boarini, R., M. Mira d'Ercole et G. Liu (2012), « Approaches to Measuring the Stock of Human Capital: A Review of Country Practices », *Documents de travail statistiques de l'OCDE*, n° 2012/04, Éditions OCDE, Paris, *http://dx.doi.org/10.1787/5k8zlm5bc3ns-en*.

Commission économique des Nations Unies pour l'Europe (CEE-ONU) (2014), *Conference of European Statisticians Recommendations on Measuring Sustainable Development*, Nations Unies, New York et Genève, *www.unece.org/fileadmin/DAM/stats/publications/2013/CES_SD_web.pdf*.

Conseil d'analyse économique et Conseil des experts économiques du gouvernement allemand (2010), *Monitoring Economic Performance, Quality of Life and* Sustainability, rapport conjoint commandé par le Conseil des ministres franco-allemand, Rapports du Conseil des experts économiques du gouvernement allemand, *www.sachverstaendigenrat-wirtschaft.de/expertisen.html*.

Eurostat (2015) « Quality of life in Europe – facts and views – governance », *in Quality of Life*, publication en ligne : *http://ec.europa.eu/eurostat/statistics-explained/index.php?title=Quality_of_life_in_Europe_-_facts_and_views_-_governance&oldid=237687* (consulté le 4 juillet 2015).

FAO (Organisation des Nations Unies pour l'alimentation et l'agriculture) (2010), Évaluation des ressources forestières mondiales 2010, Rapport principal, Étude FAO : Forêts 163, Organisation des Nations Unies pour l'alimentation et l'agriculture, Rome, *www.fao.org/docrep/013/i1757f/i1757f.pdf*.

Fonds monétaire international (2015), « Indicateurs de solidité financière », *http://fsi.imf.org/Default.aspx (consulté le 8 juillet 2015)*.

FMI-CSF (Conseil de stabilité financière) (2009), *The Financial Crisis and Information Gaps: Report to the G-20 Finance Ministers and Central Bank Governors*, *www.imf.org/external/np/g20/pdf/102909.pdf*.

FMI-CSF (2010), *The Financial Crisis and Information Gaps – Action Plans and Timetables*, *www.financialstabilityboard.org/2010/05/r_100510/?page_moved=1*.

FMI-CSF (2012), *The Financial Crisis and Information Gaps – Progress Report on the G-20 Data Gaps Initiative: Status, Action Plans, Timetables*, *www.imf.org/external/np/G20/pdf/093012.pdf*.

IUCN (2013), Liste rouge mondiale des espèces menancées, *www.iucnredlist.org/about* (consulté le 12 avril 2015).

Liu, G. (2011), « Measuring the Stock of Human Capital for Comparative Analysis: An Application of the Lifetime Income Approach to Selected Countries », *Documents de travail statistiques de l'OCDE*, n° 41, 2011/06, Éditions OCDE, Paris, *http://dx.doi.org/10.1787/5kg3h0jnn9r5-en*.

Nations Unies (2009a) *Measuring Sustainable Development*, Commission économique des Nations Unies pour l'Europe, en coopération avec l'OCDE et l'Office statistique de l'Union européenne (Eurostat), New York et Genève, *https://sustainabledevelopment.un.org/index.php?page=view&type=400&nr=801&menu=35*.

OCDE (2015a), *Aligning Policies for a Low-carbon Economy*, Éditions OCDE, Paris, *http://dx.doi.org/10.1787/9789264233294-en*.

OCDE (2015b), « Carbon dioxide emissions embodied in international trade », *www.oecd.org/sti/inputoutput/co2* (consulté le 15 juillet 2015).

OCDE (2015c), *Water Resources Allocation: Sharing Risks and Opportunities, Études de l'OCDE sur l'eau*, Éditions OCDE, Paris, *http://dx.doi.org/10.1787/9789264229631-en*.

OCDE (2015d), *Regards sur l'éducation, Rapport intermédiaire : Mise à jour des indicateurs relatifs à l'emploi et au niveau de formation*, Éditions OCDE, Paris, *www.oecd.org/edu/EAG-Interim-report.pdf*.

OCDE (2015e), *Perspectives de l'emploi de l'OCDE 2015*, Éditions OCDE, Paris, *http://dx.doi.org/10.1787/empl_outlook-2015-fr*.

OECD (2015f), *Tous concernés : Pourquoi moins d'inégalité profite à tous*, Éditions OCDE, Paris, *http://dx.doi.org/10.1787/9789264235519-fr*.

OCDE (2015g), Portail de l'OCDE sur l'égalité hommes-femmes, *www.oecd.org/fr/parite/donnees/* (consulté le 12 mai 2015).

OCDE (2015h), *Statistiques de l'OCDE sur le développement international (base de données)*, *http://dx.doi.org/10.1787/dev-data-fr* (consulté le 10 juillet 2015).

OCDE (2015i), « Stimuler l'investissement pour une croissance plus forte et durable », *in* OCDE, *Perspectives économiques de l'OCDE, Volume 2015, n° 1*, Éditions OCDE, Paris, Éditions OCDE, Paris, *http://dx.doi.org/10.1787/eco_outlook-v2015-1-46-fr*.

OCDE (2015j), *OECD Business and Finance Outlook 2015*, Éditions OCDE, Paris, *http://dx.doi.org/10.1787/9789264234291-en*.

OCDE (2014a), *Green Growth Indicators 2014*, Études de l'OCDE sur la croissance verte, Éditions OCDE, Paris, *http://dx.doi.org/10.1787/9789264202030-en*.

OCDE (2014b), *Regards sur l'éducation 2014 : Les indicateurs de l'OCDE*, Éditions OCDE, Paris, *http://dx.doi.org/10.1787/eag-2014-fr*.

OCDE (2014c), *Panorama des comptes nationaux 2014, Éditions OCDE, Paris, http://dx.doi.org/10.1787/na_glance-2014-fr*.

OCDE (2013a), *Comment va la vie ? : Mesurer le bien-être, Éditions OCDE, http://dx.doi.org/10.1787/how_life-2013-fr*.

OCDE (2013b), *Panorama de l'environnement 2013 : Les indicateurs de l'OCDE, Éditions OCDE, Paris, http://dx.doi.org/10.1787/9789264221802-fr*.

OCDE (2013c), *L'eau et l'adaptation au changement climatique : Des politiques pour naviguer en eaux inconnues, Études de l'OCDE sur l'eau, Éditions OCDE, Paris, http://dx.doi.org/10.1787/9789264200647-fr*.

OCDE (2013d), *Panorama de la santé 2013 : Les indicateurs de l'OCDE, Éditions OCDE, Paris, http://dx.doi.org/10.1787/health_glance-2013-fr*.

OCDE (2012), *Perspectives de l'environnement de l'OCDE à l'horizon 2050 : Les conséquences de l'inaction, Éditions OCDE, Paris, http://dx.doi.org/10.1787/env_outlook-2012-fr*.

OCDE (2011), *Comment va la vie ? : Mesurer le bien-être*, Éditions OCDE, Paris, *http://dx.doi.org/10.1787/9789264121195-fr*.

OCDE (2009), *La mesure du capital – Manuel de l'OCDE 2009 : Deuxième édition*, Éditions OCDE, Paris, *http://dx.doi.org/10.1787/9789264067752-fr*.

Oeppen, J. et J. W. Vaupel (2002), « Broken Limits of Life Expectancy », *Science*, vol. 296, n° 5570.

Office fédéral suisse de la statistique (2013), *Le développement durable en bref 2013 : 17 indicateurs-clés pour mesurer les progrès, www.bfs.admin.ch/bfs/portal/fr/index/themen/21/01/new.html?gnpID=2013-267* (consulté le 10 juillet 2015).

Organisation météorologique mondiale (OMM), *Bulletin de l'OMM sur les gaz à effet de serre*, n° 10, 6 novembre 2014, *www.wmo.int/pages/prog/arep/gaw/ghg/GHGbulletin.html* (consulté le 10 juillet 2015).

Scrivens, K. et C. Smith (2013), « Four Interpretations of Social Capital: An Agenda for Measurement », *Documents de travail statistiques de l'OCDE*, n° 2013/06, Éditions OCDE, Paris, *http://dx.doi.org/10.1787/5jzbcx010wmt-en*.

Siegler, V. (2015), « Measuring National Well-Being – An Analysis of Social Capital in the UK », Office for National Statistics, *www.ons.gov.uk/ons/rel/wellbeing/measuring-national-well-being/analysis-of-social-well-being--social-capital--in-the-uk---2013-14/index.html*.

Statistics New Zealand (2011), *Key findings on New Zealand's progress using a sustainable development approach: 2010*, Statistics New Zealand, Wellington, *www.stats.govt.nz/browse_for_stats/snapshots-of-nz/Measuring-NZ-progress-sustainable-dev-%20approach/key-findings-2010.aspx* (consulté le 29 mai 2015).

UNU-IHDP et PNUE (2014) *Inclusive Wealth Report 2014, Measuring progress towards sustainability*. Cambridge: Cambridge University Press, *http://inclusivewealthindex.org*.

UNU-IHDP et PNUE (2012) *Inclusive Wealth Report 2012, Measuring progress towards sustainability*. Cambridge: Cambridge University Press, *http://inclusivewealthindex.org*.

Wilmoth, J.R. (2011), « Increase in Human Longevity: Past, Present and Future », *The Japanese Journal of Population*, vol. 9, n° 1.

Bases de données :

Eurostat (2015), « Statistiques de l'Union Européenne sur le revenu et les conditions de vie (EU-SILC) », *http://appsso.eurostat.ec.europa.eu/nui/show.do?dataset=ilc_pw03&lang=fr* (consulté le 3 juillet 2015).

Gallup World Poll, *www.gallup.com/services/170945/world-poll.aspx* (consulté le 3 juillet 2015).

Statistiques de l'OCDE sur l'environnement (base de données), *http://dx.doi.org/10.1787/env-data-fr* (consulté le 4 juillet 2015).

Statistiques de l'OCDE sur la santé (base de données), *http://dx.doi.org/10.1787/health-data-fr* (consulté le 10 juillet 2015).

Statistiques de l'OCDE sur les comptes nationaux (base de données), *http://dx.doi.org/10.1787/na-data-fr* (consulté le 10 juillet 2015).

Chapitre 4

Comment va la vie pour les enfants ?

L'enfance constitue une période unique de l'évolution de l'être humain et une étape essentielle pour préparer les sociétés de demain à la prospérité et à la durabilité. Ce chapitre examine les principaux enjeux de l'évaluation du bien-être des enfants, puis présente des données relatives au bien-être des enfants dans 10 aspects de leur vie. L'analyse montre que, dans de nombreux pays de l'OCDE, beaucoup d'enfants vivent dans la pauvreté et dans des ménages sans emploi, et que le risque de pauvreté s'est accru durant la récession. Si, dans la plupart des pays de l'OCDE, les risques en matière de santé sont faibles au cours de la petite enfance, ils sont beaucoup plus élevés chez les adolescents. La plupart des enfants grandissent dans un environnement social favorable et ils sont nombreux à s'engager au sein de la société. Néanmoins, une proportion non négligeable des enfants risque de se trouver en situation de victimes. Le vécu des enfants varie considérablement en fonction de l'âge, du sexe et de la situation socio-économique de la famille. Avec l'âge, les relations avec les camarades de classe et les parents se compliquent ; leur satisfaction à l'égard de l'existence et leur état de santé autodéclaré se dégradent. Pour la quasi-totalité des dimensions prises en compte dans ce chapitre, le bien-être des enfants des familles pauvres est inférieur à celui des enfants des familles riches.

Les données statistiques concernant Israël sont fournies par et sous la responsabilité des autorités israéliennes compétentes. L'utilisation de ces données par l'OCDE est sans préjudice du statut des hauteurs du Golan, de Jérusalem Est et des colonies de peuplement israéliennes en Cisjordanie aux termes du droit international.

Introduction : pourquoi s'intéresser au bien-être des enfants ?

Les enfants et les jeunes constituent une part importante de la population dans tous les pays de l'OCDE. En effet, plus d'une personne sur quatre dans les pays de l'OCDE a moins de 20 ans ; 6 % environ de la population a moins de 5 ans, 12 % a moins de 10 ans et 13 % a entre 11 et 19 ans (OCDE, 2015a). Si les éditions précédentes de *Comment va la vie ?* ont largement traité la question des inégalités en matière de bien-être entre les groupes d'âge, le rapport n'avait jusqu'à présent intégré aucune mesure du bien-être des enfants ni aucune comparaison entre les ménages avec enfants et les ménages sans enfants ou entre différents groupes d'enfants.

De nombreux travaux soulignent le lien entre le bien-être durant l'enfance et le bien-être à l'âge adulte, notamment en matière d'éducation[1]. La compréhension de la situation des enfants peut donc renseigner sur leur bien-être futur et contribuer à identifier les opportunités ou les besoins afin de prendre des mesures précoces. En outre, le bien-être des enfants, en tant que *personnes dépendantes*, est partiellement lié au bien-être de leurs familles et de la société dans son ensemble, comme le montrent clairement l'augmentation des taux de pauvreté infantile (UNICEF, 2014), d'inactivité des jeunes (Scarpetta, Sonnet et Manfredi, 2010 ; Carcillo et al., 2015) et de sans-abrisme (OCDE, 2015c) durant la Grande récession.

La situation des enfants, évaluée au moyen d'indicateurs classiques tels que la pauvreté monétaire, la santé des nourrissons, l'éducation et l'activité des jeunes, a évolué dans différentes directions durant les dernières années (OCDE, 2009, 2011 et 2015d), ce qui a conduit les décideurs à réfléchir aux moyens d'améliorer la vie de tous les enfants et contribuer ainsi à l'accroissement du bien-être général à l'avenir. Face à l'irrégularité des progrès dans des domaines clés tels que la pauvreté infantile et l'activité des jeunes, de nombreux pays de l'OCDE et organismes internationaux ont lancé, ces dernières années, des initiatives visant à améliorer la mesure du bien-être des enfants (encadré 4.1).

L'OCDE a commencé à travailler sur le bien-être des enfants en 2009 et a élaboré un cadre d'évaluation qui a servi à fournir une analyse détaillée du bien-être des enfants dans le rapport *Assurer le bien-être des enfants* (OCDE, 2009). Certains des indicateurs utilisés dans ce rapport ont été repris depuis dans la *Base de données de l'OCDE sur la Famille*, qui est mise à jour régulièrement afin de suivre les évolutions de certaines données sur les familles avec enfants. Plus récemment, une analyse approfondie menée par l'OCDE sur les données des enquêtes sur les enfants a mis en évidence les principales lacunes en matière d'évaluation dans ce domaine (Richardson et Ali, 2014). C'est dans ce contexte que le présent chapitre se propose d'évaluer le bien-être des enfants conformément à l'approche de *Comment va la vie ?*.

Le chapitre est organisé comme suit. Il s'agit, en premier lieu, d'examiner la problématique de l'évaluation du bien-être des enfants, notamment son intégration au cadre de *Comment va la vie ?*. Ensuite, les indicateurs utilisés dans ce chapitre sont présentés, ainsi que les critères ayant présidé à leur sélection. Puis, les données sur le bien-être des enfants dans les pays de l'OCDE sont analysées, en ciblant aussi bien les différences entre pays en termes de bien-être moyen des enfants que les inégalités entre enfants ayant des caractéristiques différentes. Enfin, la dernière partie du chapitre porte sur l'examen du programme statistique à venir.

Encadré 4.1. **Initiatives internationales et nationales d'évaluation du bien-être des enfants**

Depuis une dizaine d'années, de très nombreuses initiatives voient le jour afin d'évaluer le bien-être des enfants. Elles sont menées par des organismes internationaux (par exemple : l'UNICEF en 2007, 2009 et 2013, l'OCDE en 2009 et 2011 et la Commission européenne en 2008), des universitaires, des ONG et des centres de recherche (Bradshaw, Hoelscher et Richardson, 2007 ; Richardson, Hoelscher et Bradshaw, 2008 ; Save the Children, 2008 et 2011 ; TARKI, 2010). L'évaluation du bien-être des enfants est aussi à l'ordre du jour dans de nombreux pays de l'OCDE. Par exemple :

- En Australie, les études *Child Health, Development and Well-being* réalisées par l'Australian Institute of Health and Welfare (*www.aihw.gov.au/child-health-development-and-wellbeing/*) portent sur les aspects clés du bien-être des enfants de moins de 14 ans (au moyen de 56 indicateurs) et de moins de 12 ans (au moyen de 19 indicateurs). Ces aspects recouvrent sept dimensions : la santé, le développement sain, l'apprentissage et le développement, les facteurs de risque, les familles et les communautés, la sûreté et la sécurité, ainsi que les performances des systèmes.
- Au Royaume-Uni, l'Office for National Statistics (ONS) a axé ses travaux sur les enfants de moins de 15 ans, dans le cadre du *Measuring National Well-being Programme* (ONS 2012, 2014). À partir du cadre d'évaluation du bien-être de l'ensemble de la population, il a mis au point une série de 31 indicateurs phares provisoires du bien-être des enfants (concernant des aspects objectifs et subjectifs) répartis en sept catégories (bien-être personnel, relations, santé, activités, lieu de vie, finances personnelles, éducation et aptitudes). Une mesure de référence de 22 de ces 31 indicateurs a été réalisée en 2014, dans la perspective d'une mise à jour en 2015 à l'issue d'une consultation publique (ONS, 2014).

Par le passé, beaucoup d'autres pays ont réalisé des études officielles afin d'évaluer ou de suivre l'état du bien-être des enfants au plan national. Les travaux de Ben-Arieh et al. (2001) montrent que, depuis le milieu des années 1990, des rapports sur le bien-être des enfants sont régulièrement publiés en Allemagne, en Belgique (Flandre et Wallonie), au Canada, en Finlande, en Italie et au Japon (statistiques sur la santé maternelle et infantile), tous les 1 à 5 ans. Les auteurs soulignent également la publication de rapports nationaux ponctuels sur le bien-être des enfants au Danemark et au Portugal (sur le travail des enfants, les enfants placés en institution et la maltraitance à l'égard des enfants). Parfois, les initiatives de suivi du bien-être des enfants sont menées par des organismes non gouvernementaux mais bénéficient d'un soutien financier public (par exemple, l'initiative *Child Trends* [*www.childtrends.org*] aux États-Unis, réalisée avec le soutien du Ministère de la santé et des services sociaux) ou sont habituellement présentées au gouvernement dès leur achèvement (initiative *The State of the Child in Israel*, par exemple).

Évaluer le bien-être des enfants

Comment définir le bien-être des enfants ?

Il existe de nombreuses façons de définir et concrétiser la notion de bien-être des enfants. L'approche retenue dans ce chapitre, ainsi que dans la précédente analyse de l'OCDE sur ce sujet (OCDE, 2009), repose sur une définition du bien-être des enfants fondée sur un certain nombre d'aspects de la vie importants pour les enfants, aujourd'hui et demain. Cette approche souligne l'importance de l'analyse multidimensionnelle de la vie des enfants, à l'image de celle adoptée par *Comment va la vie ?* pour la population dans son ensemble.

La plupart des travaux récents en la matière prennent en compte l'aspect multidimensionnel du bien-être des enfants (voir, par exemple, Bradshaw et al., 2007 et 2009). Par exemple, Pollard et Lee (2003) définissent le bien-être des enfants comme « une construction multidimensionnelle intégrant des aspects mentaux/psychologiques, physiques et sociaux » et Ben-Arieh et Frones (2007) analysent « la situation économique, les relations avec les pairs, les droits politiques et les possibilités d'évolution» des enfants. Cette importance accordée aux différents aspects du bien-être des enfants s'est en partie imposée en réaction à l'approche plus restreinte qui prévalait jusqu'au milieu des années 2000 environ, qui s'appuyait sur des indicateurs internationaux mesurant essentiellement la pauvreté monétaire des ménages avec enfants. Les critiques suscitées par cette approche, la disponibilité accrue de données sur les enfants provenant d'enquêtes touchant à de nombreux aspects de leur vie et l'augmentation de la demande de politiques de l'enfance fondées sur des données concrètes ont contribué à l'élaboration de cette approche multidimensionnelle. En pratique, toutes les approches multidimensionnelles débutent par le choix des domaines pertinents qui revêtent une certaine importance pour la vie des enfants. Puis vient la sélection des indicateurs permettant d'évaluer au mieux ces domaines[2].

Le présent chapitre repose sur une approche multidimensionnelle, conformément à la méthodologie plus générale de *Comment va la vie?*. Plus précisément, on part du principe que les dimensions pertinentes du bien-être des enfants doivent porter sur des aspects de leur vie qui *revêtent une importance intrinsèque aujourd'hui* et qui sont *susceptibles d'influencer leur avenir*. Cette distinction s'appuie sur les deux principaux axes du développement de l'enfant (à savoir l'axe «développement» et l'axe «droits de l'enfant») examinés dans les travaux en la matière (encadré 4.2).

Encadré 4.2. **Définir le bien-être de l'enfant : enseignements tirés des travaux universitaires**

Les travaux sur le bien-être de l'enfant font apparaître deux axes principaux:

- L'axe «développement» selon lequel le bien-être de l'enfant d'aujourd'hui implique le bien être de l'adulte de demain. Cette approche souligne donc l'importance que revêt le renforcement du capital humain et des aptitudes sociales pour l'avenir (Brofenbrenner, 1979).
- L'axe «droits de l'enfant» s'intéresse aux enfants en tant qu'êtres humains vivant le bien-être dans l'instant présent. L'un des points essentiels de cet axe est qu'il suppose une participation directe des enfants au processus de sélection des aspects qui sont importants pour eux et des moyens de les évaluer (Casas, 1997; Ben-Arieh et al., 2001).

Ces deux axes sont parfois complémentaires. Par exemple, de bons résultats scolaires aujourd'hui, s'ils sont généralement synonymes de bons résultats sur le marché du travail demain, peuvent également être à l'origine de stress et de pression à l'école, ce qui peut nuire au bien-être de l'enfant dans l'instant présent. Dès qu'il s'agit de choisir entre le bien-être actuel et le bien-être futur, les deux axes («développement» et «droits de l'enfant») donnent des résultats différents.

D'un point de vue conceptuel, ces deux axes correspondent toutefois parfaitement au cadre du rapport *Comment va la vie?*, qui établit deux distinctions majeures: premièrement, entre ce qui a une valeur intrinsèque (axe «droits de l'enfant») et ce qui a une valeur instrumentale (axe «développement»); deuxièmement, entre les résultats en matière de bien-être dans l'instant présent et les résultats en matière de bien-être à l'avenir. En pratique, ce chapitre examine les aspects du bien-être des enfants qui sont importants aujourd'hui et qui auront des conséquences sur leur avenir.

Les travaux sur le bien-être de l'enfant opèrent une distinction supplémentaire entre les approches s'intéressant au bien-être des enfants pauvres (approches déficitaires) et celles qui voient dans le bien-être de l'enfant un concept positif (approches fondées sur les points forts). L'analyse du bien-être de l'enfant réalisée dans ce chapitre réconcilie ces deux approches en tenant compte des conditions de vie moyennes, des inégalités en matière de bien-être des enfants et du bien-être des enfants les plus défavorisés.

Dimensions du bien-être de l'enfant et choix des indicateurs

En pratique, la plupart des initiatives internationales et nationales dans ce domaine définissent le bien-être de l'enfant en recourant à des dimensions similaires (annexe 4.A1, tableau 4.A.1) qui concernent ce que les enfants possèdent ou ce à quoi ils ont accès, leur vécu et leurs conditions de vie au quotidien, ainsi que leurs sentiments subjectifs à propos de la vie dans son ensemble.

Le cadre d'évaluation retenu pour ce chapitre repose sur la méthodologie présentée dans le premier rapport de l'OCDE sur le bien-être de l'enfant, *Assurer le bien-être des enfants* (OCDE, 2009). Ce rapport a concrétisé le concept de bien-être de l'enfant selon six dimensions principales recouvrant aussi bien la situation matérielle que la qualité de vie (à savoir : le bien-être matériel, le logement et l'environnement, la santé et la sécurité, les comportements à risque, la qualité de la vie scolaire et le bien-être éducationnel). Ces dimensions ont été choisies après examen des travaux de recherche transnationaux sur le bien-être de l'enfant, qui puisent leur inspiration dans les normes internationales adoptées par les Nations Unies dans la Convention relative aux droits de l'enfant (CDE, Nations Unies, 1990)[3]. Ces six dimensions applicables aux spécificités de l'enfant sont très proches de celles utilisées dans *Comment va la vie ?* pour l'ensemble de la population.

Ce chapitre prend ainsi en compte 10 des 11 dimensions de *Comment va la vie?* (voir chapitre 1 et colonne de gauche du tableau 4.1) pour évaluer le bien-être de l'enfant. La dimension « équilibre vie professionnelle-vie privée » est exclue, les enfants n'étant pas concernés. La dimension « liens sociaux » est élargie pour tenir compte des relations familiales (essentielles dans le développement de l'enfant) et des interactions en milieu scolaire (l'école étant le lieu où l'enfant passe beaucoup de temps, qui façonne en grande partie son identité ainsi que ses résultats futurs en matière de bien-être dans de nombreux domaines). Cette dimension s'intitule donc « environnement social et familial ». Enfin, il convient de souligner que, comme dans *Assurer le bien-être des enfants*, certaines dimensions ne concernent pas directement les enfants, mais les familles dans lesquelles ils vivent. C'est notamment le cas de tous les aspects relevant des conditions matérielles (revenu du ménage, par exemple) et de la qualité de l'environnement, qui concernent le ménage dont l'enfant dépend.

Les 10 dimensions du bien-être de l'enfant sont donc réparties en deux groupes : d'une part, le bien-être des familles avec enfants, qui prend essentiellement en compte les aspects matériels ainsi que le cadre de vie dans lequel les enfants grandissent ; d'autre part, le bien-être spécifique aux enfants, qui concerne les facteurs de bien-être individuel davantage centrés sur l'enfant (à savoir : la santé, l'éducation, l'engagement civique, l'environnement social et familial, la sécurité personnelle et le bien-être subjectif).

Les critères ayant présidé au choix des indicateurs du bien-être de l'enfant présentés dans le tableau 4.1 sont les mêmes que ceux utilisés pour le choix des indicateurs de *Comment va la vie?* (à savoir : les indicateurs doivent présenter une validité apparente ; porter sur des résultats synthétiques ; être susceptibles d'évoluer et être sensibles aux interventions publiques ; être couramment utilisés et communément acceptés dans les travaux en la matière ; se prêter à des comparaisons entre pays et couvrir le plus possible de pays ; être collectés par le biais d'un instrument récurrent). Deux critères supplémentaires, fondés sur la méthodologie de l'étude *Assurer le bien-être des enfants* (OCDE, 2009)[4], ont présidé au choix des indicateurs pour ce chapitre, à savoir :

- Les indicateurs doivent idéalement concerner tous les enfants, de la naissance à l'âge de 17 ans inclus, au minimum[5].

Tableau 4.1. **Dimensions et indicateurs du bien-être de l'enfant**

	Bien-être des familles avec enfants
Revenu et patrimoine	Revenu disponible des ménages avec enfants*
	Pauvreté monétaire des enfants*
Emplois et salaires	Enfants vivant dans des ménages sans emploi
	Enfants ayant un parent chômeur de longue durée
Conditions de logement	Nombre moyen de pièces par enfant
	Enfants vivant dans des logements dépourvus d'équipements sanitaires de base
Qualité de l'environnement	Enfants vivant dans de mauvaises conditions environnementales
	Bien-être spécifique aux enfants
Santé	Mortalité infantile*
	Insuffisance pondérale à la naissance*
	État de santé autodéclaré
	Surpoids et obésité*
	Taux de suicide des adolescents
	Taux de natalité des adolescentes
Éducation et compétences	Résultats PISA moyens en compréhension de l'écrit**
	Résultats PISA en résolution de problèmes**
	Jeunes sans emploi ne suivant ni études ni formation*
	Dénuement éducatif*
Engagement civique	Intention de voter
	Participation civique
Environnement social et familial	Adolescents ne rencontrant pas de difficultés dans la communication avec leurs parents
	Élèves trouvant leurs camarades de classe gentils et obligeants
	Élèves se sentant stressés du fait du travail scolaire
	Élèves aimant l'école*
	Indice PISA de sentiment d'appartenance
	Temps que les enfants passent avec leurs parents
Sécurité personnelle	Taux d'homicide des enfants*
	Brimades*
Bien-être subjectif	Satisfaction à l'égard de l'existence

Notes : * Indicateurs figurant également dans *Assurer le bien-être des enfants*. ** Indicateurs figurant dans *Assurer le bien-être des enfants* avec une définition légèrement différente.

- En ce qui concerne le bien-être spécifique aux enfants, l'unité d'analyse doit, dès que possible, être l'enfant, et non la famille : cette approche centrée sur l'enfant est commune à toutes les études récentes sur le bien-être de l'enfant.

Ces critères de sélection fixent les standards minimums pour la prise en compte des indicateurs et justifient le choix d'un seul indicateur lorsque plusieurs sont possibles. C'est ainsi que 28 indicateurs ont été sélectionnés, qui correspondent le plus souvent à ceux retenus dans *Assurer le bien-être des enfants*. Ils proviennent de différentes sources. Ils sont parfois tirés de registres administratifs (certificats de décès ou données des registres hospitaliers, par exemple), de statistiques sur la population active et d'enquêtes sur les ménages concernant l'ensemble de la population, ce qui permet d'identifier les enquêtés en fonction de leur âge ou des caractéristiques de leur ménage (présence d'enfants, par exemple). Ils peuvent aussi provenir d'enquêtes spécialisées portant sur certains aspects de la qualité de vie des enfants, telles que le *Programme international de l'OCDE pour le suivi des acquis des élèves (PISA)*, l'étude *Health Behaviour in School-aged Children* (HBSC) et l'étude *International Civic and Citizenship Education* (ICCS) (voir encadré 4.3).

Bien que ces sources portent toutes sur des aspects différents de la vie des enfants, leur association procure un panorama complet du bien-être des enfants dans les pays de l'OCDE. Toutefois, ces enquêtes ayant une couverture géographique et temporelle inégale, l'analyse du bien-être des enfants présentée dans ce chapitre est quelque peu limitée. De même, les données disponibles sont souvent insuffisantes pour évaluer l'évolution du bien-être dans le temps ; c'est pourquoi les tendances en matière de bien-être de l'enfant décrites dans ce chapitre se limitent à un sous-ensemble de dimensions et indicateurs. En ce qui concerne les données sur les ménages, une pondération différente est appliquée afin d'évaluer chaque résultat au regard du bien-être des enfants. Les données d'enquête sur les enfants ont également été vérifiées au regard des éventuels biais dus aux non-réponses différentielles à certaines questions (encadré 4.4).

Encadré 4.3. **Enquêtes internationales sur la qualité de vie des enfants**

Les indicateurs de la qualité de vie des enfants utilisés dans ce chapitre proviennent de trois grandes enquêtes :

- Le *Programme international de l'OCDE pour le suivi des acquis des élèves* (PISA) concerne tous les pays de l'OCDE et 23 pays non membres de l'OCDE. Il s'agit d'une enquête triennale lancée en 2000 puis reconduite en 2003, 2006, 2009 et 2012. PISA évalue les capacités cognitives en compréhension de l'écrit, en mathématiques et en sciences, ainsi que les compétences transversales des élèves telles que leurs aptitudes en TIC, en communication et en résolution de problèmes. Les données sont obtenues au moyen de questionnaires de contexte et d'évaluation comprenant des épreuves « papier-crayon ». Les évaluations durent deux heures au total. La population cible est constituée d'élèves âgés de 15 ans et 3 mois à 16 ans et 2 mois au début de la période d'évaluation. Les échantillons PISA ont été conçus comme des échantillons stratifiés à deux degrés : au premier degré, on a échantillonné des établissements scolarisant des élèves de 15 ans ; le second degré a consisté à sélectionner des élèves dans les établissements échantillonnés. Dans chaque pays, entre 5 000 et 10 000 élèves d'au moins 150 établissements scolaires ont passé les épreuves.
- L'étude *Health Behaviour in School-aged Children* (HBSC), réalisée par le réseau HBSC en collaboration avec OMS/Europe, porte sur des pays de la région européenne de l'OMS, ainsi que sur les États-Unis et le Canada. Elle a été menée en 1983/84, 1985/86, 1989/90, 1993/94, 1997/98, 2001/02, 2005/06 et 2009/10. Elle évalue les comportements et les résultats en matière de santé, les ressources individuelles et sociales, ainsi que les facteurs de contexte des élèves de 11, 13 et 15 ans. Les données sont recueillies au moyen d'un auto-questionnaire standard proposé aux élèves dans le cadre scolaire. L'échantillon comprend environ 1 500 élèves par groupe d'âge (soit un total de 4 500 élèves par pays). Différentes méthodes d'échantillonnage sont utilisées selon les années.
- L'étude *International Civic and Citizenship Education* (ICCS), réalisée par l'Association internationale pour l'évaluation du rendement scolaire, porte sur l'Angleterre, l'Autriche, la Belgique (Flandre), le Chili, la Corée, le Danemark, l'Espagne, l'Estonie, la Finlande, la Grèce, l'Irlande, l'Italie, le Luxembourg, le Mexique, la Norvège, la Nouvelle-Zélande, les Pays-Bas, la Pologne, la République tchèque, la Slovaquie, la Slovénie, la Suède, la Suisse et 15 pays non membres de l'OCDE. Elle date de 2008/2009. Elle s'articule autour de quatre thèmes : société et systèmes civiques, principes civiques, participation civique et identités civiques. Les données sont recueillies par l'administration d'épreuves et de questionnaires aux élèves, ainsi que de questionnaires aux enseignants et chefs d'établissement. De plus, un questionnaire en ligne destiné aux centres de recherche nationaux permet de collecter des données sur le contexte national d'éducation civique et citoyenne. Les populations cibles sont les enfants dans leur 8e année d'école, à condition que leur âge moyen soit supérieur à 13.5 ans. L'échantillon compte généralement environ 150 établissements scolaires et entre 3 000 et 5 000 élèves par pays. La sélection des établissements est réalisée par échantillonnage avec probabilité proportionnelle à la taille ; au sein des établissements, une classe est choisie au hasard pour passer les épreuves.

Source : Richardson, D. et N. Ali (2014), « An Evaluation of International Surveys of Children », Documents de travail de l'OCDE : questions sociales, emploi et migrations, n° 146, Éditions OCDE, Paris, *http://dx.doi.org/10.1787/5jxzmjrqvntf-en*.

Encadré 4.4. **Correction des biais de non-réponse dans les données d'enquête**

Dans les enquêtes, les biais de non-réponse, par exemple lorsque des enfants de l'échantillon sont absents ou lorsque les participants refusent de répondre à certaines questions, peuvent fausser les estimations de l'évolution dans le temps des résultats en matière de bien-être des enfants au sein d'un pays ou les comparaisons internationales en la matière (Richardson et Ali, 2014).

Par exemple, de nombreux adolescents en surpoids ne répondent pas aux questions sur le poids, ce qui engendre une sous-estimation de l'obésité. L'analyse par régression logistique des questions sur le poids dans l'étude HBSC de 2010 montre que la probabilité de non-réponse est fortement liée aux caractéristiques des élèves ; en particulier, dans la plupart des pays, les élèves les plus jeunes, issus des ménages les plus pauvres et qui ne vivent pas avec leurs deux parents sont moins susceptibles de répondre aux questions sur le poids (Richardson et Ali, 2014). Ces groupes ayant tendance à avoir un poids supérieur, cette non-réponse différentielle risque de fausser les estimations de la prévalence du surpoids dans cette enquête.

Pour résoudre ce problème, tous les indicateurs fondés sur des enquêtes de ce chapitre ont été vérifiés au regard des biais de non-réponse en fonction des caractéristiques socio-économiques, selon la procédure proposée par Richardson et Ali (2014), afin de corriger les indicateurs de surpoids et d'obésité en utilisant le sexe, la composition de la famille et la situation économique familiale comme variables de regroupement.

Pour évaluer la précision des estimations, une autre approche consiste à utiliser des covariables (il s'agit, par exemple, dans le cas de l'obésité, de poser une question sur le sentiment des enfants quant à leur corpulence).

Les résultats montrent que, dans la plupart des pays, aucune des deux approches ne produit des estimations corrigées statistiquement différentes des estimations non corrigées, ce qui traduit l'absence ou la faiblesse des biais de non-réponse (voir graphique 4.1 pour les résultats de la seconde approche appliquée aux données sur l'obésité). Aucun des indicateurs de ce chapitre n'est donc corrigé.

Graphique 4.1. **Enfants en surpoids**

Pourcentage des enfants de 11,13 et 15 ans, 2010

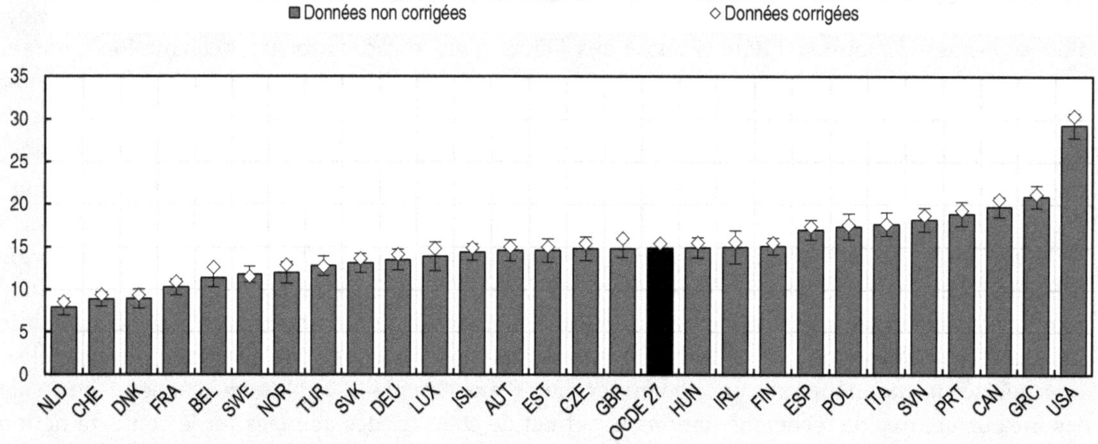

Note : La marge d'erreur indique l'intervalle de confiance de 95 % des estimations non corrigées. Les données corrigées sont estimées au moyen de l'approche des covariables décrite ci-dessus.

Source : Calculs OCDE basés sur l'étude Health Behaviour in School-aged Children (HBSC) : *www.hbsc.org*.

StatLink *http://dx.doi.org/10.1787/888933278669*

Défis de l'évaluation

En dépit des efforts et de l'intérêt croissants pour l'évaluation du bien-être de l'enfant, il reste d'importants défis à relever. L'un des principaux problèmes réside dans l'implication limitée des enfants dans l'élaboration des instruments de mesure de leur bien-être (OCDE, 2009). Bien que les travaux de recherche et de mesure sur les indicateurs destinés à l'enfance reconnaissent désormais les enfants comme des acteurs ayant leur propre point de vue, il peut être difficile d'associer les jeunes enfants à l'élaboration des instruments de mesure, voire parfois d'obtenir des réponses de leur part[6]. Il est également impossible d'ignorer le point de vue des parents, qui sont les principaux responsables du bien-être de leurs enfants. C'est pourquoi, par exemple, l'unité de mesure qui sous-tend la plupart des indicateurs du bien-être *matériel* des enfants est la famille (ou le ménage), en supposant fortement et implicitement que les ressources du ménage sont réparties de manière égale entre les adultes et les enfants, indépendamment de l'âge de ces derniers.

Parmi les autres défis d'importance auxquels est confrontée l'évaluation du bien-être des enfants, figurent la disponibilité limitée des données et, lorsque les données sont disponibles, leur qualité parfois médiocre. Si ces problèmes sont plus ou moins importants, en fonction de la source des données (enquêtes ou registres administratifs) et du pays considéré, ils signifient toutefois que tous les travaux rencontrent des difficultés à produire une vue *complète* des vies des enfants et à tenir compte de *tous les enfants*. En particulier, comme le soulignent Richardson et Ali (2014), la recherche dans ce domaine est confrontée aux problèmes suivants :

- le manque d'enquêtes consacrées exclusivement au bien-être des enfants. En effet, les données existantes ne portent que sur certains aspects du bien-être des enfants. Elles se limitent le plus souvent aux considérations sur le revenu et le dénuement. Certaines portent aussi sur la santé, les comportements à risque et l'emploi du temps. En revanche, elles sont plus rares à tenir compte du logement et des relations des enfants, qui fournissent pourtant des informations contextuelles nécessaires à la compréhension de l'environnement (émotionnel et physique) dans lequel grandissent les enfants. Il manque aussi des informations comparatives sur des dimensions clés du bien-être de l'enfant telles que, notamment, la protection, les négligences, le jeu, la santé mentale, l'engagement civique, la qualité de l'environnement et l'accès à des endroits sûrs.
- un point de vue principalement axé sur les adolescents, pour la plus grande partie des données disponibles. La plupart des indicateurs portant sur le niveau scolaire, les liens sociaux, l'engagement civique et les comportements en matière de santé concernent les enfants de plus de 11 ans, mais aucun indicateur fondé sur des enquêtes présenté dans ce chapitre n'est disponible pour les enfants de moins de 9 ans.
- la possibilité limitée de ventiler les indicateurs selon les nombreuses caractéristiques socio-économiques/démographiques pertinentes. En outre, les données ne permettent pas de faire apparaître clairement certaines catégories d'enfants telles que les enfants handicapés, les enfants ne vivant pas chez eux et, parfois, les enfants migrants.
- l'absence d'informations sur la durée et la persistance (ou l'évolution) des expériences pour chaque dimension du bien-être. La plupart des enquêtes sur les enfants sont en effet transversales, et non longitudinales.
- l'exclusion de toutes les enquêtes des enfants scolarisés dans des établissements pour enfants ayant des besoins particuliers ou encore des enfants « difficiles à atteindre » (enfants non scolarisés, en institution, ou dans des familles sans logement de façon transitoire ou chronique, par exemple).

- des modifications apportées aux enquêtes dans le temps (voir Richardson et Ali [2014] pour davantage de détails et d'exemples des tests de fiabilité pratiqués sur les principaux indicateurs).
- l'existence de biais de non-réponse à certaines questions ou rubriques dans les enquêtes sur les enfants et les ménages du fait de la complexité des questions, du sentiment de honte ou de préjugés culturels.
- la participation insuffisante des enfants défavorisés aux évaluations. Toutes les enquêtes sur les enfants sont confrontées à ce problème de représentativité des enfants ayant des caractéristiques socio-économiques et démographiques différentes.

Les résultats présentés dans ce chapitre proviennent de données existantes recueillies dans ce contexte imparfait, tant au niveau des fondements conceptuels que de la couverture. Il convient de garder ces limites à l'esprit lorsqu'il s'agit d'interpréter la présente analyse du bien-être de l'enfant. Les efforts entrepris actuellement pour résoudre certains de ces problèmes devraient contribuer à améliorer la situation à l'avenir (encadré 4.5).

Encadré 4.5. **Nouvelles enquêtes internationales sur le bien-être de l'enfant**

De nouvelles enquêtes internationales amélioreront la disponibilité et la couverture des données à l'avenir :

- Le projet *Measuring Youth Well-Being* (MYWEB) évalue actuellement la faisabilité d'une enquête longitudinale sur le bien-être des enfants et des jeunes en Europe. Mis en œuvre par un consortium de 13 instituts de recherche européens et financé par le septième programme-cadre de recherche de la Commission européenne, ce projet entend évaluer la façon la plus efficace de produire des données longitudinales portant sur de nombreuses mesures et dimensions du bien-être de l'enfant. L'étude de faisabilité a produit une évaluation des besoins et utilisations concernant les données longitudinales sur le bien-être de l'enfant, une réflexion sur l'utilisation de ces données pour étayer l'action publique et une enquête pilote selon une conception longitudinale recommandée (à savoir une conception accélérée en cohortes de naissance, les participants sortant de l'enquête entre 25 et 29 ans). Pour de plus amples informations, voir *http://fp7-myweb.eu/about*.
- *Children's World*, an *International Survey of Children's Well-Being (ISCWeB)* réalisée par International Society for Child Indicators (ISCI), est une enquête sur le bien-être subjectif portant sur les enfants de 8, 10 et 12 ans. Elle a produit sa deuxième série de résultats à la mi-2015. Il s'agit de la première enquête internationale collectant des informations complètes sur l'autoévaluation par les enfants de leur bien-être. Cette enquête transversale collecte aussi des informations sur les activités quotidiennes et l'emploi du temps des enfants. À l'heure actuelle, l'enquête est réalisée dans 15 pays (Afrique du Sud, Algérie, Allemagne, Colombie, Corée, Espagne, Estonie, Éthiopie, Israël, Népal, Norvège, Pologne, Roumanie, Royaume-Uni et Turquie), avec des échantillons d'au moins 1 000 élèves par groupe d'âge. Pour de plus amples informations, voir *www.isciweb.org/*.
- Le cycle 2015 de l'enquête PISA de l'OCDE comporte une question sur l'évaluation de la vie conforme aux recommandations de la publication *OECD Guidelines on Measuring Subjective Well-being* (OCDE, 2013a), également utilisée par de nombreux services nationaux de statistique des pays de l'OCDE. En outre, un module facultatif d'évaluation élargie du bien-être subjectif des élèves est à l'étude pour le PISA 2018.
- Enfin, dans le cadre des travaux actuels de l'OCDE visant à produire des données sur l'éducation et le bien-être des enfants, deux nouvelles collectes de données sont prévues. La première, *International Longitudinal Study of Skills Development in Cities*, est une enquête urbaine longitudinale sur les compétences non cognitives et la qualité de vie des enfants, du 1er degré d'études (autour de 6 ans) à l'entrée dans l'âge adulte (OCDE, 2015b). Elle renforcera les connaissances sur les facteurs de réussite scolaire dans l'enfance, en insistant sur le rôle des compétences sociales et émotionnelles dans l'évolution de différents marqueurs de bien-être (satisfaction à l'égard de l'existence, résultats en matière de santé et d'éducation, et engagement civique, par exemple). La seconde collecte de données est une enquête visant à évaluer la qualité de l'environnement d'apprentissage et de bien-être pour l'éducation et l'accueil des jeunes enfants et le développement de l'enfant.

Données sur le bien-être des enfants

Cette partie présente les données sur le bien-être des enfants en fonction des informations disponibles à l'heure actuelle. En premier lieu, elle présente une analyse comparative des indicateurs du bien-être des enfants recensés dans le tableau 4.1 ci-dessus, en commençant par les données sur le bien-être des familles avec enfants, et en poursuivant par les données sur le bien-être spécifique aux enfants. Pour chaque dimension de ces deux catégories, les indicateurs utilisés sont décrits, ainsi que leur lien avec le bien-être de l'enfant. Lorsque les données sont disponibles, les résultats de chaque indicateur sont comparés à ceux obtenus avant la Grande récession et à ceux de la population dans son ensemble. Pour toutes les données de la première catégorie, on considère que les enfants de 0 à 17 ans forment un groupe homogène au sein d'un même pays, sans tenir compte des caractéristiques telles que le sexe, l'appartenance ethnique et le milieu socio-économique. Les enfants constituant toutefois un ensemble très hétérogène, la seconde catégorie analyse en quoi leur bien-être et leur vécu dépendent d'un certain nombre de facteurs individuels et familiaux. Les différences en termes d'âge, de sexe, de milieu socio-économique et de composition de la famille, ainsi que d'origine (migrants ou non) sont examinées, mais pas les différences ethniques. Bien que ces dernières aient une grande importance dans certains pays de l'OCDE (Canada, Nouvelle-Zélande, par exemple), elles sont difficiles à appréhender au travers des statistiques de ce chapitre, puisqu'elles ne sont pas suffisamment détaillées.

Analyse comparative de différents aspects du bien-être de l'enfant

Bien-être des familles avec enfants

Revenu et pauvreté

Comme cela avait été fait dans *Assurer le bien-être des enfants*, le revenu des familles avec enfants est évalué grâce au revenu disponible moyen des ménages avec enfants de moins de 18 ans ; de plus, le taux de pauvreté monétaire relative des enfants de moins de 18 ans est également présenté, afin de connaître le nombre d'enfants vivant dans des ménages défavorisés.

Un revenu élevé permet aux familles de mieux subvenir aux besoins matériels de leurs enfants, qui vont des fournitures scolaires à un logement convenable, en passant par une alimentation équilibrée. La pauvreté durant l'enfance est associée à un état de santé et à des résultats scolaires dégradés, ainsi qu'à des salaires inférieurs à l'âge adulte (par exemple : Case, Fertig et Paxson, 2005 ; Currie et al., 2012). La CDE des Nations Unies oblige les gouvernements à garantir aux enfants un niveau de vie suffisant et établit le droit de tout enfant à accéder aux matériels éducatifs importants pour son développement, tels que les livres. À des fins de comparaison du revenu disponible par enfant et de calcul de la pauvreté monétaire relative, on part du principe que chaque membre du ménage, y compris les enfants, dispose du même revenu (équivalent).

Le revenu disponible moyen par enfant est très variable d'un pays de l'OCDE à l'autre. C'est au Luxembourg, en Norvège et en Suisse que les enfants ont le revenu disponible moyen le plus élevé, soit plus de six fois celui des enfants mexicains (graphique 4.2). Le revenu disponible moyen de la population totale, enfants compris, est supérieur à celui des 0-17 ans dans pratiquement tous les pays, à l'exception du Danemark et de l'Estonie. Les écarts les plus marqués entre le revenu global et le revenu des enfants s'observent au Luxembourg, aux États-Unis et en Suisse.

Graphique 4.2. **Revenu disponible par enfant**

Revenu disponible équivalent moyen par enfant de 0 à 17 ans, en milliers USD en PPA

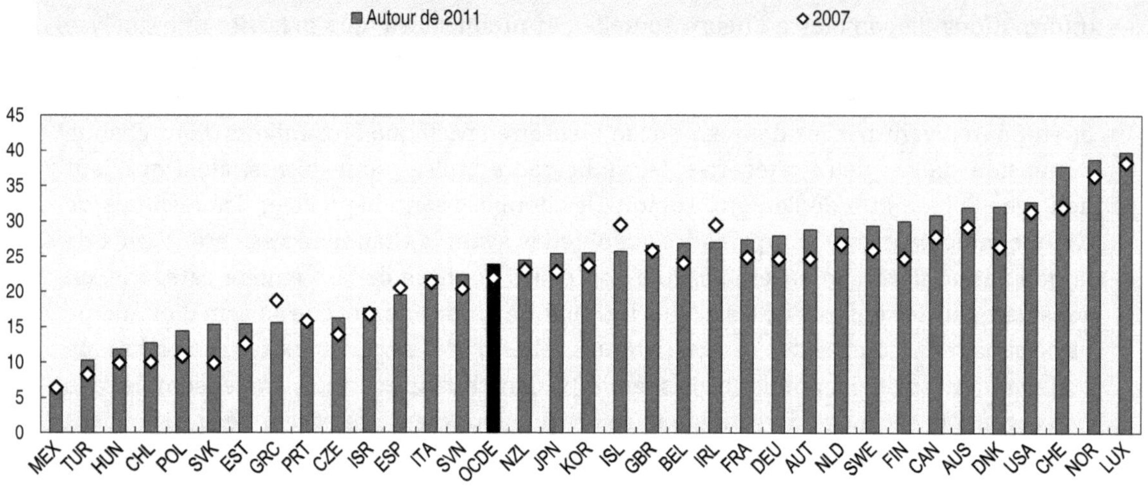

Note : Les données les plus récentes datent de 2012 pour l'Australie, la Hongrie, le Mexique et les Pays-Bas, de 2010 pour la Belgique et de 2009 pour le Japon. Les PPA concernent la consommation privée.

Source : *Base de données de l'OCDE sur la distribution des revenus, www.oecd-ilibrary.org/social-issues-migration-health/inequality/indicator-group/french_6e19b842-fr.*

StatLink http://dx.doi.org/10.1787/888933278673

La comparaison du revenu disponible moyen des enfants par rapport aux niveaux antérieurs à la crise montre à la fois que l'écart se creuse entre les pays affichant le plus bas et le plus haut revenu et que la moyenne des pays de l'OCDE augmente légèrement. Les pays les plus touchés par la crise financière, à savoir l'Islande, la Grèce, l'Irlande, l'Espagne et le Portugal, ont vu le revenu disponible moyen des enfants chuter par rapport à 2007. La Suisse et la Slovaquie, elles, affichent les plus fortes progressions.

Le revenu moyen ne fournit toutefois pas une image pertinente du bien-être matériel de tous les groupes de la population si le revenu est inégalement réparti. La pauvreté infantile, calculée en proportion des enfants vivant dans des ménages dont le revenu disponible équivalent est inférieur à la moitié du revenu médian de la population totale, correspond à la situation des enfants vivant dans les familles les plus défavorisées. Si la plupart des pays nordiques affichent de très faibles taux de pauvreté infantile, plus d'un quart des enfants au Mexique, en Turquie et en Israël vivent dans des ménages pauvres (graphique 4.3). La pauvreté monétaire des enfants est plus de 7 fois supérieure en Turquie et en Israël par rapport au Danemark, pays où elle est la plus faible. Les taux de pauvreté infantile sont supérieurs à ceux de la pauvreté globale dans la plupart des pays de l'OCDE. En Corée, en Finlande, en Norvège et au Danemark, les enfants sont toutefois moins exposés au risque de pauvreté que la population globale. Par rapport aux autres pays de l'OCDE, l'ensemble des pays nordiques et, plus récemment, la Corée, bien qu'ils ne soient pas les seuls (d'autres pays investissent davantage dans les services de garde d'enfants), ont consacré une part plus importante du budget destiné aux familles aux services de garde d'enfants. Cela signifie que, dans le dosage des politiques familiales, ces pays ont préféré aux aides financières aux revenus les soutiens parentaux sous forme de services de garde d'enfants, qui sont également une façon de soutenir l'emploi et de promouvoir le travail des deux parents. Il est communément accepté que le fait d'aider les familles à obtenir des emplois de qualité constitue la façon la plus durable de lutter contre les risques de pauvreté infantile à long terme. Cette approche explique sans doute la réussite relative de la Corée et des pays nordiques.

Par rapport aux chiffres de 2007, les taux de pauvreté infantile ont augmenté dans plus des deux tiers des pays de l'OCDE. Après la Hongrie (où la pauvreté infantile a plus que doublé), c'est en Turquie et en Espagne (augmentation d'environ 5 points de pourcentage dans chaque pays) que la hausse de la pauvreté infantile est la plus marquée. Cet indicateur a aussi beaucoup progressé en Grèce (3.2 points de pourcentage), en Belgique (2.7) et en Suède (2.5). À l'inverse, les pays dans lesquels la pauvreté infantile a le plus régressé sont le Royaume-Uni (-3.6 points de pourcentage), le Portugal (-1.9), la Finlande (-1.3) et la Corée (-1.2).

Graphique 4.3. **Taux de pauvreté infantile**

Pourcentage des enfants de 0 à 17 ans vivant dans des ménages dont le revenu disponible est inférieur à la moitié de la valeur médiane

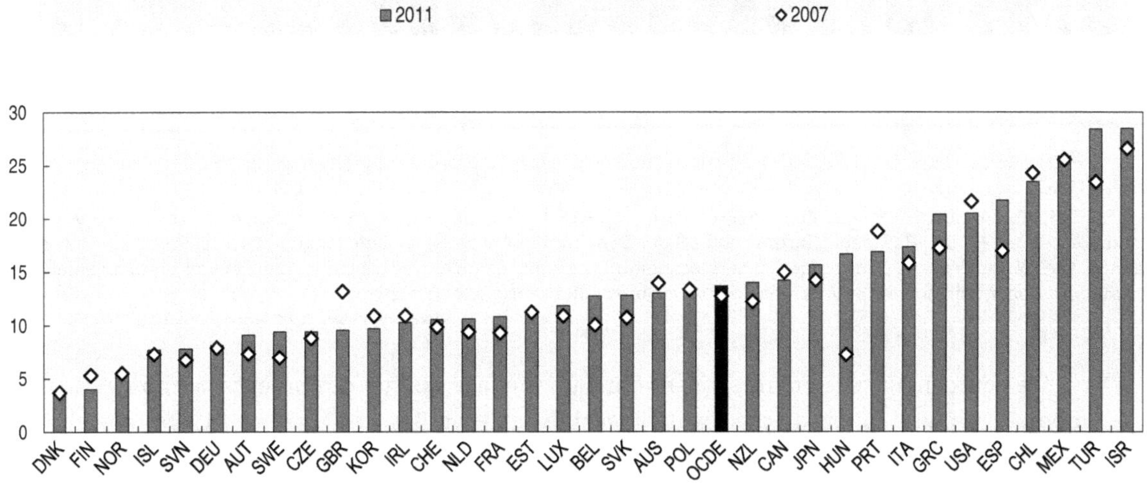

Note: Les données les plus récentes datent de 2012 pour l'Australie, la Hongrie, le Mexique et les Pays-Bas, de 2010 pour la Belgique et de 2009 pour le Japon.

Source: *Base de données de l'OCDE sur la distribution des revenus, www.oecd-ilibrary.org/social-issues-migration-health/inequality/indicator-group/french_6e19b842-fr.*

StatLink http://dx.doi.org/10.1787/888933278682

Emplois et salaires

Les résultats en matière d'emploi des adultes peuvent avoir des conséquences sur les enfants, non seulement au travers de la situation financière de la famille, mais aussi parce que les parents qui travaillent peuvent constituer des modèles à suivre pour leurs enfants. De plus, la stigmatisation due au chômage peut concerner les enfants au sein et en dehors de la famille. Deux indicateurs relatifs à l'emploi sont présentés ci-dessous : la proportion d'enfants (jusqu'à 17 ans) vivant dans des ménages où tous les adultes sont sans emploi et la proportion d'enfants ayant au moins un parent chômeur de longue durée.

Dans les pays de l'OCDE, de nombreux enfants voient leurs parents traverser des périodes de chômage. En 2012, pratiquement un enfant irlandais sur cinq vivait dans un ménage où tous les adultes étaient sans emploi. En Hongrie, au Royaume-Uni et en Espagne, plus de 15 % des enfants se trouvaient dans cette situation. C'est au Luxembourg, en Slovénie, en Suisse et en Norvège que la proportion d'enfants vivant dans des ménages où tous les adultes sont sans emploi est la plus faible, aux environs de 5 % (graphique 4.4).

Graphique 4.4. **Enfants vivant dans des ménages sans emploi**

Pourcentage des enfants vivant dans des ménages où tous les adultes sont sans emploi, 2012

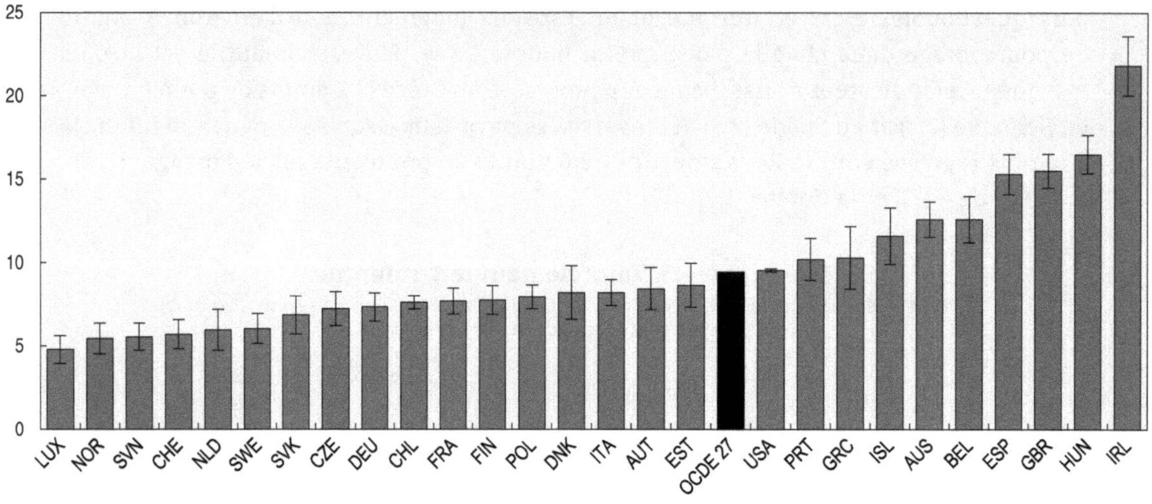

Note : Pourcentage de tous les enfants de 0 à 17 ans pour lesquels on dispose de données sur la situation au regard de l'emploi d'au moins un adulte (18-65 ans) du ménage. La marge d'erreur représente l'intervalle de confiance de 95 % de l'estimation nationale.

Source : EU-SILC 2012, HILDA 2012 (Australie), CASEN 2011 (Chili), ACS 2012 (États-Unis). EU-SILC : statistiques de l'UE sur le revenu et les conditions de vie. HILDA : Household, Income and Labour Dynamics in Australia, enquête longitudinale réalisée par l'Université de Melbourne. CASEN : Encuesta de Caracterización Socioeconómica Nacional, enquête réalisée par le ministère du Développement social. ACS : American Community Survey, enquête réalisée par le Bureau du recensement (États-Unis).

StatLink *http://dx.doi.org/10.1787/888933278693*

Le pourcentage des enfants vivant dans un ménage où l'un des parents au moins est chômeur depuis 12 mois ou plus est négligeable aux Pays-Bas, en Suisse et en Australie et faible dans la plupart des autres pays de l'OCDE. Toutefois, en Irlande et au Portugal, 15 % environ des enfants sont dans cette situation (graphique 4.5).

Graphique 4.5. **Enfants ayant un parent chômeur de longue durée**

Pourcentage des enfants vivant dans un ménage où l'un des parents au moins est chômeur de longue durée (12 mois ou plus), 2012

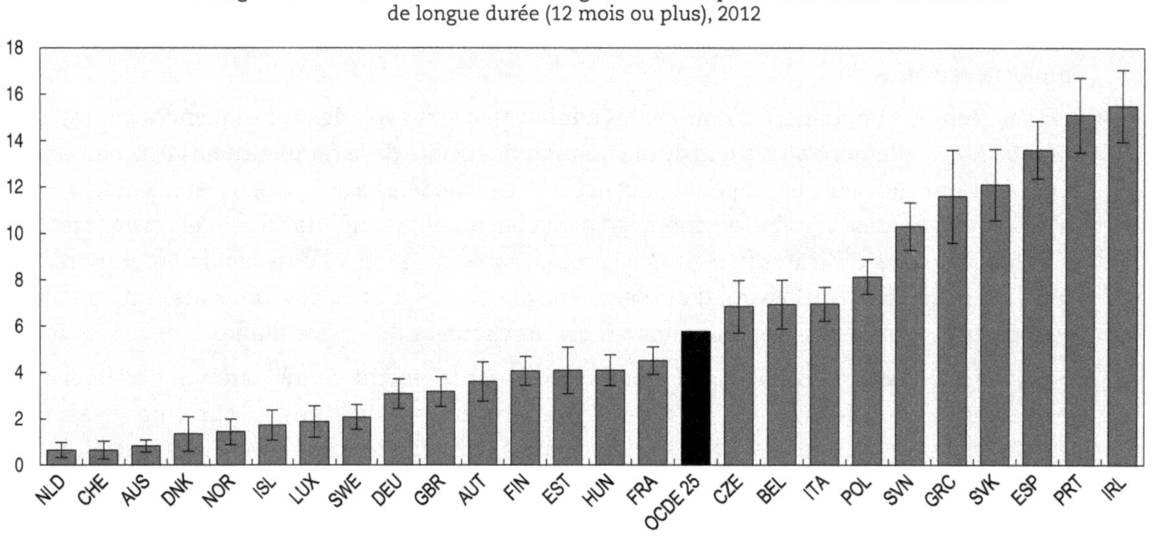

Note : Pourcentage de tous les enfants de 0 à 17 ans pour lesquels on dispose de données sur la situation au regard de l'emploi d'au moins un parent du ménage. La marge d'erreur représente l'intervalle de confiance de 95 % de l'estimation nationale.

Source : Pour les pays européens : EU-SILC 2012 ; pour l'Australie : enquête HILDA (Household, Income and Labour Dynamics), 2012.

StatLink *http://dx.doi.org/10.1787/888933278702*

Conditions de logement

Tous les enfants ont besoin de conditions de logement convenables pour leur santé physique et mentale ainsi que leur développement social, comme le stipule l'article 27.3 de la CDE des Nations Unies. La dimension « logement » du bien-être des enfants est décrite ci-dessous au moyen de deux indicateurs de la qualité du logement des enfants, à savoir le nombre moyen de pièces par enfant et la proportion d'enfants vivant dans des logements dépourvus d'équipements sanitaires de base.

Le nombre de pièces est calculé ainsi : nombre de pièces (ou chambres) d'un logement divisé par la taille du ménage pour les familles avec enfants[7]. Cet indicateur permet de savoir si les familles vivent dans des logements surpeuplés. En moyenne, les enfants des pays de l'OCDE vivent dans des ménages disposant d'une chambre par personne (graphique 4.6). Dans l'OCDE, ce sont l'Irlande et la Belgique qui disposent du plus grand nombre de pièces par enfant. C'est au Mexique que les enfants vivent en moyenne dans les logements les plus surpeuplés. Dans tous les pays à l'exception de l'Irlande, le nombre moyen de pièces augmente avec l'âge du plus jeune enfant. Il convient toutefois de rester prudent dans l'interprétation de ces résultats, l'indicateur reposant sur des définitions légèrement différentes selon les pays[8].

Graphique 4.6. **Nombre moyen de pièces par personne dans les ménages avec enfants**

Pièces par enfant, autour de 2012

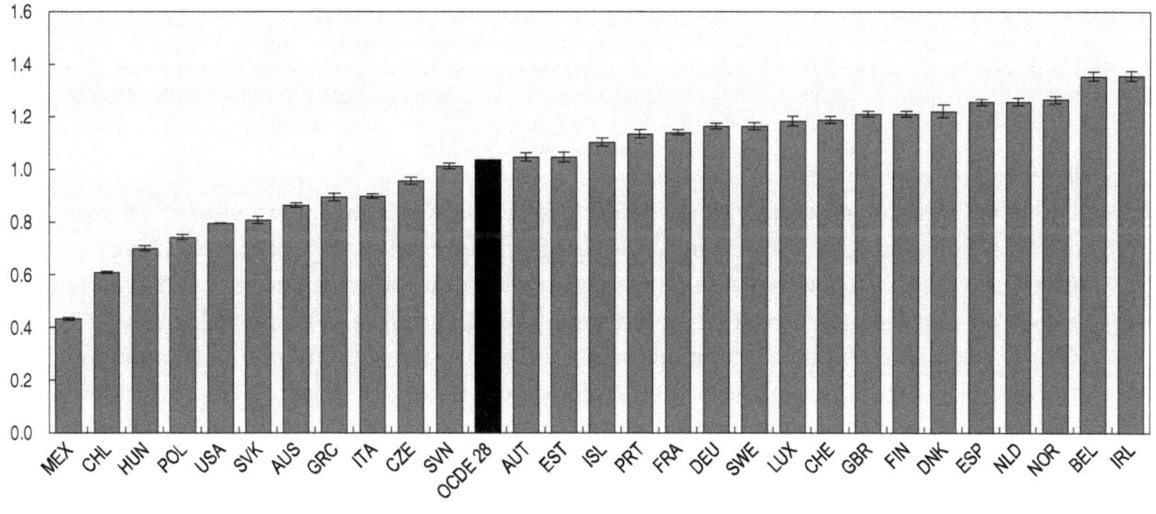

Note : Le nombre de pièces est évalué au moyen de la question « nombre de pièces dont dispose le ménage » dans EU-SILC, et du nombre de chambres dans les autres enquêtes. La marge d'erreur représente l'intervalle de confiance de 95 % de l'estimation nationale.

Source : EU-SILC 2012, HILDA 2012 (Australie), ENIGH 2012 (Mexique), CASEN 2011 (Chili), ACS 2012 (États-Unis). HILDA : Household, Income and Labour Dynamics in Australia, enquête réalisée par l'Université de Melbourne. ENIGH : Encuesta Nacional de Ingresos y Gastos de los Hogares, enquête réalisée par le bureau de statistique national du Mexique. CASEN : Encuesta de Caracterización Socioeconómica Nacional, enquête réalisée par le ministère du Développement social. ACS : American Community Survey, enquête réalisée par le Bureau du recensement (États-Unis).

StatLink http://dx.doi.org/10.1787/888933278714

Un logement est considéré comme dépourvu d'équipements sanitaires de base lorsqu'il ne possède pas de toilettes intérieures à chasse d'eau pour l'usage personnel du ménage, ce qui est préjudiciable à l'hygiène de la famille. Dans la plupart des pays de l'OCDE, rares sont les ménages avec enfants qui vivent dans de tels logements (graphique 4.7). En Hongrie et en Irlande, un enfant sur dix vit dans des ménages dont le logement est dépourvu de toilettes privées à chasse d'eau[9]. Une analyse plus approfondie serait nécessaire pour expliquer ces résultats, qui peuvent également découler des caractéristiques architecturales dominantes dans certains pays.

Graphique 4.7. **Enfants vivant dans des ménages dépourvus d'équipements sanitaires de base**

Nombre d'enfants (sur 1 000) vivant dans des logements dépourvus de toilettes privées à chasse d'eau, 2012

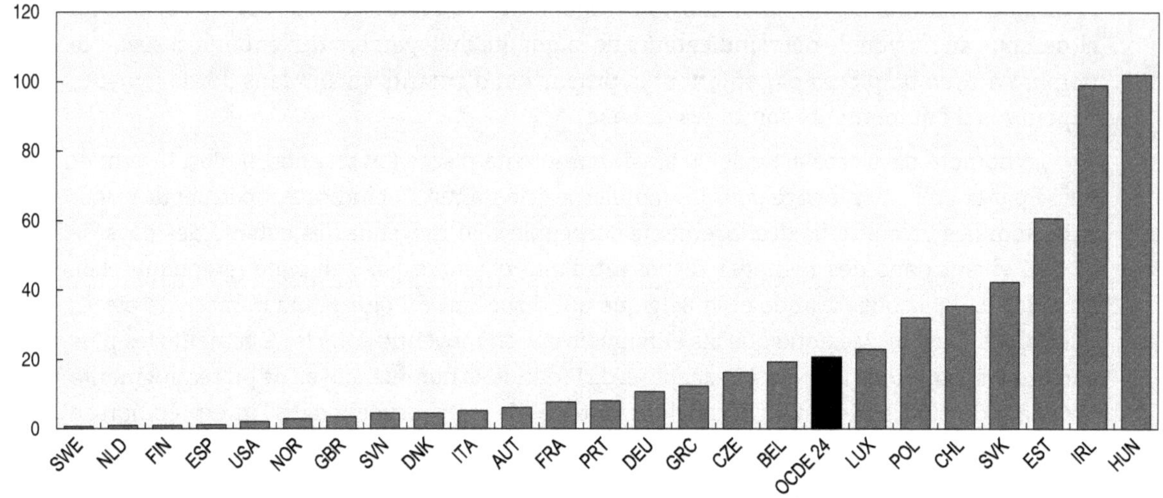

Note : Un ménage est considéré comme disposant d'équipements sanitaires de base si le logement est pourvu de toilettes intérieures à chasse d'eau pour son usage personnel.

Source : EU-SILC 2012. HILDA 2012 (Australie), CASEN 2011 (Chili), ACS 2012 (États-Unis). HILDA : Household, Income and Labour Dynamics in Australia, enquête réalisée par l'Université de Melbourne. CASEN : Encuesta de Caracterización Socioeconómica Nacional, enquête réalisée par le ministère du Développement social. ACS : American Community Survey, enquête réalisée par le Bureau du recensement (États-Unis).

StatLink http://dx.doi.org/10.1787/888933278726

Qualité de l'environnement

Les enfants sont particulièrement sensibles à la pollution atmosphérique et aux autres menaces écologiques. On estime ainsi que les infections respiratoires sont responsables de 20 % des décès chez les enfants de moins de cinq ans et il est avéré que les cas d'asthme de plus en plus fréquents chez les enfants sont liés à la pollution atmosphérique (OMS, 2005). Pourtant, les données comparatives sur l'exposition des enfants à la pollution atmosphérique et aux autres menaces écologiques sont rares. La qualité de l'environnement est donc évaluée grâce à un indicateur portant sur la proportion des ménages avec enfants déclarant être exposés à la pollution et au bruit dans leur voisinage (données disponibles uniquement pour les pays européens et l'Australie).

Cet indicateur est défini comme le pourcentage des enfants de 0 à 17 ans vivant dans des logements aux mauvaises conditions environnementales. Ces dernières sont évaluées au moyen de questions sur le bruit, la pollution et les autres problèmes environnementaux éventuellement rencontrés par le ménage (voir note du graphique 4.8 pour les définitions précises en fonction des enquêtes).

C'est en Australie que la proportion d'enfants vivant dans de mauvaises conditions environnementales est la plus faible. Viennent ensuite l'Irlande, les pays nordiques, la Pologne et la Hongrie (graphique 4.8). À l'opposé, la Grèce, l'Allemagne, les Pays-Bas et la Belgique affichent les plus fortes proportions de ménages avec enfants vivant dans de mauvaises conditions environnementales.

Graphique 4.8. **Enfants vivant dans de mauvaises conditions environnementales**

Pourcentage des enfants de 0 à 17 ans vivant dans des logements dont ils critiquent les conditions environnementales, autour de 2012

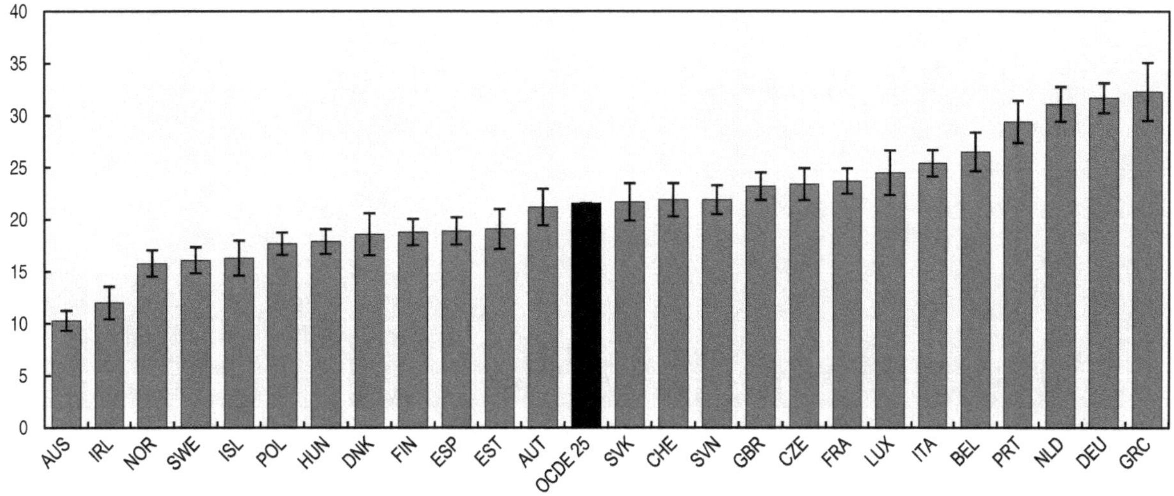

Note: Pour les pays européens, les conditions environnementales sont évaluées en cherchant à savoir si le ménage a rencontré l'un des problèmes suivants : 1) logement trop bruyant du fait des voisins ou de l'extérieur (circulation, commerces, usine, etc.) ; 2) pollution, saleté ou autre problème environnemental local tel que : fumée, poussière, odeurs désagréables ou eau polluée. En Australie, les ménages ont été questionnés à propos des désagréments suivants : 1) bruit de la circulation ; 2) détritus et ordures laissés dans la rue ; 3) vandalisme et biens délibérément endommagés dans le voisinage. La marge d'erreur représente l'intervalle de confiance de 95 % de l'estimation nationale.

Source : EU-SILC 2012, HILDA 2012 (Australie). HILDA : Household, Income and Labour Dynamics in Australia, enquête réalisée par l'Université de Melbourne.

StatLink http://dx.doi.org/10.1787/888933278737

Bien-être spécifique aux enfants

Santé

Les données sur la santé des enfants sont collectées depuis longtemps par les professionnels de santé et dans le cadre des systèmes de santé. Grâce à des études telles que *Health Behaviour in School-aged Children* (voir encadré 4.3), des données d'enquête viennent désormais s'ajouter aux données administratives sur de nombreux aspects de la santé. Deux indicateurs (mortalité infantile et insuffisance pondérale à la naissance) sont utilisés pour évaluer la santé des nourrissons. Deux autres indicateurs (état de santé autodéclaré et cas de surpoids et d'obésité) sont utilisés pour les enfants de 11, 13 et 15 ans. Ils sont complétés par deux indicateurs supplémentaires du développement en fin d'enfance (taux de suicide des enfants de 10 à 19 ans et taux de natalité des adolescentes).

La mortalité infantile, définie comme le taux de mortalité des enfants de moins d'un an, traduit un certain nombre de facteurs patents et latents dans le domaine de la santé maternelle et infantile. Elle reflète aussi les caractéristiques et l'efficacité des différents systèmes de santé (OCDE, 2013). La plupart des pays de l'OCDE ont des taux de mortalité infantile faibles, voire très faibles, les taux les plus faibles étant observés en Islande, en Slovénie et au Japon (graphique 4.9). Le Mexique affiche un taux de mortalité infantile supérieur à 1 %, soit largement supérieur à celui des autres pays de l'OCDE. Dans l'ensemble, les taux de mortalité infantile ont légèrement diminué dans l'OCDE depuis 2007. Sur la période concernée, c'est la Turquie, suivie du Mexique, qui a enregistré la diminution la plus importante du taux de mortalité infantile. Il faut toutefois faire preuve de prudence dans l'interprétation de ces résultats, notamment lorsque les chiffres sont faibles ; en effet, les pratiques divergent d'un pays à l'autre quant à l'enregistrement des prématurés[10].

Graphique 4.9. **Mortalité infantile**

Nombre de décès d'enfants de moins d'un an pour 1 000 naissances vivantes

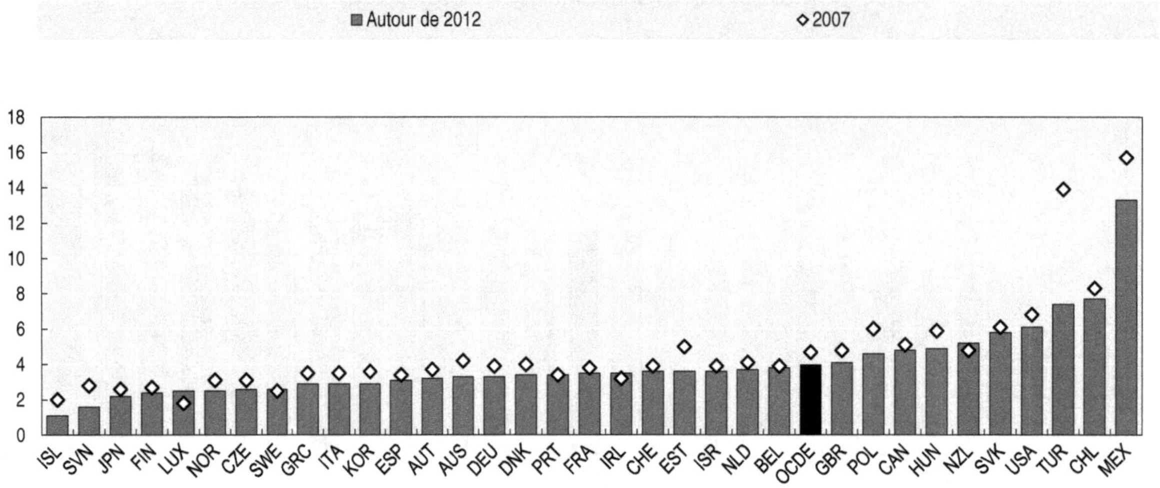

Note: Les données les plus récentes datent de 2011 pour les États-Unis, la Nouvelle-Zélande, le Canada et le Chili.

Source: *Statistiques de l'OCDE sur la santé, www.oecd-ilibrary.org/social-issues-migration-health/data/statistiques-de-l-ocde-sur-la-sante_health-data-fr.*

StatLink http://dx.doi.org/10.1787/888933278749

L'insuffisance pondérale à la naissance, définie par l'OMS comme un poids de naissance inférieur à 2 500 grammes, est un indicateur important de la santé infantile car elle est liée à la morbidité et à la mortalité des nourrissons ainsi qu'aux résultats ultérieurs concernant les enfants (Hack, Klein et Taylor, 1995). Plusieurs pays nordiques figurent parmi ceux qui enregistrent les plus faibles taux d'insuffisance pondérale à la naissance dans l'OCDE (graphique 4.10). C'est en Grèce et au Japon que les chiffres sont les plus élevés, ce qui, dans le cas du Japon, contraste avec son très faible taux de mortalité infantile (OCDE, 2011). Sur la période 2007-2012, ce sont le Mexique et la Turquie qui ont le plus réduit la prévalence de l'insuffisance pondérale à la naissance. Au Luxembourg et en Grèce, au contraire, ce taux a augmenté. Le taux moyen des pays de l'OCDE est resté stable (graphique 4.10).

L'état de santé autodéclaré est un indicateur synthétique du sentiment des enquêtés quant à leur état de santé général. Le graphique 4.11 illustre le pourcentage des élèves de 11, 13 et 15 ans déclarant un état de santé passable ou mauvais. Les pays enregistrant la proportion la plus élevée d'adolescents déclarant un état de santé passable ou mauvais sont les États-Unis, le Royaume-Uni, la Hongrie et la Belgique (graphique 4.11). Ce sont la Grèce et l'Espagne qui obtiennent les meilleurs résultats en la matière.

Le surpoids et l'obésité chez les enfants sont associés à divers problèmes de santé, qui peuvent persister à l'âge adulte. Le surpoids et l'obésité chez les jeunes ne sont donc pas uniquement une question de santé publique, mais également un indicateur du bien-être des enfants et de leurs perspectives de vie futures. En effet, l'obésité a de graves conséquences psychologiques et sociales du fait de la mauvaise estime de soi et des risques accrus de dépression et de stigmatisation qu'elle engendre (Griffiths, Parsons et Hill, 2010). Le surpoids ou l'obésité durant l'enfance laissent des traces à l'âge adulte (Singh et al., 2008) et peuvent induire un risque accru de pathologies cardiovasculaires et de diabète. C'est aux États-Unis que les enfants se disent le plus en surpoids ou obèses (graphique 4.12), aussi bien d'une manière globale que lorsqu'on isole les résultats de chaque catégorie (11, 13 et 15 ans). Les Pays-Bas, la Suisse et le Danemark sont les trois pays affichant la plus faible proportion d'enfants en surpoids.

Graphique 4.10. **Insuffisance pondérale à la naissance**

Nombre de naissances vivantes à moins de 2 500 grammes en pourcentage du nombre total de naissances vivantes

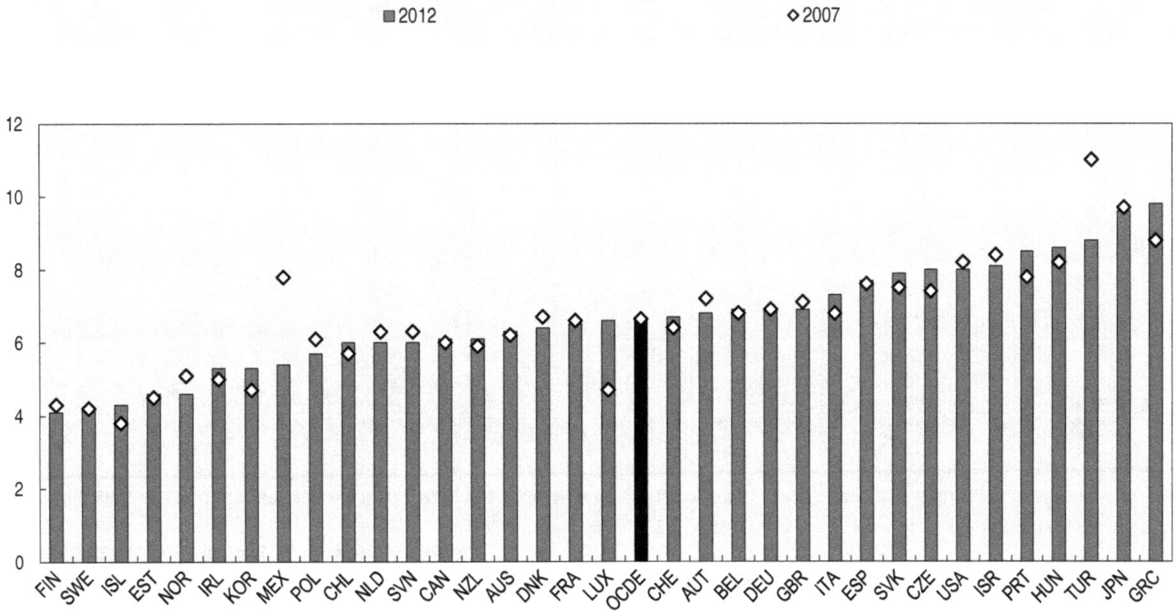

Note: Les données les plus récentes datent de 2011 pour l'Australie, le Canada, le Chili et la France et de 2010 pour la Belgique.

Source: *Statistiques de l'OCDE sur la santé, www.oecd-ilibrary.org/social-issues-migration-health/data/statistiques-de-l-ocde-sur-la-sante_health-data-fr.*

StatLink http://dx.doi.org/10.1787/888933278754

Graphique 4.11. **Adolescents se considérant en mauvaise santé**

Pourcentage des enfants de 11, 13 et 15 ans déclarant un état de santé passable ou mauvais, 2010

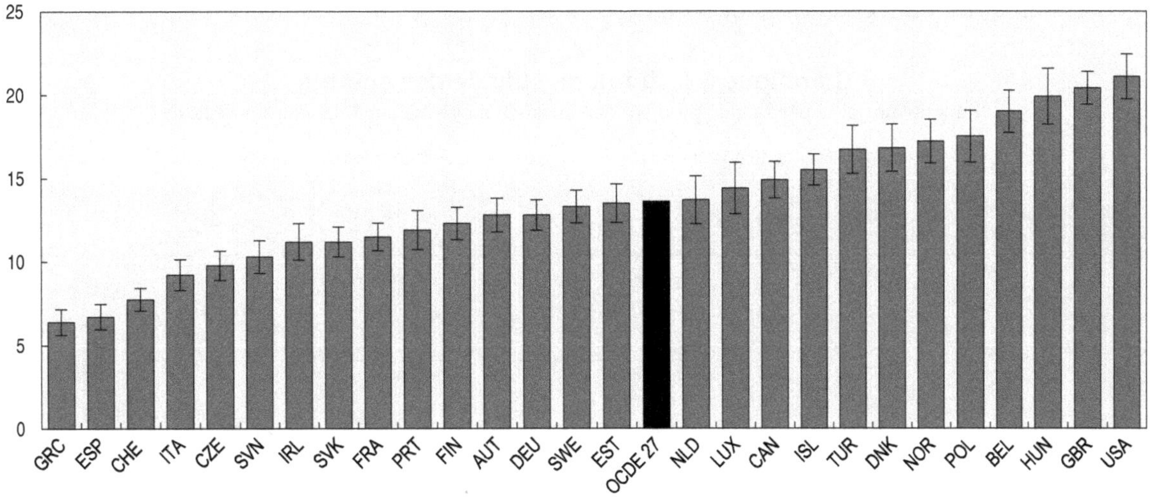

Note: La marge d'erreur représente l'intervalle de confiance de 95 % de l'estimation nationale.

Source: Étude Health Behaviour in School-aged Children (HBSC) 2010, *www.hbsc.org*.

StatLink http://dx.doi.org/10.1787/888933278760

Graphique 4.12. **Enfants en surpoids ou obèses**

Pourcentage, 2010

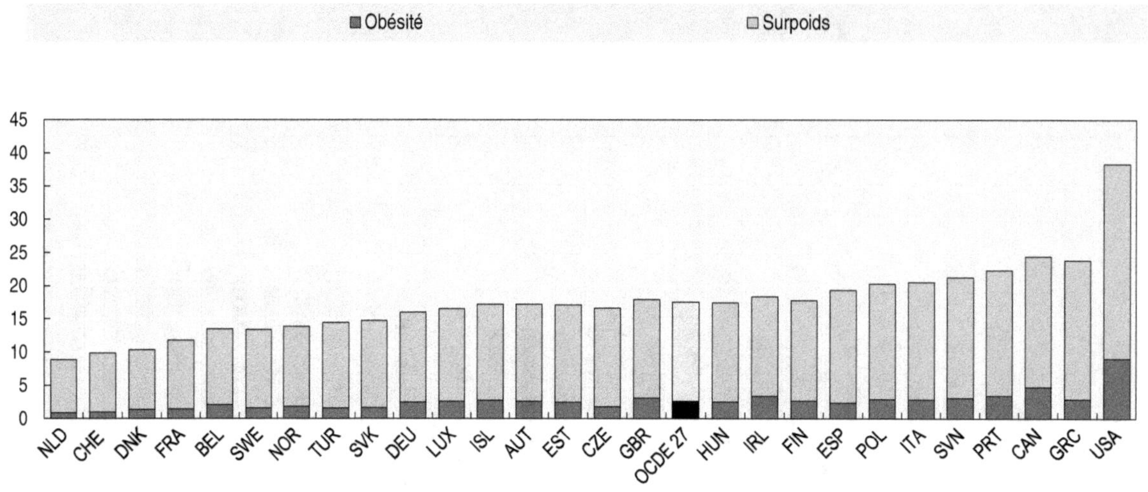

Note : Pourcentage de garçons et filles de 11, 13 et 15 ans en surpoids et obèses. Les barres sont classées en fonction des taux d'obésité.

Source : Étude Health Behaviour in School-aged Children (HBSC) 2010, *www.hbsc.org*.

StatLink http://dx.doi.org/10.1787/888933278778

La santé mentale est un aspect important du bien-être. En l'absence d'indicateurs objectifs de la santé mentale des enfants, les taux de suicide fournissent une indication de la prévalence des problèmes de santé mentale sévères. Les taux de suicide des enfants, c'est-à-dire le nombre annuel de décès par suicide (classification CIM-10 de l'OMS) pour 100 000 enfants de 10 à 19 ans, sont très faibles dans les pays de l'OCDE, avec environ 1 adolescent sur 20 000 mettant fin à ses jours. C'est en Grèce et en Espagne que les taux sont les plus faibles. La Nouvelle-Zélande affiche le taux le plus élevé, suivie de la Finlande, du Chili et de l'Irlande (graphique 4.13).

Graphique 4.13. **Taux de suicide des enfants**

Taux de mortalité par suicide pour 100 000 enfants, moyenne sur 3 ans autour de 2011

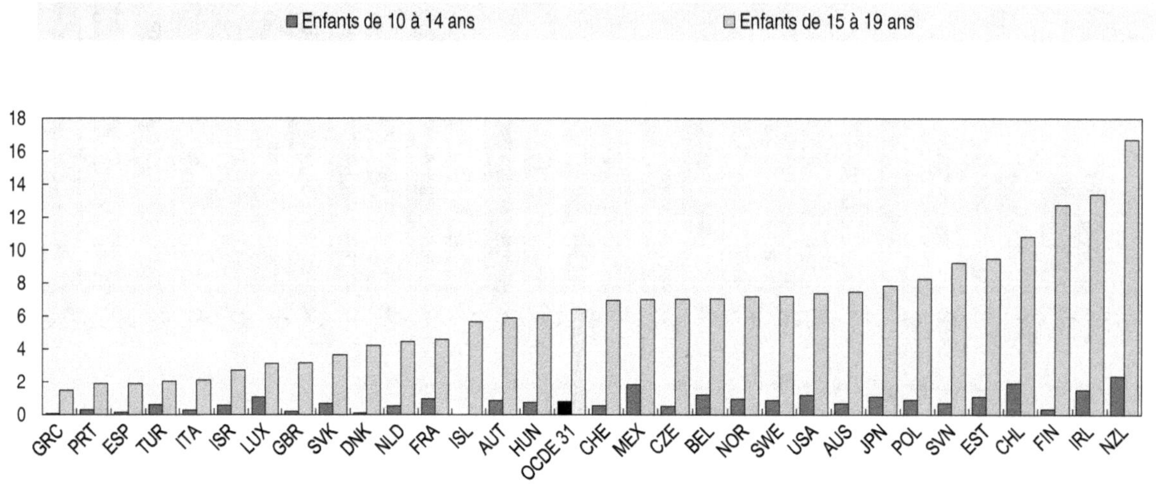

Source : *Base de données de l'OMS sur la mortalité, www.who.int/healthinfo/mortality_data/en/.*

StatLink http://dx.doi.org/10.1787/888933278788

Les taux de natalité des adolescentes renseignent aussi bien sur la santé sexuelle des adolescents que sur les risques en matière de santé pour les nourrissons. Ils sont très variables d'un pays de l'OCDE à l'autre, allant de pratiquement aucun cas (en Slovénie, en Suisse et en Corée) à plus de 55 naissances pour 1 000 adolescentes au Chili et au Mexique (graphique 4.14). Les États-Unis, le Royaume-Uni et la Nouvelle-Zélande affichent également des taux de fécondité des adolescentes parmi les plus élevés. Depuis 2007, la plupart des pays de l'OCDE ont vu ces taux diminuer, les améliorations les plus nettes étant enregistrées en Irlande et en Israël. L'encadré 4.6 présente d'autres types de comportements à risque chez les enfants.

Graphique 4.14. **Taux de natalité des adolescentes**

Nombre de naissances pour 1 000 femmes de 15 à 19 ans

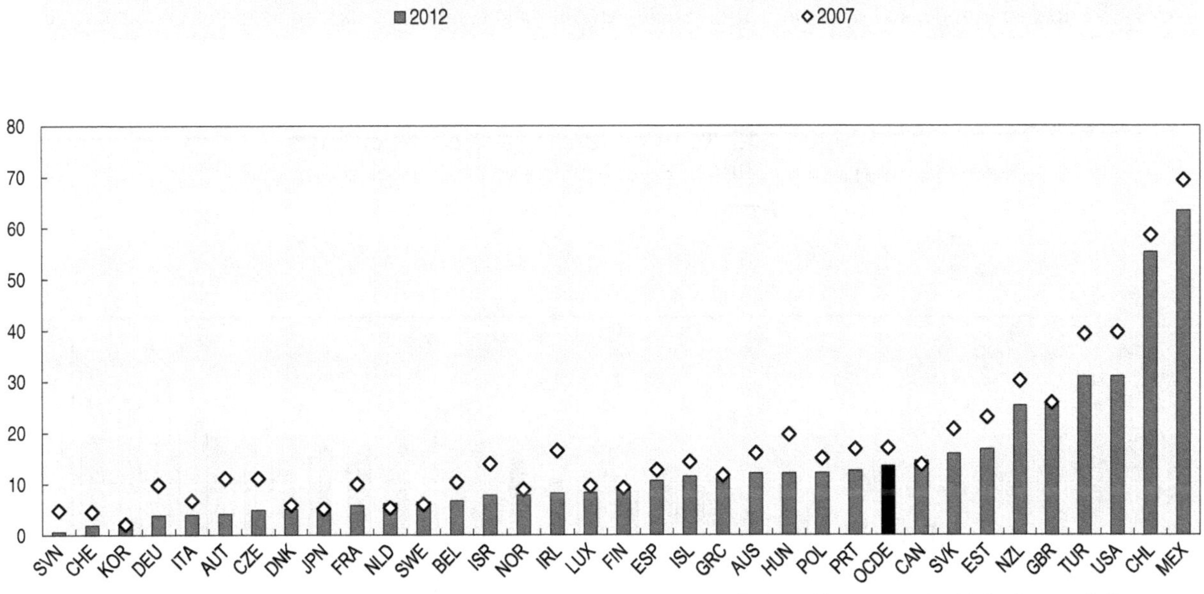

Source : Indicateurs du développement dans le monde, Banque mondiale, *http://data.worldbank.org/data-catalog/world-development-indicators.*

StatLink http://dx.doi.org/10.1787/888933278790

Encadré 4.6. **Comportements à risque chez les enfants**

Contrairement à d'autres indicateurs en matière de santé, le tabagisme, la consommation d'alcool et l'activité physique ne sont pas des indicateurs du bien-être en soi, mais plutôt des indicateurs des comportements en matière de santé et des risques futurs pour la santé. Le tabagisme, la consommation d'alcool et le manque d'exercice physique chez les adolescents constituent des facteurs de risque du fait de leurs fréquentes conséquences néfastes sur la santé physique et mentale. Le tabagisme est la principale cause de décès évitables et génère des coûts sociaux et sanitaires considérables pour tous les pays de l'OCDE (Currie et al., 2012). Les adolescents deviennent dépendants plus rapidement que les adultes et la plupart des adultes fumeurs ont fumé leur première cigarette ou étaient déjà dépendants à la nicotine avant l'âge de 18 ans (Ibid). La consommation d'alcool est un autre facteur déterminant de la mauvaise santé et des décès évitables dans le monde (OMS, 2002). La consommation régulière d'alcool et l'ivresse sont associées à de mauvais résultats sur le plan psychologique, social, physique et scolaire, ainsi qu'à la violence, aux blessures, au tabagisme, à la toxicomanie et aux comportements sexuels à risque (Currie et al., 2012 ; OCDE, 2015e). Enfin, l'activité physique favorise la santé physique et mentale (santé musculo-squelettique et cardiovasculaire et effets bénéfiques sur l'anxiété et la dépression) à court et long terme

Encadré 4.6. **Comportements à risque chez les enfants** *(suite)*

et peut améliorer les capacités cognitives et les résultats scolaires chez les jeunes (Currie et al., 2012). Dans le même temps, il faut reconnaître qu'il n'est pas nécessairement mauvais de prendre des risques et qu'à certains égards, la prise de risque s'inscrit de manière relativement normale dans le processus d'accession à l'âge adulte (OCDE, 2009).

Les indicateurs des comportements à risque englobent les jeunes de 15 ans qui fument régulièrement, les jeunes de 13 et 15 ans qui indiquent avoir été plus de deux fois en état d'ivresse et le pourcentage des jeunes de 11, 13 et 15 ans ayant pratiqué une activité physique quotidienne modérée à intense au cours de la semaine précédente.

Tabagisme et consommation d'alcool. Le pourcentage total de fumeurs (garçons et filles) est compris entre 7.8 % en Islande et plus de 27.3 % en Autriche (graphique 4.15). Si, en moyenne, les garçons fument plus que les filles, c'est l'inverse en Irlande, au Royaume-Uni, en Suède, en Allemagne, aux Pays-Bas, en Belgique, en Espagne, en Italie, en République tchèque et en Autriche. Les enfants fumeurs sont plus fréquemment issus de familles modestes. C'est le cas dans tous les pays à l'exception du Portugal, de la Pologne, de l'Estonie et de la Slovaquie.

Graphique 4.15. **Taux de fumeurs chez les enfants**

Pourcentage des garçons et filles de 15 ans fumant au moins une fois par semaine, 2010

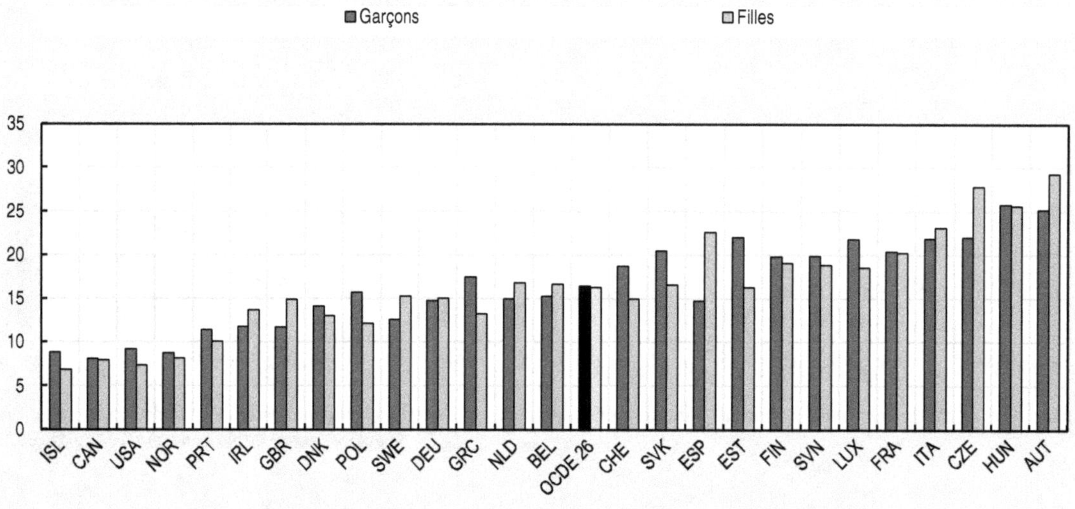

Note : Les données sont classées par ordre croissant selon le pourcentage combiné (garçons et filles).

Source : Étude Health Behaviour in School-aged Children (HBSC) 2010, *www.hbsc.org*.

StatLink *http://dx.doi.org/10.1787/888933278802*

Le nombre d'épisodes d'ivresse augmente fortement entre 13 et 15 ans dans tous les pays (graphique 4.16). Si, en moyenne, les filles de 15 ans boivent plus que les garçons de 15 ans, c'est l'inverse au Royaume-Uni, en Suède, en Norvège, au Danemark, en Espagne, en Finlande et au Canada (Currie et al., 2012). Cette évaluation a ses limites en termes de couverture de la population cible. En effet, les enquêtes sur le tabagisme et la consommation d'alcool sont réalisées en classe et il est probable que les élèves les plus à risque soient régulièrement absents et, de ce fait, non sondés.

Activité physique. Après un examen exhaustif des travaux en la matière, Strong et al. (2005) sont parvenus à la conclusion que les enfants devaient pratiquer au moins 60 minutes d'activité physique quotidienne modérée à intense ; cette norme minimum a été reprise dans les lignes directrices diffusées par certains organismes publics et professionnels. Or les chiffres montrent que la majorité des jeunes ne le font pas (graphique 4.17). La proportion des jeunes pratiquant au moins 60 minutes d'activité physique quotidienne modérée à intense s'échelonne de 7.5 % en Suède à 30.8 % en Irlande. L'activité physique quotidienne est beaucoup plus courante chez les garçons que chez les filles, et chez les enfants de 11 ans que chez ceux de 15 ans.

Encadré 4.6. **Comportements à risque chez les enfants** *(suite)*

Graphique 4.16. **Consommation excessive d'alcool chez les enfants**

Pourcentage des enfants de 13 et 15 ans ayant été en état d'ivresse à deux reprises au moins durant leur vie, 2010

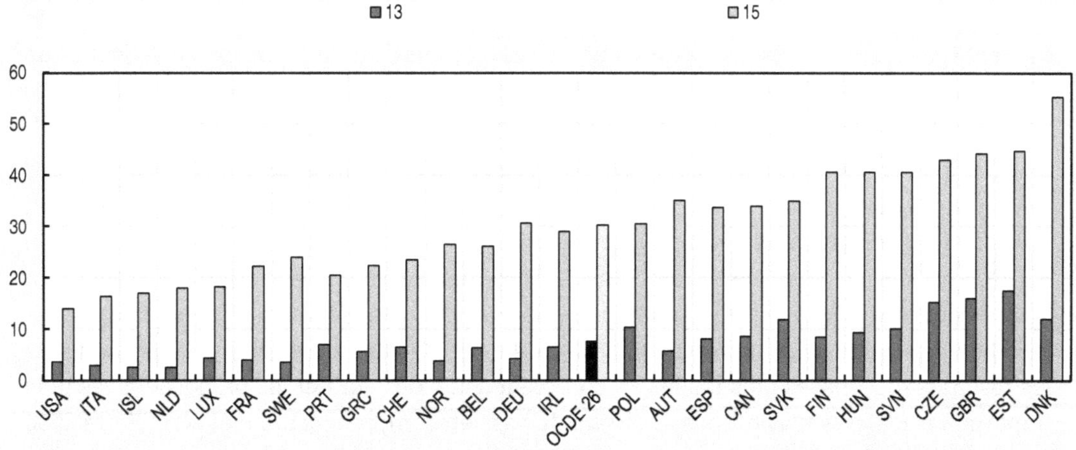

Note : Les données sont classées par ordre croissant selon le pourcentage combiné (enfants de 13 ans et de 15 ans).

Source : Étude Health Behaviour in School-aged Children (HBSC) 2010, *www.hbsc.org*.

StatLink http://dx.doi.org/10.1787/888933278812

Graphique 4.17. **Enfants pratiquant une activité physique quotidienne**

Pourcentage des enfants de 11, 13 et 15 ans ayant pratiqué une activité physique quotidienne modérée à intense au cours de la semaine précédente, 2010

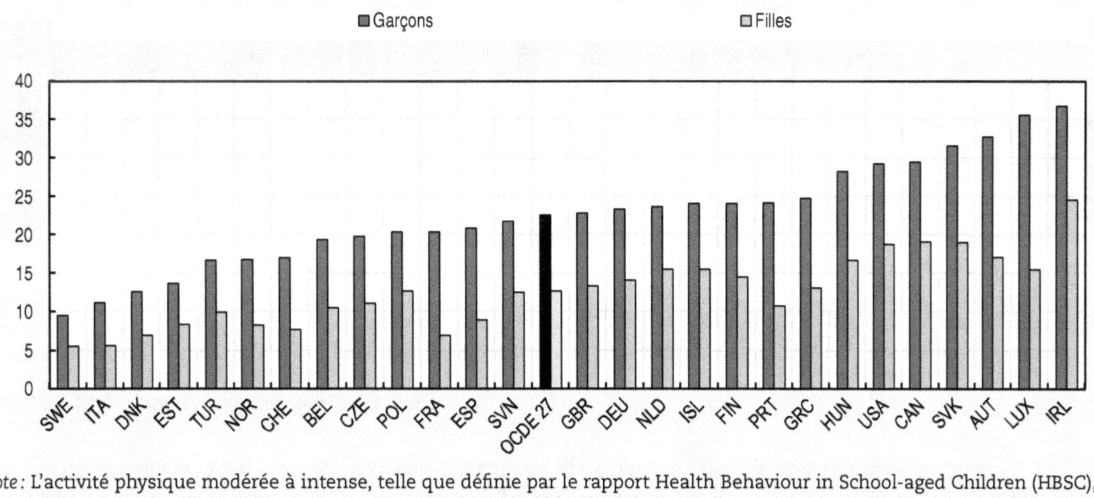

Note : L'activité physique modérée à intense, telle que définie par le rapport Health Behaviour in School-aged Children (HBSC), se rapporte à un exercice d'au moins une heure augmentant aussi bien le rythme cardiaque que la respiration (et essoufflant parfois l'enfant). Les estimations nationales sont calculées à partir des taux d'activité physique déclarés et des chiffres des échantillons relatifs aux garçons et filles de 11, 13 et 15 ans. Les données proviennent d'échantillons scolaires.

Source : Étude Health Behaviour in School-aged Children (HBSC) 2010, *www.hbsc.org*.

StatLink http://dx.doi.org/10.1787/888933278822

Éducation et compétences

Le premier indicateur utilisé ici en matière d'éducation et de compétences chez les enfants est le résultat moyen en compréhension de l'écrit des élèves de 15 ans, extrait du PISA 2012. Afin de tenir compte d'un éventail plus large de compétences cognitives et non cognitives nécessaires pour réussir à l'école et dans la vie, les scores PISA en résolution de problèmes figurent également ci-dessous. Cette section renseigne aussi sur le pourcentage de jeunes de 15 à 19 ans déscolarisés et inactifs, et sur le dénuement éducatif, évalué en interrogeant les jeunes de 15 ans sur leur accès à certaines ressources influant sur les résultats scolaires.

Le Japon et la Corée sont les pays les mieux classés parmi tous les pays de l'OCDE en ce qui concerne les résultats PISA moyens en compréhension de l'écrit (graphique 4.18). Le Chili et le Mexique occupent les deux dernières places[11]. L'Allemagne, le Chili, la Corée, l'Estonie, la Hongrie, Israël, le Japon, le Luxembourg, le Mexique, la Pologne, le Portugal, la Suisse et la Turquie ont tous enregistré une amélioration de leurs résultats en compréhension de l'écrit au cours des cycles PISA successifs (OCDE, 2014a). Le Mexique et le Chili affichent à la fois les résultats moyens les plus faibles en compréhension de l'écrit et les proportions les plus importantes d'élèves n'ayant pas le niveau de base en compréhension de l'écrit. Entre 2000 et 2012, Israël et la Pologne ont amélioré leurs proportions de bons élèves en compréhension de l'écrit tout en réduisant leurs proportions de mauvais élèves (OCDE, 2014a).

Graphique 4.18. **Résultats PISA des enfants en compréhension de l'écrit**

Résultats moyens des enfants de 15 ans en compréhension de l'écrit, 2012

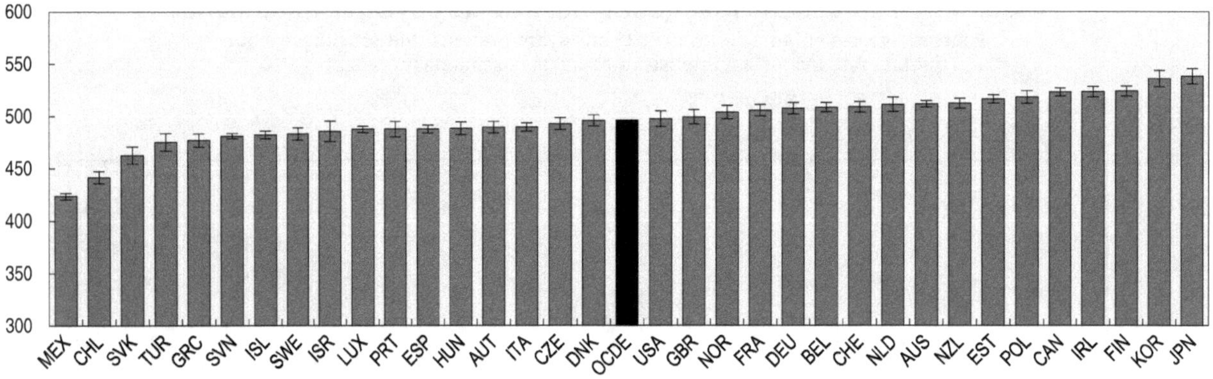

Note : La marge d'erreur représente l'intervalle de confiance de 95 % de l'estimation nationale.

Source : PISA 2012, OCDE (2014a), *Résultats du PISA 2012 : Savoirs et savoir-faire des élèves (Volume I)*, édition révisée, février, Éditions OCDE, Paris, *http://dx.doi.org/10.1787/19963785*.

StatLink *http://dx.doi.org/10.1787/888933278830*

Les compétences cognitives telles que la compréhension de l'écrit, les mathématiques et les sciences ne sont pas les seuls déterminants de la réussite à l'école et dans la vie, qui dépend de beaucoup d'autres compétences (Rychen et Salganik, 2003)[12]. Dans le cadre de l'enquête PISA, les compétences en résolution de problèmes sont définies comme « la capacité d'un individu à s'engager dans un traitement cognitif pour comprendre et résoudre des problèmes, en l'absence de méthode de solution évidente, ce qui inclut sa volonté de s'engager dans de telles situations pour exploiter tout son potentiel de citoyen constructif et réfléchi » (OCDE, 2014b)[13].

L'évaluation des capacités en résolution de problèmes dans PISA 2012 s'intéresse essentiellement aux processus cognitifs globaux, plutôt qu'à la capacité à résoudre des problèmes dans des matières données. Elle utilise des scénarios informatisés afin de générer des « problèmes interactifs ». Malgré l'existence d'une corrélation positive entre les performances en résolution de problèmes et les performances en compréhension de l'écrit, en mathématiques et en sciences, celle-ci s'avère néanmoins plus faible que celle observée entre les performances dans ces matières (OCDE, 2014b).

Comme pour la compréhension de l'écrit, c'est en Corée et au Japon que les élèves ont les meilleurs résultats en matière de résolution de problèmes complexes, parmi tous les pays participants (graphique 4.19)[14]. En moyenne, 20 % des élèves de l'OCDE n'ont pas, en résolution de problèmes, le niveau de base jugé indispensable pour prendre part de manière efficace et productive aux sociétés du XXIe siècle.

Graphique 4.19. **Résultats PISA des élèves en résolution de problèmes sur support informatique**

Résultats moyens des enfants de 15 ans en résolution de problèmes sur support informatique, 2012

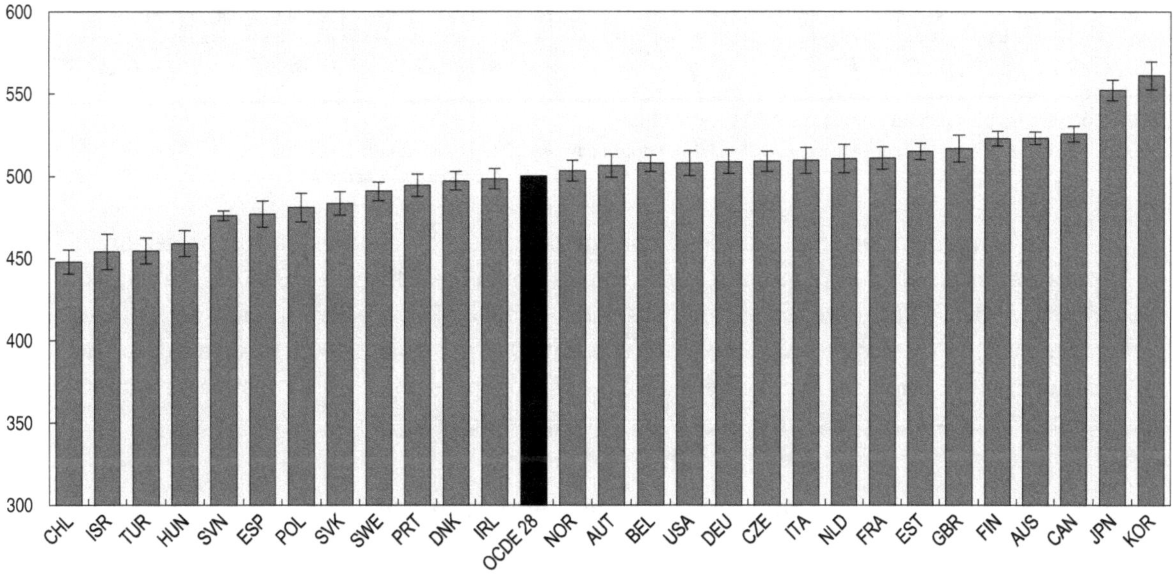

Note : La marge d'erreur représente l'intervalle de confiance de 95 % de l'estimation nationale.

Source : PISA 2012, OCDE (2014b), *Résultats du PISA 2012 : Trouver des solutions créatives (Volume V), Compétences des élèves en résolution de problèmes de la vie réelle*, Éditions OCDE, Paris, *http://dx.doi.org/10.1787/19963785*.

StatLink http://dx.doi.org/10.1787/888933278843

L'indicateur présenté dans le graphique 4.20 mesure la proportion de jeunes de 15 à 19 ans qui ne sont ni en emploi, ni scolarisés, ni en formation. Il rend compte du décrochage scolaire, de la longueur de la transition entre la fin des études et l'emploi et de l'ampleur du chômage des jeunes, tous ces facteurs ayant de sérieuses répercussions aussi bien sur le bien-être individuel que sur les performances économiques. En Turquie, au Mexique, en Italie, en Espagne et en Irlande, la proportion de jeunes sans emploi ne suivant ni études ni formation est supérieure à 10 % (graphique 4.20). En Turquie, cette proportion est presque huit fois supérieure à celle de l'Allemagne, qui n'est que de 2.8 % des 15-19 ans. La République tchèque, la Pologne, le Luxembourg, la Slovénie et la Norvège affichent également des proportions de jeunes sans emploi ne suivant ni études ni formation très faibles.

Entre 2007 et 2013, le nombre de jeunes sans emploi ne suivant ni études ni formation a considérablement augmenté en Irlande (de plus de 5 points de pourcentage), alors qu'il a fortement diminué en Israël (-19 points) et en Turquie (-12 points).

Graphique 4.20. **Jeunes sans emploi ne suivant ni études ni formation**

Pourcentage des jeunes de 15 à 19 ans

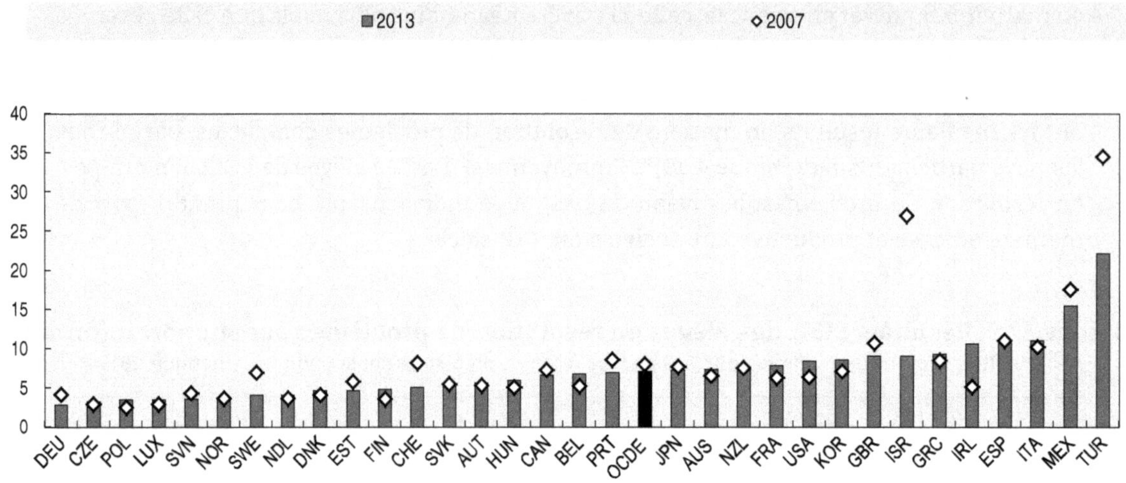

Note : Les données les plus récentes datent de 2011 pour le Chili.

Source : *Base de données de Regards sur l'éducation*, OCDE, 2014, *http://dx.doi.org/10.1787/eag-data-fr*

StatLink *http://dx.doi.org/10.1787/888933278856*

Le dénuement éducatif est défini comme la proportion d'élèves de 15 ans déclarant posséder moins de quatre ressources éducatives, sur la base du cycle PISA 2012. La plupart des pays de l'OCDE enregistrent des taux très faibles en la matière (moins de 5 élèves pour 1 000). Au Mexique, toutefois, pratiquement 30 élèves pour 1 000 sont en situation de dénuement éducatif selon cette définition. Les autres pays obtenant de mauvais résultats sont la Turquie et le Chili, suivis des États-Unis (graphique 4.21).

Graphique 4.21. **Dénuement éducatif**

Nombre d'enfants de 15 ans déclarant posséder moins de quatre ressources éducatives, sur 1 000 enfants de 15 ans scolarisés, 2012

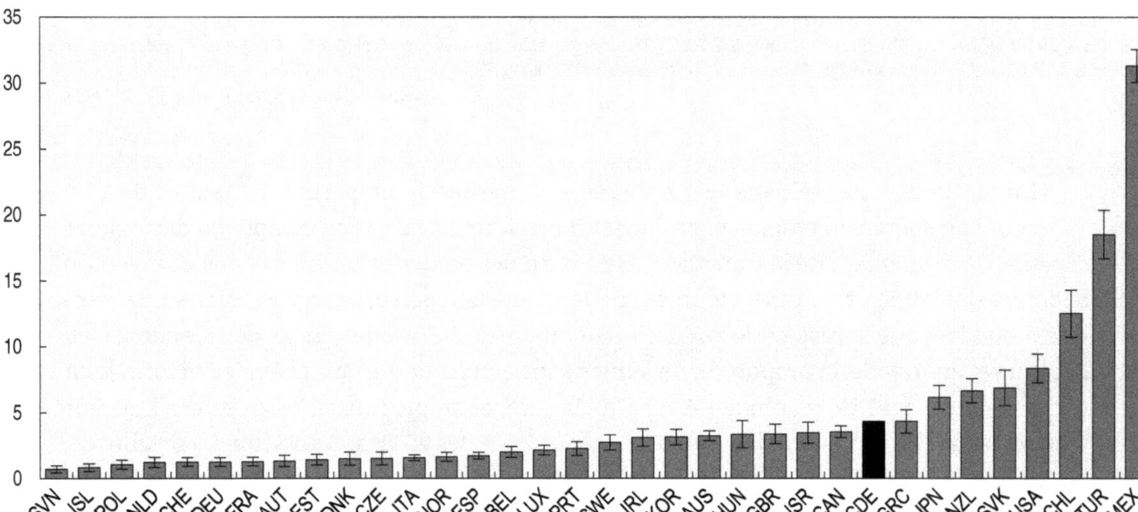

Note : Les ressources éducatives comprennent un bureau pour étudier, un endroit pour travailler au calme, un ordinateur à usage scolaire, des logiciels pédagogiques, une connexion Internet, des manuels scolaires et un dictionnaire.

Source : Calculs de l'OCDE basés sur PISA 2012, OCDE, *http://dx.doi.org/10.1787/19963785*.

StatLink *http://dx.doi.org/10.1787/888933278866*

Engagement et participation civiques

Les enfants peuvent s'engager civiquement en participant à des associations de jeunes, à des clubs et à des groupes de bénévoles œuvrant pour le bien public. Bien que la plupart des enfants n'aient pas le droit de vote, l'étude *International Civic and Citizenship Education Study* (ICCS) collecte des données sur leur intention de voter aux élections nationales lorsqu'ils seront adultes. Leur intention de voter et une évaluation de leur participation civique sont présentées ci-dessous en tant qu'indicateurs de leur engagement civique.

C'est au Danemark, en Italie et en Corée que la proportion d'élèves de 14 ans affirmant qu'ils voteront probablement ou très probablement aux élections nationales lorsqu'ils seront adultes est la plus élevée, avec des taux proches de 90 % (graphique 4.22). À l'inverse, en République tchèque, moins de la moitié des élèves de 14 ans ont l'intention de voter à l'âge adulte. Il convient d'interpréter ces résultats en gardant à l'esprit que les intentions de voter actuelles ne prédisent pas nécessairement les votes futurs.

Graphique 4.22. **Intention de voter chez les enfants**

Pourcentage des élèves de 14 ans ayant l'intention de voter aux élections nationales lorsqu'ils seront adultes, 2009

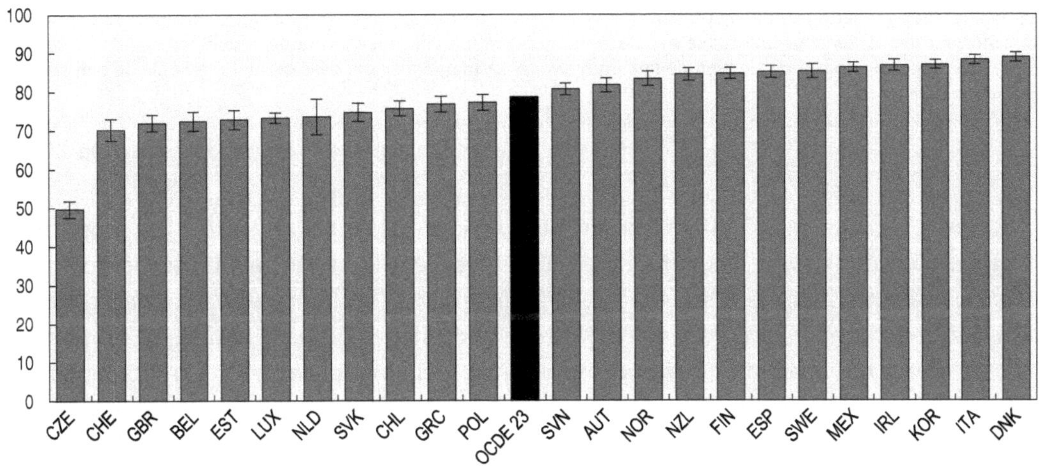

Note : BEL = Belgique (adolescents flamands uniquement). La marge d'erreur représente l'intervalle de confiance de 95 % de l'estimation nationale.

Source : The International Civic and Citizenship Education Study (ICCS) 2009, *http://iccs.acer.edu.au.*

StatLink *http://dx.doi.org/10.1787/888933278875*

Au Chili et au Mexique, plus de la moitié des élèves de 14 ans ayant participé à l'enquête ICCS ont déclaré avoir pris part à des associations, groupes ou clubs au cours des 12 derniers mois (graphique 4.23). En Finlande, au Danemark et en Corée, moins d'un enquêté sur quatre a indiqué avoir pris part à l'une des catégories d'organisations visées par l'enquête ICCS.

Environnement social et familial

Les pairs et la famille sont des déterminants cruciaux du bien-être des enfants. Les travaux de Currie et al. (2012) fondés sur les données de l'étude HBSC montrent que de bonnes relations avec les pairs constituent un facteur protecteur, qui a des effets positifs sur l'amélioration de la santé des adolescents et la réduction des troubles psychologiques. Les adolescents évoluant au sein de réseaux sociaux denses se considèrent en meilleure santé, ont un plus fort sentiment de bien-être et sont moins susceptibles d'adopter des comportements à risque. L'impact de la famille sur le développement psychologique et physique de l'enfant fait aussi l'objet de nombreuses recherches.

Graphique 4.23. **Adolescents engagés socialement**

Pourcentage des élèves de 14 ans ayant pris part à des associations, groupes ou clubs au cours des 12 derniers mois, 2009

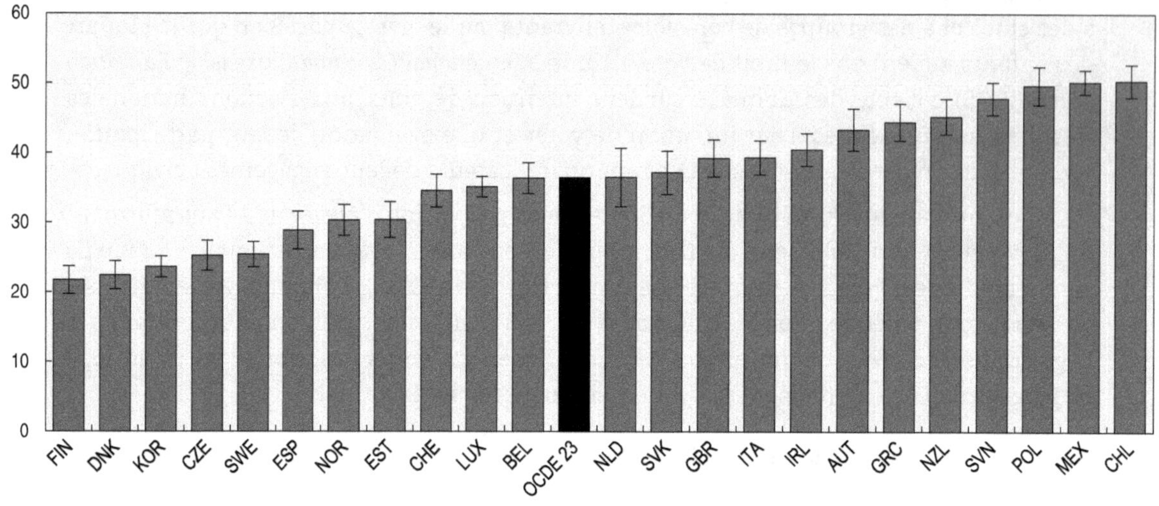

Note: Participation à une association de jeunes affiliée à un parti politique ou à un syndicat, à une association de protection de l'environnement, à une association de défense des droits de l'homme, à un groupe de bénévoles œuvrant pour la communauté, à une association collectant des fonds pour une cause sociale, à une association culturelle ethnique, à une association ou groupe religieux ou à un groupe de jeunes œuvrant pour le bien de la communauté. La marge d'erreur représente l'intervalle de confiance de 95 % de l'estimation nationale.

Source : The International Civic and Citizenship Education Study (ICCS) 2009, *http://iccs.acer.edu.au.*

StatLink *http://dx.doi.org/10.1787/888933278886*

Sur la base de ces résultats, six indicateurs sont présentés ci-dessous : la proportion d'élèves déclarant avoir des camarades de classe gentils et obligeants ; le pourcentage d'élèves se sentant stressés du fait de la charge de travail scolaire ; le pourcentage d'élèves qui déclarent aimer l'école ; l'indice PISA de sentiment d'appartenance ; la proportion d'adolescents qui estiment pouvoir communiquer facilement avec leurs parents ; le temps que les parents passent avec leurs enfants à s'occuper d'eux et à pratiquer des activités pédagogiques et ludiques.

Le vécu scolaire peut jouer un rôle essentiel, chez les enfants, dans la construction de leur estime de soi et de l'image qu'ils ont d'eux-mêmes, ainsi que dans leurs comportements en matière de santé. Le soutien des camarades de classe renforce le sentiment d'appartenance à un groupe ou milieu social (Currie et al., 2012). Les groupes de pairs à l'école sont donc très importants pour le bien-être des enfants. C'est en Suède que les enfants sont le plus susceptibles de trouver leurs camarades de classe gentils et obligeants ; ce n'est le cas que pour 44 % des enfants grecs (graphique 4.24).

La pression ou le stress engendrés par le travail scolaire peuvent nuire aux apprentissages et aux résultats extrascolaires comme la santé, les comportements à risque et le bien-être général (Currie et al., 2012). Si une certaine pression peut être bénéfique pour les résultats scolaires, il n'en faut pas trop. Dans l'enquête HBSC, les élèves de 11, 13 et 15 ans sont interrogés sur le niveau de stress occasionné par le travail scolaire, avec un éventail de réponses allant de « très stressé » à « pas du tout stressé ». L'indicateur présenté ci-dessous correspond à la proportion d'élèves déclarant se sentir très stressés du fait du travail scolaire. En moyenne, un élève sur 10 dans les pays de l'OCDE déclare se sentir très stressé (graphique 4.25). On observe d'importantes différences d'un pays de l'OCDE à l'autre. Ainsi, pratiquement 30 % des élèves sont concernés en Turquie, contre seulement 4 % en Allemagne et en Autriche. Il convient toutefois de souligner que cet indicateur n'est disponible ni pour le Japon ni pour la Corée, deux pays dans lesquels la pression à l'école est réputée importante[15].

Graphique 4.24. **Adolescents trouvant leurs camarades de classe gentils et obligeants**

Pourcentage des élèves qui trouvent que la plupart de leurs camarades de classe sont gentils et obligeants, 2010

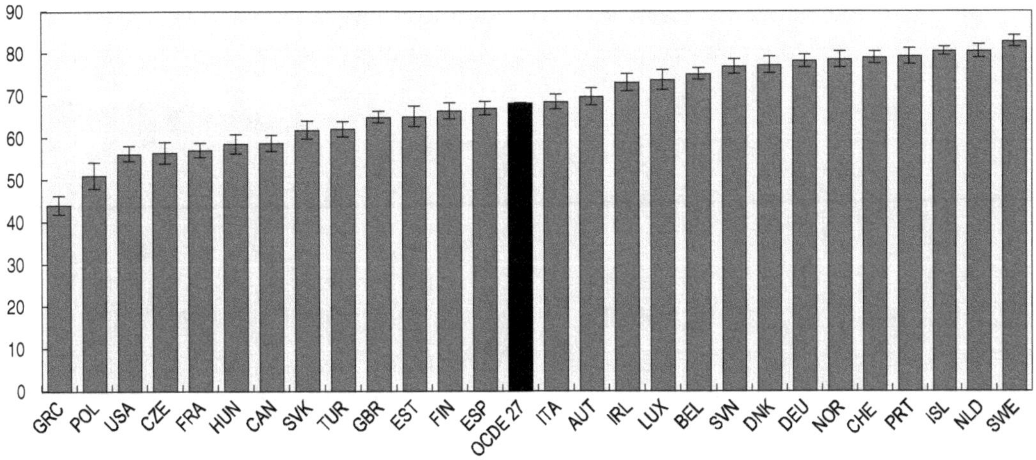

Note: Pourcentage des filles et garçons de 11, 13 et 15 ans déclarant que leurs camarades de classe sont gentils et obligeants. La marge d'erreur représente l'intervalle de confiance de 95 % de l'estimation nationale.

Source: Étude Health Behaviour in School-aged Children (HBSC) 2010, *www.hbsc.org*.

StatLink http://dx.doi.org/10.1787/888933278892

Graphique 4.25. **Enfants se sentant stressés du fait du travail scolaire**

Pourcentage des filles et garçons de 11, 13 et 15 ans déclarant se sentir très stressés du fait du travail scolaire, 2010

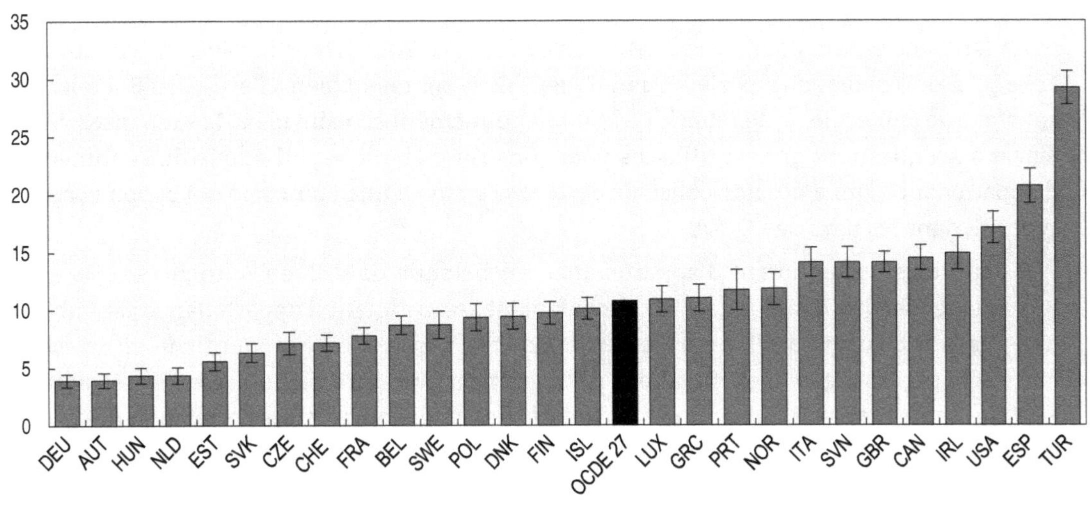

Note: La marge d'erreur représente l'intervalle de confiance de 95 % de l'estimation nationale.

Source: Étude Health Behaviour in School-aged Children (HBSC) 2010, *www.hbsc.org*.

StatLink http://dx.doi.org/10.1787/888933278901

Chez les jeunes, le vécu scolaire peut jouer un rôle positif dans la construction de leur amour-propre, l'image qu'ils ont d'eux-mêmes et leurs comportements en matière de santé. Il peut aussi, à l'inverse, être un facteur de risque, avec des effets négatifs sur leur santé mentale et physique. Les élèves qui n'aiment pas l'école ou ne se sentent pas en phase avec l'école ont plus de risques d'être en échec scolaire, de décrocher et de développer des problèmes de santé mentale (Currie et al., 2012). Globalement, dans l'enquête HBSC de 2010, les trois quarts des élèves de 11, 13 et 15 ans des pays de l'OCDE déclaraient aimer l'école (graphique 4.26). Ce sont les élèves islandais qui l'aiment le plus et les élèves estoniens qui l'aiment le moins.

Graphique 4.26. **Enfants aimant l'école**

Pourcentage des enfants de 11, 13 et 15 ans déclarant aimer l'école, 2010

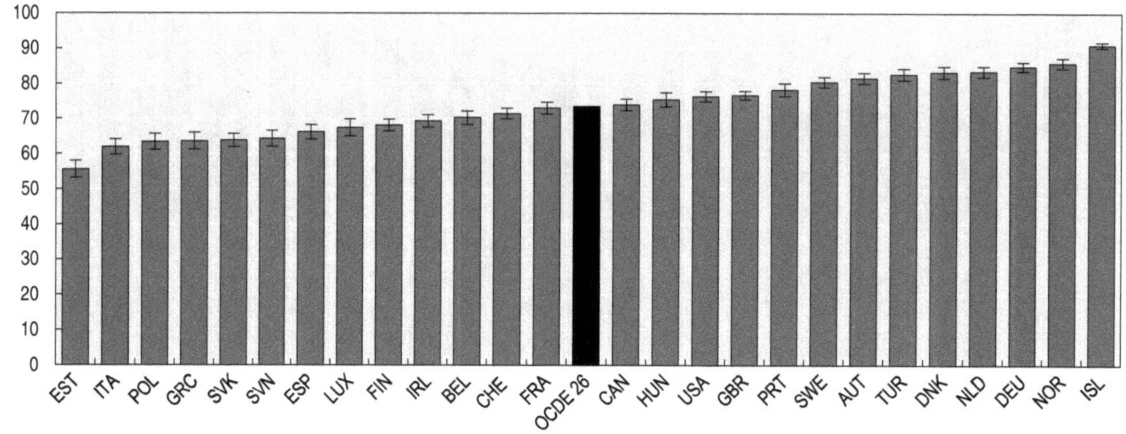

Note : La marge d'erreur représente l'intervalle de confiance de 95 % de l'estimation nationale.

Source : Étude Health Behaviour in School-aged Children (HBSC) 2010, *www.hbsc.org*.

StatLink http://dx.doi.org/10.1787/888933278911

L'indice PISA de sentiment d'appartenance à l'école est un autre indicateur du bien-être des élèves à l'école. Il montre dans quelle mesure les élèves se sentent en phase avec leur établissement et leurs pairs. Le manque de liens sociaux peut nuire à l'image que les élèves ont d'eux-mêmes, à leur satisfaction à l'égard de la vie, et à leur volonté d'apprendre et de faire des efforts pour réussir leurs études (OCDE, 2013). Dans le cadre de l'enquête PISA 2012, on a demandé aux élèves d'indiquer s'ils se sentaient bien à l'école et s'ils étaient satisfaits de leur école, et de réfléchir à leur environnement scolaire idéal. Les réponses des élèves à six questions ont été utilisées pour construire l'indice synthétique du sentiment d'appartenance, qui a été normalisé de sorte que sa moyenne soit égale à 0 et son écart-type à 1, dans les pays de l'OCDE.

Cet indice de sentiment d'appartenance s'échelonne de 0.55 en Autriche à -0.36 en République tchèque (graphique 4.27). Globalement, le sentiment d'appartenance est faible dans les pays d'Europe de l'Est ainsi qu'au Japon et en Corée, et élevé en Autriche, en Suisse, en Israël et en Espagne. Il existe une corrélation négative entre cet indice et les résultats PISA en compréhension de l'écrit et en résolution de problèmes, et une corrélation positive entre cet indice et le nombre d'élèves aimant l'école.

Le temps que les enfants passent avec leurs parents, surtout d'un point de vue qualitatif, est un élément essentiel pour leur développement psychologique et émotionnel (Monna et Gauthier, 2009). La recherche dans ce domaine montre l'importance de

Graphique 4.27. **Sentiment d'appartenance à l'école**

L'indice PISA de sentiment d'appartenance est basé sur une échelle de Rasch comportant six éléments, 2012

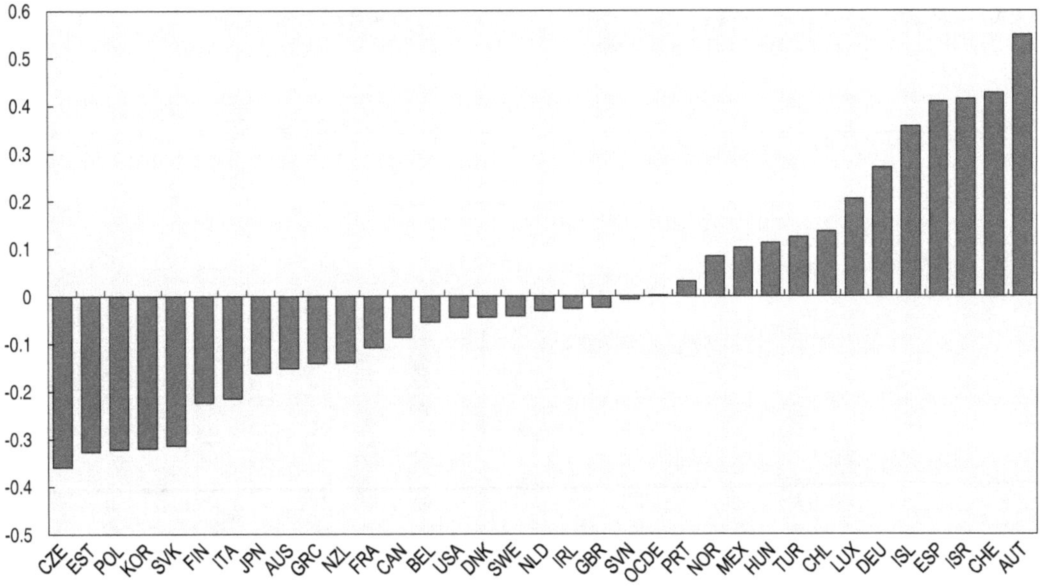

Note: Basé sur une échelle de Rasch comportant six éléments (Je me sens comme un étranger (ou hors du coup); Je me fais facilement des amis ; Je me sens chez moi ; Je me sens mal à l'aise, pas à ma place ; Les autres élèves ont l'air de m'apprécier ; Je me sens seul) et normalisé pour obtenir une moyenne de 0 et un écart-type de 1 dans l'ensemble des pays de l'OCDE participants.

Source: PISA 2012, OCDE (2014c), *Résultats du PISA 2012 : Des élèves prêts à apprendre (Volume III) : Engagement, motivation et image de soi*, *http://dx.doi.org/10.1787/19963785*.

StatLink *http://dx.doi.org/10.1787/888933278928*

l'implication des deux parents. On observe des écarts considérables s'agissant du temps que les parents passent avec leurs enfants, les enfants australiens passant plus de quatre heures par jour avec leurs parents contre moins d'une heure pour les enfants coréens (graphique 4.28). Dans l'OCDE, les mères passent deux fois plus de temps avec leurs enfants que les pères. Les mères se chargent d'une grande partie des soins et de la surveillance, tandis que les pères passent la plupart de leur temps avec les enfants à pratiquer des activités pédagogiques et ludiques. Dans les pays nordiques, au Canada et aux États-Unis, les différentes activités avec les enfants (soins et surveillance, d'une part, et activités pédagogiques et ludiques, d'autre part) sont réparties de manière bien plus égale entre les parents.

La communication des enfants avec leurs parents est importante afin de faire de la famille un facteur protecteur. Le soutien familial aide les enfants à gérer des situations stressantes et les protège de certaines influences négatives (Currie et al., 2012). Les relations des enfants avec leurs parents peuvent être évaluées au moyen du pourcentage d'élèves qui déclarent pouvoir communiquer aisément avec leur mère ou leur père. La Hongrie et les Pays-Bas affichent les plus forts pourcentages d'adolescents déclarant ne pas rencontrer de difficultés dans la communication avec au moins un de leurs parents (graphique 4.29). Les écarts sont toutefois faibles entre les pays de l'OCDE et la plupart des pays affichent des valeurs supérieures à 80 %, à l'exception de la France, où plus d'un adolescent sur quatre déclare rencontrer des difficultés pour communiquer avec au moins un de ses parents.

Graphique 4.28. **Temps passé par les parents avec leurs enfants**

En minutes par jour, 2013 ou dernière année disponible

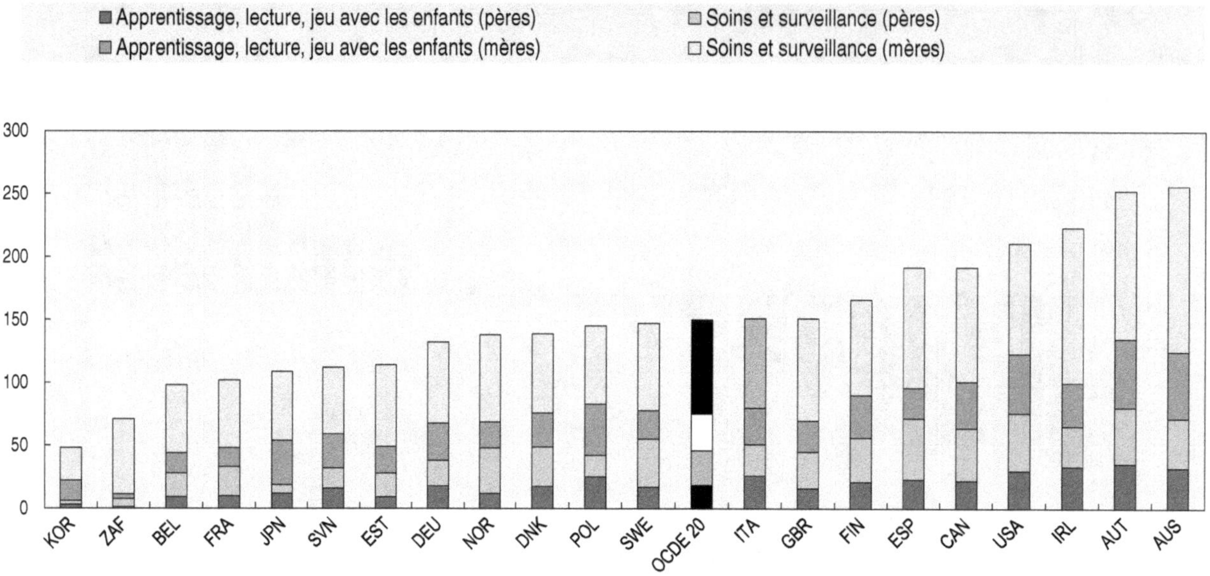

Note : Les données concernent le temps que les personnes interrogées déclarent passer à s'occuper de leurs enfants (sans faire autre chose en parallèle). Cela inclut les soins et la surveillance, ainsi que le temps passé à transporter les enfants, à l'exception de l'Irlande et de la Corée, pays pour lesquels le temps passé à transporter les enfants n'est pas inclus. Les données concernent les enfants de moins de 18 ans, sauf pour l'Australie et le Canada (moins de 15 ans). Pour l'Irlande et la Corée, le temps passé à transporter les enfants n'est pas inclus. Les données portent sur 1999-2000 pour l'Estonie ; 2000 pour l'Afrique du Sud ; 2000-01 pour la Norvège, le Royaume-Uni, la Slovénie et la Suède ; 2001 pour le Danemark ; 2001-02 pour l'Allemagne ; 2003-04 pour la Pologne ; 2005 pour la Belgique et l'Irlande ; 2006 pour le Japon ; 2008-09 pour l'Australie et l'Italie ; 2009 pour la Corée ; 2009-10 pour l'Espagne, la Finlande et la France ; 2010 pour le Canada ; et 2013 pour les États-Unis.

Source : Calculs OCDE basés sur l'application web Harmonised European Time Use Survey pour les pays européens (*https://www.h5.scb.se/tus/tus/*) et sur les microdonnées publiques résultant d'enquêtes sur l'emploi du temps, ainsi que sur les classifications fournies par les bureaux de statistique nationaux pour les pays non européens.

StatLink *http://dx.doi.org/10.1787/888933278931*

Graphique 4.29. **Adolescents ne rencontrant pas de difficultés à communiquer avec leurs parents**

Pourcentage des élèves pouvant parler facilement à un de leurs parents au moins, 2010

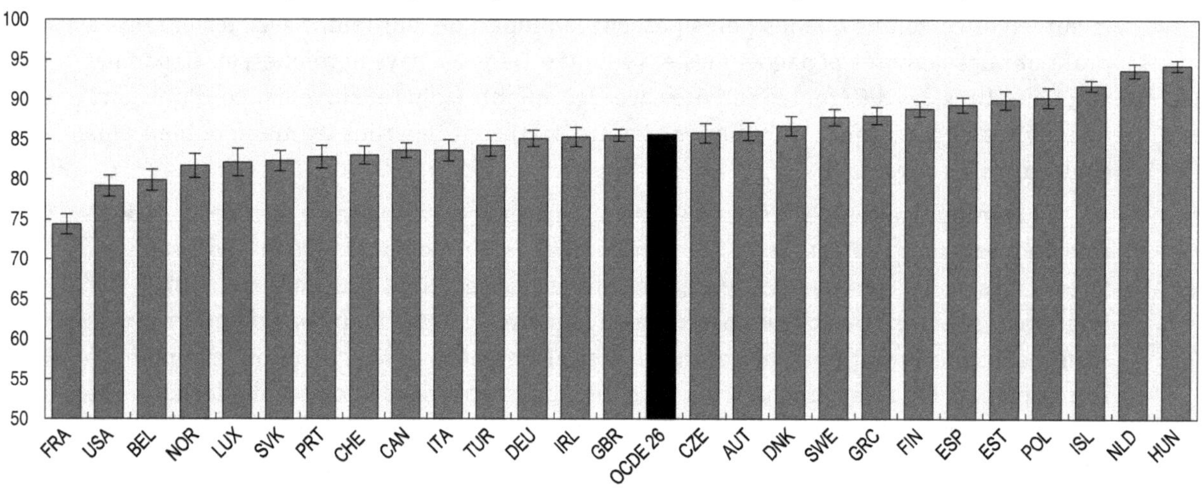

Note : Pourcentage des garçons et filles de 11, 13 et 15 ans qui déclarent pouvoir communiquer facilement avec leur mère/belle-mère ou leur père/beau-père. La marge d'erreur représente l'intervalle de confiance de 95 % de l'estimation nationale.

Source : Étude Health Behaviour in School-aged Children (HBSC) 2010, *www.hbsc.org*.

StatLink *http://dx.doi.org/10.1787/888933278943*

Sécurité personnelle

Deux indicateurs sont utilisés pour évaluer la sécurité personnelle des enfants : les décès d'enfants par blessure intentionnelle (homicides) chez les 0-19 ans et les brimades infligées aux enfants à l'école. Les brimades sont des paroles ou des actes hostiles qui font souffrir les victimes. Ces dernières sont alors exposées à différents problèmes tels que la dépression, l'anxiété et la solitude, qui peuvent persister à l'âge adulte (Currie et al., 2012). Si ces deux indicateurs illustrent des facteurs pertinents en matière de sécurité personnelle, la recherche montre également que d'autres formes de victimisation des enfants, de même que la négligence, peuvent nuire à leur bien-être, tant sur le plan de leur développement que de leurs droits. Elles ne sont pas prises en compte ici du fait du manque de données comparatives.

Dans l'OCDE, le taux d'homicide des enfants s'élève en moyenne à 1 pour 100 000. On observe d'importants écarts entre les pays : ainsi, le Mexique et les États-Unis enregistrent des taux d'homicide des enfants plus de deux fois supérieurs à ceux des autres pays de l'OCDE (graphique 4.30). De plus, les taux d'homicide varient considérablement en fonction de l'âge des enfants et du type d'auteur (membre de la famille ou non, par exemple). Ces variations ne sont pas étudiées ici.

Graphique 4.30. **Taux d'homicide des enfants**

Taux de mortalité par blessure intentionnelle pour 100 000 enfants, moyenne sur 3 ans autour de 2011

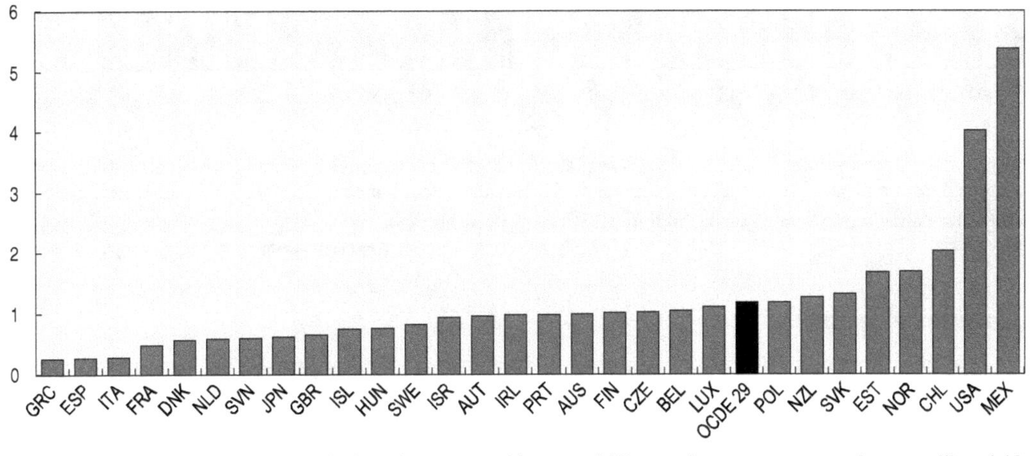

Note : Pour le Canada, il n'existe pas de données comparables. Les chiffres nationaux concernant les taux d'homicide des enfants sont consultables à l'adresse suivante : *www.statcan.gc.ca/pub/85-002-x/2014001/article/14114/tbl/tbl31-eng.htm#tbl31n_1*).

Source : Base de données de l'OMS sur la mortalité, www.who.int/healthinfo/mortality_data/en/.

StatLink *http://dx.doi.org/10.1787/888933278959*

En ce qui concerne l'indicateur présenté dans le graphique 4.31, un élève est considéré comme étant victime de brimades lorsque d'autres élèves ont des paroles ou des actes méchants ou désagréables à son égard ou s'il est volontairement exclu des activités de manière récurrente. Toutefois, lorsque deux élèves de force ou puissance comparable se disputent ou se battent, ou lorsqu'un élève est taquiné sur un ton amical et enjoué, il ne s'agit pas de brimades selon cette définition. L'indicateur se réfère aux brimades à l'école, ce qui exclut les nouvelles formes de brimades via les médias sociaux, phénomène de plus en plus fréquent. Sur la base de cette définition, les cas de brimades entre élèves sont nombreux dans certains pays de l'OCDE tels que l'Estonie, l'Autriche et la Belgique, où plus de 15 % des adolescents se plaignent d'avoir été victimes de brimades à deux reprises au moins au cours des deux derniers mois (graphique 4.31). L'Italie et la Suède affichent les taux de brimades les plus faibles des pays de l'OCDE, d'après les données disponibles.

Le fait d'être victime de brimades n'est qu'un aspect du phénomène; le fait de se livrer à des brimades a également un impact négatif sur la santé des auteurs, à cause de comportements entraînant plus de risques pour la santé et d'autres comportements perturbateurs dont certains peuvent persister à l'âge adulte. Les enfants se livrant à des brimades se sentent également moins en phase avec leurs familles et leurs pairs et sont plus susceptibles de commettre davantage de délits à l'âge adulte (Currie et al., 2012).

Graphique 4.31. **Enfants se plaignant d'être victimes de brimades**

Pourcentage des enfants ayant été victimes de brimades à deux reprises au moins au cours des deux derniers mois, 2010

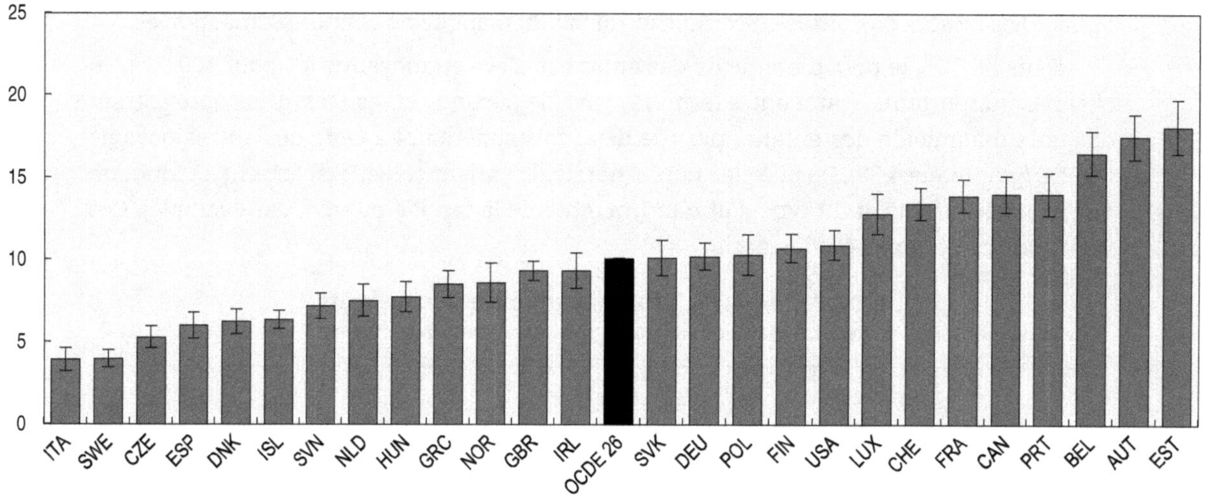

Note : Pourcentage des garçons et filles de 11, 13 et 15 ans se plaignant d'avoir été victimes de brimades à l'école à deux reprises au moins au cours des deux derniers mois. La marge d'erreur représente l'intervalle de confiance de 95 % de l'estimation nationale.

Source : Étude Health Behaviour in School-aged Children (HBSC) 2010, *www.hbsc.org*.

StatLink http://dx.doi.org/10.1787/888933278966

Bien-être subjectif

La satisfaction à l'égard de l'existence des enfants et des jeunes est une composante importante du bien-être associée aux aptitudes sociales et à la capacité d'adaptation, qui se traduisent par des résultats plus positifs à l'âge adulte (Currie et al., 2012). Le bien-être subjectif est évalué dans l'enquête HBSC au moyen de la satisfaction moyenne à l'égard de la vie des enfants de 11, 13 et 15 ans; l'indicateur présenté ci-dessous repose sur l'échelle de Cantril, qui permet aux élèves d'attribuer une note à leur vie actuelle sur une échelle de 0 (= la pire vie possible) à 10 (= la meilleure vie possible). Les données sur la satisfaction à l'égard de l'existence sont basées sur des évaluations individuelles et peuvent donc varier en fonction des normes culturelles, ce qui limite les possibilités de comparaisons internationales.

Sur la base de cet indicateur, les enfants en Espagne, aux Pays-Bas et en Islande sont les plus satisfaits (graphique 4.32). Les moins satisfaits sont les enfants en Turquie et en Pologne. Il est intéressant de remarquer que les résultats en matière de satisfaction à l'égard de la vie des adultes obtenus en leur posant la même question dans le sondage Gallup World Poll (voir chapitre 2) sont très différents de ceux des jeunes, notamment en Espagne et au Danemark[16]. Globalement, les résultats moyens dans l'OCDE sont plus élevés pour les enfants que pour les adultes.

Graphique 4.32. **Satisfaction des enfants à l'égard de l'existence**

Satisfaction moyenne des garçons et filles de 11, 13 et 15 ans à l'égard de l'existence sur une échelle de 0 à 10 (maximum), 2010

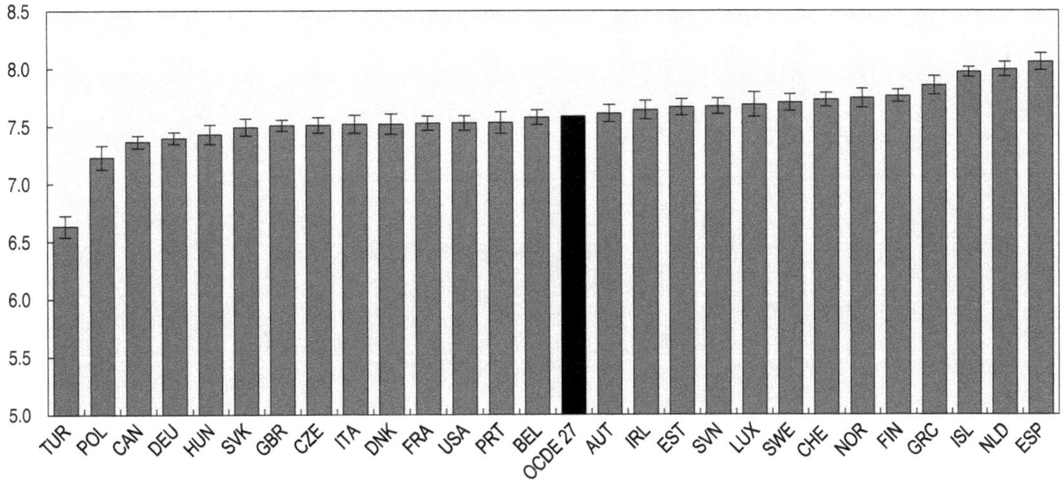

Note: La marge d'erreur représente l'intervalle de confiance de 95 % de l'estimation nationale.

Source: Étude Health Behaviour in School-aged Children (HBSC) 2010, *www.hbsc.org*.

StatLink http://dx.doi.org/10.1787/888933278970

Synthèse: bien-être des enfants et comparaison avec le bien-être des adultes

Globalement, il ressort des données présentées dans ce chapitre qu'il existe une marge d'amélioration du bien-être des enfants dans pratiquement tous les pays de l'OCDE. Pour l'ensemble des dimensions et indicateurs examinés, les résultats nationaux sont très variables selon les domaines du bien-être de l'enfant concernés. Une synthèse de ces résultats est présentée dans le graphique 4.33, sur la base d'une analyse ne retenant que les indicateurs et pays pour lesquels les données sont en nombre suffisant[17]. Ce sont les Pays-Bas qui obtiennent les meilleurs résultats, se classant dans le tiers supérieur des pays pour 80 % des indicateurs et n'apparaissant jamais dans le tiers inférieur. Le bien-être des enfants est également très élevé en Allemagne, en Suisse et au Danemark, qui se classent dans le tiers supérieur pour environ la moitié des indicateurs et dans le tiers inférieur pour 20 % ou moins des indicateurs. À l'inverse, les États-Unis, la Pologne et la Turquie se classent dans le tiers inférieur pour une majorité d'indicateurs, alors qu'ils n'apparaissent dans le tiers supérieur que pour de rares indicateurs.

Les performances d'un pays en termes de bien-être de l'enfant sont souvent liées à ses performances en termes de bien-être général tel que mesuré à l'aune des indicateurs phares de *Comment va la vie?* présentés au chapitre 2, bien que la corrélation soit loin d'être parfaite (graphique 4.33, partie B). Par exemple, la Suisse enregistre d'excellents résultats en matière de bien-être de l'enfant et de bien-être général, mais le Canada, les États-Unis et le Luxembourg obtiennent de bien meilleurs résultats pour les indicateurs du bien-être général que pour ceux spécifiques au bien-être de l'enfant. À l'inverse, le bien-être de l'enfant est relativement élevé en Slovénie et en République tchèque, alors que ces deux pays obtiennent de moins bons résultats en ce qui concerne les indicateurs de *Comment va la vie?* présentés au chapitre 2.

Il convient de faire preuve de prudence dans l'interprétation de ces résultats. En effet, ils dépendent en partie du seuil retenu pour évaluer les résultats nationaux et des pays inclus dans l'échantillon. De plus, cette analyse ne peut servir ni à éclairer le débat sur la façon dont le bien-être des enfants influence le bien-être des adultes ni à en déduire des arbitrages entre le bien-être des adultes et celui des enfants.

Graphique 4.33. **Vue d'ensemble des résultats en matière de bien-être des enfants dans les pays de l'OCDE**

Partie A. Résultats nationaux globaux en matière de bien-être des enfants

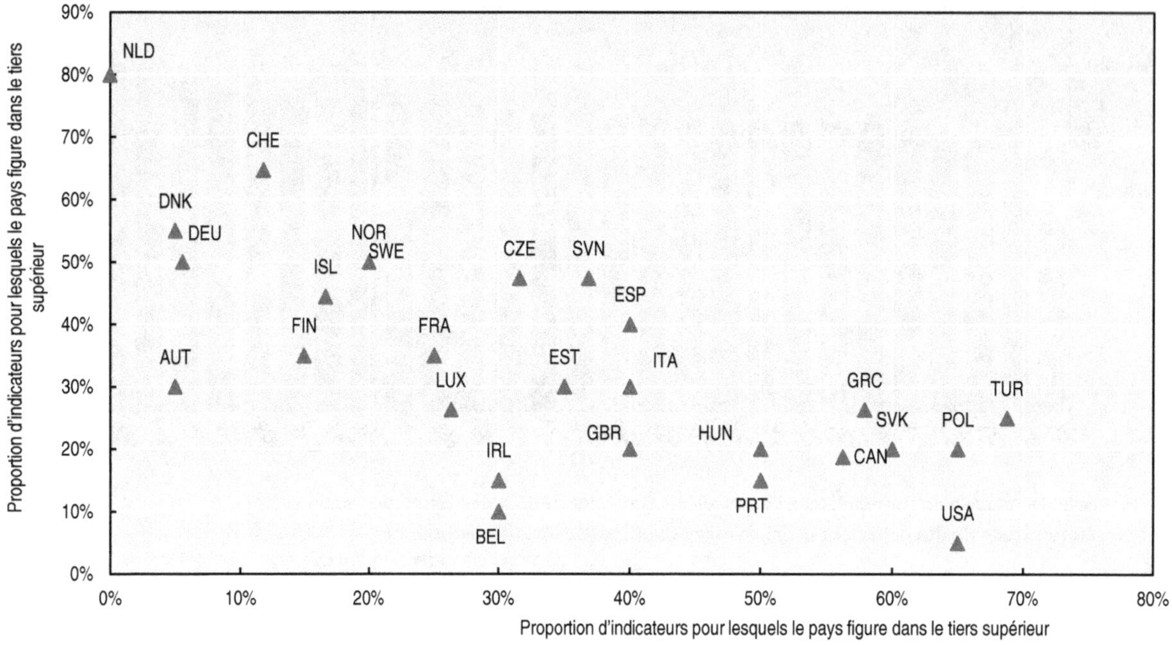

Partie B. Corrélation entre le bien-être des enfants et le bien-être global

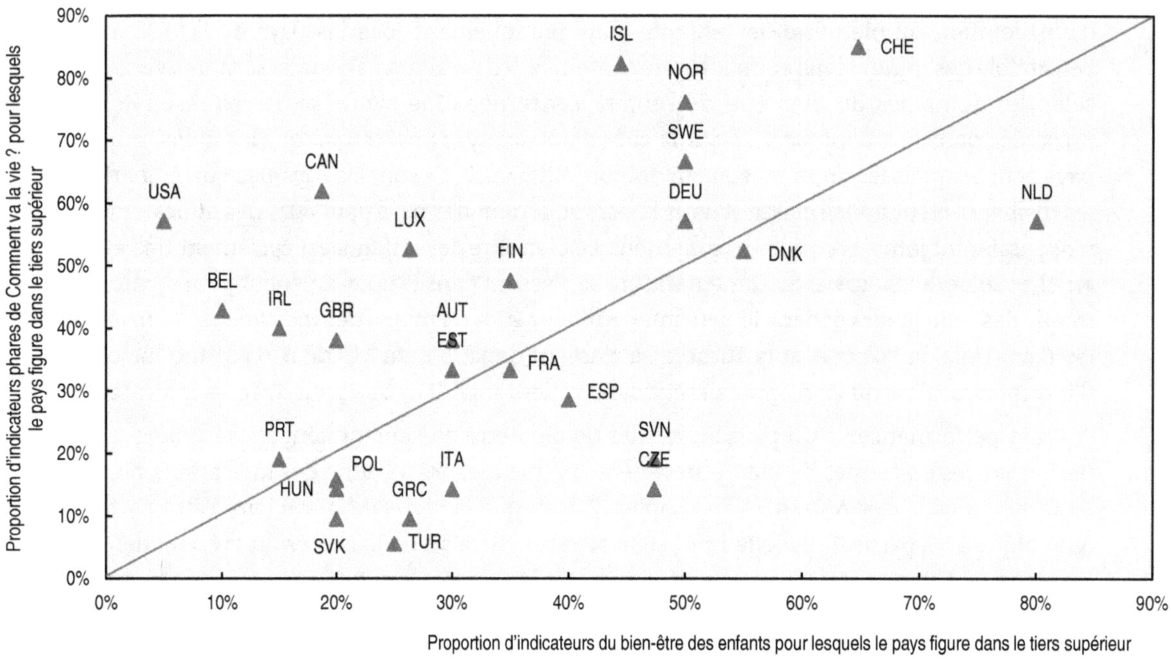

Note : Le graphique A présente, en ordonnée, la proportion d'indicateurs du bien-être des enfants pour lesquels le pays figure dans le tiers supérieur et, en abscisse, la proportion d'indicateurs du bien-être des enfants pour lesquels le pays figure dans le tiers inférieur. Sur les 28 indicateurs analysés dans ce chapitre, seuls 20 ont été retenus pour ce graphique afin de garantir une couverture équitable des pays. Les pays pour lesquels peu d'indicateurs (moins de 15) sont disponibles n'apparaissent pas dans le graphique.

Le graphique B présente, en ordonnée, la proportion des 21 indicateurs phares de Comment va la vie? pour lesquels le pays figure dans le tiers supérieur et, en abscisse, la proportion d'indicateurs du bien-être des enfants pour lesquels le pays figure dans le tiers supérieur (comme en ordonnée du graphique A). La diagonale traduit des résultats équivalents en termes d'indicateurs phares de *Comment va la vie?* et d'indicateurs du bien-être des enfants.

StatLink *http://dx.doi.org/10.1787/888933278980*

Inégalités en matière de bien-être de l'enfant en fonction de l'âge, du sexe et de la situation socio-économique

Tous les indicateurs présentés ci-dessus mettent en évidence d'importantes différences en termes de résultats entre les groupes d'enfants au sein d'un même pays, que la ventilation soit opérée par âge, par sexe ou par situation socio-économique. Tous les indicateurs ne peuvent malheureusement pas être ventilés en fonction de tous ces critères. En règle générale, la plupart des indicateurs provenant des bases de données de l'OCDE ne sont pas ventilables, contrairement à ceux qui proviennent d'enquêtes. Les enquêtes telles que PISA, HBSC et ICCS limitent toutefois la collecte de données aux enfants d'un certain âge ; la ventilation en fonction de l'âge se limite donc à l'âge des enquêtés. Les indicateurs fondés sur la famille, tels que le revenu disponible du ménage, la pauvreté monétaire relative, l'emploi des parents, le logement et les conditions environnementales, peuvent être ventilés en fonction de l'âge du plus jeune enfant et de la situation socio-économique du chef de ménage. Certaines des différences les plus significatives sont résumées ci-dessous mais des informations plus détaillées sont consultables en ligne (voir encadré 4.7).

Encadré 4.7. **Inégalités en matière de bien-être de l'enfant : où trouver les données ?**

Toutes les données servant à l'analyse des inégalités en matière de bien-être de l'enfant dans cette section figurent dans les liens StatLinks correspondants insérés en bas des graphiques de ce chapitre. Par exemple, les informations détaillées sur la satisfaction à l'égard de l'existence en fonction de l'âge, du sexe et du milieu socio-économique des enfants sont consultables dans le StatLink du graphique 4.32.

Examinons certaines des principales inégalités en matière de bien-être de l'enfant en fonction de son *âge* (ou de l'âge du plus jeune enfant pour les données relatives aux ménages). Dans certains pays de l'OCDE les parents de jeunes enfants sont ceux qui ont le plus de mal à accéder au marché du travail. De ce fait, les enfants de 5 ans ou moins sont plus susceptibles de vivre dans des ménages sans emploi. Les familles ayant des enfants en bas âge ont généralement moins d'espace pour vivre, le nombre de pièces dont dispose le ménage augmentant avec l'âge du plus jeune enfant dans la quasi-totalité des pays de l'OCDE, à quelques exceptions près. Bien qu'il n'y ait pas de rapport évident entre l'âge du plus jeune enfant et l'absence d'équipements sanitaires de base dans les ménages avec enfants, les enfants de 5 ans ou moins sont plus susceptibles, dans certains pays, de vivre dans des ménages dépourvus d'équipements sanitaires de base. La proportion d'enfants se considérant en mauvaise santé augmente avec l'âge, contrairement à la proportion d'enfants en surpoids. Dans tous les pays de l'OCDE, la satisfaction à l'égard de l'existence des élèves décline avec l'âge, contrairement au stress dû au travail scolaire ; de même, la proportion d'élèves aimant l'école diminue entre l'âge de 11 ans et l'âge de 15 ans dans pratiquement tous les pays de l'OCDE. La communication avec les parents devient également plus difficile avec l'âge dans tous les pays ayant participé à l'étude HBSC, et la proportion d'élèves trouvant la plupart de leurs camarades de classe gentils et obligeants baisse avec l'âge dans la plupart des pays. Toutefois, le pourcentage d'enfants de 11, 13 et 15 ans se plaignant d'avoir été victimes de brimades à l'école à deux reprises au moins au cours des deux derniers mois fléchit avec l'âge dans la quasi-totalité des pays.

Un grand nombre d'indicateurs affichent également des écarts importants lorsqu'ils sont ventilés par *sexe*. Dans pratiquement tous les pays, les filles se considèrent davantage en mauvaise santé que les garçons. En revanche, dans tous les pays de l'OCDE, ces derniers sont plus concernés par le surpoids et le suicide. Dans tous les pays de l'OCDE, les filles de 15 ans obtiennent de meilleurs résultats que les garçons en compréhension de l'écrit, alors que les garçons de 15 ans ont un léger avantage en mathématiques et en sciences, ainsi qu'en résolution de problèmes dans la plupart des pays. Dans les pays affichant une forte proportion de jeunes déscolarisés et inactifs, les filles sont beaucoup plus susceptibles que les garçons d'être dans cette situation. Globalement, les filles sont un peu moins nombreuses à se trouver en situation de dénuement éducatif. Dans la plupart des pays, il est plus facile pour les garçons de communiquer avec leurs parents, mais ils sont plus exposés aux brimades dans pratiquement tous les pays. La satisfaction à l'égard de la vie est plus élevée chez les garçons que chez les filles dans tous les pays de l'OCDE ayant participé à l'étude HBSC. Dans ces mêmes pays, les filles sont plus nombreuses à déclarer aimer l'école. Dans la quasi-totalité des pays, les décès par blessure intentionnelle concernent plus les garçons que les filles.

Examinons enfin les principaux résultats de la ventilation des données sur le bien-être des enfants selon la ***situation socio-économique, la composition de la famille et la situation sur le plan migratoire***. Dans tous les pays de l'OCDE, les enfants ont plus de risques de vivre dans des familles sans emploi lorsque le ménage est monoparental. Dans la plupart des pays de l'OCDE, les enfants issus de l'immigration[18] ont plus de risques de vivre dans des ménages sans emploi, d'avoir des parents chômeurs de longue durée et de vivre dans des logements surpeuplés. Dans la plupart des pays de l'OCDE, les enfants vivant dans des ménages monoparentaux à faible revenu sont plus susceptibles de se plaindre de mauvaises conditions environnementales.

Dans tous les pays, plus la famille est aisée (ce qu'on évalue à l'aune du nombre de voitures, de départs en vacances, d'ordinateurs personnels et de chambres individuelles), plus les enfants se déclarent en bonne santé. L'aisance familiale est également associée à des taux inférieurs de surpoids et d'obésité chez les enfants, dans la plupart des pays de l'OCDE. Les élèves dont les parents ont un niveau économique, social et culturel élevé obtiennent, dans tous les pays, de meilleurs résultats en compréhension de l'écrit et en résolution de problèmes. La faiblesse du niveau socio-économique est associée à des taux plus élevés de dénuement éducatif dans tous les pays de l'OCDE. En ce qui concerne le dénuement éducatif, l'écart entre les élèves en fonction de leur milieu socio-économique est plus marqué dans les pays affichant un taux global élevé d'enfants en situation de dénuement éducatif. Le fait de vivre dans un ménage monoparental va de pair avec des taux plus élevés de dénuement éducatif dans la plupart des pays ; la relation avec la situation sur le plan migratoire est variable selon les pays de l'OCDE. Dans tous les pays participants, plus le milieu socio-économique est élevé, plus la proportion d'adolescents ayant l'intention de voter est importante, et, dans la plupart des pays, les enfants issus de l'immigration ont moins l'intention de voter. L'évolution des taux de participation civique suit celle du niveau socio-économique de la famille, dans la plupart des pays de l'OCDE mais, dans de nombreux pays, la participation civique est moins fréquente chez les adolescents issus de l'immigration. Les enfants issus de l'immigration participent toutefois davantage à des clubs ou associations de jeunes, dans plusieurs pays de l'OCDE.

Dans la plupart des pays de l'OCDE, les enfants des familles les moins aisées se sentent plus stressés par le travail scolaire et aiment moins l'école. Dans tous les pays de l'OCDE, plus le niveau socio-économique est bas, moins les enfants aiment l'école et expriment un sentiment d'appartenance à leur école. Plus le niveau socio-économique de la famille est élevé, plus les enfants communiquent avec leurs parents et trouvent leurs camarades de classe gentils et obligeants, dans la plupart des pays de l'OCDE. La proportion d'enfants de 11, 13 et 15 ans ayant été victimes de brimades à l'école à deux reprises au moins au cours des deux derniers mois décroît à mesure que l'aisance familiale augmente, dans pratiquement tous les pays de l'OCDE. Chez les enfants de 11, 13 et 15 ans issus de familles du tiers le moins aisé, la satisfaction moyenne à l'égard de l'existence est inférieure à celle des enfants du même âge issus de familles du tiers le plus aisé.

Programme statistique à venir en matière de bien-être des enfants

À l'image des précédents travaux de l'OCDE visant à évaluer le bien-être de l'enfant, l'analyse présentée dans ce chapitre a ses limites. Il est essentiel de comprendre que le cadre et les indicateurs utilisés sont largement plus axés sur les données que sur une conceptualisation *ex ante* des principaux aspects du bien-être de l'enfant, avec des données collectées à cette fin. Puisqu'il n'existe aucune enquête sur les facteurs clés du bien-être de l'enfant dans tous les groupes d'âge et dans tous les pays de l'OCDE, il a fallu, pour ce chapitre, s'appuyer sur les données disponibles, ce qui engendre inévitablement certains problèmes au niveau de la mise en application des concepts choisis et de la tranche d'âge considérée[19].

En outre, tel qu'indiqué dans la section 4.2.3, toutes les enquêtes sur les enfants ou les ménages (en particulier celles réalisées à l'école) peuvent passer à côté des enfants risquant le plus l'exclusion sociale, du fait de leur absence de logement, de leur placement en institution, de leur mauvaise santé ou de leurs besoins éducatifs spéciaux. Ces enquêtes ne sont donc pas pleinement représentatives de l'ensemble des enfants et ce biais est plus ou moins important selon les pays et les années (Richardson et Ali, 2014). Enfin, toutes les données provenant d'enquêtes transversales, il est impossible de déterminer les relations causales entre différents résultats au niveau individuel, l'influence du bien-être dans l'une des dimensions sur le bien-être dans une autre dimension, ou l'évolution du bien-être d'un groupe d'âge donné sous l'effet des mesures prises par les pouvoirs publics. Tant que l'on ne disposera pas de suffisamment d'enquêtes longitudinales et spécifiques sur le bien-être de l'enfant, il sera difficile d'évaluer les effets des politiques en fonction des enfants et des âges, ce qui pourrait conduire à une interprétation erronée des liens entre les résultats.

S'il s'appuie sur les meilleures données disponibles, le présent chapitre a aussi souligné les domaines nécessitant des travaux statistiques plus poussés. D'après Richardson et Ali (2014), les principales priorités du programme statistique de suivi du bien-être sont les suivantes :

- Il convient de s'efforcer de combler les lacunes dans l'évaluation du bien-être des enfants en ce qui concerne les indicateurs liés à l'âge (les enfants de moins de 9 ans ne sont pas pris en compte dans les données d'enquêtes comparatives sur les enfants), les enfants ayant des besoins spéciaux et les dimensions du bien-être des enfants non prises en compte dans les études existantes. Certaines de ces données d'enquête existent déjà pour les pays européens (par exemple, données sur la santé mentale du Projet d'enquête paneuropéenne sur l'alcool et d'autres drogues en milieu scolaire (ESPAD)[20]. Toutefois, pour les pays non européens, il faut s'efforcer de collecter de nouvelles données (éventuellement en adaptant ou en complétant les enquêtes existantes ou en réalisant de nouvelles enquêtes en dehors du milieu scolaire). D'autres indicateurs des inégalités en matière de bien-être de l'enfant sont également nécessaires afin de déterminer quels groupes cibler en priorité.

- Il convient de s'efforcer d'harmoniser les collectes de données entre les principales enquêtes internationales afin de faciliter l'analyse des interactions entre les indicateurs du bien-être et de fournir de nouvelles données factuelles à l'appui des politiques. Les organismes de financement ou les organismes publics travaillant avec plus d'une enquête devraient promouvoir ces efforts.
- Lorsque l'harmonisation des données disponibles est impossible ou ne produit pas les données nécessaires pour éclairer l'action publique visant *tous* les enfants (ce qui est probablement le cas dans la plupart des pays, compte tenu des limites de la couverture en termes d'âge et de groupes d'enfants à risque), il convient de produire davantage de données longitudinales sur le bien-être des enfants. Ces dernières, portant sur différentes cohortes, contribuent aussi bien au suivi qu'à l'évaluation des politiques. À l'heure actuelle, le manque de données nécessaires au recensement des retombées sur toutes les dimensions du bien-être limite l'élaboration d'une panoplie optimale de politiques de l'enfance (OCDE, 2009).

Notes

1. La situation familiale et le vécu des enfants dès le plus jeune âge influencent fortement leurs résultats ultérieurs en matière d'éducation. Par exemple, il est avéré que l'emploi et le salaire des parents (Machin, 1998), la pauvreté durant l'enfance (Bladnen et Gregg, 2004), la situation économique des parents (après la prise en compte de l'aptitude cognitive, Bukodi et al., 2014), les loisirs et l'activité physique (Dregan et Gulliford, 2013) ainsi que les brimades (Brown et Taylor, 2008) sont liés aux résultats ultérieurs en matière d'éducation. D'autres études révèlent qu'il existe un lien entre les ressources des parents (Faas et al., 2012), l'incarcération des parents (Miller et al., 2105) et la consommation d'alcool (Balsa et al., 2011) d'une part, et le niveau d'instruction de leurs enfants (et, parfois, le risque de troubles mentaux et de dépendance à l'égard des prestations sociales) d'autre part. D'autres travaux montrent en quoi le niveau d'instruction maternel peut expliquer le lien entre les comportements en matière de santé durant la grossesse et la santé des nourrissons (Conti et al., 2012), de même que l'instabilité familiale et le comportement des enfants (Fomby, 2012). Les effets sur la vie d'adulte des résultats en matière d'éducation durant l'enfance sont également clairement démontrés. Ainsi, les études de cohortes de naissance illustrent la relation qui existe, au Royaume-Uni, entre les résultats en matière d'éducation (aptitude cognitive de l'enfant et niveau d'instruction, par exemple) et la situation professionnelle (Cheng et Furnham, 2012) ainsi que le bien-être mental à l'âge adulte (Cheng et Schoon, 2013). Les chercheurs ont également établi des liens entre les facteurs liés à l'éducation (niveau d'instruction, assiduité, aspirations) et des comportements en matière de santé tels que le tabagisme (Maralani, 2014) et la consommation d'alcool (Crosnoe, 2006).
2. Du point de vue conceptuel, ces études considèrent le bien-être des enfants comme une variable latente constituée d'aspects ou dimensions qui ne sont pas nécessairement corrélés. Elles associent parfois tous les indicateurs relevant de la même dimension, puis associent à leur tour ces indicateurs dimensionnels en un seul score de bien-être des enfants en recourant aux moyennes des échelles normalisées (scores z, par exemple). La plupart des études basées sur des indicateurs synthétiques appliquent des pondérations égales (aussi bien au sein des différentes dimensions qu'entre elles).
3. Au travers de la CDE, les gouvernements s'engagent à garantir aux enfants un niveau de vie suffisant pour permettre leur développement physique, mental, spirituel, moral et social, et notamment à offrir une assistance matérielle aux enfants dans le besoin (CIDE, art. 27), à rendre l'éducation accessible à tous les enfants (art. 28) afin qu'ils développent toute la mesure de leurs potentialités (art.29a), à garantir des conditions de logement adéquates (art. 27.3), à assurer la survie et le développement physique des enfants (art. 6), à subvenir à leurs besoins en matière de santé et de sécurité et à développer des institutions, services et établissements qui ont la charge des enfants et assurent leur protection (art. 3.3).

4. D'autres critères de sélection des indicateurs examinés dans l'étude *Assurer le bien-être des enfants* n'ont pas été retenus ici. Par exemple, ce chapitre ne comporte pas d'indicateurs visant à équilibrer les considérations relatives à l'efficience et à l'équité. Un autre critère ayant présidé à la sélection des indicateurs dans l'étude *Assurer le bien-être des enfants* consistait à se limiter aux indicateurs susceptibles d'orienter l'action publique, à savoir des indicateurs permettant l'évaluation des politiques et considérés comme étant avant tout du ressort des pouvoirs publics (et non des parents ou des enfants eux-mêmes). Le choix fait dans ce chapitre de s'intéresser à une gamme élargie de résultats en matière de bien-être (au lieu de se limiter à ceux qui relèvent des politiques publiques) est cohérent avec les études les plus récentes fondées sur une approche multidimensionnelle du bien-être des adultes et des enfants (UNICEF, 2013, par exemple).

5. Ce qui implique le recours, dans ce chapitre, à la définition de l'enfant comme une personne âgée de moins de 18 ans (définition des Nations Unies).

6. Par exemple, les travaux de Richardson et Ali (2014) montrent que les taux de non-réponse diminuent avec l'âge pour certains indicateurs tels que la satisfaction à l'égard de l'existence.

7. Il est possible que les chiffres provenant des Statistiques de l'Union européenne sur le revenu et les conditions de vie (EU-SILC) diffèrent légèrement des chiffres d'Eurostat correspondants (*http://ec.europa.eu/eurostat/statistics-explained/index.php/Housing_statistics*) car, contrairement à la méthodologie d'Eurostat, ce rapport n'utilise aucune pondération pour les enfants. Ce choix a été fait afin d'élaborer des indicateurs comparables dans les pays hors UE dont les enquêtes correspondantes ne comportent pas de pondération pour les enfants. En outre, l'utilisation de pondération pour les enfants suppose leur exclusion de la population statistique pertinente s'ils sont chefs de famille. Ce chapitre ne retient pas cette hypothèse et considère comme enfants tous les individus de moins de 18 ans, conformément aux définitions de la CEE-ONU et quel que soit leur rôle au sein du ménage.

8. Pour les pays européens, l'indicateur repose sur le nombre de pièces dont dispose le ménage, y compris le séjour, et provient des Statistiques de l'Union européenne sur le revenu et les conditions de vie (EU-SILC); pour l'Australie, le Chili, les États-Unis et le Mexique, l'indicateur repose sur le nombre de chambres uniquement et provient des enquêtes HILDA, ENIGH, CASEN et ACS (voir note du graphique 4.6).

9. L'indicateur portant sur les enfants vivant dans des logements dépourvus de toilettes intérieures à chasse d'eau ne tient pas compte des équipements sanitaires partagés dans les ménages multigénérationnels (c'est-à-dire où les parents et grands-parents vivent sous le même toit). Si l'on tient compte de cette réalité, la proportion d'enfants vivant dans des logements sans toilettes baisse aussi bien en Hongrie (7.4 % contre 10.2 %) qu'en Irlande (1.9 % contre 9.9 %).

10. Au Canada et aux États-Unis, les naissances prématurées sont enregistrées comme des naissances vivantes, d'où des chiffres plus élevés en ce qui concerne la mortalité infantile et l'insuffisance pondérale à la naissance que dans les pays européens, où un âge gestationnel minimum est appliqué pour comptabiliser les naissances vivantes (OCDE, 2013).

11. L'échelle de compétence en compréhension de l'écrit de PISA a été conçue sur la base d'un score moyen de 500 dans les pays de l'OCDE et d'un écart-type de 100 dans la première évaluation PISA de compréhension de l'écrit, réalisée en 2000. En 2012, le score moyen dans les pays de l'OCDE était de 496 et l'écart-type de 94.

12. L'Évaluation des compétences des adultes (PIAAC) réalisée par l'OCDE montre que les compétences nécessaires à la résolution de problèmes complexes sont de plus en plus demandées sur le marché du travail (OCDE, 2014b).

13. Comme pour le score en compréhension de l'écrit, l'échelle de compétence en résolution de problèmes a été conçue sur la base d'un score moyen de 500 dans les pays de l'OCDE, les deux tiers environ des élèves des pays de l'OCDE obtenant un score compris entre 400 et 600.

14. Les épreuves de résolution de problèmes sont facultatives pour les pays participant à l'enquête PISA.

15. Voir, par exemple, OCDE 2014c et *www.oecd.org/pisa/keyfindings/PISA-2012-results-japan.pdf*.

16. Les enfants espagnols sont beaucoup plus satisfaits de leur vie que les adultes espagnols; au Danemark, les adultes obtiennent des résultats moyens en matière de satisfaction à l'égard de l'existence légèrement plus élevés que ceux des enfants.

17. Cette analyse définit la performance globale d'un pays en matière de bien-être des enfants en s'appuyant d'une part sur la proportion d'indicateurs pour lesquels le pays enregistre une bonne performance (à savoir il se classe dans le premier tiers des pays les plus performants) et, d'autre part, sur la proportion d'indicateurs pour lesquels le pays enregistre une mauvaise performance (à savoir il se classe dans le dernier tiers des pays les plus performants).

18. Étant donné que les enquêtes de ménages utilisées dans ce chapitre couvrent les enfants issus de l'immigration dans une faible proportion, ces ventilations doivent être interprétées avec prudence.

19. Par exemple, dans le cas des données provenant de sources administratives, il est souvent impossible de ventiler les indicateurs : c'est notamment le cas des indicateurs relatifs au poids à la naissance et aux homicides des enfants, qui ne sont ventilés ni par âge ni par caractéristiques socioéconomiques. Lorsque les données proviennent d'enquêtes, les informations se limitent généralement aux enfants d'un âge donné (enfants de 15 ans pour PISA ; enfants de 11, 13 et 15 ans pour l'étude HBSC) et à certains aspects (compétences pour PISA ; santé et comportements pour l'étude HBSC), laissant ainsi de côté d'autres aspects importants tels que la protection de l'enfance et les négligences envers les enfants, l'accès des enfants aux espaces verts ou l'emploi du temps des enfants. Du fait de ces limites, nous manquons notamment d'informations sur les résultats scolaires des enfants à l'école primaire et la santé des enfants d'âge préscolaire.

20. Le Projet d'enquête paneuropéenne sur l'alcool et d'autres drogues en milieu scolaire (ESPAD) concerne l'Allemagne, l'Autriche, la Belgique, le Danemark, l'Estonie, la Finlande, la France, la Grèce, la Hongrie, l'Irlande, l'Islande, l'Italie, la Norvège, les Pays-Bas, la Pologne, le Portugal, la République tchèque, le Royaume-Uni, la Slovaquie, la Slovénie, la Suède, la Suisse, la Turquie, et 14 pays non membres de l'OCDE. L'ESPAD porte sur les thèmes suivants : intégration, problèmes psychologiques, consommation de cannabis, d'alcool, de tabac et de drogues. Les données sont recueillies au moyen d'un questionnaire standard administré en milieu scolaire aux élèves fêtant leurs 16 ans lors de l'année de l'enquête.

Références

Ben-Arieh, A., N.H. Kaufman, A.B. Andrews, R.M. George, B.J. Lee et J.L. Aber (2001), *Measuring and Monitoring Children's Well-being*, Springer Publishing, Pays-Bas.

Ben-Arieh, A. et I. Frønes (2007), « Indicators of Children's Well being : What should be Measured and Why ? », *Social Indicators Research*, vol. 84, pp. 249-250.

Blanden, J. et P. Gregg (2004), *Family Income and Educational Attainment : A Review of Approaches and Evidence for Britain*. Document de discussion n° 41, Londres : Centre for the Economics of Education.

Bradshaw, J., P. Hoelscher et D. Richardson (2007), « An Index of Child Well-being in the European Union », *Social Indicators Research*, 80 (1), pp. 133-77.

Bradshaw, J. et D. Richardson (2009), « An Index of Child Well-being in Europe », *Child Indicators Research*, vol. 2, n° 3, pp. 319-351.

Bronfenbrenner, U. (1979), *The Ecology of Human Development. Experiments by Nature and Design*. Cambridge, MA, Harvard University Press.

Brown, S., et K. Taylor (2008), *Bullying, education and earnings : Evidence from the National Child Development Survey, Economics of Education Review*, 27 (4), pp. 387-401.

Bukodi, E., R. Erikson et J.H. Goldthorpe (2014), *The effects of social origins and cognitive ability on educational attainment : Evidence from Britain and Sweden, Acta Sociologica*, 57(4), pp. 293-310.

Carcillo S., R. Fernández, S. Königs et A. Minea (2015), « NEET Youth in the aftermath of the crisis », Documents de travail de l'OCDE : questions sociales, emploi et migrations, n° 164.

Casas, F. (1997), « Children's Rights and Children's Quality of Life : Conceptual and Practical Issues », *Social Indicators Research*, vol. 42, pp. 283-298.

Case A., A. Fertig et C. Paxson (2005), « The lasting impact of Childhood Health and Circumstance », *Journal of Health Economics*, vol. 24, n° 2, pp. 365-89.

CDE (1990), Convention relative aux droits de l'enfant, Nations Unies, New York, *www.ohchr.org/fr/professionalinterest/pages/crc.aspx*.

Cheng, H. et A. Furnham (2012), « Childhood cognitive ability, education, and personality traits predict attainment in adult occupational prestige over 17 years », *Journal of Vocational Behaviour*, 81(2), pp. 218-226.

Cheng, H. et I. Schoon (2013), *The Role Of School Engagement in Young People's Career Development and Mental Well-Being : Findings from Two British Cohorts*. In Helve, H. et Evans, K. (dir. pub.), *Youth, and Work Transitions in Changing Social Landscapes*, Londres : Tufnell Press.

Conti, G., J. Heckman, P. Pinger et A. Zanolini (2012), *Transmission of Inequality : Maternal skills, Behavior and Birth Outcomes*, Conférence EEA/ESEM, Malaga, 27-31 août 2012.

Commission européenne (2008), *Child poverty and well-being in the EU: Current status and way forward*, Comité de la protection sociale, Office des publications officielles des Communautés européennes, Luxembourg, *http://ec.europa.eu/social/main.jsp?catId=738&langId=en&pubId=74&furtherPubs=yes*.

Crosnoe, R. (2006), « The Connection Between Academic Failure and Adolescent Drinking in Secondary School », *Sociology of Education*, 79(1), pp. 44-60.

Currie, C., C. Zanotti, A. Morgan, D. Currie, M. de Looze, C. Roberts, O. Samdal, O.R.F. Smith et V. Barnekow (2012), Social determinants of health and well-being among young people. Health Behaviour in School-aged Children (HBSC) study: international report from the 2009/2010 survey, Copenhague, Bureau régional de l'OMS pour l'Europe, (Health Policy for Children and Adolescents, n° 6).

Dregan, A et M.C. Gulliford (2013), « Leisure-Time Physical Activity over the Life Course and Cognitive Functioning in Late Mid-Adult Years: A Cohort-Based Investigation », *Psychological Medicine*, 43(11), pp. 2447-2458.

Faas, C., M.J. Benson et C.E. Kaestle (2012), Parent Resources during Adolescence: Effects on Education and Careers in Young Adulthood, *Journal of Youth Studies*, 16(2), pp. 151-171.

Fomby, P. (2012), « Family Instability and School Readiness in the United Kingdom », *Family Science*, 2(3), pp. 171-185.

Griffiths, L.J., T.J. Parsons et A.J. Hill (2010), « Self-esteem and quality of life in obese children and adolescent: A systematic review », *International Journal of Pediatric Obesity*, 2010, vol. 11, n° 12, pp. 835-846.

Hack, M, N.K. Klein et H.G. Taylor (1995), « Long-term developmental outcomes of low birth weight infants », *Future Child*, 1995 Spring; vol. 5, n° 1, pp. 176-96.

Machin, S. (1998), « Childhood Disadvantage and Intergenerational Transmissions of Economic Status », in *Exclusion, Employment and Opportunity* Atkinson, A.B. et Hills, J. (dir. pub.), LSE Centre for Analysis of Social Exclusion.

Maralani, V. (2014), « Understanding the Links between Education and Smoking », *Social Science Research*, 48, pp. 20-34.

Miller, H.V. et J.C. Barnes (2015), « The Association Between Parental Incarceration and Health, Education, and Economic Outcomes in Young Adulthood », *American Journal of Criminal Justice*, pp. 1-20.

OCDE (2009), *Assurer le bien-être des enfants*, Paris: Éditions OCDE, *www.oecd.org/fr/els/famille/assurerlebien-etredesenfants.htm*.

OCDE (2011), *Assurer le bien-être des familles*, OCDE, Paris, *www.oecd.org/fr/social/soc/assurerlebien-etredesfamilles.htm*.

OCDE (2013a), *OECD Guidelines on Measuring Subjective Well-Being*, Paris: Éditions OCDE, Paris, *http://dx.doi.org/10.1787/9789264191655-en*.

OCDE (2013), *Comment va la vie? Mesurer le bien-être 2013*, Paris: Éditions OCDE, *http://dx.doi.org/10.1787/how_life-2013-fr*.

OCDE (2014a), *Résultats du PISA 2012: Savoirs et savoir-faire des élèves (Volume I)*, édition révisée, février, Éditions OCDE, Paris, *www.oecd.org/bookshop?lang=en&pub=9789264208827*.

OCDE (2014b), *Résultats du PISA 2012: Trouver des solutions créatives (Volume V): Compétences des élèves en résolution de problèmes de la vie réelle*, Éditions OCDE, Paris, *www.oecd.org/bookshop?lang=en&pub=9789264215771*.

OCDE (2014c), *Résultats du PISA 2012: Des élèves prêts à apprendre (Volume III): Engagement, motivation et image de soi*, Éditions OCDE, Paris, *www.oecd.org/bookshop?lang=en&pub=9789264205345*.

OCDE (2015a), *Base de données de l'OCDE sur la population*. Extrait de *http://stats.oecd.org/Index.aspx?DatasetCode=POP_FIVE_HIST#*.

OCDE (2015b), *International Longitudinal Study of Skills Development in Cities*, Éditions OCDE, Paris. *www.oecd.org/edu/ceri/internationallongitudinalstudyofskillsdevelopmentincities.htm*.

OCDE (2015c), *Integrating Social Services for Vulnerable Groups: Bridging Sectors for Better Service Delivery*, Éditions OCDE, Paris, *http://dx.doi.org/10.1787/9789264233775-en*.

OCDE (2015d), *Base de données de l'OCDE sur la famille*. Éditions OCDE, Paris, *http://dotstat.oecd.org/Index.aspx?DataSetCode=FAMILY*.

OCDE (2015e), *Lutter contre la consommation nocive d'alcool: Politiques économiques et de santé publique*, Éditions OCDE, Paris, *http://dx.doi.org/10.1787/9789264244580-fr*.

ONS (2012), *Measuring National Well-being – Children's Well-being 2012*, *www.ons.gov.uk/ons/dcp171766_283988.pdf*.

ONS (2014), *Measuring National Well-being – Exploring the Well-being of Children in the UK, 2014*, *www.ons.gov.uk/ons/dcp171776_379712.pdf*.

OMS (2002), *Rapport sur la santé dans le monde 2002 – Réduire les risques et promouvoir une vie saine*, Genève, Organisation mondiale de la santé.

OMS (2005), *Lignes directrices OMS relatives à la qualité de l'air*, mise à jour mondiale 2005, Organisation mondiale de la santé – Bureau régional de l'Europe, Copenhague, Danemark.

Pollard, E. et P. Lee (2003), « Child Well-Being: A Systematic Review of the Literature », *Social Indicators Research*, vol. 61, pp. 59-78.

Richardson, D., P. Hoelscher et J. Bradshaw (2008), « Child Well-being in Central and Eastern European Countries (CEE) and the Commonwealth of Independent States (CIS) », *Child Indicators Research*. vol. 1, pp. 211-250.

Richardson, D. et N. Ali (2014), « An Evaluation of International Surveys of Children », Documents de travail de l'OCDE : questions sociales, emploi et migrations, n° 146, Éditions OCDE, Paris, *http://dx.doi.org/10.1787/5jxzmjrqvntf-en*.

Rychen, D.S. et L.H. Salganik (2003), *Key competencies for a successful life and a well-functioning society*, Hogrefe & Huber Publishers.

Save The Children (2012), *The Child Development Index 2012, Progress, Challenges and Inequality*, Save The Children, Londres, *http://resourcecentre.savethechildren.se/library/child-development-index-2012-progress-challenges-and-inequality*.

Save the Children (2008), *The Child Development Index: Holding Governments to account for children's wellbeing*, Save The Children, Londres, *www.savethechildren.org.uk/sites/default/files/docs/Child_Development_Index%281%29_1.pdf*.

Scarpetta, S., A. Sonnet et T. Manfredi (2010), « Montée du chômage des jeunes dans la crise : Comment éviter un impact négatif à long terme sur toute une génération ? », Documents de travail de l'OCDE : questions sociales, emploi et migrations, n° 106, Éditions OCDE, Paris.

Singh A.S., C. Mulder, J.W. Twisk, W. van Mechelen et M.J. Chinapaw, « Tracking of childhood overweight into adulthood : a systematic review of the literature », *Obesity Review*, vol. 9, n° 5, pp. 474-488.

Tarki (2010), *Child Poverty and Child Well-being in the European Union : Report for the European Commission*. Tarki Social Research Institute, Budapest.

UNICEF (2014), *Children of the Recession : The impact of the Economic Crisis on Child Well-being in Rich Countries*, Innocenti report card 11, UNICEF, Florence.

Bases de données

EU Statistics on Income and Living Conditions, *http://ec.europa.eu/eurostat/help/new-eurostat-website* (consultée le 17 juillet 2015).

Health Behaviour in School-aged Children Study, *www.hbsc.org* (consultée le 17 juillet 2015).

International Civic and Citizenship Study, *http://iccs.acer.edu.au* (consultée le 17 juillet 2015).

Base de données de l'OCDE sur la population, *http://stats.oecd.org/Index.aspx?DatasetCode=POP_FIVE_HIST*(consultée le 17 juillet 2015).

Base de données de l'OCDE sur la famille, *www.oecd.org/fr/els/famille/basededonnees.htm* (consultée le 17 juillet 2015).

Base de données de l'OCDE sur la distribution des revenus, *www.oecd.org/fr/social/donnees-distribution-revenus.htm* (consultée le 17 juillet 2015).

WHO Mortality Database, *www.who.int/healthinfo/mortality_data/en/* (consultée le 17 juillet 2015).

Indicateurs du développement dans le monde, Banque mondiale, *http://data.worldbank.org/data-catalog/world-development-indicators* (consultée le 17 juillet 2015).

ANNEXE 4.A

Vue d'ensemble des dimensions et indicateurs utilisés dans l'analyse comparative du bien-être de l'enfant

Tableau 4.A.1. **Vue d'ensemble des dimensions et indicateurs utilisés dans l'analyse comparative du bien-être de l'enfant**

	Indices multidimensionnels européens (Bradshaw et al. 2007 et 2009)[1]	Unicef – 7e (2007) et 9e (2010) bilans[1]	*CEE CIS index* (Richardson et al., 2008)	*Assurer le bien-être des enfants* (OCDE, 2009)	Save the children (2008 et 2012)[1]	Commission européenne, *Child poverty and Well-being* (2008)[2]	Commission européenne, TARKI (2010)	Ministère du Commerce des États-Unis (Hobbs et Lippman, 1990)[3]	*Base de données de l'OCDE sur la famille* (depuis 2007)
Santé et sécurité	Santé infantile dès la naissance (mortalité infantile ; insuffisance pondérale à la naissance). Comportement en matière de santé (dentaire ; nutrition x 2 ; activité physique ; IMC). Taux de mortalité (global, 0-19, suicide). Vaccinations (rougeole ; DPT3 ; Pol3)	Santé infantile dès la naissance (mortalité infantile ; insuffisance pondérale à la naissance). Comportement en matière de santé (nutrition x 2 et [rép., 2010] ; activité physique [rép., 2010] ; IMC) ; Problèmes de santé (morbidité [rép., 2010]) ; Taux de mortalité (global, 0-19). Vaccinations (rougeole ; DPT3 ; Pol3)	Santé infantile dès la naissance (mortalité infantile ; insuffisance pondérale à la naissance ; allaitement maternel x 2). Taux de mortalité (moins de 5 ans ; accidentelle). Vaccinations (DPT3 ; Pol3 ; rougeole). Problèmes de santé (morbidité – respiratoire ; morbidité – diarrhée ; dentaire ; retard de croissance ; déficit pondéral ; retard de croissance pondérale). Comportement en matière de santé (nutrition ; activité physique)	Santé infantile dès la naissance (insuffisance pondérale à la naissance ; mortalité infantile ; allaitement maternel). Comportement en matière de santé (activité physique). Taux de mortalité (global, 0-19 ; suicide). Vaccinations (coqueluche ; rougeole)	Problèmes de santé (IMC) ; Taux de mortalité (moins de 5 ans)	Santé infantile dès la naissance (allaitement maternel ; espérance de vie[a] ; mortalité infantile[b] ; insuffisance pondérale à la naissance[b]). Comportement en matière de santé (nutrition[b] – petit-déjeuner ; nutrition[c] - 5 par jour ; dentaire[c] x 2 ; activité physique x 2[b,c]). Problèmes de santé (IMC[b] et [c] ; santé mentale[c] ; morbidité – chronique[c] ; morbidité – infectieuse[c]). Taux de mortalité (suicide[b] ; suicide et automutilation 10-24[c]). Vaccinations[c]	Santé infantile dès la naissance (allaitement maternel ; insuffisance pondérale à la naissance ; mortalité infantile). Comportement en matière de santé (dentaire ; nutrition x 2). Vaccinations	Santé infantile dès la naissance (transmission du sida ; mortalité infantile x 2 [y compris le 1er jour] ; insuffisance pondérale à la naissance). Problèmes de santé (morbidité) ; Taux de mortalité (suicide ; accidents de la route des jeunes hommes)	Santé infantile dès la naissance (allaitement maternel ; mortalité infantile ; espérance de vie ; insuffisance pondérale à la naissance). Problèmes de santé (morbidité – diabète et asthme ; IMC). Taux de mortalité (suicide). Vaccinations
Bien-être subjectif	Bien-être subjectif (vie ; pairs x 3 [2007] ; santé).	Bien-être subjectif (santé ; vie ; pairs x 3)				Bien-être subjectif (domicile[c] ; sécurité à l'école[c] x 2)	Bien-être subjectif (vie)		
Relations avec la famille et les pairs	Relations familiales (mère, 2009 ; père, 2009). Relations avec les pairs (camarades de classe)	Relations familiales (repas ; communication). Relations avec les pairs	Relations familiales (x 2). Relations avec les pairs (x 2).			Relations avec les pairs x 2[b,c]			
Bien-être matériel et sécurité économique	Pauvreté monétaire (relative ; écart). Dénuement (ménage x 2 [1 en 2009] ; items à usage scolaire). Difficultés économiques (2009). Ménages sans emploi	Revenu disponible moyen [rép., 2010]. Pauvreté monétaire (relative ; ménage x 2 ; items à usage scolaire et [rép., 2010]). Ménages sans emploi	Pauvreté monétaire (absolue). Dénuement (items à usage scolaire x 2 ; ménage)	Revenu disponible moyen. Pauvreté monétaire (relative). Dénuement (items à usage scolaire)		Pauvreté monétaire (relative[a] ; écart relatif[a] ; persistante[a] ; active[a] ; ancrée[a] ; seuil de revenu minimum[c] ; absolue[c]). Ménages sans emploi[a] (x 2). Difficultés économiques[b]. Dénuement (items à usage scolaire[b] ; environnement[b] ; ménage[b] ; TIC hors école[c] ; services[c] x 2 ; services[b] ; services de	Pauvreté monétaire (relative x 2). Dénuement (items à usage scolaire ; ménage x 2 [y compris les formes sévères])	Revenu disponible moyen ; Pauvreté monétaire (absolue x 2 ; faibles salaires ; faibles transferts)	Revenu disponible moyen. Pauvreté monétaire (relative)

Tableau 4.A.1. **Vue d'ensemble des dimensions et indicateurs utilisés dans l'analyse du bien-être de l'enfant** *(suite)*

	Indices multidimensionnels européens (Bradshaw et al. 2007 et 2009)[1]	Unicef – 7e (2007) et 9e (2010) bilans[1]	*CEE CIS index* (Richardson et al., 2008)	*Assurer le bien-être des enfants* (OCDE, 2009)	Save the children (2008 et 2011)[1]	Commission européenne, *Child poverty and Well-being* (2008)[2]	Commission européenne, TARKI (2010)	Ministère du Commerce des États-Unis (Hobbs et Lippman, 1990)[3]	*Base de données de l'OCDE sur la famille* (depuis 2007)
Bien-être éducatif	Réussite scolaire (compréhension de l'écrit ; mathématiques ; sciences). Scolarisation (jeunes ; préscolaire). Aspirations (2007)	Aspirations. Réussite scolaire (compréhension de l'écrit ; mathématiques ; sciences et [rép., 2010]). Scolarisation (jeunes)	Réussite scolaire (compréhension de l'écrit ; mathématiques ; sciences). Scolarisation (préscolaire ; primaire ; secondaire).	Réussite scolaire (niveau moyen d'alphabétisation ; répartition)	Scolarisation (primaire)	Réussite scolaire (rép. en compréhension de l'écrit[c] ; alphabétisation[a]). Niveau d'instruction (abandon en cours d'études[a] ; taux d'échec durant le 1er cycle du secondaire[c] ; taux de réussite en secondaire[c] ; taux d'échec en secondaire[c]). Scolarisation (absentéisme[b])	Réussite scolaire (alphabétisation à 10 ans ; alphabétisation à 15 ans)	Scolarisation. Réussite scolaire (x 2)	Niveau d'instruction (années d'études ; taux de diplômés). Réussite scolaire (alphabétisation à 10 ans ; alphabétisation à 15 ans)
Comportement et risques	Comportement à risque (tabagisme ; alcool ; médicaments, cannabis ; drogues, solvants, [2007]). Santé sexuelle (fécondité 15-19 ; active < 15 ; sexualité sans risque). Violence et comportement violent (bagarres ; brimades)	Comportement à risque (tabagisme ; alcool ; drogues). Santé sexuelle (grossesse 15-19 ; active < 15 ; sexualité sans risque). Violence et comportement violent (bagarres ; brimades)	Délinquance (taux de délinquance juvénile ; délits mineurs). Comportement à risque (tabagisme ; alcool ; drogues x 2). Santé sexuelle (fécondité 15-19 ; sexualité sans risque x 3 ; active < 15). Violence et comportement violent (brimades x 2).	Comportement à risque (tabagisme ; alcool). Santé sexuelle (fécondité 15-19). Violence et comportement violent (brimades)		Délinquance (drogues proposées[c] ; commission de délits[c] ; victimisation[c]). Comportement à risque (accidents x 2[b,c] ; alcool[c] ; tabagisme[c] x 3 ; drogues[c]). Santé sexuelle (grossesse 15-19[b] ; fécondité 15-19[c]). Violence et comportement violent (brimades[c] ; expériences de[c])	Comportement à risque (tabagisme ; alcool x 2 ; drogues ; médicaments)	Santé sexuelle (avortements 15-24 ; grossesse 15-19 ; fécondité 15-19) ; Violence et comportement violent (mortalité)	Comportement à risque (tabagisme ; drogues)

Tableau 4.A.1. **Vue d'ensemble des dimensions et indicateurs utilisés dans l'analyse du bien-être de l'enfant** *(suite)*

	Indices multidimensionnels européens (Bradshaw et al. 2007 et 2009)[1]	Unicef – 7e (2007) et 9e (2010) bilans[1]	*CEE CIS index* (Richardson et al., 2008)	*Assurer le bien-être des enfants* (OCDE, 2009)	Save the children (2008 et 2011)[1]	Commission européenne, *Child poverty and Well-being* (2008)[2]	Commission européenne, TARKI (2010)	Ministère du Commerce des États-Unis (Hobbs et Lippman, 1990)[3]	*Base de données de l'OCDE sur la famille* (depuis 2007)
Logement et environnement local	Environnement (criminalité ; saleté, etc., 2009). Problèmes de logement. Logement surpeuplé	Logement surpeuplé [rép., 2010].	Logement surpeuplé. Problèmes de logement (assainissement ; eau)	Logement surpeuplé. Environnement (saleté, etc.)		Environnement (climat[c] ; saleté etc.[c] ; espace pour le jeu < 5[b] ; espace pour les activités[c]). Problèmes de logement[b] (confort[b] ; équipements de base[c]). Logement surpeuplé (espace[b] ; % d'enfants[c] ; chambre individuelle[c] x 2)			
Qualité de la vie scolaire	Bien-être à l'école (stress ; plaisir)	Bien-être à l'école		Bien-être à l'école (plaisir)		Bien-être à l'école[c]. Dénuement (services éducatifs[b] x 2 ; TIC à l'école[b] ; services de santé scolaire[c] ; services de restauration scolaire[c])			
Composition de la famille et soins		Composition de la famille (monoparentale, recomposée)	Composition de la famille (divorce). Discipline (x 2). Enfants placés (en famille d'accueil ; en institution ; en foyer).			Composition de la famille (séparation[c])		Composition de la famille (mariage précoce ; jeune célibataire ; âge médian – mariage ; âge médian – premier enfant)	
Participation sociale, économique et civique	Participation civique (x 2 en 2007). Emploi des jeunes (NEET)	Emploi des jeunes	Travail des enfants	Emploi des jeunes (NEET)		Participation civique (social[b]). Emploi des jeunes (NEET[c])		Activité des jeunes (emploi x 2 [y compris par secteur] ; chômage x 3)	Participation civique (bénévolat ; vote). Emploi des jeunes (NEET)

Notes : (1) Les indicateurs figurant dans les deux études ne sont pas datés. « rép ». fait référence aux indicateurs présentés comme des mesures de répartition ; « x 2 » signifie que plusieurs indicateurs de ce type sont disponibles. (2) Les indicateurs du rapport de la Commission européenne sont classés comme suit : « a » = indicateurs communs de l'UE ; « b » = indicateurs de l'UE non communs, mais utilisés dans les sources de l'UE et par certains pays de l'UE ; « c » = alternatives aux indicateurs de l'UE utilisées dans certains pays mais ne figurant pas dans les sources de l'UE, CE, 2008. (3) Les indicateurs concernant les jeunes de plus de 17 ans sont exclus.

Chapitre 5

L'importance de donner : bénévolat et bien-être

Ce chapitre analyse l'importance et les caractéristiques du bénévolat (à savoir le temps consacré à des activités non obligatoires et non rémunérées servant l'intérêt commun) dans les pays de l'OCDE. D'après les données présentées dans ce chapitre, un adulte sur trois fait du bénévolat par le biais d'une organisation au moins une fois par an. Ce chiffre augmente si l'on tient compte de l'aide informelle proposée aux amis, aux voisins et aux inconnus. Le bénévolat apporte un plus à ceux qui en bénéficient, mais également à ceux qui le pratiquent : il contribue en effet à l'acquisition de compétences et de savoirs qui peuvent s'avérer utiles pour la carrière et les perspectives d'emploi, et il est associé à des niveaux accrus de satisfaction à l'égard de la vie et d'état d'esprit positif. De plus, il profite à la société dans son ensemble et joue un rôle économique important. En l'absence de définition standard et de données comparables, il est difficile de donner une image définitive du niveau et de la portée du bénévolat dans l'OCDE ; ce chapitre passe donc en revue les principales mesures à mettre en œuvre afin d'améliorer l'évaluation du bénévolat.

Les données statistiques concernant Israël sont fournies par et sous la responsabilité des autorités israéliennes compétentes. L'utilisation de ces données par l'OCDE est sans préjudice du statut des hauteurs du Golan, de Jérusalem-Est et des colonies de peuplement israéliennes en Cisjordanie aux termes du droit international.

Introduction : les effets du bénévolat sur le bien-être

Le bénévolat est très important pour le bien-être des individus, il influe sur un grand nombre de dimensions analysées dans *Comment va la vie ?*. Tout d'abord, les biens et services produits par les bénévoles contribuent aux conditions matérielles et au bien-être des ménages. Ensuite, le bénévolat s'effectue essentiellement dans les secteurs de l'aide sociale, des soins de santé, de l'éducation, de la protection de l'environnement ou de la coopération pour le développement, qui ciblent souvent les sans-abri, les migrants et d'autres populations très pauvres et défavorisées. Le bénévolat est donc susceptible d'influer sur de nombreuses dimensions liées à la qualité de vie incluses dans *Comment va la vie ?*, telles que l'état de santé, les aptitudes et compétences, et la qualité de l'environnement, aussi bien en améliorant les résultats dans ces dimensions d'une manière globale qu'en réduisant les inégalités en termes de répartition. Enfin, le bénévolat est à la fois un type de « travail » important (basé sur le critère de la tierce partie, c'est-à-dire une activité réalisée par un tiers) et une activité gratifiante pratiquée comme une forme de loisir ou de participation civique.

À qui le bénévolat profite-t-il ? Les bénéficiaires les plus évidents sont ceux à qui sont destinés les biens et services produits par le bénévolat. Il s'agit souvent de personnes que les programmes sociaux classiques n'atteignent guère et qui ne disposent pas des ressources suffisantes pour se procurer sur le marché les biens et services de base. Mais le bénévolat est également bénéfique pour ceux qui le pratiquent. Il constitue en effet un moyen d'intégration pour les jeunes en situation difficile ou pour les retraités. Il permet aux personnes en situation d'isolement social et d'exclusion de participer à la vie de la communauté en tant que citoyens valorisés et utiles. Pour les personnes plus âgées, le bénévolat peut être une bonne transition entre l'emploi rémunéré et la retraite.

Il a été démontré que le bénévolat a un effet positif sur la santé physique et mentale des personnes impliquées, en aidant les personnes en âge de travailler à acquérir les compétences techniques et non techniques qui améliorent le déroulement de leur carrière ou leurs perspectives d'emploi. En outre, le temps consacré aux activités bénévoles est plus associé que le temps consacré à d'autres activités non rémunérées à des niveaux accrus de satisfaction à l'égard de la vie et de bonne humeur. Une fois pris en compte ces avantages (en termes de santé, de compétences et de bien-être subjectif), les bienfaits du bénévolat pour les bénévoles apparaissent aussi importants, voire plus, que pour les bénéficiaires.

Le bénévolat profite aussi à la société dans son ensemble. En tant qu'expression d'une société civile dynamique, il contribue à la création de capital social, en tissant et consolidant des relations de confiance et de coopération tout en cultivant des normes d'altruisme, de solidarité, de conscience civique et de respect de la diversité (Putnam, 1995, 2000). Autrement dit, le bénévolat est une composante essentielle de toute « bonne société ».

Depuis quelques années, le bénévolat suscite un intérêt croissant de la part du grand public et de la classe politique. De nombreux pays ont examiné les meilleures façons de le préserver et de l'encourager ou l'intérêt de créer un service civique quasi obligatoire pour les jeunes. Plusieurs commissions gouvernementales se sont penchées sur la façon de stimuler le bénévolat au sein de différentes catégories de population telles que les jeunes, les adultes de 50 ans et plus, les parents qui travaillent et les immigrés (encadré 5.1). Toutefois, malgré cette prise de conscience politique et de nombreuses initiatives internationales, les efforts de longue haleine visant à évaluer la portée, l'ampleur et les effets du bénévolat sont rares.

Ce chapitre tente de combler partiellement cette lacune, en s'appuyant sur les informations comparatives existantes. Il est organisé comme suit. Premièrement, il présente les principaux défis associés à la définition et l'évaluation du bénévolat, avant d'énoncer les indicateurs utilisés pour l'analyse empirique. Il décrit ensuite la prévalence, la fréquence et la répartition du bénévolat dans les pays de l'OCDE, puis examine certains liens entre le bénévolat et différents résultats en matière de bien-être, et présente une estimation approximative de la valeur économique des activités bénévoles. Il identifie également certaines lacunes statistiques restant à combler pour mieux comprendre le bénévolat.

Encadré 5.1. **Le bénévolat dans le débat politique**

Dans ses recommandations de 2001 relatives à l'appui au bénévolat, l'Assemblée générale des Nations Unies considérait le bénévolat comme « un important élément de toute stratégie visant… à lutter contre la pauvreté, à assurer un développement durable, la santé, la prévention et la gestion des catastrophes et … à éliminer l'exclusion sociale et la discrimination » (Nations Unies, 2001). En 2008, le Parlement européen présentait le bénévolat comme la « forme la plus durable d'énergie renouvelable », et encourageait les États membres ainsi que les autorités locales et régionales à « reconnaître la valeur du bénévolat dans le cadre de la promotion de la cohésion économique et sociale » (Parlement européen, 2008). L'année 2011 a été déclarée « Année européenne du bénévolat et du volontariat » par la Commission européenne, dans un effort pour « sensibiliser l'opinion publique à la valeur et à l'importance du volontariat » (Conseil de l'Union européenne, 2009).

Les gouvernements nationaux ont également encouragé progressivement le bénévolat en tant que moyen d'améliorer le bien-être, de faire participer les citoyens à la société et de satisfaire la demande de nouveaux services et les nouveaux besoins. Dans de nombreux pays, les gouvernements s'efforcent de plus en plus de proposer aux citoyens des possibilités d'engagement volontaire (par exemple : initiative « Big Society » au Royaume-Uni, « Service civique » en France et loi sur le service social au Danemark) et ont lancé de vastes campagnes de sensibilisation aux bienfaits du bénévolat.

Définir et évaluer le bénévolat

Définir le bénévolat

Un enseignant faisant du bénévolat dans le cadre d'une activité extra-scolaire après l'école, une ouvrière d'usine donnant de son temps pour restaurer des logements sociaux, un adolescent déneigeant le trottoir d'un voisin âgé, un avocat donnant des conseils juridiques à des personnes dans le besoin sont autant d'exemples de bénévolat. Du fait de la grande diversité de ces activités, qui vont de la distribution de prospectus une fois par an au bénévolat à temps plein durant toute l'année, il est très compliqué de définir précisément le bénévolat.

Objet d'étude relativement récent, le bénévolat a été conceptualisé de diverses façons. Les définitions diffèrent aussi bien en termes de portée que d'exhaustivité. Ainsi, certaines associent bénévolat et activités caritatives, gommant la distinction entre don de temps et don d'argent. Certaines intègrent les activités informelles ; d'autres sont limitées au bénévolat dans le cadre d'organisations ou, parfois, d'organisations à but non lucratif ou d'organisations dont le bénévole est membre.

En 2013, la Conférence des statisticiens européens a inscrit le bénévolat dans une vaste perspective en proposant un cadre d'évaluation fondé sur la distinction entre le *travail bénévole* (activité qui aurait pu être réalisée par des tiers) et les *actions participatives*. Ces dernières sont les activités au-delà du « travail », qui ne produisent pas des services répondant à une demande ou qui ne peuvent être réalisées par une personne au nom d'une autre. Ces actions participatives peuvent comprendre le don de temps ou d'argent. Dans l'approche proposée par la Conférence des statisticiens européens, les activités répondant au terme générique de « bénévolat » sont toutes destinées à contribuer au bien commun et ne sont ni obligatoires ni rémunérées. Toutes les données empiriques de ce chapitre concernent « le travail bénévole » ; les différentes formes « d'actions participatives » ne sont donc pas prises en compte.

L'une des composantes essentielles du bénévolat est la fourniture de travail. Dans son *Manuel sur la mesure du travail bénévole*, l'Organisation internationale du travail définit le travail bénévole comme tout « travail non rémunéré non obligatoire ; il s'agit du temps que des personnes consacrent sans rémunération à des activités réalisées *soit par le biais d'une organisation soit directement* pour d'autres personnes qui n'appartiennent pas au ménage du bénévole » (OIT, 2011)[1]. Cette définition, qui fixe le cadre conceptuel pour l'évaluation du bénévolat dans différents contextes culturels et juridiques, opère une distinction entre travail bénévole et activités de loisir en partant du principe que le travail bénévole doit produire des biens ou des services ayant de la valeur pour les personnes autres que les bénévoles. Elle fait également la distinction entre bénévolat et travail rémunéré en soulignant que le bénévolat n'est pas rémunéré et est réalisé en dehors de toute contrainte juridique.

Il est possible de classer les différentes sortes d'activités bénévoles en deux catégories : bénévolat formel et bénévolat informel (Wilson et Musick, 1997). Le *bénévolat formel* (« travail bénévole indirect », selon l'OIT) regroupe des activités réalisées *par le biais d'organisations* (institutions à but non lucratif ou entreprises privées, par exemple). Il peut s'agir notamment de collecter des fonds pour une ONG ou de travailler pour des associations, écoles, garderies, collectifs ou comités de quartier, etc. Le *bénévolat informel* (« travail bénévole direct », selon l'OIT) correspond, pour sa part, à *l'aide informelle apportée à d'autres ménages*[2], telle que la garde d'enfants, le ménage et le rangement, l'assistance juridique, le conseil, les soins aux malades ou aux personnes âgées, la garde d'animaux, la préparation de repas, etc. (Lee et Brudney, 2012). L'aide aux personnes dans le besoin est un aspect important de ces deux sortes de bénévolat et les activités menées dans ce but peuvent être tout à fait similaires dans les deux contextes.

Évaluer le bénévolat

Bénévolat et Système de comptabilité nationale

L'évaluation du bénévolat ne se heurte pas uniquement à des problèmes d'ordre conceptuel. En effet, les données sur le bénévolat sont rares et fragmentées, et difficilement comparables entre pays. Dans le Système de comptabilité nationale (SCN) (l'ensemble des directives internationales utilisées par les pays pour compiler leurs statistiques économiques nationales), les institutions sans but lucratif (ISBL) sont considérées soit comme des « producteurs marchands » (inclus dans la catégorie des sociétés) lorsque leurs recettes provenant des redevances et des droits couvrent la plus grande partie de leurs coûts, soit comme des « producteurs non marchands » et classées dans le secteur des administrations publiques (lorsqu'elles sont financées et contrôlées par l'État) ou des institutions sans but lucratif au service des ménages (ISBLSM). Dans chacun de ces cas, les chiffres de la valeur ajoutée des institutions sans but lucratif se limitent aux charges de trésorerie qu'implique leur fonctionnement. Depuis 1968, le SCN sépare les ISBLSM des ménages au sens strict, bien que tous les pays ne fassent pas ressortir les chiffres des ISBLSM dans tous leurs comptes. Une part importante de l'activité économique des ISBL figurant dans les chiffres de la catégorie des sociétés et des administrations publiques, une petite partie seulement apparaît dans les chiffres du secteur des ISBLSM ; il est donc difficile de se faire une idée claire de l'importance économique et de la composition du secteur sans but lucratif. De plus, le SCN ne tient compte que de la valeur du travail *rémunéré* dans le secteur des ISBLSM, passant ainsi à côté d'une grande partie de la contribution économique de ces institutions.

Afin de mettre au jour les activités économiques de ces ISBL « cachées », la Commission de statistique de l'ONU a adopté en 2003 le *Manuel sur les institutions sans but lucratif dans le Système de comptabilité nationale*, élaboré par le Centre d'étude de la société civile de l'Université Johns Hopkins en coopération avec la Division de statistique de l'ONU et une équipe d'experts internationaux (Nations Unies, 2003). Ce manuel donne des instructions pour identifier les ISBL « cachées » dans les comptes de chaque secteur institutionnel. Il invite également les pays à sortir ces ISBL des secteurs où elles ont été placées et à présenter les données les concernant dans un *compte satellite* des ISBL, qui comptabilise aussi la valeur du travail bénévole *non rémunéré* auquel elles ont recours (tableau 5.1)[3]. Les comptes satellites propres aux ISBL sont un outil complet permettant de produire des données fiables et comparables sur leur poids économique. Près de 40 pays se sont engagés à mettre en œuvre le manuel de l'ONU sur les ISBL et, parmi eux, 16 ont créé au moins un premier compte satellite pour les ISBL.

Tableau 5.1. **Traitement des institutions sans but lucratif dans le compte satellite des ISBL du Système de comptabilité nationale**

Compte	Secteurs du Système									Secteur sans but lucratif
	Secteur des sociétés non financières		Secteur des sociétés financières		Secteur général des administrations publiques		Secteur des ménages		Secteur ISBLSM	
	(S.11)		(S.12)		(S.13)		(S.14)		(S.15)	
	Total	ISBL	Total	ISBL	Total	ISBL	Total	ISBL	ISBL	
Production										ΣN_i
Formation du revenu										
Actifs										ΣNi

Source : Nations Unies (2003), *Manuel sur les institutions sans but lucratif dans le Système de comptabilité nationale*, Publication des Nations Unies, Série F, n° 91, ST/ESA/STAT/SER.F/91, New York, *http://unstats.un.org/unsd/publication/seriesf/seriesf_91f.pdf*.

En moyenne, le secteur des ISBL, tel qu'il apparaît dans son compte satellite propre, est deux fois plus important que celui des institutions sans but lucratif au service des ménages présenté dans le SCN classique de 1993. Au Canada, le secteur des ISBL est presque cinq fois plus important que lorsqu'il était présenté dans le SCN classique. Les modifications apportées lors de la révision du SCN en 2008 (SCN 2008) obligent les services de statistique nationaux à séparer les chiffres des ISBL des autres chiffres dans les comptes principaux et à présenter séparément les sous-totaux des ISBL. Cela devrait simplifier à l'avenir la création des comptes satellites pour les ISBL.

Le bénévolat dans les enquêtes sur la population active

En 2009, la 18e Conférence internationale des statisticiens du travail (CIST) a souligné « l'importance de mesurer le travail bénévole » non seulement « pour identifier sa contribution non négligeable aux secours en cas de catastrophe, à l'enseignement en milieu rural ou encore à d'autres programmes » mais également parce que « la mesure du travail bénévole joue un rôle important pour les statistiques du travail, l'un des objectifs de ces statistiques étant de mesurer tous les aspects du travail » (OIT, 2009). En 2013, la 19e Conférence internationale des statisticiens du travail a adopté une résolution qui a élargi la notion de travail afin de tenir compte de ses différentes formes, notamment dans le but de souligner « la contribution de toutes les formes de travail au développement économique, aux moyens d'existence des ménages et au bien-être des personnes et de la société ». Le travail bénévole est l'une des cinq formes de travail que les services de statistique sont invités à identifier et à évaluer (encadré 5.2).

En reconnaissant le bénévolat comme une forme de « travail », la résolution de la CIST de 2013 a ouvert la voie à la généralisation de la collecte et de la communication des données de base sur le bénévolat et a favorisé l'élaboration et l'adoption de « compléments » réguliers aux enquêtes nationales sur la population active ou sur les ménages, comme le recommande l'OIT dans son *Manuel sur la mesure du travail bénévole*. Compte tenu des caractéristiques des enquêtes nationales sur la population active (collectes de données fréquentes et régulières, échantillons de taille conséquente, participation obligatoire dans de nombreux pays, gestion très professionnelle), les données collectées par le biais de leurs modules spéciaux peuvent servir à déterminer le volume de différentes sortes de travail bénévole (par exemple : par secteur institutionnel et économique, par type d'activité, par région ou degré d'urbanisation de la zone où il est réalisé, etc.) et à définir le profil démographique des bénévoles (âge, sexe, niveau de revenu, niveau d'instruction, citadin/rural, emploi rémunéré s'il existe)[4].

Malheureusement, à l'heure actuelle, rares sont les pays (Pologne, Hongrie, Suisse et Italie) à avoir mis en œuvre le module ad hoc des enquêtes sur la population active[5]. D'autres en sont à préparer sa mise en œuvre (Belgique, Irlande, par exemple) ou cherchent des façons de rendre leur collecte de données existante sur le bénévolat comparable avec la méthodologie de l'OIT (Royaume-Uni et Allemagne, par exemple).

Le bénévolat dans les enquêtes sociales et les enquêtes sur l'emploi du temps

Il n'existe aucune enquête internationale consacrée à l'évaluation du bénévolat. La plupart des données sur le bénévolat sont des données nationales, provenant d'enquêtes qui diffèrent au niveau des définitions, des échantillons et des périodes de référence, ce qui complique les comparaisons internationales des bénévoles, tant sur le plan quantitatif que qualitatif[6]. À l'échelle internationale, les questions sur le bénévolat sont le plus souvent intégrées à des enquêtes plus vastes, mais elles fournissent rarement des données sur le *temps* consacré au bénévolat. De plus, ces enquêtes sont basées sur des échantillons de taille réduite et sur des méthodologies différentes qui ne permettent souvent aucune comparaison, et elles sont susceptibles d'être annulées ou repoussées en période de restrictions budgétaires (Rochester, Paine et Howlett, 2009). En outre, les enquêtes internationales reposent le plus souvent sur des questions générales pouvant être diversement interprétées selon les enquêtés, et ne sont pas basées sur la définition du travail bénévole adoptée par la CIST[7].

Encadré 5.2. **Le travail bénévole dans la résolution de la 19e Conférence internationale des statisticiens du travail**

En 2013, la CIST a proposé de nouvelles règles d'évaluation du « travail », en invitant les services de statistique nationaux à utiliser une classification du travail reposant sur cinq formes de travail indépendantes les unes des autres (tableau 5.2) : a) *le travail de production pour la consommation personnelle*, comprenant la production de biens et de services pour un usage final propre ; b) *l'emploi*, c'est-à-dire le travail réalisé en échange d'une rémunération ou d'un profit ; c) *le travail en formation non rémunéré*, c'est-à-dire le travail réalisé sans rémunération afin d'acquérir de l'expérience ou des compétences professionnelles ; d) *le travail bénévole*, c'est-à-dire le travail non obligatoire et non rémunéré réalisé pour des tiers ; e) *d'autres activités productives* (non définies dans la résolution).

Tableau 5.2. **Formes de travail et Système de comptabilité nationale 2008**

<table>
<tr><td>Destination envisagée de la production</td><td colspan="2">Pour usage final propre</td><td colspan="6">Pour utilisation par des tiers</td></tr>
<tr><td rowspan="3">Formes de travail</td><td colspan="2">Travail de production pour la consommation personnelle</td><td rowspan="3">Emploi (travail réalisé en échange d'une rémunération ou d'un profit)</td><td rowspan="3">Travail en formation non rémunéré</td><td rowspan="3">Autres activités de travail productives</td><td colspan="3">Travail bénévole dans des :</td></tr>
<tr><td rowspan="2">de services</td><td rowspan="2">de biens</td><td rowspan="2">unités du marché et hors du marché</td><td colspan="2">ménages pour produire</td></tr>
<tr><td>des biens</td><td>des services</td></tr>
<tr><td rowspan="2">Lien avec le SCN 2008</td><td></td><td colspan="6">Activités à l'intérieur du domaine de la production du SCN</td><td></td></tr>
<tr><td colspan="8">Activités qui relèvent du domaine de la production générale du SCN</td></tr>
</table>

Source : Organisation internationale du travail (OIT) (2013), *Rapport de la Conférence. 19e Conférence internationale des statisticiens du travail*, Genève, 2-11 octobre 2013, *www.ilo.org/wcmsp5/groups/public/---dgreports/---stat/documents/normativeinstrument/wcms_233215.pdf*.

Dans la résolution, les **personnes dans le travail bénévole** sont définies comme toutes les personnes en âge de travailler qui, durant une courte période de référence, ont réalisé toute activité non rémunérée non obligatoire pour produire des biens ou fournir des services pour des tiers, où : a) « toute activité » fait référence à un travail d'une heure au moins ; b) « non rémunérée » s'interprète comme l'absence de rémunération en espèces ou en nature pour le travail accompli, à l'exception d'une forme réduite de soutien ou d'allocation en espèces ou en nature ; c) « non obligatoire » s'interprète comme le travail effectué sans aucune obligation civile, légale ou administrative, ce qui est différent de l'accomplissement des responsabilités communautaires, culturelles ou religieuses ; d) la production « pour des tiers » fait référence au travail accompli soit dans le cadre d'organisations comprenant des unités du marché ou des unités hors du marché soit pour des ménages différents de celui du bénévole ou des ménages des membres de sa famille (bénévolat direct).

Il est à noter que cette définition du travail bénévole diffère de celle adoptée par l'OIT dans son *Manuel sur la mesure du travail bénévole* en ce qu'elle exclut le travail non rémunéré effectué pour des « membres de la famille vivant dans d'autres ménages » ; cette définition plus stricte traduit ainsi le fait que la prise en charge informelle est souvent considérée comme obligatoire, et non volontaire, lorsque le bénéficiaire est un membre de la famille, même lorsqu'il appartient à un autre ménage (parents âgés vivant seuls, par exemple).

La question « Au cours des 12 derniers mois, avez-vous effectué un travail bénévole non rémunéré (pour une organisation) ? » est représentative des questions souvent posées dans les enquêtes sociales générales. Utilisées isolément, les questions de ce type ne demandent qu'un effort minimal aux enquêtés. Les travaux de recherche montrent que les bénévoles répondent plus aux enquêtes et sondages d'opinion à petite échelle que la population en général ; de ce fait, les enquêtes et sondages d'opinion à petite échelle engendrent une surestimation de l'ampleur du bénévolat par rapport aux enquêtes officielles à plus grande échelle (Pew Research Center, 2015)[8]. On observe également des problèmes de qualité des données lorsque l'on pose une question directe sur le bénévolat sans l'avoir introduite par une brève explication permettant à l'enquêté de bien comprendre le concept de travail bénévole non rémunéré (Toppe et Groves, 2007)[9]. Une autre limite importante réside dans le fait que les questions des enquêtes font du bénévolat une catégorie uniforme, alors que la réalité du phénomène est complexe[10]. Par conséquent, même les statistiques les plus simples sur la proportion de population faisant du bénévolat présentent d'importantes marges d'incertitude.

Si les questions sur le bénévolat formel sont presque toujours posées de la même façon, les questions relatives à l'aide informelle varient davantage d'une enquête à l'autre. En effet, certaines incluent dans la liste des activités l'aide aux membres de la famille vivant hors du ménage (parents âgés, par exemple) ; d'autres ne prennent en compte que l'aide apportée aux amis, aux connaissances et aux inconnus.

Certaines enquêtes vont au-delà des questions générales sur le bénévolat, quelle qu'en soit la définition, en proposant dans les réponses des types d'organisations ou d'activités auxquelles les gens consacrent du temps et en posant des questions sur les motivations des bénévoles. Rares sont toutefois les enquêtes qui posent des questions sur le nombre le temps passéà faire du bénévolat[11].

Le bénévolat peut aussi être analysé grâce aux enquêtes sur l'emploi du temps, qui collectent des informations sur le temps que les individus consacrent à leurs différentes activités quotidiennes. Dans ces enquêtes, les participants décrivent leurs activités quotidiennes avec leurs propres mots en tenant un journal sur une période de référence (en général, un jour ou une semaine) ; les activités sont ensuite classées par l'entité chargée de réaliser l'enquête, et le bénévolat, direct ou par le biais d'une organisation, figure en général dans l'une des principales catégories (Miranda, 2011). La méthode du journal à tenir limite le risque que les enquêtés soient influencés par ce que la société considère comme utile, et constitue ainsi une bonne façon d'obtenir des informations exactes sur les comportements individuels, bien que cela puisse demander beaucoup d'efforts aux enquêtés[12].

En ce qui concerne l'évaluation des activités bénévoles, les enquêtes sur l'emploi du temps produisent en général trois types de données : 1) des estimations à l'échelle de la population du temps moyen consacré à une liste standard d'activités, parmi lesquelles le bénévolat par le biais d'organisations et le bénévolat direct ; 2) des estimations du temps moyen que les participants consacrent à ces activités ; 3) des taux de participation, c'est-à-dire la proportion de la population déclarant réaliser ces activités. Bien que la définition et la classification des activités utilisées dans les enquêtes nationales soient en général presque identiques à celles de la Classification internationale des activités à prendre en compte dans les statistiques du budget-temps (ICATUS), qui compte 15 catégories principales comprenant chacune 2 à 5 sous-catégories, des différences demeurent en termes de caractéristiques des enquêtes, du nombre de jours pour la tenue du journal et de catégorisation des activités. La publication récente des lignes directrices de la CEE-ONU pour l'harmonisation des enquêtes sur l'emploi du temps (*UNECE Guidelines for Harmonising Time Use Surveys*) devrait contribuer à améliorer la comparabilité des résultats entre pays dans ce domaine (CEE-ONU, 2013).

Il est en général admis que les enquêtes sur l'emploi du temps sont plus fiables que les enquêtes générales pour la collecte d'informations sur le temps consacré au bénévolat[13]. Toutefois, le bénévolat pouvant être fortement concentré sur certaines périodes, il se peut que les personnes n'en fassent pas le jour de l'enquête. Les enquêtes sur l'emploi du temps risquent donc de sous-estimer la participation aux activités bénévoles. De plus, les enquêtes sur l'emploi du temps n'étant pas réalisées fréquemment, les données qu'elles produisent ont tendance à devenir rapidement obsolètes.

En résumé, les outils sur le bénévolat sont soit trop récents (comptes satellites et modules ad hoc des enquêtes sur la population active) soit incapables de produire des données exactes sur les différentes facettes du bénévolat (enquêtes sociales et enquêtes sur l'emploi du temps). En l'absence de données comparatives systématiques sur le bénévolat, il est difficile de rallier l'adhésion aux politiques visant à développer le bénévolat, ainsi que de les concevoir.

Choix des indicateurs et des sources de données pour l'évaluation du bénévolat

En dépit de contraintes liées aux données et de problèmes de méthodologie, cette section s'appuie sur les informations existantes pour fournir des estimations de l'ampleur et des caractéristiques du bénévolat. L'analyse empirique présentée dans cette section porte sur le travail bénévole (et non sur d'autres sortes d'actions participatives telles que les dons), en s'appuyant sur la définition adoptée par la CIST. Toutefois, cette définition est parfois adaptée en fonction des données disponibles. Si les deux aspects du bénévolat (formel et informel) sont étudiés, les informations disponibles portent le plus souvent sur les activités réalisées par le biais d'une organisation. La nature de la participation pouvant évoluer au cours de la vie, l'analyse s'intéresse aux attitudes envers le bénévolat de différents groupes de population : jeunes, population en âge de travailler et personnes âgées.

En l'absence d'enquêtes internationales consacrées au bénévolat, et compte tenu du nombre limité de pays concernés par les comptes satellites et les modules ad hoc des enquêtes sur la population active dédiés au bénévolat, les données présentées ci-dessous proviennent essentiellement de sources « secondaires », telles que les enquêtes sociales et les enquêtes sur l'emploi du temps. Afin d'analyser différents aspects du bénévolat, ce chapitre a recours à de nombreuses sources. Du fait des divergences possibles entre différentes enquêtes et études, l'analyse statistique du bénévolat se prête à l'interprétation et doit être considérée comme purement indicative. À titre d'exemple, il ne sera pas possible d'affirmer avec certitude que les taux de bénévolat sont plus faibles chez les personnes âgées que dans la population d'âge actif, les chiffres pour ces deux groupes de population provenant d'enquêtes différentes.

Les données sur la prévalence et la fréquence du bénévolat formel sont tirées de l'Enquête de l'OCDE sur les compétences des adultes (PIAAC), qui porte sur vingt pays de l'OCDE (Allemagne, Australie, Autriche, Canada, Corée, Danemark, Espagne, Estonie, États-Unis, Finlande, France, Irlande, Italie, Japon, Norvège, Pays-Bas, Pologne, République tchèque, Slovaquie et Suède), trois entités infranationales de l'OCDE (la Flandre en Belgique ; l'Angleterre et l'Irlande du Nord au Royaume-Uni) et la Fédération de Russie (OCDE, 2013). Bien que cette enquête cible avant tout les aptitudes et compétences de la population en âge de travailler, elle s'intéresse au bénévolat, en demandant aux enquêtés s'ils ont fait du bénévolat au cours des 12 derniers mois, y compris du travail non rémunéré pour une association caritative, un parti politique, un syndicat ou toute autre organisation à but non lucratif. Les réponses possibles sont : 1) jamais ; 2) moins d'une fois par mois ; 3) moins d'une fois par semaine, mais au moins une fois par mois ; 4) au moins une fois par semaine, mais pas tous les jours ; 5) tous les jours[14].

Les taux de participation en ce qui concerne l'aide informelle sont évalués pour les seuls pays européens à l'aide du module sur le bien-être du 3e cycle de l'enquête *European Social Survey (ESS)*, qui comporte une question sur l'aide informelle : « Hormis ce que vous faites pour votre famille, au travail ou au sein d'organisations bénévoles, à quelle fréquence avez-vous, au cours des 12 derniers mois, activement apporté de l'aide aux autres ? » Les réponses possibles sont : 1) au moins une fois par semaine ; 2) au moins une fois par mois ; 3) au moins une fois par trimestre ; 4) au moins une fois par semestre ; 5) moins souvent ; 6) jamais[15]. Les données sur le temps consacré au bénévolat formel et à l'aide informelle sont rassemblées dans la base de données de l'OCDE sur l'emploi du temps[16].

L'enquête PIAAC cible la population en âge de travailler, laissant de côté d'autres groupes de population qui contribuent pourtant fortement au secteur du bénévolat, à savoir les jeunes et les personnes âgées. Afin de combler cette lacune, les sources d'information suivantes sont également prises en compte :

- L'étude *International Civic and Citizenship Education (ICCS)*, programme de recherche comparative de l'Association internationale pour l'évaluation du rendement scolaire (IEA) portant sur 23 pays de l'OCDE (Autriche, Belgique, Chili, Corée, Danemark, Espagne, Estonie, Fédération de Russie, Finlande, Grèce, Irlande, Italie, Luxembourg, Mexique, Norvège, Nouvelle-Zélande, Pays-Bas, Pologne, République tchèque, Royaume-Uni, Slovaquie, Slovénie, Suède et Suisse) mais également 15 pays non OCDE. Cette étude permet d'évaluer la participation au bénévolat des élèves de 14 ans environ (dans leur 8e année d'études). On leur demande s'ils ont déjà fait du bénévolat dans une organisation (organisations de jeunes, de protection de l'environnement, de défense des droits de l'homme ou de collecte de fonds, organisation culturelle ou mobilisation des jeunes). Afin de faciliter la comparaison des taux de bénévolat des jeunes avec ceux des adultes et de la population plus âgée, l'analyse se limite aux élèves déclarant avoir fait du bénévolat au moins une fois au cours des 12 derniers mois.
- L'enquête *Health, Ageing and Retirement in Europe* (SHARE)[17], qui fournit des données sur différents aspects de la vie des personnes de 50 ans et plus dans 18 pays européens de l'OCDE (Allemagne, Autriche, Belgique, Danemark, Espagne, Estonie, France, Hongrie, Israël, Italie, Luxembourg, Pays-Bas, Pologne, Portugal, République tchèque, Slovénie, Suède et Suisse)[18]. La question sur le bénévolat formel est : « Avez-vous réalisé l'une des activités suivantes au cours des 12 derniers mois : travail bénévole ou caritatif ? » La question sur l'aide informelle est « Au cours des 12 derniers mois, vous êtes-vous personnellement occupé d'un parent vivant hors de votre foyer, d'un ami ou d'un voisin, ou l'avez-vous aidé pour les tâches de la vie courante ? ».

L'enquête *European/World Values Survey (EVS/WVS)* et le sondage *Gallup World Poll* fournissent des informations complémentaires sur le bénévolat (domaine d'activité, par exemple) et sur les relations entre le bénévolat et différents résultats en matière de bien-être (pour les bénévoles). Ces travaux ont une bonne couverture géographique mais leurs échantillons sont de taille réduite et ils présentent d'autres problèmes d'ordre méthodologique. Le tableau 5.3 fournit un aperçu de la qualité statistique des différentes sources utilisées ci-après pour évaluer le bénévolat dans les pays de l'OCDE.

Tableau 5.3. **Qualité des différentes sources de données sur le bénévolat**

Indicateur	Source	Qualité statistique			
		Instrument bien établi	Définition comparable (OIT)	Couverture pays	Dernière année disponible
Bénévolat formel (taux de prévalence)	PIAAC	~	√	~	2012
	ESS	~	√	~	2006
	EQLS	~	√	~	2012
	Eurobaromètre	~	√	~	2012
	Gallup World Poll	X	√	√	2014
	EVS/WVS	X	√	√	2008
	Base de données OCDE sur l'emploi du temps	√	~	√	1 point de mesure de 1999 à 2013
Bénévolat informel (taux de prévalence)	PIAAC	~	~	~	2012
	ESS	~	√	~	2006
	EQLS	~	X	~	2012
	Eurobaromètre	~	~	~	2012
	Gallup World Poll	X	~	√	2014
	EVS/WVS	X	X	√	2008
	Base de données OCDE sur l'emploi du temps	√	~	√	1 point de mesure de 1999 à 2013
Fréquence du bénévolat	PIAAC	~	~	~	2012
	ESS	~	~	~	2006
	EQLS	~	~	~	2012
	Eurobaromètre	~	~	~	2012
	Gallup World Poll	X	X	√	2014
	EVS/WVS	X	X	√	2008
	Base de données OCDE sur l'emploi du temps	√	~	√	1 point de mesure de 1999 à 2013

Note : Le symbole √ signifie que l'indicateur choisi satisfait largement au critère ; le symbole ~ signifie que l'indicateur satisfait globalement au critère ; le symbole X signifie que l'indicateur ne satisfait pas au critère ou ne satisfait que partiellement au critère.

StatLink http://dx.doi.org/10.1787/888933279203

Données empiriques sur le bénévolat

Prévalence et fréquence du bénévolat

Le graphique 5.1 ci-dessous montre que, en moyenne, dans les pays de l'OCDE, un adulte sur trois environ déclare avoir fait du bénévolat dans une organisation au cours des 12 derniers mois, la proportion variant de 18 % en Espagne et en République tchèque à plus de 55 % aux États-Unis et en Norvège. Ces résultats sont conformes aux travaux de recherche précédents (Plagnol et Huppert, 2010, par exemple), selon lesquels les taux de bénévolat les plus élevés se situaient dans les pays nordiques et dans les pays anglophones, alors que les plus faibles concernaient l'Europe du Sud et de l'Est. Le fait que les anglophones sont plus tournés vers le bénévolat (formel) semble se vérifier également à l'échelle régionale. C'est notamment le cas au Canada, où l'enquête PIAAC a traité séparément les réponses des anglophones et des francophones ; il en ressort des taux de bénévolat de 52 % pour les anglophones et de 36 % pour les francophones[19].

Graphique 5.1. **Taux de participation au bénévolat formel**

Pourcentage de la population d'âge actif déclarant avoir fait du bénévolat dans une organisation au cours des 12 derniers mois, par fréquence, 2012

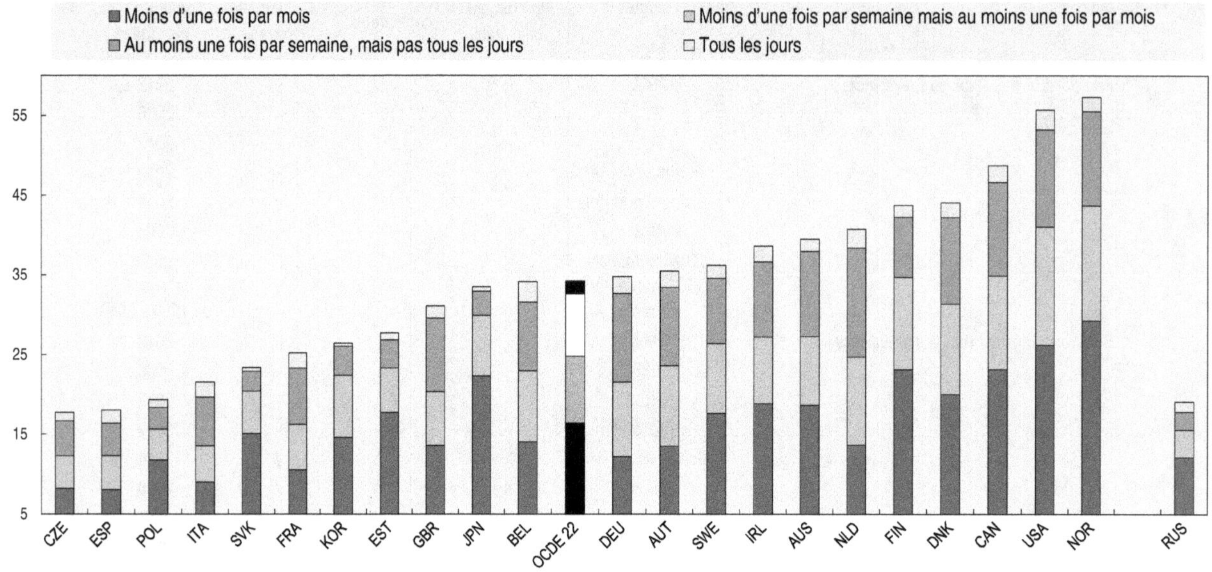

Note : Pour la Belgique, les données concernent la Flandre ; les données de l'Angleterre et de l'Irlande du Nord sont présentées ensemble (GBR). Les données de la Fédération de Russie excluent la ville de Moscou.

Source : Calculs OCDE à partir des données OCDE (2012), *Enquête de l'OCDE sur les compétences des adultes* (base de données PIAAC), *www.oecd.org/site/piaac/*.

StatLink http://dx.doi.org/10.1787/888933278995

Les différences nationales s'opèrent aussi au niveau de la fréquence du bénévolat formel (graphique 5.1). En Norvège, pays affichant la plus forte prévalence, seuls 3.2 % des bénévoles déclarent avoir fait du bénévolat au quotidien au cours des 12 derniers mois. C'est en Espagne que l'on trouve la plus forte proportion de personnes faisant du bénévolat au quotidien (9.5 %), alors que la prévalence globale du bénévolat y est faible (moins d'une personne sur cinq). De nombreux bénévoles aux Pays-Bas déclarent ne faire du bénévolat que de manière sporadique (moins d'une fois par mois) : la proportion varie de 34 % à 67 % au Japon. C'est au Japon que la proportion d'enquêtés faisant du bénévolat au moins une fois par semaine est la plus faible (9 %) et aux Pays-Bas qu'elle est la plus élevée (34 %).

Le bénévolat pour des organisations n'est pas la seule façon de consacrer de son temps et de son énergie à des activités non obligatoires non rémunérées servant l'intérêt commun. D'après l'enquête *European Social Survey*, le bénévolat informel est très répandu dans les pays européens de l'OCDE où, en moyenne, sept personnes en âge de travailler sur dix déclarent avoir apporté une aide informelle, quelle qu'elle soit, à des personnes extérieures à leur famille, telles que des amis, des voisins et des inconnus (graphique 5.2). Les taux sont inférieurs à la moyenne de l'OCDE dans la plupart des pays du Sud et de l'Est de l'Europe, alors que, dans les pays nordiques, environ 90 % des enquêtés déclarent avoir consacré du temps à des activités bénévoles informelles au cours des 12 derniers mois. En ce qui concerne la fréquence, en moyenne, la moitié des personnes faisant du bénévolat informel le font régulièrement (une fois par mois ou une fois par semaine) ; c'est en Allemagne que ce pourcentage est le plus élevé (70 %) et au Portugal qu'il est le plus faible (26 %).

La faiblesse des taux de bénévolat informel observée dans de nombreux pays du sud et de l'est de l'Europe peut s'expliquer en partie par le fait que, dans ces pays caractérisés par la solidité des liens familiaux et la faiblesse des services sociaux, ce sont essentiellement des membres de la famille (filles et grands-parents, par exemple) qui s'occupent des parents âgés et des jeunes enfants, ce qui n'est pas considéré par les enquêtés comme une forme de bénévolat informel (Dykstra et Fokkema, 2011 ; Hank, 2007). De plus, hormis les aspects sociaux, psychologiques et culturels, il est également probable que des facteurs contextuels comme l'histoire nationale déterminent en grande partie les niveaux de bénévolat (Plagnol et Huppert, 2010)[20]. Les chiffres nationaux de la participation au bénévolat formel et informel sont étroitement corrélés, ce qui laisse penser qu'il s'agit de manifestations différentes d'un seul et même phénomène[21].

Graphique 5.2. **Taux de participation au bénévolat informel dans les pays européens**

Pourcentage de la population d'âge actif déclarant avoir fait du bénévolat de manière informelle au cours des 12 derniers mois, par fréquence, 2006

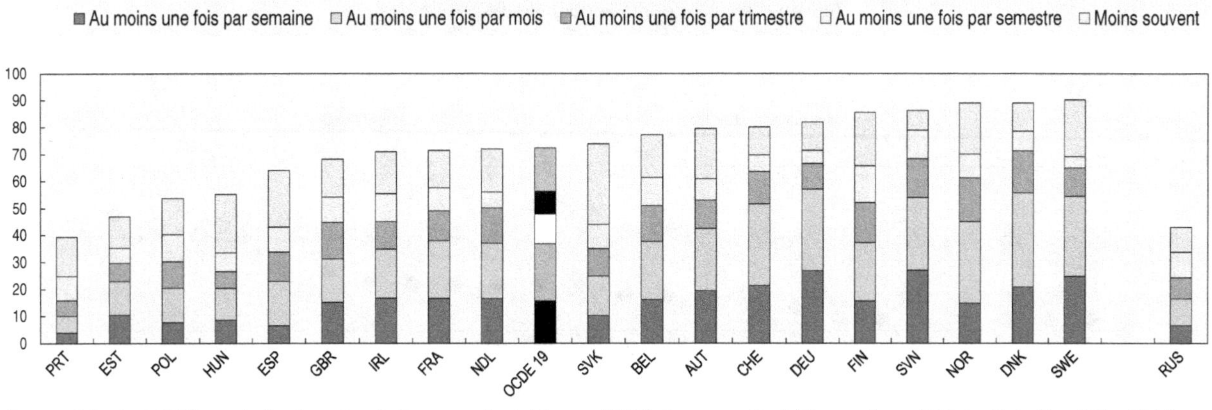

Source : Calculs OCDE à partir des données de European Social Survey (2006), European Social Survey Round 3 Data, Data file edition 3.5. (base de données), Norwegian Social Science Data Services, Norvège – Data Archive and distributor of ESS data, *www.europeansocialsurvey.org/*.

StatLink *http://dx.doi.org/10.1787/888933279003*

Le recours à des sources différentes nuit considérablement à la comparabilité des données et empêche de comparer directement les taux de participation au bénévolat formel présentés dans le graphique 5.1 aux taux de participation à l'aide informelle présentés dans le graphique 5.2. Il est cependant possible d'estimer les taux de participation au bénévolat formel à partir des données de l'enquête *European Social Survey*. Bien que ces taux ne soient pas tout à fait identiques à ceux de l'enquête PIAAC, les pays se classent globalement dans le même ordre, les pays nordiques et les pays anglophones affichant des taux de participation au bénévolat formel supérieurs à ceux des pays du sud et de l'est de l'Europe. En outre, cette même comparaison (à partir des données de l'enquête *European Social Survey*) montre que les taux de participation à l'aide informelle sont systématiquement plus élevés que les taux de participation au bénévolat formel, ce qui suggère que, dans l'OCDE, les aidants informels sont potentiellement plus nombreux que les bénévoles formels.

Les données sur la fréquence du bénévolat collectées grâce à ce type d'enquêtes internationales ne donnent qu'une vague idée du *temps* consacré au bénévolat. Il faut donc se tourner vers les enquêtes sur l'emploi du temps, disponibles pour un certain nombre de pays de l'OCDE, pour obtenir des informations complémentaires. Le bénévolat ne concernant pas tous les enquêtés, il convient de s'intéresser au temps consacré au bénévolat formel et informel par la *population totale* (entre 15 et 64 ans ; graphique 5.3, axe vertical gauche) ainsi qu'au temps consacré à ces activités par ceux qui déclarent effectuer du bénévolat dans leur emploi du temps, entendu ici dans le sens « ceux qui font réellement cette activité » un jour donné (graphique 5.3, axe vertical droit). En ce qui concerne le premier point, la population totale consacre en moyenne peu de temps au bénévolat formel (entre moins de 5 minutes par jour dans la plupart des pays de l'OCDE et 13 minutes par jour en Nouvelle-Zélande). Les résultats sont différents quand on s'intéresse aux chiffres correspondants pour ceux qui font réellement du bénévolat un jour donné. En effet, le temps consacré au bénévolat formel va alors de moins d'une heure par jour au Mexique à presque trois heures par jour en Belgique, au Japon et en Italie. Dans les pays de l'OCDE considérés, les jours où les enquêtés font du bénévolat formel, ils y consacrent en moyenne plus de deux heures (graphique 5.3, partie A).

Graphique 5.3. **Temps consacré au bénévolat formel et informel**

Nombre moyen de minutes de bénévolat par jour chez les personnes âgées de 15 à 64 ans (ensemble des enquêtés et bénévoles seulement)

Partie A : Bénévolat formel, 2013 ou dernière année disponible

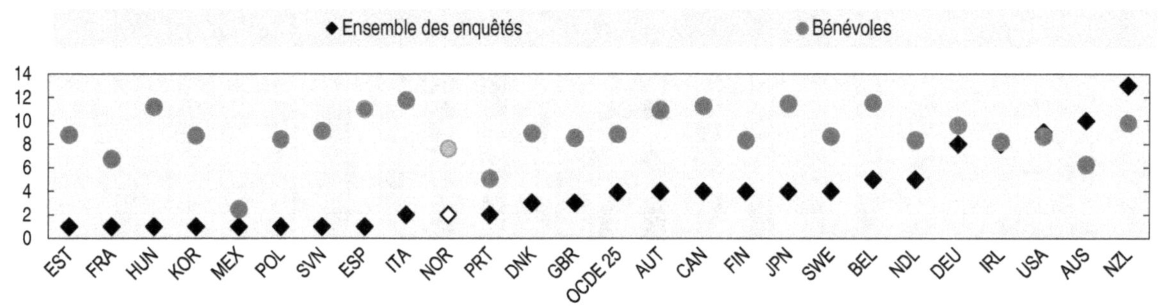

Partie B : Bénévolat informel, 2013 ou dernière année disponible

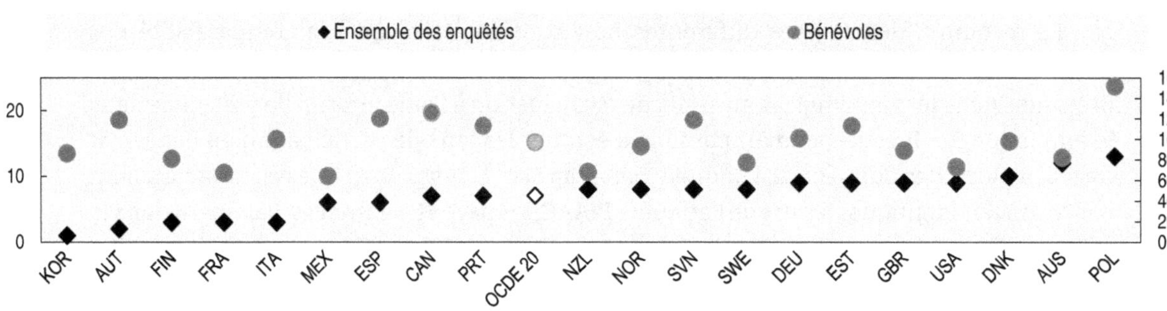

Note : Les pays sont classés par ordre croissant du temps consacré au bénévolat formel (partie A) et informel (partie B) par l'ensemble des enquêtés. Les données datent de : 2013 pour les États-Unis ; 2011 pour le Japon ; 2010 pour le Canada ; 2009-10 pour l'Espagne, l'Estonie, la Finlande, et la Nouvelle-Zélande ; 2009 pour la Corée et le Mexique ; 2008 pour l'Autriche, la France et l'Italie ; 2006 pour l'Australie ; 2005-06 pour les Pays-Bas ; 2005 pour la Belgique, l'Irlande et le Royaume-Uni ; 2003-04 pour la Pologne ; 2001-02 pour l'Allemagne ; 2001 pour le Danemark ; 2000-01 pour la Norvège, la Slovénie et la Suède ; 1999-2000 pour la Hongrie et 1999 pour le Portugal. Les enquêtés ont : entre 20 et 74 ans en Allemagne, Belgique, Norvège, Pologne, Slovénie et Suède ; 15 ans et plus en Australie ; 10 ans et plus en Corée.

Source : Calculs OCDE à partir de l'application web Harmonised European Time Use Survey, *https://www.h5.scb.se/tus/tus/*; de la *Base de données Eurostat sur l'emploi du temps, http://appsso.eurostat.ec.europa.eu/nui/show.do?dataset=tus_00selfstat&lang=en* ; des microdonnées publiques résultant d'enquêtes sur l'emploi du temps ; et de classifications fournies par les bureaux de statistique nationaux.

StatLink http://dx.doi.org/10.1787/888933279013

En matière de bénévolat informel, la population totale des pays de l'OCDE considérés passe en moyenne 7 minutes par jour à aider des membres d'autres ménages. Ce chiffre est faible en Corée (1 minute par jour) et élevé en Pologne (13 minutes par jour) (graphique 5.3, partie B). Le temps que les bénévoles consacrent au bénévolat informel est également très variable selon les pays. Ainsi, ce chiffre s'élève, respectivement, à 67 et 64 minutes pour la France et le Mexique, ce qui est largement inférieur à la moyenne de l'OCDE (plus d'une heure et demie) ; à l'inverse, en Espagne et au Canada, les bénévoles consacrent plus de deux heures par jour aux activités informelles (graphique 5.3, partie B). Ces résultats permettent de penser qu'un nombre réduit de personnes assure la grande majorité du bénévolat formel et informel. Si cela souligne la générosité d'un « noyau civique », cela montre aussi la vulnérabilité du secteur du bénévolat, qui dépend fortement d'un petit groupe d'individus.

Dans les pays de l'OCDE, le bénévolat est principalement effectué dans les services sociaux et sanitaires, et dans l'éducation et la culture (graphique 5.4). La part de ces secteurs dans le bénévolat est toutefois moins importante en Europe du Nord et en Europe continentale (Norvège, Suède, Suisse, Allemagne et France) qu'aux États-Unis et dans plusieurs économies émergentes (Brésil, Inde et Chine). Le secteur du sport et des loisirs attire aussi un nombre non négligeable de bénévoles, notamment dans les pays d'Europe du Nord et d'Europe continentale : en Islande, en Allemagne, en Norvège et en Irlande, un bénévole sur trois travaille dans ce secteur. La part du secteur de la mobilisation sociale (environnement, droits de l'homme, paix, droits de la femme) est importante en Afrique du Sud et dans plusieurs pays d'Europe du Sud (i.e. Grèce et Espagne).

Graphique 5.4. **Répartition des bénévoles par domaine d'activité**

Pourcentage des bénévoles, 2008 ou dernière année disponible

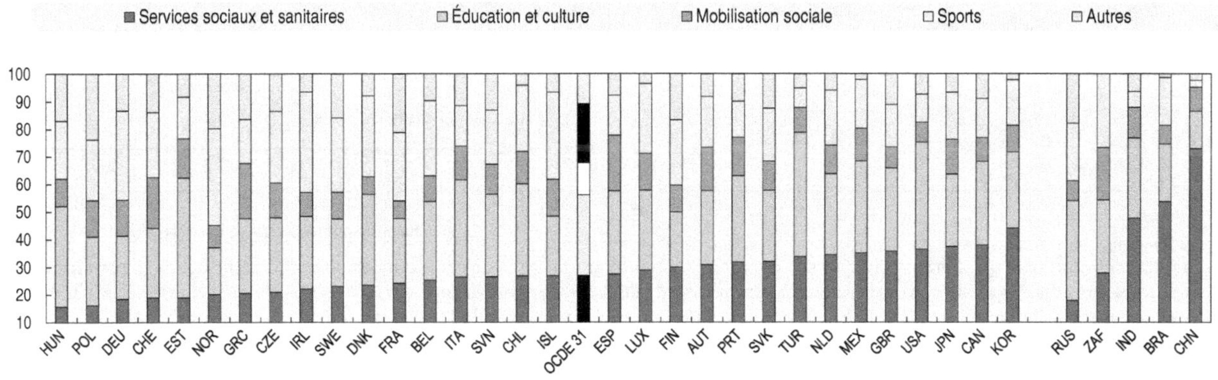

Note : Les données datent de 2000 pour le Canada, le Chili, le Japon et le Mexique ; et de 2001 pour la Chine, la Corée, l'Inde et l'Afrique du Sud. Les données de l'Angleterre et de l'Irlande du Nord sont présentées ensemble (GBR).

Source : Calculs OCDE à partir des données de l'enquête European Values Survey (2011), European Values Study 2008, Integrated Dataset (EVS 2008), Data file version 3.0.0, GESIS Data Archive, *http://dx.doi.org/10.4232/1.11004*, pour les pays européens ; et de World Values Survey Association (2009), World Values Survey, Wave 5 2005-2008, Official Aggregate v.20140429, World Values Survey Association (base de données), *www.worldvaluessurvey.org/wvs.jsp*, pour les pays non européens.

StatLink *http://dx.doi.org/10.1787/888933279028*

Profil sociodémographique des bénévoles

Nombreux sont les facteurs qui sous-tendent la décision de faire du bénévolat. Citons les caractéristiques sociodémographiques habituelles telles que le revenu, l'éducation et la santé (Schlozman, Burns et Verba, 1994 ; Day et Devlin, 1998), mais également les dispositions subjectives, les comportements et les rôles sociaux (Curtis, Baer et Grabb, 2001). La propension à faire du bénévolat varie aussi au cours de la vie (Erlinghagen, 2010 ; Oesterle, Johnson et Mortimer, 2004 ; Tang, 2006). Les tableaux 5.A.1 et 5.A.2 en annexe fournissent un aperçu des caractéristiques sociodémographiques des bénévoles dans les pays de l'OCDE, dans les secteurs formel et informel, respectivement[22]. Les graphiques 5.5 et 5.6 illustrent les taux de participation et la prévalence en ce qui concerne le bénévolat régulier (plus d'une fois par mois) pour différents groupes de population[23].

Graphique 5.5. **Participation et fréquence en matière de bénévolat formel pour certains groupes de population (moyenne des pays de l'OCDE)**

Pourcentage, population d'âge actif, 2012

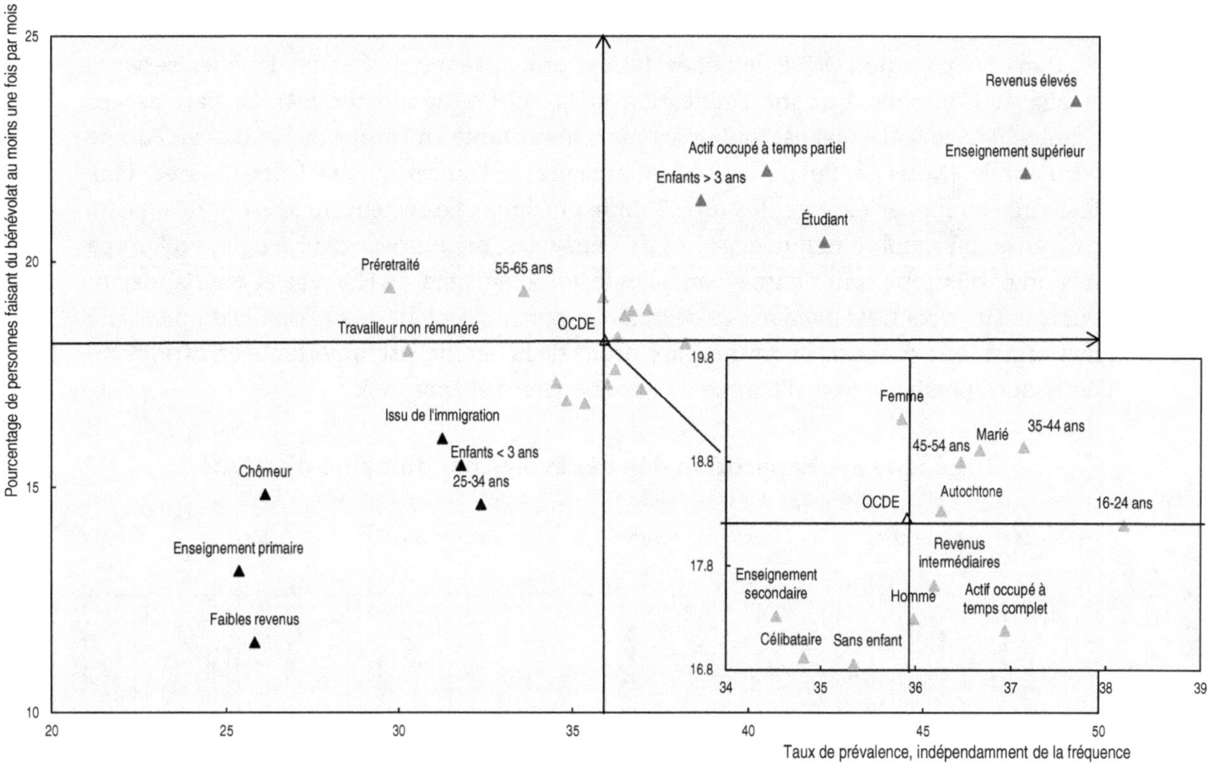

Note : La présentation des différents groupes sociodémographiques sur une grille de coordonnées permet d'identifier ceux pour lesquels la participation et la fréquence sont supérieures à la moyenne de l'OCDE (ces groupes apparaissent en bleu, dans le quart supérieur droit), ceux pour lesquels la participation et la fréquence sont inférieures à la moyenne de l'OCDE (en noir, dans le quart inférieur gauche) et ceux qui se rapprochent de la moyenne de l'OCDE (en gris, près du point d'origine).

Source : Calculs OCDE à partir des données OCDE (2012), Enquête de l'OCDE sur les compétences des adultes (base de données PIAAC), *www.oecd.org/site/piaac/*.

StatLink *http://dx.doi.org/10.1787/888933279032*

En matière de bénévolat formel (graphique 5.5 et tableau 5.A.1 en annexe), l'engagement des hommes et des femmes est assez comparable d'un point de vue quantitatif, mais on observe des différences au niveau du type d'activités : les hommes se tournent beaucoup plus vers les associations sportives, alors que les femmes sont davantage attirées par les services sociaux et sanitaires[24]. L'âge influe aussi bien sur la décision de faire du bénévolat que sur le temps consacré à cette activité. Ce sont les 25-34 ans qui font le moins de bénévolat, suivis des 55-65 ans (34 %). La relation entre l'âge et le bénévolat jusqu'à 65 ans suit donc une courbe en U renversé : à partir du début de l'âge adulte (25-34 ans), la participation au bénévolat augmente ; elle est au maximum entre environ 35 et 55 ans, puis elle fléchit chez les préretraités (Wilson, 2000)[25].

La participation au bénévolat augmente fortement avec le niveau d'instruction (Erlinghagen, 2010 ; Hank et Erlinghagen, 2010 ; Hank et Stuck, 2008). Cela s'explique de plusieurs manières. Tout d'abord, l'éducation fournit les compétences cognitives nécessaires à de nombreuses activités de bénévolat et renforce les valeurs civiques[26]. Ensuite, les personnes ayant un niveau d'instruction élevé ont des réseaux sociaux plus vastes et ont donc plus de chances de connaître des membres d'associations (Bekkers et al., 2007 ; McPherson, Popielarz et Drobnic, 1992). La sollicitation étant une motivation importante pour rejoindre une organisation (Oesterle, Johnson et Mortimer, 2004 ; Prouteau et Wolff, 2008), cela a tendance à stimuler la participation au sein des réseaux de personnes ayant un niveau d'instruction élevé[27]. Le graphique 5.5 (et le tableau 5.A.1 en annexe) confirme que les diplômés universitaires font en moyenne deux fois plus de bénévolat (48 %) que les personnes n'ayant pas dépassé le niveau d'instruction de l'enseignement primaire (24 %).

L'éducation et le revenu étant fortement liés, la participation au bénévolat formel augmente avec le revenu du ménage. Par exemple, si une personne sur quatre parmi les ménages ayant de faibles revenus déclare avoir fait du bénévolat au cours des 12 derniers mois, cette proportion double presque chez les personnes ayant des revenus élevés (tableau 5.A.1 en annexe). Par ailleurs, les travailleurs à temps partiel, et même à temps plein, sont plus nombreux à faire du bénévolat que les inactifs[28]. Des travaux de recherche nationaux montrent cependant que les travailleurs à temps partiel ou à temps plein consacrent en moyenne moins d'heures au bénévolat que les chômeurs ou les inactifs (Vézina et Crompton, 2012).

Les couples (mariés ou non) font plus de bénévolat formel que les célibataires. La présence dans le ménage d'enfants d'âge scolaire (4 à 17 ans) est un autre facteur augmentant la participation au bénévolat formel. En effet, de nombreux parents d'enfants d'âge scolaire prennent part aux activités scolaires et extrascolaires (Gee, 2011)[29], qui constituent pour eux un moyen d'investir dans le capital humain de leurs enfants (Albertini et Radl, 2012). Le graphique 5.5 confirme que les parents d'enfants d'âge scolaire font plus de bénévolat (39 %) que les personnes sans enfants (35 %) et que les parents de jeunes enfants non encore scolarisés (32 %).

Dans une société de plus en plus multiculturelle, le bénévolat peut constituer un outil d'intégration des immigrés et de promotion des valeurs de la citoyenneté inclusive. Les immigrés qui font du bénévolat apportent beaucoup au secteur en ce qu'ils permettent d'enrichir les capacités organisationnelles et linguistiques et de renouveler les points de vue et perspectives de l'organisation. Le graphique 5.5 révèle que les immigrés participent moins que leurs homologues autochtones au bénévolat dans des organisations.

En ce qui concerne le bénévolat informel (graphique 5.6 et tableau 5.A.2. en annexe), les bénévoles sont également, dans l'ensemble : 1) plus instruits que les autres (80 % des diplômés universitaires, contre 56 % des personnes n'ayant pas achevé le deuxième cycle de l'enseignement secondaire) ; 2) plus nombreux à occuper un emploi (73 % des actifs occupés, contre 65 % des chômeurs) ; 3) plus nombreux à faire partie d'un ménage aux revenus élevés (77 % des personnes ayant un revenu élevé, contre 61 % des personnes ayant un revenu faible). La participation au bénévolat informel ne varie pas beaucoup selon les groupes d'âge, puisqu'elle est comprise entre 68 et 73 % jusqu'à 64 ans. La fréquence du bénévolat informel est également comparable entre la plupart des groupes d'âge : environ 20 à 26 % des personnes déclarant avoir fait du bénévolat informel au cours des 12 derniers mois, tous groupes d'âge confondus, en font au moins une fois par semaine. Près d'un sur trois en fait au moins une fois par mois.

Graphique 5.6. **Participation et fréquence en matière de bénévolat informel pour certains groupes de population (moyenne des pays européens)**

Pourcentage, population d'âge actif, 2006

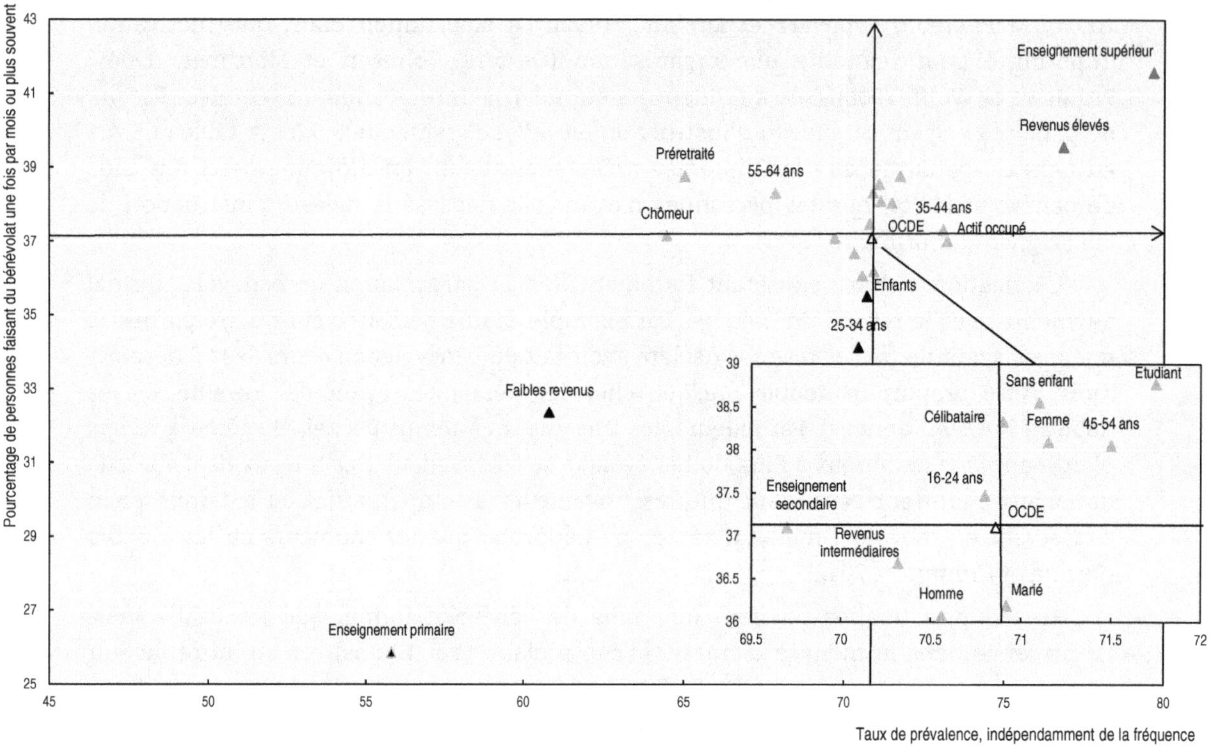

Note : La présentation des différents groupes sociodémographiques sur une grille de coordonnées permet d'identifier ceux pour lesquels la participation et la fréquence sont supérieures à la moyenne de l'OCDE (ces groupes apparaissent en bleu, dans le quart supérieur droit), ceux pour lesquels la participation et la fréquence sont inférieures à la moyenne de l'OCDE (en noir, dans le quart inférieur gauche) et ceux qui se rapprochent de la moyenne de l'OCDE (en gris, près du point d'origine).

Source : Calculs OCDE à partir des données du European Social Survey (2006), European Social Survey Round 3 Data, Data file edition 3.5. (base de données), Norwegian Social Science Data Services, Norvège – Data Archive and distributor of ESS data, *www.europeansocialsurvey.org/*.

StatLink *http://dx.doi.org/10.1787/888933279041*

Globalement, ces résultats laissent entendre que les personnes issues de milieux socio-économiques favorisés sont plus susceptibles de faire du bénévolat, sans doute parce qu'elles ont des réseaux plus étendus et plus de possibilités de le faire, et qu'elles disposent des compétences sociales et cognitives qui s'avèrent précieuses pour les activités bénévoles. A contrario, les personnes défavorisées se trouvent confrontées à de véritables obstacles pour faire du bénévolat (Bekkers, 2005 ; Schlozman, Verba et Brady, 1999) : certains sont d'ordre financier ; d'autres proviennent d'un manque d'information sur le bénévolat et les moyens d'y participer ; d'autres, enfin, sont liés à l'idée fausse de n'avoir rien à proposer. Cela soulève la question de l'existence et de la perpétuation de l'inégalité des chances en matière de bénévolat. Le bénévolat étant effectué par ceux qui ont des ressources importantes, les membres des groupes socio-économiques défavorisés n'en sont que plus marginalisés et privés de possibilités de renforcer leur capital humain et social.

Zoom sur deux groupes de population : les jeunes et les personnes âgées

L'enquête PIAAC porte sur les personnes d'âge actif. Elle laisse ainsi de côté deux groupes de population qui sont considérés depuis longtemps comme des bénéficiaires des services, plutôt que comme des prestataires, à savoir les jeunes et les personnes âgées. Cette omission est d'autant plus importante que le bénévolat peut être exercé à tout âge ou presque, y compris très jeune. Dans ses travaux, Shannon (2009) a étudié le bénévolat chez les enfants de 8 à 12 ans, démontrant que même les plus jeunes participent à de nombreuses activités bénévoles et que le bénévolat procure des bienfaits durables, tangibles ou non (encadré 5.3).

Encadré 5.3. **Effets à vie du bénévolat dans l'enfance**

Les travaux de recherche montrent que le bénévolat dans l'enfance favorise les modes de vie sains, dissuade les jeunes d'adopter des comportements à risque et constitue une ressource importante pour lutter contre certains problèmes que rencontrent les jeunes, comme les grossesses précoces, le décrochage scolaire, la toxicomanie et la violence (Hart et al., 2007 ; Wilson et Musick, 2000). En outre, le bénévolat peut également développer chez les enfants d'importantes compétences et valeurs nécessaires à la vie courante, ce qui revêt une dimension particulière pour les enfants ayant moins de possibilités de développer ces compétences et intérêts, tels que ceux qui vivent dans des zones urbaines à faibles revenus. Le bénévolat contribue au bon développement psychologique des enfants en augmentant l'amour-propre, la confiance en soi, la responsabilité et l'intérêt pour les apprentissages (Lewis, 2002 ; Phalen, 2003).

Le bénévolat dans l'enfance produit des effets qui durent jusqu'à l'âge adulte. D'après les théoriciens du développement, les expériences durant l'enfance et au début de l'adolescence façonnent des valeurs pour la vie et apprennent la détermination (Lewis, 2002). De plus, Hart et al. (2007) ont montré que les personnes qui font du bénévolat dans leur jeunesse sont plus susceptibles d'en faire aussi à l'âge adulte. Ces résultats sont conformes à la « théorie de continuité du vieillissement », selon laquelle les adultes conservent souvent les habitudes qu'ils ont prises durant l'enfance (Wilson, 2012).

L'étude *International Civic and Citizenship Education (ICCS)* de 2009, enquête internationale sur les comportements et valeurs civiques des jeunes âgés en moyenne de 13 ans et 6 mois, renseigne sur le bénévolat parmi les élèves[30]. Les taux de bénévolat par le biais d'une organisation sont en général élevés chez les élèves, bien que l'on observe des écarts marqués entre pays (graphique 5.7)[31]. En Grèce, en Pologne, au Chili et au Mexique, plus de 40 % des élèves âgés de 14 ans environ déclarent avoir fait du bénévolat au moins une fois au cours des 12 derniers mois. À l'opposé, en Corée et en Finlande, 1 étudiant sur 10 seulement déclare avoir fait du bénévolat.

Il convient de faire preuve de prudence dans l'interprétation des taux élevés observés chez les adolescents et des écarts marqués d'un pays à l'autre, les résultats pouvant être influencés par l'obligation, dans certains systèmes scolaires nationaux, d'effectuer un service civil en vue de l'obtention d'un diplôme de l'enseignement secondaire. Dans les pays de l'OCDE, la plupart des élèves participent à la collecte de fonds et à la mobilisation des jeunes. En Grèce, en Pologne et dans la Fédération de Russie, il est également assez commun pour les jeunes d'être bénévoles dans des organisations de protection de l'environnement. Les secteurs de l'humanitaire et de la culture n'attirent, en revanche, que peu de jeunes bénévoles.

En vieillissant, les individus trouvent souvent dans le bénévolat un moyen de remplacer les rôles sociaux qu'ils ont perdus, tels que le travail et la parentalité active. Le bénévolat chez les personnes âgées peut avoir un impact social positif aussi bien sur la société que

Graphique 5.7. **Taux de participation au bénévolat formel chez les étudiants**

Pourcentage d'élèves déclarant avoir fait du bénévolat formel au cours des 12 derniers mois, dans leur 8e année d'études, âgés de 14 ans environ, 2009

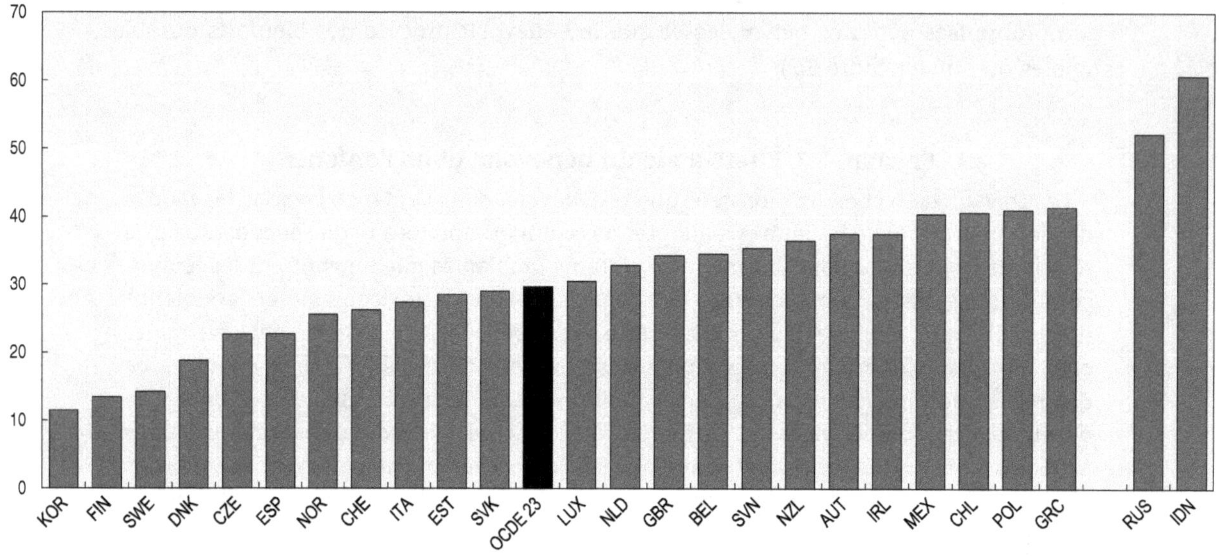

Note : Le graphique représente le pourcentage d'élèves déclarant avoir fait du bénévolat au moins une fois au cours des 12 derniers mois dans au moins un des secteurs suivants : organisations de jeunes ; organisations de protection de l'environnement; organisations de défense des droits de l'homme ; organisations de collecte de fonds ; organisations culturelles ; et mobilisation des jeunes. Pour la Belgique, les données concernent la Flandre ; pour le Royaume-Uni, les données concernent l'Angleterre.

Source : Calculs OCDE à partir des données de l'étude International Civic and Citizenship Education (ICCS) réalisée par l'Association internationale pour l'évaluation du rendement scolaire (2009), (base de données), *www.iea.nl/iccs_2009.html*.

StatLink *http://dx.doi.org/10.1787/888933279057*

sur les bénévoles : il peut réduire l'isolement, renforcer les liens sociaux, améliorer l'amour-propre des bénévoles, faire évoluer les stéréotypes et promouvoir la conscience sociale et politique (Haski-Leventhal, 2009). Les travaux de Van Willigen (2000) démontrent que les bienfaits psychologiques du bénévolat augmentent avec l'âge, les bénévoles âgés tirant plus de bienfaits psychologiques de chaque heure consacrée à ces activités.

Les résultats de l'enquête *Health, Ageing and Retirement in Europe* (SHARE) montrent que, dans les pays européens de l'OCDE pris en compte, 16 % des personnes de 50 ans et plus ont fait du bénévolat dans une organisation au moins une fois au cours des 12 mois qui ont précédé l'enquête. Les Pays-Bas (38 %) et le Danemark (29 %) enregistrent les plus fortes proportions d'adultes de 50 ans et plus bénévoles, suivis de la France et de la Suisse (26 et 28 %), puis du Luxembourg, de la Belgique et de l'Allemagne (21-22 %). Les proportions de personnes âgées bénévoles en Italie (12 %), au Portugal et en Espagne (5-6 %) sont largement inférieures à la moyenne de l'Europe continentale. Les proportions d'adultes de plus de 50 ans bénévoles sont également faibles en Europe de l'Est (graphique 5.8). Les taux de bénévolat chez les personnes âgées demeurent à peu près stables jusqu'à l'âge de 64 ans (21 % en moyenne dans les pays de l'OCDE), puis chutent (jusqu'à 12 %) à partir de 65 ans, probablement du fait de limitations fonctionnelles.

Parmi les personnes de 50 ans et plus déclarant avoir fait du bénévolat formel durant l'année écoulée, pratiquement une sur cinq (17 %) en a fait presque tous les jours, deux sur cinq (45 %) presque toutes les semaines et un peu plus d'une sur quatre presque tous les mois (graphique 5.8). Bien que notables, les écarts entre pays sont assez peu systématiques et ne sont pas en rapport avec le niveau global de participation.

Graphique 5.8. **Taux de participation au bénévolat formel chez les personnes de 50 ans et plus dans les pays européens**

Pourcentage des personnes de 50 ans et plus déclarant avoir fait du bénévolat formel au cours des 12 derniers mois, 2015 ou dernière année disponible

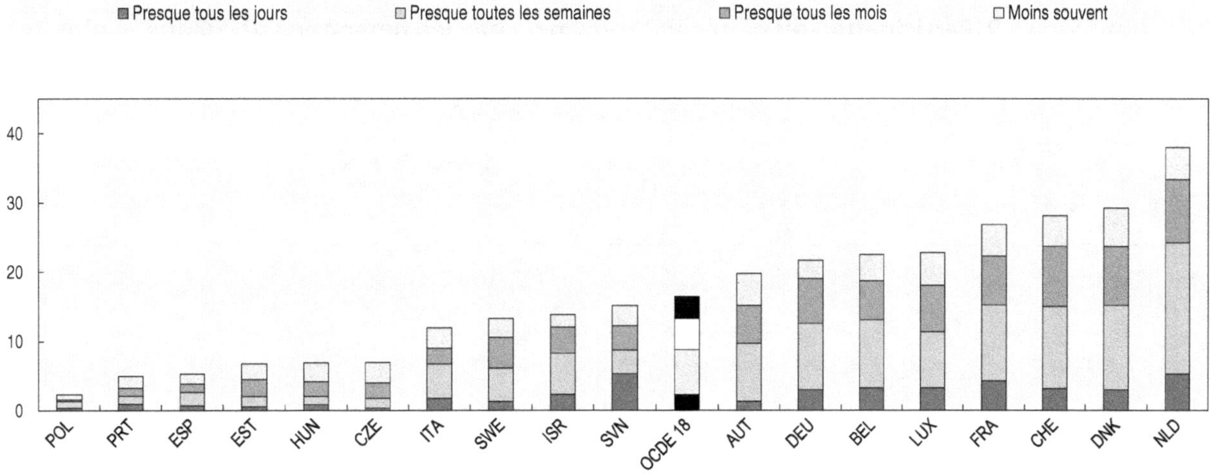

Note : Les données concernant la Hongrie, la Pologne et le Portugal datent de 2011.

Source : Calculs OCDE à partir des données de l'enquête Health, Ageing and Retirement in Europe (SHARE) (2015), Survey of Health, Ageing and Retirement in Europe, Wave 5, Release 1.0.0 (base de données), *http://dx.doi.org/10.6103/SHARE.w5.100*; et de l'enquête SHARE (2013), Survey of Health, Ageing and Retirement in Europe, Wave 4, Release 1.1.1 (base de données), *http://dx.doi.org/10.6103/SHARE.w4.111*.

StatLink http://dx.doi.org/10.1787/888933279063

En matière de bénévolat informel, un enquêté sur quatre a aidé des membres de sa famille, des amis ou des voisins (graphique 5.9). Les différences entre pays sont semblables à celles observées pour le bénévolat formel : les niveaux de participation sont élevés au Danemark (48 %), en Suède, en Belgique, aux Pays-Bas et en République tchèque (34-40 %). Puis viennent la France, la Suisse et l'Autriche (26-29 %). La participation au bénévolat informel est bien plus faible en Espagne, en Hongrie et en Pologne (15-18 %), ainsi qu'en Israël et au Portugal (10-11 %). En moyenne, dans les pays de l'OCDE pris en compte, c'est dans le groupe des moins de 65 ans que le taux de participation au bénévolat informel est le plus élevé (37 %) ; ensuite, il atteint 28 % chez les 65-74 ans puis chute à 13.5 % chez les plus âgés.

La moitié des personnes apportant une aide informelle le font au moins une fois par semaine. Notons l'existence d'une relation inverse entre la prévalence globale et la fréquence de l'aide. Ainsi, en Slovénie, la proportion d'aidants âgés est faible mais la moitié d'entre eux environ le font presque au quotidien (plus les 25% qui aident presque toutes les semaines). À l'inverse, au Danemark et en Suède, le taux de prévalence de l'aide informelle est bien plus élevé que dans les pays d'Europe du Sud, mais plus des deux tiers des aidants ne s'engagent pas de manière régulière.

Le bénévolat varie au cours de la vie, non seulement en termes de participation, de fréquence et de type d'activité et d'organisation, mais aussi en termes de motifs de l'engagement. S'il existe peu de données comparatives sur les raisons qui poussent les jeunes et les adultes à faire du bénévolat, les données provenant du 2e cycle de l'enquête SHARE (qui concernent une sélection de pays européens légèrement différente et plus réduite) indiquent que les principales raisons qui incitent les personnes âgées à faire du bénévolat sont la volonté de faire de nouvelles rencontres et de se rendre utiles (graphique 5.10).

En Israël et en Europe du Sud, la principale motivation des personnes âgées semble être liée au fait de se rendre utiles ; en Europe continentale et en Europe du Nord, les personnes de 50 ans et plus font du bénévolat essentiellement pour établir de nouve aux liens sociaux.

Graphique 5.9. **Participation au bénévolat informel chez les personnes de 50 ans et plus dans les pays européens**

Pourcentage des personnes de 50 ans et plus déclarant avoir fait du bénévolat informel au cours des 12 derniers mois, 2015 ou dernière année disponible

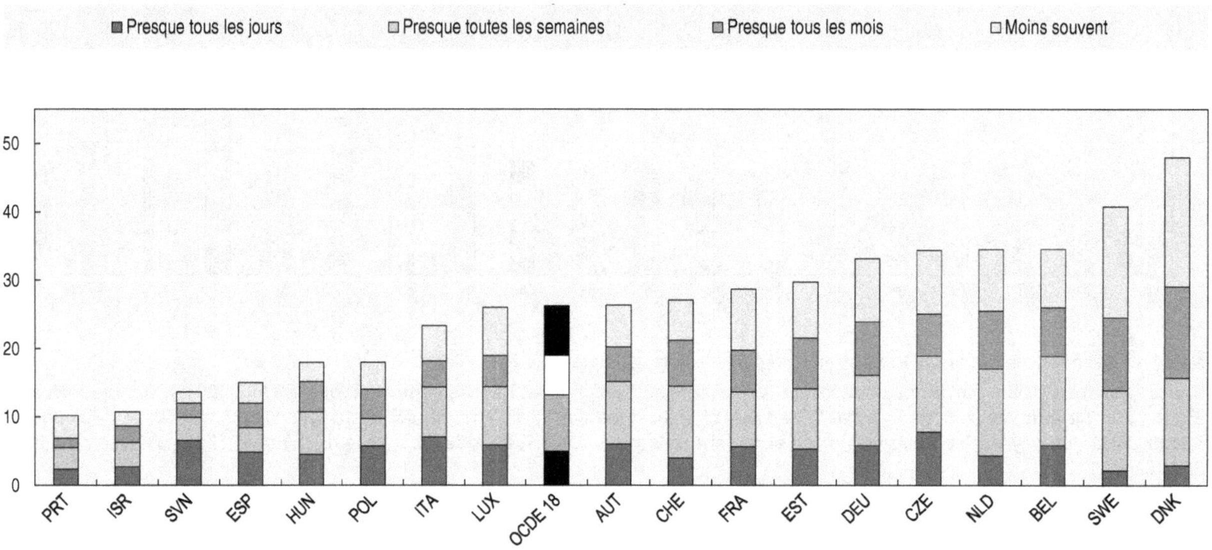

Note : Les données concernant la Hongrie, la Pologne et le Portugal datent de 2011.

Source : Calculs OCDE à partir des données de l'enquête Health, Ageing and Retirement in Europe (SHARE) (2015), Survey of Health, Ageing and Retirement in Europe, Wave 5, Release 1.0.0 (base de données), *http://dx.doi.org/10.6103/SHARE.w5.100*; et de l'enquête SHARE (2013), Survey of Health, Ageing and Retirement in Europe, Wave 4, Release 1.1.1 (base de données), *http://dx.doi.org/10.6103/SHARE.w4.111*.

StatLink *http://dx.doi.org/10.1787/888933279072*

Graphique 5.10. **Aspirations des bénévoles âgés de 50 ans et plus dans les pays européens**

Pourcentage des bénévoles, 2008

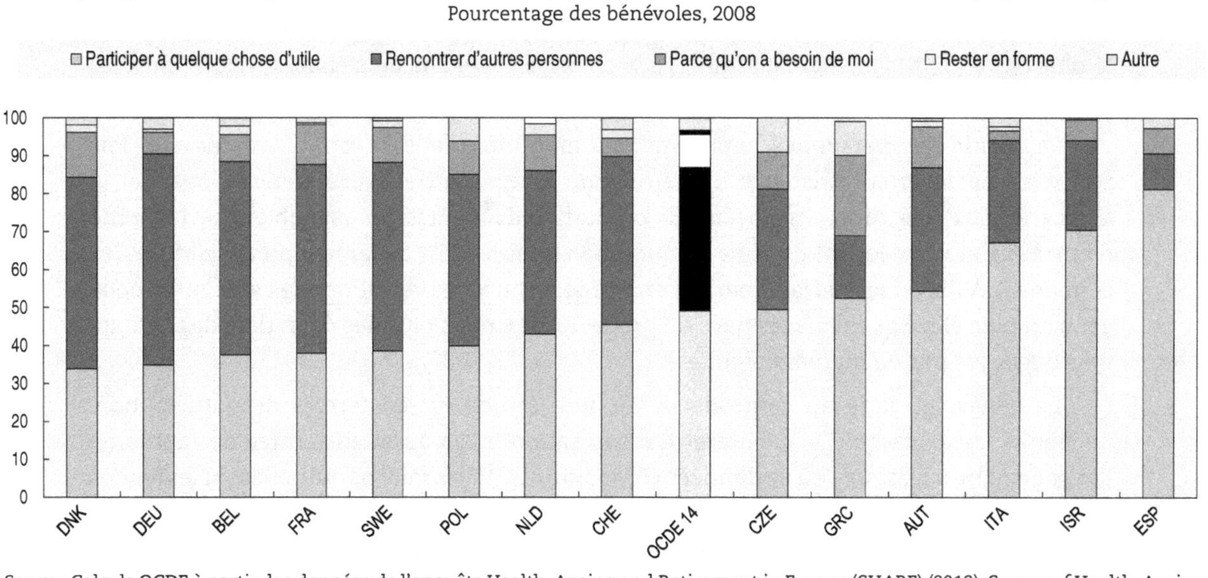

Source : Calculs OCDE à partir des données de l'enquête Health, Ageing and Retirement in Europe (SHARE) (2013), Survey of Health, Ageing and Retirement in Europe, Wave 2, Release 2.6.0 (base de données), *http://dx.doi.org/10.6103/SHARE.w2.260*.

StatLink *http://dx.doi.org/10.1787/888933279088*

Évaluer les bienfaits du bénévolat en termes de bien-être

Valeur économique du bénévolat

Lorsque des bénévoles donnent de leur temps pour repeindre un bâtiment, conduire un voisin âgé à l'hôpital ou proposer de la nourriture à des sans-abri, quelle est la valeur de ce qu'ils produisent ? Deux méthodes ont été proposées pour calculer la valeur économique de la production non marchande (encadré 5.4) : la *méthode basée sur les sorties* et la *méthode basée sur les entrées* (O'Neill, 2001 ; Prouteau, 2006 ; Prouteau et Wolff, 2004 ; Sajardo et Serra, 2011). La méthode basée sur les sorties étant la plus similaire à l'approche utilisée dans les comptes nationaux, elle permet d'effectuer des comparaisons directes avec la production marchande (Abraham et Mackie, 2005), mais cela nécessite d'identifier les biens et services comparables produits sur le marché. Du fait de ces contraintes, on lui préfère la méthode basée sur les entrées dans la plupart des applications concrètes (Ahmad et Koh, 2011 ; Salamon, Sokolowski et Haddock, 2011, par exemple), et c'est également le cas ici.

Encadré 5.4. **Estimer la valeur économique du bénévolat**

Il existe deux manières d'estimer la valeur économique du bénévolat. La *méthode basée sur les sorties* évalue les biens ou services produits par le bénévolat. Si elle est plus proche, sur le plan conceptuel, des conventions utilisées pour les comptes nationaux, sa mise en œuvre se heurte à d'importants obstacles (Prouteau, 2002) : tout d'abord, elle nécessite d'identifier clairement et totalement le produit du travail bénévole, ce qui n'est pas toujours possible ; ensuite, il existe rarement sur le marché un substitut proche au produit du bénévolat[1].

La *méthode basée sur les entrées* attribue une valeur monétaire aux ressources servant à la production des biens et services par les bénévoles. Dans la plupart des cas, concrètement, les ressources prises en compte se limitent au travail fourni par les bénévoles. Cette approche basée sur les ressources peut être mise en œuvre de deux façons :

- La méthode du *coût d'opportunité* quantifie le revenu salarial auquel le bénévole renonce lorsqu'il s'adonne à son activité non rémunérée. Cette approche est discutable. En effet, elle ne tient pas compte du fait que de nombreux bénévoles n'ont pas d'activité professionnelle rémunérée, soit parce qu'ils ne font plus partie de la population active (retraités, par exemple), soit parce qu'ils n'en ont jamais fait partie (jeunes ou travailleurs domestiques non rémunérés). De plus, la valeur que chaque bénévole attribue à son temps libre est subjective et difficilement comparable entre individus.
- La méthode du *coût de remplacement* estime ce qui aurait dû être payé au bénévole si les services fournis avaient été produits par des salariés. Pour la mise en œuvre de cette approche, les meilleures pratiques (*approche du salaire du spécialiste*) recommandent de classer les tâches effectuées par les bénévoles dans des catégories précises (services juridiques, par exemple), puis de calculer leur coût si elles devaient être réalisées par des spécialistes rémunérés (juristes, par exemple). Cette façon de procéder exige cependant de disposer d'énormément de données, puisqu'elle nécessite des informations détaillées sur la nature de la tâche effectuée par les bénévoles, ainsi qu'un ajustement pour toute différence de productivité entre les spécialistes rémunérés et les bénévoles. La façon la plus simple d'appliquer la méthode du coût de remplacement est l'*approche du salaire du généraliste*[2]. Bien que la méthode du coût de remplacement soit la plus utilisée et qu'elle soit recommandée par l'OIT, elle présente également des inconvénients, le principal étant que les tâches effectuées par les bénévoles ne sont guère comparables à celles effectuées par des salariés.

1. C'est le cas pour la plupart des produits du travail bénévole, notamment dans les situations de solvabilité faible ou nulle du côté de la demande ou lorsque des produits de nature publique sont confrontés à des problèmes d'opportunisme.
2. Les rares études internationales sur cette question ont retenu différentes possibilités pour le salaire de référence : le salaire moyen en vigueur dans le domaine des services sociaux (Nations Unies, 2003) ; le salaire moyen non agricole (Anheier et Salamon, 2001) ; les salaires offerts par les institutions sans but lucratif du même secteur d'activité (Mertens et Lefevre, 2004).

Source : Abraham, K.G. et C. Mackie (dir. pub.) (2005), *Beyond the Market: Designing Nonmarket Accounts for the United States*, Washington, DC: National Academies Press.

Afin d'estimer la valeur économique du bénévolat dans les pays de l'OCDE, le tableau 5.4 présente les résultats de calculs effectués à partir des données sur le nombre d'heures consacrées au bénévolat (formel et informel) provenant des enquêtes sur l'emploi du temps, des données sur le salaire horaire moyen de chaque pays provenant des Statistiques de l'OCDE sur l'emploi et le marché du travail, et des données sur le PIB provenant des Statistiques de l'OCDE sur les comptes nationaux. C'est la méthode du coût de remplacement qui a été utilisée pour attribuer une valeur monétaire aux heures consacrées au bénévolat. Aucune information n'étant disponible quant au coût de la main d'œuvre spécialisée dans certaines activités bénévoles, les chiffres du tableau 5.4 reposent sur le coût horaire moyen de la main d'œuvre dans chaque pays. Les salaires horaires sont convertis en équivalents temps plein annuels (semaine de travail de 40 heures ; 52 semaines par an, congés payés inclus). Afin

Tableau 5.4. **Estimations de la valeur économique du bénévolat dans l'OCDE**

2013 ou dernière année disponible

	Estimations de la valeur économique du bénévolat	
	Montant (valeur 2013, milliards USD, PPA)	% du PIB national (valeur 2013, USD, PPA)
Australie	49.4	4.7
Autriche	4.5	1.2
Belgique	5.1	1.1
Canada	36.3	2.4
Danemark	6.7	2.7
Estonie	0.5	1.4
Finlande	2.9	1.3
France	19.2	0.8
Allemagne	117.6	3.3
Hongrie	0.5	0.2
Irlande	3.5	1.7
Italie	19.6	0.9
Japon	33.2	0.7
Corée	7.8	0.5
Mexique	19.7	1.0
Pays-Bas	7.7	1.0
Nouvelle-Zélande	6.4	4.1
Norvège	5.9	1.8
Pologne	25.3	2.8
Portugal	4.3	1.5
Slovénie	1.2	2.0
Espagne	22.1	1.4
Suède	11.3	2.6
Royaume-Uni	60.2	2.5
États-Unis	621.7	3.7
OCDE 25	**1 093**	**1.9**

Note : Les données sur l'emploi du temps datent de : 2013 pour les États-Unis ; 2011 pour le Japon ; 2010 pour le Canada ; 2009-10 pour l'Espagne, l'Estonie, la Finlande et la Nouvelle-Zélande ; 2009 pour la Corée et le Mexique ; 2008 pour l'Autriche, la France et l'Italie ; 2006 pour l'Australie ; 2005-06 pour les Pays-Bas ; 2005 pour la Belgique, l'Irlande et le Royaume-Uni ; 2003-04 pour la Pologne ; 2001-02 pour l'Allemagne ; 2001 pour le Danemark ; 2000-01 pour la Norvège, la Slovénie et la Suède ; 1999-2000 pour la Hongrie et 1999 pour le Portugal. Information sur le nombre d'heures de bénévolat informel n'est pas disponible pour la Belgique, l'irlande, le Japon, la Hongrie et les Pays-Bas.

Source : Calculs OCDE à partir de l'application web Harmonised European Time Use Survey, *https://www.h5.scb.se/tus/tus/* ; de la base de données *Eurostat sur l'emploi du temps*, *http://appsso.eurostat.ec.europa.eu/nui/show.do?dataset=tus_00selfstat&lang=en* ; des microdonnées publiques résultant d'enquêtes sur l'emploi du temps ; de classifications fournies par les bureaux de statistique nationaux ; de OCDE (2015a), « Agrégats des comptes nationaux, SCN 2008 : Produit intérieur brut », *Statistiques de l'OCDE sur les comptes nationaux* (base de données), *http://dx.doi.org/10.1787/data-00001-fr* ; et de OCDE (2015b), « Annual full time earnings and annual labour costs in equivalent USD, 25-64 year-old population », *Statistiques de l'OCDE sur l'emploi et le marché du travail* (base de données), *http://dx.doi.org/10.1787/eag-2010-table88-en*.

StatLink http://dx.doi.org/10.1787/888933279211

de permettre des comparaisons internationales, les valeurs nominales sont converties en dollars de 2013 à l'aide des parités de pouvoir d'achat de la consommation privée[32].

Le tableau 5.4 présente des estimations approximatives de la valeur économique du bénévolat en dollars réels (2e colonne) et en proportion des PIB nationaux (3e colonne). En dépit d'une importante marge d'incertitude due au manque de données et à la méthodologie utilisée, ces estimations laissent entendre que le bénévolat constitue une force économique considérable, représentant 1 000 milliards USD dans l'ensemble des pays de l'OCDE et une part substantielle du PIB (1.9 %). La valeur économique du bénévolat est particulièrement élevée en Allemagne, en Australie, aux États-Unis et en Nouvelle-Zélande (3 % du PIB, au minimum).

Lorsque nous donnons, que recevons-nous ?

Les bienfaits du bénévolat sont observables non seulement sur les personnes qui en bénéficient, mais aussi sur les bénévoles eux-mêmes : rencontres, nouveaux amis, nouvelles expériences de vie, amélioration de la confiance en soi, bonne humeur et acquisition de nouvelles compétences par exemple. Conformément aux travaux de l'OCDE sur le bien-être, ces bienfaits sont classés ici en trois catégories : 1) santé ; 2) compétences et revenu ; 3) bien-être subjectif.

Santé

Les travaux de recherche ont montré une relation positive entre le bénévolat et l'état de santé. En effet, les bénévoles ont plus de chances que les autres d'être en bonne santé physique et mentale et de présenter des taux de mortalité plus faibles (encadré 5.5).

La plupart des bienfaits du bénévolat sur la santé s'observent chez les personnes âgées[33]. L'enquête SHARE procure une mine de renseignements sur la vie et le bien-être des personnes âgées et se prête parfaitement à l'évaluation de la relation entre le bénévolat et la santé. Le tableau 5.5 révèle des différences significatives en ce qui concerne plusieurs indicateurs de santé entre les personnes âgées faisant du bénévolat et celles qui n'en font pas, dans les pays pris en compte par l'enquête.

Ce tableau met en évidence une forte corrélation entre santé et bénévolat, mais rien ne permet d'en déduire un lien de causalité. En général, les personnes âgées qui font du bénévolat formel sont plus susceptibles que celles qui n'en font pas de se trouver en bonne santé. La relation entre l'aide informelle et la santé est un peu moins évidente, notamment en ce qui concerne la dépression. Les résultats sont toutefois très variables

Encadré 5.5. **Relation entre bénévolat et état de santé**

En aidant les autres, les bénévoles tissent de solides réseaux qui permettent de réguler le stress et de réduire le risque de maladie. Les bienfaits du bénévolat sur la santé sont particulièrement évidents à un âge avancé, lorsque les problèmes de santé physique risquent d'apparaître et que les autres formes d'intégration sociale, telles que le travail et le couple, ont disparu.

De nombreuses études (détaillées dans les travaux de Wilson et Musick (2000)) suggèrent que le bénévolat est bénéfique pour la santé physique, en ce qu'il réduit la morbidité et augmente l'espérance de vie. Plusieurs études épidémiologiques s'appuyant sur des données longitudinales se sont penchées sur le lien de causalité entre le bénévolat et l'état de santé. La plupart ont conclu que le bénévolat est bon pour la santé, et non que les personnes en bonne santé sont plus susceptibles de faire du bénévolat. Toutefois, d'autres travaux de recherche seront nécessaires pour comprendre l'importance des variables ou mécanismes expliquant les bienfaits du bénévolat sur la santé.

d'un pays à l'autre. Dans les pays affichant des taux élevés de participation au bénévolat informel (Danemark et Suède, par exemple), l'aide informelle est généralement associée à des niveaux inférieurs de dépression, alors que c'est l'inverse dans les pays affichant de faibles taux de participation au bénévolat informel (Portugal, par exemple). Dans les pays enregistrant de faibles taux de bénévolat, l'aide informelle est souvent destinée aux proches et associée à de plus lourdes responsabilités sociales et à une faible reconnaissance sociale. Les aidants informels risquent donc davantage de se lasser et de s'épuiser, ce qui peut annuler l'effet positif du bénévolat sur la dépression (Li et Ferraro, 2005).

Tableau 5.5. **Résultats en matière de santé des personnes de 50 ans et plus dans les pays européens, en fonction de leur participation au bénévolat**

Pourcentage, 2015 ou dernière année disponible

	État de santé autodéclaré			Dépression (échelle Euro-D)			Chances de vivre plus vieux		
	Bon/très bon			Faible/pas de dépression			Chances supérieures à 50 %		
	Pas de bénévolat	Bénévolat formel	Bénévolat informel	Pas de bénévolat	Bénévolat formel	Bénévolat informel	Pas de bénévolat	Bénévolat formel	Bénévolat informel
Autriche	64.5	79.7	75.0	79.1	83.5	80.6	62.1	78.6	71.4
Belgique	68.7	80.6	78.4	71.3	76.1	69.5	51.3	66.2	62.7
République tchèque	54.1	72.4	58.9	70.1	75.3	71.3	34.6	46.2	44.0
Danemark	70.5	84.6	79.8	79.1	86.6	83.1	65.4	79.7	73.7
Estonie	26.1	52.6	37.4	59.4	78.9	65.3	46.6	64.5	57.8
France	57.1	78.5	73.0	63.1	70.2	61.6	48.1	62.3	59.8
Allemagne	51.4	72.1	66.4	73.6	81.5	74.5	51.8	63.6	62.7
Hongrie	33.6	47.3	37.8	56.6	71.5	57.7	27.5	49.1	34.2
Israël	64.1	77.5	69.2	79.7	83.1	77.2	51.0	78.6	66.2
Italie	54.9	72.0	64.9	63.6	68.5	60.0	58.0	73.5	72.1
Luxembourg	61.2	82.3	71.5	71.0	77.7	71.3	58.8	71.5	67.5
Pays-Bas	61.4	81.0	71.5	78.5	85.7	78.7	59.9	72.4	72.3
Pologne	38.9	36.3	58.4	58.1	33.3	55.5	54.4	35.2	42.7
Portugal	36.9	48.6	44.3	61.3	68.9	41.6	53.8	56.9	56.3
Slovénie	57.7	77.3	71.6	73.2	81.4	77.0	54.9	67.2	63.3
Espagne	54.0	70.9	62.5	66.4	73.5	66.6	57.4	75.1	63.8
Suède	72.6	79.9	80.5	79.0	85.5	80.5	53.5	66.6	70.4
Suisse	79.6	90.5	86.1	81.4	84.7	84.2	63.9	69.9	69.9
OCDE 18	**55.9**	**71.3**	**65.9**	**70.3**	**75.9**	**69.8**	**53.0**	**65.4**	**61.7**

Note : Les données concernant la Hongrie, la Pologne et le Portugal datent de 2011.

Source : Calculs OCDE à partir des données de l'enquête Health, Ageing and Retirement in Europe (SHARE) (2015), Survey of Health, Ageing and Retirement in Europe, Wave 5, Release 1.0.0 (base de données), *http://dx.doi.org/10.6103/SHARE.w5.100*; et de l'enquête SHARE (2013), Survey of Health, Ageing and Retirement in Europe, Wave 4, Release 1.1.1 (base de données), *http://dx.doi.org/10.6103/SHARE.w4.111*.

StatLink http://dx.doi.org/10.1787/888933279225

Compétences et revenu

Le bénévolat a également des effets positifs sur l'emploi (encadré 5.6), que ce soit au début ou au milieu de la vie active (Strauß, 2008), ou encore en fin de carrière (Lancee et Radl, 2012). Certains auteurs laissent entendre que l'effet du bénévolat est limité car les compétences qu'il apporte aux bénévoles sont difficilement transposables dans des emplois rémunérés (Vegeris et al., 2010). Toutefois, les bénévoles déclarent généralement que le bénévolat améliore aussi bien leurs compétences techniques, telles que les compétences en informatique, en langues, en gestion d'entreprise et en relations avec la clientèle, que leurs compétences non techniques, telles que la communication, le travail en équipe, le respect des délais et la discipline (Hirst, 2001 ; Corden et Sainsbury, 2005 ; Newton, Oakley et

Pollard, 2011 ; Nichols et Ralston, 2011)[34]. De même, les cadres estiment que le bénévolat peut renforcer les compétences professionnelles (Volunteering England, 2010)[35].

Les résultats de l'enquête PIAAC démontrent que, dans la grande majorité des pays de l'OCDE, les bénévoles sont plus compétents que les autres en termes de littératie, numératie et résolution de problèmes et perçoivent des salaires supérieurs (tableau 5.6). Il convient cependant de faire preuve de prudence dans l'interprétation de ces résultats. Tout d'abord, la corrélation entre le bénévolat et les compétences professionnelles ainsi que les salaires peut être trompeuse et s'expliquer par l'omission de certaines variables (l'âge, par exemple). Ensuite, la corrélation présentée dans le tableau 5.6 ne renseigne pas quant à l'éventuel lien de causalité entre les variables en présence. Cependant, l'analyse économétrique, qui tient compte de certaines caractéristiques individuelles, des biais dans la sélection des échantillons et des liens de causalité, suggère que le bénévolat favorise l'acquisition de compétences professionnelles et procure un avantage salarial (voir encadré 5.6 et annexe 5.B).

Tableau 5.6. **Degrés d'aptitude des adultes et salaires horaires, en fonction de leur participation au bénévolat et des pays**

Valeurs moyennes, population d'âge actif, 2012

	Aptitude en littératie		Aptitude en numératie		Aptitude en résolution de problèmes		Salaires horaires[1]	
	Pas de bénévolat	Bénévolat	Pas de bénévolat	Bénévolat	Pas de bénévolat	Bénévolat	Pas de bénévolat	Bénévolat
Australie	272	293	259	281	284	295	18.3	19.8
Autriche	266	276	270	285	282	287	18.6	20.0
Belgique	269	288	273	295	277	288	21.6	23.5
Canada	262	285	254	277	273	291	18.9	21.1
République tchèque	272	283	273	287	280	294	8.8	9.9
Danemark	264	279	271	287	280	287	23.3	24.4
Estonie	272	287	269	284	274	286	14.5	17.1
Finlande	282	295	276	291	288	291	9.4	10.2
France	257	277	247	275			18.6	20.2
Allemagne	263	283	263	288	278	290	18.1	20.1
Irlande	261	275	249	266	274	280	20.4	23.4
Italie	248	260	244	260			15.8	17.4
Japon	295	298	285	294	295	293	15.6	17.1
Corée	270	280	260	272	282	284	17.1	20.4
Pays-Bas	279	291	275	289	284	290	20.8	22.7
Norvège	269	286	267	287	281	290	23.0	25.3
Pologne	264	280	257	273	272	284	8.8	11.1
Slovaquie	272	281	273	285	280	285	8.6	9.9
Espagne	248	267	243	261		.	16.3	19.3
Suède	273	291	271	293	284	295	18.4	19.3
Royaume-Uni	265	288	254	280	275	291	15.1	16.8
États-Unis	256	281	236	266	267	284	19.5	23.1
OCDE 22[2]	**267**	**283**	**262**	**281**	**279**	**289**	**16.8**	**18.7**
Fédération de Russie	273	285	268	277	275	282	5.0	5.3

Note : Pour la Belgique, les données concernent la Flandre ; les données de l'Angleterre et de l'Irlande du Nord sont présentées ensemble (Royaume-Uni). Les données de la Fédération de Russie excluent la ville de Moscou.

1. Les salaires horaires tiennent compte des primes et sont exprimés en USD corrigés des PPA. L'échantillon est limité aux salariés en âge de travailler. L'échelle des salaires a été rognée afin d'éliminer les 1er et 99e centiles.
2. Sauf pour l'aptitude en résolution de problèmes, qui correspond à OCDE 19.

Source : Calculs OCDE à partir des données tirées de OCDE (2012), *Enquête de l'OCDE sur les compétences des adultes* (base de données PIAAC), *www.oecd.org/site/piaac/*.

StatLink http://dx.doi.org/10.1787/888933279232

Encadré 5.6. **Relation entre le bénévolat, le revenu et les compétences**

Plusieurs études parviennent à la conclusion selon laquelle le bénévolat contribue à « l'employabilité individuelle » en renforçant les savoirs, les compétences, les attitudes professionnelles, la confiance en soi, l'amour-propre, la santé mentale et physique et le bien-être (Corden et Sainsbury, 2005 ; Hirst, 2001 ; Newton et al., 2011 ; Nichols et Ralston, 2011). Toutefois, il est moins aisé de démontrer dans quelle mesure ces avantages en termes d'employabilité se traduisent par de meilleurs salaires (Kamerāde et Ellis Paine, 2014 ; Ellis Paine, McKay et Moro, 2013). En outre, les mécanismes expliquant les bienfaits du bénévolat en matière d'emploi sont encore flous et peuvent varier selon les pays et les caractéristiques des travailleurs.

S'il est clairement établi que le niveau d'instruction influe sur la décision de faire du bénévolat, ce n'est pas le cas en ce qui concerne les effets du bénévolat sur le niveau de compétences acquis par la population adulte, essentiellement du fait du manque de données. À cet égard, l'analyse présentée dans le tableau 5.B.1 en annexe constitue une première tentative d'explication de la relation entre bénévolat et compétences professionnelles. Certaines variables ont été incluses afin de tenir compte des corrélations trompeuses, et la question de la causalité a été traitée selon un modèle de régression par les doubles moindres carrés faisant du niveau de confiance en autrui une variable instrumentale. En tenant compte de la causalité inversée et des biais de sélection, les estimations à partir de l'enquête PIAAC laissent entendre que le bénévolat améliore les compétences professionnelles.

En ce qui concerne l'effet du bénévolat sur les salaires, rien n'est vraiment prouvé, essentiellement par manque de données permettant d'analyser convenablement cette relation. La plupart des études concluent toutefois que le bénévolat fait augmenter les salaires de 7 à 19 %. La dernière colonne du tableau 5.B.1 (en annexe) présente les résultats d'une analyse destinée à évaluer le véritable effet du bénévolat sur le revenu. Pour ce faire, deux approches méthodologiques ont été utilisées : premièrement, une technique de variables instrumentales afin de corriger le biais d'endogénéité dans l'estimation des effets du bénévolat (semblable à celle utilisée dans le cas d'un avantage en termes de compétences) ; deuxièmement, une technique d'autosélection de la participation au marché du travail afin de corriger l'éventuel biais d'échantillonnage (technique de Heckman). En tenant compte de la causalité inverse et des biais de sélection, les estimations à partir de l'enquête PIAAC laissent entendre que le bénévolat fait augmenter le salaire horaire moyen de 14 %, ce qui correspond aux estimations des études précédentes (Day et Devlin, 1998 ; Hackl, Halla et Pruckner, 2007 ; Prouteau et Wolff, 2006).

Le tableau 5.7 résume les principaux résultats de l'analyse empirique réalisée à partir des données de l'enquête PIAAC pour étudier les effets du bénévolat sur les compétences et le revenu (l'intégralité des résultats figure en annexe 5.B). L'analyse des effets du bénévolat formel sur les compétences et le revenu mérite d'être approfondie ; le deuxième cycle de l'enquête PIAAC sera utile à cet égard.

Tableau 5.7. **Coefficients du bénévolat formel sur les compétences et les salaires**

	Compétences en littératie	Compétences en numératie	Compétences en résolution de problèmes	Salaires horaires[1]
Bénévolat formel	11.0**	10.8**	8.0**	0.14***
Corrections socio-économiques	OUI[2]	OUI[2]	OUI[2]	OUI[3]
Causalité inverse	OUI	OUI	OUI	OUI
Biais d'autosélection				OUI[4]
Effets fixes nationaux	OUI	OUI	OUI	OUI

Note : ** Significatif à 5 %, *** significatif à 1 %.

1. La variable dépendante « Salaires horaires » se réfère au logarithme naturel des salaires horaires. Les salaires horaires tiennent compte des primes et sont exprimés en USD corrigés des PPA. L'échelle des salaires a été rognée afin d'éliminer les 1er et 99e centiles. L'échantillon est limité aux salariés en âge de travailler.
2. Coefficients ajustés pour tenir compte de l'âge, du sexe, de la naissance à l'étranger, de l'ancienneté dans l'emploi et du type d'emploi.
3. Coefficients ajustés pour tenir compte de l'âge, du sexe, de la naissance à l'étranger et de l'ancienneté dans l'emploi.
4. L'équation de participation à la population active tient compte de l'âge, du sexe, de la présence d'enfants, de la situation matrimoniale et de l'emploi du conjoint.

Source : Calculs OCDE à partir des données issues de l'OCDE (2012), *Enquête de l'OCDE sur les compétences des adultes* (base de données PIAAC), *www.oecd.org/site/piaac/*.

StatLink http://dx.doi.org/10.1787/888933279248

Bien-être subjectif

La plupart des travaux de recherche sur les effets du bénévolat sur le bien-être subjectif parviennent à la conclusion que les personnes qui travaillent sans être rémunérées pour venir en aide aux autres tirent des bienfaits de cette activité (Becchetti, Pelloni et Rossetti, 2008 ; Dolan, Peasgood et White, 2008 ; Helliwell, 2003 ; OCDE, 2011 ; Post, 2005). Quelques études tenant compte d'un certain nombre de caractéristiques individuelles (âge, sexe, traits de caractère, situation professionnelle, revenu, par exemple) concluent néanmoins que l'impact du bénévolat est très limité, voire négatif (Bjørnskov, 2006 ; Meier et Stutzer, 2008 ; Li, Pickles et Savage, 2005). La plupart de ces travaux sur le bénévolat et le bien-être subjectif reposant sur des données transversales, il est difficile d'étudier systématiquement le lien de causalité. Par ailleurs, plusieurs mécanismes peuvent expliquer les bienfaits du bénévolat en matière de bien-être subjectif (encadré 5.7).

Encadré 5.7. **Relation entre le bénévolat et le bien-être subjectif**

De plus en plus d'études analysent la relation entre le bénévolat et des caractéristiques psychologiques, telles que la satisfaction à l'égard de la vie,et l'estime de soi. La majorité d'entre elles parviennent à la conclusion que le bénévolat améliore le bien-être subjectif.

Ces études ont mis en évidence différents mécanismes pouvant expliquer les bienfaits du bénévolat sur le bien-être subjectif. Tout d'abord, le bénévolat a des effets positifs sur le bien-être subjectif en apportant un sens et un but à la vie, en aidant à compenser les rôles sociaux perdus du fait de la retraite et du veuvage, voire en atténuant le stress en période de crise personnelle (Van Willigen, 2000). Ensuite, le bénévolat peut améliorer le bien-être mental en facilitant le soutien social et les interactions sociales (Wilson et Musick, 2003). Enfin, il peut renforcer l'estime de soi des aidants (Krause et Shaw, 2000).

Il s'agit là d'autant d'explications valables de la relation entre le bénévolat et le bien-être subjectif, mais cette relation n'est pas toujours positive. En effet, d'après certaines études, les effets des heures de bénévolat formel sur le bien-être subjectif ne suivent pas une progression linéaire (Van Willigen, 2000), ce qui laisse à penser qu'un nombre d'heures modéré consacré au bénévolat est optimal. De plus, le bénévolat sous ses différentes formes (formel et informel) peut conduire à des résultats différents.

Le tableau 5.8 expose la relation entre la participation au bénévolat formel et deux indicateurs du bien-être subjectif (la satisfaction à l'égard de la vie et le bilan des affects), à partir des données du sondage Gallup World Poll[36]. La question sur le bénévolat formel de ce sondage était « Au cours du mois écoulé, avez-vous travaillé bénévolement pour une organisation ? ». Les données montrent que, en moyenne, les bénévoles ont tendance à se déclarer plus satisfaits à l'égard de la vie et à ressentir des émotions positives plus fréquemment que les autres[37]. Le tableau 5.C.1 en annexe présente la répartition des émotions composant le bilan des affects, en fonction de la participation au bénévolat et des pays. Il montre que les bénévoles ont tendance à ressentir davantage d'émotions positives que les autres, mais les résultats en matière d'émotions négatives sont moins nets. Par exemple, d'après certaines études, le fait d'aider des personnes dont la situation ne peut être améliorée (personnes en soins palliatifs ou jeunes fugueurs, notamment) peut engendrer tristesse et épuisement chez les aidants (Gabard, 1997 ; Haski-Leventhal et Bargal, 2008).

Tableau 5.8. **Indicateurs du bien-être subjectif, en fonction de la participation au bénévolat et du pays**

Valeurs moyennes, 2014 ou dernière année disponible

	Satisfaction à l'égard de la vie		Bilan des affects	
	Échelle de Cantril de 0 à 10		% des enquêtés obtenant un bilan des affects positif	
	Pas de bénévolat	Bénévolat formel	Pas de bénévolat	Bénévolat formel
Australie	7.2	7.5	75.9	76.2
Autriche	7.0	7.5	79.5	83.5
Belgique	6.8	7.1	75.9	77.9
Canada	7.2	7.4	76.9	77.7
Chili	6.8	6.9	77.2	79.4
République tchèque	6.5	6.6	70.4	78.2
Danemark	7.5	7.7	80.0	85.8
Estonie	5.4	6.2	72.1	81.2
Finlande	7.4	7.6	81.7	84.7
France	6.4	6.8	77.4	81.3
Allemagne	7.0	7.3	77.0	85.3
Grèce	4.7	5.9	59.2	72.7
Hongrie	5.1	5.3	67.3	85.9
Islande	7.5	7.7	84.5	86.5
Irlande	6.7	7.1	76.9	80.8
Israël	7.3	7.7	66.6	70.7
Italie	6.0	6.1	63.5	64.6
Japon	5.7	6.1	77.0	86.9
Corée	5.7	6.3	66.5	71.2
Luxembourg	6.8	6.9	81.3	83.9
Mexique	6.4	6.9	81.5	84.4
Pays-Bas	7.2	7.4	85.5	84.5
Nouvelle-Zélande	7.3	7.7	78.4	84.0
Norvège	7.4	7.7	79.2	84.4
Pologne	5.1	5.6	74.3	75.6
Portugal	5.1	5.7	61.5	67.3
Slovaquie	5.8	6.0	71.9	78.8
Slovénie	5.4	6.4	64.5	78.5
Espagne	6.4	6.4	70.3	69.2
Suède	7.2	7.6	80.7	79.0
Suisse	7.4	7.7	83.4	86.2
Turquie	5.4	5.7	61.0	70.8
Royaume-Uni	6.5	6.8	78.9	79.6
États-Unis	6.9	7.3	75.5	76.7
OCDE	**6.5**	**6.8**	**74.5**	**79.2**

Note : Les données pour l'Islande et la Turquie datent de 2013.

Source : Calculs OCDE à partir des données du sondage Gallup World Poll, *www.gallup.com/services/170945/world-poll.aspx*.

StatLink *http://dx.doi.org/10.1787/888933279255*

Même en tenant compte d'un certain nombre de caractéristiques individuelles (sexe, âge, niveaux de revenu et d'instruction, situation matrimoniale et parentalité, lieu de résidence, par exemple), la corrélation entre le bénévolat et la satisfaction à l'égard de la vie demeure importante et significative (graphique 5.11, ligne noire horizontale). Toutefois, se concentrer sur l'effect moyendu bénévolat peut cacher des relations non-linéaires(Binder, 2015 ; Binder et Freytag, 2013). Le graphique 5.11 montre que le bénévolat est positivement corrélé à la satisfaction à l'égard de la vie dans tous les quintiles, bien que cette relation s'affaiblisse dans les niveaux élevés de satisfaction à l'égard de la vie (voir tableau 5.C.1 en annexe, pour les détails). Le lien étroit entre le bénévolat et la satisfaction à l'égard de la vie dans les quintiles inférieurs soutient le point de vue selon lequel le bénévolat joue un rôle protecteur en ce qu'il permet aux bénévoles d'alléger leur propre tristesse (Binder et Freytag, 2013).

Graphique 5.11. **Effet du bénévolat formel sur la satisfaction à l'égard de la vie**

Coefficients du bénévolat formel sur les quintiles de satisfaction à l'égard de la vie

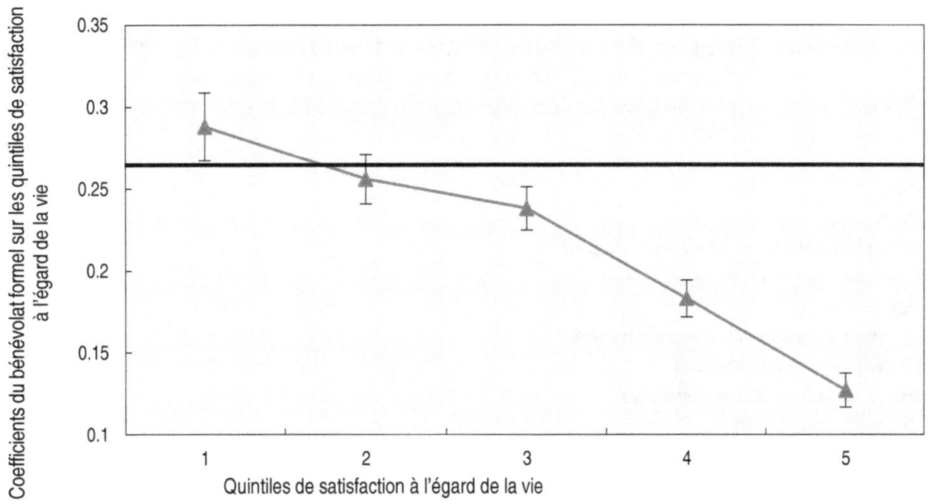

Note : L'analyse porte sur tous les pays de l'OCDE. Les données concernent toutes les années disponibles entre 2006 et 2014. La ligne horizontale indique le coefficient de bénévolat de l'échantillon dans son ensemble (0.264***). Pour les coefficients des quintiles de satisfaction à l'égard de la vie, la marge d'erreur représente l'intervalle de confiance de 95 %. Les coefficients du bénévolat sur les quintiles de satisfaction à l'égard de la vie sont compris entre 0.288*** pour les quintiles inférieurs et 0.127*** pour les quintiles supérieurs.

Source : Calculs de l'OCDE à partir des données du sondage Gallup World Poll, *www.gallup.com/services/170945/world-poll.aspx*.

StatLink http://dx.doi.org/10.1787/888933279094

Une autre approche pour évaluer le lien entre le bénévolat et le bien-être subjectif consiste à recourir au module relatif aux émotions contenu dans les enquêtes sur l'emploi du temps réalisées dans un certain nombre de pays de l'OCDE (France et États-Unis, par exemple). Ces modules permettent d'étudier les effets de certaines activités sur le bien-être ressenti évalué à un moment donné. L'analyse de ces données suggère que le bénévolat fait partie des activités les plus agréables et que, les jours où ils font du bénévolat, les enquêtés passent moins de temps dans un état désagréable que les personnes qui n'en font pas (encadré 5.8).

Encadré 5.8. **Bénévolat et bien-être subjectif dans l'enquête *American Time Use Survey***

Le module sur le bien-être de l'enquête *American Time Use Survey* de 2013 sert à analyser le lien entre le « bonheur » au quotidien et le bénévolat. L'analyse tient compte de deux indicateurs des émotions ressenties dans la journée : le bilan des affects et la proportion de temps passé dans un état désagréable (indice U). Le tableau 5.9 présente la liste des 15 activités les plus agréables (sur 90) classées en fonction de la valeur moyenne du bilan des affects. Avec les activités impliquant les enfants (hormis leur prise en charge quotidienne), les divertissements, les pratiques religieuses et les loisirs à l'extérieur, les activités bénévoles figurent parmi les activités les plus susceptibles de procurer des émotions positives. Ce résultat est conforme aux travaux de recherche antérieurs (Kahneman et al., 2004 ; Krueger et al., 2009 ; White et Dolan, 2009).

Le graphique 5.12 confirme que le bénévolat a d'importants bienfaits sur le bien-être ressenti. Par exemple, les personnes qui n'ont pas fait de bénévolat le jour où ils ont été interrogés, ont passé passent presque un quart de leur journée dans un état désagréable ; cette proportion chute à moins d'un cinquième chez les personnes qui font du bénévolat dans la journée (24 % et 19 %, respectivement, partie A). Cela signifie que, durant les journées où elles ont fait du bénévolat, ces personnes ont passé une heure de plus dans un état agréable que celles qui n'en ont pas fait. Pour ces mêmes journées, la proportion d'enquêtés déclarant ressentir plus d'émotions agréables que d'émotions désagréables est plus élevée chez les bénévoles (95 %) que chez les autres (87 %, partie B).

Encadré 5.8. **Bénévolat et bien-être subjectif dans l'enquête *American Time Use Survey*** *(suite)*

Tableau 5.9. **Bilan des affects et indice U en fonction de l'activité, d'après l'enquête American Time Use Survey**

Valeurs moyennes, population d'âge actif, 2013

Activités	Bilan des affects	Indice U
Bénévolat : autres	4.25	0.0278
Arts et divertissements (autres que le sport)	3.90	0.0548
Bénévolat : services sociaux et prise en charge (non médicale)	3.75	0.0682
Assister à des événements sociaux ou les organiser	3.74	0.0702
Pratiques religieuses ou spirituelles	3.59	0.0962
Aide informelle : s'occuper des enfants des autres et les aider	3.45	0.0991
Bénévolat : participer à des activités culturelles	3.42	0.0625
Bénévolat : assister à des réunions et à des formations	3.40	0.2105
Faire du sport, de l'exercice ou des loisirs	3.40	0.1290
Faire des rencontres et communiquer	3.33	0.1481
S'occuper de ses enfants et les aider	3.29	0.1706
Courses	3.22	0.1206
Assister à des manifestations sportives ou de loisirs	3.09	0.0435
Jardiner et s'occuper de ses plantes	2.93	0.1534
Aider des adultes extérieurs au ménage	2.85	0.1890

Note : Le bilan des affects correspond à la différence entre le score moyen de l'enquêté en matière d'émotions positives et son score moyen en matière d'émotions négatives. L'indice U mesure la proportion de temps passé dans un état désagréable ; pour un moment donné, il est égal à 1 si le score maximum de l'une des émotions négatives (stress, fatigue, tristesse, douleur) dépasse le score du bonheur, et à 0 dans le cas contraire. Les activités donnant lieu à moins de 15 observations n'apparaissent pas dans le tableau.

Source : Calculs OCDE à partir des données de l'enquête American Time Use Survey (ATUS) 2013 (base de données) réalisée par le ministère du Travail des États-Unis (2015), Bureau of Labor Statistics, *www.bls.gov/tus*.

StatLink http://dx.doi.org/10.1787/888933279266

Graphique 5.12. **Temps passé dans un état désagréable et bilan des affects positif en présence de bénévolat, d'après l'enquête American Time Use Survey**

Population d'âge actif, 2013

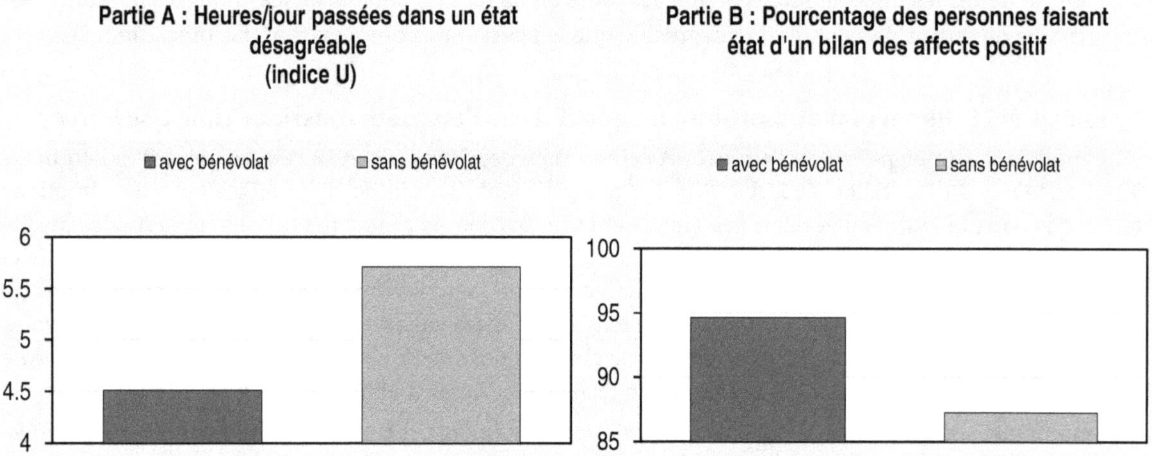

Note : Le bilan des affects correspond à la différence entre le score moyen de l'enquêté en matière d'émotions positives et son score moyen en matière d'émotions négatives qui peuvent prendre des valeurs comprises entre -6 et 6. L'indice U mesure la proportion de temps passé dans un état désagréable ; pour un moment donné, il est égal à 1 si le score maximum de l'une des émotions négatives (stress, fatigue, tristesse, douleur) dépasse le score du bonheur, et à 0 dans le cas contraire.

Source : Calculs OCDE à partir des données de l'enquête American Time Use Survey (ATUS) 2013 (base de données) réalisée par le ministère du Travail des États-Unis (2015), Bureau of Labor Statistics, *www.bls.gov/tus/#database*.

StatLink http://dx.doi.org/10.1787/888933279106

Programme statistique à venir

Bien qu'il existe des données statistiques comparatives sur le bénévolat (elles sont à la base de l'analyse présentée aux sections 5.4 et 5.5 de ce chapitre), elles sont néanmoins limitées en ce qui concerne de nombreux aspects importants. Afin de répondre à la demande d'amélioration des informations sur l'ampleur, la structure et les effets du bénévolat, il conviendrait de prendre des mesures dans les domaines suivants :

- ***Application systématique d'une définition commune du bénévolat pour les différentes enquêtes, conformément aux recommandations de la résolution adoptée par la CIST en 2013*** (par les producteurs de données, aussi bien publics que privés). Cela permettrait d'éviter la situation actuelle dans laquelle les enquêtes (enquêtes sur la population active, enquêtes sur l'emploi du temps, enquêtes générales sur les ménages) diffèrent en ce qui concerne les activités incluses (notamment sur la question de la prise en charge des membres de la famille vivant seuls ou au sein d'un autre ménage), la durée prise en compte pour évaluer si les enquêtés ont fait du bénévolat (les quatre dernières semaines ou les 12 derniers mois), ainsi que la fréquence et la durée de l'activité et le type de service produit.
- ***Élaboration de mesures expérimentales de la valeur économique du bénévolat***, grâce à la compilation périodique des ***comptes satellites*** regroupant l'ensemble des institutions sans but lucratif et tenant compte de la valeur économique du bénévolat, conformément aux travaux actuels de l'équipe spéciale de la CEE-ONU pour l'évaluation du travail domestique non rémunéré.
- ***Élaboration d'indicateurs pour les aspects du bénévolat autres que le travail proprement dit.*** Il s'agit des dons (en espèces et en nature) et des activités sans travail telles qu'être membre d'une organisation de bénévoles ou participer à une campagne lancée par une telle organisation. Bien que ces activités sans travail soient davantage assimilées à de la participation politique et civique (Boarini et Diaz, 2015), elles sont importantes pour mesurer en quoi le bénévolat contribue au capital social et au maintien d'une société civile dynamique.
- ***Utilisation de sources complémentaires***. La plupart des pays de l'OCDE disposent d'un registre national des associations ou organisations sans but lucratif, habituellement géré par un organisme public et mis à jour régulièrement. Il s'agit d'une source de données précieuse lorsque les associations sont tenues de s'inscrire sur ce registre et de fournir régulièrement des informations sur leurs salariés, le nombre de bénévoles qu'elles font travailler, leurs secteurs d'activité et leurs sources de financement. Il faut que le secteur du bénévolat recueille et diffuse régulièrement les données de ces registres, après qu'elles aient été validées par les bureaux de statistique (qui les utiliseront pour leurs propres travaux).

Notes

1. La définition du travail bénévole selon l'OIT énumère ses caractéristiques (à savoir : travail productif non rémunéré et non obligatoire, et qui ne sert pas au ménage du bénévole) et veille à cadrer le domaine d'étude de manière uniforme, indépendamment des circonstances locales. Le *Manuel de l'OIT* contient des explications supplémentaires afin de lever d'éventuels doutes sur l'interprétation des critères.
2. Selon cette approche, le bénévolat informel est défini par le fait que le travail ou les services réalisés ne le sont pas au profit du ménage du bénévole. Ainsi, le fait de conduire son propre enfant à l'hôpital n'est pas du bénévolat, mais conduire un voisin en fait partie.

3. Les « comptes satellites » regroupent des données sur certaines catégories d'institutions qui sont dispersées dans de nombreux secteurs institutionnels ou activités économiques de la classification du SCN. Dans le cas des ISBL, le compte satellite est destiné à regrouper les données sur les ISBL qui ont été intégrées aux secteurs des sociétés financières, des sociétés non financières, des administrations publiques, des ISBLSM et des ménages, afin de brosser un tableau complet du secteur des ISBL.

4. Toutefois, le fait de s'appuyer sur les enquêtes sur la population active pour évaluer le travail bénévole limite les thèmes analysés. Le module sur le bénévolat proposé par l'OIT dans son *Manuel* consiste en une page et demie de questions portant sur cinq thématiques : 1) qui sont les bénévoles ? ; 2) quelles sont leurs activités ? ; 3) combien de temps consacrent-ils à chaque activité sur une période de référence donnée ? ; 4) l'activité est-elle réalisée directement pour un tiers ou par le biais d'une organisation et, dans ce cas, de quel type d'organisation s'agit-il (sans but lucratif, à but lucratif, administration, coopérative) ? ; 5) dans quel domaine/secteur ce bénévolat s'effectue-t-il (santé, éducation, services sociaux, environnement, culture, sport, etc.) ? Le *Manuel* adopte une période de référence de quatre semaines pour les questions sur le travail bénévole, ce qui est bien plus court que la période de 12 mois utilisée dans la plupart des enquêtes sociales et donne des estimations inférieures en ce qui concerne l'ampleur du travail bénévole (nombre de bénévoles).

5. Pour la Pologne, cette enquête sur la population active montre que le bénévolat formel et informel représente environ 10 % de l'ensemble de la population active et presque 3 % du PIB (au sens large). En Hongrie, bien qu'il se réfère au *Manuel de l'OIT*, le module ad hoc sur le travail bénévole des enquêtes sur la population active utilise une période de référence plus longue (les 12 derniers mois, au lieu des 4 dernières semaines).

6. Une des rares enquêtes collectant des données comparatives sur le bénévolat sur un échantillon assez important de pays a été réalisée dans le cadre du *Johns Hopkins Comparative Nonprofit Sector Project* (Salamon et al., 1999). Il s'agissait de collecter des données sur le nombre de bénévoles, les heures travaillées et le domaine d'activité. Pour la plupart, ces données ont été recueillies au moyen de questions insérées dans des enquêtes générales sur la population ; dans certains pays, cela a fait l'objet d'enquêtes spécifiques sur les organisations.

7. Une étude récente du Pew Research Center traduit une forte baisse des taux de réponse aux sondages d'opinion aux États-Unis (9 % à l'heure actuelle, contre environ 36 % en 1997) et une tendance à la surreprésentation des bénévoles dans ces enquêtes par rapport à la population dans son ensemble (Pew Research Center, 2015). Si l'étude conclut que, pour la plupart des variables, les sondages sur de petits échantillons fournissent des estimations non biaisées de la plupart des caractéristiques des ménages, force est de reconnaître que la proportion des personnes déclarant avoir fait du bénévolat au cours de l'année écoulée est bien plus élevée dans ces sondages à petite échelle que dans les enquêtes officielles à plus grande échelle (55 % et 27 %, respectivement).

8. Par exemple, lorsque l'on demande à un enquêté s'il a aidé un étranger ou un inconnu, il peut comprendre qu'il s'agit aussi bien d'aider quelqu'un pendant plusieurs heures que de réaliser des actions très ponctuelles comme aider quelqu'un à retrouver son chemin. De même, les réponses aux questions portant sur le temps consacré bénévolement à une organisation peuvent inclure le service civil obligatoire en vue de l'obtention [...]d'un diplôme ou le simple fait d'assister à un événement (service religieux, par exemple).

9. D'après les travaux de Toppe et Groves (2007), « un pourcentage non négligeable de personnes ont fait des choses qu'elles ne considèrent pas comme du bénévolat, mais qui devraient être considérées comme tel ».

10. Autrement dit, la réalité complexe du bénévolat est réduite à une mesure unidimensionnelle : il est question de la participation au bénévolat en général (oui ou non), comme s'il s'agissait d'une entité uniforme et robuste (Cnaan et Amrofell, 1994 ; Cnaan, Handy et Wadsworth, 1996).

11. Les enquêtes sur les organisations pourraient en principe être utilisées pour connaître le temps consacré au bénévolat par les organisations qui gardent des traces écrites de la participation des bénévoles. Mais ces enquêtes ne tiennent compte que du bénévolat effectué par le biais d'organisations. Un autre obstacle majeur à leur utilisation réside dans le fait que le secteur du bénévolat est caractérisé par un taux de rotation élevé, une approche assez informelle et un enregistrement des informations déficient, ce qui implique que les données sont rarement fiables.

12. Si le recours au journal à tenir soi-même est courant en Europe et en Amérique du Nord, la plupart des pays d'Amérique Latine utilisent une liste d'activités pour mesurer l'emploi du temps.

13. En revanche, les enquêtes sur l'emploi du temps ne fournissent guère d'informations sur le cadre institutionnel des activités bénévoles (types d'organisations pour lesquelles les enquêtés travaillent ou types d'emplois qu'ils y occupent, par exemple).

14. Le sondage Gallup World Poll (GWP) contient une question sur le bénévolat formel : « Au cours du mois écoulé, avez-vous travaillé bénévolement pour une organisation ? » En dépit du fait que ce sondage est plus récent et qu'il couvre tous les pays de l'OCDE, ses résultats ne sont pas repris dans la section 5.4 car cette question ne renseigne pas sur la fréquence du bénévolat.

15. Le sondage Gallup World Poll (GWP) comporte aussi une question sur le bénévolat informel. En dépit du fait que ce sondage est plus récent et qu'il couvre tous les pays de l'OCDE, ses résultats ne sont pas repris dans la section 5.4 car la question posée est très éloignée de la définition du bénévolat informel adoptée par la CIST. La question du GWP est « Au cours du mois écoulé, avez-vous aidé un inconnu ? » ; cette question peut être interprétée par les enquêtés comme se référant à un acte citoyen et non comme une façon d'évaluer l'aide informelle, qui est en général apportée à des proches.

16. Dans la *Base de données de l'OCDE sur l'emploi du temps*, le bénévolat informel est défini comme le temps passé à aider des personnes extérieures au ménage (y compris donc l'aide aux membres de la famille vivant dans un autre ménage).

17. Ce chapitre utilise les données de SHARE Wave 5 release 1.0.0, du 31 mars 2015 (doi: 10.6103/SHARE.w5.100), de SHARE Wave 4 release 1.1.1, du 28 mars 2013 (doi: 10.6103/SHARE.w4.111) et de SHARE Wave 2 release 2.6.0, du 29 novembre 2013 (doi: 10.6103/SHARE.w1.260 et 10.6103/SHARE.w2.260). Voir *www.share-project.org* pour la liste complète des institutions de financement.

18. Pour de plus amples informations, voir *www.share-project.org* et Malter et Börsch-Supan (2015).

19. Ce résultat est conforme aux travaux de Vézina et Crompton (2012), selon lesquels c'est au Québec que les taux de bénévolat sont les plus faibles (37 %) et dans les provinces canadiennes anglophones qu'ils sont les plus élevés (de 41 à 58 %).

20. Par exemple, les faibles taux de bénévolat dans certains pays d'Europe de l'Est s'expliquent par le fait que les citoyens de ces pays se sentent désormais libres de ne plus faire de bénévolat, ce qui leur était auparavant imposé par le régime communiste afin de servir l'intérêt commun (Hodgkinson, 2012).

21. Le coefficient de corrélation de Pearson entre les deux formes de bénévolat (formel et informel) est de 0.73. Il est significatif à un niveau de confiance de 1 %.

22. Outre l'analyse des déterminants socio-économiques, les psychologues sociaux ont étudié les caractéristiques psychologiques des bénévoles. La personnalité semble toutefois compter moins que la situation et les normes sociales dans la décision de faire du bénévolat (Bekkers, 2005 ; Musick et Wilson, 2008).

23. Pour les analyses présentées dans les graphiques 5.5 et 5.6, les valeurs moyennes de l'OCDE sont pondérées en fonction de la population. Elles diffèrent donc légèrement des valeurs moyennes de l'OCDE figurant dans les graphiques 5.1 et 5.2, qui sont des moyennes simples.

24. Au Mexique, par exemple, le pourcentage d'hommes faisant du bénévolat dans le domaine des sports et loisirs est trois fois supérieur à celui des femmes. Au Chili, pratiquement 70 % des bénévoles dans les services sociaux et sanitaires sont des femmes. Ces différences entre les sexes reflètent celles du marché du travail rémunéré.

25. Le graphique 5.5 ne tient compte que de la population en âge de travailler. La participation au bénévolat augmente généralement durant la retraite.

26. D'après les travaux de Wilson (2000), « l'éducation favorise le bénévolat car elle rend les gens plus conscients des problèmes, augmente l'empathie et renforce la confiance en soi ».

27. D'après les travaux d'Oesterle, Johnson et Mortimer (2004), les personnes ayant un niveau d'instruction élevé prêtent davantage d'intérêt au bénévolat car elles ont plus d'enjeux dans la communauté, ce qui laisse pense que le bénévolat est, en définitive, un acte intéressé.

28. Cela corroborerait l'idée selon laquelle la participation au marché du travail favorise le bénévolat (Wilson, 2000), sans doute parce que l'expérience professionnelle produit des compétences, ce qui augmente les capacités des individus à faire du bénévolat. Cette relation sera examinée et analysée ultérieurement dans ce chapitre.

29. Les travaux de recherche ont montré que, si l'on exclut le bénévolat au sein des associations de parents d'élèves, les parents font moins de bénévolat que les personnes sans enfants (Prouteau et Wolff, 2008).

30. L'étude *International Civic and Citizenship Education* de 2009 a collecté des données auprès de plus de 140 000 élèves dans leur 8e année d'études dans plus de 5 300 établissements d'enseignement de 38 pays. Le questionnaire porte sur quatre domaines (valeurs et systèmes civiques, principes civiques, participation civique et identité civique) qui englobent de nombreux thèmes.

31. Les pourcentages du graphique 5.7 diffèrent légèrement de ceux du graphique 4.23, car ils ne tiennent pas compte de la participation aux organisations religieuses ou politiques.

32. La méthode de calcul est la suivante : *Valeur du travail réalisé par les bénévoles en monnaie nominale = coût salarial horaire moyen après impôt * nombre moyen d'heures travaillées par jour * nombre de jours dans l'année * population de 16 ans et plus*. Cette méthode correspond à peu près à celle retenue par Ahmad et Koh (2011) pour évaluer la production domestique, c'est-à-dire les services produits par les ménages pour leur usage propre.

33. Les bienfaits du bénévolat sur la santé ne se limitent pas aux personnes âgées (Omoto et Snyder, 1995), mais les différences dans les résultats en termes de santé entre les bénévoles et les autres sont moins visibles chez les personnes plus jeunes, qui ne sont pas concernées par les problèmes liés au vieillissement.

34. Les bénévoles souhaitent souvent acquérir, par le biais du bénévolat, des compétences officiellement reconnues grâce à des certificats. Le « Passeport Bénévole » (*www.passeport-benevole.org*), créé par France Bénévolat, atteste des compétences, des qualifications et de l'expérience acquises grâce au bénévolat. Depuis son lancement en 2007, 100 000 passeports de ce type ont été distribués. Il permet d'améliorer la description des compétences des bénévoles et d'officialiser le bénévolat, rendant les informations plus vérifiables. L'objectif est également de faire en sorte que les bénévoles puissent faire usage de leurs compétences et qualifications dans leur carrière. Dans le même état d'esprit, en République tchèque, un dossier personnel des compétences et qualifications a été mis en place ; il certifie les compétences et qualifications acquises dans le cadre des activités de bénévolat.

35. Voir *www.volunteering.org.uk/who-we-can-help/employers/the-business-case-for-esv* (consulté le 29 mai 2015).

36. L'indicateur de la satisfaction à l'égard de la vie utilisé dans le sondage Gallup World Poll repose sur l'échelle de Cantril, qui permet aux individus d'attribuer une note à leur vie actuelle sur une échelle de 0 à 10 (0 = la pire vie possible ; 10 = la meilleure vie possible). Le bilan des affects, lui, rend compte du bien-être ressenti et non du bien-être évalué. Il est basé sur trois émotions positives (plaisir, sentiment d'être bien reposé, et le fait de sourire ou de rire souvent) et trois émotions négatives (inquiétude, colère et tristesse) ressenties la veille ; cet indicateur est égal à 1 si les émotions positives ressenties par chaque enquêté dépassent les émotions négatives et à 0 dans le cas contraire.

37. Il faut rester prudent dans l'interprétation de ces résultats car, du fait du manque de données, il est impossible de tenir compte de la causalité inverse (les gens font-ils plus de bénévolat lorsqu'ils sont heureux ?) et des biais de simultanéité (certains facteurs tiers, comme la religion, font augmenter le bénévolat et le bonheur).

Références

Abraham, K. G. et C. Mackie (dir. pub.) (2005), *Beyond the Market: Designing Nonmarket Accounts for the United States*, Washington, DC, National Academies Press.

Ahmad, N. et S. Koh (2011), « Incorporating Estimates of Household Production of Non-Market Services into International Comparisons of Material Well-Being », *OECD Statistics Working Papers*, 2011/07, Éditions OCDE, Paris, *http://dx.doi.org/10.1787/5kg3h0jgk87g-en*.

Albertini, M. et J. Radl (2012), « Intergenerational Transfers and Social Class: Inter-Vivos Transfers as Means of Status Reproduction? », *Acta Sociologica*, vol. 55, n° 2, pp. 107-123.

Anheier, H.K. et L.M. Salamon (2001), « Volunteering in cross-national perspective: initial comparisons », *Civil Society Working Paper series*, n° 10, Centre for Civil Society, London School of Economics and Political Science, Londres, *http://eprints.lse.ac.uk/29049/1/CSWP_10_web.pdf*.

Becchetti, L., A. Pelloni et F. Rossetti (2008), « Relational goods, sociability, and happiness », *Kyklos*, vol. 61, pp. 343-363.

Bekkers, R. (2005), « Participation in Voluntary Associations: Relations with Resources, Personality, and Political Values », *Political Psychology*, vol. 26, n° 3, pp. 439-454.

Bekkers, R., B. Völker, M. van der Gaag et H. Flap (2007), « Social Networks of Participants in Voluntary Associations », in *Social Capital: Advances in Research*, Lin, N. et B.H. Erickson (dir. pub.), Oxford University Press, Oxford.

Binder, M. (2015), « Volunteering and life satisfaction: a closer look at the hypothesis that volunteering more strongly benefits the unhappy », *Applied Economics Letters*, vol. 22, n° 11, pp. 874-885.

Binder, M. et A. Freytag (2013), « Volunteering, subjective well-being and public policy », *Journal of Economic Psychology*, vol. 34, pp. 97-119.

Bjørnskov, C. (2006), « The multiple facets of social capital », *European Journal of Political Economy*, vol. 22, n° 1, pp. 22-40.

Boarini, R. et M. Díaz (2015), « Cast a Ballot or Protest in the Street – Did our Grandparents Do More of Both?: An Age Period-Cohort Analysis in Political Participation », *OECD Statistics Working Papers*, 2015/02, Éditions OCDE, Paris, *http://dx.doi.org/10.1787/5js636gn50jb-en*.

CEE-ONU (2013), *Guidelines for Harmonising Time Use Surveys*, Nations Unies, Genève, *www.unece.org/fileadmin/DAM/stats/publications/2013/TimeUseSurvey_Guidelines.pdf*.

Cnaan, R.A. et L.M. Amrofell (1994), « Mapping volunteer activity », *Nonprofit and Voluntary Sector Quarterly*, vol. 23, n° 4, pp. 335-51.

Cnaan, R.A., F. Handy et M. Wadsworth (1996), « Defining who is a volunteer: Conceptual and empirical considerations », *Nonprofit and Voluntary Sector Quarterly*, vol. 25, n° 3, 364-83.

Corden, A. et R. Sainsbury (2005), *Volunteering for employment skills: A qualitative research study*, University of York: Social Policy Research Unit, York.

Conseil de l'Union européenne (2009), Décision du Conseil du 27 novembre 2009 sur l'Année européenne des activités de volontariat pour la promotion de la citoyenneté active (2011), *Journal officiel de l'Union européenne*, (2010/37/EC), *http://ec.europa.eu/citizenship/pdf/20091127_council_decision_en.pdf*.

Curtis, J.E., D.E. Baer et E.G. Grabb (2001), « Nations of Joiners: Explaining Voluntary Association Membership in Democratic Societies », *American Sociological Review*, vol. 66, n° 6, pp. 783-805.

Day, K.M. et R.A. Devlin (1998), « The Payoff to Work without Pay: Volunteer Work as an Investment in Human Capital », *Canadian Journal of Economics*, vol. 31, n° 5, pp. 1179-1191.

Dolan, P., T. Peasgood et M. White (2008), « Do we really know what makes us happy? A review of the economic literature on the factors associated with subjective well-being », *Journal of Economic Psychology*, vol. 29, pp. 94-122.

Dykstra, P.A. et T. Fokkema (2011), « Relationships between parents and their adult children: A West European typology of late-life families », *Ageing and Society*, vol. 31, n° 04, pp. 545-569.

Ellis Paine, A., S. McKay et D. Moro (2013), « Does volunteering improve employability? Insights from the British Household Panel Survey and beyond », *Voluntary Sector Review*, vol. 4, n° 3, pp. 333-353.

Erlinghagen, M. (2010), « Volunteering after Retirement. Evidence from German Panel Data », *European Societies*, vol. 12, n° 5, pp. 603-625.

Gabard, D.L. (1997), « Volunteer burnout and dropout: issues in AIDS service organizations », *Journal of Health and Human Service Administration*, vol. 19, n° 3, pp. 283-303.

Gee, L.K. (2011), « The Nature of Giving Time to Your Child's School », *Nonprofit and Voluntary Sector Quarterly*, vol. 40, n° 3, pp. 552-565.

Hackl, F., M. Halla et G.J. Pruckner (2007), « Volunteering and income – The fallacy of the good Samaritan? », *Kyklos*, vol. 60, pp. 77-104.

Hank, K. (2007), « Proximity and contacts between older parents and their children: a European comparison », *Journal of Marriage and Family*, vol. 69, n° 1, pp. 157-173.

Hank, K. et M. Erlinghagen (2010), « Dynamics of Volunteering in Older Europeans », *Gerontologist*, vol. 50, n° 2, pp. 170-178.

Hank, K., et S. Stuck (2008), « Volunteer Work, Informal Help, and Care among the 50+ in Europe: Further Evidence for 'Linked' Productive Activities at Older Ages », *Social Science Research*, vol. 37, n° 4, pp. 1280-1291.

Hart, D., T.M. Donnelly, J. Youniss et R. Atkins (2007), « High School Community Service as a Predictor of Adult Voting and Volunteering », *American Educational Research Journal*, vol. 44, n° 1, pp. 197–219.

Haski-Leventhal, D. et D. Bargal (2008), « The volunteer stages and transitions model: Organizational socialization of volunteers », *Human Relations*, vol. 61, n° 1, pp. 67-102.

Haski-Leventhal, D. (2009), « Elderly Volunteering and Well-Being: A Cross-European Comparison Based on SHARE Data », *Voluntas*, vol. 20, n° 4, pp. 388-404.

Helliwell, J.F. (2003), « How's life? Combining individual and national variables to explain subjective well-being », *Economic Modelling*, vol. 20, pp. 331-360.

Hirst, A. (2001), *Links between volunteering and employability: Research report*, ministère de l'Éducation du Royaume-Uni, Londres.

Hodgkinson, V. (2012), « Volunteering in Global Perspective », *The Values of Volunteering: Nonprofit and Civil Society Studies*, Dekker, P. et al. (dir. pub.), Kluwer Academic/Plenum Publishers, New York.

Kahneman, D., A.B. Krueger, D.A. Schkade, N. Schwarz et A.A. Stone (2004), « A Survey Method for Characterizing Daily Life Experience: The Day Reconstruction Method », *Science*, vol. 3, pp. 1776-1780.

Kamerade, D. et A. Ellis Paine (2014), « Volunteering and employability: implications for policy and practice », *Voluntary Sector Review*, vol. 5, n° 2, pp. 259-273.

Krause, N. et B.A. Shaw (2000), « Giving Social Support to Others, Socioeconomic Status, and Changes in Self-Esteem in Late Life », *Journal of Gerontology: Social Sciences*, vol. 55B, n° 6, pp. 323-333.

Krueger, A.B., D. Kahneman, C. Fischler, D. Schkade, N. Schwarz et A.A. Stone (2009), « Time Use and Subjective Well-Being in France and the U.S. », *Social Indicators Research*, vol. 93, pp. 7-18.

Lancee, B. et J. Radl (2012), « Social Connectedness and the Transition from Work to Retirement », *Journals of Gerontology Series B: Psychological Sciences and Social Sciences*, vol. 67, n° 4, pp. 481-490.

Lee, Y. et J.L. Brudney (2012), « Participation in formal and informal volunteering: Implications for volunteer recruitment », *Nonprofit Management and Leadership*, vol. 23, n° 2, pp. 159-180.

Lewis, M. (2002), « Service Learning and Older Adults », *Educational Gerontology*, vol. 28, pp. 655-667.

Li, Y. et K.F. Ferraro (2005), « Volunteering and Depression in Later Life: Social Benefit or Selection Processes? », *Journal of Health and Social Behavior*, vol. 46 (mars), pp. 68-84.

Li, Y., A. Pickles et M. Savage (2005), « Social capital and social trust in Britain », *European Sociological Review*, vol. 21, pp. 109-123.

Malter, F. et A. Börsch-Supan (dir. pub.) (2015), *SHARE Wave 5: Innovations & Methodology*, MEA, Max Planck Institute for Social Law and Social Policy, Munich.

McPherson, J.M., P.A. Popielarz et S. Drobnic (1992), « Social Networks and Organizational Dynamics », *American Sociological Review*, vol. 57, pp. 153-170.

Meier, S. et A. Stutzer (2008), « Is Volunteering Rewarding in Itself? », *Economica*, vol. 75, pp. 39-59.

Mertens, S. et M. Lefebvre S. (2004), « La difficile mesure du travail bénévole dans les institutions sans but lucratif », in *Institut des Comptes nationaux, Le compte satellite des institutions sans but lucratif 2000* et 2001, Banque nationale de Belgique et Centre d'économie sociale d'HEC-École de gestion de l'Université de Liège, Bruxelles.

Miranda, V. (2011), « Cooking, Caring and Volunteering: Unpaid Work around the World », *Documents de travail de l'OCDE : questions sociales, emploi et migrations*, n° 116, Éditions OCDE, Paris, *http://dx.doi.org/10.1787/5kghrjm8s142-en*.

Musick, M.A. et J. Wilson (2008), *Volunteers: A social profile*, Bloomington, IN: Indiana University Press.

Newton, B., J. Oakley et E. Pollard (2011), *Volunteering: Supporting transitions*, Institute for Employment Studies, *https://vinspired.com/content_packages/636*.

Nichols, G. et R. Ralston (2011), « Social inclusion through volunteering: the legacy potential of the 2012 Olympic Games », *Sociology: The Journal of the British Sociological Association*, vol. 45, n° 5, pp. 900-914.

Nations Unies (2003), *Manuel sur les institutions sans but lucratif dans le Système de comptabilité nationale*, Publication des Nations Unies, Série F, n° 91, ST/ESA/STAT/SER.F/91, New York, *http://unstats.un.org/unsd/publication/seriesf/seriesf_91f.pdf*.

Nations Unies (2001), *Le rôle du volontariat dans la promotion du développement* social, Résolution adoptée par l'Assemblée générale à sa cinquante-sixième session (A/RES/56/38), *www.unv.org/en/news-resources/resources/un-resolutions/doc/role-of-volunteerism-in.html* (consulté le 29 mai 2015).

O'Neill, M. (2001), « Research on living and volunteering: Methodological considerations », *Nonprofit and Voluntary Sector Quarterly*, vol. 30, pp. 505-514.

OCDE (2013), *Perspectives de l'OCDE sur les compétences 2013 : Premiers résultats de l'Évaluation des compétences des adultes*, Éditions OCDE, Paris, *http://dx.doi.org/10.1787/9789264204096-fr*.

OCDE (2011), *Comment va la vie ? : Mesurer le bien-être*, Éditions OCDE, Paris, *http://dx.doi.org/10.1787/9789264121195-fr*.

Oesterle, S., M.K. Johnson et J.T. Mortimer (2004), « Volunteerism during the Transition to Adulthood: A Life Course Perspective », *Social Forces*, vol. 82, n° 3, pp. 1123-1149.

Omoto, A.M. et M. Snyder (2002), « Considerations of community: The context and process of volunteerism », *American Behavioral Scientist*, vol. 45, n° 5, pp. 846-67.

OIT (2009), Rapport de la dix-huitième Conférence internationale des statisticiens du travail, Genève, 24 novembre-5 décembre 2008, *www.ilo.org/wcmsp5/groups/public/---dgreports/---stat/documents/meetingdocument/wcms_101513.pdf*.

OIT (2011), *Manuel sur la mesure du travail bénévole*, Bureau international du travail, Genève, *www.ilo.org/wcmsp5/groups/public/---dgreports/---dcomm/---publ/documents/publication/wcms_167639.pdf*.

OIT (2013), 19e Conférence internationale des statisticiens du travail, Rapport de la Conférence, Genève, 2-11 octobre, *www.ilo.org/wcmsp5/groups/public/---dgreports/---stat/documents/normativeinstrument/wcms_233215.pdf*, *www.ilo.org/wcmsp5/groups/public/---dgreports/---stat/documents/normativeinstrument/wcms_230304.pdf*.

Parlement européen (2008), *Rapport sur la contribution du bénévolat à la cohésion économique et sociale*, Commission du développement régional, *www.europarl.europa.eu/sides/getDoc.do?pubRef=-//EP//TEXT+REPORT+A6-2008-0070+0+DOC+XML+V0//FR*.

Pew Reaserch Centre (2015), « Assessing the Representativeness of Public Opinion Surveys », mars, Washington, DC, *www.people-press.org/files/legacy-pdf/Assessing%20the%20Representativeness%20of%20Public%20Opinion%20Surveys.pdf*.

Phalen, K.F. (2003), « Kids of Character », *Volunteer Leadership Journal*, été, pp. 4-9.

Plagnol, A.C. et F.A. Huppert (2010), « Happy to help? Exploring the factors associated with variations in rates of volunteering across Europe », *Social Indicators Research*, vol. 97, pp. 157-176.

Post, S.G. (2005), « Altruism, happiness, and health: It's good to be good », *International Journal of Behavioral Medicine*, vol. 12, pp. 66-77.

Prouteau, L. (2006), *La mesure et la valorisation du bénévolat*, Paris.

Prouteau, L. (2002), « Le bénévolat sous le regard des économistes », *Revue française des affaires sociales*, vol. 4, n° 4, pp. 117-134.

Prouteau, L. et F.C. Wolff (2008), « On the relational motive for volunteer work », *Journal of Economic Psychology*, vol. 29, n° 3, pp. 314-335.

Prouteau, L. et F.C. Wolff (2006), « Does volunteer work pay off in the labor market? », *Journal of Socio-Economics*, vol. 35, pp. 992-1013.

Prouteau, L. et F.C. Wolff (2004), « Le travail bénévole : un essai de quantification et de valorisation », *Économie et statistique*, vol. 373, pp. 33-56.

Putnam, R.D. (2000), *Bowling Alone: The Collapse and Revival of American Community*, Simon and Schuster, New York.

Putnam, R.D. (1995), « Bowling alone: America's declining social capital », *Journal of Democracy*, vol. 6, n° 1, pp. 65-78.

Rochester, C., E. Paine, A. et S. Howlett (2009), *Volunteering and Society in the 21st Century*, Palgrave Macmillan, Hampshire, Royaume-Uni.

Sajardo, A. et I. Serra (2011), « The Economic Value of Volunteer Work. Methodological Analysis and Application to Spain », *Nonprofit and Voluntary Sector Quarterly*, vol. 40, n° 5, pp. 873-895.

Salamon, L.M., S. Sokolowski et M. Haddock (2011), « Measuring the economic value of volunteer work globally – concepts, estimates and a roadmap to the future », *Annals of Public and Cooperative Economics*, vol. 82, n° 3, pp. 217-252.

Salamon, L.M., H.K. Anheier, R. List, S. Toepler, S.W. Sokolowski and Associates (1999), *Global Civil Society: Dimensions of the Nonprofit Sector*, Johns Hopkins Comparative Nonprofit Sector Project, Baltimore.

Schlozman, K.L., N. Burns et S. Verba (1994), « Gender and the Pathways to Participation: The Role of Resources », *Journal of Politics*, vol. 56, n° 4, pp. 963-990.

Schlozman, K.L., S. Verba et H.E. Brady (1999) « Civic Participation and the Equality Problem », in T. Skocpol and M.P. Fiorina (dir. pub.), *Civic Engagement in American Democracy*, Russell Sage Foundation, New York.

Shannon, C.S. (2009), « An untapped resource: Volunteers aged 8 to 12 », *Nonprofit and Voluntary Sector Quarterly*, vol. 38, n° 5, pp. 828-845.

Strauß, S. (2008), *Volunteering and Social Inclusion: The Interrelation between Unemployment and Civic Engagement in Germany and Great Britain*, VS-Verlag, Wiesbaden.

Tang, F. (2006), « What Resources are needed Volunteerism? A Life Course Perspective », *Journal of Applied Gerontology*, vol. 25, n° 5, pp. 375-390.

Toppe, C. et R. Groves (2007), « What is Volunteering and How Can It Be Measured », document élaboré et présenté lors du JHU/UNECE Workshop on Volunteer Measurement, Genève.

Van Willigen, M. (2000), « Differential benefits of volunteering across the life course », *Journal of Gerontology: Social Sciences*, vol. 55B, pp. 308-318.

Vegeris, S., K. Vowden, C. Bertram, R. Davidson, F. Husain, K. Mackinnon et D. Smeaton (2010), « Support for newly unemployed and Six Month Offer evaluations: A report on qualitative research findings », *DWP Research Report*, n° 691, ministère du Travail du Royaume-Uni, Londres, *https://www.gov.uk/government/uploads/system/uploads/attachment_data/file/214463/rrep691.pdf*.

Vézina, M. et S. Crompton (2012), « Le bénévolat au Canada », *Tendances sociales canadiennes*, Composante du produit n° 11-008-X au catalogue de Statistique Canada, *www.statcan.gc.ca/pub/11-008-x/2012001/article/11638-fra.pdf*.

Volunteering England (2010), *Policy briefing: Get Britain working*, novembre, Londres.

White, M.P. et P. Dolan (2009), « Accounting for the richness of daily activities », *Psychological Science*, vol. 20, pp. 1000-1008.

Wilson, J. (2012), « Volunteerism research: A review essay », *Nonprofit and Voluntary Sector Quarterly*, vol. 41, pp. 176-212.

Wilson, J. (2000), « Volunteering », *Annual Review of Sociology*, vol. 26, pp. 215-240.

Wilson, J. et M.A. Musick. (2000), « The effects of volunteering on the volunteer », *Law and Contemporary Problems*, vol. 62, n° 4, pp. 141-168.

Wilson, J. et M.A. Musick (1997), « Who Cares? Toward an Integrated Theory of Volunteer Work », *American Sociological Review*, vol. 62, pp. 694-713.

Bases de données

European Social Survey (2006), *European Social Survey*, Round 3 Data, Data file edition 3.5. (base de données), Norwegian Social Science Data Services, Norvège – Data Archive and distributor of ESS data, *http://www.europeansocialsurvey.org/* (consultée le 29 mai 2015).

European Values Survey (2011), *European Values Study 2008*, Integrated Dataset (EVS 2008), Data file version 3.0.0 (base de données), GESIS Data Archive, *http://dx.doi.org/10.4232/1.11004* (consultée le 29 mai 2015).

Eurostat (2015), *Base de données sur l'emploi du temps*, *http://appsso.eurostat.ec.europa.eu/nui/show.do?dataset=tus_00selfstat&lang=en* (consultée le 5 juillet 2015).

Gallup World Poll, *www.gallup.com/services/170945/world-poll.aspx* (consultée le 10 juin 2015).

Application web *Harmonised European Time Use Survey*, *https://www.h5.scb.se/tus/tus/* (consultée le 1er juillet 2015).

Association internationale pour l'évaluation du rendement scolaire (2009), étude *International Civic and Citizenship Education (ICCS)* (base de données), *www.iea.nl/iccs_2009.html* (consultée le 29 mai 2015).

OCDE (2015a), « Agrégats des comptes nationaux, SCN 2008 : Produit intérieur brut », *Statistiques de l'OCDE sur les comptes nationaux* (base de données), *http://dx.doi.org/10.1787/data-00001-fr* (consultée le 24 mai 2015).

OCDE (2015b), « Annual full time earnings and annual labour costs in equivalent USD, 25-64 year-old population », *Statistiques de l'OCDE sur l'emploi et le marché du travail* (base de données), *http://dx.doi.org/10.1787/eag-2010-table88-en* (consultée le 24 mai 2015).

OCDE (2012), *Enquête de l'OCDE sur les compétences des adultes* (base de données PIAAC), *www.oecd.org/site/piaac/* (consultée le 1er juillet 2015).

SHARE (2013), *Survey of Health, Ageing and Retirement in Europe*, Wave 4, Release 1.1.1 (base de données), *http://dx.doi.org/10.6103/SHARE.w4.111* (consultée le 29 mai 2015).

SHARE (2013), *Survey of Health, Ageing and Retirement in Europe*, Wave 2, Release 2.6.0 (base de données), *http://dx.doi.org/10.6103/SHARE.w2.260* (consultée le 29 mai 2015).

Survey of Health, Ageing and Retirement in Europe (SHARE) (2015), Survey of Health, Ageing and Retirement in Europe, Wave 5, Release 1.0.0 (base de données), *http://dx.doi.org/10.6103/SHARE.w5.100* (consultée le 29 mai 2015).

Ministère du Travail des États-Unis (2015), *American Time Use Survey* (ATUS) 2013 (base de données), Bureau of Labor Statistics, *http://www.bls.gov/tus* (consultée le 24 avril 2015).

World Values Survey Association (2009), *World Values Survey*, Wave 5 2005-2008, Official Aggregate v.20140429, World Values Survey Association (base de données), *www.worldvaluessurvey.org/wvs.jsp* (consultée le 15 mai 2015).

ANNEXE 5.A

Caractéristiques des bénévoles

Tableau 5.A.1. **Prévalence et fréquence du bénévolat formel, en fonction de caractéristiques propres aux individus et aux ménages**

Pourcentage, population d'âge actif, 2012

Caractéristiques propres aux individus et aux ménages	Taux de prévalence, indépendamment de la fréquence	Taux de prévalence, en fonction de la fréquence de participation au bénévolat			
		Tous les jours	Au moins une fois par semaine	Moins d'une fois par semaine	Moins d'une fois par mois
SEXE					
Homme	36.0	1.6	7.2	8.4	18.7
Femme	35.9	1.8	8.1	9.3	16.6
ÂGE					
16-24 ans	38.2	1.32	7.56	9.31	20.0
25-34 ans	32.4	1.26	5.43	7.93	17.8
35-44 ans	37.1	1.95	7.97	9.02	18.2
45-54 ans	36.5	1.81	8.16	8.83	17.7
55-65 ans	33.6	1.71	8.25	9.38	14.4
ÉDUCATION					
Enseignement primaire	24.4	1.5	5.2	5.7	12.0
Enseignement secondaire	34.5	1.6	7.4	8.3	17.2
Enseignement supérieur	47.9	1.9	9.2	10.9	25.9
SITUATION PROFESSIONNELLE					
Actif occupé à temps complet	36.9	1.4	7.0	8.8	19.8
Actif occupé à temps partiel	40.5	2.1	9.2	10.8	18.5
Chômeur	26.1	2.4	6.1	6.3	11.3
Étudiant	42.2	1.3	8.4	10.8	21.7
Travailleur non rémunéré	30.3	2.1	8.4	7.6	12.2
Préretraité	29.7	2.3	9.1	8.1	10.3
SITUATION MATRIMONIALE					
Marié	36.7	1.8	8.0	9.1	17.8
Célibataire	34.8	1.5	7.1	8.4	17.9
COMPOSITION DU MÉNAGE					
Sans enfant	35.4	1.5	6.8	8.6	18.5
Enfants de moins de 3 ans	31.8	1.4	5.4	8.7	16.3
Enfants de plus de 3 ans	38.6	1.9	8.5	11.0	17.3
SIUATION ÉCONOMIQUE DU MÉNAGE					
Faibles revenus	25.8	1.9	3.1	6.5	14.3
Revenus intermédiaires	36.2	1.5	7.7	8.5	18.6
Revenus élevés	49.3	1.8	9.0	12.8	25.7
CONTEXTE FAMILIAL					
Migrant	31.3	1.76	7.4	7.0	15.2
Autochtone	36.3	1.66	7.6	9.1	17.9

Source : Calculs OCDE à partir des données OCDE (2012), *Enquête de l'OCDE sur les compétences des adultes* (base de données PIAAC), *www.oecd.org/site/piaac/*.

StatLink http://dx.doi.org/10.1787/888933279277

Tableau 5.A.2. **Prévalence et fréquence du bénévolat informel, en fonction de caractéristiques propres aux individus et aux ménages**

Pourcentage, population d'âge actif, 2006

Caractéristiques propres aux individus et aux ménages	Taux de prévalence, indépendamment de la fréquence	Taux de prévalence, en fonction de la fréquence de participation au bénévolat				
		Au moins une fois par semaine	Au moins une fois par mois	Au moins une fois par trimestre	Au moins une fois par semestre	Moins souvent
SEXE						
Homme	70.6	14.5	21.6	11.9	7.6	15.0
Femme	71.2	17.8	20.3	10.0	8.3	14.7
ÂGE						
16-24 ans	70.8	16.1	21.4	9.4	6.9	17.0
25-34 ans	70.5	13.9	20.2	10.9	9.1	16.3
35-44 ans	73.1	16.3	21.1	12.5	9.0	14.4
45-54 ans	71.5	16.9	21.2	11.2	8.4	13.8
55-64 ans	67.8	17.7	20.6	10.4	6.1	13.1
ÉDUCATION						
Enseignement primaire	55.8	12.3	13.6	8.0	6.8	15.2
Enseignement secondaire	69.7	16.3	20.8	10.3	7.3	15.0
Enseignement supérieur	79.7	17.6	24.0	13.8	10.1	14.2
SITUATION PROFESSIONNELLE						
Actif occupé	73.2	15.7	21.3	12.2	8.8	15.2
Chômeur	64.5	17.6	19.5	9.3	7.2	10.8
Étudiant	71.8	16.0	22.7	9.1	6.9	16.9
Préretraité	65.0	18.0	20.8	7.5	5.3	13.5
SITUATION MATRIMONIALE						
Marié	70.9	15.7	20.5	11.8	8.6	14.4
Célibataire	70.9	16.9	21.5	10.0	7.2	15.4
COMPOSITION DU MÉNAGE						
Sans enfant	71.1	17.1	21.5	10.1	7.1	15.3
Enfants	70.7	15.3	20.3	11.9	9.0	14.3
SIUATION ÉCONOMIQUE DU MÉNAGE						
Faibles revenus	60.8	14.9	17.5	8.9	6.5	13.1
Revenus intermédiaires	70.3	15.9	20.8	10.5	8.1	15.1
Revenus élevés	76.9	17.0	22.6	13.0	8.5	15.8

Source : Calculs OCDE à partir des données de European Social Survey (2006), European Social Survey Round 3 Data, Data file edition 3.5. (base de données), Norwegian Social Science Data Services, Norvège – Data Archive and distributor of ESS data, *www.europeansocialsurvey.org/*.

StatLink *http://dx.doi.org/10.1787/888933279289*

ANNEXE 5.B

Bénévolat et capital humain

Tableau 5.B.1. **Effet du bénévolat formel sur les compétences et les salaires**

Variables explicatives	Compétences			Salaires[3]
	Littératie[1]	Numératie[1]	Résolution de problèmes[2]	
Bénévolat formel	10.998	10.791	7.993	0.14
	(12.05)**	(9.75)**	(7.30)**	(8.40)***
Femme	-4.194	-14.186	-8.952	-0.232
	(6.01)**	(17.27)**	(11.90)**	(-14.1)**
Âge	-0.456	-0.335	-0.837	0.016
	(11.66)**	(8.45)**	(20.75)**	(21.09)***
Contrat permanent	10.976	17.218	13.222	0.09
	(8.65)**	(11.13)**	(9.47)**	(2.85)**
Contrat temporaire	8.538	13.39	11.625	-0.27
	(4.72)**	(6.06)**	(5.77)**	(-4.85)**
Né à l'étranger	-28.861	-29.089	-20.635	-0.196
	(19.05)**	(17.78)**	(12.01)**	(-6.34)**
Emploi qualifié	40.746	46.591	32.649	
	(26.10)**	(29.02)**	(14.98)**	
Employé de bureau semi-qualifié	21.798	23.789	15.812	
	(14.38)**	(14.75)**	(7.87)**	
Ouvrier semi-qualifié	8.444	11.258	1.332	
	(5.31)**	(6.83)**	(-0.55)	
Compétences en littératie				0.002
				(3.35)**
Compétences en numératie				0.001
				(-0.66)
Compétences en résolution de problèmes				0.002
				(3.62)**
Constante	264.116	248.799	289.218	1.574
	(109.03)**	(102.93)**	(99.40)**	(13.09)***
λ				-0.346
				(-22.26)***

1. L'analyse porte sur 20 pays de l'OCDE (Allemagne, Australie, Autriche, Canada, Corée, Danemark, Espagne, Estonie, États-Unis, Finlande, France, Irlande, Italie, Japon, Norvège, Pays-Bas, Pologne, République tchèque, Slovaquie et Suède) et 3 entités infranationales de l'OCDE (la Flandre en Belgique ; l'Angleterre et l'Irlande du Nord au Royaume-Uni).

2. L'analyse porte sur 17 pays de l'OCDE (Allemagne, Australie, Autriche, Canada, Corée, Danemark, Estonie, États-Unis, Finlande, Irlande, Japon, Norvège, Pays-Bas, Pologne, République tchèque, Slovaquie et Suède) et 3 entités infranationales de l'OCDE (la Flandre en Belgique ; l'Angleterre et l'Irlande du Nord au Royaume-Uni).

3. La variable dépendante « Salaires horaires » se réfère au logarithme naturel des salaires horaires. Les salaires horaires tiennent compte des primes et sont exprimés en USD corrigés des PPA. L'échelle des salaires a été rognée afin d'éliminer les 1er et 99e centiles. L'échantillon est limité aux salariés en âge de travailler. L'analyse porte sur 20 pays de l'OCDE (Allemagne, Australie, Autriche, Canada, Corée, Danemark, Espagne, Estonie, États-Unis, Finlande, France, Irlande, Italie, Japon, Norvège,

Tableau 5.B.1. **Effet du bénévolat formel sur les compétences et les salaires** *(suite)*

Pays-Bas, Pologne, République tchèque, Slovaquie et Suède) et 3 entités infranationales de l'OCDE (la Flandre en Belgique ; l'Angleterre et l'Irlande du Nord au Royaume-Uni). Un coefficient λ négatif et statistiquement significatif traduit l'existence d'un biais d'autosélection.

Note : Les coefficients du tableau traduisent l'effet des variables explicatives sur les compétences et les salaires horaires. Les effets fixes nationaux n'apparaissent pas dans le tableau. Valeurs Z entre parenthèses : *** significatif à 1 %, ** significatif à 5 %, * significatif à 10 %.

Source : Calculs OCDE à partir des données OCDE (2012), Enquête de l'OCDE sur les compétences des adultes (base de données PIAAC), *www.oecd.org/site/piaac/*.

StatLink http://dx.doi.org/10.1787/888933279298

ANNEXE 5.C

Bénévolat et bien-être subjectif

Tableau 5.C.1. **Émotions positives et négatives, en fonction de la participation au bénévolat et du pays**

Pourcentage de personnes déclarant avoir ressenti des émotions positives (plaisir, sentiment de repos et sourires ou rires fréquents) et des émotions négatives (inquiétude, colère et tristesse) la veille, 2014 ou dernière année disponible

	Émotions positives						Émotions négatives					
	Sentiment de repos		Plaisir		Sourire		Tristesse		Colère		Inquiétude	
	Pas de bénévolat	Bénévolat formel	Pas de bénévolat	Bénévolat formel	Pas de bénévolat	Bénévolat formel	Pas de bénévolat	Bénévolat formel	Pas de bénévolat	Bénévolat formel	Pas de bénévolat	Bénévolat formel
Australie	69.0	62.7	79.0	81.0	75.3	74.7	22.6	19.9	16.4	15.0	37.7	35.8
Autriche	70.3	70.5	74.6	81.6	76.1	84.0	13.3	10.6	11.3	12.3	27.9	24.6
Belgique	63.9	66.4	76.1	80.8	81.9	82.2	21.5	22.1	12.5	15.6	40.1	41.7
Canada	66.8	68.1	83.9	83.6	82.6	84.1	22.5	25.0	13.0	17.3	40.6	36.6
Chili	58.6	65.1	86.8	93.4	85.8	86.7	21.9	23.0	17.7	15.0	43.4	45.0
République tchèque	59.3	57.2	70.1	79.9	63.1	72.7	14.5	19.1	22.6	13.5	34.3	35.2
Danemark	66.7	69.1	88.4	90.6	76.4	81.9	18.5	17.5	15.9	13.3	37.7	30.6
Estonie	61.8	65.2	72.7	84.9	57.7	73.2	21.2	15.7	9.9	11.0	31.3	32.0
Finlande	69.6	67.3	75.4	80.7	78.3	83.1	14.6	15.3	8.9	5.7	33.2	45.8
France	63.4	67.8	76.8	86.4	80.7	90.5	15.6	20.4	13.8	23.3	31.3	30.4
Allemagne	69.1	71.2	77.4	83.4	72.7	80.1	18.6	15.0	14.0	11.3	27.5	22.1
Grèce	64.9	55.9	66.1	84.3	70.6	84.8	29.9	11.0	29.9	22.8	58.7	47.5
Hongrie	56.8	49.8	68.5	88.0	56.8	72.9	21.4	16.8	14.5	9.3	37.8	28.5
Islande	54.4	61.3	86.5	91.5	84.7	89.9	10.6	14.8	8.1	9.3	24.8	30.4
Irlande	69.9	72.1	78.7	86.8	72.8	78.1	20.9	18.8	13.3	14.5	35.1	34.5
Israël	60.0	66.2	60.6	70.6	57.7	58.9	23.2	19.5	25.3	19.5	35.8	33.2
Italie	63.1	59.2	70.0	65.9	74.0	71.7	35.1	42.0	15.2	20.5	53.4	60.1
Japon	68.9	79.9	63.6	80.7	76.6	86.7	10.5	10.5	15.4	15.0	32.7	27.3
Corée	64.8	74.5	58.0	77.7	64.5	79.4	21.8	17.4	20.0	13.2	47.7	37.1
Luxembourg	69.1	73.3	80.0	85.8	77.0	81.4	13.9	18.7	11.6	14.7	24.7	21.6
Mexique	70.0	69.9	72.6	80.2	77.2	78.6	16.7	22.8	8.6	8.0	44.5	33.3
Pays-Bas	68.2	70.1	87.6	90.7	83.3	87.4	18.0	19.7	10.6	7.9	36.8	40.2
Nouvelle-Zélande	64.9	60.9	85.2	85.3	84.6	83.2	15.7	18.4	12.3	14.6	28.0	31.4
Norvège	61.6	70.7	85.9	90.3	76.8	85.5	17.4	16.4	13.2	10.0	30.2	26.6
Pologne	56.5	60.0	76.2	81.7	76.8	85.0	17.9	18.2	21.8	18.2	27.7	28.5
Portugal	55.5	60.8	55.0	64.0	69.9	73.6	34.1	28.9	10.0	13.7	62.7	67.0
Slovaquie	68.9	73.3	72.1	86.5	68.6	73.8	18.6	18.3	27.1	23.0	35.3	35.2
Slovénie	69.0	76.7	54.6	61.6	64.0	72.0	16.6	19.2	18.9	16.1	52.5	50.5
Espagne	71.1	72.3	66.0	68.2	76.8	74.4	22.8	26.9	25.8	22.6	53.1	47.7
Suède	64.7	62.3	86.6	90.6	79.1	82.1	19.7	19.9	14.0	17.0	28.7	28.8
Suisse	72.7	71.2	82.2	84.0	82.3	80.6	17.6	14.3	14.4	13.2	25.0	28.2
Turquie	72.1	77.7	59.3	81.2	64.2	90.1	36.7	35.8	39.7	38.1	41.4	58.4
Royaume-Uni	64.3	64.6	78.0	81.8	76.5	85.4	18.6	24.4	15.1	18.5	39.2	36.7
États-Unis	68.2	69.3	80.4	90.4	81.2	83.3	23.4	23.9	18.4	18.0	40.2	45.4
OCDE	**65.2**	**67.1**	**74.5**	**82.2**	**74.3**	**80.3**	**20.2**	**20.0**	**16.4**	**15.6**	**37.7**	**37.0**

Note : Les données pour l'Islande et la Turquie datent de 2013.

Source : Calculs OCDE à partir des données du sondage Gallup World Poll, *www.gallup.com/strategicconsulting/en-us/worldpoll.aspx*.

StatLink *http://dx.doi.org/10.1787/888933279306*

Tableau 5.C.2. **Analyse de régression quantile des effets du bénévolat formel sur la satisfaction à l'égard de la vie**

Variables explicatives	Satisfaction à l'égard de la vie				
	1er quintile	2e quintile	3e quintile	4e quintile	5e quintile
Bénévolat formel	0.288	0.256	0.238	0.183	0.127
	(11.20)**	(16.79)**	(15.63)**	(16.12)**	(9.55)**
Homme	-0.11	-0.003	-0.027	-0.067	-0.046
	(5.28)**	(-0.23)	(2.07)*	(6.51)**	(3.68)**
Marié	-0.163	-0.236	-0.159	-0.08	-0.073
	(7.48)**	(17.45)**	(11.15)**	(6.84)**	(5.19)**
Âge : 25-34 ans	-0.218	-0.074	-0.084	-0.049	0.019
	(4.44)**	(2.60)**	(3.08)**	(2.34)*	(-0.79)
Âge : 35-54 ans	-0.261	-0.061	-0.077	-0.031	0.082
	(5.92)**	(2.33)*	(3.10)**	(-1.61)	(3.70)**
Âge : 55-64 ans	-0.212	-0.049	-0.022	0.056	0.179
	(4.38)**	(-1.7)	(-0.77)	(2.62)**	(7.32)**
Âge : 65 et +	-0.009	0.005	0.069	0.134	0.282
	(-0.2)	(-0.16)	(2.45)*	(6.31)**	(12.14)**
Enseignement secondaire	0.407	0.217	0.213	0.118	-0.027
	(14.69)**	(11.31)**	(9.66)**	(6.24)**	(-1.31)
Enseignement supérieur	0.366	0.231	0.152	0.028	-0.205
	(9.93)**	(9.50)**	(5.92)**	-1.33	(8.77)**
Quelqu'un sur qui compter	0.560	0.254	0.232	0.113	-0.047
	(19.29)**	(11.60)**	(8.63)**	(4.61)**	(-1.67)
Problèmes de santé	-0.229	-0.022	-0.067	-0.034	0.009
	(10.01)**	(-1.43)	(3.90)**	(2.34)*	(-0.52)
Revenu du ménage	0.597	0.523	0.477	0.283	0.101
	(35.49)**	(49.51)**	(44.54)**	(31.69)**	(12.63)**
Petite ville ou village	-0.104	-0.183	-0.182	-0.17	-0.167
	(3.24)**	(9.36)**	(8.79)**	(10.71)**	(9.06)**
Grande ville	-0.136	-0.227	-0.241	-0.144	-0.133
	(4.01)**	(11.11)**	(11.20)**	(8.77)**	(6.94)**
Banlieue d'une grande ville	0.081	0.07	0.031	0.054	0.046
	(2.13)*	(3.06)**	(-1.3)	(3.08)**	(2.22)*
Constante	-2.313	0.43	1.78	4.635	8.01
	(13.81)**	(4.03)**	(16.48)**	(49.97)**	(93.83)**
R^2	0.2	0.26	0.22	0.23	0.22
N	31,924	32,253	32,241	31,839	30,034

Note : L'analyse porte sur tous les pays de l'OCDE. Les données concernent tous les pays et toutes les années disponibles entre 2006 et 2014. La variable « Revenu du ménage » se réfère au logarithme naturel du revenu disponible du ménage. Valeurs Z entre parenthèses : * indique que les valeurs sont significatives à un niveau de confiance de 10% ; ** indique que les valeurs sont significatives à un niveau de confiance de 5% ; *** indique que les valeurs sont significatives à un niveau de confiance de 1%.

Source : Calculs OCDE à partir des données du sondage Gallup World Poll, *www.gallup.com/strategicconsulting/en-us/worldpoll.aspx.*

StatLink http://dx.doi.org/10.1787/888933279311

Chapitre 6

L'approche locale : évaluer le bien-être dans les régions

Ce chapitre propose un cadre et une série d'indicateurs en vue d'évaluer le bien-être dans les régions des pays de l'OCDE. Pour dresser un tableau exhaustif du bien-être des individus, qui dépend de multiples caractéristiques individuelles et territoriales, il est essentiel de tenir compte de la situation sur le territoire où ils vivent. Les indicateurs présentés dans ce chapitre concernent neuf dimensions du bien-être et portent sur des aspects ayant trait à la fois aux conditions matérielles et à la qualité de vie. Les données fournies dans ce chapitre, qui inclut une évaluation des inégalités de revenu et de la pauvreté au sein des régions, mettent en évidence des disparités régionales dans les différentes dimensions du bien-être. Enfin, la dernière partie du chapitre examine les principales étapes à suivre pour améliorer, à l'avenir, l'évaluation du bien-être au niveau infranational.

Les données statistiques concernant Israël sont fournies par et sous la responsabilité des autorités israéliennes compétentes. L'utilisation de ces données par l'OCDE est sans préjudice du statut des hauteurs du Golan, de Jérusalem-Est et des colonies de peuplement israéliennes en Cisjordanie aux termes du droit international.

Introduction : l'intérêt d'une perspective régionale dans la mesure du bien-être

Il est important, afin de dresser un tableau complet des conditions de vie des individus, de tenir compte des circonstances régionales et locales influant sur leur bien-être. Il peut s'agir, par exemple, d'étudier en quoi leur accès aux services publics locaux conditionne leurs choix, ou en quoi des infrastructures et services efficaces contribuent à l'amélioration de leur hygiène de vie, de leurs possibilités d'emploi et de la cohésion des communautés.

Les données et indicateurs infranationaux apportent des informations sur la répartition territoriale du bien-être et peuvent mettre en évidence comment les avantages et les inconvénients liés aux dimensions du bien-être sont distribués non seulement entre différents groupes d'individus, mais aussi entre territoires. Les moyennes nationales des indicateurs du bien-être cachent souvent d'importantes variations entre régions d'un seul et même pays. Par exemple, en 2013, l'écart entre les régions italiennes en termes de taux d'emploi s'élevait à 33 points de pourcentage, de 40 % (en Campanie) à 73 % (dans la région de Bolzano), soit une différence comparable à celle observée entre pays de l'OCDE. De même, l'espérance de vie aux États-Unis varie de six ans d'un État à l'autre, soit seulement trois ans de moins que la différence entre pays de l'OCDE.

Les pouvoirs publics régionaux et locaux assument d'importantes responsabilités quant à de nombreuses politiques qui influent directement sur la vie des individus. En effet, environ 40 % des dépenses publiques des pays de l'OCDE sont effectuées par les administrations infranationales et 70 % des dépenses publiques infranationales, dans les pays de l'OCDE, vont à l'éducation, à la santé, à la protection sociale et aux services publics généraux (OCDE, 2013). De plus, de nombreuses interactions entre politiques sont propres au territoire : par exemple, les politiques d'occupation des sols, des transports et du logement varient d'un territoire à l'autre et les interactions entre elles sont plus faciles à gérer au plan local. L'évaluation du bien-être à l'échelon local permet aux décideurs de définir un ordre de priorité pour les interventions publiques en fonction des besoins, de mieux évaluer et suivre la concentration géographique des avantages ou des inconvénients, et de renforcer la cohérence des politiques en identifiant les synergies dont elles peuvent tirer parti. Enfin, l'évaluation du bien-être local portant sur la vie quotidienne, elle peut permettre aux citoyens d'exiger des actions qui répondent à leurs attentes et besoins, et ainsi, de restaurer la confiance de la population dans la capacité des institutions publiques à remédier aux problèmes urgents. De nombreuses initiatives visant à évaluer le bien-être à l'échelon local ont été lancées récemment afin d'élargir l'éventail des informations disponibles, de contribuer à la conception et à l'évaluation des politiques locales de développement, de sensibiliser à certaines questions et d'accroître la redevabilité des pouvoirs publics (encadré 6.1).

Encadré 6.1. **Initiatives d'évaluation du bien-être au niveau infranational**

Les indicateurs du bien-être régional peuvent être utilisés à différentes fins et par différentes parties prenantes. Jusqu'à présent, ils ont été utilisés par les pouvoirs publics aussi bien nationaux que régionaux, souvent en partenariat avec des institutions indépendantes, et des universités, ainsi que par des organisations non gouvernementales.

De récentes initiatives nationales visent à étendre à l'ensemble du territoire national les données sur le bien-être disponibles au niveau infranational. Depuis 2013, le Bureau australien de statistiques (ABS), conscient des écarts prononcés existant entre ses mesures du bien-être et du progrès au plan national, a ajouté à son rapport *Measures of Australia's Progress (MAP)* un chapitre sur les indicateurs régionaux pour chaque dimension du bien-être. En Italie, en 2013, le Bureau national italien de statistiques (ISTAT) et le Conseil national pour l'économie et le travail (CNEL) ont publié un rapport sur le bien-être équitable et durable (*Il benessere equo e sostenibile – BES*) : la plupart des indicateurs (portant sur 12 dimensions du bien-être) sont disponibles au niveau régional et, à l'avenir, ce cadre sera adapté et appliqué aux grandes villes et aux provinces. En 2013, le Bureau national turc de statistiques a étendu son enquête annuelle sur la satisfaction à l'égard de l'existence au niveau des provinces (régions TL3) ; l'enquête recueille des informations sur le bonheur, l'épanouissement personnel et la satisfaction à l'égard de différents services publics. Le ministère du Développement de la Turquie a également publié, en 2013, une étude sur le développement socio-économique (*SEDI*) qui classe les provinces et régions en fonction de 61 indicateurs répartis en 8 dimensions (démographie, éducation, santé, emploi, compétitivité et innovation, capacité financière, accessibilité et qualité de vie).

En 2012, le ministère du Développement régional de Pologne et le Programme des Nations Unies pour le Développement (PNUD) ont élaboré un indice du développement humain (IDH) applicable au niveau infranational (au niveau des « powiat », correspondant aux unités administratives locales (UAL1) de la classification Eurostat). Cet indice, ou indice du développement humain local, repose sur trois composantes : la santé (évaluée au moyen de l'espérance de vie, de la mortalité infantile et des décès par cancer et pathologie cardiaque), l'éducation (pourcentage d'enfants dans l'éducation préscolaire et résultats moyens aux examens en fin de secondaire) et la protection sociale (revenu moyen par habitant). L'enquête, réalisée par le PNUD, la Warsaw School of Economics et le Bureau central de statistiques, repose sur des données provenant du Bureau central de statistiques et de registres administratifs pour la période 2007-10. Les résultats font apparaître de fortes disparités en matière de développement social, les grandes villes, les villes et leurs agglomérations enregistrant généralement de meilleurs résultats que les zones rurales (*http://issuu.com/undp_poland/docs/lhdi_report_poland_2012_eng*). Dans le cadre de sa stratégie de développement national à horizon 2030, le gouvernement a décidé d'utiliser l'IDH, aux côtés du PIB, comme principal indicateur du développement national. L'indice du développement humain local a permis de renforcer les liens entre les objectifs stratégiques régionaux/locaux et les objectifs stratégiques nationaux. Il s'agit d'un instrument efficace pour la planification, le suivi et l'évaluation des activités des administrations locales, et l'étude sert à améliorer les politiques publiques et à suivre la mise en œuvre des objectifs stratégiques aux échelons régional et local.

Les pouvoirs publics locaux peuvent également avoir recours aux indicateurs du bien-être pour suivre des problèmes ou résultats régionaux ayant trait à certaines dimensions du bien-être, et allouer les financements publics aux territoires en fonction des priorités. Aux Pays-Bas, par exemple, l'inquiétude croissante quant aux questions de sécurité personnelle a conduit le Bureau central néerlandais de statistiques à mener une enquête sur la criminalité, à la fin des années 90, puis une enquête sur le contrôle de la sécurité. Ces enquêtes collectent des informations sur l'état physique, la situation sociale et les conditions de sécurité, ainsi que sur la peur de la criminalité, la victimisation, les problèmes de voisinage et le fonctionnement de la police aux plans national, régional et local. Au Royaume-Uni, la stratégie *Well-being for Life* mise en œuvre à Newcastle prévoit les actions à mener durant la période 2013-16 dans trois domaines du bien-être : éducation, emploi et santé. Afin de sensibiliser l'opinion sur ses atouts et sa croissance économique, la région du Danemark du Sud a lancé l'initiative *Good Life* en

Encadré 6.1. **Initiatives d'évaluation du bien-être au niveau infranational** *(suite)*

2012. Elle vise à collecter de très nombreux indicateurs du bien-être dans chaque commune de la région, afin de suivre les phénomènes démographiques et sociaux et d'éclairer l'élaboration des politiques. Le Bureau australien de statistiques (2011) calcule des indices socio-économiques pour les régions (*Socio-Economic Indexes for Areas, SEIFA*), qu'il compare ensuite afin, notamment, de cibler les zones ayant besoin de financements et de services. Aux États-Unis, le Partenariat pour des collectivités durables (*Partnership for Sustainable Communities* – PSC), initiative fédérale destinée à associer les politiques du logement, des transports et de l'environnement pour créer des collectivités plus durables sur le plan économique et environnemental, fournit un ensemble d'indicateurs comparables pour différents échelons territoriaux, en rapport avec cinq dimensions du bien-être. Les collectivités à la recherche d'un financement fédéral peuvent utiliser les mesures du bien-être dans les différentes étapes de la vie du projet (élaboration, mise en œuvre et évaluation).

Plusieurs régions et pays ont recours aux indicateurs du bien-être afin de déterminer les secteurs dans lesquels il est urgent de prendre des mesures. En Hongrie, les régions qui perçoivent des financements au titre de la politique de cohésion de l'UE sont classées en fonction de 24 indicateurs répartis en quatre dimensions : société et démographie ; logement et conditions de vie ; économie et marché du travail au plan local ; infrastructure et environnement. Ce type de classification a servi à la conception des programmes ciblant le développement économique, l'emploi, l'éducation et l'intégration des Roms dans les 33 microrégions les plus défavorisées durant la période 2007-13. Aux Pays-Bas, le centre de recherche Telos évalue le capital économique, socioculturel et écologique afin d'alerter les citoyens et les décideurs sur ce qui doit être amélioré et ce qui fonctionne bien. Dans la région de Sardaigne (Italie), la mise en œuvre de la politique de cohésion de l'UE pour la période 2007-13 s'est appuyée sur un plan d'amélioration des performances (*Obiettivi di Servizio*), qui définissait des normes minimales pour quatre domaines caractérisés par de mauvais résultats qualitatifs et quantitatifs en termes de services publics. En se basant sur cette initiative, les autorités régionales ont défini un ensemble complet de mesures du bien-être pour le programme de développement régional sur la période 2014-20. La province de Rome a lancé une stratégie de bien-être qui s'est traduite en 2012 par des initiatives de mesure du bien-être : les citoyens ont participé à des enquêtes au niveau local destinées à comprendre comment ils évaluent différentes dimensions du bien-être et les autorités de la province ont utilisé ces mesures pour élaborer leur stratégie de développement territorial. Au Mexique, l'État du Morelos a défini des indicateurs permettant de suivre un ensemble de dimensions du bien-être et les a intégrés à son programme de développement pour 2013-18.

En 2010, le ministère du Développement social de Nouvelle-Zélande a publié son *Social Report*, qui fournit une évaluation complète du bien-être de la population aux échelons national et régional. Ce rapport comprend un ensemble d'indicateurs du bien-être pour les 16 régions, dans différents domaines tels que la santé, les connaissances et compétences, l'emploi, le niveau de vie, les droits civiques et politiques, l'identité culturelle, les loisirs, la sécurité et les liens sociaux. La nouvelle version du rapport sera publiée fin 2015. De plus, la deuxième édition du *Regional Economic Activity Report* publiée en 2014 propose une évaluation comparative des résultats des 16 régions du pays sur le plan économique, ce qui permet de mieux comprendre les rôles que jouent les différentes régions dans l'économie. Les indicateurs couvrent plusieurs domaines, tels que la démographie, le niveau de vie et l'emploi (y compris le PIB régional), les compétences et l'emploi, les relations nationales et internationales et les dépenses publiques.

Des organisations non gouvernementales ont aussi utilisé les indicateurs du bien-être mesurés à l'échelon local afin de promouvoir la sensibilisation aux problèmes sociaux et d'inciter les pouvoirs publics à prendre des mesures. Des exemples de la sorte existent en Colombie (Bogota, *Cómo Vamos*) et au Mexique (Mexico, *Cómo vamos*). À Bogota, l'initiative *Cómo Vamos* se base sur plusieurs indicateurs concernant cinq aspects de la qualité de vie. Une fois par an, l'organisation gérant cette initiative publie un rapport sur la qualité de

Encadré 6.1. **Initiatives d'évaluation du bien-être au niveau infranational** (*suite*)

vie, une enquête sur la perception des citoyens et un rapport de suivi et d'évaluation des résultats obtenus par le conseil municipal de Bogota. Enfin, au Royaume-Uni, la *Young Foundation* a lancé un instrument de mesure, baptisé WARM (*Wellbeing and Resilience Measure*), pour aider les autorités et collectivités locales à allouer les ressources en fonction des priorités.

Sources : Bureau australien de statistiques (2011), « Socio-Economic Indexes for Areas », ABS, Canberra, www.abs.gov.au/websitedbs/censushome.nsf/home/seifa (consulté le 29 mai 2015) ; Bureau australien de statistiques (2013), « Measures of Australia's Progress » ; Bogotà Cómo Vamos, « Bogotà Cómo Vamos », Bogota, Colombie, www.bogotacomovamos.org/documentos/informe-de-calidad-de-vida-2014-3/ (consulté le 10 juillet 2014) ; Bogotà Cómo Vamos, www.bogotacomovamos.org et www.bogotacomovamos.org/concejo(consulté le 10 juillet 2014) ; Hák, Tomás, Moldan Bedrich et Lyon Dahl Arthur (dir. pub.) (2007), Sustainability Indicators: A Scientific Assessment, Island Press, Young Foundation, www.youngfoundation.org (consulté le 29 mai 2015) ; Istat (2014), « Il benessere equo e sostenibile» ; Koopman, M., H.-J. van Mossel et A. Straub (dir. pub.) (2009), Performance Measurement in the Dutch Social Rented Sector, IOS Press, Amsterdam ; ministère du Développement social de Nouvelle-Zélande (2010), The Social Report 2010, ministère du Développement social, Wellington, Nouvelle-Zélande ; ministère du Commerce, de l'Innovation et de l'Emploi de Nouvelle-Zélande (2014), Regional Economic Activity Report 2014, ministère du Commerce, de l'Innovation et de l'Emploi, Wellington, Nouvelle-Zélande ; OCDE (2014a), « Ville de Newcastle (Royaume-Uni) », OCDE (2014a), « Province de Rome (Italie) », OCDE (2014a), « Région de Sardaigne (Italie) », OCDE (2014a), « Région du Danemark du Sud (Danemark) », OCDE (2014a), « État du Morelos (Mexique) », OCDE (2014a), « US Partnership for Sustainable Communities », OCDE (2014a), dans Comment va la vie dans votre région? : Mesurer le bien-être régional et local pour les politiques publiques, Éditions OCDE, Paris ; site internet Telos, www.telos.nl/default.aspx (consulté le 29 mai 2015) ; Zauberman, R. (2010), Victimisation and Insecurity in Europe: A Review of Surveys and Their Use, VUB University Press ; Institut turc de statistique (2013), enquête sur la satisfaction à l'égard de l'existence ; ministère du Développement de Turquie (2013), étude sur le développement socio-économique (SEDI), http://www3.kalkinma.gov.tr/bolgesel.portal (consulté le 29 mai 2015) ; « National Human Development Report: Poland 2012. Regional and Local Human Development », http://issuu.com/undp_poland/docs/lhdi_report_poland_2012_eng (consulté le 29 mai 2015).

Le rapport de l'OCDE intitulé « *Comment va la vie dans votre région ?* » (OCDE, 2014a), publié en octobre 2014, s'appuie sur le cadre conceptuel de l'Initiative du vivre mieux de l'OCDE et sur la série *Panorama des régions* pour étendre l'évaluation du bien-être de la population au niveau infranational. Dans le cadre de ce projet, un ensemble d'indicateurs comparables de neuf dimensions du bien-être a été élaboré ; il porte sur 362 régions de 34 pays de l'OCDE.

La mesure du bien-être au niveau infranational pose des défis majeurs. Premièrement, les échelles géographiques à prendre en compte peuvent varier d'un pays à l'autre, ainsi qu'au sein d'un même pays (par exemple : régions administratives, zones fonctionnelles, zones métropolitaines, villes ou circonscriptions scolaires). Pour fournir des informations pertinentes aux décideurs et aux citoyens, les données doivent provenir de l'échelle qui intéresse la population au quotidien et de la sphère d'influence des politiques publiques. Deuxièmement, les données infranationales sont généralement plus limitées que les données nationales et doivent s'appuyer sur des sources bien plus diversifiées. En particulier, les données issues des enquêtes sur les ménages et les individus sont rarement conçues pour fournir des informations sur des zones géographiques réduites.

Ce chapitre renseigne sur la répartition territoriale du bien-être, à partir des données du rapport OCDE (2014a), et répertorie certaines des grandes priorités des travaux statistiques à venir. Il est organisé comme suit : la section 2 présente une vue d'ensemble du cadre de mesure du bien-être régional et local sur lequel s'appuie le rapport de l'OCDE *Comment va la vie dans votre région ?* et recense les principaux défis auxquels est confrontée l'évaluation du bien-être au niveau infranational, en donnant des exemples de pratiques innovantes visant à élaborer des ensembles plus complets d'indicateurs du bien-être au niveau infranational. La section 3 renseigne sur les disparités régionales au regard de certaines dimensions du bien-être au sein du cadre du bien-être régional de l'OCDE ; le chapitre s'intéresse, en particulier, à la mesure de l'accès aux services, dimension clé du bien-être régional absente du cadre *Comment va la vie ?*. La dernière section met en évidence les principales lacunes en matière de statistiques dans ce domaine, et donne un aperçu des travaux statistiques à mener à l'avenir afin de renforcer la description statistique du bien-être au plan local.

Mesurer le bien-être régional

Cadre de l'OCDE pour la mesure du bien-être au niveau local

Basé sur le cadre *Comment va la vie ?* de l'OCDE, le cadre infranational de l'OCDE fait du bien-être actuel un concept multidimensionnel qui met l'accent sur ce qui compte pour la population, qui est axé sur les résultats (plutôt que sur les intrants et les déterminants), et qui souligne la nécessité « d'aller au-delà des moyennes », en s'intéressant à la répartition du bien-être parmi les individus, les groupes sociaux (migrants récents, personnes âgées, par exemple) et les territoires (graphique 6.1). L'idée selon laquelle le bien-être individuel dépend à la fois de caractéristiques individuelles et de caractéristiques territoriales est un apport essentiel de *Comment va la vie dans votre région ?* au cadre utilisé pour *Comment va la vie ?*. Le fait d'avoir un emploi, par exemple, est un aspect crucial du bien-être individuel, qui dépend à la fois de caractéristiques individuelles (comme les qualifications et l'éducation) et de facteurs liés au contexte tels que l'accès à la formation et aux transports et la situation du marché du travail. Le tableau 6.1 illustre comment les facteurs liés au territoire interagissent avec les caractéristiques individuelles pour produire des résultats en matière de bien-être au niveau local.

Tableau 6.1. **La population dans les territoires : les multiples déterminants du bien-être territorialisé**

Facteurs liés au territoire	⇔	Caractéristiques individuelles	=	Bien-être individuel
– Dynamisme du contexte économique régional		– Famille		– Emploi
– Réserve de main d'œuvre régionale		– Éducation		– Revenus
– Accès à la formation		– Qualifications		– Rémunération
– Transports		– Motivation		– Taux de pauvreté
– Réseaux d'information		– Facteurs biologiques et génétiques		– Espérance de vie à la naissance
– Possibilités d'éducation		– Style de vie		– Mortalité infantile
– Contexte social (logement, chauffage, inégalités relatives et absolues, etc.)		– Comportements à risque		
– Contexte environnemental (pollution, équipements collectifs, etc.)		– Revenus		

Les informations sur les individus et les territoires permettent de mieux comprendre la concentration géographique des avantages et des inconvénients, et de savoir si les différentes sources d'inégalités (au niveau des individus et des territoires) se renforcent mutuellement (Sampson, 2008 ; Wilson, 1987). Une approche comparable de mesure du bien-être associant les caractéristiques individuelles et territoriales a été récemment adoptée par la région du Danemark du Sud, dans son initiative *Good Life* (OCDE, 2014c), et par l'Australie dans ses indices socio-économiques pour les régions (*SEIFA*) (Australian Bureau of Statistics, 2011, encadré 6.1). En s'appuyant sur ces expériences, l'OCDE a intégré à son cadre régional toute une gamme de facteurs liés au territoire.

Graphique 6.1. **Cadre de l'OCDE pour l'évaluation du bien-être régional et local**

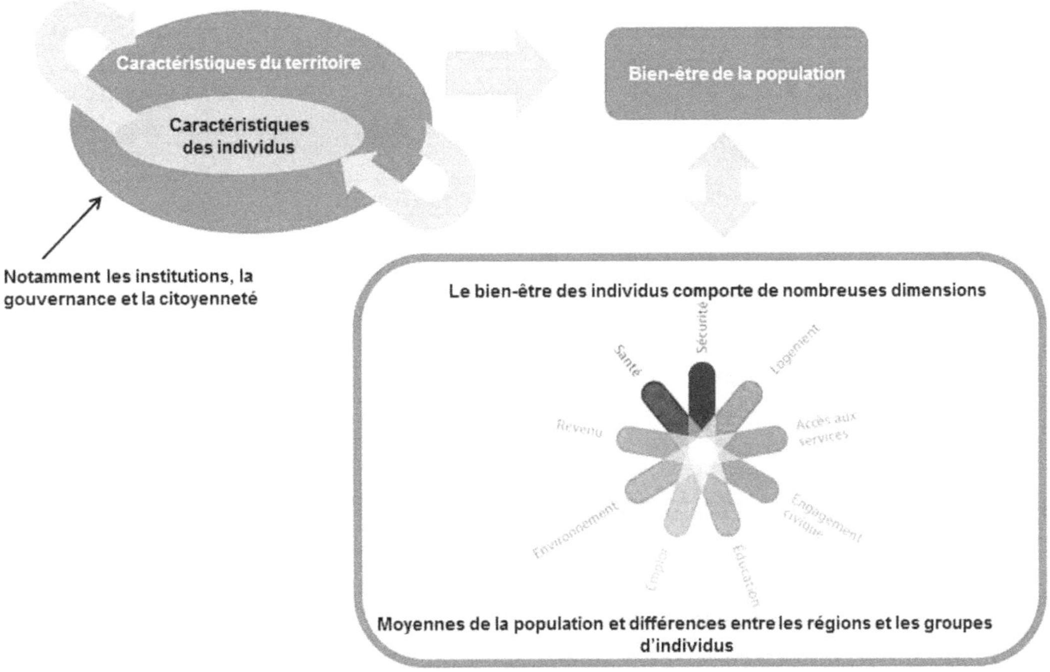

Afin de rendre ce cadre régional opérationnel, un ensemble d'indicateurs comparables a été élaboré pour mesurer les résultats dans neuf dimensions du bien-être dans les 362 grandes régions de l'OCDE. Lorsqu'ils sont disponibles, les indicateurs régionaux utilisés ici sont identiques à ceux utilisés dans *Comment va la vie ?* au niveau national. En outre, la dimension « accès aux services » figure dans le cadre régional, mais pas les trois dimensions « équilibre vie professionnelle – vie privée », « liens sociaux » et « bien-être subjectif » de *Comment va la vie ?*, du fait du manque de données. Les évaluations subjectives des conditions de vie peuvent compléter utilement les mesures objectives et devraient être incluses afin d'évaluer plus précisément le bien-être de la population. L'Initiative du vivre mieux de l'OCDE, au niveau national, fait du bien-être subjectif une dimension à part entière, évaluée au moyen de la satisfaction à l'égard de l'existence. D'autres indicateurs autodéclarés sont utilisés pour mesurer la santé et les liens sociaux. À ce stade, toutefois, le cadre régional ne comporte aucun indicateur autodéclaré du bien-être individuel (soutien social perçu, sentiments quant à l'équilibre vie professionnelle – vie privée ou satisfaction à l'égard de l'existence, par exemple – tableau 6.2), essentiellement du fait du manque de données, les données d'enquête n'étant généralement pas représentatives aux niveaux régional et local.

Les indicateurs du bien-être régional figurent dans la *Base de données de l'OCDE sur le bien-être régional* (*http://dx.doi.org/10.1787/data-00707-fr.*) et dans la *Base de données Statistiques régionales de l'OCDE* (*http://dx.doi.org/10.1787/region-data-fr*). Certains indicateurs figurent également sur le site interactif de l'OCDE consacré au bien-être régional (*www.oecdregionalwellbeing.org*) ; ils apparaissent en gras dans le tableau 6.2.

Tableau 6.2. **Dimensions et indicateurs pour la mesure du bien-être aux niveaux régional et national**

Dimensions		Indicateurs régionaux inclus dans *Comment va la vie dans votre région ?* ou dans les bases de données associées	Indicateurs nationaux inclus dans les mesures de *Comment va la vie ?*
Conditions matérielles	Revenu (niveaux et distribution)	Niveau : – **Revenu disponible des ménages ajusté** (moyen et médian) Distribution : – Indice de Gini du revenu disponible et marchand des ménages – Rapport interquintile (S80/S20) pour le revenu disponible et marchand des ménages – Pauvreté régionale relative (ratios d'effectifs pour le revenu disponible et marchand, avec un seuil de pauvreté fixé à 40, 50 et 60 % du revenu médian national)	– Revenu disponible des ménages ajusté – Patrimoine financier net des ménages
	Emploi	– **Taux d'emploi** – Taux de chômage de longue durée – **Taux de chômage**	– Taux d'emploi – Taux de chômage de longue durée – Rémunération annuelle moyenne par travailleur – Probabilité de perdre son emploi
	Logement	– **Nombre de chambres par personne**	– Nombre de chambres par personne – Dépenses de logement – Logements sans installations de base
Qualité de la vie	Santé	– **Espérance de vie à la naissance** – **Taux de mortalité ajusté selon l'âge**	– Espérance de vie à la naissance – État de santé perçu
	Éducation et compétences	– **Niveau de scolarité** – Compétences cognitives des élèves (PISA)	– Niveau de scolarité – Compétences cognitives des élèves (PISA) – Compétences de la population adulte
	Qualité de l'environnement	– **Qualité de l'air ($PM_{2.5}$)** – Déforestation – Déchets municipaux ayant été recyclés – Accès aux espaces verts	– Qualité de l'air ($PM_{2.5}$) – Satisfaction à l'égard de la qualité de l'eau
	Sécurité personnelle	– **Taux d'homicides** – Taux de vols de voitures – Mortalité due aux accidents de transport	– Taux d'homicides (agression) – Victimisation autodéclarée
	Engagement civique et gouvernance	– **Taux de participation aux élections**	– Taux de participation aux élections – Engagement des parties prenantes gouvernementales
	Accès aux services	– **Connexion haut débit** – Distance moyenne de l'hôpital le plus proche – Part de la population ayant accès aux transports en commun (disponible pour un nombre limité de villes) – Besoins médicaux non satisfaits	
	Équilibre vie professionnelle – vie privée	Non disponible	– Employés travaillant de très longues heures – Temps consacré aux loisirs et à soi
	Liens sociaux	Non disponible	– Soutien du réseau social
	Bien-être subjectif	Non disponible	– Satisfaction à l'égard de l'existence

Note : Pour certains indicateurs, les données ne sont disponibles que pour un nombre limité de pays. La couverture géographique est ainsi particulièrement restreinte pour les compétences cognitives des élèves (PISA) mesurées au plan régional, les déchets municipaux ayant été recyclés, la distance moyenne de l'hôpital le plus proche, la part de la population ayant accès aux transports en commun et les besoins médicaux non satisfaits. Les indicateurs apparaissant en gras figurent sur le site interactif de l'OCDE sur le bien-être régional (*www.oecdregionalwellbeing.org*).

Sources : OCDE (2014a), *Comment va la vie dans votre région ? : Mesurer le bien-être régional et local pour les politiques publiques*, Éditions OCDE, Paris, *http://dx.doi.org/10.1787/9789264223981-fr* ; *« Bien-être régional », Statistiques régionales de l'OCDE* (base de données), *http://dx.doi.org/10.1787/data-00707-fr* ; *Base de données Statistiques régionales de l'OCDE* (*http://dx.doi.org/10.1787/region-data-fr*).

Défis de l'évaluation

Le cadre du bien-être régional de l'OCDE souligne la relation dynamique existant entre les caractéristiques individuelles et les caractéristiques territoriales. Les indicateurs sélectionnés concernent les individus (espérance de vie à la naissance, par exemple) mais également les territoires sur lesquels ils vivent (qualité de l'air dans la région, par exemple). Le premier défi auquel est confrontée l'évaluation est lié à l'échelle géographique à prendre en compte pour la réalisation de l'analyse statistique au niveau infranational. En effet, pour éclairer de manière adéquate l'élaboration des politiques publiques, les données doivent concerner l'échelle qui intéresse la population au quotidien et la sphère d'intervention des politiques publiques. Dans la pratique, les « régions » répondent à des définitions différentes selon les pays (administrative, politique, économique, géographique, etc.) et la disponibilité des données sur les différentes régions peut être très variable. La classification des régions de l'OCDE opère une distinction entre frontière administrative et frontière fonctionnelle dans la définition des unités infranationales. Ce sont les frontières administratives qui servent à définir les « grandes régions » de l'OCDE (encadré 6.2) : elles s'appuient sur les définitions nationales et constituent généralement le premier niveau administratif des pouvoirs publics infranationaux. Les données sur ces grandes régions revêtent une importance particulière pour comprendre le rôle des administrations infranationales dans la conception des politiques et la fourniture des services publics, plus de 40 % des dépenses publiques des pays de l'OCDE et deux tiers des investissements publics étant réalisés par les administrations infranationales (chiffres de 2013).

Encadré 6.2. **Comment définit-on les « régions » ?**

Afin de faciliter les comparaisons internationales, l'OCDE classe les régions en deux niveaux territoriaux, qui reflètent l'organisation administrative des pays. Les grandes régions (TL2) de l'OCDE constituent le premier niveau administratif des pouvoirs publics infranationaux (les « provinces » au Canada, les « communautés autonomes » en Espagne, les « régions » en France ou les « États » aux États-Unis, par exemple). Les indicateurs du bien-être présentés dans ce chapitre concernent les 362 grandes régions de l'OCDE. Les données sur ces grandes régions fournissent aussi des informations sur les disparités interrégionales dans les différentes dimensions du bien-être, mettant ainsi au jour des disparités au sein des pays parfois plus importantes qu'entre pays. Les grandes régions administratives comprenant des autorités locales et de nombreuses zones ayant des fonctions économiques différentes (villes et zones rurales, par exemple), l'OCDE a également élaboré une classification commune des « petites régions ». Il s'agit de subdivisions des grandes régions, qui correspondent généralement à des unités administratives, sauf pour l'Allemagne, l'Australie, le Canada et les États-Unis, pays pour lesquels les petites régions correspondent à des divisions statistiques ou économiques créées par le pays et utilisées pour la collecte de données. En fonction des critères de densité de population, de proportion de la population vivant en zone rurale, de superficie des zones urbaines et de distance des centres urbains, l'OCDE distingue, dans sa classification des petites régions, les régions « essentiellement rurales éloignées », « essentiellement rurales proches d'une ville », « intermédiaires » et « essentiellement urbaines » (Brezzi et al., 2011). La plupart des pays, qu'ils soient ou non membres de l'OCDE, ont une définition nationale des régions rurales et urbaines ; les critères sont identiques à ceux de la typologie de l'OCDE, mais les seuils retenus peuvent différer.

Dans le même temps, les territoires où les individus vivent, travaillent et se rencontrent ne sont parfois guère en rapport avec les frontières administratives qui les entourent. Cela implique que les territoires sont en interaction à travers un large éventail de liens économiques et sociaux qui vont souvent au-delà des frontières administratives locales et régionales. Afin d'en tenir compte, les offices statistiques nationaux regroupent souvent les territoires en « régions fonctionnelles ». Les données cartographiées au niveau des régions fonctionnelles plutôt qu'à celui des limites administratives traditionnelles peuvent améliorer la planification et la mise en œuvre des politiques pour l'infrastructure, les transports, le logement, les écoles et les espaces dédiés à la culture et aux loisirs, en les intégrant et les adaptant plus efficacement aux besoins locaux. En 2012, l'OCDE et l'UE ont adopté une définition harmonisée des zones urbaines fonctionnelles, qui s'applique à 29 pays de l'OCDE, et commencé à élaborer des indicateurs pour les zones urbaines fonctionnelles comptant plus de 500 000 habitants (OCDE, 2012). La plupart de ces indicateurs sont des estimations produites par l'OCDE en associant différentes sources de données afin d'obtenir des valeurs au niveau géographique souhaité et ne concernent qu'un nombre limité de dimensions et de pays.

Le choix du niveau d'analyse implique des arbitrages différents en termes de stratégie de mesure. Les offices statistiques nationaux collectent en général de nombreuses données au niveau des régions administratives, notamment les plus grandes, et beaucoup moins au niveau des petites régions et des régions fonctionnelles. Malgré les efforts de certains pays visant à fournir des données concernant de petites unités, qui peuvent ensuite être agrégées de différentes manières, les statistiques officielles à de très petits niveaux géographiques sont souvent limitées aux données du recensement de la population. C'est une contrainte majeure si l'on recherche des mesures exhaustives du bien-être au plan local.

Les données d'enquêtes destinées à produire des indicateurs du bien-être sont rarement disponibles à l'échelle régionale ou locale, les enquêtes étant généralement conçues pour fournir des informations statistiquement significatives au niveau national uniquement (Wishlade et Yuill, 1997 ; OCDE, 2013). Les pays peuvent toutefois modifier leurs pratiques en matière d'enquêtes afin de produire davantage de données infranationales. Il peut s'agir, par exemple : de modifier la structure de l'échantillon, afin d'augmenter le poids des petites régions ; de recourir à des moyennes pluriannuelles ; de publier les détails de l'enquête nécessaires au calcul des erreurs types. La modification de la structure de l'échantillon peut toutefois occasionner des coûts supplémentaires dans la réalisation de l'enquête ou obliger à faire des compromis dans l'analyse des résultats (par exemple, la disponibilité des échantillons régionaux peut engendrer la perte d'informations sur d'autres caractéristiques de la population échantillonnée). Afin de minimiser ces coûts, les offices statistiques nationaux et les autres producteurs de données élaborent d'autres méthodes permettant de compiler les indicateurs du bien-être à différentes échelles territoriales. Par exemple, les pays nordiques ont pour habitude de s'appuyer largement sur les données issues de registres et d'utiliser des identifiants personnels pour rattacher les données administratives et les données d'enquêtes relatives à une même personne. D'autres possibilités consistent à utiliser la localisation des enquêtés lorsqu'ils répondent à des enquêtes en ligne ou ont des activités pouvant être géolocalisées, en associant les registres des infrastructures ou des ressources naturelles à d'autres données statistiques, ainsi que les données mondiales (par satellite) pour en tirer des mesures de la performance environnementale et de l'aménagement du territoire. L'encadré 6.3 présente des exemples internationaux et nationaux d'initiatives visant à élaborer des séries d'indicateurs du bien-être au niveau infranational, en recourant à différentes sources.

Encadré 6.3. **Nouvelles sources de données permettant de mesurer le bien-être à différentes échelles géographiques**

Ces dernières années, différentes initiatives ont été lancées afin d'améliorer l'évaluation du bien-être à différents niveaux géographiques infranationaux, en associant plusieurs sources de données.

En 2011, la Commission européenne a commandé à la Banque mondiale une cartographie de la pauvreté sur des territoires restreints (villes et quartiers). En associant les données des recensements nationaux aux données provenant des Statistiques de l'UE sur le revenu et les conditions de vie, cette initiative a produit des estimations sur la pauvreté monétaire et l'exclusion sociale dans sept pays de l'UE (Estonie, Hongrie, Lettonie, Pologne, Roumanie, Slovaquie et Slovénie) au niveau des communes, des districts, des sous-régions et des régions. Cela a permis de faire apparaître de fortes inégalités de revenu intrarégionales qui n'étaient pas visibles à une échelle territoriale plus large et d'identifier certains foyers de pauvreté.

Au Danemark, depuis 2010, les autorités sanitaires nationales et régionales réalisent une enquête intitulée « Comment allez-vous ? » afin de collecter des données sur le bien-être, le style de vie, la santé et les maladies dans la population adulte. La plupart des données sont disponibles à l'échelon local et associées aux données administratives pour planifier et adapter les politiques sanitaires aux plans national, régional et local. Dans le cadre de l'initiative *Good Life*, la région du Danemark du Sud collecte, chaque année depuis 2012, des données d'enquêtes sur la sécurité personnelle, la santé, les liens sociaux, la réalisation de soi et l'appréciation de l'environnement local pour les communes de la région.

En 2015, l'office statistique français (INSEE) a publié un rapport sur la qualité de vie au niveau territorial (« Une approche de la qualité de vie dans les territoires »), qui identifie 27 indicateurs concernant 13 dimensions du bien-être potentiellement disponibles à l'échelon local. Les sources de données vont des registres administratifs aux enquêtes locales et nationales. Une nouvelle cartographie du pays a été réalisée en tenant compte de différentes caractéristiques de territoires restreints (il en ressort 2 677 territoires comptant moins de 50 000 habitants différenciés par des caractéristiques socio-économiques).

En Hongrie, le système d'information du développement régional et de l'aménagement du territoire (TeIR) associe les données statistiques, géographiques et politiques provenant de diverses sources (office statistique hongrois, organismes publics, registres administratifs, communes et données satellite) pour obtenir des informations à différentes échelles géographiques. Ce système sert à l'élaboration de programmes de développement territorial et au suivi de leur impact aux plans national et régional. En outre, il sert de base au système d'évaluation et de suivi du développement régional (T-MER), qui fournit un cadre unifié pour la surveillance géographique et l'évaluation des activités et inclut des indicateurs à différentes échelles.

En 2014 et 2015, l'office statistique italien (ISTAT) a publié un rapport sur le bien-être équitable et durable en zone urbaine (*Urbes*) (*www.istat.it/it/archivio/153995*). Le projet *Urbes* utilise des données provenant de registres administratifs, de recensements de la population et d'enquêtes nationales. Il porte sur 29 grandes villes italiennes et vise à fournir une analyse de données et à identifier les meilleurs indicateurs du bien-être dans les zones urbaines italiennes. Le rapport est basé sur 65 indicateurs répartis en 11 domaines aux échelons local et provincial afin de fournir une image plus complète du bien-être en zone urbaine. Il est diffusé par l'ISTAT et l'ANCI (association nationale des communes italiennes) au plan national et présenté aux citoyens dans les différentes communes.

Depuis 2004, l'office statistique mexicain (INEGI) mène l'initiative *Regiones Socioeconómicas de Mexico*, qui fournit des données socio-économiques aux niveaux fédéral et local ainsi qu'au niveau des AGEB (*Áreas Geo-statisticas Básicas*). Cette initiative fait suite à l'initiative *Cuadernos de Información para la*

Encadré 6.3. **Nouvelles sources de données permettant de mesurer le bien-être à différentes échelles géographiques** *(suite)*

Planeación de los Estados, qui ne fournissait des données qu'aux niveaux des États et des communes. *Regiones Socioeconómicas* a pour objectif de mieux informer les administrations fédérales et locales sur les résultats dans quatre dimensions (logement, santé, éducation et emploi) en calculant un certain nombre d'indicateurs à partir des données du recensement. Les données sont en accès libre sur la page web de l'INEGI, ainsi qu'un outil interactif permettant de cartographier les différents indicateurs en fonction du niveau territorial souhaité.

L'office statistique polonais fournit des indicateurs du bien-être à l'échelon infranational. L'enquête sur la cohésion sociale, dont la première édition remonte à 2011, a permis de produire un ensemble d'indicateurs à différents niveaux géographiques, y compris au niveau des voïvodies (TL2), dans différents domaines tels que la qualité de vie, la pauvreté et le capital social. Les résultats de l'enquête figurent dans le rapport de 2014 intitulé « *Quality of life, social capital, poverty and social exclusion in Poland* » (*http://stat.gov.pl/en/topics/living-conditions/living-conditions/quality-of-life-social-capital-poverty-and-social-exclusion-in-poland,4,1.html*). La deuxième édition de cette enquête devrait fournir encore plus d'informations sur le bien-être infranational en Pologne.

Au Portugal, deux initiatives de l'administration centrale se sont traduites par la création de portails web donnant librement accès aux bases de données des administrations centrale et locales, ainsi qu'à des applications pour utiliser ces données et accéder aux indicateurs. Par exemple, le portail de l'Agence pour la modernisation administrative propose une classification thématique de données ouvertes et des applications pour évaluer les accidents de la route ou l'utilisation par les citoyens des centres administratifs polyvalents locaux. Le portail igeo.pt, quant à lui, regroupe les données géographiques de différentes agences nationales, notamment en matière d'instruments d'aménagement du territoire et de performance environnementale, que les utilisateurs peuvent importer sur leur système d'information géographique (SIG) pour la visualisation (Web Map Service – WMS) ou l'interrogation (Web Feature Service – WFS). De plus, l'office statistique portugais entend développer et mettre en œuvre une plateforme en ligne (INE GeoPortal) consistant en une infrastructure permettant la gestion et la visualisation des données spatiales, au travers d'un service web de visualisation et de téléchargement de cartes d'informations géospatiales, et en un service de consultation d'un catalogue de métadonnées en ligne.

En Suisse, l'Office fédéral de la statistique (OFS) a publié un rapport, en 2014, sur la qualité de vie au niveau local. Cet « Audit urbain » comporte 24 indicateurs correspondant à 13 dimensions du bien-être pour les dix principales villes (plus de 50 000 habitants) de Suisse. Les données proviennent de registres administratifs et d'enquêtes locales et nationales. Les indicateurs pourront être complétés à l'avenir aux fins de dresser un tableau plus complet du bien-être dans les villes suisses.

Au Royaume-Uni, le ministère des Communautés et du Gouvernement local produit depuis 2000 les indices de privation multiple (*Indices of Multiple Deprivation, IMD*) afin de mesurer les niveaux de privation dans sept domaines (emploi, revenu, santé, criminalité, éducation, cadre de vie et obstacles aux services). Les *IMD* utilisent 40 indicateurs provenant de sources administratives, d'enquêtes et du recensement. Initialement conçus au niveau du district (plus petite unité de circonscription électorale), ces indices sont disponibles, depuis 2004, à l'échelle plus petite des « couches inférieures des super-zones statistiques » (1 500 habitants environ). Ils ont été utilisés pour orienter le choix de l'implantation des services sociaux, tels que les *Sure Start Children's Centres*, et cibler les programmes de régénération, tels que le fonds de renouvellement des quartiers (*Neighbourhood Renewal Fund*) et le budget simple de régénération (*Single Regeneration Budget*).

Ces dernières années, l'OCDE a utilisé plusieurs sortes de données satellite produites par des agences spatiales ou des consortiums universitaires (exposition aux particules fines dans l'air ($PM_{2.5}$), par exemple) pour le monde entier, à différentes résolutions, en les associant à des systèmes d'information géographique

Encadré 6.3. **Nouvelles sources de données permettant de mesurer le bien-être à différentes échelles géographiques** *(suite)*

(SIG), afin de mesurer l'occupation des sols et son évolution, la qualité de l'air et les émissions, ainsi que d'autres indicateurs environnementaux. Par exemple, l'indicateur de la pollution de l'air utilisé dans *Comment va la vie dans votre région ?* (OCDE, 2014 ; tableau 6.2) est une estimation de l'exposition de la population aux particules fines ($PM_{2.5}$) issue d'observations par satellite. Bien que la surveillance de la pollution atmosphérique par satellite soit moins précise que les données des stations de surveillance au sol, elle présente l'avantage d'être disponible pour l'ensemble de la planète (alors que de nombreux pays manquent encore de stations au sol) et de fournir des estimations comparables au sein des pays et à l'international.

Sources : Banque mondiale (2014), « *European Union Accession Countries – Poverty mapping of new members in EU: Completion memo* ». Washington, DC, *http://documents.worldbank.org/curated/en/2014/06/19764353/european-union-eu-accession-countries-poverty-mapping-new-members-eu-completion-memo* ; Autorité sanitaire et médicale danoise (2014), « *Danskernes Sundhed – Den Nationale Sundhedsprofil 2013* », *Sundhedsstyrelsen*, Copenhague, *https://sundhedsstyrelsen.dk/~/media/1529A4BCF9C64905BAC650B6C45B72A5.ashx* ; *Région du Danemark du Sud (2015)*, « *KONTUR Region Syddanmark 2014* », pp. 42-51, *http://detgodeliv.regionsyddanmark.dk/publikationer/?category=cz36-kontur-2* ; ATTRACT SEE (2014), « *Hungarian action plan for Common Territorial Monitoring System implementation* », *www.attract-see.eu/* ; INSEE (2015), « *Une approche de la qualité de vie dans les territoires* », *www.insee.fr/fr/themes/document.asp?reg_id=0&ref_id=ip1519* ; Office statistique mexicain *(Instituto Nacional de Estadística y Geografía – INEGI)*, Mexico, *http://sc.inegi.org.mx/niveles/index.jsp?s=est&c=11724* ; Agence portugaise pour la modernisation administrative, *www.dados.gov.pt/pt/inicio/inicio.aspx* ; *Portail Igeo http://www.igeo.pt/* ; Office fédéral suisse de la statistique, *www.bfs.admin.ch/bfs/portal/en/index/international/03/04/07.html* ; *UK Department for Communities and Local Government, « English indices of deprivation », Crown Copyright*, Londres, *www.gov.uk/government/collections/english-indices-of-deprivation* ; Brezzi, M. et D. Sanchez-Serra (2014), « *Breathing the same air? Measuring air pollution in OECD cities and regions* », Documents de travail de l'OCDE sur le développement régional, 2014/11, Éditions OCDE, *http://dx.doi.org/10.1787/5jxrb7rkxf21-en* (tous les sites web correspondant à ces sources ont été consultés le 29 mai 2015).

D'autres données provenant de sources publiques et privées ont également un fort potentiel, à condition que leur utilisation pour l'évaluation du bien-être à l'échelon infranational soit harmonisée d'un pays à l'autre. Il conviendrait de tirer profit du fait que, depuis quelques années, de plus en plus de données provenant de nouvelles sources sont disponibles (explosion du volume de données disponibles et accélération de leur vitesse de production). Les données issues de réseaux sociaux et les données participatives sont déjà utilisées pour de nombreuses évaluations à une échelle géographique précise. En Indonésie, par exemple, un projet conjoint entre les Nations Unies et le gouvernement permet d'extraire les prix alimentaires quotidiens des tweets publics, ce qui contribue à l'évaluation de l'accès à la nourriture et du coût de la vie au plan local (GCEI, 2014).

Du fait d'importants obstacles d'ordre méthodologique, il est difficile de produire des indicateurs du bien-être comparables au niveau infranational à partir de réponses individuelles à des enquêtes (par exemple : évaluation de la qualité des services publics par la population, satisfaction de la population à l'égard de l'existence, expériences autodéclarées de victimisation ou existence du soutien social). Les améliorations en termes de disponibilité des indicateurs pour certaines dimensions du bien-être, telles que l'accès aux services, le logement, l'éducation et la sécurité, dépendront de la capacité à surmonter ces obstacles. Pour cette même raison, les dimensions du bien-être concernant le « bien-être subjectif », l'« équilibre vie professionnelle – vie privée » et les « liens sociaux », qui sont incluses dans *Comment va la vie ?* au plan national, ne figurent actuellement pas dans le cadre régional, n'étant évaluées qu'à partir de données d'enquêtes au plan national.

Géographie du bien-être

Comme dans *Comment va la vie ?*, les dimensions et indicateurs du bien-être pris en compte dans *Comment va la vie dans votre région ?* s'inscrivent dans deux grands domaines : les conditions matérielles et la qualité de la vie. L'emploi, le revenu et le logement sont les trois dimensions liées aux conditions matérielles ; la santé, l'éducation, la sécurité, l'engagement civique, l'environnement et l'accès aux services sont les six dimensions relevant de la qualité de la vie. Pour la plupart des indicateurs retenus, il existe d'importantes différences au sein des pays, parfois même plus marquées qu'entre les pays. Les résultats de *Comment va la vie dans votre région ?* laissent entendre que la crise économique de 2008 ne s'est pas seulement traduite par une baisse des niveaux d'emploi et de revenu au plan national, mais également par l'accroissement des disparités entre les régions dans la moitié environ des pays de l'OCDE, ce qui reflète, le plus souvent, une hausse plus marquée du chômage dans les régions les plus défavorisées (OCDE, 2014b). Cette section présente l'ampleur des disparités régionales dans certaines dimensions du bien-être où elles sont particulièrement importantes, telles que le revenu, l'emploi, l'éducation, l'environnement et l'accès aux services. Les disparités régionales dans les autres dimensions (logement, santé, engagement civique et sécurité) sont décrites dans la publication OCDE (2014b).

Plus les disparités régionales sont faibles, plus le niveau de bien-être national est élevé

En mettant l'accent sur le bien-être au niveau infranational, on observe que les indicateurs nationaux ne fournissent parfois qu'une image partielle des conditions de vie de la population. Tout d'abord, des pays affichant des moyennes nationales comparables dans une dimension du bien-être peuvent obtenir des résultats très différents en ce qui concerne les disparités régionales dans cette même dimension. C'est le cas de la Turquie et de la République tchèque en matière de revenu par habitant[1] : si chacun des pays affiche un revenu disponible par habitant moyen d'environ 11 500 USD au niveau national, les valeurs régionales sont comprises entre 6 000 et 15 500 USD en Turquie, contre 10 500 à 15 000 USD seulement en République tchèque. À l'inverse, des pays affichant des disparités interrégionales similaires peuvent obtenir des moyennes nationales très différentes en termes de bien-être. L'Australie et l'Italie, par exemple, enregistrent des niveaux de revenu disponible par habitant très différents, mais des disparités interrégionales d'ampleur comparable pour ce même indicateur (graphique 6.2).

En dépit de la forte hétérogénéité de la relation entre les disparités régionales et les niveaux globaux de bien-être, pour certaines dimensions du bien-être (revenu, emploi, éducation et accès aux services), l'on observe que les pays de l'OCDE affichant de fortes disparités régionales enregistrent aussi, souvent, de moins bons résultats en termes de bien-être national. Pour chacune de ces dimensions, le graphique 6.2 présente le score moyen en termes de bien-être au niveau national et l'ampleur des disparités régionales (calculée en faisant le rapport entre la valeur de l'indicateur des 20 % des régions les mieux classées et des 20 % des régions les moins bien classées). La corrélation négative observée pour l'éducation et l'accès aux services semble être déterminée par les trois pays obtenant les scores les plus faibles, qui pourraient constituer des valeurs aberrantes ; toutefois, dans un cas comme dans l'autre, la corrélation persiste lorsque l'on exclut ces pays de l'analyse[2]. Les corrélations négatives observables au graphique 6.2 peuvent s'expliquer par le fait que les différences entre pays dans chaque dimension du bien-être sont, en moyenne, plus marquées entre les régions obtenant de mauvais résultats qu'entre celles obtenant les meilleurs résultats.

Graphique 6.2. **Moyennes nationales par rapport aux disparités régionales, pour quatre dimensions du bien-être**

2013

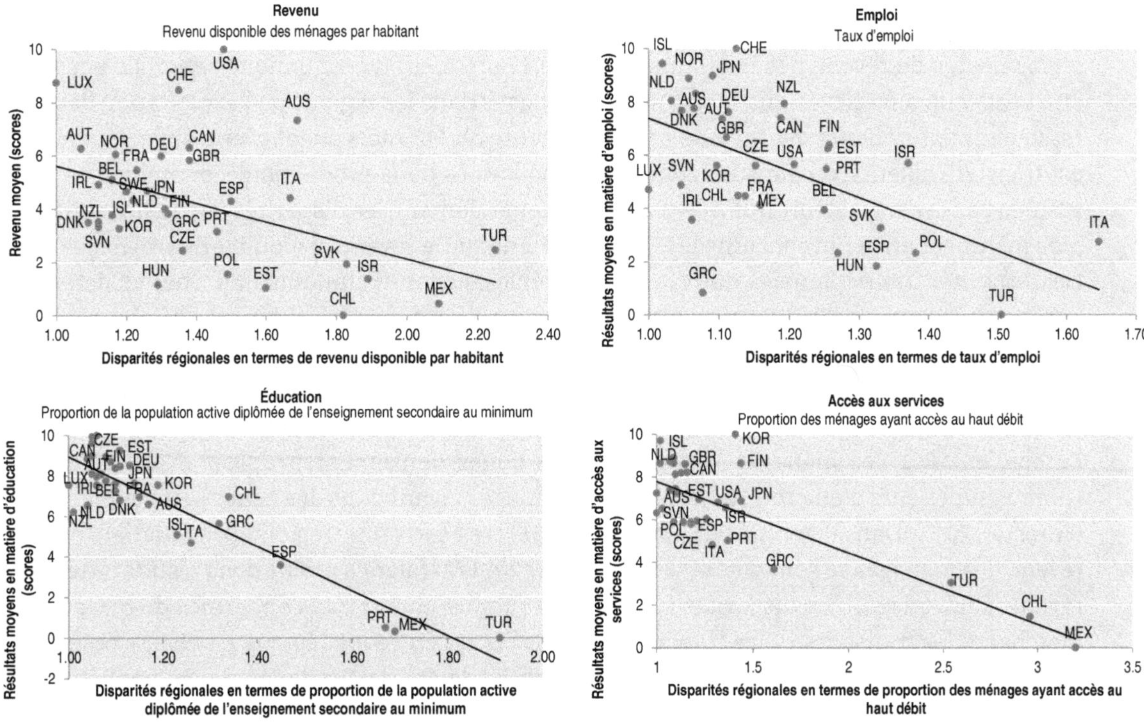

Note : Les valeurs des indicateurs des 362 régions de l'OCDE ont été transposées en scores de 0 à 10, les valeurs les plus élevées traduisant de meilleurs résultats en matière de bien-être. Pour chaque graphique, l'axe des ordonnées représente les scores moyens des pays pour chaque dimension. Les disparités régionales présentées sur l'axe des abscisses correspondent au rapport entre la valeur des 20 % supérieurs (5e quantile) et des 20 % inférieurs (1er quantile) des régions pour les indicateurs pris en compte pour chaque dimension.

Source : OCDE (2014a), *Comment va la vie dans votre région?*, Éditions OCDE, Paris, *http://dx.doi.org/10.1787/9789264223981-fr*.

StatLink *http://dx.doi.org/10.1787/888933279116*

En ce qui concerne les implications des disparités géographiques en matière de bien-être, des travaux récents montrent que le bien-être vécu par les individus, notamment les jeunes, sur leur lieu de vie, peut avoir des conséquences sur les possibilités qu'ils auront ultérieurement de vivre mieux. En d'autres termes, les choix des individus sont influencés par les conditions de vie de l'endroit où ils se trouvent, ce qui peut ensuite influer sur leur bien-être à long terme. Cela compte tout particulièrement pour les dimensions liées aux services publics. Dans le cas de l'éducation, par exemple, la présence de bonnes écoles pour les enfants peut déterminer leurs possibilités futures. D'après des études réalisées aux États-Unis, le revenu moyen dans le quartier a un impact considérable sur la rémunération future des individus, impact qui est pour moitié aussi important que celui du revenu des parents (Rothwell et Massey, 2015). D'autres travaux montrent que la mobilité sociale intergénérationnelle aux États-Unis diffère considérablement d'une ville à l'autre. En moyenne, dans les villes caractérisées par une forte mobilité sociale, les inégalités de revenus et la ségrégation sont moindres et les écoles primaires de meilleure qualité (Chetty et al., 2014). Cela s'explique en partie par les effets externes de l'éducation : les individus tirent profit du fait d'être entourés de personnes instruites, c'est-à-dire que l'éducation au niveau local génère des externalités sociales positives (Moretti, 2004). Dans l'ensemble, cela suggère que les disparités régionales des résultats en matière de bien-être peuvent avoir des conséquences sur le bien être global des individus, conséquences qu'il conviendrait d'examiner plus avant.

Les niveaux de revenu varient considérablement d'une région à l'autre et au sein de ces dernières

C'est en général le PIB régional qui est utilisé pour mesurer les disparités régionales du niveau de vie (OCDE, 2013), mais le PIB est plus une mesure de la production économique régionale que du revenu des habitants. En outre, la production économique régionale peut être beaucoup plus élevée que le revenu des ménages dans les régions où l'exploitation des ressources naturelles constitue une part importante du PIB mais où le revenu ainsi généré est transféré ailleurs, ou dans les zones métropolitaines où la production économique est assurée par des travailleurs qui vivent ailleurs. Généralement, les disparités régionales sont plus marquées en ce qui concerne le PIB par habitant que le revenu disponible des ménages. Les disparités interrégionales du revenu des ménages sont néanmoins importantes dans beaucoup de pays de l'OCDE, aussi bien dans les pays à revenu élevé et intermédiaire, tels que les États-Unis, l'Australie, l'Italie, l'Espagne et Israël, que dans les pays à faible revenu comme le Chili, le Mexique et la Turquie (graphique 6.3). De plus, le revenu des ménages varie considérablement entre les zones urbaines et les zones rurales. Par exemple, en Europe, en 2011, les ménages vivant dans des zones densément peuplées avaient des revenus supérieurs d'environ 10 % à ceux des ménages vivant dans des zones peu peuplées (Eurostat, 2013). Dans la moitié des pays de l'OCDE, ces écarts interrégionaux en matière de revenu des ménages se sont creusés entre 2000 et 2011 du fait des moins bons résultats des régions défavorisées. Les disparités régionales sont plus importantes en termes de revenu marchand, les transferts et les impôts réduisant l'écart entre les régions « riches » et les régions « pauvres ». Par ailleurs, les écarts en matière de revenu des ménages peuvent être faussés du fait de l'absence de prise en compte des différences en termes de coût de la vie entre régions d'un même pays.

Graphique 6.3. **Disparités régionales en termes de PIB par habitant, de revenu marchand des ménages et de revenu disponible des ménages**

Rapport entre la valeur régionale maximale et minimale, 2013 ou dernière année disponible

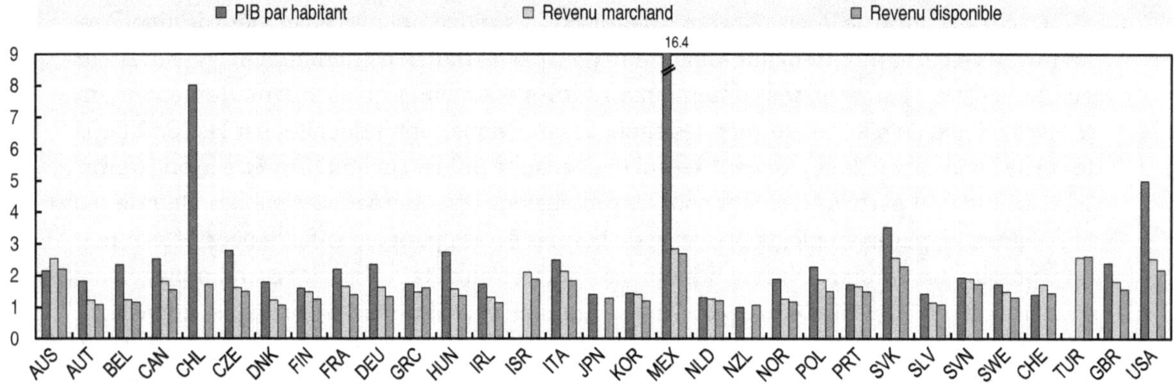

Notes : Les données sont basées sur les informations des comptes nationaux par région fournies par les offices statistiques nationaux, à l'exception de la Turquie et de la Suisse, pays pour lesquels les données sur le revenu proviennent de calculs de l'OCDE à partir d'UE-SILC et des statistiques de la Turquie sur le revenu et les conditions de vie. Les données concernent les régions TL2, sauf pour la Turquie, pays pour lequel les données ne sont disponibles qu'à un niveau supérieur (NUTS1). Les données datent de 2012 pour l'Allemagne, le Chili, la Finlande, la Hongrie, l'Irlande, l'Italie, le Mexique, la Norvège, la Pologne, la République slovaque, la Slovénie, la Suède et la Suisse ; et de 2011 pour la Belgique, l'Espagne, la France, Israël, le Japon et le Portugal. Le rapport entre la valeur régionale maximale et minimale est calculé en USD par habitant corrigé des PPA (2010=100).

Source : OCDE, *Bien-être régional* (base de données), *http://dx.doi.org/10.1787/region-data-fr*.

StatLink *http://dx.doi.org/10.1787/888933279126*

Les inégalités en termes de revenu peuvent être bien plus importantes au sein d'une région qu'au plan national

Les données individuelles au niveau infranational sont nécessaires afin d'évaluer l'importance relative des caractéristiques individuelles et territoriales pour le bien-être. De plus, les données concernant la répartition du revenu des ménages au plan régional contribuent à l'orientation des politiques sociales et de redistribution. Toutefois, des contraintes méthodologiques ont empêché le bon développement de mesures comparables des inégalités de revenu au sein des régions. Les enquêtes sur les ménages sont rarement conçues pour être représentatives au niveau régional ; et les différences en termes de taille de la population régionale et de coût de la vie entre les régions urbaines et les régions rurales risquent de fausser l'évaluation des inégalités de revenu, notamment en ce qui concerne la fixation des seuils de pauvreté. À cet égard, des études récentes montrent que la prise en compte des écarts de prix entre les zones urbaines et les zones rurales influe de façon spectaculaire sur les estimations des taux de pauvreté régionaux (Jolliffe, 2006 ; Banque mondiale, 2015). Le Programme de comparaison internationale (PCI) a lancé une collecte de données pour tenir compte des variations régionales des prix, en réalisant des enquêtes sur les dépenses des ménages. En les associant à la classification du PCI, il est possible de calculer les parités de pouvoir d'achat (PPA) qui serviront ensuite d'indice d'ajustement spatial[3].

En 2014, l'OCDE a publié des estimations des inégalités de revenu et de la pauvreté au sein des régions (voir Piacentini, 2014)[4]. Bien que ces estimations ne tiennent pas directement compte des différences de niveaux de prix entre régions, l'OCDE a calculé les taux de pauvreté relative à partir des seuils de pauvreté nationaux et régionaux, les seuils de pauvreté régionaux (définis en proportion du revenu médian régional) reflétant partiellement les différences régionales en matière de coût de la vie.

L'absence de données sur le coût de la vie au niveau régional ne gêne pas nécessairement l'interprétation des indicateurs des inégalités de revenu au plan régional, tels que l'indice de Gini. Les différences régionales en matière de répartition du revenu disponible des ménages sont, en moyenne, plus marquées dans les grands pays de l'OCDE que dans les petits ; elles sont également marquées dans certains petits pays disposant de grands centres urbains (Belgique et Royaume-Uni, par exemple). L'écart entre les indices de Gini du revenu disponible des ménages des États mexicains du Tlaxcala (0.41) et du Guerrero (0.53) est comparable à l'écart entre les indices de Gini moyens du Mexique et de la Nouvelle-Zélande. De même, les inégalités de revenu en Iowa, État américain affichant le plus faible indice de Gini, sont proches de la moyenne nationale du Canada et de la France, alors que l'indice de Gini du revenu disponible des ménages de Washington est comparable à celui du Chili et du Mexique (graphique 6.4).

Les inégalités de revenu régionales varient considérablement d'un pays à l'autre. En effet, si dans les régions du Japon et des pays nordiques, le revenu disponible des 20 % les plus riches de la population est entre 2 et 4 fois supérieur à celui des 20 % les plus pauvres, dans les régions du Chili et du Mexique, le revenu des 20 % les plus riches est au moins 10 fois plus élevé que celui des 20 % les plus pauvres. Dans les pays européens, les différences les plus marquées au sein des régions entre les 20 % les plus riches et les 20 % les plus pauvres s'observent en Espagne, en Grèce, en Turquie et dans le Sud de l'Italie (graphique 6.5). Les inégalités de revenu sont également fonction de la structure urbaine de la région et sont souvent plus marquées dans les grandes villes (Kanbur et Zhuang, 2013 ; Royuela et al., 2014).

Graphique 6.4. **Valeurs régionales de l'indice de Gini du revenu disponible des ménages**

Autour de 2010

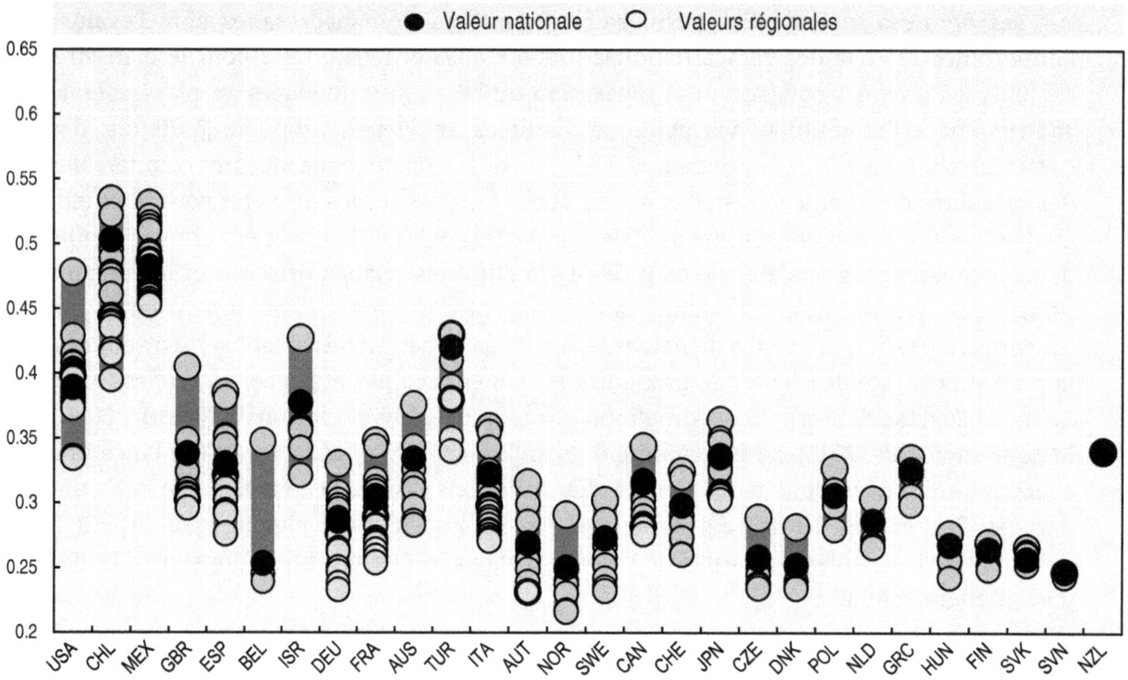

Notes : Les pays sont classés en fonction de la différence entre la valeur maximale et minimale du coefficient de Gini du revenu disponible des ménages au plan régional. Chaque point représente une région. L'indice de Gini est une mesure de la concentration des revenus comprise entre 0, qui représente l'égalité parfaite, et 1, la totalité des revenus allant à un seul individu.

Source : OCDE, *Bien-être régional* (base de données), *http://dx.doi.org/10.1787/region-data-fr*.

StatLink *http://dx.doi.org/10.1787/888933279133*

Des études empiriques sur les déterminants des inégalités de revenu au sein des régions ont souligné l'importance de certaines caractéristiques des marchés du travail locaux, telles que la densité de l'emploi (Ciccone, 2002) et la proximité de centres densément peuplés (Rice et al., 2006). Ces facteurs se traduisent par un avantage en termes de revenu pour les habitants des zones urbaines, qui perçoivent des salaires plus élevés (Glaeser et Mare, 2001). Une analyse menée sur les régions de l'OCDE révèle une forte corrélation positive entre les inégalités de revenu et le taux de chômage ainsi que la proportion de la population âgée (+ de 70 ans), et une forte corrélation négative entre les inégalités de revenu et le taux de diplômés de l'enseignement secondaire, la proportion de la population âgée de 60 à 69 ans et la proportion de travailleurs du secteur manufacturier.

En outre, il existe une forte corrélation entre les inégalités de revenu et les taux de pauvreté, relation qui se confirme aussi au niveau régional. La base de données de l'OCDE sur le bien-être régional fournit des estimations des taux de pauvreté relative, avec des seuils de pauvreté fixés à 60, 50 et 40 % du revenu médian national[5]. Au sein d'un même pays, les taux de pauvreté peuvent varier considérablement d'une région à l'autre. Par exemple, dans 8 des 27 pays pris en compte, les disparités régionales en matière de pauvreté monétaire (fixée à 50 % du revenu médian national) sont plus importantes que les disparités entre pays de l'OCDE. Au Mexique, les taux de pauvreté monétaire vont de 5.4 % dans la région du District fédéral à 48.9 % dans la région du Chiapas ; en Turquie, ils s'échelonnent de 4 % dans la région d'Istanbul à 50.4 % en Anatolie méridionale-Est (graphique 6.6).

Graphique 6.5. **Inégalités de revenu au sein des régions**

Rapport entre le revenu disponible des ménages des quintiles supérieur et inférieur de la distribution dans chaque région, autour de 2010

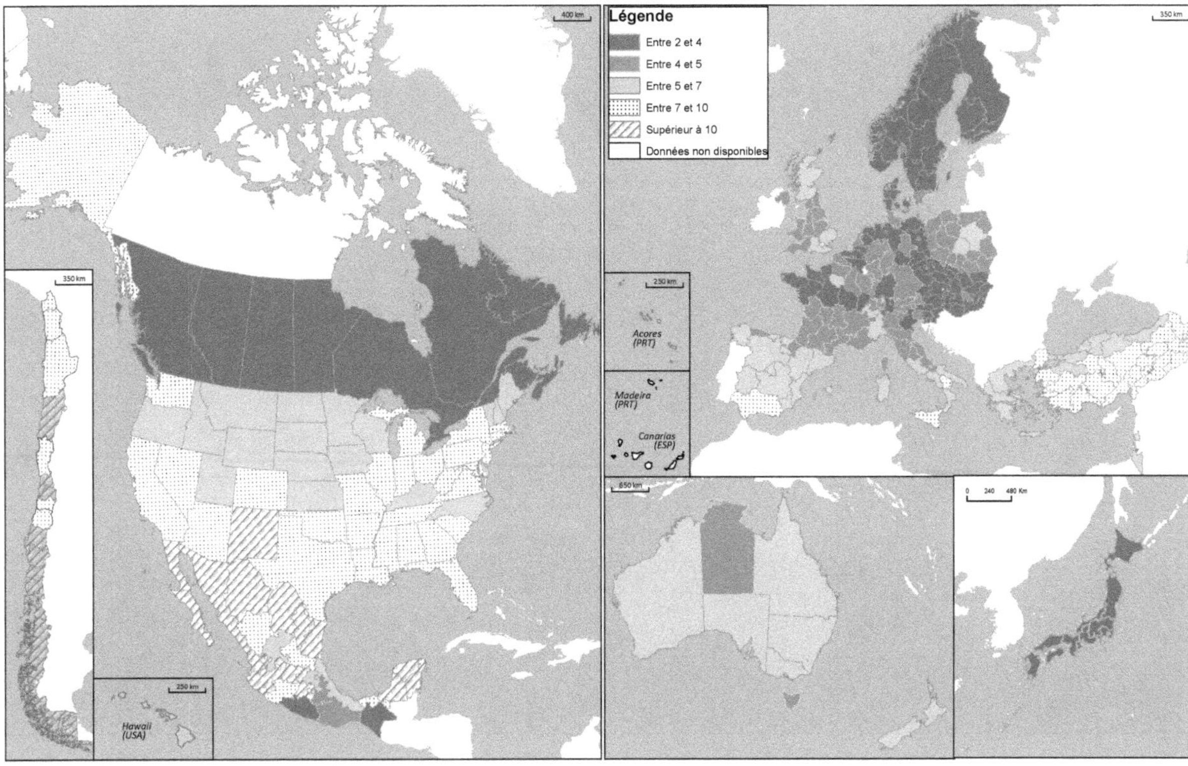

Note : Ce document et toute carte qu'il peut comprendre sont sans préjudice du statut de tout territoire, de la souveraineté s'exerçant sur ce dernier, du tracé des frontières et limites internationales, et du nom de tout territoire, ville ou région. Source des frontières administratives : Offices Nationaux de Statistiques et la FAO *Global Administrative Unit Layers* (GAUL).

Source : OCDE (2014a), *Comment va la vie dans votre région?*, Éditions OCDE, Paris, *http://dx.doi.org/10.1787/9789264223981-fr*.

StatLink *http://dx.doi.org/10.1787/888933279141*

Compte tenu de la dimension territoriale prononcée de la pauvreté, une ventilation géographique plus détaillée et une meilleure compréhension de ses principaux déterminants profiteraient aux politiques de lutte contre la pauvreté. À cet effet, plusieurs initiatives nationales et internationales ont vu le jour récemment afin d'élaborer des cartes de la pauvreté plus détaillées au plan territorial. Cela nécessite généralement d'associer les données des recensements aux données des enquêtes sur les ménages (ou aux données fiscales), afin d'être en mesure d'évaluer la pauvreté entre les recensements. Au Mexique, le ministère du Développement social et le Programme des Nations Unies pour le Développement ont élaboré des cartes de la pauvreté alimentaire et monétaire aux niveaux des communes et des États, qui seront utilisées dans le cadre des programmes d'amélioration du niveau de vie des ménages urbains pauvres (Székely Pardo et al., 2007 ; Lopez-Calva et al., 2007 ; Banque mondiale, 2015). Aux États-Unis, le programme *Small Area Income and Poverty Estimates* (*SAIPE*) fournit des estimations annuelles du revenu et de la pauvreté pour l'ensemble des districts scolaires, des comtés et des États, afin de faciliter l'allocation des ressources des programmes fédéraux et d'aider les États et les administrations locales à allouer les fonds et à gérer les programmes.

Graphique 6.6. **Taux régionaux de pauvreté relative**

Autour de 2010

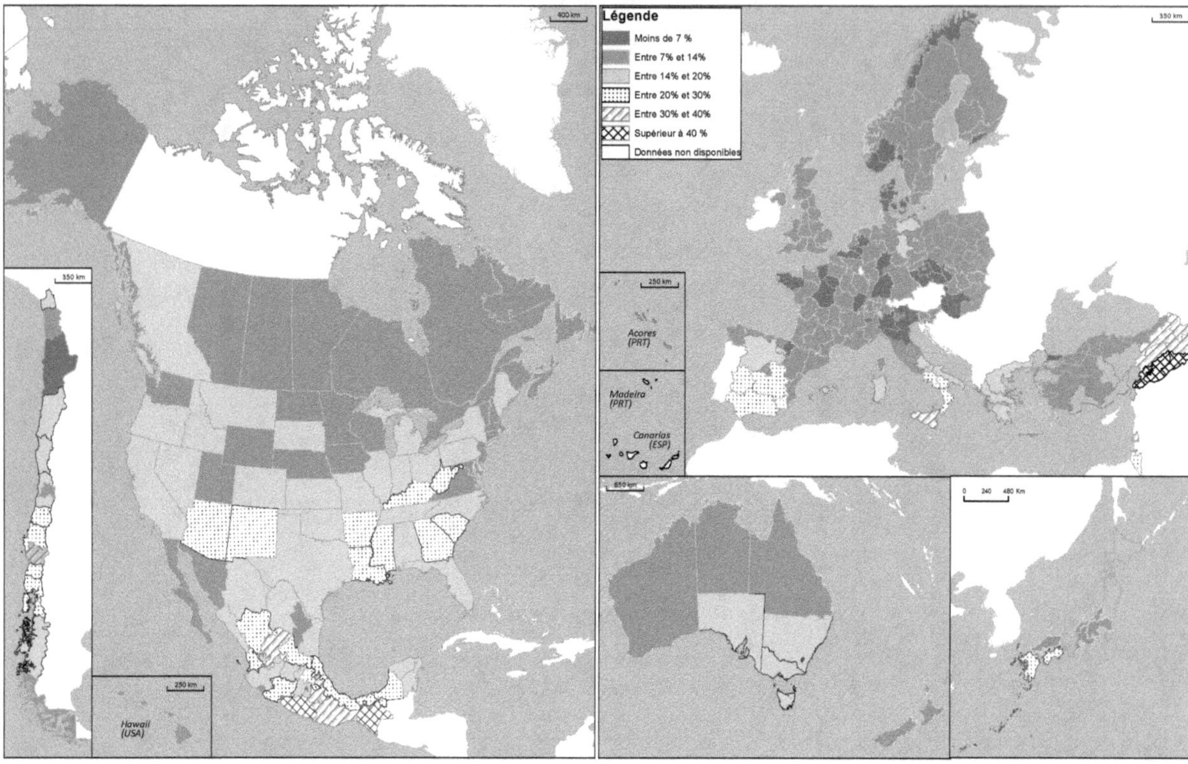

Notes : Chiffres de la pauvreté avec seuil de pauvreté défini à 50 % du revenu médian national. Ce document et toute carte qu'il peut comprendre sont sans préjudice du statut de tout territoire, de la souveraineté s'exerçant sur ce dernier, du tracé des frontières et limites internationales, et du nom de tout territoire, ville ou région. Source des frontières administratives : Offices nationaux de statistique et la FAO *Global Administrative Unit Layers* (GAUL).

Source : OCDE, *Bien-être régional* (base de données), *http://dx.doi.org/10.1787/region-data-fr*.

StatLink *http://dx.doi.org/10.1787/888933279154*

Les disparités régionales en matière de chômage demeurent importantes et se sont aggravées depuis 2008

Durant les 10 dernières années, la création d'emploi a été tirée, de manière disproportionnée, par un nombre limité de régions de l'OCDE qui étaient plus compétitives et attractives de par leur capital humain et la composition sectorielle de leur économie : entre 1999 et 2013, 10 % seulement des régions ont contribué à hauteur de 40 % à la création d'emploi dans les pays de l'OCDE (OCDE, 2013). En 2014, les disparités régionales en matière de taux de chômage (écart de 33 points de pourcentage dans l'OCDE entre la région affichant le taux de chômage le plus élevé et celle affichant le plus faible) sont bien plus importantes que les disparités entre pays de l'OCDE (23 points de pourcentage). Les différences régionales les plus marquées en ce qui concerne le taux de chômage sont observées en Turquie, en Espagne, en Italie, en Belgique et en Slovaquie (plus de 10 points de pourcentage). Parfois, ces disparités interrégionales sont aussi importantes que les disparités entre les pays de l'OCDE. Par exemple, en Italie, la différence entre les taux de chômage de la région de Campanie et de la Province de Trente (environ 20 points de pourcentage) est comparable à celle observée entre les moyennes nationales de l'Espagne et de la Suisse (graphique 6.7).

Graphique 6.7. **Variation régionale des taux de chômage**

Pourcentage de la population active, valeurs régionales maximales et minimales, 2014

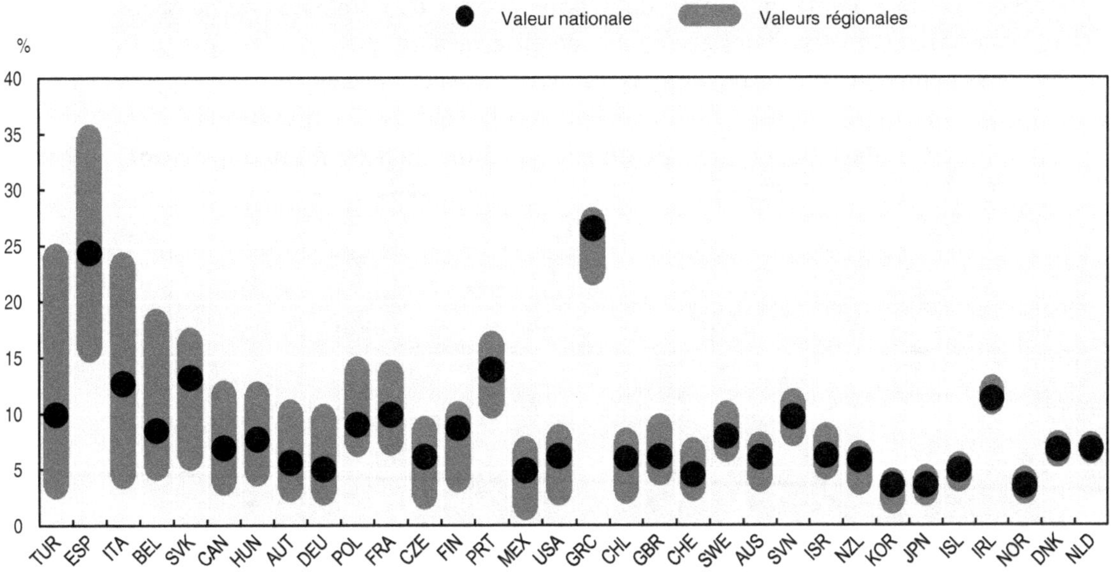

Notes : Les données datent de 2013 pour le Chili et Israël. Les données concernent les régions TL2. Pour le Canada, les valeurs ne tiennent pas compte des régions suivantes : Yukon, Territoires du Nord-Ouest, Nunavut ; pour le Danemark, les valeurs ne tiennent pas compte de la région Åland.

Source : OCDE, *Bien-être régional* (base de données), *http://dx.doi.org/10.1787/region-data-fr*.

StatLink *http://dx.doi.org/10.1787/888933279161*

Depuis le début de la crise financière, l'évolution du chômage dans les régions n'a fait qu'amplifier ces disparités. En effet, dans 10 pays de l'OCDE, plus de 40 % de la hausse du chômage au plan national depuis 2008 s'est concentrée dans une seule région (OCDE, 2013). Les différences interrégionales en termes de chômage des jeunes et de chômage de longue durée sont encore plus marquées qu'en ce qui concerne le chômage total, et se sont amplifiées depuis 2008. C'est en Espagne que l'on observe l'écart le plus important entre les taux régionaux de chômage des jeunes, 30 points de pourcentage séparant les régions situées aux deux extrémités du classement. L'Andalousie et la Catalogne à elles seules ont enregistré plus de 40 % de la hausse du chômage des jeunes en Espagne sur la période 2007-12.

Fortes disparités géographiques des résultats en matière d'éducation

Parmi les dimensions non matérielles du bien-être, l'éducation compte tout particulièrement car elle est liée à beaucoup d'autres résultats, tels que le revenu des ménages, l'emploi, l'engagement civique et la santé. Dans le cadre du bien-être régional de l'OCDE, les résultats en matière d'éducation sont évalués au moyen de la proportion de la population active diplômée du deuxième cycle de l'enseignement secondaire au moins, indicateur pouvant être interprété comme une mesure de la dotation régionale en compétences. Cette mesure devrait idéalement être complétée par des indicateurs de résultats évaluant les compétences des élèves ou des adultes, tels que les enquêtes PISA et PIAAC de l'OCDE, qui ne sont malheureusement disponibles que pour un sous-ensemble limité de régions de l'OCDE à l'heure actuelle.

Les écarts régionaux en termes de résultats en matière d'éducation sont aussi importants que pour les autres mesures du bien-être précédemment citées. En 2013, dans certaines régions d'Espagne, du Portugal, du Mexique et de la Turquie, moins de la moitié de la population active avait achevé au moins le deuxième cycle de l'enseignement secondaire, contre 80 % ou plus dans les régions des pays d'Europe de l'Est. Dans les régions d'Amérique du Nord, la proportion de la population active diplômée du deuxième cycle de l'enseignement secondaire au moins décroît à mesure que l'on s'éloigne des régions centrales pour aller vers les régions périphériques (graphique 6.8).

Graphique 6.8. **Variation régionale du niveau d'instruction de la population active**

Pourcentage de la population active diplômée du deuxième cycle de l'enseignement secondaire, au minimum, 2013

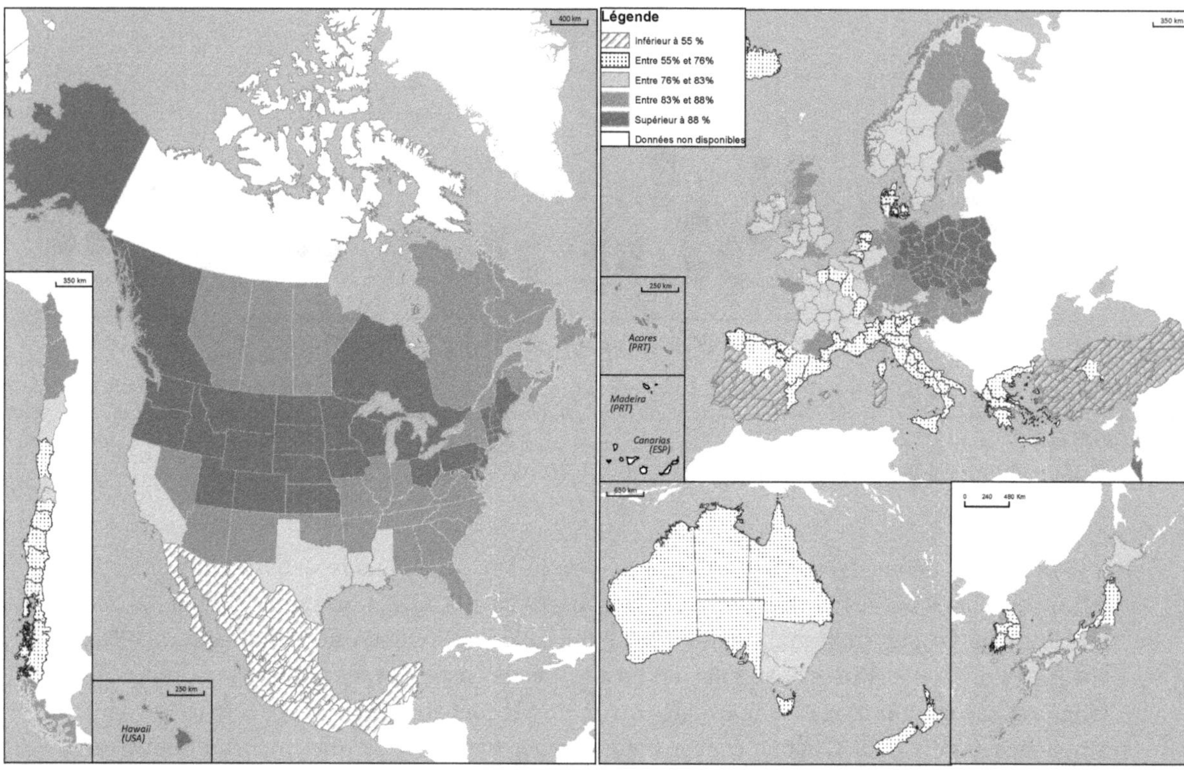

Notes : Ce document et toute carte qu'il peut comprendre sont sans préjudice du statut de tout territoire, de la souveraineté s'exerçant sur ce dernier, du tracé des frontières et limites internationales, et du nom de tout territoire, ville ou région. Source des frontières administratives : Offices Nationaux de Statistiques et la FAO *Global Administrative Unit Layers* (GAUL).

Source : OCDE, *Bien-être régional* (base de données), *http://dx.doi.org/10.1787/region-data-fr.*

StatLink *http://dx.doi.org/10.1787/888933279176*

La pollution atmosphérique dépasse les limites recommandées dans la moitié des régions de l'OCDE

L'exposition à la pollution atmosphérique et ses causes varient beaucoup en fonction du lieu de vie : ville ou campagne, pays plus ou moins développé. En plus d'être un problème de santé publique, la qualité de l'environnement est un puissant déterminant du bien-être individuel, de la satisfaction à l'égard de l'existence et du choix du lieu de vie (White et al., 2013 ; Ferreira, 2013). Afin de fournir des mesures homogènes de l'ampleur et de la répartition géographique de la pollution de l'air entre les pays et en leur sein, l'OCDE a conçu une méthodologie associant des données satellite et le système d'information géographique (encadré 6.3 ; Brezzi et Sanchez-Serra, 2014). Cette méthodologie permet de mesurer, pour chaque région, l'exposition moyenne de la population aux particules fines dans l'air ($PM_{2.5}$).

C'est ainsi que l'on a pu observer, entre 2002 et 2011, une diminution de l'exposition moyenne de la population à la pollution atmosphérique (niveaux de $PM_{2.5}$) dans 31 pays de l'OCDE sur 34, à l'exception d'Israël, de la Nouvelle-Zélande et de la Turquie. Ces estimations font apparaître d'importantes disparités régionales entre les niveaux d'exposition aux $PM_{2.5}$, les populations les plus exposées se trouvant au Mexique, en Italie, au Chili et en Turquie. Selon les estimations de 2011, les niveaux de pollution atmosphérique dépassaient la limite recommandée par l'Organisation mondiale de la santé (10 µg/m³) dans 58 % des régions de l'OCDE (soit 64 % de la population totale de l'OCDE). Des valeurs très élevées sont observées dans certaines régions de Corée, de Turquie, du Mexique, d'Italie et d'Israël, de même qu'en Chine et en Inde. Par exemple, le Chili enregistre une exposition nationale moyenne aux $PM_{2.5}$ de 6.4 µg/m³, ce qui est relativement faible mais, dans 4 régions sur 15, les niveaux de pollution atmosphérique dépassent la valeur recommandée de 10 µg/m³ (graphique 6.9).

Graphique 6.9. **Disparités régionales en matière d'exposition moyenne à la pollution atmosphérique**

Régions les moins et les plus exposées aux niveaux de $PM_{2.5}$, 2011

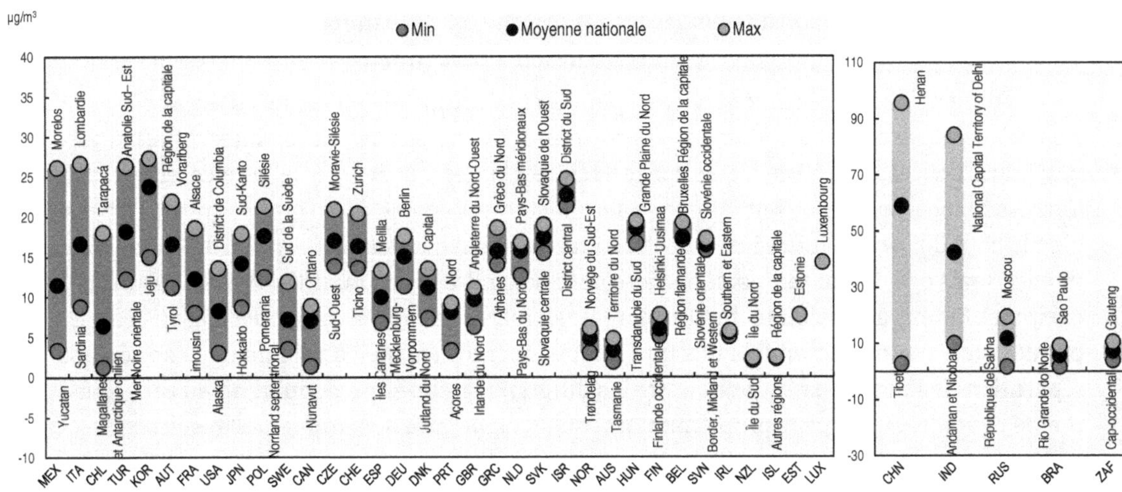

Notes : Les données sont une moyenne sur 3 ans (2010-12). Les valeurs représentent le niveau moyen de pollution atmosphérique de chaque région. La moyenne régionale est obtenue en pondérant les niveaux observés de $PM_{2.5}$ en fonction de la population au km² et en additionnant les valeurs de chaque région.

Source : OCDE, *Bien-être régional* (base de données), *http://dx.doi.org/10.1787/region-data-fr*. Calculs à partir des travaux de Van Donkelaar et al. (2015).

StatLink http://dx.doi.org/10.1787/888933279181

Du fait de la concentration géographique de la population, des activités économiques et des émissions de différentes origines, les villes enregistrent en général des niveaux de pollution atmosphérique plus élevés que le reste du pays. Toutefois, au sein d'un même pays, les villes peuvent afficher de fortes disparités en ce qui concerne la qualité de l'air, compte tenu de leurs caractéristiques propres (climat, altitude, densité de population, extension géographique, réseau de transports, activités économiques, etc.) et des efforts locaux de réduction de la pollution atmosphérique (réglementations et politiques en matière de transports, d'énergie et d'activités économiques). Par exemple, les niveaux moyens d'exposition aux $PM_{2.5}$ à Cuernavaca (Mexique), Milan (Italie) et Kurnamoto (Japon) sont trois fois supérieurs à ceux d'autres villes de ces mêmes pays. En revanche, au Canada, en Finlande, au Chili, en Estonie, en Norvège et en Irlande, toutes les villes ont des niveaux de pollution atmosphérique relativement faibles (Brezzi et Sanchez-Serra, 2014).

À l'heure actuelle, la pollution atmosphérique est le seul résultat en matière d'environnement pouvant être calculé au niveau infranational au moyen d'une méthode internationale harmonisée. Il est donc prioritaire, pour de nombreux pays de l'OCDE, de disposer de nouveaux indicateurs environnementaux.

L'accès aux services est très variable d'un territoire à l'autre

Y compris au sein d'une même région, l'accès aux services peut-être très différent en fonction des lieux de vie. La dimension « accès aux services » du cadre du bien-être régional de l'OCDE fait référence aussi bien aux services de base (services collectifs et services sanitaires, par exemple), qui garantissent un niveau de vie décent en termes de conditions matérielles, qu'aux services qui améliorent la qualité de vie, tels que l'éducation, les infrastructures culturelles et naturelles, les technologies de l'information et des communications, les transports, etc. Par exemple, un accès accru aux transports, notamment à travers un large choix de modes de transport, aide les individus à atteindre leurs lieux de travail et de loisirs et à réduire la durée de leurs déplacements. L'accès aux services étant variable en fonction de la situation locale, cette dimension a été ajoutée au cadre du bien-être régional de l'OCDE, bien qu'elle puisse être considérée davantage comme un déterminant de différents aspects du bien-être individuel que comme une dimension à part entière.

La dimension « accès aux services » peut être décomposée en termes d'accès *physique*, *économique* et *institutionnel*, chacun d'entre eux influant sur les possibilités offertes aux individus. L'accessibilité physique est la facilité d'accès au lieu où le service est assuré. L'accessibilité économique fait référence au caractère abordable d'un service, qui inclut aussi bien le coût du service lui-même que les coûts de transaction associés (coût des transports publics, mais également temps nécessaire pour atteindre le lieu où le service est assuré, par exemple). Enfin, l'accessibilité institutionnelle signifie que l'accès au service n'est pas limité par des facteurs institutionnels tels que les lois, les normes ou les valeurs de la société. La répartition de l'accès aux services entre les différents groupes de population au sein d'une même région est un aspect supplémentaire qu'il conviendra d'examiner à l'avenir.

L'indicateur utilisé pour mesurer l'accès aux services est la proportion des ménages ayant accès à une connexion haut débit (OCDE (2014a) et *www.oecdregionalwellbeing.org*), indicateur disponible pour l'ensemble des régions de l'OCDE. Il s'agit d'une condition importante pour accéder à l'information et à d'autres services déterminants pour la qualité de vie. Si l'accès aux connexions haut débit a connu une amélioration rapide dans tous les pays de l'OCDE, un fossé demeure dans bon nombre de ces pays entre les zones urbaines et les zones rurales, notamment si l'on analyse la situation à une échelle géographique réduite (OCDE, 2014a). L'indicateur actuellement disponible tient compte de la dimension physique de l'accès aux services, mais ne renseigne pas sur l'utilisation réelle du haut débit (proportion des ménages abonnés chez un fournisseur d'accès haut débit ou qualité des services fournis, par exemple). Les initiatives à venir seront consacrées à la prise en compte des aspects économique et institutionnel de cet indicateur.

Des disparités existent entre les zones urbaines et les zones rurales en matière d'accès aux services de santé

Le cadre du bien-être régional de l'OCDE mesure les inégalités régionales en matière d'accès aux services de santé au moyen de deux indicateurs, qui sont disponibles pour un sous-ensemble de pays et tiennent compte de l'accès aux services dans ses dimensions physique, économique et institutionnelle.

La répartition géographique des ressources physiques, telles que les hôpitaux, les cliniques et les médecins de premier recours, joue sur l'accès physique aux services de santé. Le rapport de l'OCDE *Comment va la vie dans votre région ?* renseigne sur l'accessibilité des hôpitaux dans les régions TL3 de l'OCDE en Allemagne, en France et aux États-Unis. L'indicateur mesure la distance de l'hôpital le plus proche pondérée en fonction de la densité de population de la région. Il en résulte que, en moyenne, ce sont les régions les plus densément peuplées qui bénéficient du meilleur accès physique aux hôpitaux (OCDE, 2014a).

Le second indicateur concerne les caractéristiques de la population nécessitant le service de santé. Il mesure la proportion d'individus ayant déclaré ne pas avoir reçu de soins ou d'examens médicaux une ou plusieurs fois alors qu'ils en avaient besoin. Cet indicateur est collecté au moyen d'enquêtes sur les ménages dans lesquelles les personnes doivent indiquer les raisons qui les ont poussées à renoncer à se faire examiner ou soigner, telles que le coût, les délais d'attente, la peur du médecin ou les problèmes de transport. Du fait de la technique d'échantillonnage choisie, les valeurs régionales ne permettent pas de connaître précisément la cause de la renonciation aux soins, mais cet indicateur peut être interprété en tant que variable représentative de la difficulté à accéder aux services de santé du fait d'obstacles d'ordre économique ou autre.

Rares sont les enquêtes nationales sur les ménages qui collectent ce type d'informations de manière à pouvoir les analyser au niveau régional, car les échantillons sont généralement de taille réduite. De plus, l'indicateur actuel ne permet guère d'établir avec précision les causes (économiques, culturelles, méconnaissance, etc.) de la renonciation aux soins (Koolman, 2007 ; Allin et Masseria, 2009). Pour les pays pour lesquels les données sont disponibles, une première analyse descriptive nous enseigne que les disparités régionales en matière de besoins médicaux non satisfaits sont très importantes au sein d'un même pays. Ce sont le Chili, le Mexique et l'Italie qui enregistrent le plus grand écart entre les régions situées aux deux extrémités du classement (graphique 6.10). L'analyse empirique fondée sur les données régionales de six pays laisse apparaître de fortes disparités régionales en matière de besoins médicaux non satisfaits, même en tenant compte des caractéristiques individuelles (Brezzi et Luongo, *Document de travail de l'OCDE sur le développement régional*, à paraître).

Graphique 6.10. **Variations régionales en termes de proportion d'individus déclarant des besoins médicaux non satisfaits**

2012

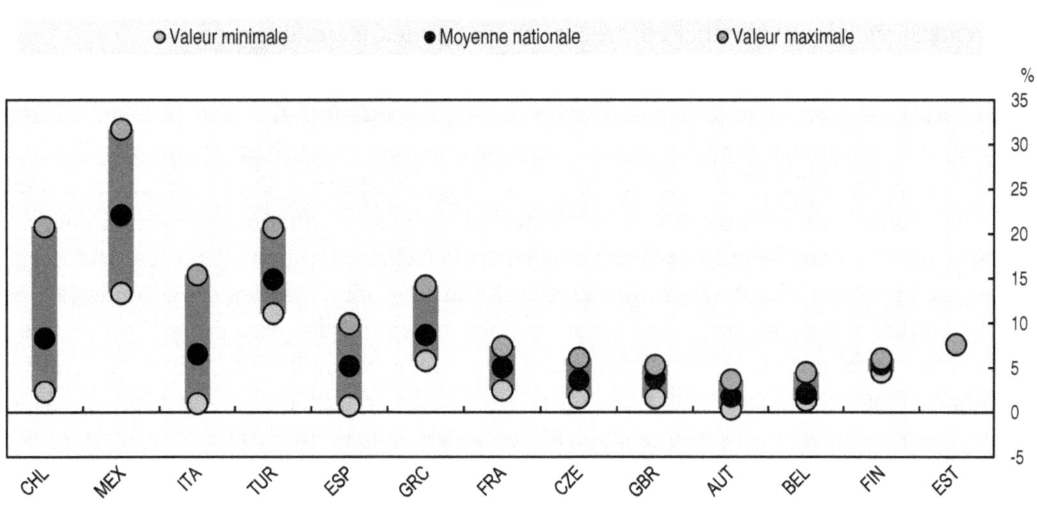

Note : Les régions sont classées en fonction de l'écart entre la valeur régionale la plus élevée et la plus faible.

Source : OCDE (2014a), *Comment va la vie dans votre région ?*, Éditions OCDE, Paris, *http://dx.doi.org/10.1787/9789264223981-fr*.

StatLink *http://dx.doi.org/10.1787/888933279190*

Programme statistique à venir en matière d'évaluation du bien-être régional

Par rapport aux autres exercices d'évaluation menés au niveau national, l'approche régionale ou infranationale de l'évaluation du bien-être de la population est confrontée au problème du manque de statistiques fiables et comparables permettant de produire des indicateurs à l'échelle géographique souhaitée. Pour ce faire, les données provenant d'enquêtes sont en effet rarement disponibles au niveau régional ou local, les enquêtes étant généralement conçues pour produire des informations représentatives de la population au seul niveau national. S'il est possible de modifier les méthodologies des enquêtes afin qu'elles produisent davantage d'informations pour les grandes régions (modification de la structure de l'échantillon, afin d'augmenter le poids des petites régions ; utilisation de moyennes pluriannuelles ; publication des détails de l'enquête nécessaires au calcul des erreurs types), l'avenir de l'évaluation du bien-être aux échelons infranational et local repose essentiellement sur la possibilité de mobiliser un vaste éventail de sources de données et méthodes au-delà de celles des statistiques officielles. Il s'agit de recourir davantage aux données administratives et aux autres sources (par exemple : mégadonnées sur les différences de loyers entre localités), notamment aux systèmes d'information géographique (SIG), sans oublier d'associer ces différentes sources. L'élaboration d'enquêtes spécifiques et l'utilisation d'outils innovants tels que les techniques d'estimation pour petites zones constituent également d'importantes pistes pour les travaux futurs.

Compte tenu des défis auxquels est confrontée l'évaluation du bien-être régional et des pressions budgétaires que subissent les offices statistiques, il est primordial de définir des priorités afin de combler les lacunes dans les données et d'aboutir à des résultats plus pertinents pour les politiques publiques. Cinq grandes priorités se dégagent :

- ***Mettre à jour plus régulièrement l'ensemble actuel d'indicateurs du bien-être de l'OCDE pour les grandes régions et l'élargir à d'autres dimensions du bien-être.*** L'ensemble d'indicateurs du bien-être présenté dans le tableau 6.2 pour les grandes régions de l'OCDE pourrait être actualisé tous les ans avec l'aide des offices statistiques nationaux, et des efforts pourraient être déployés pour remédier à l'insuffisance des données dans certains pays et élaborer des indicateurs comparables pour les pays non membres de l'OCDE. La série de données devrait aussi être élargie, à l'avenir, afin de tenir compte du bien-être subjectif[6], de la victimisation autodéclarée, des compétences des élèves et des adultes, et des liens sociaux.
- ***Améliorer les indicateurs de l'accès aux services au plan régional ou local.*** Bien que l'accès aux services soit une dimension centrale de l'évaluation du bien-être au niveau local, les indicateurs comparables à l'international sont rares. Pour le moment, le seul indicateur disponible est la proportion de ménages disposant d'une connexion à haut débit. Pour améliorer la mesure de cette dimension, des informations géographiques sur l'emplacement des lieux de prestation de services (écoles, hôpitaux, gares, espaces verts, par exemple) sont nécessaires. En associant ces informations à des données administratives (sur l'utilisation du service en question, par exemple) et à des données sur les lieux où vivent les individus et sur les infrastructures de transport dont ils disposent, il deviendrait possible d'évaluer (à différents échelons territoriaux) l'accessibilité des services. En dépit du recours de plus en plus fréquent aux SIG pour l'aménagement du territoire, les données sur l'emplacement des services clés et sur leurs caractéristiques demeurent rares. De plus, il faudrait disposer d'indicateurs supplémentaires permettant d'évaluer la qualité des services fournis, au-delà de leur accessibilité physique. À ce titre, il serait particulièrement intéressant de recueillir des données sur la satisfaction des usagers à propos de services tels que les transports, les soins de santé et les services d'accueil des jeunes enfants,

qui sont en général des services locaux présentant d'importantes différences qualitatives d'un territoire à l'autre. Si les informations sur la disponibilité et la qualité des services peuvent provenir de nombreuses sources (données administratives, enquêtes de satisfaction auprès des consommateurs, etc.), il convient toutefois de mettre au point des lignes directrices communes sur la façon de produire et de traiter ces données.

- ***Permettre la mesure du bien-être à une échelle géographique plus fine.*** À l'heure actuelle, la demande d'indicateurs améliorés du bien-être émane surtout des collectivités et des administrations locales. La base de données métropolitaines de l'OCDE, qui comprend des indicateurs sur 275 zones métropolitaines comptant au moins 500 000 habitants, sert de base à l'évaluation des conditions socio-économiques et pourrait être élargie aux indicateurs du bien-être. À cette échelle géographique, les données statistiques sont toutefois particulièrement rares, car, contrairement aux régions TL2, les zones métropolitaines ne correspondent pas nécessairement à des régions administratives, et la plupart des données produites par les offices statistiques nationaux ne sont pas utilisables à cette échelle. Il est donc indispensable de déterminer, pour cet échelon, de nouvelles méthodes de production de données et de nouvelles sources d'information.
- ***Utiliser, dans toutes les sources statistiques, des définitions homogènes des zones urbaines et des zones rurales.*** Il existe un fossé entre zones rurales et zones urbaines dans de nombreuses dimensions du bien-être (éducation, accès aux services, santé, etc.), aussi bien dans les pays en développement que dans certains pays de l'OCDE (OCDE, 2011b). Même lorsqu'il est impossible de fournir des données fiables pour différentes unités géographiques, il conviendrait au minimum d'appliquer, dans toutes les enquêtes sur les ménages servant à compiler différents types d'indicateurs du bien-être (enquêtes sur la population active, enquêtes générales sur les ménages, enquêtes sur la victimisation, etc.), des définitions homogènes des zones rurales et des zones urbaines, afin de définir clairement le lieu de vie des enquêtés. Cela contribuerait aussi au suivi des Objectifs de développement durable des Nations Unies, qui ne seront pas identiques pour les villes et les campagnes. La définition commune OCDE-UE des régions rurales et des régions urbaines pourrait constituer le point de départ de cet effort international.
- ***Mesurer les inégalités en matière de bien-être au sein des régions.*** Les données présentées dans ce chapitre nous enseignent que les différences en matière de bien-être sont importantes, aussi bien entre les régions qu'en leur sein. La première collecte de données menée par l'OCDE sur les inégalités de revenu et la pauvreté au niveau régional doit être poursuivie, avec des mises à jour régulières, et élargie à d'autres pays de l'OCDE. Il conviendrait également d'avancer en ce qui concerne l'estimation des niveaux de prix entre régions, de manière à réaliser des comparaisons tenant compte des différences de pouvoir d'achat entre les individus selon leur lieu de vie. Les indicateurs des inégalités au niveau individuel entre les régions sont également importants pour d'autres aspects du bien-être, comme le patrimoine des ménages ou les compétences, et des efforts sont nécessaires afin de produire des statistiques régionales fiables dans ces domaines. Ces informations, à condition d'être basées sur les mêmes définitions et sources de données qu'au niveau national, permettraient de ventiler les mesures nationales en composantes intra-régionales et interrégionales, ce qui apporterait un éclairage essentiel sur l'importance relative des caractéristiques individuelles et locales.

L'objectif ultime de l'amélioration des données statistiques pour la mesure du bien-être est d'épauler les pays dans les efforts qu'ils déploient pour éclairer et façonner le débat sur l'action publique. Pour ce faire, de nombreuses régions et villes ont lancé des initiatives sur le bien-être afin d'améliorer l'efficacité et la cohérence des politiques relatives à la compétitivité régionale et à la qualité de vie. Le rapport de l'OCDE *Comment va la vie dans votre région ?* (2014a) présente sept études de cas afin d'analyser comment les indicateurs du bien-être régional sont réellement utilisés dans l'élaboration des politiques publiques (encadré 6.4). Ces initiatives régionales ont trois points communs. Premièrement, les mesures du bien-être doivent être adaptées au contexte local, par exemple en augmentant le nombre d'indicateurs et leur précision, et reliées aux indicateurs mesurant les résultats de l'action publique. Deuxièmement, l'évaluation doit tenir compte des concertations sur les politiques à suivre, en identifiant toutes les parties prenantes concernées ainsi que les éventuelles actions réglementaires et politiques à mener pour coordonner l'élaboration des politiques entre différents secteurs et entre différents niveaux d'administration. Troisièmement, il convient d'inciter les citoyens à adapter les mesures du bien-être à leurs besoins. Un dialogue ouvert et l'utilisation de données sont les conditions nécessaires à la mobilisation des citoyens d'entrée de jeu.

Encadré 6.4. **Initiatives régionales relatives à l'utilisation des indicateurs du bien-être dans l'élaboration des politiques publiques**

Le rapport de l'OCDE *Comment va la vie dans votre région ? : Mesurer le bien-être régional et local pour les politiques publiques* présente sept études de cas approfondies portant sur différentes solutions méthodologiques et politiques adoptées pour l'utilisation des indicateurs du bien-être dans l'élaboration des politiques publiques. Ces différentes études de cas fournissent de bons exemples de la façon d'utiliser les indicateurs à différentes étapes du processus d'élaboration des politiques publiques, comme la sélection des indicateurs de résultats en matière de bien-être régional, le suivi de l'évolution de la situation des individus au fil du temps, et la mise en œuvre d'une procédure de mobilisation de multiples parties prenantes en vue de favoriser le changement social.

Dans le cas de Rome (Italie), une vaste consultation a été menée afin d'accorder la priorité aux dimensions du bien-être qui comptent le plus pour les citoyens, par le biais d'enquêtes locales, d'un outil web, de réunions publiques, d'ateliers, etc. La région de Sardaigne (Italie) a réalisé de réels progrès en matière de prestation de services publics (par exemple, la quantité de déchets urbains mis en décharge a été réduite de moitié et la part de déchets urbains recyclés est passée de 27% à 48% en cinq ans) grâce à la mobilisation des institutions publiques, du secteur privé et de la société civile autour d'objectifs clairs et mesurables en matière de bien-être. Avec l'initiative *Good Life*, la région du Danemark du Sud a intégré à son Plan de développement régional un ensemble complet d'indicateurs du bien-être régional qui associe des indicateurs objectifs et des indicateurs subjectifs, afin de suivre le progrès social dans la région. La région du Nord des Pays-Bas a élaboré un ensemble sophistiqué d'indicateurs du bien-être régional en impliquant différentes parties prenantes telles que le monde universitaire (Université de Groningue). Le cas de Newcastle (Royaume-Uni) est un bon exemple de ville qui a su élaborer, à partir des obligations nationales (établissement de comités locaux de santé et de bien-être, conformément à la loi sur la santé et l'action sociale de 2012), une vaste stratégie en matière de bien-être local. L'État du Morelos (Mexique) a élaboré son Plan de développement de l'État en fonction d'un ensemble clairement défini de valeurs de référence et d'objectifs dans différentes dimensions du bien-être, selon un calendrier prédéfini (correspondant au mandat du gouvernement de l'État). Enfin, aux États-Unis, le *Partnership for Sustainable Communities* est une initiative nationale destinée aux collectivités de toute taille. Son objectif est d'aligner les politiques publiques et les financements fédéraux afin d'améliorer l'accès au logement abordable, de fournir davantage de possibilités de transport en réduisant les coûts et de protéger l'environnement. L'initiative fait le point sur les indicateurs existants (identifiés à l'aide de groupes de discussion et d'organismes publics) et fournit aux décideurs des lignes directrices pour leur utilisation.

Source : OCDE (2014a), *Comment va la vie dans votre région ? : Mesurer le bien-être régional et local pour les politiques publiques*, Éditions OCDE, Paris, *http://dx.doi.org/10.1787/9789264223981-fr*.

Notes

1. Les données sur le revenu par habitant proviennent des comptes régionaux des ménages des différents pays, à l'exception du Mexique, de la Turquie et de la Suisse, pays pour lesquels ces chiffres sont calculés à partir des enquêtes nationales sur les ménages. Les chiffres du revenu disponible par région sont recueillis en monnaie nationale courante puis convertis en dollars constants et en parités de pouvoir d'achat (PPA) constantes pour l'année de référence 2005. La conversion tient compte du coefficient implicite d'ajustement des prix de la consommation finale des ménages au plan national. Le revenu disponible par région est ensuite divisé par le nombre d'habitants de la région afin d'obtenir le revenu par habitant. Par rapport aux données provenant des enquêtes sur les ménages, le revenu disponible au niveau régional calculé à partir des comptes régionaux des ménages présente l'avantage d'être généralement actualisé tous les ans.
2. Les coefficients de corrélation de Pearson sont, respectivement, de 0.9 et 0.8 lorsque tous les pays sont pris en compte et ils restent statistiquement significatifs si l'on écarte les trois pays.
3. Pour de plus amples détails, voir *http://go.worldbank.org/OPQO6VS750* (consulté le 29 mai 2015).
4. Les estimations figurant dans les travaux de Piacentini (2014) reposent sur des définitions et sources de données similaires à celles utilisées par l'OCDE pour les estimations nationales qu'elle publie chaque année dans sa base de données sur la distribution des revenus. Les estimations régionales, disponibles pour 28 pays de l'OCDE pour 2010, sont basées sur la notion de revenu équivalent des ménages (aussi bien le revenu marchand, c'est-à-dire le revenu avant impôts et transferts, que le revenu disponible, c'est-à-dire le revenu après impôts et transferts) exprimé en valeur nominale (sans tenir compte des différences de niveaux de prix entre régions).
5. La définition du revenu disponible pour les estimations de la pauvreté utilisée par l'OCDE dans sa base de données sur le bien-être régional peut être légèrement différente de celle utilisée par Eurostat.
6. Par exemple, depuis avril 2011, l'office statistique du Royaume-Uni (ONS) a ajouté une série de questions sur le bien-être subjectif à son enquête annuelle sur la population, qui s'adresse chaque année à environ 165 000 personnes âgées de 16 ans et plus. Ces quatre questions portent sur la satisfaction à l'égard de l'existence, les sentiments de bonheur et d'anxiété et le sentiment d'accomplir des choses utiles dans la vie. Pour chacun de ces quatre aspects du bien-être subjectif, l'ONS obtient ainsi des estimations au niveau des communes, des comtés, des régions (NUTS 1), et pour l'Angleterre, l'Irlande du Nord, l'Écosse et le Pays de Galles. Une carte interactive permettant de consulter les résultats au niveau local est disponible sur le site *www.neighbourhood.statistics.gov.uk/HTMLDocs/dvc124/wrapper.html* (consulté le 29 mai 2015).

Références

Allin, S. et C. Masseria (2009), « Unmet need as an indicator of health care access », *Eurohealth*, vol. 15, n° 3, pp. 7-9.

Australian Bureau of Statistics (2011), « Socio-Economic Indexes for Areas », ABS, Canberra, *www.abs.gov.au/websitedbs/censushome.nsf/home/seifa* (consulté le 29 mai 2015).

Banque mondiale (2014), « EU Accession Countries. Poverty Mapping of New Members in EU: Completion memo », Groupe de la Banque mondiale, Washington, DC, *http://documents.worldbank.org/curated/en/2014/06/19764353/european-union-eu-accession-countries-poverty-mapping-new-members-eu-completion-memo* (consulté le 29 mai 2015).

Banque mondiale (2015), « A Measured Approach to Ending Poverty and Boosting Shared Prosperity: Concepts, Data, and the Twin Goals », *Policy Research Report*, Banque mondiale, Washington, DC, *http://elibrary.worldbank.org/doi/book/10.1596/978-1-4648-0361-1* (consulté le 10 juin 2015).

Brezzi M., et P. Luongo (à paraître), « Regional disparities in unmet medical needs: a multilevel analysis in selected OECD countries », *Documents de travail de l'OCDE sur le développement régional*, Éditions OCDE.

Brezzi, M. et D. Sanchez-Serra (2014), « Breathing the same air? Measuring air pollution in OECD cities and regions », *Documents de travail de l'OCDE sur le développement régional*, Éditions OCDE, Paris. *http://dx.doi.org/10.1787/5jxrb7rkxf21-en*.

Brezzi, M., L. Dijkstra et V. Ruiz (2011), « OECD Extended Regional Typology: The Economic Performance of Remote Rural Regions », *Documents de travail de l'OCDE sur le développement régional*, 2011/06, Éditions OCDE. *http://dx.doi.org/10.1787/5kg6z83tw7f4-en*.

Chetty, R., N. Hendren, P. Kline et E. Saez (2014), « Where is the land of opportunity? The geography of intergenerational mobility in the United States », *The Quarterly Journal of Economics* 129, n° 4, pp. 1553-1623.

Ciccone, A. (2002), « Agglomeration effects in Europe », *European Economic Review*, vol. 46, n° 2, pp. 213-227.

Ferreira, S., A. Akay, F. Brereton, J. Cuñado, P. Martinsson, M. Moro et T.F. Ningal (2013), « Life satisfaction and air quality in Europe », *Ecological Economics*, vol. 8(C), pp. 1-10.

Glaeser, E.L. et D.C. Mare (2001), « Cities and Skills », *Journal of Labor Economics*, vol. 19, n° 2, pp. 316-342.

GCEI (2014), *A World That Counts: Mobilising The Data Revolution for Sustainable Development*, Groupe consultatif d'experts indépendants sur la révolution des données pour le développement durable, Publications des Nations Unies.

Jolliffe, D. (2006), « Poverty, Prices, and Place: How Sensitive Is the Spatial Distribution of Poverty to Cost of Living Adjustments? », *Economic Inquiry*, vol. 44, n° 2, pp. 296-310.

Kanbur, R. et J. Zhuang (2013), « Urbanization and inequality in Asia », *Asian Development Review*, vol. 30, n° 1, pp. 131-147.

Koolman, X. (2007), « Unmet need for health care in Europe », in *Comparative EU statistics on income and living conditions: issues and challenges*, Proceedings of the EU-SILC Conference, Helsinki, Eurostat, pp. 181–191.

López-Calva, L.F., L. Rodriguez-Chamussy et M. Szekely (2007), « Poverty Maps and Public Policy: Lessons from Mexico », in T. Bedi, A. Coudouel et K. Simler (dir. pub.) *More Than a Pretty Picture: Using Poverty Maps to Design Better Policies and Interventions*, Banque mondiale, Washington, DC, chap. 10, pp. 3-22. *http://ideas.repec.org/b/wbk/wbpubs/6800.html* (consulté le 29 mai 2015).

Moretti, E. (2004), « Estimating the social return to higher education: evidence from longitudinal and repeated cross-sectional data », *Journal of Econometrics*, 121, n° 1-2, pp. 175-212.

OCDE (2014a), *Comment va la vie dans votre région ? : Mesurer le bien-être régional et local pour les politiques publiques*, Éditions OCDE, Paris, *http://dx.doi.org/10.1787/9789264223981-fr.*

OCDE (2014b), *Perspectives régionales de l'OCDE 2014 – Régions et villes : Les politiques publiques à la rencontre des citoyens*, Éditions OCDE, Paris, *http://dx.doi.org/10.1787/9789264201415-en.*

OCDE (2014c), *Comment va la vie dans votre région ? : Mesurer le bien-être régional et local pour les politiques publiques, Étude de cas sur la région du Danemark du Sud*, Éditions OCDE, Paris, *http://dx.doi.org/10.1787/9789264223981-fr.*

OCDE (2013), *Panorama des régions de l'OCDE 2013*, Éditions OCDE, Paris, *http://dx.doi.org/10.1787/reg_glance-2013-fr.*

OCDE (2012), *Redefining "Urban". A New Way to Measure Metropolitan Areas*, Éditions OCDE, Paris, *http://dx.doi.org/10.1787/9789264174108-en.*

OCDE (2011a), *Comment va la vie ? : Mesurer le bien-être*, Éditions OCDE, Paris, *http://dx.doi.org/10.1787/9789264121195-fr.*

OCDE (2011b), *Panorama des régions de l'OCDE 2011*, Éditions OCDE, Paris, *http://dx.doi.org/10.1787/reg_glance-2011-fr.*

ONS (2011), « Measure what matters. National Statistician's reflections on the national debate on measuring national well-being », Office for National Statistics Publishing, Royaume-Uni.

Piacentini, M. (2014), « Measuring income inequality and poverty at the regional level in OECD countries », *OECD Statistic Working Paper 2014/03*, Éditions OCDE, Paris, *http://dx.doi.org/10.1787/5jxzf5khtg9t-en.*

Rice, P., A.J. Venables et E. Patacchini (2006), « Spatial determinants of productivity: Analysis for the regions of Great Britain », *Regional Science and Urban Economics*, vol. 36, n° 6, pp. 727-752.

Rothwell, J.T. et D.S. Massey (2015), « Geographic Effects on Intergenerational Income Mobility », *Economic Geography*, vol. 91, n° 1, pp. 83-106.

Royuela, V., P. Veneri et R. Ramos (2014), « Income inequality, urban size and economic growth in OECD regions », *Documents de travail de l'OCDE sur le développement régional*, 2014/10, Éditions OCDE, Paris, *http://dx.doi.org/10.1787/5jxrcmg88l8r-en.*

Sampson, R.J. (2008), « Moving to Inequality: Neighborhood Effects and Experiments Meet Social Structure », *American Journal of Sociology*, vol. 114, n° 1, pp. 189–231.

Székely Pardo M., L.F. López-Calva, A. Meléndez Martínez, E.G. Rascón Ramírez et L. Rodríguez-Chamussy (2007), « Poniendo a la pobreza de ingresos y a la desigualdad en el mapa de México », *Economía Mexicana NUEVA ÉPOCA*, vol. XVI, 2.

Van Donkelaar, A., R.V. Martin, M. Brauer et B.L. Boys (2015), « Use of Satellite Observations for Long-Term Exposure Assessment of Global Concentrations of Fine Particulate Matter », *Environmental Health Perspectives*, vol. 123, n° 2, pp. 135-143.

Wilson, W. J. (1987), *The Truly Disadvantaged: The Inner City, the Underclass, and Public Policy*, University of Chicago Press, Chicago, Illinois.

Wishlade, F. et D. Yuill (1997), « Measuring disparities for area designation purposes: Issues for the European Union », *Regional and Industrial Policy Research Paper*, n° 24, European Policies Research Centre.

White, M.P., I. Alcock, B.W. Wheeler et M.H. Depledge (2013), « Would you be happier living in a greener urban area? A fixed-effects analysis of panel data », *Psychological Science*, vol. 24, n° 6, pp. 920-928.

Bases de données

Eurostat (2013), « Statistiques de l'Union européenne sur le revenu et les conditions de vie (UE-SILC) », Commission européenne, Bruxelles, *http://ec.europa.eu/eurostat/web/income-and-living-conditions/overview* (dernière consultation le 26 juin 2015).

Statistiques régionales de l'OCDE (base de données), *http://dx.doi.org/10.1787/region-data-fr* (dernière consultation le 26 juin 2015).

« Bien-être régional », *Statistiques régionales de l'OCDE* (base de données), *http://dx.doi.org/10.1787/data-00707-en* (dernière consultation le 11 juin 2015).

« Régions métropolitaines », *Statistiques régionales de l'OCDE* (base de données), *http://dx.doi.org/10.1787/data-00531-fr* (dernière consultation le 26 juin 2015).

ORGANISATION DE COOPÉRATION ET DE DÉVELOPPEMENT ÉCONOMIQUES

L'OCDE est un forum unique en son genre où les gouvernements oeuvrent ensemble pour relever les défis économiques, sociaux et environnementaux que pose la mondialisation. L'OCDE est aussi à l'avant-garde des efforts entrepris pour comprendre les évolutions du monde actuel et les préoccupations qu'elles font naître. Elle aide les gouvernements à faire face à des situations nouvelles en examinant des thèmes tels que le gouvernement d'entreprise, l'économie de l'information et les défis posés par le vieillissement de la population. L'Organisation offre aux gouvernements un cadre leur permettant de comparer leurs expériences en matière de politiques, de chercher des réponses à des problèmes communs, d'identifier les bonnes pratiques et de travailler à la coordination des politiques nationales et internationales.

Les pays membres de l'OCDE sont : l'Allemagne, l'Australie, l'Autriche, la Belgique, le Canada, le Chili, la Corée, le Danemark, l'Espagne, l'Estonie, les États-Unis, la Finlande, la France, la Grèce, la Hongrie, l'Irlande, l'Islande, Israël, l'Italie, le Japon, le Luxembourg, le Mexique, la Norvège, la Nouvelle-Zélande, les Pays-Bas, la Pologne, le Portugal, la République slovaque, la République tchèque, le Royaume-Uni, la Slovénie, la Suède, la Suisse et la Turquie. L'Union européenne participe aux travaux de l'OCDE.

Les Éditions OCDE assurent une large diffusion aux travaux de l'Organisation. Ces derniers comprennent les résultats de l'activité de collecte de statistiques, les travaux de recherche menés sur des questions économiques, sociales et environnementales, ainsi que les conventions, les principes directeurs et les modèles développés par les pays membres.

ÉDITIONS OCDE, 2, rue André-Pascal, 75775 PARIS CEDEX 16
(30 2014 02 2 P1) ISBN 978-92-64-23898-5 – 2016

www.ingramcontent.com/pod-product-compliance
Lightning Source LLC
LaVergne TN
LVHW080648011026
849160LV00014B/1356